函海

清 李調元 輯

仿萬卷樓原本

人民出版社

第六冊目錄

升菴畫品

唐李嗣眞續畫品錄分畫家作上中下三等每等又各第以三朱景元名畫錄目分神妙能逸爲四品宋劉道醇作五代名畫補遺目錄有神妙能而不列逸品蓋筆精墨妙根於人心人之相去若九牛毛品量所存不可誣也升菴慧解通元自其十一二歲時與季父瑞虹龍崖二公論畫作詩大蒙訢賞見於年譜及此編所自記今觀其詞幽通微妙能傳畫家不言之隱不獨詩之壓倒元九也畫品一卷隨所聞見襍綴成編不作軒輊令閱者於言外得之昔東坡論王維吳道子畫詩末句云吾觀二子皆神俊又於維也斂衽無間言玩斯言也蓋即東坡之所以品畫者乎

童山李調元序

畫品目錄

卷一

畫品卷一

成都 楊慎 撰 綿州 李調元 校定

畫似眞眞似畫

愼少時先太師與瑞虹龍崖二叔父看畫因問二叔父曰景之美者人曰似畫畫之佳者人曰似眞孰爲正愼對曰元微之有詩云顛倒世人心紛紛乏公是眞賞畫不成畫賞眞相似丹青各所尚工拙何足恃求此妄中情哀哉子華子龍崖曰詩亦未見佳愼爾司試作之遂呈稿曰會心山水眞如畫巧手丹青畫似眞夢覺難分列禦寇影形相贈晉詩人二叔父喜

曰只此四句大勝前人近病中追憶往事記而筆之秪二三首爾宏治已未時年十二

著書

唐朝名畫錄朱景元著○古畫品錄謝赫著○繪境張操著○畫說文無名氏

畫序

揮纖毫之筆則萬類由心展方寸之能而千里在掌有象由之以立無形因之以生妙將入神靈能通聖豈止開厨則失掛壁而飛而已哉

晴雨懸

外師造化中得心源張操六藉同功四時並運畫贊澄懷味象應會感神燕肅山谷盤紆雲水流動意出塵外怪生筆端畫序潭色若澄石紋似裂岳峙筆下雲起鋒端畫序石尖欲落泉噴如吼張操山水層巒疊秀則閬風羣玉也明霞舒綵則天漢銀潢也飛觀倚空則仙人樓臺也贊道君畫圖出雲霞染成風雨贊王潑墨每留素以成雪或借地而爲雲　汀花野竹水鳥淵魚　葉疊千重枝分四面達士所珍凡目所辨花卉贊必辨金鍮無焚玉石　畫有十三科山水打頭界畫打底　江南之藝骨氣多不及蜀人而瀟洒過之

文思遲速合畫功

相如含筆而腐毫枚皐應詔而奏賦言文思遲速之異也唐人云潘緯十年吟古鏡何涓一夕賦瀟湘畫家云思訓經年之力道元一日之功

論詩畫

東坡先生詩曰論畫以形似見與兒童隣作詩必此詩定知非詩人此言畫貴神詩貴韻也然其言有偏非至論也晁以道和公詩云畫寫物外形要物形不改詩傳畫外意貴有畫中態其論始爲定蓋欲以補坡公之未備也

九朽一罷

畫家於人物必九朽一罷先以土筆擬其行數次修改曰九朽繼以淡墨一描而成故曰一罷獨周志機不假乎此落筆便成氣韻生動每語人曰書畫同一關捩善書人豈先朽而後書乎蓋卓識也

書畫

王獻之能爲一筆書陸探微能爲一筆畫乃是自始至終連綿相屬氣脉不斷耳

漢畫

王應麟云曾子固跋西狹頌謂所畫龍鹿承露人嘉

禾連理之木漢畫始見於今郡 王雅子高貫方墓碑刻山林人物乃知顧愷之陸探微宗處士輩尚有其遺法至吳道元絕藝入神始用巧思而古意稍減矣今於盤洲所集隸圖見之愼又按王象之輿地紀勝碑目載夔州臨江市丁房雙闕高二丈餘上爲層觀飛簷車馬人物又刻雙扉其一扉微啟有美人出半面而立巧妙動人又雲陽縣漢處士金延廣母子碑初無文字但有人物漢畫之在碑刻者不止如應麟所云而已

畫家四祖

畫家以顧陸張吳爲四祖顧長康陸探微張僧繇吳道元也余以爲失評矣當以顧陸張展爲四祖展展子虔也畫家之顧陸張展如詩家之曹劉沈謝閻立本則畫家之李白吳道元則杜甫也必精於繪事品藻者可以語此

張僧繇

吳道子一本作閻立本始見張僧繇畫曰浪得名耳已而坐臥其下三日不能去庾翼初不服逸少有家雞野鶩之論後乃以爲伯英再生益絕藝必審觀而後論定也

張諲

王右丞贈張諲詩云屏風誤點惑孫郎團扇草書輕內史李頎亦贈諲云小王疲體閑支策落月梨花空滿壁詩堪記室妬風流畫與將軍作勍敵其爲名流所重如此記室左思也將軍顧愷之也諲之畫有神鷹圖予猶及一見之於京肆以索價太厚未之購也

薛稷

薛稷不特以書名而畫亦居神品老杜所謂我游梓州東遺迹涪江邊畫藏青蓮界書入金榜懸是也杜又有薛少保畫鶴一篇所謂薛公十一鶴皆寫青出

眞是也余謂陸探微作一筆畫實得張伯英草書訣張僧繇點曳斫拂實得衛夫人筆陣圖訣吳道子又授筆法於張長史信書畫用筆同一三昧薛稷書法鴈行褚河南而丹青之妙乃復如詩當是書法三昧中流出也先帝天馬玉花驄畫工如山貌不同是日牽來赤墀下迥立閶闔生長風此杜老贈曹將軍詩也張彥遠畫記乃云斡官至太府寺丞杜甫嘗贈之詩明皇御廐有馬名玉花驄詔圖之誤矣又南齊謝赫作古畫品錄曹弗興之迹殆莫復傳唯秘閣之內一龍而已而裴老源公私畫錄乃有曹弗興畫二謂

九州名山圖秦皇東游圖如此將孰信邪出韻語陽秋

託意

魏高貴鄉公曹髦畫卞莊刺虎圖意在誅司馬昭也

宋雍秀才畫草蟲每一物譏當時用事者一蝸升高不知疲竟作粘壁枯以比安石又詩云初來花爭妍忽去鬼無跡比章惇

紀事

唐太宗時終南山猛虎害人使驍勇者捕之不獲虢王元鳳一箭斃之太宗閻立本圖其狀

宋徽宗畫夢游化城國天地間所有之物種種皆備因命繪之

程堂

程堂字公明眉州人舉進士爲駕部郎中善墨竹嘗登蛾眉山見菩薩竹有結花於節外之枝者卽寫其形於中峰乾明寺 又象耳山有苦竹紫竹風竹雨竹刻之石

楊補之

楊補之子雲之後自蜀而移家清江善畫梅秦檜求之竟不與也有逃禪老人詞一卷余嘗題其畫梅譜

一詩云逃禪老人楊補之清江世業錦江移承家不愧草元後藝苑豈獨梅花師神交早與逋仙素清節不受檜賊緇請看麝煤鼠尾外更有玉珮瓊琚詞

桃源圖

唐人畫桃源圖極爲工妙舒元輿作記云烟嵐草木如帶香氣熟視詳玩自覺骨戞青玉身入鏡中韓退之亦有桃源圖蓋題此畫也子及見元人臨本

拂林圖

宣和畫譜中拂林圖或作佛林又作拂菻不知所謂後考杜環經行記拂林在苫國西一名犁靬其人顏

色白婦人皆服珠錦番織絡琉璃妙天下菻音力甚切董北苑畫跋云拂林圖自唐有之其人類中國婦人皆衣胡綾紺文雜錦戴金花步搖綴以木難青珠盧肇雙柘枝舞賦云拂菻妖姿西河別部蓋如唐人之胡旋女元末之天魔隊耳按唐王建宫詞十六天魔舞袖長

春宵秘戲圖

徐陵與周宏讓書歸來天目得肆閒居差有弄玉之俱仙非無孟光之同隱優游俯仰極素女之經文升降盈虛盡軒皇之圖勢則宋人畫苑春宵秘戲圖有自來矣張平子樂府素女爲我師天老教軒皇抑又

古矣

祓河

歸州之俗以麻組巨竹匁朋而挽謂之祓河畫譜有展子虔鬼祓河圖

青楓樹圖

王維所畫掩障也在西京千福寺

七賢過關

世傳七賢過關圖或以爲即竹林七賢爾屢有人持其畫來索題漫無所據觀其畫衣冠騎從當是晉魏間人物意態若將避地者或謂即論語作者七人像

而爲畫爾姜孟賓舉人云是開元日冬雪後張說張九齡李白李華王維鄭虔孟浩然出藍田關游龍門寺鄭虔圖之虔伯生有題孟浩然像詩風雪空堂破帽溫七人圖裏一人存又有槎溪張輅詩二李清狂狎一張吟鞭遥指孟襄陽鄭虔筆底春風滿摩詰圖中詩興長是必有所傳云七賢過關事不經見於書傳而畫家乃傳徧於好事者之家究其姓名未的其誰何先師文正李公嘗辨之愼近見洪武中高得暘題錢舜舉寒林七賢圖古風云騷壇逸響何寥寥作者逝矣誰能招說然七子美風度乃有遺像圖生綃

衣冠半帶晉季態人物絶是唐中朝想當朝政日休暇擬采野景歸風謠青騾黃犢踏凍雨蹇驢瘦馬衝寒飇醉鞭笑停似按轡銀蹬戲拍催聯鑣看花多情且少待尋梅有興非無聊此圖我嘗見數十高林大樹風蕭蕭掃除閑冗存簡素松雪老筆才尤超方之粉墨巧塗染矣止霄壤相懸遼尚疑高李六君子當時未見潛逍遥道同氣合志相感雖曠百世如同僚畫史貌出有深意況自昔日傳今朝屋梁落月見顔色妙處不待窮摹描君不見袁安僵卧寒正驕王維乃作雪裏之芭蕉又態直題云七賢之名奚所徵七

賢去國身何輕風沙索寞幾千里道傍見者難爲情君不是函谷關青牛白板春晝閑又不是玉門道富貴生還致身早英雄出處貴有時何用驅馳歎衰老歲晚征途天雨雪鞍騎連翩行欲歇不如灞陵橋上翁破帽吟詩自清絕惜哉命不偶奔走半道周人生遇坎坷窮苦奚足尤左遷與嵇散遊者良悠悠他人未足說所惜柳與劉天涯相聚一回首往事於人竟何有莫念元都舊種桃且往愚溪賸栽柳風流畫史眞絕倫毫端點染太精神王郎珍藏又十載展圖示我老重陳勞重陳此意既君宜書紳二詩雖不工可

考七賢姓名據此則高適李白孟浩然與劉禹錫柳宗元不同時潘逍遥宋人又在後矣合而圖之謬甚亦不足深辨也畫譜云眉山老書生不得其名畫七才子入關圖山谷謂人物各有意態博雅之士賞其畫則可必湊合姓名不亦鑿乎

山水

郭熙四時山春山淡冶而如笑夏山蒼翠而如滴秋山明淨而如裝冬山慘淡而睡

張洵三時山在昭覺寺三壁上一壁早景一壁午景一壁夕景

李成峰巒林屋雲景皆以淡墨爲之而水天空處全用粉填亦一奇也每以告人非愕然而驚則莞爾而笑莫知其妙足見後學之凡下也

蜀僧楚安畫山水于扇上安姑蘇臺或滕王閣千山萬水盡在目前今蜀中有扇面印板是其遺範

李思訓畫掩障上元宗夜聞水聲通神手也

毘陵曹仁希畫水無敵驚濤怒浪細溜輕波一筆自分深淺之勢斂而不失其眞

閬邱秀才凡作水先畫水頭後畫水紋頃刻而成驚濤洶湧勢欲掀屋

畫家謂燕家四時景

燕文季四景花村曉月萍江晚雨竹村夕霭松溪殘雪

花竹

尹白工墨花東坡詩花心起墨暈春色散毫端

尉遲乙僧繪凹凸花或云乙是僧又張僧繇畫于一乘寺遠望眼暈如凹凸近視即平

畫花果者黄筌神而不妙趙昌妙而不神神妙俱完舍熙無人矣

李煜好金索書唐希雅常效之乘興縱騎因其戰掣

之勢以寫竹樹
寫墨竹自沙門元靄始王端得其葉閻士安得其竿
而夢松又次焉

人物

北齊曹仲達畫人物衣服窣窄唐吳道子畫衣服影
舉時人語曰吳帶當風曹衣出水
畫譜言周昉畫美人多肥蓋當時宮禁貴戚所尚予
謂不然楚辭云豐肉微骨調以娛又云豐肉微骨體
便娟便是留佳麗之譜與畫工也蓋肉不豐是一生
色髑髏肉豐而骨不微一田家新婦耳東坡詩曰書

生老眼省見稀畫圖但怪周昉肥有他指耳石渠錄
云天廄無瘠馬宮禁無悴容故韓幹畫馬亦肥
升菴論色似左袒豐腴者
子昂題閻令畫人物髮采生動如欲語狀
吳道子畫衣裳磊落生動如蓴菜條
劉子元曰張僧繇畫羣公祖二䟽圖有著芒屩者閻
立本畫昭君圖婦女有著帷帽者夫芒屩出于水鄉
非京華所有帷帽起于隋代非漢宮所作以此言之
畫非博古之士亦不能也
汧陽跋吳工畫佛道
吳道子作佛圓光風落電轉一揮而成
王瓘字國器神品之上武宗元曰國器之筆前無吳
道子矣吳生畫天女頸頷粗促行步跛倒又樹石遠
近不能相稱國器舍而不取廢古人之短成後人之
長

馬

趙光輔善畫馬評者云古今為番馬者胡瓌得其肉
東丹得其骨光輔兼有之至于戲風拽繩嚙草飲水
奔走立臥嘶齕跑蹶少壯老嫩駑艮疲鈍馬蟄疾病
之狀莫不精備

韓幹畫馬贊寫渥洼之狀若在水中移驃裹之形出
于圖上鮮于伯幾云渥洼產馬如產龍韓幹畫馬如
畫松

雜

老矦逸其名善猿鹿馳名兩川 温江人
道宏畫貓一家無鼠
毋咸之工潮雞妙冠一時
荀信畫龍據孤島凭老木伏平碊拏怒涙呼雲自蔽
有夭矯肉飛之勢
羅勝先能作雨餘蝃蝀

章友直女以椽筆畫棋盤筆筆相似無毫髮差

牛戩妙于破毛

畫魚須得噞喁游泳之態諺云開口猫兒合口龍言難畫也

畫以輕拂丹青謂之吳裝（雕塑之宗亦有吳裝）

雜說

道子畫惠之塑奪得僧繇神筆路

高君璧筆亦成畫謂高道興（成都人）

東坡贈王晉卿詩云錦囊犀軸堆象牀叉竿連幅番雲光

關同之馳名當代毋敢分庭

李靄之居金波亭人號金波處士

范中正性寬厚時目爲范寬

五代荊浩號洪谷子

潼川黃斌老子黃彝俱學文與可

蜀刁光允黃荃之師（闕）兼至誠（大中人）

李成字咸熙（闕三字）　眉陽孫知微字太古

潼川進士王利用字賓王

遂寧李時澤（闕三字）　東京陶裔（時以西蜀黃荃爲對）

成都郫縣石恪字子專

蜀雖僻遠而畫手獨多于四方李方叔德隅宮于畫而蜀筆居半蜀學其盛矣哉

畫僧

畫家三靄王靄李靄與僧元靄也

南唐巨然樹石濺瀑勾斫皴淡佳甚

道臻嘉州石洞講師也工山水

寫照

沙門元靄寫照深面色以一小石研磨取色盖覆肉色之上後遂如眞

未滿三十不必寫照恐奪精神也

試題

道君立畫苑每試畫士以詩句分其品第野水無人渡孤舟盡日橫多畫空舟繫岸或拳鷺於舷間或栖鴉於蓬背獨魁則不然畫一舟人卧于舟尾橫一孤笛以見非無舟人但無行人耳且以見舟子之閒也又如亂山藏古寺魁則荒山滿幅出幡竿以見藏意餘人乃露塔尖或鴟吻往往有見殿堂者則無復藏意矣又落花歸去馬蹄香魁則馬後擂數蝴蝶若畫馬踐花下矣綠竹橋邊多酒樓魁上畫叢竹出一青帘上寫酒字

戰德淯本畫苑人因試蝴蝶夢中家萬里題乃畫蘇
武牧羊假寐還家

同能不如獨勝

孫位畫水張南畫火吳道元畫人物楊繪塑陳簡齋詩辛稼軒詞同能不如獨勝也所謂太白見崔灝黃鶴樓詩去而賦金陵鳳凰臺

選畫場

梁駙馬趙嵓有選畫場效選佛之說也近秣陵好事者爲選花場

杜詩入畫

杜詩花遠重重樹雲輕處處山畫本可作

畫絹

韻語陽秋曰秘省古今名畫殆充棟宇余與同館日取數軸評翫殆有啗炙之味如所用絹素必密緻緊厚蓋慮其易敗也老杜戲韋偃爲雙松歌云我有一匹好東絹重之不減錦繡段請君放筆爲直幹則假筆之妙非好東絹不與也米元章畫史云古畫唐初皆生絹後來皆以熱湯盪熟入粉槌如銀板故作人物精彩今人收唐畫必以絹辨見文粗便說不是非也余謂用粉槌絹固善然視他絹丹青尤易渝也

洞天清錄

古畫多直有長八尺者橫披始于米氏父子非古制也

畫品之亞

韻語陽秋曰張長史以醉故草書入神老杜所謂楊公拂篋笥舒卷忘寢食念昔揮毫端不獨觀酒德是也許道寧以醉故畫入神山谷所謂往逢醉許在長安蠻溪大研磨松烟醉拈枯筆墨淋浪勢若山崩不停手是也大抵書畫貴胸中無滯小有所拘則所謂神氣者逝矣鍾王顧陸不假之酒而能神者上機之士也如張許輩無酒安能神哉

畫斷

顧愷之迹不迨意聲過其實

嘲米元暉

解作無根樹能描濛潼雲如今供御也不肯與閑人

墨汁

劉靜修詩老覺胸中無墨汁畫譜云李成惜墨如金是也梁武帝時舉秀才謬者罰飲墨汁一斗近有善謔者云畫士胸中可有酒汁不可有墨汁秀才反是

李涉粧點

張圖畫佛壁跋異伏之洛陽謠曰赫赫洛下惟說異畫張氏出頭跋異無價其後福先寺請異畫大殿壁忽一人自稱李羅漢與之角不勝異李自縊死時人謠曰李生來跋異怕不意今日却增價不畫羅漢畫馱馬此涉粧點可爲一笑

六鶴同椿

北人之語合鶴迤然不分故有繪六鶴及椿樹爲圖者取六合同春之義大是可笑與人又呼鶴爲鷄而游閑効之尤可笑

東坡與佛印戲語

東坡問佛印曰鑊湯獄圖如何不畫和尚佛印曰人間怕閻羅閻羅怕和尚坡曰怕你甚麽對曰若是閻羅有犯亦要和尚懺除坡大笑曰好說好說此言雖戲至理存焉亦可謂嬉笑之斧鉞矣

裝潢

唐六典有裝潢匠注音光上聲謂裝成而以蠟潢紙也今製牋法猶有潢漿之說人多不解作平音讀又改爲裝池自謂奇語其謬甚矣

金題玉躞

海岳書史云隋唐藏書皆金題玉躞錦贉繡褫金題押頭也玉躞軸心也贉卷首帖綾又謂之玉池又謂之贉有毬路錦贉紙鑽贉有樓臺錦贉有樗蒲錦贉有引首二色者曰雙引首標外加竹界曰打攦其覆首曰褾褫注帖譜系曰大觀帖用皂鸞鵲錦褾褫是也卷之袠簽曰檢又曰排漢書武紀金泥玉檢注檢一曰燕尾今世書帖簽後漢公孫瓚傳皂囊施檢注今俗謂之排此皆藏書畫職裝潢所當知也

重池

左太沖詩衣被皆重池池被之心如池也李太白詩亦有綠障泥錦之句今裝潢家以卷縫𨭖處爲玉

池也

龔聖予瘦馬圖詩

一從雲霧降天關空進先朝十二閑今日有誰憐駿骨夕陽沙岸影如山

山谷詠高麗松扇

會稽內史三韓扇分送黃門畫省中海外人烟來眼界全勝博物注魚蟲

又

蘋汀游女能騎馬傳道蛾眉畫不如寶扇眞成集陳隼史臣今得殺青書

題畫三蜩

何人刻獼猴老眼覷荆棘不如丹青手快意風雨疾揮毫生詩興九鼎扛筆力偶然一點污着紙生羽翼千言走蚍蜉寧爲寸紙逼還當寫君詩什襲同藏

東坡題李世南秋景平遠圖

野水參差落漲痕疏林欹側出霜根浩歌一棹歸何處家在江南黃葉村

山谷題趙大年蘆鴈

揮毫示作小池塘蘆荻江村鴈落行雖有珠簾藏翡翠不忘烟雨罩鴛鴦

又題晁以道鴈圖

飛雪洒蘆如銀箭前鴈驚飛後回盻憑誰說與謝元暉莫道澄江淨如練

李錞希聲題趙士雷四時畫

九江應共五湖連尺素能開萬里天山杏野桃零落處分明寒食曉風前　右春

繁陰雜藹映河沙三伏江天自一家欲與扁舟度雲錦平鋪明鏡是荷花　右夏

春鉏寂寞繞疎叢霜後雲生蒲漵風此處年年報秋色只應衰柳上恐作與丹楓　右秋

蒻水飛花細舞風斷蘆洲外水連空剡溪幾曲知名處何似今朝眼界中　右冬

米芾題濮王蘆鴈圖

偃蹇汀眼鴈蕭稍風觸蘆京塵方滿眼速爲喚花奴野趣分弱水風花蒻鑑湖塵中不作惡爲有鄭公圖

李成山水畫

六幅冰綃掛翠庭危峰疊嶂鬭崢嶸却因一夜芭蕉雨疑是巖前瀑布聲

題醉僧圖

人人送酒不曾沽終日松間繫一壺草聖欲成狂便

發眞堪畫入醉僧圖

贊南極老人畫

黃昔繼蘇昭宣文德謚而爲書忠孝心畫小人擿之自南遷謫一見藏眞頓起神逸南極老人天象下格擬傳萬祀託之青壁日星發光海岳動色長風雪濤躍破鮪力壽與天齊克配南極

畫品卷一畢

法帖神品目

光緒年[illegible]
鋟於樂道齋

李嗣眞論右軍書太史箴樂毅論其體正直有忠臣烈士之象告誓文曹娥碑其容憔悴有孝子順孫之象逍遥篇孤雁賦有抱素拔俗之象皆見義以成字非一得以獨妍所謂品也夫以一指一筆之用而隨時變易雖作者不自知其所以然得不謂之神品可乎退之嘗目右軍爲俗書右軍且然況在漢秦以上者哉先生之作爲此者以見夫人誼力所至不可强爲並非徒神奇其說以炫人也童山李調元序

法帖神品目序畢

法帖神品目卷一

成都 楊鎭 撰　綿州 李調元 校定

蒼頡二十八字 在北海

空同山堯碑

石虹山堯碑 在餘千縣凡三十八字

平陽山堯碑

巫山峯頂古篆 邑人向萬言云尚存

衡山岣嶁峯神禹治水碑 在長沙凡七十七字

小孤山禹刻 在楊子江中

廬山洞中禹刻 在廬山上霄峯詳見禹碑條下

陽明洞禹書

淳化閣帖禹書十二字

比干墓銅盤銘十二字

孔子書季札墓十字 在鎭江府

周宣王獵碣 即石鼓文

周穆王東巡四字 在贊皇縣

以上古篆見于模刻

大湫詛楚文 在渭

巫咸詛楚文

亞駝詛楚文 在靈邱亦李斯篆

嶧山頌德碑 在兗州

始皇詔書 在兗州

秦望山刻石 在會稽

之罘山刻石 可辨者十九字在登州

之罘山大篆 可辨者六十字在登州

始皇朐山碑

刻二世詔文 在高齋

殘碑二十字 在登州衙

以上秦

周公禮殿石楹記 初平五年鍾會書在成都府

陽泊侯墓碑 在成都

李陵題字 在哈密馬騌山望鄉嶺石龜上

析里橋郙閣銘 建平五年李翕造在漢州

刺史李頓碣 在綿州

中宮令楊暢墓碑 在嘉州

沛相范史墓闕文 在劒州

王襃墓碑 在資州

周公禮殿記 蔡邕書在成都

蔡邕石經 趙殿撰家有遺字二卷

巴官鐵量銘 在巫山

以上漢錄其畧

魏受禪壇記梁鵠書王文明

魏武帝大饗碑子建文武帝篆鍾繇書在亳州

魏受表梁詁書黃初元年在許州

了頭巖草隸皇象書在南京接官廳

魏郡公上尊號表相國歆等四十人鍾繇書

以上三國

石柱文太元十八年在劍州

散騎常侍周處碑陸機文王右軍書在常州

西平將軍墓銘王右軍書

定水寺題王右軍

嵇康石經見世說注

以上晉

梁改墮淚碑劉靈正書

天甯寺塔在北京隋文帝時字

梁招隱寺刹下銘蕭挹書普通三年在普州

以上南北朝

啟法寺碑丁道護書

霓裳羽衣曲黃旛綽書在河中府

崇徽公主手痕在汾州

鍾離權草書在順德府

孫真人養生銘在嘉州

孫真人龜蛇大字在耀州

說文字源李騰篆在滑縣

龍鳴之寺宋之問書在臨江

李太白碑于邵文在綿州

天章雲篆壽王清書在蜀州

韋皋紀功碑在簡州

張仙師靈廟碑在仁壽縣

大像碑在嘉定

重陽亭銘在劍州

光福寺柑木歌在巴州

紫極宮記賈島書在普州

心經歐陽詢書譜

葛稚川像在蒼溪縣雲臺之書巖

吳大帝黃武二年刻字在杭州粟山

東晉孫文度鐫在高陽鷄籠山

秦始皇碑在嘉興縣

石篆書二十六字天冊元年在海鹽縣

陽羨山天紀碑雲麓漫抄云吳天璽元年陽羨有石長十餘丈邵表為瑞大赦改元為天

紀立碑記之字畫奇古

王右軍祠記 在戒珠寺

柳公權金剛經 在鄞縣一在含山縣褒禪寺

天台觀葛仙翁篆 在台州

追魂碑 在處州府李邕書在松陽永寧觀葉法善求李邕書不得夜追其魂書之

初陽谷三大字 李陽冰書在縉雲縣仙都山

唐武則天書明果寺額 在衢州

吳紀功三段石 皇象書在建康府

長沙善化縣四絕堂碑 沈傳師歐陽詢書杜甫宋之問詩

天池寺周顛仙 在廬山其文如篆如籀

仙人草書 在安福縣

鄧隱峰詩 在口外銀山寺

臨池禪院四大字 唐鍾紹京書在贛州

繡巖堂碑 米元章書在盱眙

義帝碑 在永州

天皇元年倚碑 在永州坨陵

左史倚相碑 在枝江右軍書

石壁篆文 夏禹書在平江縣昌江山

舜井斷碑 秦時隸書在隨州

安祿山題碑 在遂州

以上雜碑

東晉簡文帝慶賜帖

宋明帝鄭修容帖

梁武帝腳氣帖

唐太宗數庾信體詩

唐高宗過午帖

唐高宗叔藝帖

砥柱銘 唐薛純陀書在河津

唐武后蚤春夜宴詩

陳長沙王梅發帖

宋高宗書文賦 楔褚遂良

宋甯宗書瀟湘八景詩

以上帝王

羲之蘭亭帖

樂毅論

東方書讚

霜寒帖

秋中感懷帖

二謝帖

官奴產後帖 多湯帖

發瘧帖絕妙

阮生帖

裹鮓帖

快雪時晴帖

破羌帖一名王略帖此帖草法極工

冬〻中感懷帖

十七帖二十七條

敬和在彼帖

疾尙綴綴帖章草

以上右軍

杜度章草文八十五字

張芝八月九日帖

鍾繇昨疏還示帖

墓田丙舍帖

皇象文武帖

頑闇帖

王導改朔帖

王敦惜節帖

王洽號毀帖

王珣衆感帖

拔老殘年帖無名氏

宋宣和手詔石刻在廣西

謝安八月五日米芾目在慰問帖之上

王徽之湖水帖

新月衰摧帖

月終帖

唐詩人餞鍾輅卷愼得之雲南後爲盜所竊

王獻之洛神賦十三行

違遠墳墓帖

王獻之書闕明語章草極工

相過帖

奉對積年帖

王僧虔劉伯寵帖

南臺帖二帖妙

薄紹之參軍帖

宋儋接拜帖

以上淳化諸帖

法帖神品目畢

名畫神品目

光緒壬午年
鋟於樂道齋

人物本不相習而精能之至逸造神奇儗之丸秋之弈養由基之矢皆是也畫亦何獨不然入有竊顧凱之畫者完其厨以示之凱之自云此畫通神飛去矣是雖虎頭癡語亦有理趣可味蓋物有形必有神古今畫者皆曰傳神畫至神盡乎技矣黃休益州名畫記以逸品居神妙能之上宋徽宗則以神逸妙能爲次以神足以兼逸逸或不能盡神也然則先生論畫舉神品而獨遺逸妙能其亦不無見與童山李調元序

名畫神品目卷一

成都 楊慎 撰　綿州 李調元 校定

神品目

皇人三一圖道家

二十八宿真形圖

五嶽真形圖

結璘奔日月圖日字恐衍

九宮紫房圖

嶽瀆福地圖

五禽導引圖

太衍元圖僧一行

素女玉房祕戲圖

李八百姝產黃庭經圖

寶誌公十二面觀音相王道真新繁人

巨雪壁太華圖石恪成都人

西伯獵渭圖黃居宷

七夕夜市圖燕文貴

北風圖劉裒□漢靈帝時人作北風圖見者覺涼又作雲漢圖見者覺熱　雲漢圖

舶船渡海像燕文貴□大不盈尺舟如葉人如麥而檣桅篙櫓指呼詟躍盡得情狀至於風波浩蕩島嶼相望蛟蜃雜出咫尺千里何其妙也

淮揚春市圖葉仁遇江南人

村童入學圖毛文昌蜀人

雲峯圖翟院深樂工

舞鍾馗圖李雄

綠珠墜樓圖王士元

楚襄王游江圖蔡潤

奇峯散綺圖宋徽宗

憩寂圖李伯時

子敬書練裙圖米元章

平蕪千里圖

四更吐月圖任才仲

楚山清曉圖米友仁

遙山翠眉圖任才仲妾艷艷

照盆孩兒圖劉宗道□以手指影影亦相指形影自分

滿溪春溜圖郭熙

清江碧岫圖戴得淯

百鴈圖

千鴈圖牧谿和尚

飛瀑圖郭熙

山林倒影圖燕穆之

嫁小喬圖 李伯時
虢國夫人圖 周昉
晚靄橫看圖 文與可
野老移居圖 勾龍爽
禹乘四載圖 展子虔
祖二疏圖 顧愷之
漢武射蛟圖 張僧繇
金谷圖 史道碩晉人
雪霽望五老峯圖 顧愷之
南朝貴戚圖 戴逵

輕舟迅邁圖 晉明帝
丁貴人彈曲項琵琶圖 袁倩
張華手擊白鷴自調圖 唐無名氏
楊妃架雪衣鸚鵡亂雙陸局圖 周昉
武惠妃舞圖 譚皎
佳人寒食圖 無名氏
撲蝶按箏楊貴人等四圖 周昉
謝女詠梅圖 關同
鳳樓十八怨圖 朱簡章
織錦迴紋圖 胡翼

明皇並笛圖 黃延皎
管夫人玩花圖 趙子昂
管夫人烹茶圖 趙子昂
堯民鼓腹圖
三壁山川圖 張詢
三峽聞猿圖 胡擢○擢畫有名當世或贈之詩云甕中每聞遺遙樂筆底閑偷造化功
吳王避暑圖 杜霄
桃源早行圖 關同
蕭翼賺蘭亭圖 文仲元
迴阿遠岫圖 杜搆成都人

李陵送蘇武圖 周行通
烟嵐曉圖 李成
尉帛士女圖 周文矩
奏樂天女圖 張昉臨汝人
江村晚釣圖 毛文昌蜀郡人
村醫圖
田家娶婦圖
冒雪高峯圖 范寬
拜月圖 李宗成
潮雞圖 毋咸之江南人

嬰嬰圖趙昌廣漢人
子猶訪戴圖崔白
隔蘆睡鴈圖崔子中
伯樂相馬圖畢顥
淸濟貫濁河圖戚文秀
楚王渡江圖蔡潤
瀟湘逢故人圖何霸
八駿圖周穆王時畫史道碩○荀勗
金橋圖陳閎吳道子韋無忝畫明皇幸潞州事
醉僧圖閻立本

醉女圖張萱
淸夜遊西園圖顧凱之
征人早行圖
獨孤妃按曲圖
毛詩圖晉明帝時衛協
毛詩草木蟲魚圖
山海經圖張僧繇
維摩天女飛仙像顧凱之
滿堂春色徐熙畫桃一大枝
村田瞋歌圖唐無名氏

江南瞋禽圖徐熙
春景士女圖祝夢松
春宵圖元無名氏
尉帛圖阮惟德唐人
唐洛陽京城圖
唐長安京城圖楊佺期
百川源委圖
灣閘圖
慶歷彩選圖
明皇擊梧圖

春社圖王維
郭子儀宴魚朝恩圖
月令圖王涯
瑞應圖孫之柔
內庫瑞錦圖寶師綸○畫錦文對雉闘羊翔鳳游麟之形
古今泉貨圖于公甫
龍朔功臣圖韓幹
蒼牯出水圖韓滉
正面九翠圖邊鸞○殷闡姚魏春翠射琅玕碧年深粉色暗元氣帳猶顯遠來米家船復出
王涯壁

瓊枝春醉圖 周昉

孤舟橫笛圖 王卿

疎梅寒雀圖

淵明臨流賦詩圖

虢國夫人夜游圖 張萱

宋懷懿皇后李代御容 用紫色粉白眉以下作兩方葉塗其面頰自鼻梁上下露眞色一線若紫紗幕者後見古今注魏文帝宮人有巧笑者始以錦絲作紫粉塗拂其面○按魏宮人段巧笑始以錦衣絲履作紫粉拂面又按拂輔也

雙禽圖 鍾隱○李後主號鍾山隱者又號鍾峯

馬騎契丹人 胡瓌○凡畫毛毳敢狼毫疎遒

桃溪春色圖 李公年

瓊花圖 宋人

宮騎圖 張萱○其從騎有挈金駝駝者蓋唐制宮人用金駝貯酒玉龜藏香

渡海觀音圖 孫知微○足前有小百花作一大青荷葉上有散諸天花

轉山北斗圖 吳道子○凡七人中有被甲者

苔磯靜釣圖 王維

水閣閑碁圖 王維○王秋澗跋云三畫林野之思物景之清不覺身在其間營幹云物不精不爲神信

神鷹圖 張謹

色竹圖

雪灘寒鴈圖 無名氏

名畫神品目卷一畢

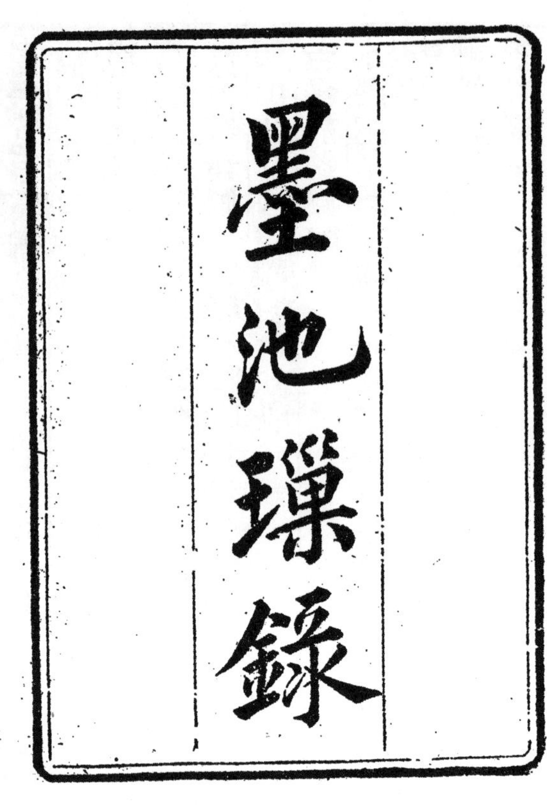

墨池璅錄序

余嘗于新都趙氏獲覩升菴在滇寄楊夫人家書不知眞僞其字體半倣子昂而近弱今讀墨池璅錄所論書法具抑顏魯公米芾而推趙孟頫爲得晉人法則其景行可知矣蓋學焉而得其性之所近未可以是爲訾病也本二卷在汪鹿園家見原本四卷其二卷蓋焦竑所倂也羅江李調元雨村撰

墨池瑣錄卷一

成都 楊 慎 撰　綿州 李調元 校定

陳景元評歐陽詢字云世皆知其體方而莫知其筆圓亦可爲歐之闡幽也

倪正父云東坡多臥筆魯直多縱筆米老一本作元章多曳筆

虞文靖公曰大德延祐之間稱善書者必歸巴西漁陽吳興巴西謂鄧文原漁陽謂鮮于樞吳興謂趙子昂也以二人先於趙者以齒序耳鄧書太枯鮮于太俗豈能及子昂萬一耶文靖他日又曰魏晉以來善

書者未嘗不通六書之義吳興趙公之書冠天下以其深究六書也此評始爲的論

鄭子經云偶寫一字不成須於衆碑中求之不可輕易率然而作趙子昂所謂必求古人佳樣是也

黃山谷云近時士夫罕得古法但弄筆左右纏繞遂號爲草書蓋前世已如此今日尤甚張東海名曰能草書每草書盤字以意自撰左右纏繞如鎮宅符篆文徵明嘗笑之云草書集韻尚未經目何得爲名書耶

鄭子經論張即之陳讜之書曰速無爲所染如深焉雖盧扁無所容其靈矣然則其自知耶知則不爲此論足以砭俗

書法之壞自顏眞卿始自顏而下終晚唐無晉韻矣至五代李後主始知病之謂顏書有楷法而無佳處正如扠手並脚田舍翁耳李之論一出至宋米元章評之曰顏書筆頭如蒸餅太醜惡可厭又曰顏行書可觀眞便入俗品米之言雖近風不爲無理然能言而行不逮至趙子昂出一洗顏柳之病直以晉人爲師右軍之後一人而已

米元章目柳公權書爲惡札如元祕塔銘誠中其譏

若陰符經序昔人評爲柳書第一實有晉韻下此則馮宿碑亞於廣堂碑非元祕塔銘可同日觀也紫絲靸帖亦佳比之顏當出其上而世未有信予此說者何所見之不同乎

劉正夫云觀今之字如觀文繡觀古之字如觀鐘鼎

王羲之筆勢圖云書虛紙用强筆書强紙用弱筆强弱不等則蹉跌不入用用墨著墨不過三分不得深浸毛弱無勢

歐陽詢云虛拳直腕指掌齊空分間布白勿令偏側墨淡則傷神彩太濃則滯鋒毫肥則爲鈍瘦則露骨

懷素與鄔彤爲友嘗從彤受筆法彤曰張長史私教彤云孤蓬自振驚砂坐飛余自是得奇怪草聖盡於此矣顏眞卿曰師亦有自得乎素云吾觀夏雲多奇峯嘗師之其痛快處如飛鳥入林驚蛇入草又遇坼壁之路一一自然眞卿曰何如屋漏雨痕素起握眞卿手曰得之矣

董内直書訣曰無垂不縮無往不收如懸針如折釵如壁坼如屋漏如印印泥如錐畫沙左邊短必與上齊右邊短必與下齊左欲去吻右欲去肩指欲實掌欲虛

晉賢草體虛澹蕭散此爲至妙惟獻之綰秋蛇爲文皇所笑至唐張旭懷素方作連綿之筆此黃伯思姜堯章之所不取也

行行要有活法字字要求生動

小心布置大膽落筆

米元章評蔡襄書如少年女子訪雲尋雨體態妖嬈行步緩慢多飾鉛華

趙子固云學唐不如學晉人皆能言之晉豈易學學唐尙不失規矩學晉不從唐入多見其不知量也入道於楷僅有三焉化度九成廟堂耳

丁道護襄陽啓法寺碑最精歐虞之所自出北方多朴而有隸體無晉逸謂之氈裘氣蓋骨格者書法之祖也態度者書法之餘也氈裘之喻謂少態耳

鍾紹京云智永硯成臼迺能到右軍若穿透始到鍾索也陶貞白云右軍臨鍾跡勝其自運山谷云帖中有張芝書狀二十許行索靖急就章數行淸絕瘦勁雖王氏父子當斂手者也予觀此論所謂强中自有强中手天下原無第一人信矣今之學書者知有二王而不求二王之上亦未爲善學二王者也

李華云用筆在乎虛掌而實指緩紉而急送意在筆

前字居筆後

山谷云心能轉腕手能轉筆書字便如人意又曰大字難於結密而無閒小字難於寬綽而有餘又曰肥字須要有骨瘦字須要有肉皆三昧也

米元章云字要骨格肉須裹筋筋須藏肉

草不兼眞殆於專謹眞不通草殊非翰理譬之良馬磬控縱送不爾蹶矣古稱鍾繇隸奇張芝草聖孫過庭遂疑其偏不知乃似孟子不言易而善用易也

篆尙婉而通隸欲精而密草貴流而暢眞務檢而便此四訣者可謂鯨吞海水盡露出珊瑚枝矣

姜白石云眞多用摺草多用轉摺欲少駐駐則有力轉不欲滯滯則不通然而眞以轉而後遒草以摺而後勁不可不知也又曰眞貴方草貴圓方者參之以圓圓者參之以方斯爲妙矣草書尤忌横直分明多則字有積薪束葦之狀而無蕭散簡遠之氣

先太師公學蕭子雲出師頌李文正公嘗云石齋書眞是簡遠但急疾時所書無乃太簡乎先公笑曰夫何遠之有翰苑相傳以爲善謔

王延之曰勿欺數行尺牘即表三種人身言其難工也

孫虔禮云書字有五乖五合神怡務閑一合也感物徇知二合也時和氣潤三合也紙墨相發四合也偶然欲書五合也心遽體留一乖也意違勢屈二乖也風燥日炎三乖也紙墨不稱四乖也情怠手闌五乖也乖合之際優劣互差予嘗以其言舉似文徵仲曰古人多以酒生思而此乃遺之徵仲笑曰予不能飲此言似爲予設

薄紹之書放縱快利筆道流便二王之後畧無其比

徐浩書固多精熟無有異趣殆如倚市之娼塗抹青紅反令人贈金鍛肩也

張懷瓘書斷以章草新意頗多

張懷瓘論書法云射嵌一作空玲瓏謂如烟感識行草用筆不依先後臯華亦然

江總云懷素援毫掣電隨手萬變

山谷曰三代之鼎彝字畫皆妙蓋勒之金石垂世傳後必托於能者爲學古鉤深者謀不爲單見淺聞者病也又曰石鼓文筆法如圭璋特達非後人所能贗作熟觀此書可得正書行草法蓋王右軍亦云爾又曰周秦古器銘皆科斗文字其文章爾雅朝夕玩之可以披剝華僞自見眞情雖戲弄翰墨不爲無補又

曰李龍眠得金銅戟於市漢制也泥金六字字家不能讀蟲書妙絕於今諸家未見此一種乃知唐元度僧夢英皆妄作耳又曰草書與科斗篆隸同法同意又曰大王昨遂不奉深恨帖有秦漢篆筆姜堯章云眞行草書之法圓勁古淡則出於蟲篆點畫波發則出於八分轉換向背則出於飛白簡便痛快則出於章草合黄與姜之言觀之學書者必先乎此所謂乘槎直入斗牛宫不但窮河源而已不然是弄潢池而承榼檐一作霤豈有驚人之波瀾耶

李白在開元間不以能書名今其行草不減古人龍

江夢餘錄載其二帖是也

索征西筆短意長今人作字大槩筆多而意不足觀祕閣續帖中月儀帖可見

智果書合處不減古人然時有僧氣可恨古人所以貴於人品高也

右軍字似左氏大令字似莊周山谷此言亦猶東坡以杜子美比司馬遷以江瑤柱比荔枝也

張旭妙於肥藏眞妙於瘦然以予論之瘦易而肥難揚子雲曰女有色書亦有色試以色論詩云碩人其頎左傳云美而豔豔長大也漢書載昭君豐容靚飾

唐史載楊妃肌體豐豔東坡詩書生老眼省見稀畫圖但見周昉肥知此可以論字矣

張長史千字文數字四明屠直卿家藏古帖有之又有蘇才翁所補亦怪逸可喜云

蘇子美似古人筆勁蔡君謨似古人筆圓勁易而圓難也美而病韻者王著勁而病韻者周越著高於越多矣王著成都人宋初爲侍書今之智永千文著所補也亦可亂眞無跡可尋

東坡云君謨小字愈小愈妙曼卿大字愈大愈奇李西臺字出羣拔萃肥而不剩肉如世間美女豐肥而神氣清秀者也不然則是世說所謂肉鴨而已其後林和靖學之清勁處尤妙此蓋類其爲人東坡詩所謂詩如東野不言寒書似西臺差少肉可與和靖傳神矣

山谷云米元章書如快劍斫陣强弩射札然勢亦窮此似仲由未見夫子時氣象耳米嘗評黃庭堅爲描字亦是好勝遇敵也

徐浩云虞得王之筋褚得王之肉歐得王之骨夫鷹隼乏彩而翰飛戾天骨勁而氣健也翬翟備色而翺翔百步肉豐而力沈也若藻曜而高翔書之鳳凰矣

歐虞爲鷹隼褚薛爲翬翟書之鳳凰非右軍而誰

古草書賦云杜度之後以張爲祖以衛爲父索范者伯叔也二王可爲兄弟薄爲庶息羊爲僕隸其言似誇然確論也

法書惟風韻難及唐人書多粗糙晉人書雖非名法之家亦自奕奕有一種風流蘊藉之氣緣當時人物以清簡相尚虛曠爲懷修容發語以韻相勝落華散藻自然可觀可以精神解領不可以言語求覓也

古人例多能書如管寧人但知其清節而不知其銀鉤之敏芽山碑云劉曜人但知其獰凶而不知其章草之

工其畫見書韻觀草又有能書而名姓不著者後漢錦車馮夫人名嫽善史書僅見西域傳張伯高以書酣身名亞皇象僅見于枹朴子曹蜍李志與右軍同時書亦爭衡其人不足稱耳北朝有沈含馨隋有丁道護與智永齊名曰丁眞永草者唐有貝靈該繆師愈鄭預心經草書預草也胡英李邕齊名鄔彤懷素之師武盡禮寧照寺鐘銘賀蘭敏之法門寺碑房璘妻高氏崇徽公主僅見金石集古諸錄張諲與王維齊名雅善小王書貴苑咸工梵書南唐王文秉工小篆不在二徐下又有王逸老善篆與八分其命名乃欲抗右軍者不知何代人疑卽文秉也

宋有秦子明榮咨道皆蜀人山谷之友高述潘岐東坡門客僅傳姓名其餘不傳者又何限也

智果心成頌覃精一字功歸自得盈虛統視連行妙在相承起伏張懷瓘云臨訪古帖毫髮精研隨手變化得魚忘筌晦翁云放意則荒取妍則拙皆得書訣之妙

李嗣眞云黃庭經象飛天仙人洛神賦象凌波神女

榮咨道云褚遂良薛稷柳公權不過名書未得爲法書也

續書品云樂毅論小中有楷黃庭經楷中有小東方贊五分中有楷方丈洛神賦方丈在五分中力命篇三分晝五分字曹娥碑五分晝四分字

草書有圓無分有直無橫

山谷云入則重規疊矩出則奔軼絕塵曲盡書法矣墓田丙舍其鍾元常之懿乎霜寒阮生其王右軍之奧乎李陽冰庶子泉銘怡亭刻石二世之詔無是過也

古文如春籀如夏篆如秋隸如冬八分行草歲之餘閏也

劉靜能曰鍾王不能變乎蔡邕蔡不能變乎籀古今

古雖殊其理則一鍾王雖變新奇而不失隸古意度謝蕭阮守法而法在歐虞褚薛竊法而法分降爲黃米諸公之放蕩猶持法外之意周吳輩則慢法矣下而至張郎之怪誕百出書怪極矣不有子昂誰能回瀾乎

袁昂曰鍾繇之書點畫之閒多有異趣可謂幽深無際古雅有餘秦漢以來一人而已

梁武帝云眾家可識亦當復由串耳六文可工亦當復由習耳程邈所以能變書體爲之舊也張芝所能盡書勢學之積也旣舊且積方可以肆其談

張懷瓘云古文篆籒書之祖也都無節角蓋欲方而有規圓不失矩如人露筋骨是乃病也夫良工理材斤斧無跡今童蒙書有稜角豈無謂哉稜角者書之弊薄也脂肉者書之滓穢也畧斯病弊須訪良醫

雷太簡云聽江聲而筆法進文與可亦言見蛇鬬而草書長

有功無性神彩不生有性無功神彩不實

得形體不若得筆法學字如女子學梳掠惟性慮者尤能作度態也世之學阮研者不得其骨力婉媚惟見攣拳委曲學薄紹之者不得其批斫淵微徒似其

經營險急所謂醜女效顰見者必走也

宋世集帖傳於今者絕少大觀帖蔡京所摸予及見之雪溪堂王庭筠所刻寶晉齋曹日新所刻澂堂帖賀知章所臨皆絕妙秘閣續帖於王宜學處見之又聞其家有鍾山草堂刻梁人書奇勁未之目也皇象天璽石刻雄偉冠世尚有之澂下當有心字

解揩紳學士春雨齋續書評鍾繇書如公孫碩膚赤舄几几王右軍如子之燕居申申夭夭智永瑤臺雪鶴高標出羣虞世南如重華在位被袗鼓琴歐陽詢秋霄健翮峭壁雙清褚遂良披沙揀金薛少保寒機夜織顏眞卿五丁鑿路柳公權一夫當關張長史風回電馳僧懷素雲行雨施李北海樓臺映日花木逢春徐會稽怒猊渴驥藏稜出力拔谷言難張從申有入木七分之氣吾聞之子山云米南宮奇逸超邁烟雲卷舒黃山谷清圓妙麗引繩貫珠蘇東坡豐腴悅澤純綿裹鐵蔡端明方正嚴重土偶蒙金趙文敏神明英傑儀鳳冲霄祥雲捧日康里子山雄劍倚天長虹駕海饒介之卞莊刺虎功倍力省宋克鵬搏九萬須仗扶搖宋仲珩龍駒鳳雛神彩已具詹希元字孟舉新安人獨擅署法署書冠冕莊重俞紫芝名和字子中同江人逮事松雪臨摹

子夫擅寵杜叔循名環廬陵人眞書清風蘭雪胡子申名布盱江人珊瑚碧樹頗謝琮璜揭平名樞豐城人旱蛟得雨秋鷹人雲凡二十八人評皆當惟評蔡端明爲土偶蒙金殊失之蔡之字有晉韻在蘇黃米之上又謂宋仲珩爲神彩已具似以未成少之亦非也本朝書當以宋克爲第一仲珩卽次之方遜志評之已定矣胡杜揭豈能及哉

今之笑學書者曰君學羲獻羲獻當年學誰予詰之曰爲此言者非惟不知書亦不知古今矣羲獻學鍾索鍾索學章草章草本分隸分隸本篆籒篆籒本科

斗遞相祖述豈謂無師邪今不屑步鍾索羲獻之後塵乃甘心為項羽史宏肇之高第果何見邪

范成大云古人書法字中有筆筆中無鋒乃為極致

宋潛溪跋張旭書酒德頌眞迹云出幽入明殆類鬼神雷電予嘗見其千文數字信然

古人論墨之佳曰輕堅黝黑入硯無聲又曰其堅如玉其文如犀又曰續彩奮發論硯之佳曰秀潤玉質論筆曰長而不勁不如勿長勁而弗圓不如不勁皆至理也善書者知之

墨池瑣錄卷一終

墨池瑣錄卷二

成都 楊慎 撰 綿州 李調元 校定

五代史補云郭忠恕工篆籀嘗有人於龍門得鳥跡篆示之忠恕一見輒誦有如宿習余按河津伊闕俱有龍門此跡今不知在否好古者試一求之

宣州陳氏能作筆家傳右軍與其祖求筆帖子孫世精其法至唐柳公權求筆於陳氏先與二管語其子曰柳書士如能書當留此筆不爾當退還即可常筆與之未幾柳以不入用別求陳氏遂與常筆陳曰先與者二筆非右軍不能用柳信與之遠矣此事見墨藪信乎如來三昧菩薩不知也

金張天錫君用號錦溪嘗集古名家草書一帖名曰草頭韻會其所取歷代諸家漢則章帝史游張芝崔瑗崔寔蔡琰王曕羅暉張超趙襲張越徐幹魏則曹孟德少帝髦曹植韋誕虞林劉廙杜畿衛覬蜀則諸葛亮吳則皇象賀邵晉則成帝司馬攸何曾衛瓘衛恆韋昶杜預張華嵇康張翰李式劉瓌之索靖王允之王導王恬王薈郗鑒郗愔郗儉之郗曇庾准庾翼楊肇卞壼庾亮王廙謝安衛夫人謝璠伯王羲之王獻之王濛王徽之王渾王戎桓溫張翼王泯王詢許

静民王洽王敦王遠王衍紀瞻王邵王循蔡克王曇沈嘉陸機陸雲温放謝敷謝尚詹思遠劉伶謝萬前趙則劉聰劉曜後魏則崔景伯崔浩崔悦王世弼李思弼劉懋劉仁之庾導裴敬憲宋則劉裕太宗謝靈運孔琳之薄紹之范燁羊諮王敬和邱道護張茂度盧循沈約裴松之賀道力羊欣南齊則蕭道成源楷之劉泯褚淵江夏王鋒蕭慨王僧虔王志王慈引張融北齊則張景仁趙仲將眺梁則武帝克任昉傳昭蕭子雲劉孝綽丁覘蕭思話陶宏景孔敬通蕭確朱异周宏讓阮研庾肩吾陳則始興王永陽王江揔虞

綽沈君理袁憲毛嘉鄭仲陳逵顧野王蔡景歷王彬王公幹蔡凝伏知道劉顗陳伯智蔡澄陸繕後周則元禮王褒隋則煬帝智永智果房彦謙竇慶唐則太宗高宗則天歐陽詢薛純虞世南褚遂良陸柬之鄔彤楊師道魏叔瑜李懷琳杜審言張旭李白賀知章孫過庭王知敬白居易史鱗杜牧裴行儉張懷瓘鍾紹京王紹宗裴説韋斌李德裕吳道元張禋李翶林傑顔眞卿柳公權鄭虔宋令文魏元忠元希聲張志和韓愈盧知猷蕭俛韓質王奐之王承規衛秀洪元脊魏悌韓渥景融周義李膋張仲謀裴素胡季良鍾

繇權徐嶠之章孝規張廷範蕭遘幷釋九人懷素懷仁高閑亞栖詧光景雲貫休夢龜文楚也五代則杜荀鶴薛存貫楊凝式宋則錢俶蘇舜元蘇舜欽蘇軾黄庭堅米芾杜衍蔡襄周越石蒼舒鍾離景伯金則王競高士談任詢党世傑趙渢王庭筠趙秉文史公奕王仲九張瑞童王萬慶閑閑居士趙秉文爲之序曰草書尚矣由漢而下崔張精其能魏晉以來鍾王擅其美自兹以降代不乏人夫其徘徊閑雅之容飛走流注之勢驚竦峭拔之氣卓犖跌宕之志矯若游龍疾若驚蛇似邪而復直欲斷而還連千態萬狀不

可端倪亦閑中之一樂也初明昌閒翰林學士承旨党文獻公始集數千條修撰黄華王公又附益之兵火散落不可復見今河中大慶關機察張公君用類以成韻捃摭殆盡用意勤矣將板行以與士大夫共之竊以謂通經學道本也書一藝耳然非高人勝士胸中度世有數百卷書筆下無一點塵不能造微入妙君用素工書翰故能成此余猶及見金人板刻其精妙神彩不減法帖至元末好事者又添鮮于樞字改名草書集韻刻已不精洪武中蜀邸又翻刻并趙公序及諸名姓皆去之刻又粗惡可重惜也前輩作

事多周詳後輩作事多闕畧信然

管寧別傳云寧字畫若銀鈎茅山碑云管寧銀鈎之敏是也唐朱放詩瓊樹相思何日到銀鈎數字莫爲難

書家作字省文之例如鳳凰連寫凰但作皇鴛央鸞郎亦然其例起于六書建類主聲轉注爲義也如弍字从一數也从弋聲也而弎弍之字皆从弋弋非聲也以弌爲建類之聲故可以轉二三而爲注鳳从鳥義也从凡聲也而凰字亦从凡凡非聲也以鳳爲建類此於字學末之末者人多習之而不察耳

方遜志先生評書云趙子昂書如程不識將兵號令嚴明不使毫髮出法度外故動無遺失鮮于伯幾如漁陽健兒姿體充偉而少韻度康里公如鸞雛出巢神采可愛而頡頏未熟雖俱得重名而趙公高矣繼三公而作者金華宋仲珩草書如天驥行中原一日千里超濶度險不動氣力雖若不可蹤跡而不馳騄必合程度又曰子昂妙在行草亦弈弈得晉人韻度所乏者格力不展子山最善懸腕行草逸邁可喜所乏者沈著不足又題褚遂良書唐太宗哀冊墨蹟云古人所爲嘗使意勝於法而後世常法勝於意夫書六藝之一大儒未嘗不留心

處州松陽永寧觀碑李邕書傳云葉法善修此觀欲求邕書隔遠不至乃夜追其魂書之謂之追魂碑蓋神異其事云爾此碑予嘗見其拓本信爲超絕或者因傳之與碧落碑事相類

有人問莊孔暘曰張汝弼草書何如孔暘曰熟到極處俗到極處識者以爲知言

南唐昇元帖以匱紙摹搨李廷珪墨拂之爲絕品匱紙者打金箔紙也其次即用澄心堂紙蟬翅拂爲第二品濃墨本爲第三品也昇元帖在淳化祖刻之上

隋開皇帖之下然今皆不可復見矣

書札於德性相關朱子嘗云郎子雲所謂心畫也漢司隸楊厥碑遶通石門遶字洪适亦不識爲何字愚按遶郎鑿字也鑿省作遶又作遶者以乏代乁如匜作迆匝作迊陋作陃謂之隸變古有此例于禄字書可考洪适蓋以六書求之而不得所謂知常而不知變也唐人書葉法師碑宋人書杜詩禹鑿寒江之句皆以鑿爲遶蓋師法古而結體密源流遠而意氣深乃爲法書若確守六書古人謂之氈裘氣東坡所云鴉哥之學止數言山谷所謂蝦蟇之禪惟一

跳也若左纏右繞信手隨心而自號曰草書又近於東海之流弊矣書雖一藝亦不易哉

李北海書雲麾將軍碑爲第一其融液屈衍紆徐妍溢一法蘭亭但放筆差增其豪豐體使益其媚如盧詢下朝風度閑雅縈轡回策儘有蘊籍三郎顧之不覺歎羨雲麾碑刻在長安艮鄉縣有拓本遠不如也今長安碑已亡惜哉

唐僧貫休工篆隸荊州守問其筆法休曰此事須登壇而授詎可草草言之此言最中理登壇而授言如人之登高已至壇上之人一舉手援之而已未加苦

功而欲求捷法譬如坐井中而求援壇上焉有此理耶李頎贈張諲詩小王破體咸支策人皆不知破體爲何語按徐浩云鍾善眞書張稱草聖右軍行法小王破體皆一時之妙破體謂行書小縱繩墨破右軍之體也夫以小王去右軍不大相遠已號破體今世解學士之畫圈如鎖宅之符張東海之顫筆如風癱之手忝王氏家奴所不爲一世囂然稱之字學至此掃地矣

熊朋來云周公之時未改籀已有六書之教孔子之時已改籀尙存科斗之書事固有用於一時而廢於後世久復蹈襲乃與古符者多矣世有小篆謂李斯所作然黃帝布乃其文已作小篆隸書謂王次仲所創而葛天氏之弊文與今隸無異臨淄人得齊胡公之銅棺前龢隱起皆作今篆後漢急就章方有波磔挑踢而錢譜所載尊盧太昊至帝嚳金幣之文及近世掘得周時鏡銘皆古篆而有鈎踢乃知今世所用者上古已有之今人特以所見爲始耳非至論也

墨池瑣錄卷二

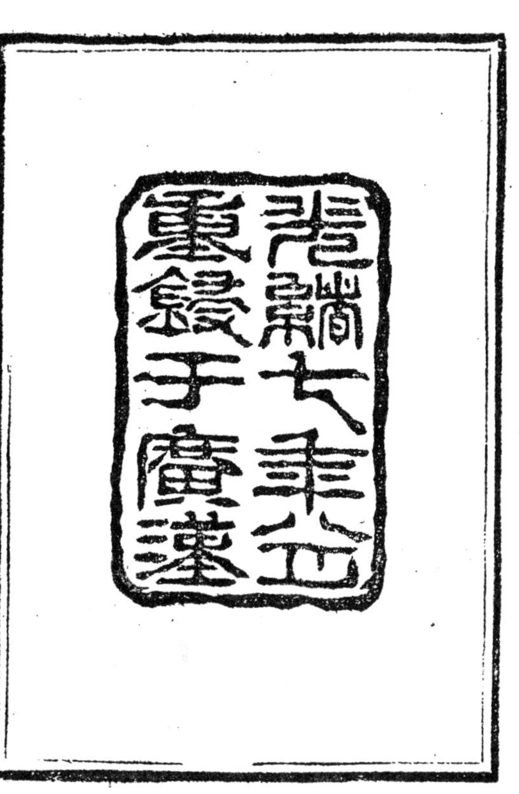

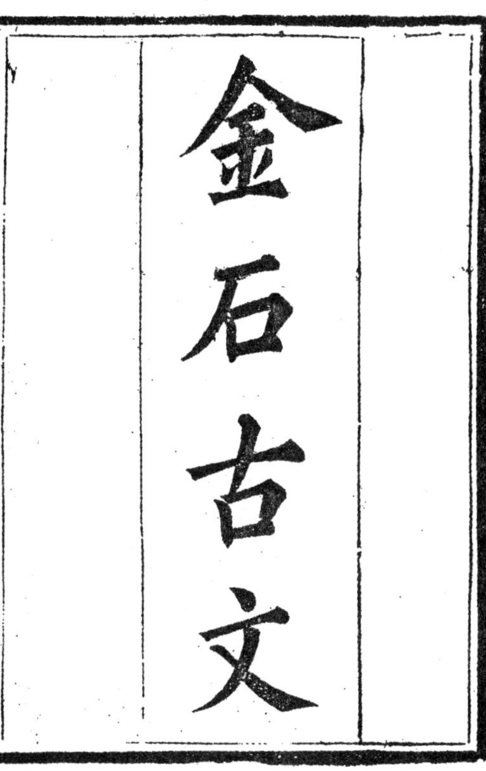

金石古文敘

西蜀楊子專精載籍窮索閫奥所著丹鉛餘錄古文韻語韻林原訓及所選采樂府律祖諸篇踵蹟增華變辭加厲開多昔賢所未發茲裒集金石古文凡十四卷歐陽子讀漢郙閣頌醳散關之潮潔徙朝陽之平慘莫究厥旨楊子類引分解焯然可曉豈非負有純賦參用苦力者哉衛泉孟子摹本未善予茲巡行之暇更綴玼畫謀諸漢中李守重刻兼脩飾皇猷其能無裨助乎明嘉靖三十三年仲冬望日賜進士第

奉勅巡按陝監察御史永嘉省菴孫昭書

金石古文卷一

成都 楊 愼 輯 綿州 李調元 校定

倉頡陽虚山丹甲靑文石刻

上天垂命皇辟迭王

按河圖玉板云倉頡爲帝南巡登陽虚之山臨于元扈洛汭之水靈龜負書丹甲靑文以授之文梶二十八字景刻于陽虚之石室李斯止識八字曰上天垂命皇辟迭王今已不可尋矣

愼按爲帝南巡作一句爲音去聲言奉黃帝命而代之南巡也

衡山雲密峯神禹碑

承帝曰嗟翼輔佐卿水處（讀作洲渚）與登鳥獸之門參身洪流而明發爾興久旅忘家宿岳麓庭智營形折心罔不辰往求平定華岳泰衡宗疏事裒勞餘伸禋鬱塞昏徙南瀆衍亨衣制食備萬國其甯竄舞永奔

徐靈期衡山記云夏禹導水通瀆刻石書名山之高酈道元水經注云禹治洪水血馬祭衡山於是得金簡玉字之書按省玉字通水理也或曰此卽金簡玉字之文云劉禹錫寄呂衡州化光詩云傳聞祝融峯上有神禹銘古石琅玕姿秘文龍虎形崔融云於鑠大禹顯允天德龍畫傍分螺書匾刻韓退之詩岣嶁山尖神禹碑字靑石赤形模奇又云千搜萬索何處有森森綠樹猿猱悲蓋亦求之而未得見也宋朱晦翁張南軒同遊南嶽尋訪不獲其後晦翁著韓文考異遂謂退之詩爲傳聞之誤蓋以耳目所限爲斷也王象之輿地紀勝云禹碑在岣嶁峯又傳在衡山縣雲密峯昔樵人曾一覩之自後無復可尋宋嘉定中蜀士有好奇者不憚高峻始陟其所乃濡紙脫其文七十二字刻于夔州觀後

亦磨滅近張季文僉憲在長沙得之云是宋嘉定中何致字子一者模刻于嶽麓書院斯文顯晦信有神物護持哉昔人好古如韓劉朱張求一見而不可得余流辟裔土乃獲坐玩之亦奇且幸矣遂拓刻之安甯州法華山之晚照峯仍建亭曰岣嶁亭

廬山紫霄峯石穴中禹刻

鴻荒漾余乃樺

地輿志江西廬山紫霄下有石室中有禹刻篆文有好事者縋而入摹之凡七十餘字止有鴻

荒漾余乃僃可辨餘不可識愼又觀水經注云廬山之南有上霄石高壁緬然與霄漢連接上霄之南大禹刻石志其里數丈尺今猶得刻石之號焉又云九江中孤石在落星石傍介立大湖中周迴一里竦立百丈上生林木而飛禽不集耆舊相傳昔禹治水至此刻石紀功又云會稽覆釜山亦有堯碑禹篆十二字福建莆田縣陳岩山有自然仙篆以紙摹之形類禹刻何蕎詩鳥書蟲文不可識如讀岣嶁神禹碑禹之遺跡靈秘如此號曰神禹抑有由矣

商鼎銘

嗛嗛之德不足就也不可以矜而祇取憂也嗛嗛之食不足狃也不能爲膏而祇離其咎也

比干墓銅盤銘

右林左泉後岡前道萬世之靈茲焉是寶

金石古文卷一

金石古文卷二

成都　楊　愼　輯　緜州　李調元　校定

周宣王石鼓文

我車既攻我車既同我車既好我馬既駫君子云獵云獵云遊麀鹿速速君子之求彎彎角弓弓茲以時我驅其時其來趩趩德德即御即時麀鹿速速其來大垐我驅其來𢔮𢔮射其豚屬

右甲鼓

汧殹泛泛烝彼潮淵鰋鯉處之君子漁之漫漫有鯊其遊趞趞白魚鱳鱳其蒩庶鮮黃白其鯿有鮒有白

其胡孔庶臠之鼻鼻洋洋趣趣其魚惟何惟鱮惟鯉何以橐之惟楊及柳

右乙鼓

田車孔安鋚勒驛驛六師既簡左驂翻翻左驂騝騝我以隮于原我戎止陸宮車其寫秀弓時射麋豕孔庶麀鹿雉兔其原有迪其戎奔奔大車出洛亞獸白澤我執而勿射多庶遳遳君子乃樂

右丙鼓

帥彼鑾車忽速塡如秀弓孔碩彤矢笑笑四馬其寫六轡沃若徒騎孔庶廓騎宣博𦚢車載道如徒如章

原隰陰陽趚趚六馬射之簇簇有貙如虎獸鹿如兕
怡爾多賢逋禽奉雉我兕允異

右丁鼓

我來自東霝雨奔流迸湧盈盈濼隰君子既涉我馬
流汧汧緊洎淒丞土駕言西歸舫舟自廓徒驂遑遑
惟舟以道或陰或陽極深以戶出于水一方丞徒徨
止其奔我以阻其乃事

右戊鼓

宣猷作原作周導遹我辭攸除帥彼阪田弇爲世里
希微葳乃咢猱栗柞棫其拔椶楉庸庸鳴條亞箬其

華何爲所斿豎豎永盤導旨樹幽聒

右己鼓

徒御嘽嘽然而師旅填然會同又繹以左戎障弓矢
孔庶滔滔是熾射夫寫矢具奪舉擧其徒肸來或羣
或友悉率左右燕樂天子來嗣王始振振復古我來
攸止

右庚鼓

彼走驕驕馬薦哲哲華華雉兔位多庶徹我師氏憲
文武何其一之

右辛鼓

我水既淨我道既平我行既止嘉樹則里天子永甯
日惟丙申旭日杲杲我其旁導乘馬既迪敘夏康康
駕彼四黃左驂騁騁右驂騝騝栗戟以奕汝不執德
𣓌翰黎黎旄斿施施公謂大來余及如茲邑曷不余
及

右壬鼓

吳人憐亟朝夕儆惕載西載北勿奄勿伐若而出奇
進獻用特歸格藝祖告于太祝禘嘗受享致其方藝
寓逢中囿孔庶麀鹿原隰既坦疆理曈曈大田不蒐
君子何求有謀有始周爰止于是

右癸鼓

此文在太學潘迪有音訓凡四百九十四字予
得唐人拓本於李文正先生凡七百二字蓋全
文也嘗刻之木以傳矣然都元敬金薤篇劉梅
國廣文選所收仍是殘缺四百九十四字本蓋
亦未見此也

周齊侯鍾銘

惟王五月辰在戊寅師于淄陲公曰汝及余經乃先
祖余既敷乃心汝小心畏忌汝不墜夙夜宦執而政
事余命汝政于朕三軍肅成朕師旟之政德諫罰朕

庶民左右母諱及不敢弗敬戒虔卹乃死事穆和三錫休命公曰及汝康能乃有爭率乃敵僚余用登純厚乃命汝及母曰余小子汝敷余于艱阻虔卹不易左右余一人余命汝㳬差正饗繼命於外內之事中敷温刑汝以敷戒公家應卹余于命刻伐履司敗乃靈師保少臣惟輔咸有九處禹之都不顯穆公之孫其配𡑗公之妣而鍼公之女雩生叔是倘于齊侯之所是小心共齊靈乃考虎謹恪其政事有共于桓武靈公之所桓武靈公錫乃吉金鐵鎬元鏐鋚鑪乃用作鑄其寶鍾用享于其皇祖皇妣皇母皇考用祈眉

壽令命難老不顯皇祖其作福元孫其萬福純魯和協而九事畏若鍾鼓外內斷辟都俞造而屏臯母或承類

周齊侯鎛鍾銘

惟王五月辰在戊寅師于淄陲公曰汝及余經乃先祖余既敷乃心汝小心畏忌汝不墜夙夜宦執而政事於宏厭乃心余命宏政于朕三軍成朕師旟之政德諫罰朕庶民左右母諱及不敢弗敬戒虔此乃死事穆和三軍徒衙雩乃行師慎中乃罰公曰及汝敬共辭命汝應肅公家汝恐恪朕行師汝肇勲于戎攻

余錫汝釐都膰爵其祿三百余命汝佑辭釐造國徒僕爲汝敵寮乃敢用拜手稽首弗較不對揚朕辟皇君之錫休命公曰及汝康能乃有事率乃敵寮余用登純厚乃命汝及母曰余季汝敷余于艱卹虔卹不易左右余一人余命汝差饗爲大事繼命于外內之事中敷温刑汝以敷戒公家應卹余于温卹汝以卹朕壽命命難老不顯皇祖其作福元孫其萬福純魯和協而九事俾若鍾鼓外內開辟造而屏臯母或承類汝壽考萬年承保其身俾百斯男而執斯字盡義政齊侯左右母央巳至于葉曰武靈成子子孫孫永

保用享

姜鼎銘

惟王九月乙亥晉姜曰余惟嗣政先姑公晉邦余不辱安甯經雍明德宣邲我猷用招君辭辟委揚乃先烈虔不隊諸覃享以寵我萬民嘉清錫我虎賁千兩勿廢文侯顈命俾貫通宏征緐湯原取乃吉金用作寶尊彝用康西夏妥懷遠廷君子晉姜用蘄綽綰眉壽作敷爲亟萬年無疆用享用德畯保其子孫三壽是利

毛伯敦銘

惟二年正月初吉王在周邵宮丁亥王格于宣榭毛伯內門立中廷佑祝郱王呼內史冊命郱正曰郱昔先王既命汝作邑繼五邑祝今余惟曈商乃命錫汝赤芾彤冕齊黃鑾旂用事郱拜稽首敢對揚天子休命郱用作朕皇考龔伯尊敦郱其眉壽萬年無疆子子孫孫永寶用享

韓城鼎銘

惟王九月乙亥晉姜曰余惟嗣朕先姑君晉邦余不叚妄甯巠雝明德宣邲我猷用𠀠𡰥辟辟𡢁易久光剿虘不墜諸覃享以贊我萬民嘉遺我錫冑責千兩勿法文侯顯令俾貫通宏征繁湯員受久吉今用作寶尊鼎用康西夏綏懷遠邦君子晉姜用祈綽綰眉壽考缺為極萬年無疆用享用德畯保孫子三壽是利

周郑鼎銘

王命尸臣官此郇邑賜爾旂鸞黼韍琱戈尸臣拜手稽首曰敢對敭天子丕顯休命

衛靈公沙邱石槨銘

不憑其子靈公奪而里

金石古文卷二

金石古文卷三

成都 楊 慎 輯 綿州 李調元 校定

秦詛楚文

久湫久讀作故

又通作有秦嗣王敢用吉玉瑄璧使其宗祝郡鬌布愍告于不顯大沉久湫以底楚王熊相之多罪昔我先君穆公及楚成王實戮力同心兩邦若一絆以婚姻袗以齊盟曰葉萬子孫毋相為不利親仰大成久湫而質焉今楚王熊相康讀作庸回無道淫泆耽亂宣侈競縱變渝盟刺內之則暴虐不辜戮孕婦幽刺親戚拘圉其叔父寘諸冥室櫝棺之中外之則冒改久心不畏皇天上帝及大沈久湫之光烈威神而兼倍十八世之詛盟率諸侯之兵以臨加我欲剗伐我社稷伐滅我百姓求蔑法皇天上帝及大沉久湫之卹祠圭玉犧牲逑取我邊城新郢音皇及郝音於長親我不敢曰可今又悉興其眾張矜億怒飾甲底兵奮士盛師以偪我邊境將欲復其貺音況迹唯是秦邦之羸眾敝賦輪鄉讀作輸音俞棧輿禮使介老將去聲之以自救也亦應受皇天上帝及大沉久湫之幾靈德賜克劑楚師且復畧我邊城敢數上聲楚王熊相之倍盟犯詛著

諸石章以盟大神之威神

巫咸文與久湫同

亞駝亞駝讀作呼沲

亞駝文與巫咸同

右秦詛楚文凡三曰久湫曰巫咸曰亞駝其石皆出宋世說者謂初得巫咸文於鳳翔次得久湫文於渭又次得亞駝文於洛其詞則一惟告於神者隨號而異自石文之出黃魯直張芸叟皆有訓釋歐陽公董彥遠王順伯皆有論辨世必猶有存者偶未之見俟尋訪以校今音之異同又東坡鳳翔八觀詩嘗紀其事舊在府廨宣和中歸御府云

登鄒嶧山刻石文

皇帝立國維初在昔嗣世稱王討伐亂逆威動四極武義直方戎臣奉詔經世不久滅六暴强二十有六年上薦高號孝道顯明既獻泰成乃降專惠親巡遠方登于嶧山羣臣從者咸思攸長追念亂世分土建邦以開爭理攻戰日作流血于野自泰古始世無萬數也及五帝莫能禁止廼今皇帝一家天下兵不復起災害除滅黔首康定利澤長久羣臣誦畧刻此樂石以著經紀

登泰山刻石文

皇帝臨位作制明法臣下修飭二十有六年初并天下罔不賓服親巡遠方黎民登茲泰山周覽東極從臣思迹本原事業祗誦功德治道運行諸產得宜皆有法式大義休明垂于後世順承勿革皇帝躬聖既平天下不懈于治夙興夜寐建設長利專隆教誨訓經宣達遠近畢理咸承聖志貴賤分明男女禮順慎遵職事昭隔內外靡不清淨施于後嗣化及無窮遵奉遺詔永承重戒

登琅邪臺刻石文

維二十六年皇帝作始端平法度萬物之紀以明人事合同父子聖智仁義顯白道理東撫東土以省卒士事已大畢乃臨于海皇帝之功勤勞本事上農除末黔首是富普天之下摶心揖志器械一量同書文字日月所照舟輿所載皆終其命莫不得意應時動事是維皇帝匡飭異俗陵水經地憂恤黔首朝夕不懈除疑定法咸知所辟方伯分職諸治經易舉錯必當莫不如畫皇帝之明臨察四方尊卑貴賤不踰次行姦邪不容皆務貞良細大盡力莫敢怠荒遠邇辟隱專務肅莊端直敦忠事業有常皇帝之德存定四

極誅亂除害興利致福節事以時諸產繁殖黔首安甯不用兵革六親相保終始無寇賊驩欣奉教盡知法式六合之內皇帝之土西涉流沙南盡北戶東有東海北過大夏人迹所至無不臣者功蓋五帝澤及牛馬莫不受德各安其宇維秦王兼有天下立名爲皇帝乃撫東土至于琅邪列侯武城侯王離列侯通武侯王賁倫侯建成侯趙亥倫侯昌武侯成倫侯武信侯馮毋擇丞相隗林丞相王綰卿李斯卿王戊五大夫趙嬰五大夫楊樛從與議于海上曰古之帝也地不過千里諸侯各守其封域或朝或否相侵暴亂

殘伐不止猶刻石以自爲紀古之五帝三王知教不同法度不明假威鬼神以欺遠實不稱名故不長久其身未殁諸侯陪叛法令不行今皇帝并一海內以爲郡縣天下和平昭明宗廟體道行德尊號大成羣臣相與誦皇帝功德刻于金石以爲表經

登之罘山刻石文

維二十九年時在中春陽和方起皇帝東游尋登之罘臨照于海羣臣嘉觀原念休烈追誦本始大聖作治建定法度顯著綱紀外教諸侯光施文惠明以義理六國回辟貪戾無厭虐殺不已皇帝哀衆遂發討師奮揚武德義誅信行威燀旁達莫不賓服烹滅強暴振救黔首周定四極普施明法經緯天下永爲儀則大國哉宇縣之中承順聖意羣臣誦功請刻于石垂于常式

刻碣石門文

遂興師旅誅戮無道爲逆滅息武殄暴逆文復無罪庶心咸服惠論功勞賞及牛馬恩肥土域皇帝奮威德并諸侯初一泰平墮壞城郭決通川防夷去險阻地勢既定黎庶無繇天下咸撫男樂其疇女修其業事各有序惠被諸產久並來田莫不安所羣臣誦烈

請刻此石垂著儀矩

登會稽山刻石文

皇帝休烈平一宇內德惠攸長一十有七年親巡天下周覽遠方遂登會稽宣省習俗黔首齋莊羣臣誦功本原事迹追道高明秦聖臨國始定刑名顯陳舊章初平法式審別職任以立恒常六王專倍貪戾傲猛率衆自彊暴虐恣行負力而驕數動甲兵陰通閒使以事合從行爲辟方內飾詐謀外來侵邊遂起禍殃義威誅之殄熄暴悖亂賊滅亡聖德廣密六合之中被澤無疆皇帝并宇兼聽萬事遠近畢清運理羣

物考驗事實各載其名貴賤竝通善否陳前靡有隱情飭省宣義有子而嫁倍死不貞防隔內外禁止淫泆男女潔誠夫爲寄豭殺之無罪男秉義程妻爲逃嫁子不得母咸化廉清大治濯俗天下承風蒙被休經皆遵軌度和安敦勉莫不順令黔首修絜人樂同則嘉保太平後敬奉法常治無極輿舟不傾從臣誦烈刻此石光垂休銘

秦蜀守李冰誓江神碑

竭不至足盛不沒肩

秦蜀守李冰湔堋堰官碑

深淘潬淺包隁隁古堰字隁即堰也

冰在蜀治水擇利民功烈盛矣誓神而至今不敢違之教民而民至今不能違之其文又簡古如此眞異人哉

金石古文卷三

金石古文卷四

成都　楊　愼　輯　綿州　李調元　校定

漢魯相置孔子廟卒史碑

司徒臣雄司空臣戒稽首言魯前相瑛書言詔書崇聖道勉闕藝孔子作春秋制孝經字闕二五經演易繫辭經緯天地幽讚神明故特立廟褒成侯四時來祠事已即去廟有禮器無常人掌領請置百石卒史一人典主守廟春秋饗禮財出王家錢給大酒直須報謹問大常祠曹掾馮牟史郭元辭對故事辟雍禮未行祠先聖師侍者孔子子孫太宰太祝令各一人皆

備爵太常承監祠河南尹給牛羊豕雞字闕二各一大司農給米祠臣愚以爲如瑛言孔子大聖則象乾坤爲漢制作先世所尊祠用衆牲長史備字闕二欲加寵子孫敬恭明祀傳于罔極可許臣請魯相爲孔子廟置百石卒史一人掌領禮器出王家錢給大酒直他如故事臣雄臣戒愚戇誠惶誠恐頓首頓首死罪死罪臣稽首以聞制曰可元嘉三年三月二十七日壬寅奏洛陽宮

元嘉三年三月丙子朔廿七日壬寅司徒雄司空戒下魯相承書從事下當用者選其年四十以上經通

一藝雜試通利能奉宏先聖之禮爲宗所歸者如詔
書書到言永興元年六月甲辰朔十八日辛酉魯相
平行長史事卞守長擅叩頭死罪敢言之司徒司空
府壬寅詔書爲孔子廟置百石卒史一人掌主禮器
選年四十以上經通一藝雜試能奉宏先聖之禮爲
宗所歸者平叩頭叩頭死罪死罪謹案文書守文學
掾魯孔和師孔憲戶曹史孔覽等雜試和修春秋嚴
氏經通高第事親至孝能奉先聖之禮爲宗所歸除
和補名狀如牒平惶恐叩頭死罪死罪上司空府
讚曰巍巍大聖赫赫彌章相乙瑛字少卿平原高唐

人令鮑疊字文公上黨屯留人政敎稽古若重規闕
乙君察舉守宅除吏孔子十九世孫麟廉請置百石
卒史一人鮑君造作百石吏舍功垂無窮於是始闕

右漢魯相置孔子廟卒史碑今在曲阜蓋魯相
乙瑛上書請置百石卒史一人典主守廟司徒
吳雄司空趙戒以聞制從之蓋在元嘉三年三
月後魯相平補以孔和上書於司空府則永興
元年六月也攷之范史桓帝紀元嘉惟有二年
碑云元嘉三年三月者蓋是年五月始改永興
至十月而雄戒亦罷免矣

此碑殘闕據宋洪丞相隸釋錄其全文蓋漢文
高古難得將以供學士大夫之嗜好而不特此
碑然也凡予之錄漢刻其殘闕者皆以洪本足
之

漢魯相晨孔子廟碑

建甯二年三月癸卯朔七日己酉魯相臣晨長史臣
謙頓首死罪上尚書臣晨頓首頓首死罪死罪臣蒙
厚恩受任符守得在奎婁周孔舊寓不能闡宏德政
恢崇壹變夙夜憂怖累息屏營臣晨頓首頓首死罪
死罪臣以建甯元年到官行秋饗飲酒泮宮畢復禮

孔子宅拜謁神坐仰瞻榱桷俯視几筵靈所馮依肅
肅猶存而無公出酒脯之祠臣卽自以奉錢修上案
食醊具以敘小節不敢空謁臣伏念孔子乾坤所挺
西狩獲麟爲漢制作故孝經援神契曰元丘制命帝
卯行又尚書考靈燿曰丘生倉際觸期稽度爲赤制
故作春秋以明文命綴紀撰書修定禮儀臣以爲素
王稽古德亞皇代雖有褒成世享之封四時來祭畢
卽歸國臣伏見臨璧雍日祠孔子以太牢長史備爵
所以尊先師重敎化也夫封上爲社立稷而祀皆爲
百姓興利除害以祈豐穰月令祀百辟卿士有益於

民斘乃孔子元德煥炳光于上下而本國舊居復禮
之日闕而不祀誠朝廷聖恩所宜特加臣寢息耿耿
情所思惟臣輒依社稷出王家穀春秋行禮以供禋
祀餘闕賜先生執事臣晨頓首頓首死罪死罪臣盡
力思惟庶政報稱爲效增異輒上臣晨誠惶誠恐頓
首頓首死罪死罪上尚書時副言大傅大尉司徒司空大司農府治所部從事
昔在仲尼汁光之精大帝所挺顏母毓靈承敝遭衰
黑不代倉闕汖廌聘歎鳳不臻自衛反魯養徒三千
獲麟趍作端門見徵血書著紀黃玉響應主爲漢制
道審可行乃作春秋復演孝經刪定六藝象與天談

鉤河擿洛卻揆未然巍巍蕩蕩與乾比崇

魯相晨孔廟後碑

相河南史君諱晨字伯時從越騎校尉拜建甯元年
四月十一日戊子到官乃以今日拜闕孔子望見闕
觀式路虔跽既至升堂屏氣拜手祗肅屑僾髣髴若
在依依舊宅神之所安春秋復禮稽度元靈而無公
出享獻之闕字欽因春饗道物嘉會述修璧雍社稷
品制卽上尚書參以符驗乃敢承祀餘胙賦賜刊石
勒銘并列本奏大漢延期彌歷億萬
時長史廬江舒李謙敬讓五官掾魯孔暢功曹史孔
淮戶曹掾薛東門榮史文陽馬琮守廟百石孔讃副
掾孔綱故尚書孔立元世河東太守孔彪元上處士
孔褒文禮皆會廟堂國縣員冗吏無大小空府竭寺
咸俾來觀并泮宮文學先生執事諸弟子合九百七
人雅歌吹笙考之六律八音克諧蕩邪反正奉爵稱
壽相樂終日於穆肅雍上下蒙福長享利貞與天無
極
史君饗後部史仇誧縣吏劉耽等補完里中道之周
左牆垣壞決作屋塗色修通大溝西流里外南注城
池恐縣吏斂民侵擾百姓自以城池稻濡麥給令還

所斂民錢并史君念孔瀆顏毋并去市道遠百姓酤
買不能得香美酒肉於昌平亭下立會市因彼左右
咸所願樂
又勑瀆井復民餝治桐車馬於瀆上東行道表南北
各種一行梓
假夫子家顏毋井舍及魯公守家吏凡四人缺與左
除

漢魯相造孔廟禮器碑

惟永壽二年青龍在涒歎霜月之靈皇極之日魯相
河南京韓君追惟太古華胥生皇雄顏闕育闕寳俱

制元道百王不改孔子近聖爲漢定道自天王以下至于初學莫不驪思歎印師鏡顏氏聖舅家居魯親里并官聖妃在安樂里聖族之親禮所宜異復顏氏并官氏邑中（闕一字）發以尊孔心念聖歷世禮樂陵遲秦項作亂不尊圖書背道畔德離敗聖輿食糧亡于沙丘君於是造立禮器樂之音符鍾磬瑟鼓雷洗觴觚爵鹿柤梪籩柉禁壺修飾宅廟更作二輿朝車威熹宣杼元汗以注水流法舊不煩備而不奢上合紫臺稽之中和下合聖制事得禮儀於是四方士仁聞君風燿敬咏其德尊琦大人之意逴𢠸之思乃共立

表石紀傳億載其文曰

皇（闕一字）統華胥承天畫卦顏育空桑孔制元孝俱祖紫宮大一所授前門九頭以什言教後封百王獲麟來吐制不空作承天之語乾元以來三九之載八皇三代至孔乃備聖人不世期五百載三陽吐圖二陰出識制作之義以俟知（闕一字）於穆韓君獨見天意復聖二族逴越絕思修造禮樂胡璉器用存古舊宇慇懃宅廟朝車威憙出誠造（闕）漆不水解工不畢賈深除元汗水通（闕）注禮器升堂天雨降澍百姓訴和舉國蒙慶神靈祐誠竭敬之報天與厥福永享牟壽上極華紫旁伎皇代刊石表銘與乾運燿長期蕩蕩於盛復授赫赫罔窮聲垂億載

韓明府名勑字叔節潁川長社王元君眞二百河東大陽西門儉元節二百故涿郡太守魯麃次公五千故會稽太守魯傅世起千故樂安相魯麃季公千故從事魯張嵩眇高五百相主簿魯薛陶元方三百相史魯周乾伯德三百

韓勑碑陰

故涿郡太守魯麃次公五千故從事魯張嵩眇高五百潁川長社王元眞二百故會稽太守魯傅世（闕一字）

千相主簿魯薛陶元方三百河東太陽西門儉元節二百故樂安相魯麃季（闕一字）千（闕一字）相史魯周乾伯德三百曲成侯王暠二百遼西陽樂張普仲堅二百潁川長社王季孟三百故督郵魯趙煇彥臺二百河南成皋蘇漢明二百其人處士汝南宋公國陳漢方二百郎中魯充宙季將千河南雒陽种亮奉高五百故山陽南平陽陳漢甫二百御史魯孔翊元世千故兗州從事任城呂育季華三千任城番君舉二百太尉掾魯孔凱仲第千故下邳令東平陸王褒文博千任城王子松二百魯孔曜仲曜二百魯孔儀甫（闕一字）

百故潁陽令文陽鮑宮元威千任城謝伯威二百處
士魯孔方廣率千河南雒陽李申伯百任城高伯世
二百魯孔巡伯陽二百文陽蔣元道二百趙國邯鄲
宋鎮元世二百相主簿薛曹字闕一濟興三百魯孔憲
字闕一則闕文陽字闕三文豫二百彭城廣字闕一姜尋孔
長二百相中賊史薛紹興公二百尚書侍郎魯孔彪
元上三千平原樂陵朱恭敬公二百薛字闕一高字闕三
魯孔字闕一漢光三百南陽宛張光仲孝二百平原隰
陰馬二元冀二百相史卞吕松遠百守廟百石魯孔
恢聖文千彭城龔治世平二百騶韋仲卿二百襄成

侯魯孔建壽千河南雒陽王故子愼二百泰山鮑丹
漢公二百處士魯劉靜子著千故從事魯孔樹君德
千京兆劉安初二百故薛令河內溫朱熊伯珍五百
故從事魯王陵少初二百魯孔朝升高二百魯石子
重二百下邳周宣光二百故豫州從事蕃加進子高
千故督郵魯开煇景高二百故平陵令魯麃侯元世
五百行義掾魯弓如叔都二百河閒東州齊伯宣二
百魯曹性初孫二百魯劉仲臣二百北海劇袁隆展
世百陳國苦虞崇伯宗二百魯字闕一元達二百魯夏
侯盧頭百魯周房伯臺百東海傳河東臨汾敬謙字

季松千闕尉字闕五安季興五百相守史諱在芳世祖
二百魯孔建壽二百時令漢中南鄭趙宣學子闕魯
曹壽文闕相字闕一賜公字闕一煇世平百故丞魏令河
南京丁瑑叔舉五百河浦退師度闕澤賢字闕二魯傅
字闕一子豫二百侯我交父治眞百東郡武陽桓仲豫
二百左尉北海一趙福字仁直五百南陽平氏字闕四
二百魯字闕一三百魯孔昭叔祖百元盧城子二百出
陽瑕邱九百元臺三百魯齊伯賢二百河東臨汾敬
字闕一子直千泰山鎮平韋仲元二百字闕一狠子二百
國廣張逵平二百其字闕一處士魯劉聖長二百河南

雒陽左叔虞二百泰山費滔于陵季遺二百上黨長
子楊萬子三百河南偃師胥字闕一通國字闕二東郡武
陽董氏二百故字闕二侯相彭城劉字闕一伯存五百
處士魯孔徵子字闕一二百河南平陰樊文高二百

右韓勑碑陰隸釋所載凡六十有二人較予家
舊搨本闕三十有八人隸釋始曲成侯王暠終
洛陽王敬子家本則始涿郡大守魯麃次公終
河南樊文高又有大不同者豈隸釋得之傳錄
故有此誤要當以搨本爲是抑此及史晨後碑
歐陽公最號博古皆未之見唯趙氏金石錄有

之

漢泰山都尉孔宙碑

君諱宙字季將孔子十九世之孫也天姿醇嘏齊聖達道少習家訓治嚴氏春秋緝熙之業既就而閨閾之行允恭德音孔昭遂舉孝廉除郎中都昌長秖傳五教尊賢養老躬忠恕以及人兼禹湯之非己故能興朴字闕二彤幣濟宏功於易簡三載考績遷元城令是時東嶽黔首猾夏不字闕二祠兵遺畔未寧乃擢君典戒以文修之旬月之間莫不解甲服罪字闕三𢫬田峻熹于荒圃商旅交乎險路會鹿鳴於樂崩復長幼

於酬酢字闕三稔會遭篤病告困致休得從所好年六十一延熹六年正月乙未字闕三疾貴速朽之反眞慕甯儉之遺則寵夕不華明器不設凡百卬高字闕三逝於是故吏門人乃共陟名山采嘉石勒銘示後俾有彝式其辭曰

於顯我君懿德惟光紹聖作儒身立名彰貢登王室閶闔是更夙夜字闕二在公明明乃綏三縣黎儀以康於天時癰撫茲岱方字闕一彼凶人覆俾字闕二南畝孔饁山有夷行豐年多黍稱彼兕觵帝賴其勳民斯是皇疾字闕五乃委其榮忠告殷懃屢省乃聽恭儉自終簠簋不陳生播高譽沒垂令名永矢不刊億載揚聲

延熹七年七月戊闕造

門生故吏名

門生鉅鹿癭陶張雲字子平門生鉅鹿癭陶趙政字元政門生鉅鹿廣宗捕巡字升臺門生東平甯陽韋勲自幼昌門生魏郡館陶張上字仲舉門生魏郡館陶王時字子表門生魏郡陰安張典字少高門生魏郡魏孟忠字待政門生魏郡魏李鎮字世君門生魏郡館陶吳讓字子敬門生魏郡館陶文儉字元節門生魏郡館陶鄉璜字仲雎門生魏郡鄴叔香字伯子

門生東郡東武陽梁淑字元祖門生東郡衛公國趙恭字和平門生東郡東武陽張表字公方門生東郡東武陽滕穆字奉德門生東郡樂平桑演字仲厚門生東郡樂平靳京字君賢門生東郡樂平梁布字叔光門生東郡樂平桑顯字伯異門生陳留平邱司馬規字伯昌門生安平下博張祺字顗松門生安平下博張朝字公房門生安平下博蘇觀字伯臺門生安平堂陽張琦字子異門生北海安邱齊納字榮謀門生北海都昌呂升字山甫門生北海劇秦麟字伯麟門生北海劇如廬浮字遺伯門生北海劇薛鄒字勝

輔門生北海劇高冰字季超門生濟南梁叔趙震字鄒政門生濟南梁鄒徐璜字幼文門生濟南東平陵吳進字升臺門生甘陵廣川李都字元章門生甘陵貝邱賀曜字升進門生魏郡清淵許祺字升明門生魏郡館陶史崇字少賢門生魏郡館陶孫忠字府文門生東郡樂平盧精字子節門生任城任字闕二字景漢門童安平下博張忠字公直故吏北海都昌逢祈字伯憙故吏北海都昌礎章字文理故吏北海都昌魏稱字文長故吏北海都昌呂規字元規故吏泰山費魚淵字漢長故吏泰山華毋樓覬字世光故吏泰山南城禹規字世舉故吏泰山南武陽蕭誨字伯謀故民泰山費淯于黨字季闕弟子北海劇陸邍字丞輔弟子陳留襄邑樂禹字宣舉弟子下邳下邳朱班字宣闕弟子東平甯陽周順字承闕弟子沛國小沛周升字仲甫弟子魯國文陽陳褒字聖博弟子汝南平輿謝洋字子讓弟子山陽瑕邱丁瑤字實堅弟子魯國戴璋字元珪弟子魯國卞王政字漢方

右孔宙碑陰不云碑陰而云門生故吏名此漢碑中之僅見者前碑云故吏門人陟山采石勒銘示後則此所載皆其人也今按宙門生四十二人門童一人弟子一人故吏八人故民一人隸釋謂漢儒開門授徒親受業者則曰弟子次相傳授則曰門生未冠則曰門童總而稱之亦曰門生舊所治官府其掾屬則曰故吏占籍者則曰故民非吏非民則曰處士素非所涖則曰義士義民此皆讀漢碑者之所當知而隸釋人間少傳故著之

金石古文卷四

金石古文卷五

成都 楊愼 輯 綿州 李調元 校定、

漢博陵太守孔彪碑

君諱彪字元上孔子十九世之孫潁川君之元子也君少履天姿自然之匹帥禮不爽好惡不愆考衷度衷修身踐言龍德而學不至於穀浮游塵埃之外皭焉汜而不俗郡將嘉其所履前後聘召蓋不得已乃翻爾東帶宏論窮理直道事人仁必有男可以託六授命如毛諾則不宿美之至也莫不歸服舉孝廉除郎中博昌長疾病留宿闕遷闕京府丞未出京師遭

大君憂泣踰皋魚喪過乎哀謹畏舊章服竟還署試拜尚書侍郎無偏無黨遵王之素薦可黜否出闕二字度日恪位佇所在祇肅拜治書御史膺皋陶之闕一字恕闕二字參之闕五字律祇用既平闕博陵太守郡阻山闕二字以饑饉斯多草竊罔不闕賊劉闕一字張丙等白日攻剽坐家不命君下車之初闕五教以博闕削四凶以勝殘乃闕三字爰尙桓桓拯馬鋤害醜類已殫路不拾遺斯民以安發號施憲每合天心闕之所惡不以强人義之所欲不以闕三字姓樂政而歸于德望如父母順如流水遷下邳相河東太守舉此闕二字君子風也未怒而懼不令而從雲行雨施闕二字大河海內歸公卿之任矣勞而不伐有實若虛固執謙需以病辭官去位闔闕以孝竭闕餘暇徲徙彈琴擊磬闕二字卌九建甯四年七月辛未闕三字哀哉魂神超邁寂兮冥冥遺孤忉絕于嗟想形闕二字哀遠念不欲生羣臣號咷靡所復逞夫逝往不可追兮功闕三字識惟君之軌迹兮如列宿之錯置易建八卦撥肴敷辭迹而不作彭祖賦詩皆讚所見于時頌闕二字是闕吏崔闕三字王沛等伏信好古敢詠頌闕乃刊斯石欽銘洪基昭示後昆申錫鑒思其辭曰

穆穆我君大聖之冑愔懿允元叡其元秀惟嶽降精誕生忠良奉應郡貢亮彼我闕克明王道辯物居方周闕四字也匹名朝無秕政直哉惟淸出統華夏化以典成闕猾殄迸賢倚闕庭帝重乃勛自闕二字征所臨如神闕六字之翰先民是程宜乎三事金鉉利貞而絜白駒俾世憤惻當享眉耇莫匪爾極大闕三字邈矣不意于嗟悲兮闕三字息湧湧庶幾復焉所力咨乎不朽沒而德存伊尹之休格于皇天惟我君績表于丹靑永永無沂與日月并于嗟闕二字于以慰靈

孔彪碑陰

故吏司徒掾博陵安平崔烈字威考故吏齊闕博陵
安平崔恢字行孫故吏桑氏令博陵安平王沛字公
豫故吏司空掾博陵安國劉德字伯恒故吏外黃令
博陵安國劉揚字子長吏白馬尉博陵故博陵齊智
字子周故吏五官掾博陵安平劉麟字幼公故吏五
官掾博陵安平王瑤字顯祖故吏五官掾博陵安平
孟循字敬節故吏五官掾博陵高陽史應字子聲故
吏五官掾博陵南深澤程祺字伯友故吏五官掾博
陵南深澤程祚字元祐故吏五官掾博陵安國劉機
字闕闕

漢司隸校尉魯峻碑

君諱峻字仲嚴山陽昌邑人其先周文公之頟冑闕二
字伯禽之懿緒以載于祖考之銘也君則監營謁者
之孫修武令之子體純和之德秉仁義之操治魯詩
兼通顏氏春秋博覽羣書無物不看學爲儒宗行爲
士表漢闕始仕佐職牧守敬恪恭儉州里歸稱舉孝
廉除郎中謁者河內太守丞喪父如羣禮司徒府舉
高第侍御史東郡頓邱令視事四年比縱豹產化行
如流遷九江太守闕殘酷之刑行循吏之道統政闕
載穆若淸風有黃霸召信臣在潁南之歌以公事去
官休神家衡未能一朞爲司空王暢所舉徵拜議郎
太尉長史御史中丞延熹七年二月丁卯拜司隸校
尉董督京輦掌察羣闕一字彌細舉大權然疏發不爲
小威以濟其仁弸中獨斷以效其節案奏闕公彈紏
五卿華夏祗肅佞穢者遠遭母憂自乞拜議郎服竟
還拜屯騎校尉以病遜位守疏廣止足之計樂於陵
灌園之潔閉門靜居琴書自娛年六十一熹平元年
闕月癸卒明年四月庚子葬於是門生汝南干闕沛
國丁直魏郡馬萌勃海呂圖任城吳盛陳留誠屯東
郡夏侯宏等三百廿人追惟在昔游夏之徒作謚宣

君曰忠惠父息叡不才弱冠而孤承堂弗構析薪弗
荷悲蓼莪之不報痛昊天之靡嘉闕一字企有紀能不
號嗟刊石敘哀其銘曰
巖巖山岳礧落彰較棠棠忠惠令德孔爍命闕時生
雅度宏綽允文允武厥姿烈逴內懷溫潤外撮强虐
督司京師穆然淸邈當闕緝職爲國之權匪究南山
遐邇忉惻凡百君子欽謚嘉樂永傳童齡曒矣昀昀

右漢司隸校尉魯峻碑水經注以峻爲恭趙氏
謂方輿志寰宇記皆作峻而辨水經之誤予家
舊藏此碑峻字明白可識趙氏果有其本何乃

不知而必欲證之以地里書也歐陽公謂峻最後爲屯騎校尉而碑首題云司隸校尉莫曉其義隸釋云漢人碑志或以所重之官揭之司隸官尊而職清非列校可比故書之也此足以祛歐公之惑鄭夾漈又謂此碑書於蔡邕按徐浩古迹記其敘邕書惟三體石經西岳光和殿華馮敦數碑及考其他字書亦未聞邕嘗書此不知鄭氏何所據也

魯峻碑陰

故吏河內字闕一官字闕一幼流字闕三故吏九江壽春陳

龔伯字闕一五百故吏九江壽春任字闕一孝長五百故吏東郡領兵許踰伯通五百門生沛國丁戾字闕一滎千門生勃海字闕二呂字闕一世階千門生東郡汝陽敦登高千門生汝南召陵于商明公五百門生南陽新野字闕一顯文字闕二五百門生平原字闕一路龍顯公五百門生任闕城樊兒闕雄太平五百門生平原樂陵路福世輔三百門生魏郡字闕二邱李牧君伯三百門生魏郡繁陽王轉子助三百門生河東郡字闕一陽字闕二文智三百門生汝南汝陽郡立字闕二三百門生東郡字闕一邑字闕三松二百門生東郡字闕一平字闕四二百門生東郡樂平字闕一顯字闕二一百門生東郡樂平字闕四二百門生魏郡內黃字闕四三百門生東郡字闕一陽王字闕一少字闕一二百門生汝南灈強尹稜字闕二二百門生汝南灈強尹顯字闕二二百門生勃海南皮劉扶節字闕一二百門生勃海南劉盛與字闕二二百門生河間阜成東鄉晨子字闕一二百門生河間阜成東鄉恭公二百門生平原西平昌劉本景字闕一二百門生平原闕張謙伯讓二百門生陳留尉氏夏統子思二百門生濟陰陳氏許仁伯德二百門生濟陰字闕一狐周維元與二百義士梁國甯陵及強強艮二百

右魯峻碑陰歐陽公趙明誠皆失收錄至洪丞相隸釋於漢碑搜羅殆盡而亦復遺焉予家此碑不特人間少有且文字龐完可讀惜不三公見之

漢北海相景君碑

惟漢安二年仲秋字闕二故北海相任城景府君卒嗚呼哀哉國字闕二寶英彥字闕一嚋列宿虧精晚學後時子何穹蒼布命授期有生有死天實爲之豈夫仁哲彼克不遺於是故吏諸生相與論曰上世羣后莫不流光闕於無窮垂芬燿於書篇身歿而行明體亡而

名存或著形像於列圖或褻頌於管弦後來永其烈竹帛敘其勳乃作誄曰

伏惟明府受質自天孝弟淵懿帥禮蹈仁根道核藝抱淑守眞皛白淸方克已治身實柔實剛乃武乃文遵考孝謁假階司農流德元城興利惠民强禦改節微弱蒙恩威立澤宣化行如神帝嘉厥功授以符命守郡益州路遐戀親躬作遜讓夙宵朝廷建英忠讜拜秩東衍璽追嘉錫據北海相部城十九鄰邦歸向分明好惡先以敬讓殘僞易心輕黠踰竟鴞梟不鳴分子還養元元鰥寡蒙祐以甯蓄道修德闕社以榮

紛紛令儀明府體之仁義道術明府膺之黃朱邵父明府三之台輔之仕明府宜之以病被徵委位致仕民闕思慕遠近搔首農夫釋耒商人空市隨轝飲淚奈何朝廷奪我慈父去官未旬病乃困危珪璧之質臨卒不回歔闕賓絕奄忽不闕孝子憷㦖顛倒剝摧遂闕克㾓永潛長歸州里鄉黨隕涕奔哀故吏悁恒歔欷闕一字何四海冠蓋驚慟傷懷大命闕期實惟天闕明主設位明府不就臣子欲養明府弗留嗚呼哀哉

辭曰考績幽穸闕三字兮闕四字翔議郎兮再命虎將綏元元兮規英榘謨主忠信兮羽衞藩屏撫萬民兮闕四字恩闕二字兮宜參闕一字紼闕幹正兮不永麋壽弃臣子兮仁敷海外著甘棠兮闕石勒銘闕不亡兮

右北海相景君碑金石錄云在濟州任城縣葢任氏在漢爲任城人也予按濟州即今之濟甯州今碑乃在州學不知何年移置於此通志金石略以不知其地故直云未詳姚江謝中舍大中近過濟甯搨以見惠予家自祖宗來藏碑頗富兼以予好收錄中間得於朋友之助者十常四五如此碑是也

北海相景君碑陰

故闕一字中部督郵都昌羽忠字定公故門下督盜賊劇闕一字頌字闕一字遠故門下議史平昌蔡規字仲舉故門下書佐闕營陵孫榮字世榮故門下書佐淳于逢闕訴字闕一字成故騎吏劇闕二字麟字闕敬石故吏朱虛孫徵字武闕營故吏營陵薛逸字伯踰故吏營陵闕二字字中闕一字故吏都昌呂福字益闕一字故吏都昌强闕一字字光闕一字故書佐都昌羽質字孟闕一字故書佐闕一字虛闕二字字君大故書佐闕一字壽淳于闕四字故書佐營陵徐昌字昌善故書佐都昌闕一字彤字闕一

字甫故書佐湻于孫字元闕一字故書佐營陵鍾顯字
闕一字寶故書佐東安平闕一字廣字廣宗故書佐劇紀
政字世堅故書佐湻于孫朓字威光故修行都昌台
邱遷字世德故修行都昌董方字季方故修行營陵
田闕二字漢興故修行都昌闕二字闕一字久故修行
營陵闕二字護宗故修行營陵闕一字遲字武闕一字故
修行營陵臨照字景耀故修行都昌張駿字臺闕一字
故修行營陵湻于登字登成故修行營陵顏理字中
理故修行營陵水邱郘字君闕一字故修行都昌呂興
字世興故修行都昌逢進字世安故書佐劇徐德字

漢昌故書佐劇姚進字元豪故書佐劇郰鍾字元鍾
故書佐都昌張冀字元冀故修行都昌張闕一字季
遠故修行劇中闕一字季遠故修行平闕二字允字伯
允故修行湻于趙尙字進卿故修行都昌段晉字世
爺故修行都昌齊晏字闕一子故午營陵闕一字遷字
世達故午營陵田敏字元成故午湻于董純字元祖
故午營陵王㝵字世勝故午朱虛㒵詩字孟道故午
都昌呂邱遷字孟堅故闕二字都昌齊冰字文達故闕二
字都昌張亮字元行三年服凡八十七人暨立
闕二字虎闕二字故臣吏愼終追遠闕六字墳園闕二字禮備

陵成闕一字立樹列旣就聖典有制闕三字墓側歲壞
闕六字遺餅以明闕三字靈瑕顯降吾嘉祐

漢敦煌長史武班碑

建和元年太歲在丁亥二月辛巳朔廿三日癸卯長
史同下闕
敦煌長史武君諱班字宣張昔殷王武丁久伐鬼方
元功章炳勳藏王府官族分析因以爲氏焉武氏蓋
其後也適周遐邈歷世曠遠不隕其美漢興以來爵
位相踵闕朝忠臣君幼闕顏閔之闕一字質長敷游夏
之文學慈惠寬闕孝有元妙苞羅術藝貫洞聖闕博

兼闕二字眈綜典籍闕二字純求福不回淸聲美行闔形
遠近州郡貪其高賢闕二字請以闕二字歲舉闕冀紫宫
闕二字詔除光顯玉室有闕於國帝庸嘉之掌司古闕
領校祕鄭研闕幽微追昔劉向辨賈之徒北闕萬矣
時戎闕二字匡正一闕二字朝廷惟憂闕二字有司闕二字舉
君班到官之日闕癘吏士孝虎之怒薄伐闕九字竝百
姓賴之邦域旣甯久勞于外當還本朝以敘左右以
永嘉元年闕月闕日遭疾不闕哀闕於是金鄉長河
間高陽史恢等追惟昔日同歲郎署感闕爲自古在
昔先聖與人闕二字興替闕二字人存生勞死哀是闕萬

年伊君遺德闕孔之珍故闕石銘碑以旌明德焉其
辭曰
於惟武君允德允恭受天休命積祉所鍾其在孩提
岐嶷發蹤謙闕守約唯誼是從孝深凱風志潔羊羔
樂是字闕二恬此闕光孳孳臨川闚見闕牆庶仰其首
微元妙通闕然淸字闕六升闕為帝股肱扶助大和萬
民字闕一蒙顯宗字闕二史官書功昊天上帝降茲鞠凶
奄忽徂逝字闕四不享闕者大命字闕二百遺惟闕后帝
感傷學夫喪師士女悽愴闕表金門令問不忘垂闕
後昆萬載歎誦

尚書丞沛國蕭曹之闕宣成武令中山安熹曹种二闕
字豐令下邳昆成徐崇字闕二故陳留府丞魯國魯四闕
字防東長齊國臨菑闕紀伯允書此碑嚴祺字伯曾

金石古文卷五

金石古文卷六

成都 楊 慎 輯 綿州 李調元 校定

漢執金吾丞武榮碑

君諱榮字含和治魯詩經韋君章句闕幘傳講孝經
論語漢書史記左氏國語廣學甄微靡不貫綜久遊
大學藐然高厲鮮於雙匹學優則仕為周書佐郡曹
史主簿督郵五官掾功曹守從事年卅六汝南蔡府
君察舉孝廉字闕二郎中遷執金吾丞遭孝桓大憂屯
守玄武戚哀悲慟加遇害氣遭疾隕靈字闕四君郎吳
郡府卿之仲子燉煌長史之次弟也廉孝相承奕世
載德不忝字闕四命闕不竟台衡蓋觀德於始述行於

終於是刊石勒銘垂示無窮其辭曰
天降雄產資才卓茂仰高鑽堅允文允武內字闕一三
署外闕師旅闕勒屯守舊威闕武闕旗繹天雷震電
舉歎燿赫然陵惟哮虎當遂股肱闕之元輔天何不
弔降此闕告癒平我君仁如不壽爵不副德位不稱
功感懷傷愴遠近哀同身沒字闕二萬世諷誦

右漢執金吾丞武榮碑歐陽公謂其文字殘缺
不見卒葬年月及氏族所出予家本殘缺與歐
公同而隸釋所載者則文往往可讀如云君郎

吳郡府卿之子燉煌長史之次弟此乃其氏族之所出也但碑文簡短不書卒葬年月殹公特未之知耳

漢荊州刺史度尚碑

君諱尚字博平其先出自顓頊與楚同姓熊嚴之後闕亦世掌位統國法度秦兼天闕和之純質秉黃中之正性智含淵藪仁隆春煖義高秋雲行潔氷霜慷慨壯厲臨闕休譽固已著矣及其典牧必招振賢才抽拔幽逸選召所任極當世之秀士養民有闕令聞彌崇暉光日新可謂盛德者已初奉歲計拜郎中除

上虞長玄化潛洞百姓闕數縣恩信竝宣令行禁止以從父憂去官更舉孝廉爲右校令是時南蠻蠢動擢拜闕醜殊俗賓服遠人用綏封右鄉侯遷遼東太守旬月之間葳貉甯輯會楊賊畔於闕拜中郎將料敵制勝威謀合神持重優於營平深入則輕冠軍附士渥於李廣御衆闕同滋味必達井辨幕然後飲舍惠以厚下說以犯難是故所征輒克師徒無頓闕寇殄殪干戈戢戢走馬以糞朝貪厥重復拜荊州刺史以故秩居册書慰薦因賜闕之荊域號慕雖周人之思召伯弗此踰也於是故吏感清廟之頌歎斯父之

詩乃闕曰於惟我侯允懿允明文武是該克忠克貞學初發藻在彼上虞邁種厥德闕矣匪祿是榮無言不讐帝揚厥聲俾作酖闕往撫于荊撫荊惟何南夏是闕邦家截彼海外績莫匪嘉天生我侯實爲民望心乎其愛四方是卬如何不永闕而不死芳烈遺兮

永康元年歲在鶉尾龍集丁未時維闕歲闕

右漢荊州刺史度尚碑尚後漢書有傳碑今在徐州州治蓋成化間吾鄉顧君崇善以工部郎中管理河道見其淪於湖陵城閘出之遂置於此按酈道元水經注云湖陵城東有度尚碑則

自漢至晉自晉至今而此碑未嘗徙也又隸釋云政和中巡檢王當世見其在湖陵荒野遷之官廨後邑令滕君欲徙碑於沛舟載而覆沉沒不出又其後劉宗儀攝令乃立之於使星亭然不知此碑何年復淪入水中今惟存其首漢荊州刺史度侯之碑九字其餘文字悉皆漫滅特頑然片石而已蓋閘水撞激日久其字之不存宜也

漢桂陽太守周府君碑

桂陽太守周府君者徐州下邳人也諱憬字君光體

性敦仁天資篤厚行興閭門名闕州里舉孝廉拜尚書侍郎遷汝南固始相遂拜桂陽迺宣魯衞之政敷二南之澤政以德綏化猶風騰撫集烝細闕綏有方進則貞直退則錯枉崇遜濟濟吉士克朝招訓闕蒙開誘六蔽君子道長小人道消信感神祇靈瑞符闕嘉穀生於野奇草像闕一字蒲異根之樹超然連理於此闕時邦域惟甯郡又與南海接此商旅所臻自瀑亭至乎曲紅壹由此水其水源也出於王禽之山山葢隆闕三字于天泉肇沸踊發射其顚分流離散爲十二川彌陵隮隨丘阜錯連隅阪壅遏未由騁焉爾乃

貫山鑽石經闕門字揚爭怒浮沉潛伏虵龍蛣屈灃隆鬱浥千渠萬澮合聚谿澗下迄安闕一字六瀧作難湍瀨闕二字泫沄潺湲雖詩稱百川沸騰高岸爲谷深谷爲陵蓋莫若斯天軌所經惡得已旼其下注也若奔車失轡狂牛無縻闕勿荒忽臚睦不相知及其上也則羣輩相隨檀柁提闕唱號慷慨沈深不前其成敗也非徒喪寶玩隕珍奇替珠貝流象犀也往古來今變甚終矣於是府君乃思夏厚之遺訓闕應龍之畫傷行旅之悲窮哀闕一字人困厄感蜀守冰殄絕犁堆淲夫昧淵永用夷易適命良吏闕一字帥壯夫排磧闕一字石投之寥闕二字高塡下鑿截回曲弼水之邪性順導其徑脈斷碨礚之電波弱陽侯之汹涌由是小蹊乃平直大道允通利抱布貿絲交易南至升涉周旋功萬於前除昔闕二字樹塞於茲雖非龍門之鴻績亦人君之德宗故船人嘆於水渚行旅語於塗陸孔子曰禹不決江疏河吾其魚矣於是熹平三年歲在攝提仲冬之月曲紅長零陵重安區祉字景賢遵承典憲宣揚德訓帥禮不越欽仰高山乃與邑子故吏龔臺郭蒼龔雒等命工鑿石建碑于瀧上勒銘公功傳之萬世垂示無窮其辭曰

乾坤部兮建兩儀剛柔分兮有險夷沓中嶽兮穆崔嵬嘆衡林兮獨傾虧增陵陗兮甚隘陭鮌莫涉兮禹不規仰王禽兮又嶇崎俯瀧淵兮恒以悲岸參天兮無路蹊石縱橫兮流洄洄波隆隆兮聲若雷或抱貨兮以從利或追恩兮有義氾自楫兮有不避闕躬軀兮於玄沚委性命兮於芒繩情寒懷兮不皇計忽隨流兮殆忘歸懿賢后兮發聖英閉不通兮治斯谿歷巨石兮以湮塡開切闕一字兮遵曲機摧六瀧兮弱闕五字兮散其波威恕定兮混瀨息聊啾兮闕五字逝瀨兮蛟龍藏睦老昌兮臚人歌名冠世兮超踰偷今稱闕

兮燿流沙功斐斐兮鏡海裔君乎君壽不訾

此碑元季廬陵陳謨跋謂漢刻本在隴上唐重
刻本在曲江廟中不知何時徙置郡學韶州守
錢旭旣新府治以韶在漢屬桂陽乃徙置之後
楊文貞公跋亦云碑在韶州府治按府治今爲
王府碑由是仍從曲江廟中東廣漢碑絕少
所有惟斯而已

周府君碑陰

故曲紅長零陵重安區祉字景賢故含洭長南郡闕一字蒼陸字闕夏故湞陽守長南平丞長沙漢昌蹇祇

字宣節故行事耒陽華㝎字漢威故荆州從事曲紅
龔臺字少謙故荆州從事曲紅郭蒼字伯起故荆州
從事郴王鼎字季尼故南部督郵曲紅龔雒字闕然
故吏曲紅鄧音字孝直故吏曲紅朱雋字義德故吏
曲紅張涼字子才故吏曲紅龔逵字叔通故吏曲紅
黄部字世尼故吏曲紅周蓋字伯嘗故吏曲紅黄晏
字子齊故吏曲紅馬珪字元序故吏曲紅譚承字曼
升故吏曲紅劉鵠字季產故吏曲紅黄祺字淑仁故
吏曲紅周習字仲鸞故吏曲紅劉越字子省故吏郴
𧝑禧字闕讓故吏耒陽蔡闕字巳明故吏湞陽左尉
零陵泉陵字闕三故吏湞陽劉萌字仲闕故吏湞陽左
勝字仲升故吏湞陽左劇字妙舉故吏湞陽宋碩字
子張故吏含洭堯禹字公制故吏含洭張邵字曼威
故吏含洭黄詳字伯節工師南陽宛王遷字子疆

漢衛尉衡方碑

府君諱方字興祖肇先蓋堯之苗本姓闕二字則有伊
尹在殷之世號稱阿衡因而氏焉闕三字士家千平陸
君之烈祖少以儒術安貧樂道履該顏原兼修季由
聞斯行諸砥仁癘闕四字土階夷愍之貢經常伯之寶
位左馮翊先帝所尊垂名竹帛考廬江太守兒鴈門

太守闕三字孝長發其祥誕降于君天資純懿昭前之
美少以文塞敦龐允元長以欽明耽詩悅書闕三字秋
仕郡辟州舉孝廉除郎中卽丘侯相膠東令遵尹鐸
之導保鄣二城參國起按班敘闕三字本肇末化速郵
置州舉尤異遷會稽東部都尉將繼南仲邵虎之軌
飛翼軫之旌操祭闕三字綏来王之鑾會喪太夫人感
邛人之凱風悼蓼莪之劬勞寢闇苦闕一字仍闕上言
倍榮向哀札服祥除徵拜議郎右平太守尋李廣之
在邊恢魏絳之和戎戎戢士佚費省巨億懷闕四字靜
有績遷潁川太守修清滌俗招拔隱逸光大茅茹國

外浮闕一字淡界繆動氣泄狂闕五字歸耒洙泗用行舍
藏徵拜議郎遷太醫令京兆尹舊都餘化詩人所詠
竝有亡新君闕四字隆寬慄鶉火光物隕霜剿姦振滯
起舊存亡繼絕恩降乾太威肅剗坤本朝錄功入登
衛闕二字翼紫宮夙夜惟寅委蛇在公有單襄穆典謨
之風詔選賢良招先逸民君務在闕失順其文舉已
從政者退就初巾永康之末君衛孝桓建甯初政朝
用舊臣留拜步丘校尉處六師之帥維時假階將授
袞職受任浹旬奄離寢疾年六十有三建甯元年二
月五日癸丑卒詔遣使闕一字弔賻禮百賓臨會莫不

失聲其年九月十七日辛酉葬蓋雅頌興而淸廟肅
中庸起而祖宗闕故仲尼既殁諸子綴論斯干作歌
用昭于宣闕一字以旌德銘以勒勳於是海內門生故
吏闕三字釆嘉石樹靈碑鐫茂伐祕將來其辭曰
戩戩我君懿烈孔純高朗神武歷世忠孝馮隆鴻軌
不忝前人寬猛不主德義是經韜綜頤闕溫故前呈
攬英接秀踵迹晏平初據百里顯顯令聞濟康下民
躍武南會邊民是鎮惟闕三字憂及退身忝議帝室剖
符守藩扎靖闕二字有闕有聲旋守中嶽幽滯以榮遹
種舊京闕四字含澤戴仁闕二字攸甯克長克君不虞不

陽維明維允燿闕一字聲香能哲能惠剋亮天功入統
闕三字赳赳光光法言稽古道而後行兢兢業業素絲
羔羔誾誾侃侃顒顒昂昂何規履榘金玉其相譽譽
上臣羣公憲章樂只君子闕二字無疆銘勒金石闕五字
問闕二字萬世是傳

金石古文卷六終

金石古文卷七

成都 楊 愼 輯 綿州 李調元 校定

漢酸棗令劉熊碑

君諱熊字孟闕廣陵海西人也厥祖天皇大帝垂精接感篤生聖明闕仍其則子孫亨之分源而流枝葉扶疏出王別胤受爵列土封侯載德相繼丕顯字闕五光武皇帝之玄孫廣陵王之孫俞鄉侯之季子也誕生照明岐嶷踰絕長字闕四柴守約履勤禮聖心敷敦五經之瑋圖兼古業覈其妙行修言道字闕五宜京夏莫不師仰六籍五典如源如泉既練州郡卷舒委隨

忠貞闕效官字闕三出省楊土流化南城政猶北辰眾星所從三祀有成來臻我邦循東闕之惠抑闕禮官賞進厲頑約之以禮博之以文政教如初愼徽五典勸恤民殷闕心顧下字闕二仁恩如冬日威猛烈炎夏貪究革情清修勸慕德惠潛流㞑芳旁布尤愍縣闕濟濟之儀孜孜之踰帥厲後學致之雍泮草上之風土業勃然而興咸居今而好古雖未盡道善必有所由處民之秉彝實我劉父其人魯無君子斯焉取旃允我劉父言善誘人講禮習聆匪徒豐學屢獲有年闕載充成神民協欣兩不相傷故德交歸焉自古在昔先民有作洪勳則甄盛德闕刻表諸來世垂之罔極褒賢表善揚幽拔微式序在位量能授宜官無曠事字闕二為正以卒為吏愍念烝民勞苦不均為作正彈造設門更富者不獨逸樂貧者闕順四時積和感暘歲為豐穰賦稅不煩實我劉父吏民愛若慈父畏若神明悔闕介德清越孤竹德牟產奇誠宜褒顯昭其憲則乃相闕咨度諏詢采摭謠言刊闕詩三章其辭曰

清和穆鑠實惟乾字闕一惟嶽降靈篤生我君服骨叡聖允鍾厥醕誕生岐嶷言協闕墳懿德震燿孝行通

神動履規繩文彰彪繽成是正服以道德民有父子然後有君臣理財正辭束帛戔戔闕夢刻像鶴鳴一震天臨保漢實生闕勳明試賦授夷夏已親嘉錫來撫潛化如神其神伊何靈不傷人

猗歟明哲秉道之樞養闕之福惟德之偶淵乎其長渙乎成功闕暇民豫新我闕通用行則達以誘我邦賴茲劉父用說其闕澤雾年豐黔首歌頌

淯于長夏承碑

君諱承字仲兗東萊府君之孫太尉掾之仲子右中郎將弟也累葉牧守印紱典據十有餘人皆德任其

位名豐其爵是故寵祿傳于歷世策勳著于王室君鍾其美受性淵懿含和履仁治詩尚書兼覽羣藝靡不尋暢州郡更請屈已匡君爲主簿督郵五官掾功曹上計掾守令冀州從事所在執憲彈紏枉忠潔淸肅進退以禮允道篤愛先人後已克讓有終察孝不行太傅胡公歆其德美旌招俯就羔羊在公四府歸高除淯于長到官正席流恩褒善糾姦示惡旬月化行風俗改易輶軒六轡飛躍臨津不日則月皓天不弔殲此良人年五十有六建寧二年六月癸巳淹疾卒官嗚呼痛哉臣隸辟踊悲動左右百姓號咷若哀考妣孩孤憤泣忉怛傷摧勒銘金石惟以告哀其辭曰

於穆皇祖天挺應期佐時理物紹縱光軌積行勤約燕于孫子君之羣威竝時繁祉明明君德令問不已高山景行慕前賢列庶同如蘭意願未止中遭寃夭不終其紀夙世實祚早喪懿寶抱器幽潛永歸蒿里痛矣如之行路感動僾寃有靈垂後不朽

漢西嶽華山廟碑

周禮職方氏河南山鎭曰華謂之西嶽春秋傳曰山嶽則配天乾坤定位山澤通氣雲行雨施旣成萬物易之義也祀典曰日月星辰所昭仰也地里山川所生殖也功加於民祀以報之禮記曰天子祭天地及山川歲徧焉自三五迭興其奉山川或在天子或在諸侯是以唐虞疇咨四嶽五歲壹巡狩皆以四時之中月各省其方親至其山柴祭燔燎夏商則未聞所損益周鑒於二代十有二歲王巡狩殷國亦有事于方嶽祀以圭璧樂奏六歌高祖初興改秦淫祀太宗承循各詔有司其山川在諸侯者以時祀之孝武皇帝修封禪之禮思登假之道巡省五嶽禋祀豐備故立宮其下宮曰集靈宮壂曰存僊壂門曰望僊門仲宗之世重使使者持節祀焉歲一禱而三祠後不承前至于亡新寖用丘虛訖今垣趾營兆猶存建武之元事舉其中禮從其省但使二千石以歲時往祠其有風旱禱請祈求靡不報應自是以來百有餘年有事西巡輒過享祭然其所立碑石刻紀時事文字靡滅莫能存識延熹四年七月甲子農弘太守安國侯亭汝南袁逢掌華嶽之主位應古制修廢起頓閔其若茲深達和民事神之義精通誠至祈祭之福乃案經傳所載原本所由銘勒斯石垂之于後其辭曰

巖巖西嶽峻極穹蒼奄有河朔遂荒華陽觸石興雲

雨我農桑資糧品物亦相瑤光崇冠二州古曰雝梁馮于豳岐文武克昌天子展義巡狩省方玉帛之贄禮與岱亢六樂之變舞以致康在漢中葉建設宇堂山嶽之守是秩是望侯惟安國兼命斯章尊修靈基肅共壇場明德惟馨神歆其芳遏禳凶札揫斂吉祥歲其有年民說無疆袁府君肅恭明神易碑飾闕會遷京兆尹孫府君到欽若嘉業遵而成之延熹八年四月廿九日甲子就袁府君諱逢字周陽汝南汝陽人孫府君諱璆字山陵安平信都人時令朱頡字宣得甘陵鄃人丞張昉字少游河南京人左尉唐佑字

君惠河南密人主者掾華陰王萇字德長京兆尹勑監都水掾霸陵杜遷市石遣書佐新豐郭香蔡書刻者潁川邯鄲公修蘇張工　闕　君　闕

漢玄儒先生婁壽碑

先生諱壽字元考南陽隆人也曾祖父修春秋以大夫侍講至五官郎中將祖父太常博士徵朱爵司馬親夫安貧守賤不可營以祿先生童孩多奇岐嶷有志捥髮傳業好學不厭不修廉隅不飭小行溫然而恭慨然而義善與人交久而能敬榮沮弱之耦耕甘山林之杳藹遁世無悶恬佚淨漠遲徲衡門下學上達有朋自遠冕紳莘莘朝夕講習樂以忘憂郡縣禮請終不回顧高位厚祿固不動心麤絺大布之衣糲糌蔬菜之食蓬户茅宇棬樞甕牖樂天知命權乎其不可拔也是以守道識眞之生士音高尚其事鄉鄙州鄰　闕　親愛懷年七十有八熹平二年正月甲子不祿國人乃相與論德處謚刻石作銘其詞曰

皇矣先生懷德惟明優於春秋玄嘿有成知賤爲貴與世無爭遲徲衡門禮滋醋義窮下不苟知我者天身殁聲鬯千載作珍縣之日月與金石存

漢蕩陰令張君碑

君諱遷字公方陳留已吾人也君之先出自有周周宣王中興有張仲以孝友爲行披覽詩雅煥知其祖高帝龍興有張良善用籌何在帷幕之內決勝負千里之外析珪於留文景之間有張釋之建忠弼之謨帝遊上林問禽獸所有苑令不對更問嗇夫嗇夫事對於是進嗇夫爲令令退爲嗇夫釋之議爲不可苑令有公卿之才嗇夫喋喋小吏非社稷之重上從言孝武時張騫廣通風俗開字　闕　一　鐵寓南苞八蠻西羈六戎北震五狄東勒九夷荒遠既殯各貢所有張是輔漢世載其德爰既且於君蓋其繵縺繒戎鴻緒牧

守相係不殞高問孝弟於家中謇於朝治京氏易聰麗權略藝於從畋少爲郡吏隱練職位常在股肱數爲從事聲無細聞徵拜字闕一中除穀城長蠶月之務不閉四門臘正之際休囚歸賀八月䇲民不煩於鄉隨就虛落存恤高年路無拾遺犂種宿野黃巾初起燒平字闕一市斯縣獨全子賤孔蔑字闕一道區別尙書五教君富其寬詩云愷悌君隆其恩東里潤色君垂其仁邵伯分陝君懿于棠晉陽珮瑋西門帶弦君之體素能雙其勛流化字闕一基遷蕩陰令吏民頡頏隨送如雲周公東征西人怨思奚斯讚魯孝父頌殷前

喆遺芳有功不書後無述焉於是刊石整表銘勒萬載三代以來雖遠猶近詩云舊國其命惟新

於穆我君既敦既純雪白之性孝友之仁紀行來本
蘭生有芬克岐有兆綏御有勛利器不覿魚不出淵
國之良幹垂愛在民蔽芾棠樹溫溫恭人乾道不繆
唯淑是親既多受祉永享南山千祿無疆子子孫孫

惟中平三年歲在攝提二月震節紀日上旬陽氣厥析感思舊君故吏韋萌等僉然同聲貨師孫興刊石立表以示後昆共享天祚億載萬年

此碑予官京師時嘗於景太史伯時處見舊搨本不及錄近得之友人文徵仲按隸釋云東漢及魏其碑到今不記者十才一二凡歐趙錄中所無者世不復有予生去宋數百年而此本兩見歐趙錄中蓋未嘗載隸釋并隸續亦無其文通志金石略所載碑目雖多然亦未之及乃知昔人之言未必可信而舊物之在天壤間者固不可盡謂之無也

金石古文卷七終

金石古文卷八

成都 楊慎 輯 綿州 李調元 校定

漢堂邑令費鳳碑

惟熹平六年歲格于大荒無射之月堂邑令費君寢疾卒嗚呼哀哉於是夫人元第故闕三字守卜㑺追而誄之其辭曰

君體履柔温和其如玉修孝友乎閨閫執忠謇於王室立迹州郡仕更右職舉直措枉强禦闕貸貢孝三署勛譽有則出宰近甸民懷厥德色斯輕翔翻然高潔王人述職分闕班爵台闕二字招助鼎調物退巳進

第不營榮祿栖遲歷稔項領滯畜鄗土不庭黠民作闕一字命君闕二字政化闕行逆善遷惡三朞致道有耻且格文守旌功轉在堂邑垂拱不言而民師伏三時之間卒以闕治昊天不弔命也早殁春秋六十六棃儀瘁陽泣涕漣灑豈愛哉躬命不可贖臨終迷闕三字內發祖業良田畝直一金推予第息辭位讓財行義高邵卓不可及名實相副有始有卒闕二字人善癒方切惻

故吏故鄗施業字世堅義民堂邑戚忠忠年十有一慈考早隕喪以備於禮制蓬首而闕三字壤而消辟地闕三字行毋氏以闕四字而悼傷服闕菲五五縗杖莫未除廣陵之郡守東海闕二字聞寢疾而終卒凡百普悲闕四字舜化北屋之餘慶隨闕棺柩車哀以而逆之祖載巳畢託還返其故鄉君闕其節操悲其有闕一字每以闕五字其老親忠闕二字君厚德念君之仁恩聞君之隕隧剝斷而辛酸復截縗麻杖闕君之柩棺扶號而竭闕泣涕其闕八字甫於岐山闕一字其從之迷君而到官上書而薦君盡禽息之闕三字君之闕三字君闕三七闕字於山闕列種嘉奇樹持爲之潤解忠業興闕二字猶君恩使然雖君有大化孰能爾者難子喪之終闕三字

思其顏而闕死可贖不愛闕二字人今君闕於彼卓譎而超吏民慕高蹤來者其如雨偉名建闕一字石垂示於闕二字

門下功曹徐佩字元節主簿呂嘉字元闕主史陳信字聖舉主記史闕忠字建臺門下游徼闕二字叔騰門下賊曹闕二字聖臺門下史曹助字仲臺闕吏呂常字孝讓從掾位徐超字元貴

漢堂邑令費鳳別碑

君舅家仲孫甘陵石勛字子才載馳載驅來奔于喪庭肝摧意悲感切傷心瞻彼碑誄懷之好音司馬慕

蕑相南容復白圭仰之以彌高鑽之而彌堅不堪哀
且思敘詩之一篇庶幾昔子夏起夫子之所言其辭
曰
君諱鳳字伯蕭梁相之元子九江太守之長兄也世
德襲爵銀艾相亞　遐祖之鴻軌拓前代之休蹤邈
逸越而難繼非羣愚之所傾仁義本於心慈孝著於
性言不失典術行不越矩度清潔皭爾渥而不澤恤
憂矜厄施而不記由近及遠靡不覆載故能闡令名
而雲騰揚盛聲而風布踐郡右職三貢獻計辟州式
部忠以衛上漢安二年吳郡太守東海郭君以君有

委蛇之節自公之操年卌一舉孝廉拜郎中除陳國
新平長神化風靡惠以流下靜而爲治匪煩匪擾乾
乾日欆　此黔首功成事就色斯高舉牢司委職位
思賢以自輔玄懿守謙虛白駒以闕一字　隰丹陽有越
寇沒闕四字　禽君封理之試守故鄣長蓋危亂有不譲
又畏此之闕二字　而闕　牧爰止其帥旅鶻若飛鷹鶚闕一
字若夫虓虎彊者綏以德弱者以仁撫簡在上帝心
功訓而特紀幡與宰堂邑基月而致道祝闕四字　遂據
于卿尹中表之恩情兄弟與甥舅篤與女薜性樂松
之茂好間君顯令名舉宗爲歡喜不悟奄忽終藏形

而匿景耕夫釋耒耜桑婦投鉤邑道阻而且長望遠
淚如雨策馬循大路褰裳而涉洧闕二字　歌闕一　離思
黃鳥集于楚惴惴之臨穴送君於厚土嗟嗟　且傷
每食闕　悲不絕夫人篤舊好不以存亡改文平感渭
陽愫愴益以甚諸姑咸辟踊爰及君伯姊孝孫字元
宰生不識考裝惟厥祖恩蓬首斬縗杖追世所不
爲流稱於鄉黨見吾君君存剝裂而不已一別會無
期相去三千里絕翰永忼慨泣下不可止

漢溧陽長潘乾校官碑

蓋漢三百八十有亡載闕三字　于闕四字　銘工著斯金石

溧陽長潘君諱乾字元卓陳國長平人蓋楚太傅潘
崇之未緒也君稟資南闕一字　之闕四字　德之節操髫髦
闕一字　敏闕一　學典謨祖講詩易剖演奧藝外覽百家
眾闕一字　契聖抱不測之謀秉高世之介屈私趨公卽
仕佐上郡位既重孔武赳著疾惡義形從風征暴執
訊獲首除曲阿尉姦㓷猾寇自善歡履孤竹之廉禽
蹈公儀之絜察廉除茲初厲清肅賦仁義之風闕二字
之跡垂化放乎岐周流愛雙乎闕二字　親賢寶智進直
退慝布政優優令儀令色獄無嗟吁之冤野無叩匈

之結矜孤頣老表孝貞節重儀輕利制戸六百省無正繇不責自畢百姓心歡官不失實於是遠人令聲景附樂受一廛旣來安之字闕一役三年惟泮宮之教反字闕一俗之禮構修學宮宗懿招德旣安以甯于侯用張籩豆用陳發彼有的雅容字闕一閑鍾石縣矣于胥樂焉乃作敘曰

翼翼聖慈惠我黎蒸貽我潘君平兹溧陽彬文赳武扶弱抑彊字闕一刈骾雄流惡顯忠咨疑元老師賢作明修學童冠琢質繡章實天生德有漢將興尙且在昔我君存今字闕一此龜艾遂尹三梁永世支百民人

所彰子子孫孫畀爾熾昌

丞沛國銍趙勳字范伯左尉河內汲童竝字公房右尉豫章南昌程陽字孝遂時將作吏名戸曹揚准議議曹掾李就議曹掾桓檜戸曹史賀字闕一從掾位侯祖主記史吳超門下吏吳訓門下吏吳翔門下吏時球

光和四年十月巳丑朔廿一日巳酉造

漢校官碑宋紹興十一年溧水尉喩仲遠得於固城湖濱置之官舍今在孔廟之大門右長樂陳長方雖嘗碑其所得本末釋文則未之見碑

方雖嘗碑其所得本末釋文則未之見碑以靈帝光和四年歲在辛酉造距今凡一千一百五十三年番陽洪景伯先生出字爲之釋謂挈埶爲黎畀爲偒楙爲野賫爲責刻去其刀賢去其貝于侯與豻侯通尙且爲太公周公可謂精審有據共餘不可辨者尙有二十七字今觀首行自三百字以下上下斯字凡十有六字比之洪氏作釋文時又皆不可攷且如第二行之字之下是禱字禱下闕一字有天字敏之上是克字眾之下是僞字退之下是慝字役之上爲復反之下爲失此之上爲卽皆隱隱可見洪則悉以爲闕又如旣安且甯則以爲巳甯梅檜則以爲桓檜豈當時誤於墨本而然耶溧陽志志謂元卓爲元貞是又以名乾而傅會也禧承乏於茲暇日與士友曹國傑摩洋久之得其二三因以洪先生釋文列於上僭附所見於其下勒諸樂石以補前修之所未及者餘尙俟博雅君子云至順四年龍在癸酉夏五月文學掾濟陰單禧謹識

漢郎中鄭固碑

君諱固字伯堅蒞君元子也含中和之淑質履上仁闕三字孝友著乎閨門志行立乎鄉黨初受業於歐陽遂窮究乎典籍膺游夏之文學襄冉季之政事弱冠仕郡吏諸曹掾史主簿督郵五官掾功曹入則腹心出則爪牙忠以衛上清以自修犯顏謇諤造膝詭辭加以好成方類推賢達善逡遁退讓當世以此服之邦后珍瑋以爲儲舉先屈計掾奉我闕貢清眇冠乎群彥德能簡乎聖心延熹元年二月十九日詔拜郎中非其好也以疾固辭未滿期限從其本規乃遘凶愍年四十二其四月廿四日遭命隕身痛如之何先

是君大男孟子有楊烏之才善性形於岐嶷闕二字見於垂髫年七歲而夭大君夫人所共哀也故建闕共墳配食斯壇以慰考妣之心琦瑤延以爲至德不紀則鍾鼎奚銘昔姬闕二字武弟述其兄綜闕四字行於蔑陋獨曷敢忘乃刊石以旌遺芳其辭曰

於惟郎中實天生德顧親誨弟虔恭竭力敎我義方導我禮則傳宣孔業作世模式從政事上忠以自勗貢計王庭華夏歸服帝用嘉之顯拜殊特將從雎意邑斯自得乃遭氛災隕命顛沛家失所怙國闕忠直俯哭誰訴仰號焉告嗟嗟孟子苗而弗穢奉我元兄修孝罔極寃而有靈亦歆斯勒

漢廬江太守范府君碑

君諱式字闕八字功存有夏實曰御龍闕昨商周世昭其隆晉主夏盟有士會者光演弘謨翼宗霸業錫邑命族闕范氏則其後爲也君稟靈醕之茂度體玄亮之殊高徽柔懿恭明允篤恕九德靡爽百行淵備弘道耽藝恢韜墳籍探賾研機罔深不入若乃立德隆禮樹節寶眞志諒足以弼國篤友足以輔仁用能昭其洪懿聲克宇甸拔華彥於汝墳潤枯斃於荆漢超管鮑之遐蹤信靈許乎炳煥是以闕化泉流芳闕鴻

舊燿仁闡於權與濟俗侔乎皇訓郡公偉焉乃旌盈路再讓考闕二字三府舉高第侍御史拜冀州刺史糾剔瑕慝六敎允施翰飛肅於鷹揚典刑闕二字軌闕帝闕其勳遷廬江太守擬泰和以陶化昭八則以隆治彌闕弘略惠訓亡倦闕二字協闕三字齊闕二字清源之深閎寶疏氏之至順以疾告辭韜光潛燿詠琴詩以甯闕九字其猶充洽外內實紹德之奧藪而儀氏之淵表也未亮三事闕三字終闕六字常山相暨子氾孫而亂嗣罔極粵青龍三年正月丙戌縣長汝南薛闕七字感靈墠之不饗思隆懿模以紹奕世乃興縣之碩儒咨典

謨之中闕同宗闕二字之胄昭告祖考俾守厥祀本缺著宣融之祚人神協休茂之慶焉禮也於是卿闕三字上計掾翟循州部泰山從事史翟邵等僉以爲郡雖煇名載籍光颺前列而靈墳亡闕儀問靡述遂相與略依舊傳昭撰景行刊銘樹墓以聲百世其辭曰

於昭上德實唐之胤誕表靈和蹈規履信窮神周覽祇道之訓邁德徽猶鴻漸闕舊嵗彼夸毗寶此醖懿以文會友以仁翼闕敷化濟殖羣生以遂永言孝思民之攸曁如何昊天不信其軌明德不報胤缺亡紀爰輯訓典詢壍髦士育兹赫闕以永遐祉詒厥孫謀燿于萬祀

金石古文卷八終

金石古文卷九

成都 楊 愼 撰　羅江 李調元童山 校

光武濟陽宮碑　蔡伯喈

王室中微哀平短祚姦臣王莽偷有神器有十八年罪盈惡熟天人致誅帝乃龍見白水淵躍昆嵩破前隊之衆殄二公之師收兵略地經營河朔於是羣公諸將據河洛之文協符瑞之徵僉曰歷數在帝踐祚允宜乃以建武元年六月卽位于鄗縣之陽五成之陌祀漢配天罔失舊物享國三十有三年方內乂安蠻夷率服巡狩太山禪梁父皇代之遐迹帝者之上義罔不畢舉道德餘慶延于無窮先民有言曰樂樂其所自生而禮不忘其本是以虞稱嬀汭姬美周原皇天乃眷神宮實始于此厥路巍哉所謂神麗顯融越不可尚小臣河尹瑋來在濟陽顧見神宮追惟桑梓褒述之義用敢作頌其辭曰

赫赫炎天爰耀其暉篤生聖皇二漢之微稽度虔則誕育靈姿黃孽作慝篡握天機帝赫斯怒爰整其師應期潛見扶陽而飛禍亂克定羣凶殄夷匡復帝載萬國以綏巡于四岳展義省方登封降禪升于中皇爰兹初基天命孔彰子子孫孫保之無疆

汝南周巨勝碑文

君諱緄字巨勝陳留太守之孫光祿勳之子也君應白乾之淯靈繼命世之期運元懿淸廟貞厲精粹體仁足以長人嘉德足以合禮總六經之要括河洛之機援天心以立均贊幽明以揆時沉靜微密淪於無內寬裕宏博舍乎無外之纖罔不總也是以實繁於華德盈乎譽初以父任拜郎中疾去官察孝廉是時郡守梁氏外戚貴寵非其好也遂以病辭太守復察孝廉乃俯而就之以明可否然猶私存衡門講誨之樂不屑已也又委之而旋故大將軍梁冀專國作威

海內從風世之雄材優逸之徒莫不委質從命而顛覆者蓋以多矣闔君洪名前後三辟而卒不降身由是縉紳歸高辟公事德大尉司徒再辟三辟察賢良方正舉才襄賁令皆病不就擾攘之際災眚仍發聖上詢諸師錫策公車持徵君仰觀天象俯效人事世路多險進非其時乃托疾杜門靜居里巷無人跡外庭生蓬蒿如此者十餘年强禦不能奪其守王爵不能滑其慮至延熹二年乃更闢門延賓享晏酣樂及秋而梁氏誅滅十二月君卒然則識機知命可觀於斯矣洋洋乎若德雖崇山千仞重淵百尺未足以喻其高究其深也夫三精垂耀處者有表爰在上世作者七人焉有該百行備九德齊光日月洞靈神明如君之至者與亶所謂天民之秀也享年五十不登期考遐邇歎悼痛心失圖乃相與建碑勒銘以徵休美其辭曰

厥初生民天賜之性有龐有醕有否有聖伊茲周君允丁其政誕茲明德自妁哲今奐乎其文如星之布確乎不拔如山之固追綜先緒應期作度潛心大猷譚思德謨遁世無悶屢辭王寮洋洋必丘于以逍遥茂爾童蒙是訓是教贍彼榮寵譬諸雲霄優哉游哉

侔此弘高名華夏光耀昆苗淸風丕揚德音孔昭

京兆尹樊陵碑文　蔡伯喈

於顯哲尹誕德孔彰膺帝休命謂篤不忘爰納忠式規悟聖皇欽崇園邑大孝允光九命車服昭示采章軒軺四牡承祀蒸嘗多士時貢繇役永息進路孔夷民淸險棘同體諸舊兆萌蒙福惠垂無疆守以罔極

童子逢盛碑

童子諱盛字伯彌溥令之元孫蘧成君之曾孫安平君之孫五官掾之長子也胎懷正氣生克自然俯育孩嬰弱而能言至於垂髫聰哲過庭受試退誦

詩禮心開意審聞一知十書畫規矩制中園梲日就月將學有緝熙才亞后㚟當爲師楷自天生授罔不在初謂當卭遂令儀令色整齊珪角立朝進仕究竟人爵克啟厥後以彰明德亂嗣昭達何辂季世顯天不惠伯疆涇行降此大戾年十有二歲在協給五月乙巳噬嗆不反夌隕精晃苗而不秀命有脩短無可奈何慈父悼傷割哀回鯉其十二月丁酉而安措諸永潛黃壚沒而不存於是門生東武孫理下密王升美感愾三成一列同義故共刋石敘述才美以銘不朽其辭曰

嘉辭伯彌天授其姿嵓克岐嶷聰叡敏達當遂邁迆立號建基時非三代符命無恒人生在世壽無金石身潛名彰顯於後葉

巴郡太守樊敏碑

君諱敏字升達肇祖宓戲遺苗后稷爲堯授巴郡後漢中秋老乞身以助義都尉養疾閭里又行褒義校尉君仕不爲人祚不爲已相桓大度體蹈其肯當躬台緄松僑協軌八十有四歲在汁洽紀驗期臻奄曶臧形凡百咸痛士女涕泠臣子褒術刋石勒銘其辭曰

於戲與考經德炳明勞謙損益耽古儉清立朝正色能無撓廚威恩御下持滿億盈所歷見慕遺歌景形書載俊艾股肱幹楨有物有則模楷後生宜参鼎鉉稽建皇靈王路阪險鬼方不庭恒戢節足輕寵賤榮故闕大選而損陪臣晏嬰邶殿留侯距齊非辭福也乃辟禍兮

辭曰演元垂闕岳瀆闕二字兮金精火佐實生賢兮闕欲救民德彌大兮遭遇陽九百六會兮當闕遐季今遂逝兮嗚呼哀哉魂神闕兮

金鄉長侯成碑

君諱成字伯盛山陽防東人也其先出自豳岐周文之後封于鄭鄭共仲賜氏曰侯厥胄宣多以功佐國要盟齊魯嘉會自邠因以爲家焉漢之興也侯公納英濟太上皇於鴻溝之阸謚曰安國君曾孫酺封明續侯光武中興元孫霸爲臨淮太守擁兵從光武平定天下轉拜執法右刺姦五威司命大司徒公封於陵侯枝葉繁茂或家河湑或邑山濟君則上黨太守之弟幼履慈孝之德長執忠謇之操治春秋經博綜書傳以典籍敎授滋滋履眞安貧樂道忽於時榮敬上接下温故知新翹節建志冠於羣倫孝友內著仁

義外宣郡請署主簿督郵五官掾功曹守金鄉長郎家假印綬君介心如石不易其刻史嘉其高名辟部東平泰山治中役事君勴精謙虛委蛇衡門以禮臈桓名德可尊行顯身隱縣輿養神聖人制命曰仁常存今胡不然喪此國偉君年八十一建甯二年歲在己酉四月二日癸酉遭疾而卒嗚呼哀哉於足遐邇士仁祁祁來庭集會如雲號哭發哀泣涕洗蘭將去白日歸彼元陰同盟必至縞素塡街存存顯名終有遺勳魂如有靈嘉斯寵榮於是儒林衆儁惟想邢景乃樹立銘石以揚淑美其辭曰

於穆君德姿履正平乾皇所挺應符如生耽藝樂術怡忽世榮虛位禮請介然不傾壽非南山不俟河清梁木圮頹鴻儀催零昆嗣切剝哀慟感情乃銘乃勒億載示甯

金石古文卷九終

金石古文卷十

成都 楊 愼 撰 羅江 李調元童山 校

武都太守李翕西狹頌

漢武都太守漢陽阿陽李君諱翕字伯都天姿明敏敦詩悅禮膺祿美厚繼世郎吏幼而宿衞弱冠典城有阿鄭之化是以三剖符守致黃龍嘉禾木連甘露之瑞動順經古先之以博愛陳之以德義示之以好惡不肅而成不嚴而治朝中惟靜威儀抑抑督郵部職不出府門政約令行彊不暴寡知不詐愚屬縣趍敎無對會之事徼外來庭面縛二十餘人年穀屢登

倉庾惟憶百姓有蓄粟麥五錢郡西狹中道危難阻峻緣崖俾閣兩山壁立隆崇造雲下有不測之谿阸芒促迫財容車騎進不能濟息不得駐數有顚覆霣隊之閽過者創楚惴惴其慄君踐其險若涉淵冰嘆曰詩所謂如集于木如臨于谷斯其殆哉困其事則爲設備今不圖之爲患無已勑衡官有秩李瑾掾仇審因常繇道徒鐉燒破析刻召磪嵬減高就埤平夷正曲柙致土石堅固廣大可以夜涉四方無雜行人懽悀民歌德惠穆如淸風乃刋斯石曰赫赫明后柔嘉惟則克長君牧守三國三國淸平詠歌懿德瑞降

豐稔民以傎穡威恩竝隆遠人賓服鏁山浚瀆路以
安直繼禹之奕亦世賴福

成陽令唐扶頌

君諱扶字正南潁川郾人也其先出自慶都感赤龍
生堯王有天下大號爲唐治致雍熹耷天重民禪位
虞闕光炙茅土通天三統苗冑枝分相土脉君因氏
唐焉累珎舍祚受天之怙肩嗣彌光爲漢台輔君父
孝廉郎中早卒季父蜀郡蜀郡從弟會稽會稽從弟
南陽君從見東萊太守南陽弟司空公在朝透隨正
色竭忠爲國討暴六侯俱封受土襲爵金緡十三君
繼厥緒少有岐嶷耽道好古孰書咏詩綜緯河雒底
究羣典戔紐上進守舞陽丞弱冠守昆陽尉潁陽令
隱練州郡所臨有迹帝嘉其德特拜郎中察能治處
除豫章鄡陽長夷粵㨌摅怴强難化君奮威颺武視
以好惡蠻貉振疊稽顙旆服闕上前逋千有餘萬盜
賊裘息境界晏然三載有成州郡詳表遷成陽令承
先聖之弘軌見讚像之高蹤遂興無爲之治優賢颺
歷表善絀惡遵九德以綏民崇晏晏之惠康風移俗
易莫不革心朝有公卓家有祭蹇分郲之治復隆生
於君追惟堯德廣被之恩依陵亳廟造立授堂四遠

童冠摳衣受業著錄千人朝益莫習衎衎誾誾尼父
授魯曷以復加靈祇瑞應木連理生白菟紫鳩遊君
園庭蕩蕩之治莫能名焉三司察功朝廷審眞以君
昌陽令吏民慕戀士女惟艱捺穿君車輪不得行君
臣流涕道路埌玕迫有詔命靡由復還於是故從事
伸宇仲授張躬萬龍督郵仲規郡掾閭葵闕仲理處
士王闕董頜閭葵斑等乃共刊石樹頌歌君之美其
辭曰

赫赫唐君帝堯之苗氏族不一各任所安本莫末異
蓋謂斯焉君體煥炳有芬有馨如山如嶽嵩如不傾
如闕如海瀆如不盈帷直如矢秉銓據衡在朝肅肅
閨門雍雍廉踰伯叔絜如珪璋賦政于外爰及鬼方
淮夷來降寇賊遂亡黎庶攸甯黔首歡康以德綏撫
宣恩六陽以仁恤弱以義抑强恩由春夏威如秋霜
賞罰分守審白黑著明憂耆閔稚不侮寡矜耽樂道
述咀嚼七經五六六七訓導若神接下施與投財如
損吏服其德民歸其恩父父子子君君臣臣不師自
舉不拘不煩囹圄空虛國無民德及草蟲滓流無根
蜎飛蠕動咸賴我君顯顯令稱德音常存

魏大饗碑

惟延康元年八月旬有八日辛未魏王龍興踐祚規恢鴻業構亮皇基萬邦統世忿吳夷之凶暴滅蜀虜之僭逆于赫斯怒順天致罰舊虓虎之校簡猛銳之卒爰整六軍率匈奴暨單于烏桓鮮卑引弓之類持戰百萬控弦千隊立甲曜野華旗蔽日天動雷震星流電發戎備素辨役不更籍農夫安疇商不變肆是以士有拊譟之驩民懷惠康之德皇恩所漸無遠不至武師所加無強不服故寬令西飛則蜀將東馳六旆南徂則吳黨委質二虜震驚魚爛隋潰將氾自三

江之流方軌邛來之阪斬吳夷以染越血蜀虜以釁鼓曜天威於遐裔復九圻之疆寓除生民之尖孽去聖黃之宿憤次于舊邑覲釁而動築壇墠之官置表著之位大饗六軍爰及譙縣父老男女臨饗之日陳兵清涂慶雲垂覆乃備倶禦整法駕設天官之列衛乘金華之鸞路建升龍於大常張天狼之威弧于葉風舉萬騎龍驤威靈之飭震曜康衢既登高壇蔭九增之華蓋處流蘇之幄坐陳旅酬之高會行無筭之酣飲于酒波流肴烝陵積瞽師設縣金奏讚樂六變既畢乃陳祕戲巴俞丸劍奇舞麗倒衝夾踰鋒上索蹹高舩鼎緣橦舞輪擿鏡騁狗逐兎戲馬立騎之妙技白虎青鹿辟非辟耶魚龍靈龜國鎮之怪獸瓌變屈出異巧神化自卿校將守以下下及陪臺𨽻圉莫不歆淫宴喜咸懷醉飽雖夏啓均臺之享周成岐陽之獀高祖邑中之會光武舊里之宴何以尚茲是以刊石立銘光示來葉其辭曰

赫王師征南裔舊靈威震天外吳夷讋蜀虜竄區夏清八荒艾幸舊邦設高會皇德洽洪恩邁刊金石光萬世

魏散騎常侍步兵校尉東平太守碑

稽叔夜

先生諱籍字嗣宗陳留尉氏人也厥遠祖陶化於上世而先生弘謨於後代詩所載阮國則是族之本也先生承命世之美希達節之度得意忘言尋妙於萬物之始窮理盡性研幾於幽明之極和光同略羣生莫能屬也確不可拔當塗莫能貴也或出或處與時升降或默或語與世推移望其形者猶登嶽涉海蕩然無以究其高測其深覽其神者猶旁璞親珪肅然無不欽其寶而偉其奇也不屑夷齊之潔故其清不可尚也不履思連之汙故其道不可屈也蘧瑗昇降

於卷舒寗武去就於　盻一子不亦泰如危宗廟之犧安不　孤犢之逼而有塗中之廣觀屈穀鳴鴈是以處下　之間察巨瓠繚帶是以遊有用之際夸大辨而御之以訥貨大白而洿之以厚一作辱為無為而名不能累也事無事而世不能役也訪垂天之翼於寂寞之域投芒刃之頴於有解之會固恢恢必餘地豈若接輿被張以養生於陵觀園以求實齷齪近步脩一作循軌轍而已哉尼父譏老成於遊龍衛賜譬重仞於日月揆之先王其殆庶幾乎方將攀逸駕於洪涯戀遐軌於巢州跨宇宙以高挹陵雲霄以優游享

年如干遘病而卒於是遠鑒之士有識之徒先生之没夫豈不慨然臨豪桀而存惠之問運斧斲而思郢人之力乃探頤索隱以敘雅操使將來君子知壯生之跡略舉其志埤之曰巖巖先生天挺無欲元虛恬淡湜蘊榮辱盪滌穢累婆娑山足胎胞造化韜蘊光燭鼓棹滄浪彈冠嶠岳頤神太素簡邁世局澄之不清溷之不濁翱翔區外遺物庶俗隱處巨室反眞歸漠汪汪淵源邁跡圖籙

金石古文卷十終

金石古文卷十一

成都　楊　慎　撰　羅江　李調元童山　校

漢滎瀆石門碑

惟陽嘉三年二月丁丑使河堤謁者王誨疏達河川遂荒庶土云大河衝塞侵齧金堤以竹籠石葺葦土而爲遏壤隤無已功消億萬請以濱河郡徒疏山采石壘以爲鄣功業旣就傜役用息未詳詔書許誨立功府卿規基經始詔策加命遷在沇州乃簡朱軒授使司馬登令纘茂前緒稱遂休功登以伊洛合注大河南則緣山東過大伾回流北岸其勢鬱懞濤怒湍

急激疾一有決溢彌原淹野蟻孔之變害起不測蓋自姬氏之所常慼昔崇鯀所不能治我二宗之所劬勞於是乃跋涉躬親經之營之率百姓議之于臣伐石三谷水匠致治立激岸側以捍鴻波隨時慶賜說以勸之川無滯越水土通演役未踰年而功程有畢斯乃元勳之嘉課上德之弧表也昔禹脩九道書錄其功后稷躬稼詩列于雅夫不惲勞　之勤夙興厥職充國惠民亦得湮没而不章焉故遂刊石記功垂示于後其辭云云使河堤謁者山陽東昏司馬登字伯志伐東萊典城王誨字孟堅河內太守守城向豹

字伯尹丞汝南鄧方字德山懷令劉丞字季意河堤掾匠等造陳留浚儀邊韶字孝先頌

魏野王令司馬孚脩沁口碑

臣孚言臣彼明詔興河內水利臣既到檢行沁水源出銅堤山屈曲周迴水道九百自大行以西王屋以東層巖峻天時霖雨衆谷走水小石漂迸木門朽敗稻田汎濫歲功不成臣輒按行去堰五里以外方石可得數萬餘枚臣以爲方石爲門若天亢旱增堰進水若天霖雨陂澤充溢則閉方斷水空渠衍滂足以成河雲雨由人經國之謀暫勞永逸聖王所許願陛

下特出臣表勑大司農府給人工勿使稽延以贊時要臣孚言詔書聽許

魏建城鄉侯劉靖碑

魏使持節都督河北道諸軍事征北將軍建城鄉侯沛國劉靖字文恭登梁山以觀源流相隰以度形勢嘉武安之通渠羨秦民之殷富乃使帳下督丁鴻軍士千人以嘉平二年立遏於水道高梁河造戾陵遏開車箱渠其遏表云高梁河水者出自井州黃河之別源時長岸峻固直截中流積石籠以爲主遏高一丈東西長三十丈南北廣七十餘步依北岸立水門

門廣四丈立水十丈山川暴戾則乘遏東下平流守常則自門北入灌田歲二千頃凡所封地百餘萬畝至景元三年辛酉詔書以民食轉廣陸發不贍遣謁者樊晨更制水門限田千頃刻地四千三百一十六頃出給郡縣改定田五千九百三十頃水流乘車箱渠自薊西北逕昌平東盡漁陽潞縣凡所潤舍四五百里所灌田萬有餘頃高下孔濟原隰底平疏之斯溉決之斯散導渠口以爲濤門灑滮池以爲甘澤施加於當時敷被于後世晉元康四年君少子驍騎將軍平鄉侯弘受命使持節監幽州諸軍事領護烏丸

校尉甯朔將軍遏立積三十六載至五年夏六月洪水暴出毀損四分之三乘北岸七十餘丈上渠車箱所在漫溢追惟前立遏之勳親臨山川指授規略命司馬關內侯逢惲內外將士二千人起長岸立石渠脩立遏治水門門廣四丈立水五丈興復載利通塞之宜准遵舊制凡用功四萬有餘焉諸部王侯不召而自至繈負而事者蓋數千人詩載經始勿亟易稱民忘其勞斯之謂乎於是二府文武之士感秦國思鄭業之績魏人置豹祀之義乃遐慕仁政追述成功元康五年十月十一日刊石立表以紀勳烈并記遏

制度永爲後式焉

晉千金渠石人東脇下文

太始七年六月二十三日大水并瀑出常流上三丈蕩壞二堨五龍泄水南注寫下加歲久漱齧每勞即壞歷載消弃大功今故爲令遏更於西開泄名曰伐龍渠地形正平誠得爲泄至理千金不與水勢激爭無緣當壞由其卑下水得輸上漱齧故也今增高千金於舊一丈四尺五龍自然必歷世無患若五龍歲久復壞可轉於西更開二堨二渠合用二十三萬五千六百九十八功以其年十月二十三日起作功重

小人到八年四月二十日畢

西脇下亦有刻文不錄

後漢鴻臚陳君碑文　邯鄲子禮

君諱紀字元方太丘君之元子也始祖有虞受禪陶亦以命禹其後嬀滿當周武王時祚土于陳君其世也君生應乾坤之純質受嵩岳之粹精内包九德外兼百行淵深淪於不測膽智應於無方弘裕足以容眾矜嚴足以正世然後研幾道奥涉覽文學凡前言往行竹帛所載靡不坐該其善也亹亹焉其誘人也是以令聞廣譽塞于天淵儀形嘉誨範乎人倫存乎本傳故略舉其著於人事者焉顯考以茂行崇冠先儔季弟亦以英才知名當世孝靈之初並遭黨錮俱廢于家號曰三君故得奉常供養以循子道親執饋食朝夕竭歡及太丘君疾病終亡喪過乎哀崩傷嘔血如此者數焉服禮既除戚容彌甚聞名心瞿言及隕涕雖大舜之終慕曾參之自盡無以踰也豫州刺史嘉懿至德命勅百城圖畫形像于今遺稱越在民口既處隱約潛躬味道足不踰閾乃覃思著書三十餘萬言言不務華事不虛設其所交釋合贊規聖哲而後建旨明歸焉今所謂陳子者也初平之元禁

罔蠲除四府並辟弓旌交至雖崇其禮命莫敢居用大將軍何進表選明儒君爲舉首公車特徵起家拜五官中郎將到遷侍中旬有八日出相平原會孝靈晏駕賊臣秉政肆其兇虐剝亂宇内州郡幅裂戎輿並戎君冒犯鋒矢勤恤民隱馴之以禮教示之以知恥視事未朞士女向方會刺史敗於黃巾幽冀二州爭利其工君料敵知難不忍其民爲已致死乃辭而去之於郯之野袁術恣睢僭號江淮圖覆社稷結婚呂布斯事成重必不測救君諗布不從遂與成婚送女在塗君爲國深憂乃奮策出奇以奪其心卒絕好

追友而還離逖姦謀使不得成國用乂安君之力也唯帝念功命作尚書令會車駕幸許拜大鴻臚賓掌九儀四門穆穆遂登補袞闕以熙帝載不幸寢疾年七十有一建安四年六月卒惜乎懷道處否登庸日寡實使大業不究元勲靡建茲海內所爲嗟悼凡百所以失望也天子愍焉使者弔祭郡卿以下臨喪會有子曰郡追惟蓼莪罔極之恩乃與邦彥碩老咨所以計功稱伐銘贊之義遂樹斯石用監于後其辭曰

於穆上德時惟我君固天縱之天鍾厥純命世作則實紹斯文遭險龍潛抗志浮雲所貴在已樂存事親雖處畎畝天子屢聞乃階郎將陪帝作輔平原寇深遂辭其民思齊古公邠土是因不忘論國惠我無垠復命喉舌秉國之均爰登卿士媚茲一人如何穹蒼不授遐年尠厥在位每懷不申股肱或虧朝誰與詢犖犖小子號泣于旻勒銘表德久而彌新

金石古文卷十一終

金石古文卷十二

成都 楊 愼 撰 羅江 李調元童山 校

漢樊毅脩西嶽廟記

山經曰泰華之山削成四方其高五千仞廣里周禮職方氏華謂之西嶽祭視三公者以其能興雲雨產萬物通精氣有益於人則祀之故帝舜受堯歷數親自巡省設五鼎之奠柴燎煙致敬神祇乂用昭明百穀蕃殖黎民時雍鳥獸率舞鳳凰來儀暨夏殷周未之有改也其德休明則有禎祥荒淫朦穢篤災必降秦違其典璧遺鄗池二世以亡高祖應運禮遵陶唐祭則獲福奕世克昌忘新滔逆鬼神不享建武之初彗掃頑凶更率舊章敢用元牡牲牷必充天惟醕祜萬國以康光和二年有漢元舅五侯之胄謝陽之孫曰樊府君諱毅字仲德承考讓國家于河南究職州郡辟公府除防東長中都令誅強虣撫瘠民二郡以清命守斯邦威隆秋霜恩踰冬日景化既宣由復夕惕惟窺祿之報順民之則孟冬十月齋祀西嶽以傳窄狹不足處尊碑廟舍舊久墻屋傾亞世室不脩春秋作譏特部行事荀班與縣令先黨以漸補治設中外館圖珍奇畫怪獸嶽瀆之精所出禎秀 于時

而功已著甓勞久逸神永有憑自古太山邸邑猶存
五嶽尊同哀此勤民獨不賴福乃上復十里內工商
農賦克厭帝心嘉瑞仍畣風雨應起漑潤品物君臬
必書況乃盛德惠及神人可無述焉於是功遣郭敏
主簿魏襲戶曹史許禮等遂刊元石銘勒鴻勛垂曜
靈軫存有昭識其辭曰二儀剖判清濁始分陽凝成
山陰積爲川泰氣推否洪波兄臻堯命伯禹決江開
汶川靈旣定恩覆兆民乃刊祀典辨于羣神因瀆祭
地嶽以配天世主遵循永享歷年赤銳煌煌受茲介
福京夏密清殊俗賓服令問不違可謂至德德音孔

昭實惟我后出自中興大漢之舅本枝惟百延慶長
久俾守西嶽達奉神祀改傳飾廟靈則有攸齊降瑞
畣祚景風凱涕惟風及雨成我稷黍穡民用章建乂
空宇刊銘記誦　配梁甫

西嶽華山亭碑　衛凱

帷光和元年歲在戊子名曰咸池季冬己巳弘農太
守河南樊府君諱毅字仲德下車之初恭肅神祀西
嶽至尊詔書奏詞躬親自往省從勞謙卽事有漸散
齊華亭齊堂逼窄郡縣官屬清齊無處尊卑錯綜精
誠不固畏天之威逢斯癉怒時雨不興甘澍不布念
存黔首懼闕曠素於是與令巴郡朐忍先譙公謀圖
議繕故斷度椁廊立室異處左右趣之莫不競慕二
年正月己卯興就旣成有元休嘉啟瘠各得竭情福
祿是顧刻茲碑號吏卒俠路其辭曰
巖巖西嶽五鎭次宗緒德之尊太華優隆皇帝永思
祀典孔明高神肯宴圭璧贊通赫赫在上以畜萬邦
惟嶽降神實生羣公卿士百辟纘業攸蒙帝命不違
歲事報功羣后命卿散齋外亭敬恭明祀以奉　靈
處所逼窄屑窣有聲神樂其靜翛翬無形尊碑有序
潔心致誠因繕舊室整頓端平在其板屋孰不嘉精

天人同道萬祚來迎旣受帝祉延予後生爲龍爲光
顯人王庭爲公爲侯福祿來成刻石記號永享利貞

西嶽華山堂闕碑銘

易曰天地定位山澤通氣然山莫尊於嶽澤莫盛於
瀆山嶽有五而華處其一瀆有四而河在其數其靈
也至矣聖人廢興必有其應故岱山石立中宗繼統
太華授璧秦胡絕緒白魚入舟姬武建業寶珪出水
子朝喪位布五方則處其西列三條則居其中若廣
袤奇蟲山經有紀矣是以帝王巡狩親五嶽而告至
覲方后而考禮故經有望秩之禮典有生殖之祀蓋

所以崇山川而報功也四海一統天子兼其禮諸侯
力政彊國攝其祭奉其邑曰華陰也久矣乃紀於禹
貢而分秦晉之境奉鄙晉之西則曰陰晉邊秦之東
則曰甯秦邑既遷徙禮亦如之二國力爭以奉以祭
其城險固基趾猶存故老之言未殞於民也逮至大
缺二命克亂不愆不忘舊名是復率禮不越故祀是
尊歷葉增脩虔恭又備一禱三祀終歲而四以迄于
今而世宗又經集靈之宮於其下想喬松之壽是遊
是憩郡國方士自遠而至者充巖塞崖卿邑巫覡宗
祀乎其中者盈谷溢谿咸有浮飄之志愉悅之色必

雲霄之路可升而越果繁昌之福可降而致也故殖
財之寶黃玉自出令德之珍卿相是毓匪惟嵩高降
申甫此亦有焉天有所興必先廢之故殷宗周宣以
衰致盛是時也王業中缺大化陵遲郡縣既毀財匱
禮乏庭廟傾壞壇場蕪穢祭祀之禮有缺焉於是鎮
遠將軍領北地太守關卿亭侯段君諱煨字忠明自
武威占此土憑託河華二靈是與故能以昭烈之德
享上將之尊御命持重屯斯寄國討叛柔服威懷是
示羣兇既除郡縣集甯家給人足戶有樂生之歡朝
釋西顧之慮而懷關中之恃雖昔蕭相輔佐之功功

冠羣后弗以加也遂解甲休士陣而不戰以逸其力
脩飾享廟壇場之位荒而復辟禮廢而復興又造祠
堂表以參闕建神路之端首觀壯麗乎孔徹然后旅
祀祈請既有常處雖雨霑衣而禮不廢於是邑之士
女咸曰宜之乃建碑刻石垂示後裔其辭曰於穆堂
闕堂闕昭明經之營之不日而成匪奢匪儉惟德是
程匪豐匪約惟禮是榮虔恭禋祀黍稷芬馨神具醉
止降福穰穰

桐柏廟碑　　王延壽

延熹六年正月八日乙酉南陽太守中山盧奴張君

處正好禮尊神敬祀以淮出平氏始於大復潛行地
中見於陽口立廟桐柏春秋宗奉災異告譴水旱請
求位比諸侯聖漢所尊受珪上帝太常定甲郡守奉
祀務潔沈祭從郭君以來二十餘年不復身到遣行
承事簡略不敬明神弗歆災害以生五嶽四瀆與天
合德仲尼慎祭常若神在君準則大聖親之桐柏奉
見廟祠崎嶇逼狹開拓神門立闕四達增廣壇場飾
治華蓋高大殿宇甯齊傳館石獸表道靈龜十四衢
廷弘敞宮廟嵩峻祗慎慶祀一年再至躬進牲牷執
王以沈爲民祈福靈祇報祐天地清和異祥昭格禽

蹤碩茂草木芬芳黎庶預祉民用作頌其辭曰泫泫淮源聖禹所導湯湯其逝惟海是造疏穢濟遠柔順其道弱而能強仁而能武聖賢立式明哲所取定爲四瀆與河今　烈烈明府好古之則虔恭禮祀不愆其德惟前廢弛匪恭匪力灾眚以興陰陽以忒陟彼高岡臻茲廟側肅肅其敬靈祇降福雍雍其和民用悅服穰穰其慶年穀豐植望君輿駕扶老攜集慕君塵軌奔走忘食懷君惠兄思君罔極于胥樂兮傳於萬億

九疑山碑　　　　蔡　邕

巖巖九疑峻極于天觸石膚合興播建雲時風嘉雨浸潤下民芒芒南土實賴厥勛逮于虞舜聖德光明克諧頑傲以孝蒸蒸師錫帝世堯而授徵受終文祖璇璣是承太階以平人以有終遂葬九疑解體而升登此崔嵬託靈神仙

金石古文卷十二終

金石古文卷十三

成都　楊　慎　撰　羅江　李調元童山　校

楚相孫叔敖碑

楚相孫君諱饒字叔敖本是縣人也六國時期思屬楚楚都南郢南郢郎南郡江陵縣也君受純靈之精懷絕世之才有大賢次聖之質少見枝首蛇對其母泣吾將死母問其故曰吾聞見枝首蛇者死今日見之母曰若奈之何吾旅行數十步念獨吾死可空復令他人見之死爲因埋掩其荊母曰若無憂焉其陰德元善遂爲父母九族所異及其爲相布政以道考

天象之度敬授民時聚藏於山殖藏於藪宣導川谷波障源泉溉灌坟澤堤防湖浦以爲池沼鍾天地之美收九澤之利以殷潤國家家富人喜優贍樂業拭序在朝野無螟臧豐年蕃庶人有曾閔貞孝之行四民美好從容中節高相改幣一朝而化其憂國忘私乘馬三年不別牝牡繼高陽重黎五舉子文之統其忠信廉勇禮樂文章軌儀同制其富國充民明天時盡地力庭堅禹稷不能踰也專國權寵而不榮華且可得百金至至於殁齒而無分銖之蓄破玉玦不以寶財遺子孫終始若矢不去善如絕絃辟患害於

無刑徹節高義敦良奇介自曹臧孤竹吳札子罕之倫不能驂也生於季末仕於靈王立溷濁而澄清處幽闇而照明其遺武餘典恨不與戲皇帝代同世世爲列娀國在朝庭其意常壘壘若冠章甫而坐塗炭也病甚臨卒將無棺椁令其子曰優孟曾許千金貸吾孟故楚之樂長與相君相善雖言千金實不貸也卒後數幸莊王置酒以爲樂優孟乃言孫君相楚之功即忼慨高歌曲曰貪吏而可爲而不可爲廉吏而可爲而不可爲貪吏而不可爲者當時有汙名而可爲者子孫以家成廉吏而可爲者當時有清名而不

可爲者子孫困窮被褐而賣薪貪吏常苦富廉吏常苦貧獨不見楚相孫叔敖廉潔不受錢涕泣數行若投首王王心感動覺悟問孟孟具列即來其子而加封焉子辭父有命如楚不忘亡臣社稷圖而欲有賞必於潘國下濕墝埆人所不貪遂封潘鄉即固始也三九無嗣國絕祀廢固始令段君夢見孫君則存其後就其故祠爲架廟屋立石銘碑春秋烝嘗神明報祚即歲遷長我太守及期思縣宰段君諱光字世賢魏郡鄴人庶　光賢體德允恭篤古遵舊奉履靈章欽顯天道五典興通攷籍祭祀祗肅神明臨縣一載志在惠康葬枯粟乏愛育蕃烝討掃醜類鰥寡是矜社僞養善是忠表仁感想孫君迪發嘉訓興祀立壇勤勤愛敬念意自然刻石銘碑千載表績萬古摽記福祐期思縣興士織孫氏蒙恩漢延熹三年五月二十八日立

漢故中常侍騎都尉樊君之碑　子　遷

君諱安字子礽南陽湖陽人也厥祖曰仲山父翼佐周宣出納王命爲之喉舌以致中興食采于樊子孫氏焉奕世載德守業不愆在漢中葉篤生哲媛合南頓實產世祖征討逆畔復漢郊廟而樊氏以帝元舅顯受芽一封寵五國壽張侯以功德加位特進其次

並已高聲處鄉校侍中尚書掾州典郡不可勝載爲天下學治韓詩論語孝經兼典記傳古今異義甘貧樂約意不回貳天資淑慎稟性有直秉操不移不以覬貴世政促峻邑宰寡識慢賢役德被以勞事然後慷慨官于王室歷中黃門沉從儀史拜小黃門小黃門右史遷藏府令中常侍其事上也貞固密慎矜矜戰戰作主股肱助國視聽外職不誣內言不泄爲近臣楷模以兄弟並盛雙據二郡宗親奈賴榮年五十有六以永壽四年二月甲辰卒朝思其忠追拜都尉

寵以應紱策書褒歎賻贈有加嗣子遷寶以幼弱夙敘王爵而喪其所天禮備復位以延熹三年冬十有一月自上蒸祭乃尋惟烈考恭脩之懿勒之碑石俾不失墜其辭曰

肅肅我君帝躬是翼王事多難我是力秉此小心以亮皇職惟帝念功庸以輿服大命傾霣竈神遷佚竈艾追贈用光其德藹藹遺稱作呈作式勒銘茲石垂示罔極勳名不刓永昭千億

漢金城太守殷君碑　　衛覬

君諱華字叔時上郡之陽人大匠君之子也其先出

自有殷因國定氏不改其號聖哲元流至君而懿幼應瓌瑋之美長有沖邈之志敦詩閱禮韜韣竹賁誕循前業守以恪恭仕歷州郡忠愕有分其大操也耽耽虎視龍變不羈故能雄傑於并域聲班於上京察何孝廉貢除郎中左馮翊丞協宣文物公事知州譽茂才宛丘令崇行寬猛示之禮禁褒廷庠校政以惠和三載陟頃邪臨金城郡郭羌虜避難遷移役兼民賨室如懸磬乃敷權略獎厲信獫狁率服不敢窺踰兵戢而時動因省徭以習義興利弭患順其所樂開通狹道造作傳館吏事咸悅不勞而勸是以搢紳之徒譚講雅誦釋軍旅之犀革陳俎豆於泮宮其艾榰輪旗顯才良咨量三壽賞刑不僭邦埸甯靜歲時豐登耆叟擊壤童亂謳謠功朞垣列當升寵祚旻不耆德景命失靈以光和元年九月乙酉卒官生有嘉休終則鼎銘於是故吏邊笠江英韓遂等追送遐丘刊石勒勛其辭曰

於惟明后懷德握醅昆台之耀秀出不羣文昭有毅武列能仁含舒憲壘以育生民乘紀東壤西國者勛身沒名流載世常存古之遺老非此孰云子爾臣恩績其臭芬

河間相張平子碑　　崔瑗

河南相張君南陽西鄂人諱衡字平子其先出自張老爲晉大夫納規趙武而反其侈傳美之君天姿叡哲敏而好學如川之逝不舍晝夜是以道德漫流文章雲浮數術窮天地制作侔造化瓌辭麗說奇技偉藝磊落煥炳與神合契然而體性溫良聲芬芳仁愛篤密與世無傷可謂淑人君子者矣初舉孝廉爲尚書侍郎遷太史令實掌重黎歷紀之度亦能焆燿敦大天明也德光照有漢遷公車司馬令侍中遂相河間政以禮成民是用息遭命不永閒忽覺徂朝失良

臣民隕令君天泯斯道世喪斯文凡百君子靡不傷焉乃銘斯表以旌厥問其辭曰

於維張君資質懿豐德茂林羡高明顯融焉所不學亦何不師盈科而逝成章乃達一物不知實以爲耻聞一善言不勝其喜包羅品類稟授無形酌焉不竭沖而復盈稟稟其庶亹亹其幾膺數命世紹聖作師荀華必實令德惟恭柔嘉伊則孝友祇容允出在茲維帝念功往才女諧化洽民雖恩而不弔降此咎哲人其萎罔不時恫紀于銘勒永終譽兮死而不朽芳烈著兮

曹娥碑　邯鄲淳

孝女曹娥者上虞曹盱之女也其先與周同祖末冑荒流爰茲適居盱能撫節按歌婆娑樂神以漢安二年五月時迎五君逆濤而上爲水所淹不得其尸時娥年十四號慕思盱哀吟澤畔旬有七日遂投江死經五日抱父屍出以漢安迄于元嘉元年青龍在辛卯莫之有表度尚設祭誄之辭曰鬱伊孝女曄曄之姿偏其反而令色孔儀窈窕淑女巧笑倩兮宜其家室在洽之陽大禮未施嗟喪慈父彼蒼伊何無父孰怙訴神告哀赴江永號視死如歸是以眇然輕絕投入沙泥翩翩孝女載沉載浮或泊洲渚或在中流或趨湍瀨或逐波濤千夫失聲悼痛萬餘觀塡道雲集路衢泣淚掩涕驚慟國都是以哀姜哭市杞崩城隅或有尅面引鏡剺耳用刀抱樹而燒於戲孝女德茂此儔何者大國防禮自脩豈况庶賤露屋草茅不扶自直不鏤自彫越梁過宋比之有殊哀此貞厲千載不渝嗚呼哀哉辭曰

名勒金石質之乾坤歲數歷祀立廟起墳光于后土顯昭天人生賤死貴利之義門何悵華落飄零早分葩艷窈窕永世配神若堯二女爲湘夫人時効髣髴

以昭後昆

金石古文卷十三終

金石古文卷十四

成都 楊 慎 撰　羅江 李調元童山 校

魏敬侯衞覬碑陰　聞人牟準

敬侯所葬之先城城惟解梁地即郇首山對靈足谷當猗口勢高而趣幽形垣而背阜鑿室而可以蔽藏不墳而所冀速朽珍琦素白而靡尚衣服隨時而則有故吏述德於隧前門生紀言於碑後曰季居亭而已治詹嘉在主而可友處高據之厚地將秭億而永久所著述注解故訓及文筆等甚多皆已失墜所注孝經園而倉頡冢碑大篆書在左馮翊利陽亭南道

旁及華山下亭碑增筭狀殷叔時碑魏大饗碑羣臣上尊號奏及受禪石表文竝在許繁昌尊號奏鍾常書受禪表顗竝全針八分書也太祖　帝等臨詔令雜駁議上封事一百餘條誡子等散在人間及碑石可見樹碑人郡國縣道姓名其如于後

黃陵廟記節文　諸葛孔明

僕躬耕南陽之畝遂蒙劉氏顧草廬勢不可郤計事善之於是情好日密相拉總師趨蜀道履黃牛因覩江山之勝亂石排空驚濤拍岸斂巨石於江中崔嵬巑岏列作三峰平治洚水順遵其道非神扶助於禹人力奚能致此耶僕縱步環覽乃見江左大山壁立林麓峰巒如畫熟視於大江重復石壁間有神像影現焉鬢髮鬚眉冠裳宛然如彩畫者前豎一旌旗右駐一黃犢猶有董工開導之勢古傳所載黃龍助禹開江治水九載而功成信不誣也惜乎廟貌廢去使人太息神有功助禹開江不事鑿斧順濟舟航當廟食茲土僕復而興之再建其廟貌目之曰黃牛廟以顯神功

漢武帝鼎銘

登于泰山萬壽無疆四海寧謐神鼎傳芳

漢武帝封禪刻石辭

四守之內莫不爲郡邑四夷八蠻咸來貢職與天無極人民蕃息天祿永得

漢祭金馬碧鷄文

持節使者王褒敬移南崖金精神馬縹縹碧鷄處南之荒深溪回谷非土之鄉歸來歸來漢德無疆廣乎唐虞澤配三皇黃龍見兮白虎仁歸來歸來可以爲倫歸兮翔兮何事南荒也

漢祝長嚴訢碑銘

惟漢中興卯金休烈和平元年歲治東宮屯民甯厥

居

漢圉令趙君碑銘

天實高唯聖同戲我君羡其蹤體弘仁蹈中庸所臨歷有豐功追景行亦難雙刻金石示萬邦

漢王史威長銘

明明哲士知存知亡崇隴原野非寗非康不封不樹作靈乖光厥銘何依王史威長

漢資中古碑伏羲贊 見史子　堅隸格

伏戲倉精初造工業畫卦結繩以理海內 內音越

後漢祝睦碑銘

穆我君邦之陽資五就闓道綱立表微準樞衡稽列宿覽四方德合乾道應皇領一郡耀重光化流治緄幽昌性天約元用長頌聲作謠令香功烈著遺椒芳存覿榮淪弗忘

後漢愼令劉伯麟碑銘

於惟君德忠孝正直至行通洞高明柔克知命不延引輿旋歸忽然輕舉志潡拔葵人皆有亡貴終譽兮沒而不朽垂名著兮

漢司隸校尉楊厥碑

惟巛靈定位川澤攸同澤有所注川有所通斜谷之水其澤南隆八方所達益域為充高祖受命興于漢中道由子午出散入秦建定帝位以漢詆焉後以子午塗路澁難更隨同谷復通堂光凡此四道垓鬲尤艱至于永平其有四年詔書開斜鑿通石門中遭元二西夷霍殘橋梁斷絕子谷復循于是故司隸校尉犍為武陽楊厥字孟文深執忠伉數上奏請廢于由斯德其度經至建和二年漢中太守王升字稚紀嘉君明知美其仁賢勒石頌德以明厥勛

漢折里郙閣頌

惟斯折里處漢之右溪源漂疾橫注于道涉秋霖漉

稽滯商旅休謁往還常失日晷行理咨嗟郡縣所苦斯溪既然郙閣尤甚臨深長淵三百餘丈接水相連號為萬柱遭遇隤納人物俱隋沈沒洪淵酷烈為禍於是太中阿陽李君諱會字伯都以建寧三年二月辛巳到官思惟惠利有以綏濟聞此為難其日久矣乃俾府掾仇審改解危殆即便求隱析里大橋於雨乃造又醳散關之嶃漯徙朝陽之平燦滅西高閣乾安寗之石道禹導江河以靖四海經紀厥續艾康萬里

歐公跋云醳散關之嶃漯徙朝陽之平燦刻畫

適完非其訛謬而莫詳其義故錄之以俟博識君子

今按醳古與釋通史記張儀傳杖而醳之韓信傳醳兵北首燕路趙明誠金石錄載漢碑文有云農夫醳耒又云辭榮醳黻漯本濟漯之漯漢人或寫作漯借作溼字用嶋漯謂潮溼也燥與燥同分隸小異如摻亦作操之例乎燥謂乾燥也言去溼而就燥也以假借之義訓之亦通升菴楊愼重跋

漢無終山陽雍伯天祚玉田之碑

玉田縣西北有陽公壇祉卽陽公之故居也陽公名雍伯雒陽人是周景王之孫食采陽樊春秋之末爰宅無終王性篤孝父母終沒葬之於無終山山高八十里而上無水雍伯置飲焉有人就飲與石一斗令種之玉生其田北平徐氏有女雍伯求之要以白璧一雙媒氏致命雍伯至玉田求五雙徐氏妻之遂嫁焉性不好寶玉田自去今猶謂之爲玉田

金石古文卷十四終

楊用修金石古文十四卷刻于明嘉靖年有承嘉省菴孫昭序按升菴是編釋禹碑石鼓及秦漢諸刻收羅最富然其中有因訛傳謬不可不爲訂正者如以史晨碑之夫子冢爲大子家魯公冢爲魯公家此承洪适隸釋之訛也以張遷碑之籌策爲蕭何承都穆之訛也今碑刻具在可驗又如韓勑碑陰升菴頗譏隸釋之誤今攷漢碑文與隸釋所載本相合而碑之兩側尚有題名适固失載升菴偶未之考也至于五鳳塼壇居攝諸刻皆存夫子廟係漢碑之近古者俱不錄則又不無遺漏調生

雖晚不敢以胡應麟輩爲戒而遂附之一辭莫贊也羅江李調元童山跋

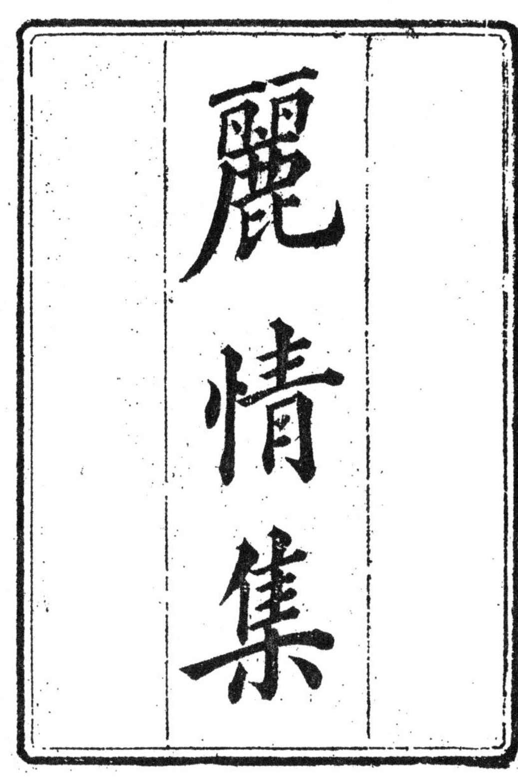

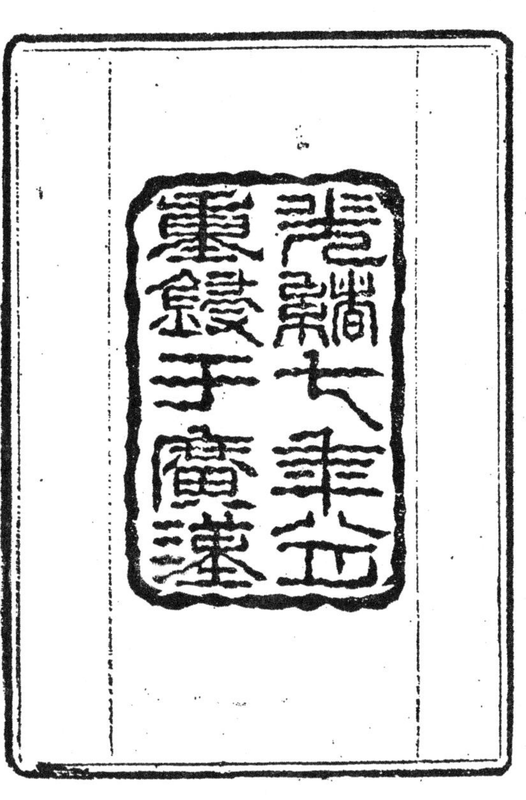

宋晁昭德郡齋讀書志宋張君房唐英編古今情感事爲麗情集二十卷今其書不傳惟升菴有麗情集及戾集各一卷意卽補張唐之所未備者散見於先生各說部詩話中今合倂梓行庶可以歸當日之全而自云羅江李調元雨村序

麗情集序　一　二十一函

麗情集序

麗情集一卷床集二卷皆升菴採取古之名媛故事間加考証而成者也以緣情而靡麗故名之按此書世無傳本得之丁小山疑古今麗人尚多所纂必不止此然別無他本可校姑存之以備一種羅江李調元雨村撰

麗情集卷一

新都 楊 慎 撰 綿州 李調元 校定

男 朝夔 再校

旋波移光

旋波移光越之美女吳西施鄭妲同進於吳王肌香體輕飾以珠幌若雙鸞之在煙霧

西施

世傳西施隨范蠡去不見所出只因杜牧西子下姑蘇一舸逐鴟夷之句而附會也予竊疑之未有可證以折其是非一日讀墨子曰吳起之裂其功也西施之沉其美也喜曰此吳亡之後西施亦死于水不從范蠡去之一證墨子去吳越之世甚近所書得其真然猶恐牧之別有見後檢修文御覽見引吳越春秋逸篇云吳王亡後越浮西施于江令隨鴟夷以終乃笑曰此事正與墨子合杜牧未精審一時趁筆之過也蓋吳既滅即沉西施于江浮沉也反言耳隨鴟夷者子胥之譖死西施有力焉胥死盛以鴟夷今沉西施所以報子胥之忠故云隨鴟夷以終范蠡去越亦

號鴟夷子杜牧遂以子胥鴟夷爲范蠡之鴟夷乃影撰此事以噎後人於疑網也旣又自笑曰范蠡不幸遇杜牧受誣千載又何幸遇予而雪之亦快哉

妬女

妬女者介之推妹也廟在并州壽陽縣妬婦津㕔洛水卽劉伯玉妻死投此水爲神今按述異記曰妬女泉在并州傾人不得靚妝彩服至地必興雲雨一名介推妹又按張果傳武名召果卒死于妬女廟前又夷堅老冶妬龍事寵王夫人殺其妻因置獄正罪誅之

馮夫人

漢書西域傳馮夫人名嫽漢宫人也善史書乘錦車持節和戎而歸按此事甚奇而六朝唐人無人篇詠者惟劉孝威詩云錦車勞遣駕駱賓王詩錦車朝促候刁斗夜傳呼徐堅詩雲搖錦車節月照角端弓僅一句一聯而已此事可畫可歌勝於詠明妃之失節文姬之傷化多矣

徐淑

予觀藝文類聚見東漢婦人徐淑與夫秦嘉兩書又觀玉臺新詠見其與夫詩皆麗則可誦又考史通稱其動合禮儀言成規矩夫死毀形不嫁哀痛傷生可謂才德兼美者也范曄後漢書作列女傳乃舍淑而

取蔡琰何見哉

秋胡妻

劉子元曰列女傳載秋胡妻者尋其始末了無才行可稱直以怨懟厭夫投川而死輕生同于古冶猶節異于曹娥此乃凶險之頑人强梁之悍婦輒與貞烈爲伍有乖其實焉予按小說載劉伯玉妻字光明聞其夫誦洛神賦遂投洛水而死名妬婦津事與秋胡相類秋胡妻可爲貞烈則當祠于妬婦津以劉伯玉妻配享可也胡應麟曰當名胡妻所投水曰悍婦川

甄后

魏甄后慧而有色先爲袁熙妻曹公屠鄴令疾召甄左右曰五官郎將已取去孟德歎曰今年破賊正爲奴后乃甄會女初未嫁熙曰擬昏子建其後爲文帝后以妬死子建思之不忘作感甄賦明帝甄出也見此賦改名洛神云甄氏何物一女子至曹氏父子三人交爭之如此

趙李

阮籍詩西遊咸陽市趙李相經過顏延年注趙飛燕李夫人非也按漢書乃成帝時趙李李疑延年之博尚有此誤

吳妃

魏文帝吳妃改襪様以羅爲之復加以綵繡畫至今不昜至隋煬帝宮人織成五色立鳳朱錦襪靿

潘妃

東昏侯潘妃以金蓮花步地曰步步生蓮花其寶屧直千萬

盧氏

范陽盧氏母王氏撰天寶迴紋詩凡八百十二字循環有數若寒暑之遞遷應變無方謂陰陽之莫測與蘇若蘭事相類

武后

唐類表載李近仁賀武后新牙更生表云易有四營金牙爲壽考之衆詩具六義玉齒載神仙之謠還年而輔車不齡郤老而瓠犀仍出堅而不脆聞於尊養之方落而更生得自靈飛之散乞宣示海內仍錄付史官史稱武后年七十盛自拂拭不覺衰耗始信夏姬之年踰七十而雞皮三少猶與巫臣生女後嫁叔向北史胡后年踰不惑而妖蠱若二八是三人者貴爲君配而其行乃花鴇梨姐之所恥而不爲然天乃祐之以誨淫其亦理之不可曉者

朱滔括兵

朱滔括兵不擇士族悉令赴軍自閲於毬場有士子容止可觀進趨淹雅滔召問曰所業者何曰學爲詩問有妻否曰有卽令作寄內詩援筆立成詞曰握筆題詩易荷戈征戍難慣從鴛被暖怯向鴈門寒瘦盡寛衣帶啼多漬枕檀試留青黛着迴日畫眉看又令代妻作詩答曰蓬鬢荆釵世所稀布裙猶是嫁時衣胡麻好種無人種合是歸時底不歸滔遺以束放歸

王霞卿

進士鄭殷彝旋遊會稽寓唐安寺見粉壁有題云瑯

琊王氏霞卿光啟三年陽春二月登於是閣臨軒轉恨覩物增悲雖看煥爛之花但比凄凉之色時有輕綃捧硯小玉觀題詩曰春來引步暫尋幽愁見風光倚寺樓正好開懷對烟月雙眉不展自如鉤鄭生和曰題詩仙子此曾遊應是尋春別鳳樓賴得從來未相識免教錦帳對銀鉤霞卿乃邑宰韓嵩自京師挈之任所嵩遷暴寇而卒鄭生欣然謁之時霞卿竟辭以疾而不見焉但令總角婢子輕綃持詩答曰君是烟霄折桂身聖朝方切用儒珍正堪西上文塲戰空向途中泥婦人鄭得詩大慙而退唐會昌中三鄉有

女子題詩于壁曰西逐良人西入關良人身歿妾空還謝娘衞女不相待爲雨爲雲過此山進士陸眞洞王祝劉谷王條李昌鄴王碩李僑張綺高衢章氷賈馳十二人和之曰三鄉略未聞謁之而不丙恧而退焉

胡琴婢勝兒

吳泰伯祠在閶門之東每春秋市人相率牲醴多圖善馬綵輿美女以獻之時金銀行以輕綃畫侍婢捧胡琴以從其貌勝於白繪者名爲勝兒葢他獻者無以匹也女巫方舞有進士劉景疫送客之金陵置酒

于廟東通波館忽欠伸思寢夢紫衣冠者言褢王奉屈劉生隨至廟周旋揖讓而坐王語劉生曰適納一胡妓藝精而色麗知吾子善歌故奉邀作胡琴一曲以寵之生初頗不酣命酌人間酒一盃已醉乃作歌曰繇絃已停雜吹歇勝兒調弄邏娑撥嘈嘈奔湍湍浪蹙波間倒溟渤小絃切切怨颸颸鬼哭神悲秋悉窣倒腕斜挈流電春雷直戛騰秋鶻漢妃徒得端正名秦女虛誇有仙骨我聞天寶十年前涼州未作西戎窟麻衣右衽皆漢民不省胡塵暫蓬勃太平之未狂胡亂犬豕崩騰恣唐突元宗未到萬里橋東洛西京一時沒海內漢民皆入虜飲恨吞聲空咽嗢時看漢月望漢天怨氣衝星成彗孛國門之西八九鎮高城深壘閉閑卒河湟咫尺不能收輓粟推車徒兀兀今朝聞撥涼州曲使我心神暗超忽勝兒若向邊塞彈征人淚血應闌干吟畢以獻王召勝兒授之王之侍兒有妬者以金如意擊勝兒劉生驚而寤歌傳于吳中

青娥

唐小說趙嘏嘗惑一美姬名青娥後爲浙帥所得嘏及第以一詩箴之曰寂寞堂前日又曛陽臺化作不

歸雲當時聞說沙吒利今日青娥屬使君浙帥使送歸之逢嘏于横水驛姬抱嘏慟哭而絕又薛宜僚使新羅至青州悅一妓段東美賦詩曰阿母桃花方似錦王孫草色正如煙頻夢東美惑疾卒於外柩至青州段與之一慟而卒青娥東美可謂節妓矣漢之蔡文姬陳之樂昌公主九原如見之日豈不汗顏乎

麗情集卷一 共十六條

𠂢麗情集卷一

新都　楊　愼　撰　綿州　李調元童山校定

李芳儀以下𠂢古續字按𠂢古膠字乃先生偶誤見余揚楊錄

芳儀江南國主李景女也納土後住京師初嫁供奉官孫某爲武彊都監妻生女皆爲遼中聖宗所獲封芳儀生公主一人趙至忠虞部自北虜歸朝嘗仕遼爲翰林學士修國史著虜庭雜記載其事時晁補之爲北都教官覽其書而悲之與顏復長道作芳儀曲云金陵宮殿春菲微江南花發鷓鴣飛風流國主家千口十五吹簫粉黛稀滿堂詩酒皆詞客奪錦揮毫

在瑤席後庭一曲風景改收淚臨江悲故國令公獻籍朝未央敕書築第優降王魏俘曾不輸織室供俸一官奔武彊秦淮潮水鍾山樹塞北江南易懷土雙燕淸秋夢柏梁灰落天涯猶並羽相隨未是斷腸悲黃河應有却還時寧知翻手明朝事咫尺山河不可期倉皇三鼓滹沱岸良人白馬人誰見國亡家破一身存薄命如雲信流傳芳儀如我名字新教歌遺舞不由人採珠拾翠衣裳好深紅暗盡驚胡塵陰山射虎邊風急嘈雜琵琶酒闌泣舞罷遍數天河星只有南箕近鄉邑當年十指渡江來十指不知身獨哀中原骨肉又雲落黃鵠寄意何當回生男自有四方志女子那知出門事君不見李陵椎髻泣窮邊丈夫漂泊猶堪憐江州廬山眞風觀李主有國日施財補之刋姓氏於石有太寧公主永嘉公主皆李景女不知芳儀者孰是也

呂用之

唐呂用之在維揚日佳高駢專權擅政有商人劉損妻裴氏有國色用之以陰事搆取損憤惋因成詩三首曰寶釵分股合無緣魚在深淵月在天得意紫鸞休舞鏡斷蹤青鳥罷啣箋金盃到覆難收水玉軫傾

欹懶續絃從此蘼蕪山下過只應將淚比流泉鸞辭舊伴悲何止鳳得新梧想稱心紅粉尚殘香羃羃白雲將散信沉沉已休磨琢投期玉懶更經營買咲金願作山頭似人石丈夫衣上淚痕深舊嘗遊處徧尋看覩物傷情死一般買笑樓前花已謝畫眉窗下月空殘雲歸巫峽音容斷路隔星河去住難莫道詩成無淚下淚如泉涌亦須乾詩成吟詠不輟一日晚見一虬髯老叟行步迅疾眸光射人揖損曰子哀心有何不平之事損具對之叟夜果入用之家化形於斗栱之上叱用之门所取劉氏之妻并其寶貨速還之

否則隨刃落矣用之驚懼夜遣幹事賫金并裴氏還損損夜促舟去虬髯亦無踪跡

浣花夫人

成都浣花谿有石刻浣花夫人像三月三日爲浣花夫人生辰傾城出遊地志云夫人姓任氏崔寧之妾按通鑑成都節度使崔旰入朝楊子琳乘虛突入成都寧妾任氏出家財募兵得數千人自帥以擊之子琳敗走朝廷加旰尚書賜名寧任氏封夫人

女狀元

女侍中魏元乂妻也女學士孔貴嬪也女校書唐薛

濤也女進士宋女郎林妙士也女狀元王蜀黃崇嘏也崇嘏臨邛人作詩上蜀相周庠庠首薦之屢攝府縣吏事精敏胥徒畏服庠欲妻以女嘏以詩辭之曰一辭拾翠碧江湄貧守蓬茅但賦詩自服藍衫居郡掾永抛鸞鏡畫蛾眉立身卓爾青松操挺老堅然白璧姿幕府若容爲坦腹願天速變作男兒庠大驚具述本末乃嫁之傳奇有女狀元春桃記葢黃事也胡應麟曰元人春桃記今不傳僅輟耕錄有其目大槪如琵琶等劇

秦少游女

靖康間有女子爲金虜所掠自稱秦學士女道中題詩云眼前雖有還鄉路馬上曾無放我情讀者悽然曾裘父爲作秦女行云妾家先世居淮海淮海文名喧宇內自從貶死古藤州門戶凋零三十載可憐生長深閨裏耳濡目染知文字亦嘗强學謝娘詩女子未嫌稱博士妾年長來逢世亂黃頭鮮卑兵入漢妾身亦復墮兵間往事不堪回首盼一身漂蕩逐胡兒被驅不異犬與雞奔馳萬里向沙漠天長地久無還期北風蕭蕭易水寒雪花滿地經燕山千盃虜酒愁中醉一曲琵琶淚裏彈呑聲飲恨從誰訴偶然信口題詩句眼前有路可還鄉馬上迷魂不知處詩成吟

罷更愀然豈意漢地能流傳當時情緒亦可念至今聞者爲悲酸憶昔中郎有女子亦陷虜中垂一紀暮年多幸逢阿瞞厚幣贖之歸故里惜哉此女不得如終竟老死留窮廬空餘詩話傳悽惻不減胡笳十八拍

蘇雲卿

雲卿與張浚魏公友魏公既相雲卿隱豫章東湖鬻蔬自給公托帥漕覓之微服乃得見詰朝再至則閉關矣啟之惟書與金在不啟封曾茶山作歌云東湖湖面波渺瀰東湖岸上春土肥先生渺雲明月曉種

來蔬甲今成畦把茅蕭蕭環四壁此身不願人間識乾坤清濁那復知寸心杳緲黃塵隔故人子房今九雲交情不斷江湖濱江西使漕却騶騎故作敲門問字人黃金百鎰賸一幅多謝春風到茅屋君爲使者吾邦民見君容我更樵服故人與我情重哉君且歸矣明當來明朝啟扉人不見黃金不動書不開使者持書三太息封書徑上黃扉側翩鶴馭雲冥冥裏空向湖山訪行迹向來桐江嚴子陵曾得故人雙眼青芒鞋却踏金華路太史驚誇說客星先生得書掉頭去并此湖光不回顧夢夫孀婦截鬟鬢亦有老大閨

中女茶山此歌可激貪鄙張世南遊宦紀聞載宋隱逸記滌翁本末甚詳宋得翁東湖遺事北面把湖山築菴仰高章泉先生名曰灌園菴茶山集此詩不載

張千載

千載字毅甫廬陵人文山友也文山貴顯屢以官辟皆不就文山自廣還至吉州城下千載來見曰丞相赴北某亦北遂以故宋官營求江西省隨之北寓于文山囚所側近日以美食奉之文山知是千載義焉凡留燕三年潛造一櫝文山受刑後即藏其首仍尋訪文山妻歐陽夫人於俘虜中俾出火其屍千載拾

骨實囊并櫝南歸付其家葬之次日其子夢父文山怒云繩鉅未斷其子心動毅然啟視之則有繩束其髮當其云云夢爾且髮爾何足計又萬無繩繫理及見更服公英爽可畏劉須溪紀其事贊于文像後曰間居忽忽萬古咄咄天風慘然如動主髮如何尋約亦念續繇豈其英爽猶累形軀同時之人能不頮泚昔忌其生今妬其死

夫娘

南宋蕭齊崇尚佛法閣內夫娘悉令持戒麾下將士咸使誦經（見法琳辨正論）夫娘之稱本此謂夫人娘子蓋是

稱美也是時北則胡后却扇于曇獻南則徐妃贈枕于瑤光龜茲王女納于鳩摩羅什反以爲榮千金公主偶于滛毒丐僧不以爲恥後世以夫娘爲惡稱緣此東坡戲語有和尚宿夫娘相牽正上牀衍陶九成乃爲駡語葢未見六朝雜說耳

洗氏

馮寶妻洗氏封石龍夫人戰則錦繖寶幰至老未嘗敗年八十而終智勇福三者全矣古今女將第一人也繡旗女將與李全戰者見金史可對錦繖夫人（按今宋史李全傳繡旗女將一事亦載之）

王氏

元制娼人妒者乘騾牛狗部中宋劉休妻王氏妬明帝勑令開小店賣皂莢掃箒以辱之今按南宋劉休妻妬帝勑令云云胡應麟曰太祖爲徐中山易夫人即此知娼人妒者必不容于聖王之世非特乘騾牛賣皂莢而巳情皆不載令甲中

曼靡

列子鄭衛之處子娥媌靡曼注靡曼柔弱也楚辭蛾眉曼睩靡顏膩理注曼澤也靡緻也言美女顏容脂緻身體柔滑漢書佞幸傳柔曼之態非獨女德亦有男色焉注言其質柔而色理光澤也近日有一士夫

一日觀佞幸傳不覺色動曰是先得于我心矣一日席上見歌童以手承其頤曰爾何名答曰程嬰乃笑曰爾爲程嬰我即杵臼聞者捧腹

㕓麗情集卷一　共廿一條

墐戸錄

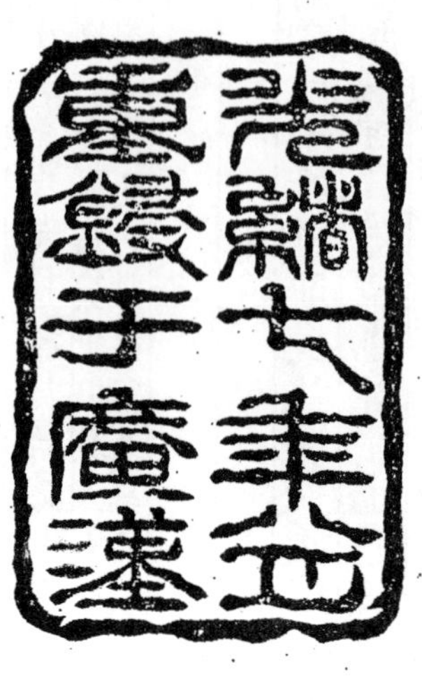

墐戸錄序

墐戸錄千頃堂書目及經籍志俱作一卷而說郛所載纔三葉今于丁小山處得寫本一卷較向所見幾五倍矣足本也是書所載多名物訓詁詩詞雜事足資考証因校行之墐戸者取詩塞向墐戸葢記其著書之歲月也羅江李調元贊菴撰

墐戶錄卷一

成都 楊 慎 撰 綿州 李調元 校定

綺井

綺井謂之闘八又曰藻井今俗曰天花板也

金溝銅池

羊元保曰金溝清泚銅池搖颺旣佳光景當得劇棊此語殊有韻致

虎落

虎落若今竹虎以竹篾相連遮落之

軸簾

摩勒傳紅綃妓軸簾延客入軸簾言卷之如軸也

銀蒜

歐陽六一放玉臺體詩銀蒜鈎簾宛地垂東坡哨遍詞睡起畫堂銀蒜珠幙雲垂地蔣捷白苧詞早是東風作惡旋安排一雙銀蒜鎮羅幙銀蒜葢鑄銀爲蒜形以押簾也元經世大典親王納妃公主下降皆有銀蒜簾押幾百雙

譙

郡縣更鼓樓多名譙樓出莊子本魏城門名麗譙壯麗而譙嶢也近見王子充作某府譙樓記首引陳涉傳誤矣

旗亭

秭歸縣有宋玉宅旗亭題宋玉東家

使駮

唐會要驛傳曰使駮音閭

錦贉

古裝褫卷軸引首後以綾粘褚者曰贉有樓臺錦贉毬路贉蜀紙贉樗蒲錦贉唐人謂之玉池其引首有二色者曰雙引首標外加竹界曰打攋

義名

容齋四筆載人物以義爲名如義士義帝之類甚多器物在首曰義髻在衣曰義襴義領奇矣予觀樂書有義嘴笛謂笛外更安嘴也抑又奇矣漢蔡湛碑陰有義名

張陸奇語

張又新煎茶水記粉槍末旗蘇蘭薪桂陸羽茶經有華救沸皆奇俊語

晉人俊語

晉世不惟士人語清標元致而釋子輩語亦復可聽薛道衡稱則公之文日屢發新彩英英獨照慧帝聞

梵唄曰疊疊溜滴似伏流之吐波又曰卻轉弄響飛揚長引聲發喉中脣口不動又曰以哀婉爲入神用騰擲爲清舉文句則如端夏多隙無事忽景又云依義莫依語又曰籠浪詎貴鈞耳難嘗又云沙漠纖塞長風負雪又云莊衿老帶彈沭斜埃又早帳風首春席雲阿又云雖淚至之有端固憂來之無兆使入世說固不能辯也

多物以幸有功

許允宗醫嘗云病與藥值惟用一物攻之氣純而愈速今之人不善爲脉以情度病多其物以幸有功譬

之獵不知兔廣原絡野冀一人獲之術亦疎矣一藥偶得他味相制弗能專力此難愈之驗也

治蠱方

蠱毒在上則服升麻吐之在腹則服鬱金下之或合升麻鬱金服之不吐則下宋李巽巖侍郎燾爲雷州推官鞫獄得此方活人甚多見范石湖集

世說誤字

古書轉刻轉謬益病於淺者妄改耳如近日吳中刻詩說右軍清真謂清致而真率也李太白用其語爲詩右軍本清真是其證也近乃妄改作清貴兼有諸人之差謂各得諸人之參差近乃妄改差作美聲鳴轉急改鳴作氣義學改作學義皆大失古人語意聊舉一二他不能盡

十樣蠻牋

韓浦詩曰十樣蠻牋出益州成都古今記載其目曰深紅曰粉紅曰杏紅曰明黃曰深青曰淺青曰深綠曰淺綠曰銅綠曰淺雲凡十樣又有松花金沙流沙彩霞金粉桃花冷金之別卽其異名又蜀志載王衍以霞光牋五百幅賜金堂令張蠙霞光卽深紅牋也又有百韻牋以其幅長可寫百韻詩爲名其次學士

牋則短於百韻焉

蒙花紙

蜜香紙以蜜香樹皮葉作之微褐色有紋如魚子極香而堅韌水漬之不潰爛晉太康五年大秦國獻三萬幅帝以萬幅賜杜預令寫春秋釋例疑今之密蒙花也其皮可作紙

瓊花

揚州有蕃釐觀觀中有瓊花卽陳後主所謂玉樹後庭花也中云瓊樹朝新也其花後萎好奇者云瓊花無種過矣宋傅子容詩云比瑒加碧總未嘉要須博

物似張華因看異代前賢帖知是唐昌玉蕊花注云唐楊汝士云唐昌觀玉蕊以少故貴王汝玉名爲玉蕊王介甫名爲瑒花取其色白也山谷名曰山礬以其可以供染也卽今之梔子花佛經名薝音膽蔔花本草名越桃劉禹錫詩玉女來看玉樹花異香先引七香車攀枝弄雪頻回首驚怪人間日易斜張籍詩五色雲中紫鳳車尋仙來到洞仙家飛輪回首無蹤跡惟見斑斑滿地花王建詩一樹瓏璁玉刻成飄廊點地色輕輕女冠夜覓香來處惟見階前碎月明注云唐元和中唐昌觀中玉蕊花盛開有仙女來遊取

數枝飄然而去余謂此說未必然蓋因劉張詩有玉女雲車飛輪回首之句遂傳會其說又因仙女花飄然而去遂傳會天下無種之說不知詩人詠物託言也滇雲處處有之村姑采揷盈踖仙女一何多乎

草書枯澁

徐浩眞書多渴筆懷素草書多枯澁在書法以爲妙品戴幼公贈懷素詩曰忽爲壯麗就枯澁龍蛇盤騰獸屹立曾收懷素草書歌連拂數行勢不絕藤懸槎蹙生其節竇臮亦云殊形詭狀不易說中含枯燥尤驚絕任華云時復枯燥何褵褷忽覺陰山突兀橫翠微蓋深知懷素之三昧者姜白石云徐季海之渴筆譬如綺筵之素饌美人之淡粧倪思以痴重筆跡謂之墨猪元斑彥功之字評者以爲死猪腸可以喻矣

司空圖論詩

司空圖字表聖避亂居王官谷胡致堂評其淸節高致爲晚唐第一流人物信矣余嘗愛其論詩云陳杜濫觴之餘沈宋始興之後傑出於江寧宏思於李杜極矣右丞公抑又其次元白力就而氣孱乃都市豪估耳劉公夢得楊公巨源亦各有勝會浪仙無可劉德仁時得佳致亦足滌煩又曰王右丞韋蘇州澄澹

精緻格在其中豈妨於遒舉哉賈浪仙誠有警句觀其全篇意思殊餒大抵附于寒澁方可致才亦爲體之不備也其論皆是而推尊右丞蘇州尤見卓識宜其一鳴於晚唐也其文集罕傳余家有之特標其論詩一節又有韵語云知非詩詩未爲奇奇研昏練爽戞魄凄肌神而不知知而難狀揮之八埏卷之萬象河渾沇淸放恣縱橫濤怒霆蹴掀鼇斮鯨鑱空擢壁崢冰擲戟鼓煦呵春霞溶露滴鱗女自嬉補袖而舞絲色屢空續以麻絇鼠革丁丁焮之則穴蟻聚汲汲積而隤凸上有日星下有風雅歷試自是非吾心也

其日曰詩賦首句言自知非詩乃是詩也謂未爲奇乃是奇也句法亦險怪

書貴舊本

觀樂生愛收古書嘗言古書有一種古香可愛余謂此言未也古書無訛字轉刻轉訛莫可考證余於滇南見故家收唐詩紀事抄本甚多近見杭州刻本則十分去其九矣刻陶淵明集遺季札贊草堂詩餘舊本書坊射利欲速售減去九十餘首兼多訛字余抄爲拾遺辨誤一卷先太師收唐百家詩皆全集近蘇州刻則每本減其十之一如張籍集本十二卷今只

三四卷又傍取他人之作入之王維詩取王涯絕句一卷入之詭于人口此維之全集以圖速售今王涯絕句一卷在三舍人集之中將誰欺乎此其大關係者若一字一句之誤尤多畧舉數條如王負李夫人歌修嫮穠華銷歇盡修嫮訛作德所武元衡詩劉琨坐嘯風塞清塞訛作生苑琨在邊城則清塞字爲是焉得有苑乎杜牧詩長空澹澹沒孤鴻今妄改作孤鳥沒平仄亦拗矣杜詩七月六日苦炎蒸俗本改作熱紛紛戲蝶過開幔俗本開作閑不知子美父名閑詩中無閑字今俗本邀歡上夜關作卜夜閑會閃朱旗北斗殷妄改殷作閑北斗閑成何文理前人已辨之矣劉巨濟收許渾詩湘潭雲盡暮烟出今俗本烟作山亦是淺人妄改湘水多烟唐詩中流欲暮見湘烟是也烟字大勝山字李義山詩謠池宴罷留王母金屋粧成貯阿嬌俗本作玉桃偷得憐方朔直似小兒語耳陸龜蒙宮人斜詩草著愁煙似不春俗本作草樹如煙似不春尤謬小詞如周美成愔愔坊曲人家坊曲妓女所居俗改曲作陌張仲宗詞東風如許惡俗改如許作姤花平仄亦失貽孫夫人詞日邊消息空沉沉日俗本改作耳東坡玉如纖手嗅梅花俗

改玉如作玉奴其餘不可勝數也書所以貴舊本者可以訂訛誤備參考不獨古香可愛而已

口脂面藥

杜子美臘日詩口脂面藥隨恩澤翠管銀罌下九霄李嶠文集有謝賜口脂表云青牛帳底未輟鑪香朱鳥窗前新調鉛粉揉之以辛夷甲煎然之以桂火蘭蘇又令狐楚謝臘日賜口脂紅雪表云刪凝紅紫之香膏蘊蘭麝之氣合自金鼎貯于雕奩其子令狐綯謝紫雪表云靈膏有瓊液之名仙散擬雪花之狀職當喉舌匪放魯國之三緘任在樅調請獻謝莊之六

出此可考唐代臘日故事亦可補杜注之遺令狐父子兩世被賜亦榮矣

弓瑱

天順初英廟大獵從官皆戎服弓矢以扈蹕應制賦詩有祭酒劉某詩以瑱弓爲弓瑱大學生輕薄者帖詩于監門云獵羽楊長共友僚瑱弓詩倒作弓瑱祭酒如今爲酒祭銜官何以達廷朝東舉人王佐復上詩于劉云樂羊終是愧巴西許下惟聞哭習脂豈是先生無好句弓瑱何愧古人詩本爲能得司成之喜劉覽之愈怒其後王佐刻其桐鄉詩具載此首遂大傳其事

石苔可踐

隋王無功詩石苔應可踐叢枝幸易攀清溪歸路直乘月醉歌還閑詠此詩有疑難者曰石苔之滑踐之豈不顛余曰非也觀其詩中一幸字便得其解蓋言石苔本難踐幸有叢枝可攀援耳古人用意須三思乃得之謝靈運詩苔滑誰能步葛弱豈可捫此反其意唐村審言詩攀崖踐苔易迷路出花難又順用無功詩意也章后齋聞余此言所見畧同因成一絕云哲匠應機成美錦東風隨處點春功若求巧出天然

處正在時人話柄中

阮籍詩

昔余遊大梁登于黃華顛應龍沉冀州妖女不得眠按戰國策趙武靈西至河登黃華之上夢處女皷琴歌詩因納吳廣女娃嬴孟姚其先七世而兆于簡子之夢及入宮而奪嫡亂國豈非妖女乎張平子應間曰女魃北而應龍翔合而觀之可見其微意蓋當是時魏明帝郭后毛后妬寵相殺正類武靈王事故隱語怪說亦春秋定哀多微辭意也顏延年曰阮公身事亂朝常恐遇禍因茲詠懷雖志在機刺而文多隱避百代之下難以情測故粗明大意畧其幽旨也信哉

多根樹

佛經云西城多根樹蔽芾而婆娑東西南北中五方不相見國中有婚女求偶者眾多初有一男求女約中枝會復有四男子亦欲求之宿女亦以言許東西與南北各各抱被去至暁女不來東枝郎唱曰旭日光已出農夫向田去妄語旣不來可捨多根樹西枝郎吟曰彼妙必然來定是不妄語如何旭日光急速現下上南枝郎嘆曰旭日光已出農夫早向田我等

如痴羊一夜受凍眠北枝郎賡曰我等没巴鼻只爲求他妻今遭寒與凍各各被他迷中枝郎泣曰我不憂已身一夜寒凍情但恐多根樹枝葉不復生樹神聞而笑曰汝勿憂外事但憂身事急樹枯生有時欲苦無停息

張亨父詩

張泰字亨父姑蘇人詩句清拔名于一時其正月十六日詩云長安元夕少燈光此夜歡娛覺更忙十里東風吹翠袖九門銀燭照紅粧虹搞御陌爭春步雲閣誰家閟曉香醉著吟鞭急歸去老夫當避少年狂其手書稿愼於先師李文正公處見之

洛澤

三都尉居塞上一治曰勒澤索谷一治居延一治番和澤大治　从公洛澤氷著樹如索故曰澤索也北方寒夜氷華著樹如絮春秋謂之雨木氷五行志曰樹介言氷封枝條如介胄也訛作樹稼諺曰木若稼達官怕集韵淞凍洛也又液雨也曾南豐集云齊地寒甚夜露凝於木上日出飄滿庭階尤爲可愛遂作詩曰園林日出淨無風霧淞花開樹樹同記得集英深殿裏舞人齊揷玉瓏鬆又曰香銷一榻氍毹暖月

映千門霧淞寒又以爲年登之兆諺云霜淞打霧松貧兒備飯瓮余舊有詩云怪得天雞誤曉光青腰玉女試銀粧璁敷綴華齊如剪端樹花開冷不香月白詎迷三里霧雲黃先兆萬家箱貧兒飲瓮聲闕好六出何須賀謝莊

陽明先生紀夢詩

愼嘗反覆晉書目王導爲叛臣頗爲世所駭異後見崔後渠先生松窗雜錄亦同余見近讀陽明王先生紀夢詩尤爲卓識眞見自信鄙說之有稽而非謬也陽明公紀夢詩錄於后○正德庚辰八月廿八夕小閣忽夢晉忠臣郭景純氏以詩示予且極言王導之奸謂世之人徒知王敦之逆而不知王導實陰主之其言甚長不能盡錄覺而書其所示詩於壁復爲詩以紀其畧嗟乎今距景純若千年矣非有實惡深冤鬱結而未暴寧有數千載之下尙懷憤不平若是者耶○秋夜卧小閣夢遊滄濱神仙不可到金銀宮闕高嶙峋中有仙人芙蓉巾顧我宛若平生親欣然就語下烟霧自言姓名郭景純携手歴歴訴衷曲義憤感激難具陳切齒尤深怨王導深好老猾長欺人當年王敦覬神器導實陰主相緣夤不然三問三不荅

胡思使敦殺伯仁寄書欲拔太眞舌不相爲謀敢爾
云敦病已篤事已去臨哭嫁禍復賣敦事成同享帝
王貴事敗仍爲顧命臣幾微隱約亦可見世史掩覆
多失眞袖出長篇再三讀覺來字字能書紳開牕試
抽晉史閱中間事迹頗有因因思景純有道者世移
事往千餘春若非精誠果有激豈得到今猶憤嗔不
成之語以箴戒敦實氣沮竟殞身人生生死亦不易
誰能視死如輕塵燭微先幾炳亦道多能餘事非所
論取義成仁忠晉室龍逢龔勝心可倫是非顛倒古
多有吁嗟景純終見伸御風騎氣遊八埏彼敦之徒

草木糞土臭腐同沉淪○我昔明易道故知未來事
時人不我識遂傳躭一技一思王導徒神器良久覬
諸闕豈不力伯仁見其底所以敦者慵罔顧天經與
地義不然百口未負托何忍置之死我於斯時知有
分日中斬柴市我死悲何足我生良有以九天一人
撫膺哭晉室諸公亦可恥舉目山河徒嘆非攜手登
亭空洒淚王導眞奸雄千載人未識偶感君子談中
及重與寫眞記固知倉卒不成文自今當與頻謔戲
倘其爲我一表揚萬世萬世萬萬世○右晉忠臣郭
景純自述詩葢予夢中所得因表而出之

堇戶錄終

光緒七年五月重鐫于廣漢

世說舊注

世說舊注序

宋臨川王劉義慶撰世說新語三卷梁劉孝標註段成式酉陽雜俎引作世說新書不知何時改作新語相沿至今不能復正唐藝文志作世說十卷有劉孝標續十卷今其本不傳書錄解題作三卷與今同據載汪藻所云叙錄二卷首爲考異繼列人物世譜姓字異同末記所引書目者則又佚之久矣孝標所註特爲詳贍故高似孫緯畧亟稱之其糾正義慶之繆尤爲精核故與裴松之三國志註酈道元水經注李善文選注皆考證家所引據不可少之書也但多爲宋須溪刪存之可惜升菴自序孝標全本予猶及見之故爲此書以補孝標之佚則意所佚之續十卷內語乎雖篇頁無多至可寶也古書亡者多矣非有博覽如升菴不幾佚而竟佚乎羅江李調元雨村譔

世說舊注卷一

成都 楊 愼 撰 綿州 李調元 校定

劉孝標注世說多引奇篇異帙後劉須溪刪存之可惜孝標全本予猶及見之今摘其一二以廣異聞 共十五條

第一條

鄧粲晉紀曰周伯仁應答精神足以蔭映數人

第二條

續晉陽秋曰張元之少以學顯謝元爲會稽內史張元之爲吳興太守名亞謝元亦稱南北二元

第三條

語林曰殷浩於佛經有所不了故遣人迎支道林林乃虛懷欲往王右軍駐之曰淵源思致淵富未易可當且已所不解上人未必能通縱能服彼亦名不益高若不合便喪十年所保林公乃不往

第四條

左思別傳云思作三都賦疾中猶改作蜀都賦云金馬電發於高岡碧山振翼而雲披鬼彈飛丸以爥爍火井騰光而赫羲今本無鬼丸句

第五條

又曰左思造張載問岷蜀事交接亦疎皇甫謐西州高士摯仲治宿儒知名非思倫匹劉淵林衞伯輿惜蚤終皆不爲思賦序注凡諸注解皆思自爲欲重其文故假借名姓也

第六條

夏侯湛補亡詩曰旣殷斯虔仰說洪恩名定匡省奉朝侍昏宵中告退鷄鳴在門孳孳溫恭夙夜是敦

第七條

孫子荆除婦服詩曰時邁不停日月電流神爽登遐忽已一周禮制有叙告除靈邱臨祠感痛中心若抽

第八條

桓元作王孝伯誄曰川岳降靈哲人是育旣爽其靈不貽其福天道茫昧孰測倚伏犬馬反噬豺狼翹陸嶺摧高梧林殘故竹人之云亡邦國喪牧于以誄之爰旌芳郁

第九條

王隱晉書曰晉帝詔徵蘇峻峻曰臺下云我反反豈得活耶我寧山頭望廷尉不能廷尉望山頭也

第十條

續晉陽秋曰謝安優游山水以敷文析理自娛

第十一條

荀綽兖州記云間丘冲好音樂侍婢不釋管絃出入乘四望車

第十二條

曹娥碑在會稽而魏武楊修未嘗過江

第十三條

續晉陽秋曰獻之文義非作長而能撮其勝會故擅名一時爲風流之冠也

第十四條

會稽郡記曰會稽境特多名山水峰崿隆峻吐納雲

霧松栝楓柏擢榦竦條潭壑鏡徹清流寫注

第十五條

續晉陽秋曰愷之矜伐過實諸年少因相稱譽以爲戲弄爲散騎常侍與謝瞻連省夜於月下長詠自云得先賢風制瞻每遥贊之愷之得此彌自力忘倦瞻將眠語搥脚人令代愷之不覺有異遂幾申旦而後止

世說舊注畢

古文韻語

升菴襍採古占繇銘識贊祝之詞爲古文韻語一卷引證博而音釋詳好古者爭先快覩於以見昔人重文而用韻之書自六經而外亦時見於他說也然其間亦有不可強通者則當畧韻而取其文焉或曰韻風度也韻語與雅言訓同亦通童山李調元雨村序

古文韻語序畢

古文韻語卷一

新都 楊 愼 撰 綿州 李調元 校定

女媧筮辭易緯女媧張雲幕枚占之曰吉云

昭昭九州日月代極均平土地和合四國

羿妻筮辭靈憲

羿請不死之藥於西王母姮娥竊之以奔月

筮於有黃有黃曰吉

翩翩歸妹獨將西行逢天晦芒毋驚毋恐後其大昌

連山繇辭山海經注

空山之蒼蒼八極之既張乃有夫羲和是主日月職

出入以爲晦明

歸藏繇辭太平御覽

有人將來遺我貨貝以至則徹以求則得有喜將至

良人得其玉君子得其粟

有鳧鴛鴛有鴈鶼鶼

鼎有黃耳利取鮔鱧同鯉

歸藏齊母經辭爾雅疏

瞿有瞿有䶉介音脊梁爲酒尊於兩壺兩羭飲之三日

然後蘇士有澤我取其魚

君子戒車小人戒徒闕 有白雲自蒼梧入於大梁

上有高臺下有雝池若以賈市其富如河海

周穆王筮獵辭

藪澤蒼蒼其宜傳作宜其正公戎事則從

魯桓公筮成季左傳

同復於父敬如公所

秦伯筮伐晉

千乘三去祛同 三去之餘獲其雄狐

晉筮嫁伯姬於秦繇

士刲羊亦無衁也女承筐亦無貺也西鄰責言不可

償也歸妹之睽猶無相也

晉厲公筮擊楚子

南國蹙射其元王中厥目

夏后鑄鼎兆辭

逢逢白雲一南一北一西一東九鼎既成遷於三國

桀伐唐兆辭

不利出征惟利安處彼爲貍我爲鼠勿用作事恐傷

其父

文王卜田兆

非龍非彲非熊非羆兆得公侯天遺汝師

姜后卜兆辭汲冢師春

周穆王姜后孕越姬嬖竊而育之斃以元鳥

二七塗以彘血王發書而卜之兆曰

蚜蝣之羽飛集於戶鴻之戾止弟弗克理重靈降誅

尚復其所于是王問諸史豹曰蟲飛集戶是曰失所惟彼小人弗克以育君子史良曰是謂闕親將留其身歸于毋氏而後獲甯册而藏之厥休將振居三月越姬死七日而復言其情曰爾夷隸也胡竊君之子不歸將置而大戮及王子闕始

陳敬仲卜妻兆

鳳皇于飛和鳴鏘鏘有嬀之後將育于姜五世其昌

並于上卿八世之後莫與之京

晉獻公卜伐驪戎兆

挾以銜骨齒牙爲猾戎夏交捽

晉卜立驪姬兆

專之渝攘公之俞伴衍字一薰一蕕十年尚猶有臭

魯桓公卜成季兆

間於兩社爲公室輔

衛卜殺渾良夫兆

如魚竀尾衡流而方羊裔焉大國滅之將亡闔門塞

竇乃自後踰

衛卜追鄭師兆

兆如山陵有夫出征而喪其雄

周公卜洛命龜辭說苑

予一人兼有天下辟就百姓敢無中土乎下音虎

周公卜曲阜命龜辭

作邑乎山之陽賢則茂昌不賢則速亡

漢文帝卜即位兆

大橫庚庚余爲天王夏啟以光以上筮繇卜兆之辭

巾机銘黃帝

予居民上搖搖恐夕不至朝惕惕恐朝不至夕兢兢

慄慄日慎一日人莫蹪于山而蹪于垤

衣銘武王

桑蠶苦女工難得新捐故後必寒

鏡銘

以鏡自照見形容以人自照見吉凶

鑑銘

見爾前慮爾後

觴銘

樂極則悲沉湎致非社稷惟危

觴豆銘

食自杖食自杖戒之憍憍則逃

几銘

安無忘危存無忘亡孰是二者必後無凶

杖銘

輔人無苟扶人無咎

杖銘

惡乎危於忿疐惡乎失道於嗜欲惡乎相忘於富貴

筆銘

毫毛茂茂陷水可脫陷陷不活

筆銘

馬不可極人不可劇馬極則殰人劇則敗

冠銘

寵以著首將身不正遺爲德咎

履銘

行必慮正無懷僥倖

屨履銘

慎之勞勞則富

劍銘

常以服兵而行道德行則福廢則覆

劍銘

帶之以爲服動必行德行德則興倍德則崩

車銘

自致者急載人者緩取欲無度自致而反

門銘

敬遇賓客貴賤無二

戶銘

出畏之入懼之

戶銘

名難得而易失無懃弗志而曰我知之乎無懃弗及而曰我杖之乎闕阻以泥之若闕將至必先搖搖雖有聖人不能爲謀也

牖銘

隨天時地之財敬祀皇天敬以先時

牖銘

闚望審可念所得且思所忘審或寀字說文烏到切室西南隅也

鑰銘

昏謹守深察訛

硯銘

石墨相著則黑邪心讒言得無污白

鋒銘

忍之須臾乃全汝軀

刀銘

刀利磑磑無爲汝開

弓銘

屈申之義廢興之衡無忘自過

矛銘

造矛造矛少闕不懸終闕之蔟予一人所聞以戒後
世子孫

帶銘

火滅修容愼戒必恭闕三字

機銘

皇皇惟敬口生㖃口闕三字

井銘

原泉滑滑連旱則竭取事有信賦斂有節

席前左端銘

安樂必敬

席前右端銘

無行可悔

後左端銘

一反一側亦不可以忘

後右端銘

所見不違視爾所代

盥盤銘

與其溺於人也甯溺於淵溺於淵猶可游也溺於人
不可救也

楹銘

毋曰胡殘其禍將然毋曰胡害其禍將大毋曰胡傷
其禍將長

金人銘

戒之哉無多言無多事多言多敗多事多害安樂必
戒無行所悔勿謂何傷其禍將長勿謂何害其禍將
大勿謂不聞神將伺人焰焰不滅炎炎若何涓涓不

塞終成江河綿綿不絕或成網羅豪末不扎也拔將尋
斧柯誠能愼之福之根也曰是何傷禍之門也强梁
者不得其死好勝者必遇其敵盜憎主人民怨其上
君子知天下之不可上也故下之知衆人之不可先
也故後之温恭愼德使人慕之執雌持下人莫踰之
人皆趨彼我獨守此人皆惑之我獨不徙內藏乃智
不示人技我雖尊高人弗我害天道無親常與善人
戒之哉

金匱銘 古音略例堯作黃帝振振作惴惴

堯之居民上也振振如臨深淵舜之居民上也慄慄

恐朝不及夕武王曰吾并殷民居其上也翼翼懼不敢息

商鼎銘 國語

嗛嗛之德不足就也不可以矜而祇取憂也憂叶音作去聲

讀嗛嗛之食不足狃也不能為膏而祇離其咎也

讒鼎銘 左傳

昧旦丕顯後世猶怠

正考父鼎銘

一命而僂再命而傴三命而俯循墻而走亦莫敢余侮饘於是鬻於是以糊余口

孔悝鼎銘

六月丁亥公假于太廟公曰叔舅乃祖莊叔左右成公成公乃命莊叔隨難于漢陽即宮于宗周奔走無射啟右獻公獻公乃命成叔纘乃祖服乃考字闕二與舊嗜欲作率慶士躬恤衛國其勤公家夙夜不懈民咸曰休哉公曰叔舅予女銘若纘乃考服悝拜稽首曰對揚以辟之勤大命施于烝彝鼎

郊鼎銘 古岐字此周鼎也至漢世出見郊祀志

王命尸臣官此郇邑賜爾旂鸞黼黻琱戈尸臣拜手稽首曰敢對揚天子丕顯休命

師春銘

炎炎者滅隆隆者絕的的者獲提提者射

㮚氏量銘 考工記

時文思索允臻其極嘉量既成以觀鄭康成注示也四國永啟厥後茲器維則

祭侯器銘

惟若寧侯毋或若女不寧侯不屬于王所故抗而射女強飲強食詒女曾孫諸侯百福

衛靈公掘沙丘石槨銘 莊子

不馮其子靈公奪而里

漢滕公掘石銘

佳城鬱鬱三千年見白日吁嗟滕公居此室

梁大同圯墓銘

龜言土蓍言水甸服黃鐘啟靈址瘞在三上庚墮遇七中巳六千三百浹辰交二九重三四百圯 梁大同四年七月任昉于鍾山壙中得銘曰云云當時莫能辯因藏之戒諸子曰世世以銘訪通人有知之者吾死無恨昉五世孫升之隱居商洛寫以示鄭欽說欽說出使得之于長樂驛至數方三十里而悟曰卜宅者隱葬之日月而先識墓圯曰辰甸服五百也黃鍾十一也繇大同四年卻求漢建武四年凡五百一十一年葬以三月十日庚寅二上庚也圯以七月十二日巳巳七中巳也浹辰十二也建武四年三月至大同四年七月六千三百一十二月月一交故日六千三百浹辰交二九十八也重三六也建武四年三月十日距

大同四年七月十二日十八萬六千四百日故曰二九重三四百𠦜升之大驚服

古鑑銘

漢有善銅出丹陽和以銀錫清且明左龍右虎尚三光朱雀元武順陰陽

尚方作鑑眞大好上有仙人不知老渴飮玉泉饑食棗

漢剛卯銘

正月剛卯既央靈殳四方青赤白黃四色是當帝令祝融以敎夔龍庶疫剛癉莫我敢當

疾日嚴卯帝令夔化順爾固伏化兹靈殳既正既長既觚既方庶疫剛癉莫我敢當

麟鳳銘

漢威德中興卽政二年辛酉之節首歷四十青龍三月季春爰立碑石順典禮文九九度數萬世常存

天有奇鳥名爲鳳皇時下有德民富貴昌黃龍嘉禾皆不隱藏漢德威威永布宣揚

天有奇獸名曰麒麟時下有德安國富民忠臣節疑脫一字義以修身閒從來善明明我君

漢祝長嚴訴碑銘

惟漢中興卯金休烈和平元年歲治東宮星屬角房月建朱鳥中宮之均萬物慈射華澤青葱跂行蠕息咸守厥常人物同授獨遭灾霜顛實徂落壽不寬宏經設三命君獲其殃

漢從事武梁銘

懿德元通幽以明兮隱居靖處休曜章兮樂道忽榮幽蘭芳兮身役名存傳無疆兮

商箴

天曰順順維生地曰固固維寧人曰信信維聽

又

天降災布祥並有其職

周箴

夫自思念學德未暮

周虞人箴

芒芒禹跡畫爲九州經啟九道民有寢廟獸有茂草各有攸處德用不擾在帝夷羿冒于原獸忘其國恤而思其麀牡武不可重用不恢于夏家獸臣司原敢告僕夫

夏箴汲冢書

中不容利民乃外次

開望箴

土廣無守可襲伐土狹無食可圍竭二禍之來不稱之災天有四殃水旱饑荒其至無時非務積聚何以備之

楚箴

人生在勤勤則不匱

古箴

不大其棟不能任重重莫若國棟莫若德

揚雄酒箴

觀瓶之居居井之眉處高臨深動常近危酒醪不入口藏水滿懷不得左右牽於纆徽一旦叀 叀恐作惠叀什也礙也躓同 礙爲瓽所轠身提黃泉骨肉爲泥自用如此不如鴟夷鴟夷滑稽腹如大壺盡日盛酒人復借酤常爲國器託於屬車出入兩宮經營公家由是言之酒何過乎

元日祈穀辭 符公

皇皇上天昭臨下土集地之靈降甘風雨庶物羣生各得其所靡今靡古維予一人敬拜皇天之祜

迎日辭

明光于上下勤施于四方旁作穆穆維予一人敬拜迎于郊

救日食祝辭 周官太祝注

炤炤大明瀸滅無光柰何以陰侵陽以卑侵尊

雩祭禱辭 穀梁傳注

方今大旱野無生稼寡人當死百姓何諺不敢煩民請命願撫百姓以身塞無狀

成王冠頌 祝雍作見家語

令月吉日王始加元服去王幼志心袞職欽若昊天六月是式率是祖考永永無極

漢孝昭冠辭 大戴記

仲夏之吉日遵並大道芬或秉集萬福之休靈始加昭明之元服推免冲孺之幼志 本作推遠稚免之幼志注云免弱也 崇積文武之寵德肅勤高祖清廟六合之內靡不息陛下永永與天無極

冠禮始加祝 儀禮

令月吉日始加元服棄爾幼志順爾成德壽考維祺介爾景福

再加祝

吉月令辰乃申爾服敬爾威儀淑慎爾德眉壽萬年永壽胡福

三加祝

以歲之正以月之令咸加爾服兄弟具在以成厥德
黃耇無疆受天之慶

醴辭

甘醴維厚嘉薦令芳拜受祭之以定爾祥承天之休
壽考不忘

醮辭

旨酒既清嘉薦亶時始加元服兄弟具來孝友時格
永乃保之

再醮辭

旨酒既湑嘉薦伊脯乃申爾服禮儀有序祭此嘉爵

承天之祜

三醮辭

旨酒令芳籩豆有楚咸加爾服殽升折俎承天之慶
受福無疆

字辭

禮儀既備令月吉日昭告爾字爰字孔嘉髦嘉攸宜
宜之于假永受保之

昏禮父命子辭

往迎爾相承我宗事勗率以敬先妣之嗣若則有常

父命女辭

戒之戒之夙夜無違命

母命女辭

勉之敬之夙夜無違宮事

庶母命女辭

敬恭聽宗爾父母之言夙夜無愆視諸衿鞶

少牢嘏辭 儀禮

皇尸命工祝承致多福無疆于女孝孫來女孝孫使
女受祿于天宜稼于田眉壽萬年勿替引之

漢侲子逐疫辭

甲作食𠒇服胃食虎雄伯食魅騰簡食不祥攬諸食

咎伯奇食夢強梁祖共食磔死寄生隨委食觀錯斷
食巨窮奇騰根共食蠱凡使十二神追凶惡赫女軀
拉女幹節解女肉鏖女肺腸女不急去後者爲糧

蒯聵戰禱辭

曾孫蒯聵敢昭告皇祖文王烈祖康叔文祖襄公鄭
勝亂從晉午在難蒯聵不敢自佚備持矛焉敢告無
絕筋無折骨無面傷以集大事無作三祖羞大命不
敢請佩玉不敢愛

同盟于亳載書

凡我同盟無蘊年無壅利無保姦無留慝救災患恤

禍亂同好惡獎王室或間茲命司慎司盟名山名川
先王先公羣神羣祀七姓十二國之祖明神殛之俾
失其民隊命亡氏踣其國家

孔子誄 哀公

旻天不吊不憖遺一老俾屏余一人以在位煢煢余
在疚嗚呼哀哉尼父無自律

柳下惠誄 下惠妻 列女傳

夫子之不伐兮夫子之不竭兮夫子之誠信而與人
無害兮屈柔從俗不强察兮蒙耻救民德彌大兮雖
遇三黜終不蔽兮豈弟君子永能厲兮嗟呼惜兮乃

不世兮庶幾遐年今遂逝兮嗚呼哀哉魂神泄兮夫
子之謚宜爲惠兮

黄帝禁

聲禁重色禁重衣禁重香禁重味禁重室禁重 第一 重作
聲讀

黄帝命嫫母

屬女德而弗忘與女正而弗衰雖惡奚傷

黄帝言 鴻烈 解引

芒芒昧昧因天之威與元同氣

黄帝書 沖虛子

形動不生形而生影聲動不生聲而生響無動不生
無而生有

顓頊戒

大規在上大矩在下女能法之爲民父母

先王之教

雨畢而除道水涸而成梁草木解而備藏隕霜而冬
裘具

夏令

九月除道十月成梁

夏時儆

收而場功偫而畚挶營室之中土功其始火之昏見
期於司理

洛書

有白雲出 歸藏齊母經 覽無出字 自蒼梧入于大梁

録圖

滭滭鳴鳴棼棼雉雉萬物盡化

農書

土長冒橛陳根可拔耕者急發

洪範緯

日行中道移節應期德厚受福重華留之 木星一名重華

女憲

婦如影響焉不可賞

易緯引孔子語

雷之始發大壯始君弱臣强從解起

史記引孔子贊龜策傳

神龜知吉凶而骨直空枯日爲德而君於天下辱於三足之烏月爲刑而相佐見食於蝦蟆蝟辱於鵲騰蛇之神而殆於即且竹外有節中直空虛松柏爲百木長爾守門閭日辰不全故有孤虛黃金有疵白玉有瑕事有所疾亦有所徐物有所拘亦有所據罔有

所數亦有所疎人有所貴亦有所不如何可而適乎物安可全乎

管子版法解

冬月閉藏百事盡止往事畢登來事未起方冬無事愼觀終始

漢詞大一祝元封二年

德星昭衍厥維休祥壽星仍出淵躍光明信星昭見皇帝敬拜太祝之享

漢封功臣册書

黃河如帶泰山若礪國以永存爰及苗裔

漢封禪刻石辭

四守之內莫不爲郡邑四夷八蠻咸來貢職與天無極人民蕃息天祿永得

漢王褒移金馬碧鷄文

持節使者敬移南崖金精神馬縹縹碧鷄處南之荒深溪回谷非土之鄉歸來歸來漢德無疆廣乎唐虞澤配三皇黃龍見兮闕虎仁歸來歸來可以爲倫歸兮翔兮何事南荒也

漢光武賜侯霸札

崇山幽都何可偶黃鉞一下無處所

漢黎陽張公頌

公與守相駕蜚魚往來倏忽遠熹娛慰此屯民甯厥居

漢圉令趙君碑金石錄

天寔高唯聖同戲我君羡其縱體宏人蹈中庸所臨歷有體功追景行以難雙刻金石示萬邦

贊贊

比干墓銅盤銘

爰有獷獸其多日贊饑則馴服飽則反眼

右林左泉後岡前道萬世之靈茲焉是保

鏡衡銘（子貢）

鏡儀而居無執不藏美惡畢懸各得其當衡虛無私平靜而處輕重畢懸各得其所

祓龜祝（史記）

今日吉謹以粱卵㶕黃祓去玉靈之不祥玉靈必信以誠知萬事之情辯兆皆可占不信不誠則燒玉靈揚其灰以徵後龜

魯郊丹鷄祝（文選）

以斯翰音赤羽去魯侯之咎（古咎字音以與羽相叶）

大夫文種送句踐入吳祖道祝（吳越春秋）

皇天祐助前沉後揚禍爲德根憂爲福堂威人者滅服從者昌王雖牽致其後無殃君臣生離感動上皇衆夫哀悲莫不感傷臣請薦脯酒行三觴

種復前祝（同前）

大王德壽無疆無極乾坤受靈神祇輔翼我王厚之祉祐在側德銷百殃利受其福去彼吳庭來歸越國

范蠡上吳王壽辭（同前）

皇在上令昭下四時并心察慈仁者大王躬親鴻恩立義行仁九德四塞威服羣臣於乎休哉傳德無極上感太陽降瑞翼翼延壽萬歲長保吳國四海咸承諸侯賓服觴酒既升永受萬福

越既平吳大夫種進酒祝（同前）

皇天祐助我王受福良臣集謀我王之德宗廟輔政鬼神承翼君不忘臣臣盡其力上天蒼蒼不可掩塞觴酒二升萬福無極

再祝（同前）

我王賢仁懷道抱德滅讎破吳不忘返國賞無所恡羣邪杜塞君臣相同福祐千億觴酒二升萬歲難極

漢武帝鼎銘（虞荔鼎銘）

登于太山萬善無疆四海寧謐神鼎傳芳

成王冠辭（後漢志）

近于民遠于年近于義遠于佞嗇于財仕賢使能（佞音年能音得來切）

漢昭帝冠辭（唐蒙博物記）

陛下摛顯先帝之光耀以承皇天之嘉祿欽奉仲春之古辰普尊大道之郊域秉率百福之付靈始加昭明之元服推遠冲孺之幼志蘊積文武之就（大戴作寵）德肅勤高祖之清廟六合之內靡不蒙德永永與天無極

請雨祝（春秋繁露）

昊天生五穀以養人今五穀病旱恐不成敬進清酒摶脯再拜請雨雨幸大澍

鯫贊

鯫無麟麟恐作鱗有殼一面附石細孔雜雜或七或八

東方朔射覆辭

臣以為龍又無角謂之為蛇又有足跂跂脈脈善緣壁是非守宮即蜥蜴

蜡祝獨斷○此與禮記所載少異

土反其宅水歸其壑昆蟲毋作豐年若土本作上歲取千百

舜祠田祝

荷此長耜耕彼南畝四海俱有

伏羲贊史子堅隸格藏資州古碑

伏戲蒼精初造工業畫卦結繩以理海內內古音越

司馬相如凡將篇略茶經引

烏喙結梗芫華款冬貝母木蘗蔞芩草芍藥桂漏蘆蜚廉雚菌荈詫白斂白芷菖蒲芒消莞椒茱萸

漢王史威長銘

明明哲士知存知亡崇隴原野非寧非康不封不樹作靈垂光厥銘何依王史威長

漢關羽上玉璽牋

璽潛漢水伏于淵泉暉景燭曜靈光徹天

懷夢草贊襄陽耆舊傳

帝之季女名曰瑤姬精魂化草實為靈芝媚而服之則與夢期

古文韻語畢

風雅逸篇

光緒七年五月
重鐫于廣漢

風雅逸篇序

風雅逸篇錄中古先秦歌詩也楚鳳魯麟風之逸也堯衢舜薰雅之逸也載在方冊矣曷以名之逸外三百篇皆逸也粤稽魯論兩引逸謂侈止兩韻約僅五言後素昭文何遠與仁聖咨賢焉賢起聖焉於是乎取之以此其存概彼其餘豈必無主文譎諫之旨民彝物理之訓哉惜夫世遠籍湮不能舉其全也然其餘句散見諸書若二戴禮若春秋內外傳若汲冢沉文若諸子璣語網羅放失綴合發殘尚多有之吐珠於澤誰能不含聖喆所遺而後人拾以爲已寶茲類

之謂乎孔子曰詩三百又曰誦詩三百墨子曰誦詩三百弦詩三百歌詩三百舞詩三百司馬遷曰古詩三千餘篇孔子刪之爲三百篇由前言之則太師所職數止此由後言之則今所存十一千百耳自逸詩外若因事造歌巽裁別體若貍首騶誦鸞蟖龍蛇後代詞人刻意莫追其宛轉附物怡悵切情莽不啻驚心動魄一字千金而已若是者雖多所軼沒而謹其遺者稡之卒奚啻足爲更僕之誦哉故錄首黃帝彈歌至伯夷薇歌爲第一卷錄琴操歌謠詞曲三十一篇爲第二卷錄石鼓詩十章爲第三卷錄逸詩篇名

斷章存者十篇有句亡篇名者四十四條爲第四卷錄經傳所載孔子歌辭及諸事涉孔子者廿二篇爲第五卷錄魯衛齊晉鄭宋吳趙成徐秦楚君臣民庶婦女胥靡俳優雜歌謳操曲誦祝相曲爲第六卷第七卷錄古諺古語古言鄙詩鄙語野語俗語故語民語不恭之語百五十條爲第八卷錄荀卿成相雜辭三章佹詩一章附蘇秦上秦王詩爲第九卷錄葛天氏八闋訖于師延濮上有篇目逸其辭存其名義爲風雅逸篇十卷終焉錄成有過而問者誚之曰子知富翁有好古者乎舉鼎匜鼒彌厥穿穴圖籍繒障貨彼縛裂罄已懷資受市魁啞子所爲嗜古辭者將無類茲吹吷之吟則穿穴也糟粕之拾則縛裂也心力之玩則罄而資依託之售則受若啞譎刋落之其倘有盈辭予投筆而起負序以謝曰然業已成予不忍廢也予之言予不敢忘則書之以終筴新都楊慎撰

風雅逸篇卷一

新都　楊　慎　輯　綿州　李調元　校定

彈歌　劉勰云黃歌斷竹質之至也又曰斷竹之歌乃二言之始○黃黃帝也

越陳音曰彈起於古之孝子不忍其親葬之野爲禽獸害故作彈以守之故歌曰

斷竹續竹飛土逐宍　宍古肉字今吳越春秋作害非

康衢歌　列子

立我烝民莫匪爾極不識不知順帝之則

擊壤歌

日出而作日入而息鑿井而飲耕田而食帝力於我何有哉

神人暢操　琴操云唐堯作

清廟穆兮承予宗百寮肅兮于寢堂醊禱進福求年豐有譽古響字在坐敕予爲害在元中欽哉昊天德不降承命任禹寫中宮　堂徒紅切○吳才老韻引楊雄議銘太尉在漢四世以公於陵正直僕射於唐可叶公則堂亦當爲此叶○害亦本作害

箕山歌

夏侯元云許由作箕山歌

登彼箕山兮瞻望天下山川麗崎萬物還普日月運照靡不記睹游技其間何所却慮歎彼唐堯獨自愁

苦勞心九州憂勤后土謂予欽明傳禪易祖我樂如何葢不盼預河水流兮緣高山甘瓜施兮葉綿蠻高林肅兮相錯連居此之處傲唐君

帝舜庸作歌

勅天之命惟時惟幾

乃歌曰乃者繼事之辭歌已復歌曰乃

股肱喜哉元首起哉百工熙哉

臯陶賡載歌賡即古文續字見說文

元首明音芒哉股肱良哉庶事康哉

臯陶又歌曰

元首叢脞哉股肱惰哉萬事墮哉

卿雲歌

尚書大傳曰惟五祀奏鐘石論人聲乃及鳥獸咸變於前遂然乃作大唐之歌歌者二年昭然乃知乎王世明有不世之義招爲賓客而雍爲主人始奏肆夏納以孝成舜爲賓客而禹爲主人樂正進贊曰尚書大室之義唐爲虞賓至今衍於四海成禹之變垂於萬世之後帝乃唱之曰云云八伯咸進稽首曰云云於時八風循道卿雲叢叢蟠龍僨伸於其藏蛟龍躍踊於其淵龜鼈咸出於其穴遷虞而事夏也

卿雲爛兮糺縵縵兮日月光華旦或旦兮一本或作復

八伯歌

明明上天爛然星陳日月光華宏予一人

帝乃載歌

日月有常星辰有行四時從經萬姓允誠於予論樂配天之靈遷於賢聖莫不咸聽鼚乎鼓之軒乎舞之菁華已竭褰裳去之

南風歌

南風之薰兮可以解吾民之慍兮南風之時兮可以阜吾民之財兮

南風歌琴操以爲舜作

反彼三山兮商岳嵯峨天降五老兮迎我來歌有黃龍兮自出於河負書圖兮委蛇羅沙案圖觀讖兮閔天嗟嗟擊拊拊韶兮淪幽洞微鳥獸蹌蹌兮鳳凰來儀凱風自南兮喟其增悲

思親操

陟彼歷山兮崔嵬有鳥翔兮高飛瞻彼鳩兮徘徊河水洋洋兮清涼深谷鳥鳴兮嚶嚶設置張罥兮思我

父母力耕日與月兮往如馳父母遠兮吾將安歸

舜祠田辭 文心雕龍

荷此長耜耕彼南畝四海俱有

包山謠 楊方吳越春秋○今吳越春秋無之蓋楊方趙曄俱著此書今所行者曄之書而方所著亡矣○沈懷遠南越志曰牛女之分揚州之末土也爰有大山實曰秦望又有石簣峻起壁立內有金簡玉字

禹得金簡玉字書藏在洞庭包山湖

襄陵操 琴操云大禹作

嗚呼洪水滔天下民愁悲上帝愈咨三過吾門不入父子道衰嗟嗟不欲煩下民

塗山歌 琴操

綏綏白狐九尾龐龐我家嘉夷來賓爲王成于室家我都攸昌天人之際於茲則行明矣哉

五子歌

皇祖有訓民可近不可下民惟邦本本固邦甯予視天下愚夫愚婦一能勝予一人三失怨豈在明不見是圖予臨兆民凜乎若朽索之御六馬爲人上者奈何不敬其二曰訓有之內作色荒外作禽荒甘酒嗜音峻宇雕牆有一于此未或不亡其三曰惟彼陶唐有此冀方今失厥道 左傳作行 亂其紀綱乃底滅亡其四曰明明我祖萬邦之君有典有則詒厥子孫關石和鈞王府則有荒墜厥緒覆宗絕祀其五曰嗚呼曷歸予懷之悲萬姓仇予予將疇依鬱陶乎予心顏厚有忸怩弗慎厥德雖悔可追

禹玉牒辭

祝融司方發其英沐日浴月百寶生

夏人歌

江水沛兮舟楫敗兮我王廢兮趣歸於亳亳亦大兮樂兮樂兮四牡驕兮六轡沃兮去不善而從善何不樂兮盍觀乎薄薄亦大兮 亳作薄從舊本

覺兮較兮吾大命格兮去不善而從善何不樂兮

秣金闕歌

韋昭三五歷紀云關龍逢作

秣馬金闕

殷末謠

帝惑妲己玉馬走

麥秀歌

史記云箕子過殷故墟作尚書大傳曰微子過殷故墟見麥秀之蔪蔪禾黍之蠅蠅也秀爲麥秀之歌

麥秀蔪蔪兮禾黍油油兮彼狡童兮不與我好兮史
麥秀蔪蔪兮禾黍油油兮彼狡童兮不與我好仇書傳

傷殷操 琴操亦以爲微子

麥秀蔪蔪兮禾黍油油兮彼狡童兮不我好仇

箕子操

嗟嗟紂爲無道殺比干嗟重復嗟獨奈何漆身爲厲被髮以佯狂今奈宗廟何天乎天哉欲負石自投河嗟復嗟奈社稷何

拘幽操

殷道溷溷浸濁煩兮朱紫相合不别兮迷亂聲色

信讒言兮炎炎之虐使我愆兮幽閉牢耕由其言兮遘我四人憂勤勤兮 勤叶音虔

文王操

翼翼翱翔彼鳳凰兮啣書來遊以會昌兮瞻天案圖殷將亡兮蒼蒼之天始有萌兮五神連精合謀房兮興我之業望羊來兮

採薇歌

登彼西山兮採其薇矣以暴易暴兮不知其非矣神農虞夏忽焉沒兮我適安歸矣吁嗟徂兮命之衰矣

採薇操 琴操

登彼高山言採其薇以亂易亂不知其非神農虞夏忽焉沒兮我適安歸

風雅逸篇卷一

風雅逸篇卷二

新都 楊慎 輯　綿州 李調元 校定

克商操　武王

上告皇天兮可以行乎

辟雝辭

舟張辟雝鶬鶬相從八風回回鳳凰喈喈尚書大傳

有昭辟雝有賢泮宮田里周行濟濟鏘鏘相從執質

有族以文

敕爾瞽率爾衆工奏爾悲誦肅肅雝雝無怠無凶周官注

後慕歌　太平御覽　泰伯作

先王既徂長寘異都哀喪腹心未寫中懷懷音窠衡波傳八知其一不知其他子生二年然後免於父母之懷追念伯仲我季如何梧桐萋萋生於道周周濇于切三國志李興表孔明閣文漢高歸魂于豐沛太公五世而反周想魍魎之彷彿冀彤響之有餘宮舒徘徊舒古榭字臺閣既除何爲違去使此空虛支骨離別垂恩南隅瞻望荊越涕淚交流伯兮仲兮逝肯來遊非此二人誰訴此憂

越裳操　樂錄

越裳獻白雉周公作歌

於戲嗟嗟非旦之力乃文王之德

神鳳操

周成王時鳳凰來儀成王作歌

鳳凰翔兮於紫廷予何德兮以感靈賴先人兮恩澤臻于胥樂兮民以寧

黃澤辭　穆天子傳下同

天子東遊于黃澤使宫歌謠曰

皇之陀其馬歕沙皇人威儀皇之澤其馬歕玉皇人壽穀沙叶音莎儀叶音儀

白雲謠

天子觴西王母於瑤池西王母爲天子謠曰

白雲在天山陵自出道里悠遠山川間之將子無死尚能復來

穆天子謠

予歸東土和洽諸夏萬民平均吾願見汝比及三年將復而野

黃竹歌

天子於黃竹遇雪作

我徂黃竹字缺一員閟寒帝收九行嗟我公侯百辟冢卿皇我萬民旦夕勿忘

我徂黃竹字缺一員閟寒帝收九行嗟我公侯百辟冢

卿皇我萬民旦夕勿窮

有皎者駱翩翩其飛嗟我公侯勿則遷居樂甚寡人不如遷土禮樂其民

西王母吟

徂彼西土爰居其所虎豹爲羣烏鵲與處嘉命不遷我惟帝女彼何世民又將去予吹笙鼓簧中心翱翔世民之子惟天之望

宣王時童謠 史記作童女謠

檿弧箕服實亡周國 山桑曰檿弧弓也箕木名服矢房也○列子良弓之子必學爲箕箕蓋矢房舊說以爲簸箕之箕非

履霜操

尹吉甫之子伯奇無罪爲後母所讒而見逐乃集芰荷以爲衣採楟花以爲食晨朝履霜自傷見放於是援琴鼓之而作此曲

履朝霜兮採晨寒考不明其心兮聽讒言孤恩別離兮摧肺肝何辜皇天兮遭斯衍痛歿不同兮息有偏誰讒碩兮知我冤

越人歌

劉向曰越人歌者楚王之弟鄂君子晳泛青翰舟於新波之中榜枻越人鼓棹而歌此詞以感鄂君鄂君聞之揄修袂而擁之舉繡被而覆之

今夕何夕兮搴洲中流今日何日兮得與王子同舟蒙修被好兮不訾垢恥心幾頑而不絕兮得知王子山有木兮木有枝心欲君兮君不知

越謠歌

君乘車我戴笠他日相逢下車揖君擔簦我跨馬他日相逢爲君下

河上歌 伍子胥

同病相憐同憂相捄驚翔之鳥相隨而集瀨下之水因復俱流胡馬望北風而立越燕向日而熙誰不愛

其所近悲其所思者乎

烏鳶歌 吳越春秋

越王夫人去國降吳時作

仰飛鳥兮烏鳶凌玄虛兮號翩翩集洲渚兮優恣啄蝦矯翮兮雲間任厥性兮往還妾無罪兮負地有何辜兮譴天颿獨兮西往孰知反兮何年心惙惙兮若割淚泫泫兮雙懸

彼飛鳥兮鳶烏已回翔兮翕蘇心在專兮素蝦何居食兮江湖徊復翔兮遊颺去復往兮於乎始事君兮

去家終我命兮君都終來遇兮何辜離我國兮去吳妻衣褐兮爲婢夫去冕兮爲奴歲遙遙兮難極寃悲痛兮心惻腸千結兮服膺於乎哀兮忘食願我身兮如鳥身翺翔兮矯翼去我國兮心遙情悁傷兮誰識

采葛婦歌 同上

葛不連蔓棻台台我君心苦命更之嘗膽不苦甘如飴令我採葛以作絲女工織兮不敢遲弱於羅兮輕霏霏號絺素兮將獻之越王悅兮忘罪除吳王觀兮飛尺書增封益地賜羽奇機杖茵蓐諸侯儀羣臣拜舞天顔舒我王何憂能不移

漁父歌

子胥逃楚適吳有漁父渡之因歌而呼之曰

日月昭昭乎侵已馳與子期蘆之漪

又歌曰

日已夕乎予心憂悲月已馳兮不可渡爲事寖急兮將奈何

又歌曰

蘆中人蘆中人豈非窮士乎

又漁父歌

出越絶與吳越春秋不同

日昭昭侵以施與子期甫蘆之碕

子胥諫吳王辭

於呼哀哉遭此默默忠臣掩口讒夫在側政敗道壞諂諛無極邪讒僞辭以曲爲直舍讒攻忠將滅吳國宗廟既夷社稷不食城郭丘墟殿生荊棘

窮刼之曲

楚樂師扈子傷吳師入郢掘平王墓昭王出奔乃援琴爲之曲

王耶王耶何乖戾不顧宗廟聽讒孽任用無忌多所殺誅夷白氏族幾滅二子東奔適吳越吳王哀痛助

忉怛垂涕舉兵將西伐伍胥白喜孫武決三戰破郢王奔發留兵縱騎虜京闕荊楚骸骨遭掘發鞭辱腐尸恥難雪幾危宗廟社稷滅莊王何罪國幾絶卿士悽愴民惻悷吳軍雖去怖不歇願王更隱撫忠節勿爲讒口能謗褻

別離相去辭

越王伐吳軍士所作

躁躁摧長惡兮擢戟馭殳所離不降兮以泄我王氣蘇三軍一飛降兮所向皆殂一士判死兮而當百夫道祐有德兮吳卒自屠雪我王宿恥兮威振八都軍

五難更兮勢如貔貙行行各努力兮於乎於乎

吳夫差時童謠

梧宮秋吳王愁

河梁歌

越勾踐伐秦作河梁之歌

渡河梁兮渡河梁舉兵所伐攻秦王孟冬十月多雪霜隆冬道路誠難當陳兵未濟秦師降諸侯怖懼皆恐惶聲傳海內威遠邦稱伯穆桓齊楚莊天下安寧壽考長悲歸去兮河無梁

河激歌 列女傳

趙河津吏女娟作

升彼河兮而觀清水揚波兮冒冥冥禱求福兮醉不醒誅將加兮妾心驚罰既釋兮瀆乃清妾持檝兮操其維蛟龍助兮主將歸呼來檝兮行無疑

段干木歌 呂氏春秋

魏文侯禮段干木國人誦之曰

吾君好正段干木之敬吾君好忠段干木之隆

卞和獻玉退怨之歌

悠悠沂水經荊山精氣鬱洽谷岩岩中有神寶灼明明穴山采玉難爲功功叶音光於河獻之楚失王遇王暗昧信讒言斷截兩足離餘身俛仰嗟歎心摧傷紫之亂朱紛墨同空山歔欷涕龍鍾天鑒孔明竟以彰沂水滂沛流于汶進寶得刖足離分斷者不續豈不怨

楚人誦子文歌

子文之族犯國法程廷理釋之子文不聽恤顧怨萌正公平

思歸引 琴操 衛女作

涓涓淇水流于淇兮有懷於衛靡日不思執節不移兮行不詭隨坎坷何辜兮離厥茨

狐咺哭國辭 呂氏春秋

先出也衣繒紵後出也滿囹圄吾見今之人洋洋東走而不知處所

風雅逸篇卷二

風雅逸篇卷三

新都 楊 慎 輯 綿州 李調元 校定

石鼓詩

石鼓詩周宣王獵碣也於詩體屬小雅或以爲周成王時詩以左傳成有岐陽之蒐證之亦一說也

我車既攻我馬既同我車既好我馬既騂君子爰獵爰獵爰遊麀鹿速速君子之求彎彎卤弓弓茲以時我驅其畤其來趩趩趫趫炱炱即御即時麀鹿趚趚其來大垐我驅其僕其來趪趪射其豚屬

右甲鼓

汧繄泛泛丞彼潮淵鰋鯉處之君子漁之澷澷有鯊其遊趱趱白魚皪皪其菹底鮮黃白其鯿有鮒有白其翊孔庶臠之𡚖𡚖洋洋趬趬其魚惟何惟鱮惟鯉何以橐之惟楊及柳

右乙鼓

田車孔安鋚勒騂騂六師既簡左驂翻翻右　驥驥我以隮于原我戎止陸宮車其寫秀弓時射麋豕孔庶麀鹿雉兔其原有𧻚其戎奔奔大車出洛亞獻白澤我執而勿射多庶趱趱君子乃樂

右丙鼓

帥彼鑾車忽速塡如秀弓孔碩彤矢笑笑四馬其寫六轡沃若徒馭孔庶廓騎宣博酋車載行如徒如章原隰陰陽趍趍六馬射之簇簇有貙如虎獸鹿如兕怡爾多賢迪禽奉雉我兔允異

右丁鼓

我來自東靈雨奔流逆湧盈盈濼漲君子既涉我馬流汧汧繄泊淒丞土烝言西歸舫舟自廓徒馭逴逴惟舟以行或陰或陽极渫以戶出于水一方丞徒徨止其奔我以阻其乃事

右戊鼓

宣猷作原作周道遄我辭攸除帥彼陂田芽爲世里希徵徵乃罟漆栗柞棫其援檖棓庸庸鳴條亞箬其華何爲所游𩠐𩠐水藝導旨樹幽昭

右巳鼓

徒我嘽嘽然而師旅塡然會同又繹以左戎障弓矢孔庶滔滔是識射夫寫矢具奪舉犖其徒肝來或羣或友丞率左右燕樂天子來嗣王始振振復古我來攸止

右庚鼓

彼走驕驕馬麃晳晳華華雉㲃位多庶微我師氏憲

憲文武可其一之

右辛鼓

我水既淨我道既平我行既止嘉樹則里天子永寧

日惟丙申旭旭杲杲我其旁導乘馬既迪敉夏康康

駕彼四黃左驂驖驖右驂驖驖戩戩以奕汝不執德

旛翰黎黎旛斿施施公謂大來余及如茲邑昷不余

及

右壬鼓

吳人憐亟朝夕儆惕載西載北勿奄勿伐若而出奇

進獻用特歸格蕺祖告于大祝禘嘗受享致其方藝

寓逢中囿孔庶麀鹿原隰既坦疆理蕃蕃大田不蒐

君子何求有謀有始周爰止于是

右癸鼓

慎按此詩其體雅也刻于石鼓史籀書之羊

欣書錄云史籀石鼓文韓退之云張生手持

石鼓文皆謂字而言若論其辭當云石鼓詩

而不當日石鼓文也今特易文為詩云

風雅遺篇卷三

風雅遺篇卷四

新都　楊　慎　輯　綿州　李調元　校定

支

國語武王克殷作此詩以為飫歌名之曰支（禮之立成者為飫盍飫時所歌也）

天之所支不可壞也其所壞也亦不可支也

貍首　禮注

諸侯之射貍首為節盍逸詩也

曾孫侯氏四正具舉大夫君子凡以庶士小大莫處

御于君所以燕以射則燕則譽

貍首之斑然執女手之卷然

轡之柔矣

左傳有其篇名汲冢周書載其辭

馬之剛矣轡之柔矣馬亦不剛轡亦不柔志氣麃麃

取與不疑

徵招角招　孟子

招與韶同齊有韶音之遺故孔子在齊聞韶

畜君何尤

祈招　左傳

祭公謀公作

祁招之暗暗實昭德音思我王度式如王式如金形民之力而無醉飽之心孔子家語形作刑謂虐用民力而不知極也

驪駒 大戴禮 漢書注

王式曰客歌驪駒主人歌客毋庸歸

驪駒在門僕夫具存驪駒在路僕夫整駕

白水 管子 列女傳

寗戚毋之見管仲也亟稱曰浩浩乎儵儵乎管子不解歸而不台有少妾問焉仲曰非而與知也妾曰毋少少毋賤賤仲以語之妾曰甯子殆欲室也古有白水之詩云

浩浩白水儵儵之魚君來召我我將安居國家未定從我焉如 列女傳

浩浩者水育育者魚未有室家而召我安居

麥秀

史記箕子作麥秀之詩 詩已見首卷

無射

逸周書云師曠爲太子晉歌無射

國誠寧矣遠人來觀修義經矣好樂無荒

嶠 太子晉答師曠

何自南極至於北極絶境越國弗愁道遠

以上逸詩篇名斷章存者凡十篇

逸詩句

巧笑倩兮美目盼兮素以爲絢兮

唐棣之華偏其反而豈不爾思室是遠而 論語 晉書唐棣郁李也毛詩有兩棣唐棣之華鄂不韡韡彼爾維何維常之華鵲巢唐棣之華與此唐棣不同貴公紹曰唐棣赤棣也常棣白棣也反遠二字亦兩讀一讀及遠皆如字陸佃云其花反向後合凡木之華皆先合後開此華先開後合一讀反與翻同言花之搖動也遠叶與元切

翹翹車乘招我以弓豈不欲往畏我友朋

雖有絲麻無弃菅蒯雖有姬姜無弃蕉萃

莫不代匱 蕉萃既憔悴古蕉字音樵字列子覆鹿以蕉殷敬順注蕉與樵同薪者以柴覆鹿於理爲遍

周道挺挺我心扃扃講事不令集人來定

俟河之清人壽幾何兆云詢多職競作羅 周詩有之

我無所監夏后及商用亂之故民卒流亡

禮義不愆何恤於人言

淑愼爾止無載爾僞

我之懷矣自詒伊慼 左傳

相彼盍旦尚猶患之 禮記

相彼鴠旦尚猶患之 鹽鐵論 論盍旦既鴠旦夜鳴求陽之鳥也月令作鶡鴠或作渴旦

昔吾有先王其言明且清國家以甯都邑以成誰能
秉國成不自爲正卒勞百姓 禮記 子思子
皇皇上天其命不忒天之以善爲報其德 家語
四牡翼翼以征不服
九變復貫知言之選 漢書
鴻鵠將將唯民歌之濟濟多士殷民化之 管子歌音基淮南子良馬易道使人欲馳飲酒而樂使人欲歌化山宜切周易神而化之使民宜之皆古音也
鳳皇秋秋其翼若干其聲若簫有鳳有皇樂帝之心 秋音嗽
如霜雪之將將如日月之光明爲之則存不爲之則
亡
國有大命不可以告人妨其躬身
長夜漫兮永思騫兮太古之不慢兮禮義之不愆兮
何恤人之言兮
涓涓流水不壅不塞轂既破碎乃大其輻事以敗矣
乃重太息
墨以爲明狐狸而倉 荀子
將欲毀之必重累之將欲踣之必高舉之
唯則定國
君君子則正以行其德君賤人則寬以盡其力

無過亂門 呂氏春秋
魚在在藻厥志在餌 大戴禮
青青之麥生於陵陂生不布施死何含珠 莊子
必擇所堪必謹所堪
魚水不務陸將何及 墨子
樂矣君子直言是務 墨子春秋
木實繁者披其枝披其枝者傷其心大其都者危其
國尊其臣者卑其主
服難以勇治亂以知事之計也立傳以行教少以學
義之經也

樹德莫如滋除害莫如盡
行百里者半於九十
大武遠宅不涉 戰國策
綿綿之葛在於曠野良工得之以爲絺紵良工不得
枯死于野
皇皇上帝其命不忒天之與人必報有德
登彼西山兮采其薇矣 史記伯夷叔齊作歌太史公曰睹軼詩可異焉
良弓之子必先爲箕良冶之子必先爲裘 列子
得人者興失人者崩 史記
皎皎練絲在所染之 後漢書楊終傳

羽觴隨波 晉書束皙傳昔者周公營洛實始爲浮觴其詩曰云云

掩雉不得更順其風 淮南子

倭人如蟬 集韻

于嗟貿兮 呂覽

風雅逸篇卷四

風雅逸篇卷五

新都 楊慎 輯 綿州 李調元 校定

息鄹操

孔叢子曰趙簡子聘孔子孔子將至河聞殺鳴犢竇犨迴車而旋之衛遂爲操曰 後衛孔廟碑迴車作闕車

周道衰微禮樂陵遲文武既墜吾將焉歸周遊天下靡邦可依鳳鳥不識珍寶梟鴟眷然顧之慘然心悲巾車命駕將適唐都黃河洋洋攸攸之魚臨津不濟還轅息鄹傷予道窮哀彼無辜翱翔于衛復我舊廬從吾所好其樂只且

將歸操

琴操孔子將西見趙簡子至河而返作將歸操

翱翔于衛復我舊居從吾所好其樂只且

槃操 事與前同又名息陬操

乾澤而漁蛟龍不遊覆巢毁卵鳳不翔留慘予心悲還原息陬

臨河歌 水經注

秋之水兮風揚波舟楫顛倒更相和歸來歸來胡爲斯

臨河歎 子華子

美哉水洋洋乎丘之不濟此命矣夫

邱陵歌 孔叢子〇陸賈新語作邱公陵歌

哀公以幣如衛迎夫子而卒不能用夫子作此歌

登彼邱陵峛崺其阪仁道在近求之若遠遂迷不復自嬰屯蹇喟然迴慮題彼泰山鬱確其高梁甫迴連枳棘充路陟之無緣將伐無柯患茲蔓延惟以永歎涕霣潺湲

猗蘭操

孔子自衞反魯

習習谷風以陰以雨之子于歸遠送于野何彼蒼天不得其所逍遙九州無所定處時人闇蔽不知賢者年紀逝邁一身將老

龜山操

季桓子受女樂孔子去魯所作

予欲望魯兮龜山蔽之手無斧柯奈龜山何

去魯歌

齊歸女樂孔子行歌曰云云桓子聞之曰夫子罪我以羣婢故也

彼婦人口可以出走彼婦之謁可以死敗盍優哉游哉聊以卒歲

楚聘歌

楚武王聘夫子夫子作歌

大道隱兮禮爲基賢人竄兮將待時天下如一欲何之

獲麟歌

唐虞世兮麟鳳遊今非其時來何求麟兮麟兮我心憂

蟪蛄歌

詩含神霧曰孔子歌云云政尚靜而惡譁也

與碩鼠遍意

違山十里蟪蛄之聲猶尚在耳

鶬鴰歌

衝波傳有鳥九尾孔子與子夏見之人以問孔子曰鶬也子夏曰何以知之孔子曰河上之歌云云〇羅端良曰鶬鸖霜鶴鸖露

鶬兮鴰兮逆毛衰兮一身九尾長兮

孤鶵歌

顏淵曰孔子遊于隅山見取薪而哭長梓上有孤鶵乃承而歌之

睍彼鳴鶴在巖之陰

歸耕歌

琴操曰曾子事孔子十有餘年晨覺眷然年衰養之不備也于是援琴而歌之曰

歇來歸耕歷山盤兮以晏父母我心博兮琴操

歔欷歸耕來兮安所歸耕歷山盤兮琴清英

夢奠歌禮記

泰山其頹乎梁木其壞乎哲人其萎乎

楚狂接輿歌

鳳兮鳳兮何德之衰往者不可見來者猶可追已而已而今之從政者殆而

莊子衍楚狂接輿歌

鳳兮鳳兮何如德之衰也來世不可待往世不可追也天下有道聖人成焉天下無道聖人生焉方今之世僅免刑焉福輕乎羽莫之知載禍重乎地莫之知避已乎已乎臨人以德殆乎殆乎畫地而趨迷陽迷陽無傷吾行吾行卻曲無傷吾足

謗歌

孔子爲魯司寇其初人歌以謗之三月政成化行民歌以誦之

麛裘而鞞投之無戾鞞之麛裘投之無郵

誦歌

呂氏春秋謂之翳誦或曰翳人名

衮衣章甫實獲我所章甫衮衣惠我無私

魯童謠

天將大雨商羊起舞

楚童謠

楚王渡江得萍實其大如拳赤如日剖而食之甜如蜜

風雅逸篇卷五終

風雅逸篇卷六

新都 楊愼 輯 綿州 李調元 校定

飯牛歌 齊甯戚

南山矸白石爛生不遭堯與舜禪短布單衣適至骭

從昏飯牛薄夜半長夜漫漫何時旦 矸音岸

滄浪之水白石粲中有鯉魚長尺半弊布單衣裁至

骭淸朝飯牛至夜半黃犢上坂且休息吾將捨汝相

齊國

又飯牛歌 劉向別錄所載與諸本不同

出東門兮厲石班上有松栢靑且闌粗布衣兮縕縷

時不遇兮堯舜主牛兮努力食細草大臣在爾側吾

將與爾適楚國

齊人歌

魯人之皐數年不覺使我高蹈唯其儒書以爲二國

憂

萊人歌

齊景公無太子夢後羣公子皆奔他國國人

之曰

景公死乎不與埋三軍之事不與謀師乎師乎何黨

之乎

采芑歌 史

嫗乎采芑歸乎田成子 劉知幾史通曰田常見存而遽予以謚此之不實昭然可見

穗歌 晏子諫景公

穗乎不得獲秋風至兮殫零落

晏子春秋齊民歌

齊民歌

凍水洗我若之何太上靡散我若之何

歲已暮矣而禾不獲忽忽矣若之何歲已寒矣而役

不能惙惙矣若之何

靑陵歌 九域志

宋康王欲奪其舍人韓憑之妻其妻義弗從

作歌見志自投臺下而死

南山有烏北山張羅烏自高飛羅當奈何

韓憑妻答夫歌

其雨淫淫河大水深日出當心

康王得書自問蘇賀賀曰雨淫淫愁且思也

河深深不得往來也日當心有死志也俄

而憑自殺妻亦死

紫玉歌 吳王夫差女子玉作歌以與韓重

南山有鳥北山張羅意欲從君讒言孔多悲結成疹没命黄壚命之不造宛如之何羽族之長名爲鳳皇一日失雄三年感傷雖有衆鳥不爲匹雙故見鄙恣逢君輝光身遠心近何曾暫忘

龍蛇歌 介子推

龍欲上天五蛇爲輔龍已升雲四蛇入其宇一蛇獨怨終不見處所

有龍矯矯頃失其所五蛇從之周徧天下龍飢無食一蛇割股龍及其淵安其壤土四蛇入穴皆有處所一蛇無穴號於中野

有龍矯矯遭天譴怒三蛇從之一蛇割股二蛇入國厚蒙爵土餘有一蛇弃於草莽

有龍矯矯將失其所有蛇從之周流天下龍既入淵得其安所蛇脂盡乾不得甘雨 介推歌史記惟載龍欲上天一章說苑及樂操所録反有不同今並收之

成人歌 檀弓

蠶則績而蟹有匡范則冠而蟬有緌兄則死而子皐爲之衰

徐人歌

延陵季子兮不忘故脱千金之劍兮帶丘墓

楚人歌

莊子築臺諸御已諫止之楚人歌曰

薪乎萊乎無諸御已訖無子乎萊乎薪乎無諸御已訖無人乎

野人歌

宋朝與夫人南子會于洮野人歌之

既定爾婁豬盍歸吾艾豭

朱儒歌

邾敗魯師於狐駘國人誦之曰

臧之狐裘敗我於狐駘我君小子朱儒是使朱儒朱

儒使我敗于邾

女貞木歌 樂録 魯處女作

菁菁茂木隱獨榮兮變化垂枝含蕤英兮修身養志建令名兮厥道不同善惡并兮屈身身獨去微清兮懷終見疑何貪生兮

黄鵠歌 魯女陶嬰作

悲夫黄鵠之早寡兮七年不雙宛頸獨宿兮不與衆同夜半悲鳴兮想其故雄天命早寡兮獨宿何傷婦念此兮泣下數行嗚呼哀哉兮死者不可忘飛鳥尚然兮况于貞良雖有賢雄兮終不重行 雙音聽

原壤歌

貍首之斑然執女手之卷然

暇豫歌

晉優施通于驪姬姬欲害申生而難里克優施乃飲里克酒中飲優施起舞曰云云里克懼乃定中立之計

暇豫之吾吾不如烏烏人皆集於菀已獨集於枯

優孟歌

史記楚相孫叔敖死其子貧困往見優孟孟見楚王曰叔敖爲相楚得以霸其子無立錐之地必如此何以楚相爲因歌云云

山居耕田苦難以得食起而爲吏貪鄙者餘財不顧恥辱身死家大富又恐受賕在法爲姦觸大罪身死而家滅貪吏安可爲也念爲廉吏奉法守職竟死不敢爲非廉吏安可爲也按此無音韻章句而史以爲歌者不可曉豈當時隱括轉換借聲以成之歟史不能述其音但見其義也

優孟忼慨歌 文章別流孫叔敖碑

貪吏而可爲而不可爲廉吏而可爲而不可爲貪吏而不可爲者當時有汚名而可爲者子孫以家成廉吏而可爲者當時有淸名而不可爲者子孫困窮披褐而負薪貪吏常苦富廉吏常苦貧獨不見楚相廉潔不受錢

河内歌 史記○起魏文侯時人

史起爲鄴令引漳水溉鄴民歌之曰

鄴有賢令兮爲史公決漳水兮灌鄴旁終古舃鹵兮生稻粱 公音光釋名東方朔七諫俱有此叶

子產歌 鄭人

取我衣冠而褚之取我田疇而伍之孰殺子產吾其與之

又歌曰

我有子弟子產誨之我有田疇子產殖之子產而死誰其嗣之

庚癸歌

佩玉蘂兮余無所繫之旨酒一盛兮余與褐之父睨之

答庚癸歌 公孫有山氏答申叔儀

梁則無之粗則有之

鼓瑟歌 史記

趙武靈王夢處女歌詩鼓瑟其辭曰

美人熒熒兮顏若苕之榮命乎曾無我嬴

夢歌左傳

聲伯夢涉洹水歌云云

濟洹之水贈我以瓊瑰歸乎歸乎瓊瑰盈吾懷乎

彈鋏歌三首

長鋏歸來乎食無魚

長鋏歸來乎出無車

長鋏歸來乎何以爲家

松柏歌戰國策

秦誘齊王建入秦遷之共處之松柏之間餓而死齊人歌之曰

松邪柏邪住建共者客邪一本作住共建者

王子思歸歌怨録

楚之王子質于秦作

洞庭兮木秋涔陽兮草衰去千乘之家國作咸陽之布衣庾信哀江南賦霸陵夜獵猶是舊時將軍咸陽思歸無復當時王子蓋用此事

被衣歌

齧缺問道乎被衣被衣曰云云齧缺熟睡被衣大說歌而去之

形若槁骸心若死灰眞其實知不以故自持媒媒晦晦無心而不可與謀彼何人哉

楊子雲

季梁疾大漸其子環而泣之請醫季梁謂楊朱曰汝奚不爲我歌以曉之楊朱歌云云

俄而季梁之疾自瘳

天其弗識人胡能覺匪祐自天弗孽由人我乎汝乎其弗知乎醫乎巫乎其知之乎

相和歌

子桑戶死孟子反子琴張鼓瑟相和而歌

嗟來桑戶乎嗟來桑戶乎而已反其眞而我猶爲人猗

又孟子反歌

父邪母邪天乎人乎

又子桑和歌

引聲歌高士傳 莊周作

天地之道近在胸臆乎喻精神以養九德渴不求飲飢不索食避世俟道志潔如玉卿相之位難可直當巖巖之石幽而淸涼枕塊寢處樂在其央寒涼周迴可以長久

南蒯歌左傳南蒯將叛鄉人或歌之曰

我有圃生之杞乎從我者子乎去我者鄙乎倍其鄰

者恥乎已乎已乎非吾黨之士乎

風雅逸篇卷六終

風雅逸篇卷七

新都 楊 慎 輯 綿州 李調元 校定

孺子歌（孟子楚辭同）

滄浪之水清兮可以濯我纓滄浪之水濁兮可以濯我足

文子載滄浪歌

混混之水濁可以濯我足乎泠泠之水清可以濯我纓乎

鼓缶（淮南子）

君子有酒小人鼓缶雖不見好亦不見醜

宋城者謳

華元自鄭逃歸宋城者謳曰

睅其目皤其腹弃甲而復于思于思弃甲復來

驂乘答歌

華元使驂乘者答之

牛則有皮犀兕尚多弃甲則那

役人答歌

從其有皮丹漆若何

宋築者謳

澤門之皙實與我役邑中之黔實慰我心（皇父自皙居澤門子）

罕黑色居邑中

輿人誦 不歌曰誦

晉惠公入而背內外之賂輿人誦之曰

佞之見佞果喪其田詐之見詐果喪其賂得國而狃終逢其咎喪田不懲禍亂其興

輿人誦

晉楚城濮之役輿人之誦曰

原田每每舍其舊而新是謀

恭世子誦

惠公改葬世子申生臭達於外國誦之

貞之無報也孰是人斯而有是臭也貞為不聽信為不識國所無刑媮居幸生不更厥貞大命其傾威兮懷兮各聚爾有以待所歸兮猗兮違兮心之哀兮歲之二七其靡有徵兮若翟公子吾是之依兮鎮撫國家為王妃兮 翟子指重耳

琴曲 百里奚

百里奚五羊皮憶別時烹伏雞炊扊扅今日富貴忘我為

百里奚初娶我時五羊皮臨當別日烹乳雞今日富貴忘我為

百里奚百里奚母已死葬南谿墳以瓦覆以柴春黃藜搤伏西入秦五羖皮今日富貴捐我為

雉朝飛 崔豹古文注齊牧犢作

雉朝飛兮鳴相和雌雄羣游於山阿我獨何命兮未有家時將暮兮可奈何嗟嗟莫兮可奈何

別鵠操 商陵牧子

將乖比翼兮隔天端山川悠遠兮路漫漫攬衣不寐兮食思餐

攻狄謠 戰國策

田單攻狄不下童謠曰

大冠若箕修劍拄頤攻狄不能下壘枯邱 邱袪其切左傳史蘇古辭亦有此叶

相士卒

田單在卽墨躬使鍤以相士卒云云

無可往矣宗廟亡矣今日尚矣歸何黨矣

趙童謠

趙殺李牧童謠曰

秦為笑趙為號以為不信視土上生毛 笑平聲

晉童謠

晉伐虢圍上陽童謠云云

丙之晨龍尾伏辰均服振振取虢之旂鶉之賁賁天策焞焞火中成軍虢公其奔

鸜鵒謠左傳昭公廿五年

鸜之鵒之公出辱之鸜鵒之羽公在外野往饋之馬鸜鵒跦跦公在乾侯徵褰與襦鸜鵒之巢遠哉遙遙稠父喪勞宋父以驕鸜鵒鸜鵒往歌來哭

晉昭侯投壺辭

有酒如淮有肉如坻寡君中此爲諸侯師

齊景公投壺辭

有酒如澠有肉如陵寡君中此與君代興

田者祝

齊威王使淳于髡于趙請兵齎金百斤車十駟髡大笑王曰先生少之乎髡曰臣從東方來見道旁有種田者操豚蹄盂酒而祝曰云云臣笑其持者狹而所欲者奢也

甌窶滿篝汚邪滿車五穀蕃熟穰穰滿家

田者祝荀子注載此事其辭全異

蠏螺者宜禾汚邪者滿車五槃蕃熟穰穰滿家蠏螺高地也

秦皇時民歌楊泉物理論

生男愼勿舉生女哺用脯不見長城下尸骸相支拄

秦始皇歌

古今樂錄曰秦始皇祠洛水作歌云云

洛陽之水其色蒼蒼祠祭大澤倏忽南臨洛濱醊禱色連三光

易水歌荆軻

風蕭蕭兮易水寒壯士一去兮不復還

琴女歌

荆軻刺秦王右手執七首左手把其袖秦王曰乞聽琴聲而死琴女奏曲云云王從其計軻不解琴故及於難

羅縠單衣可裂而絶三尺屛風可超而越鹿盧之劍可負可拔

采芝操琴操　四皓作

皓天嗟嗟深谷逶迤樹木莫莫高山崔嵬岩居穴處以爲幄茵曄曄紫芝可以療飢唐虞往矣吾當安歸

紫芝歌九州春秋

莫莫高山深谷逶迤曄曄紫芝可以療飢唐虞世遠吾將安歸駟馬高蓋其憂甚大富貴之畏人不若貧賤之肆志

茅君謠歌 太元貞經

始皇三十年九月茅君駕龍上升民謠云云

神仙得者茅初成駕龍上升入太清時下元洲戲赤城繼世而往我壽盈帝若舉之臘嘉平

巍叢國詩 華陽國志

川崖惟平其稼多黍旨酒嘉穀可以養父野惟阜邱彼稷多有嘉穀旨酒可以養母惟月孟春獺登彼崖永言孝思享祀孔嘉彼稷既潔彼儀既澤蒸命良辰祖孝來格日月明明亦惟其名誰能長生不朽難獲惟德實寶當貴何長我思古人令德令望

峽中歌

瀼預大如馬瞿唐不可下瀼預大如象瞿唐不可上

樂府所載

瀼預大如僕瞿唐不可觸 蜀王本記曰南史庾黔婁傳灩預如襆本不通瞿唐水退爲庾公李白詩五月不可觸猿聲天上哀皆用此事

風雅逸篇卷八

新都 楊 慎 輯 綿州 李調元 校定

賈子引黃帝語

日中不彗是謂失時操刀不割失利之期執斧不伐賊人將來涓涓不塞將爲江河熒熒不救炎炎奈何兩葉不去將用斧柯爲虺弗摧行將爲蛇 賈子書引此日中必彗操刀必割二句其餘見太公兵法益即漢藝文志黃帝巾機銘也

孟子引夏諺

吾王不遊吾何以休吾王不豫吾何以助 劉熙曰春行日遊秋行日豫左傳季氏有嘉樹韓宣子譽之服虔曰譽與豫同遊於樹下也唐宋之問詩春豫臨池近

曾子引諺

人莫知其子之惡莫知其苗之碩

左傳羽父引周諺 隱十一年

山有木工則度之賓有禮則擇之 度音宅

虞叔引周諺 桓十年

匹夫無罪懷璧其罪

士蔿引諺 閔元年

心苟無瑕何恤乎無家

宮之奇引諺 僖五年

輔車相倚脣亡齒寒 輔頰也車牙車又曰頷車牙下骨之名也輔爲外表車是內骨

鄭諺 僖七年○鄭大夫孔叔言子鄭伯

心則不競何憚於病 言心既不能自强何畏難於卑弱之病卽齊景公所云旣不能令又不能受命也左傳旣不能强又不能弱

宋諺

庇焉而縱尋斧焉 八尺曰尋所以量木也借木之庇而縱放尋以量之斧以伐之

鄭子產引古言 文十七年○正義曰古人有言非謂前代之人有此言也據今時而道前世

畏首畏尾身其餘幾

鹿死不擇音 音當作蔭茠蔭也

晉伯宗引古言 宣十五年

雖鞭之長不及馬腹 言非所當擊

伯宗引諺

高下在心川澤含汙山藪藏疾瑾瑜匿瑕國君含垢 漢書亦引此無高下在心一句

羊舌職引諺 宣十六年

民之多幸國之不幸也

韓厥引古言

殺老牛莫之敢尸

謝息引人有言 昭七年

挈缾之知守不假器

子產引古言 昭七年

其父析薪其子弗克負荷

子服惠伯引諺 昭十三年

臣一主二

子產引諺 昭十九年

無過亂門 後昭二十二年宋對楚薳越曰有言曰惟亂門之無過

楚令尹子瑕引諺 昭十九年○諫楚子歸蹶由

室於怒市於色 戰國策怒於室者色於市

宋對楚薳越 昭二十二年宋人答楚引人有言曰

唯亂門之無過

子太叔對范獻子 人亦有言云 昭二十四年

嫠不恤其緯而憂宗周之隕爲將及焉

魏子引諺 昭二十九年

唯食忘憂 國語作唯食可以忘憂

國語周太子晉諫壅穀洛 人有言曰云云 此三條

無過亂人之門 亂人狂悖忿亂之人無過其門干其怒也

佐雝者嘗焉佐鬭者傷焉 今俗語助祭得食助鬭得傷

禍不好不能爲禍 財色之禍生於好之

單穆公引諺

衆心成城衆口鑠金

衛彪傒引諺

從善如登從惡如崩

單襄公引諺

獸惡其網民惡其上

鄭叔詹引諺

黍稷無成不能為榮黍不為黍不能蕃蕪稷不為稷不能蕃殖所生不疑惟德之基

越諸稽程引諺

狐埋之而狐搰之是以無成功

越王引諺 生諺俗之善語也

餓飯不及壺飧 盛饌未具不如壺飧之救飢疾也

列子楊朱篇引古語

生相憐死相捐

又引古語

人不婚宦情欲失半人不衣食君臣道息

又引周諺

田父可坐殺

荀子引民語

欲富乎忍恥矣

荀子引古言 子道篇

衣與繆與不女聊 與音歟繆綢言雖衣服我綢繆我而不敬不順則不聊汝也

戰國策引語曰 齊策

騏驥之衰也駑馬先之孟賁之倦也女子勝之

楚策引諺曰 註傳言曰諺

見君之乘下之見杖起之

楚策莊辛引鄙語

見兎而顧犬未為晚也亡羊而補牢未為遲也 牢一本作窂音同

荀卿謝春申君

癘人憐王 韓非子厲憐王此不恭之語也雖然古無虛諺不可不審也

孟嘗君引鄙語

借車者馳之借衣者披之

鬼谷子引古語

女愛不敝席男歡不盡輪 戰國策寵女不敝席寵臣不敝軒

齊語 七略

天口駢談天衍雕龍奭炙轂輠髡 史記無天口駢三字駢指田駢也

蘇秦說楚 臣聞之云云

削株掘根無禍隣禍乃不存

蘇秦說韓引鄙語

甯為雞口無為牛後

韓策張儀引諺曰

貴其所以貴者貴所以貴人所同貴

韓策周最引語

怒於室者色於市與左傳同

燕王書謝樂間引諺曰

厚者不毁人以自益也仁者不危人以要名也

孟子引齊人言

雖有智慧不如乘勢雖有鎡基不如待時賈逵曰鎡基耨也呂氏春秋曰耨六寸所以間稼

說苑鄒穆公引周諺

囊漏貯中

管子諷桓公

不行其野不違其馬言馬以行野雖不行野亦不可不調習也

墻有耳伏寇在側

鶡冠子

中流失舡一壺千金舡音循釋名舩循也水循而行也文子曰上下揖而下致舩上言若絲下言若綸

師春引古語

斧小不勝柯

牟子引古諺

少所見多所怪見橐駝言馬腫背

氾勝之書引古語

土長冒橛陳根可拔耕者發

四民月令引農諺

三月昏參星夕杏花盛桑葉白

河射角堪夜作犂星沒水生骨

易緯引古語

一夫兩心拔刺不深

蹟馬破車惡婦破家

詩疏引洛諺

洛鯉伊魴貴於牛羊

詩疏引齊諺

山上斫檀檖榼殫檖音遂榼音号檀與榼三木相似

斫檀不諦音蹄得檕迷尚可得駮馬駮馬亦木名馬名音如塗抹之抹檀與檕迷三本又相似

月令注引里語

蜻蛉鳴衣裘成蟋蟀鳴嬾婦驚

春秋緯引古語

吐珠於澤誰能不含

月麗于畢雨滂沲月麗于箕風揚沙

詩疏引上黨人謂

問婦人欲買赭不謂竈下有黃土欲買鈫不謂山中自有搭

河圖引蜀謠

汶阜之山江出其腹帝以會昌神以建福

三秦記民謠

武功太白去天三百孤雲兩角去天一握山水險阻黃金子午蛇盤烏櫳勢與天通

詩疏引齊語

疲馬不渡灑水 灑水之流迅疾

列女傳引古諺

食石食金鹽可以支常久食石食玉豉可以得長壽

秦喭 虞書志林 郎諺字

秦穆公夢之天帝所奏鈞天樂賜以金策祚世之業當時有謠曰

天帝醉秦暴金誤隕石墜 文選張衡西京賦昔者天帝悅秦穆公而覲之享以鈞天廣樂帝有醉焉乃爲金策錫用此土而翦諸鶉首即此說也李義山詩自是當時天帝醉不關秦地有山河

泗上諺 水經注周顯王四十二年九鼎淪沒泗淵秦始皇時見於泗水始皇大喜使數千人入水求之系而行未出龍齒嚙斷其系故泗上爲之謠曰

稱樂太早絕鼎系

皐魚引古語

枯魚御索幾何不蠹 索音索古索索同音中庸索隱即素隱

古諺

孤犢卑乳驕子罵母

魯仲連引古諺

百足之蟲三斷不蹶 墨子亦引此百足作馮馮功虫名蹶亦足僵

馮功之蟲三斷不僵 僵讀鞠躬之躬

劉向別錄引古語

脣亡而齒寒河水崩其壞在山

鄒子引古語

截趾適屨郭云其愚何與斯人追欲丧軀

魯定公記載古語

甯得一把五加不用黃金滿車甯得一把地榆不用明月寶珠

韓非子引諺

奔車之上無仲尼覆舟之下無伯夷 奔音僨

之選注引古諺

越阡度陌互爲主客

列女傳引古詩

力田不如遇豐年力桑不如見國卿刺繡門不如倚市門

尉繚子引諺

千金不死百金不刑史記千金之子不死于市

劉子引古諺

深不絕涓泉稚于谷其淵高不絕邱陵跛羊遊其顛

莊子引野語

聞道百以爲莫已若

莊子引古語

美成在久惡成不及改

不習爲吏視已成事

賈子引鄙諺

又引里諺

欲投鼠而忌器

鄒陽引古語

白頭如新傾葢如故

武帝賢良策問引古語

良玉不琢

中山王引

社鼷不灌屋鼠不薰韓詩外傳作稷蜂不攻

公孫宏引古語

操曲木者不累日銷金石者不累月

司馬相如引鄙諺

家累千金坐不垂堂

袁盎傳引

千金之子不垂堂百金之子不騎衡

東方朔引古語二條

水至清則無魚人至察則無徒列子察見淵魚不祥知料隱匿有殃後漢書水清無大魚

以管窺天以蠡測海以莛撞鐘史記扁鵲曰以管窺天以隙視文

韓安國傳引古語

衝風之衰不能起毛羽强弩之末不能穿魯縞漢强弩之極矢不能穿魯縞衝風之末力不能起鴻毛史記

路溫舒引俗語

畫地爲獄議不入刻木爲吏期不對

劉輔引里語

腐木不可以爲柱卑人不可以爲主

王嘉引里諺

千人所指無病而死

百里不販樵千里不販糴

馮衍說廉丹 以下後漢書

人所歌舞天必從之 此本古語人所歌舞天必從之人所咀嚼神必啗之

馬廖引長安語

城中好高髻四方高一尺城中好廣眉四方且半額

城中好大袖四方全匹帛

李固引語曰 周舉傳

嶢嶢者易缺皦皦者易汚陽春之曲和者必寡盛名之下其實難副

李業傳

彀弩射市薄命先死

鮑永傳

機事不密禍倚人壁

王符引諺

一歲數赦好兒喑啞

桓譚引諺

人之相去如九牛毛

二人同術誰昭誰冥二虎同穴誰死誰生 本逸周書

韓嬰詩傳引古語

昨日何生今日何成必念歸厚必念治生日慎一日

完如金城

虞卿贊引鄙諺

利令智昏

黃歇傳引語

當斷不斷反受其亂

蔡澤

長袖善舞多錢善賈 本韓非子

韓信傳

狡兔死走狗烹飛鳥盡良弓藏敵國破謀臣亡 六韜作高鳥

野禽殫走犬烹敵國破謀臣亡 史記

晁錯傳語曰

變古易常不死則亡

韓安國傳引語曰

雖有親父安知其不為虎雖有親兄安知其不為狼

李廣傳引諺曰

桃李不言下自成蹊

郭解贊引諺曰

人貌榮名豈有既乎

貨殖傳引諺曰

千金之子不死於市

史記趙世家二條

千羊之皮不如一狐之腋

以書御者不盡馬之情以古御今者不達事之變諺曰

死者復生生者不愧諺曰

后妃傳引諺

姜女入室惡女之仇

王陵傳引諺

見婦人口不可用

王夫人傳

蓬生麻中不扶自直白沙在泥與皆黑曾子書作諺曰

衛鞅傳

千羊之皮不如一狐之腋千人之諾諾不如一士之諤諤

張儀傳

積羽沉舟羣輕折軸衆口鑠金積毁銷骨中山王傳臣聞衆口鑠金積毁銷骨羣輕折軸羽翮飛肉

甘茂傳

禽困覆車

王翦傳引鄙語

尺有所短寸有所長

古諺古語載籍通引

終身讓車不枉一舍

莫三人而迷又曰莫衆而迷

惑者知反迷道不遠

仕宦不止車生耳

心誠憐白髮元情不怡艷色媸魯連子

不班白語道失

白刃交前不顧

堂上不糞除郊草不瞻耘

一淵不兩蛟又曰一栖不兩雄又曰兩雄不並栖

井水無大魚新林無長木

林中不賣薪湖上不鬻魚

觸露不掐葵日中不煎韭

乳犬攫虎雞搏狸

金可作世可度

白璧不可爲容容多後福

龍不隱鱗鳳不藏羽網羅高懸去將安所

將飛者翼伏將奮者足跼將噬者爪縮將文者且朴

猛虎不虎卑勢勁鷹不立垂枝

中規不窋用墜禍辟

鐸以聲自穴膏以明自鑠虎豹之文來射猿狖之捷求摑

上求材臣殘木上求魚臣乾谷

遁關不可復亡犴不可再

無鄉之社易爲黍肉無國之稷易爲求福

生男如狼猶恐其尪生女如鼠猶恐其武

商師若烏周師若荼商用少周老也詩曰方叔元老克壯其猶

飛矢在上走驛在下左傳兵交使在其間今語兩國兵交不罪來使

非宅是卜惟隣是卜左傳昭三年晏子引諺壯卜良隣

民保於信左傳定十五年皶陽速引諺

居者無載行無理呂覽引齊鄙人諺言生不隱謀死不隱忠也

四足之美有麃兩足之美有鷮詩正義引語曰

黛我東藩儐我白梁東藩似榢

山川而能語葬師無所肺腑而能語醫師色如土方回山經引相冢書

妍皮不裹癡骨

福至心靈禍來神昧

足寒傷心民怨傷國宋史炤通鑑疏引

屋漏在上知之在下梁史

峴山張葢雨滂沛闞駰十三州志

室無滯貨不爲潤屋

鬻棺者欲歲之疫

有病不治常中醫漢書引諺

狧糠及米

得黃金百不如得季布諾漢書引楚人諺

誰爲之孰令聽之司馬遷引諺

以貧求富農不如工工不商刺繡文不如倚市門史記引諺

貴易交富易妻

作舍道傍三年不成後漢書引諺

關東出相關西出將虞詡傳引諺

智如禹湯不如常耕以下齊民要術引諺

耕而不勞不如作暴

子欲富黃金覆謂秋鋤麥曳柴壅麥根也

夏至後不沒狗但雨多沒橐駝五月及澤父子不相借夏至前種良候也

羸牛劣馬寒食下言其乏食瘦瘠春中必死

風雅逸篇卷八

風雅逸篇卷九

新都 楊 愼 輯 綿州 李調元 校定

成相雜辭

荀卿作漢藝文志名曰成相雜辭相者助也舉重勸力之歌檀弓所謂春不相是也

請成相世之殃愚闇愚闇墮賢良人主無賢如瞽無相何倀倀請布基愼聖人愚而自專事不治主忌苟勝羣臣莫諫必逢災愼讀作順人叶音兒災叶音滋論臣過反其施尊主安國尙賢義拒諫飾非愚而上同國必禍過叶音規義叶平聲禍叶許規反曷謂罷國多私比周還主黨與施遠賢

近讒忠臣蔽塞主勢移曷賢明君臣上能尊主愛下民主誠聽之天下爲一海內賓賢叶胡鄰反主之孽讒人達賢能遁逃國乃蹷愚以重愚闇以重闇成爲桀世之災妬賢能飛廉知政任惡來卑其志意大其園囿高其臺能叶奴來反武王怒師牧野紂卒易鄉啓乃下武王善之封之于宋立其祖世之衰讒人歸比干見刳箕子累累與縲同武王誅之呂尙招麾殷民懷世之禍叶許規反惡賢士子胥見殺百里徙穆公得之強配五伯六卿施叶上聲世之愚惡大儒逆斥不通孔子拘展禽三絀春申道綴基畢輸綴讀作輟請牧基賢者思堯在萬世如見之讒人罔極險陂傾側此之疑其必施辨賢罷陂音詖文武之道同伏羲由之者治不由者亂何疑爲凡成相辨法方至治之極復後王愼墨季惠百家之說誠不祥治復一修之吉君子執之心如結衆人貳之讒夫弃之形是詰詰當作結吉形水至平端不傾心術如此象聖人而有埶直而用抴必參天天叶鐵因反世無王窮賢良暴人芻豢仁人糟糠禮樂滅息聖人隱伏墨術行治之經禮與刑君子以修百姓寧明德愼罰國家旣治四海平治之志後埶富君子誠之好以待處之敦固有深藏之能遠思思乃精志之榮好而壹之神以成精神相反一而不貳爲聖人治之道美不老君

子由之佼以好下以敎誨子弟上以事祖考成相竭辭不蹷君子道之順以達宗其賢辨其殃孽

右一章

請成相道聖王堯舜尙賢身辭讓許由善卷重義輕利行顯明堯賢以爲民氾利兼愛德施均辨治上下貴賤有等明君臣堯授能舜遇時尙賢推德天下治雖有賢聖適不遇世郭知之堯不德舜不辭妻以二女任以事大人哉舜南面而立萬物備德叶音帝辭叶音似大人哉受四字爲乙小句舜授禹以天下尙德推賢不失序外不避

仇內不阿親賢者予禹勞心力堯有德干戈不用三
苗服舉舜甽畝任之天下身休息（甽與畎同）得后稷五谷
殖夔為樂正鳥獸格契為司徒民知孝弟尊有德禹
有功抑下鴻辟除民害逐共工北決九河通十二波
疏三江禹溥土平天下躬親為民行勞苦得益皋陶
橫革直成為輔（溥一作傅皆讀為敷）契元王昭明居於砥石（即坻）
（柾也）遷于商十有四世乃有天乙是成湯天乙湯舉當
身讓卞隨舉牟光道古賢聖基必張（牟或作務）願陳辭世
亂惡善不此治隱諱疾賢良由姦詐鮮無災患難哉
阪為先（此一節有脫誤患難哉阪為先尤不可曉姑闕）聖知不用愚者謀前

車已覆後未知更何覺時（謀叶音靡）不覺悟不知若迷惑
（失指易上下忠不上達蒙揜耳）目塞門戶門戶塞迷惑悖亂昏莫不
終極是非反易比周欺上惡正直正是惡心無度邪
枉辟回失道途已無郵人（途叶去聲）我獨自美豈無故不
知戒後必有恨後遂過不肯悔讒夫多進反覆言語
生詐態人之態不如備爭寵嫉賢利惡妬忌功毀賢
下斂黨與上蔽匿上壅蔽失輔勢任用讒夫不能制
孰公長父之難厲王流於彘周幽厲所以敗不聽規
諫忠是害嗟我何人獨不遇當時亂世欲對衷言不
從恐為子胥身離凶進諫不聽剄而獨鹿弃之江觀

往事以自戒治亂是非亦可議託於成相以喻意

右二章

請成相言治方君論有五約以明君謹守之下皆平
國乃昌臣下職莫游食務本節用財無極事業聽上
莫相得使一民力守其職足衣食厚薄有等明爵服
利往卬上莫得擅與孰私得君法明論有常表儀既
設民知方進退有律莫得貴賤孰私王君法儀禁不
為莫不說善名不移修之者榮離之者辱孰它師刑
稱陳守其銀（銀同）下不得用輕私門罪禍有律莫得輕
重威不分請牧治用有基主好論議必善謀五聽循

領莫不理續主執持聽之經明其請（請當作情）參伍明謹
施賞刑顯者必得隱者復顯民反誠言有節（叶音即）稽
其實信誕以分賞罰必下不欺上皆以情言明若日
上通利隱遠至觀法不決見不視耳目既顯吏敬法
令莫敢恣君教出行有律吏謹將之無鈹滑下不私
請各以宜舍巧拙（鈹與披同滑與汩同音骨）臣謹修君制變公察
善思論不亂以治天下後世之成律貫

右三章

佹詩　荀卿

天下不治請陳佹詩天地易位四時易鄉列星隕墜

旦暮晦盲幽晻登昭日月下藏公正無私反見縱橫志愛公利重樓疏堂無私罪人憋革二兵道德純備讒口將將仁人絀約敖暴擅強天下幽顯恐失世英螭龍爲蝘蜓鴟梟爲鳳凰比干見刳孔子拘匡昭昭乎其知之明也郁郁乎其遇時之不祥也拂乎其欲禮義之大行也闇乎天下之晦盲也皓天不復憂無疆也千秋不反古之常也弟子勉學天不忘也聖人拱手時幾將矣與愚亦疑願聞反辭其小歌也念彼遠方何其塞矣仁人絀約暴人衍矣忠臣危殆讒人般矣琁玉瑤珠不知佩矣雜布與錦不知異也閭娵子奢莫之媒也嫫母力父是之喜也以盲爲明以聾爲聰以危爲安以吉爲凶嗚呼上天曷維其同

戰國策載荀卿與春申書書後有賦云

寶珍隋珠不知佩兮禕衣與絲不知異兮閭娵子奢莫知媒兮嫫母求之又甚喜之兮以瞽爲明以聾爲聰以是爲非以吉爲凶嗚呼上天曷謂其同（按戰國策及韓非子荀卿爲書詩春申君書後有此賦郎荀子書中佹詩之少歌也佹詩其爲春申君作乎何書後之賦止陳其少歌而不全其文豈著策者删其半乎抑亦鄉與春申書自節之乎不可知也又按春秋後語載蘇秦上秦王書書後亦有韻語一節而後世類書引之以爲蘇秦之詩豈戰國文體固若是乎秦語今附此後）

蘇秦上秦惠

言語相結（盧藏用春秋後語注曰結音吉古韻叶也下文悉然）天下爲一合從連橫（盧曰橫音黃）兵革不藏文士並飭諸侯亂惑萬端俱起不可勝理科條既備民多僞態（盧曰態音替）書策稠濁（盧曰濁廚玉反）百姓不足上下想愁民無所聊（盧曰聊音留）明言章理甲兵愈起辨言偉服（盧曰服蒲北反）戰攻不息繁稱文辭天下不治（盧曰治平聲）舌敝耳聾不見成功行義約信（盧曰信音新）天下不親

風雅逸篇卷九

風雅逸篇卷十

新都 楊慎 輯 綿州 李調元 校定

葛天氏歌八闋 呂氏春秋葛天氏之樂三人持牛尾投足以歌八闋

載民一 元鳥二 遂草木三 奮五穀四 敬天常五

達帝功六 依地德七 總萬物之極八

伏羲駕辨 楚辭伏羲駕辨楚勞商只注伏羲琴曲

網罟 晉夏侯元辨樂論伏羲有網罟之歌

神農氏豐年詠 辨樂論

黃帝龍袞頌 樂書

黃帝棡鼓曲 歸藏啓筮曰蚩出自羊水疏首登九淖以代空桑黃帝征之涿鹿之野作棡鼓之曲雲笈云黃帝出師乩鹿絕轡之野以棡鼓爲警衞其曲有十並各有辭其辭亡考

震雷驚一 猛虎駭以下闕

吼五 鵬鄂争六 壯以下闕

崖九 波盪壑十以下闕

伶倫渡漳歌 水經注黃帝命伶倫使于夏作

咸墨九招歌 劉貺云帝嚳之世

虞舜大唐歌 尚書大傳曰維五祀奏鍾石論人聲粲然乃作大唐之歌

招 雍 肆夏 孝成 尚書大傳招爲賓客雍爲主人始奏肆夏納以孝成

晳陽 南陽 初慮

縵縵 尚書大傳維元祀巡守四岳八伯壇四奧況四海封十有二山兆十二州樂正定樂名元祀代泰山貢兩伯之樂焉東岳陽伯之樂舞侏離歌聲比余謠名曰晳陽儀伯之樂舞鼚哉其歌聲比大謠名曰南陽中祀大交霍山貢兩伯之樂焉夏伯之樂舞縵或其歌聲比中謠名曰初慮義伯之樂舞將陽其歌聲比大謠名曰朱干秋祀柳穀華山貢兩伯之樂焉秋伯之樂舞蔡叔其歌聲比小謠名曰苓落和伯之樂舞元鶴其歌聲比中謠名曰歸來幽都宏山貢兩伯之樂焉冬伯之樂舞齊落歌曰縵縵○王應麟曰其歌名復闕其一

九德之歌 夏禹○周禮

候人兮歌 呂氏春秋禹省南土塗山氏之女令妾候于塗山之陽乃作候人子之歌實始爲南音○二南是其遺聲及其變也流爲惉音南之爲言懦也儒與濡同

九辨 九歌 啓○山海經啓土九嬪于天得九辨九歌以下

燕往飛歌 呂氏春秋曰昔古娀氏二女居九成之臺天帝使燕夜往鳴之二女覆以玉筐既而發視之遺五卵二而北飛於是作燕往飛之歌實始爲北音

破斧歌 孔甲○呂氏春秋夏后氏孔甲田于東陽萯山天大迷入民間之室主人方乳或曰后來乃良日也或曰不勝之子是必有殃后乃攜之以歸而子之後折撩斧破其足遂其守者孔甲曰嗚呼有命矣夫乃作破斧之歌實始爲東音

晨露 湯詩緯曰湯命伊尹振鳥陵歌晨露

洛嵬 師涓爲帝辛造

武宿夜 武王○禮記舞莫重於武宿夜注武曲闕三字名○正義武王至商郊停止宿夜士卒皆歡樂歌舞得待旦故名焉○荀子武王伐紂厭于物野○蜀書武王伐紂

前歌後舞

九夏 周禮注九夏皆詩篇名頌之族類也

王夏一 肆夏二

族夏七 祴夏八 驁夏九

繁過渠 國語先樂全奏肆夏繁遏渠天子所以享元侯也註肆夏一名樊招夏一名過納夏一名渠

采薺 周禮行以肆夏趨以采薺注逸詩禮記作采齊

新宮 儀禮燕禮下管新宮注小雅逸篇左傳宋公賦新宮大射義乃管新宮三終注管謂吹簫以播新宮之詩或曰恐即斯干詩

鳩飛 國語秦伯賦鳩飛注謂小苑之首章

河水 左傳晉公子賦河水國語注河當作沔

明明 崇禹 生開 逸周書世係篇籥人奏萬獻明明三終奏崇禹生開二終注詩篇名

辛餘靡歌 呂氏春秋周昭南征荆右還涉漢梁既隕于漢中辛餘靡長且多力振王北濟王乃封之于西翟固追思故處實始爲西音○西音在秦爲秦聲漢賦云起西音于促柱歌江上之余暵江在六朝爲清商曲唐有伊州源州皆在西方西屬金王聲故樂曲盛于西也

茅鴟 左傳刺不敬

北里 靡靡 文中子聞龍舟五更轉無靡靡之曲曰靡靡之音也

激楚 文選上林賦鹽女諫齊宣

流風

陽阿

延露 梁元帝纂要曰皆古艷曲

折楊 皇荂 莊子太音不入於俚耳折楊皇荂則嗑然而笑

引商 刻羽

流徵 宋玉對楚玉問

邪許歌 舉重勸力之歌

噓唏歌 舉邪許同○劉晝曰伏臘合歡必歌采菱牽石拕舟必則歌噓唏

涉江 采菱 陽阿 又見前○楚辭招魂陳鍾按鼓造新歌涉江采菱發陽阿涉江采菱陽阿三者皆歌曲名郎上句所云造新歌也誤作楊發荷解者云涉彼太江入湖池采取菱芰發揚荷此何異兒童之語乎

嗙喻 司馬相如凡將篇淮南鄭蔡舞嗙喻嗙喻曲名喻音歈

于遮 司馬相如土林賦淮南于遮注于遮歌曲名

顛歌 土林賦文成顛歌注文成遼西縣名其縣人善歌顛益州顛縣其人能作西南夷歌顛即滇字

凱歌 周官樂師凡軍大獻教凱司馬法曰得意則愷所以樂享也漢志

嬥歌 韓詩內傳○巴人嬥歌說文嬥歌巴渝曲也

歸雅之曲 蜀王本紀蜀王妃思其父母歸寧蜀王爲製歸雅之曲

幽魄之曲 蜀王本紀秦惠以美女遺蜀王不習水土而死葬之石鏡王追思之作幽魄之曲

離鴻 去鴈 蘋 春歌三曲

明晨 焦泉 朱華 流金 夏歌四曲

商飈 白雲 落葉 吹蓬 秋歌四曲

嚴凝 流陰 沉靈 冬歌三曲 ○王子年日師涓當衛靈公之世寫列代之聲造此諸曲靈公耽而惑之蘧伯玉誅日此雖發揚氣緯終爲沉湎靡曼之音無會于風雅靈公乃去新聲師涓悔之退而隱

輕風流水之詩

昭露秋霜之詩 王子年日洞庭二山浮于水上其下金堂數百間帝女居之四時匏管之清音金石之凄啜徹于山抄楚懷王與羣臣環山遊晏各舉節氣以爲樂章

木客吟 吳越春秋吳王好起宮室越勾踐選名山神材而獻之使木木三千餘人入山伐木皆有望怨之心而歌木客之吟水經注勾踐使工人伐縈櫓以獻吳久不得歸工人憂思作木客吟

勞商 楚辭

淸角 師曠作韓非子

流徵 滌角 師延

右自葛天氏八闋訖于師延滌角有篇目亡其辭者存其名義爲風雅逸篇終焉

風雅逸篇卷十

風雅逸篇後序

是編乃太史楊升菴先生所編集也弈讀而說之益謂六經之言精而不弊故常也言辭之精粹者爲言辭之和平者爲風雅風雅至聖賢而止也聖人之道主之以淵微出之以禮讓而養之以風雅欲補風雅不取近古則其失滋遠是編總十卷凡先秦以上歌謠聲詩其巨細短長歡呼悲怨之類悉以收錄不遺下迨諺語亦在采穫益雖或雜於後世所引而淵源固古人之遺也其間雖以一言再言而足一韻再韻而足百字累百字而足要之皆至理所寓人不皆聖賢至其言或喜或樂或憤逃或感慨悲歌或激烈或貞靜或幽隱元微靈恠奇可異驚可訝及其歸皆不越乎彝倫日用是亦聖賢之徒而選風雅者所不弃也是編旣出則風雅當有所補而典籍亦全矣先儒謂三百篇後當續以楚辭予謂楚辭肆而怨又謂當續以陶詩予謂陶詩偏而隱有二者而不流此編是也升菴復古之志廣且勤又虞夫文體靡下而用其意者也業詩者試並觀焉正德戊寅二月慶陽韓奕大之序

古今風謠

人感於心而有言猶風動物而有聲故詩曰風詩所以存鑒戒備觀省也又曰風風也上以風化下下以風刺上主文而譎諫有諷勸之義焉故亦曰風然則謠亦古詩之流亞與若有爲而發又若無爲而言休咎之徵事後畢驗惜其多出自婦孺之口詞不雅馴且其談禨祥太悉少溫柔敦厚之意故不曰詩而曰謠然其感於風則一也先生之作爲此者蓋以見正祥妖孽之興其由有自而昔人所謂詩讖之說其亦有所本云童山李調元序

古今風謠卷一

成都 楊慎 撰　綿州 李調元 校定

堯時康衢童謠 列子

立我蒸民莫非爾極不識不知順帝之則

中候稷起謠 詩緯

蒼耀稷生感迹

昌握契謠 詩緯

元鳥翔水遺卵流娀簡狄吞之生契封

包山謠 楊方吳越春秋○沈懷遠南越志曰牛女之分楊之末士也爰有大山州實日秦望又有石簣峻起壁立內有金簡玉字

禹得金簡玉字書藏在洞庭包山湖

西海童謠

吳王出遊觀震湖龍威丈人名隱居北上包山入靈墟乃造洞庭竊禹書天地大文不可舒此文長傳百六初今强取之喪國廬 今强取之四字一作若强取出

殷末謠 三首

代殷者姬昌日衣青光 春秋元命苞

殷惑妲己玉馬走 殷尚白也陳子昂詩昔日殷王子玉馬遂朝周○走音近起○論語比讖

上天弗恤夏命其卒 呂覽

隨雒二謠 二首○詩緯

昌受符厲倡嬖斯十之世權在室

剡者配如以放賢山崩水潰納小人家伯罔主異哉震 剡者指艷妻也孔穎達曰剡豔古今字耳

白雲謠 穆天子傳曰天子觴西王母于瑤池之上西王母爲天子謠天子答之

白雲在天山陵自出道里悠遠山川間之將子無死尚能復來 山陵當作邱陵

穆天子謠

予歸東土和洽諸夏萬民平均吾顧見汝比及三年將復而野

黃澤辭 穆天子傳曰天子東遊于黃澤使宮樂謠云

黃之池其馬歕沙皇人威儀皇之澤其馬歕玉皇人壽穀

周宣王時童謠 國語作童謠漢書五行志有女字

檿弧箕服實亡周國 山桑曰檿弧弓也箕竹名服矢房也○列子良弓之子必學爲箕箕服蓋矢房舊說以爲箙箕之箕非○顏師古曰服盛箭者今之步叉箕草以荻而細織之爲服也○按箕字韋昭以爲木名師古以爲草名

魯國童謠 左氏傳魯文成之世童謠也至昭公時有鸜鵒來巢公攻季氏敗出奔齊居外野次乾侯八年死于外歸葬魯昭公名稠公子宋立是爲定公

鸜之鵒之公出辱之鸜鵒之羽公在外野往饋之馬

鸜鵒跦跦公在乾侯徵褰與襦鸜鵒之巢遠哉遙遙稠父以勞宋父以驕鸜鵒鸜鵒往歌來哭

論語比考讖

予欲居九夷從鳳嬉

晉獻公時童謠春秋左氏傳曰晉獻公伐虢圍下陽問於卜偃曰吾其濟乎偃以童謠對曰克之

丙之晨龍尾伏辰袀服振振取虢之旂鶉之賁賁天策焞焞火中成軍虢公其奔

晉惠公時童謠漢書五行志曰晉惠公賴秦力得立立而背秦內殺二大夫國人不說及更葬其兄恭太子申生而不敬故詩妖作也

恭太子更葬兮後十四年晉亦不昌昌乃在其兄

楚昭王時童謠家語

楚王渡江得萍實大如斗赤如日剖而食之甜如蜜

周末時童謠家語

天將大雨商羊鼓儛

春秋時長春謠易妖占

豐其屋下獨苦長狄生世主虜

齊人謠春秋寶乾圖

移河爲界在濟呂塡閼八流以自廣書九河注疏引之言齊桓公閼八流拓境塞其東流八枝并使歸于徒駭也

齊人東郭謠

東郭有犬嘊嘊日夕欲噬我猳西郭有犬嘊嘊日夕欲噬我猳北郭有犬嘊嘊日夕欲噬我猳指豎刁易牙開方三子也

吳夫差時童謠

梧宮秋吳王愁

燕昭王時童謠戰國策田單攻狄不下童謠曰

大冠若箕修劒柱頤攻狄不能下壘枯邱

趙殺李牧童謠

秦爲笑趙爲號以爲不信視土上生毛

秦皇時民謠楊泉物理論

生男愼勿舉生女哺用脯不見長城下尸骸相支拄

三戶謠懷王爲張儀所欺客死於秦至王負芻遂爲秦所滅百姓哀之爲之語曰

楚雖三戶亡秦必楚

甘泉謠

運石甘泉口河水不敢流千人唱萬人謳金陵餘石大如漚

虞美人帳中歌史記正義

漢軍已略地四面楚歌聲大王義氣盡賤妾何聊生

平城歌漢書匈奴傳高帝自將兵三十二萬擊韓王信帝先至平城步兵未盡到冒頓

縱精兵三十餘萬圍帝于白登七日漢軍中外不得救餉天下皆歌之白登在平城東南十餘里

平城之下亦誠苦七日不食不能彀弩

畫一歌

蕭何爲法顜若畫一曹參代之守而勿失載其清靜民以甯一 顜音較讀作覺較之較漢書作講史記作顜言法之畫一若斗斛顜量也

戚夫人歌

子爲王母爲虜終日舂薄暮常與死爲伍相離三千里當誰使告汝

淮南王謠

一尺布暖融融一斗粟飽蓬蓬兄弟二人不見容 此與漢書史記所載不同見淮南子敘錄

潁川歌 漢書灌夫任俠爲權利橫潁川潁川兒歌之

潁水清灌氏甯潁水濁灌氏族

茂陵中書歌

都荔遂芳美磑鼓行

廣陵王歌 廣陵厲王胥武帝第五子也昭帝無子胥有覬心迎女巫下神咒詛事發覺當死胥置酒夜歡鼓琴歌舞

欲久生兮無終長不樂兮安窮奉天期兮不得須臾千里馬兮駐待路黃泉下兮幽深人生要死何爲苦心何用爲樂心所喜出入無踪爲樂亟蒿里召兮郭門閱死不得取代庸身自逝

燕王歌 燕王旦武帝第四子也昭帝時謀事不成妖祥數見發覺王置酒坐飲王自歌華容夫人起舞坐者皆泣王自殺

歸空城兮狗不吠雞不鳴橫術何廣廣兮固知國中之無人

華容夫人歌

髮紛紛兮寘渠骨籍籍兮亡居母求死子兮妻求死夫裴回兩渠間兮君子將安居 孟康曰寘音窴謂髮挂渠也

廣川王歌 廣川王去爲愛姬陶望卿作

背尊章嫖以忽謀屈奇起自絕行周流自生患諒非望今誰怨

愁莫愁生無聊心重結意不舒內茀鬱憂哀積上不見天生何益日崔隤時不再願棄軀死無悔

京兆謠 漢書尹賞傳

何所求死子桓東少年塲生時諒不謹枯骨竟何葬

匈奴歌 丁道志曰焉支祁連三山皆美水草匈奴失之乃作此歌漢書元狩二年春霍去病將萬騎出隴西討匈奴過焉支山千有餘里其夏又攻祁連山捕首虜甚衆祁連山即天山匈奴呼天爲祁連故曰祁連焉支山即燕支山也習鑿齒與燕王書曰山下有紅藍足下先知否北方人採其花染緋黃接取其上英解者作胭脂婦人採將用顏色吾少

時再三過見胭脂今日始親紅藍後當足致其種

失我焉支山令我婦女無顏色失我祁連山使我六畜不蕃息

長安謠 漢書佞倖傳曰成帝初石顯與妻子徙歸故鄉其黨牢梁陳順皆免官諸所交納以顯爲官皆廢罷少府五鹿充宗左遷元菟太史御史中丞伊嘉爲雁門都尉長安謠云

伊徙雁鹿徙菟去牢與陳實無價

牢石歌 漢書佞倖傳曰元帝時石顯爲中書令與僕射牢梁少府五鹿充宗結爲黨友諸附倚者得寵位民歌之言其兼官據勢也

牢邪石邪五鹿客邪印何纍纍綬若若邪

五侯歌 漢書曰成帝河平二年悉封舅大將軍王鳳庶第譚爲平阿侯商成都侯立紅陽侯根曲陽侯逢時高平侯五人同日封故世謂之五侯時五侯羣弟爭爲奢侈後庭姬妾各數十人羅鐘磬舞鄭女作倡優狗馬逐馳大治第室起土山漸臺洞門高廊閣道連屬彌望百姓歌之言其奢侈如此按傳稱成都侯穿長安城引內灃水注第中大陂曲陽侯第園中土山漸臺類白虎殿則穿城引水非曲陽與歌辭不同高都外杜皆長安里名

五侯初起曲陽最怒壞決高都連竟外杜土山漸臺西白虎

漢成帝時歌謠 漢書五行志曰成帝時歌謠也桂赤色漢家象華不實無繼嗣也王莽自謂黃象黃爵巢其顛

邪徑敗良田讒口亂善人桂樹華不實黃爵巢其顛

昔爲人所羨今爲人所憐

漢成帝燕燕童謠 漢書五行志曰成帝時童謠後帝爲微行出遊常與富平侯張放俱稱富平侯家人過河陽主作樂見舞者趙飛燕而幸之故曰燕燕尾涎涎美好貌也張公子謂富平侯也木門倉琅根謂宮門銅鍰言將尊貴也後遂立爲皇后與弟昭儀賊害後宮皇子卒皆伏辜所謂燕蜚來啄皇孫皇孫死燕啄矢者也

燕燕尾涎涎張公子時相見木門倉琅根燕飛來啄皇孫皇孫死燕啄矢

更始時南陽童謠 後漢五行志曰更始時南陽有童謠是時更始在長安世祖爲大司馬平定河北更始大臣並僭專權故謠妖作也後更始遂爲赤眉所殺是更始之不諧在赤眉也世祖自南北興

諧不諧在赤眉得不得在河北

王莽時汝南童謠 漢書曰汝南舊有鴻隙大陂郡以爲饒成帝時關東數水陂溢爲害翟方進爲相與御史大夫孔光共遣掾行視以爲決去陂水其地肥美省隄防費而無水憂遂奏罷之及翟氏滅鄉里歸惡言方進請陂下良田不得而奏罷陂王莽時常枯旱郡中追怨方進時有童謠子威方進字也

壞陂誰翟子威飯我豆食羹芋魁反乎覆陂當復誰云者兩黃鵠

王莽末天水童謠 時隗囂初起兵於天水後意稍廣欲爲天子遂破滅囂少病蹇吳門冀郭門名也緹羣山名也

出吳門望緹羣見一蹇人言欲上天令天可上地下

安得民

漢博南謠明帝永平十年置哀牢博南二縣割益州郡西部都尉所領六縣合爲永昌郡始通博南山度蘭倉水行者苦之歌曰

漢德廣開不賓度博南越蘭津度蘭倉爲它人

建安六年蜀中童謠

黃牛白腹五銖當復

逢萌新乎歌逢萌首戴瓦盎哭于市

新乎新乎新莽也

會稽童謠後漢書曰張霸永元中爲會稽太守時賊未解郡界不甯乃移書開購明用信賞賊遂束手歸附不煩士卒之力於是有童謠

棄我戟捐我矛盜賊盡吏皆休

後漢順帝末京都童謠

直如弦死道邊曲如鉤反封侯

後漢桓帝初小麥童謠後漢五行志曰桓帝之初天下童謠按元嘉中凉州諸羌一時俱反南入蜀漢東抄三輔延及并冀大爲民害命將出衆每戰常負中國益發甲卒麥多委棄但有婦女獲刈之也吏買馬軍具車者言調發重及有秩者也請爲諸君鼓嚨胡者不敢公言私咽語也

小麥青青大麥枯誰當獲者婦與姑丈夫何在西擊胡吏買馬軍具車請爲諸君鼓嚨胡

後漢桓帝初京都童謠後漢五行志曰桓帝之初京都童謠至延熹末鄧皇后以譴自殺乃以竇貴人代之其父名武字游平拜城門校尉及太后攝政爲大將軍與太傅陳蕃合心戮力惟德是建印綬所加咸得其人豪貴大姓皆絕望矣

游平賣印自有平不避豪賢及大姓

後漢桓帝初城上烏童謠後漢五行志曰桓帝之初京都童謠城上烏尾畢逋者處高利獨食不與下共謂人主多聚斂也公爲吏子爲徒者言蠻夷將畔逆父即爲軍吏其子又爲卒徒往擊之也一徒死百乘車者言前一人往討胡即死矣後又遣百乘車往也車班班入河間者言桓帝將崩乘輿班班入河間迎靈帝也河間姹女工數錢以錢爲室金爲堂者靈帝既立其母永樂太后好聚金以爲堂也石上慊慊舂黃粱者言永樂唯積金錢慊慊常若不足使人舂黃粱而食之也粱下有懸鼓我欲擊之丞卿怒者言永樂主教靈帝使賣官受錢所祿非其人天下忠篤之士怨望欲擊懸鼓以求見丞

卿主鼓者亦復諂順怒而止我也

城上烏尾畢逋公爲吏子爲徒一徒死百乘車車班班入河間河間姹女工數錢以錢爲室金爲堂石上慊慊舂黃粱粱下有懸鼓我欲擊之丞卿怒

後漢桓帝末京都童謠後漢書五行志曰桓帝之末京都童謠按解犢亭屬饒陽河間縣也居無幾何而桓帝崩使者與解犢侯皆白蓋車從河間來延延衆貌也是時御史劉儵建議立靈帝以儵爲侍中中常侍侯覽畏其親近必當間己白拜儵太山太守因令司隸迫促殺之朝廷少長思其功效乃拔用其弟郃致位司徒此爲合諧也

白蓋小車何延延河間來合諧河間來合諧

漢元帝時童謠

井水溢滅竈煙灌玉堂流金門（漢成帝建始二年三月北宮中井泉稍上溢出井水陰也竈烟陽也玉堂金門至尊之居象陰盛而滅陽竊有宮室之應也後有王莽之禍）

桓帝延熹二年四侯謠（漢以誅梁冀功封宦者單超左琯具瑗徐璜唐衡爲五侯在帝左右縱其姦慝家有數侯子弟列布州郡賓客雜襲騰翥海內愠日一將軍死五將軍出其後超死四侯轉橫天下謂之語曰）

左回天具獨坐徐臥虎唐兩墮（回天言勢動人主也獨坐言驕貴無偶也）

後漢桓帝末時謠

茅田一頃中有井四方纖纖不可整嚼復嚼今年尙可後年饒（一作饒嚼平聲京都飲酒相强之辭）

靈帝中平中董逃歌

承樂世董逃遊四郭董逃家天恩董逃帶金紫董逃行謝恩董逃整車騎董逃垂欲發董逃與中辭董逃出西門董逃瞻宮殿董逃望京城董逃日夜絶董逃心摧傷董逃（按董謂董卓也言雖跋扈終歸逃竄至于滅亡也）

布乎歌（士孫瑞王允謀誅董卓有人書呂字于布上負而行歌于市有告卓者卓不悟）

布乎（與新乎歌同）

獻帝初京都謠

千里草何青青十日卜不得生（千里草爲董十日卜爲卓）

靈帝之末京都謠

侯非侯王非王千乘萬騎上北芒

靈帝之末京都謠歌

河臘叢進（英雄記云獻帝臘日生也）

烏臘烏臘（風俗通曰董卓滔天虐民關東舉兵欲共誅之顧相轉望若敢先進若烏臘蟲横取之矣）

後漢桓靈帝時謠

舉秀才不知書舉孝廉父別居

舉孝廉濁如泥舉良將怯如雞

獻帝初童謠

燕南垂趙北際中央不合大如礪惟有此中可避世（公孫瓚以爲易地當之遂徙鎮焉）

封使君謠

古傳記言漢宣城郡守封邵一日化爲虎食郡民民呼曰封使君即去不復來其地謠曰莫學封使君生不治民死食民張禹山詩曰昔日漢使君化虎方食民今日使君者冠裳而喫人又曰昔日虎使君呼之即慚止今日虎使君呼之動牙齒又曰昔時虎伏草今日虎坐衙大則吞人畜小不遺魚蝦或曰此詩大激禹山曰我性然也余嘗戲之曰東坡嬉笑怒罵皆成詩公詩無嬉笑但有怒罵耳

城中謠（古今諺作馬廖引長安今刪）

城中好高髻四方高一尺城中好廣眉四方且半額
城中好大袖四方全匹一作半帛

二郡謠汝南太守宗資任功曹范滂南陽太守成瑨亦任功曹岑晊滂字孟博晊字公孝二郡爲謠

汝南太守范孟博南陽宗資主畫諾南陽太守岑公孝宏農瑨但坐嘯

後漢黎陽張公謠

公與守相駕蜚魚往來倏忽遠烝娛祐此兆民寗厥居

咄唶歌

棗下何纂纂榮華各有時棗初欲赤時人從四面來棗適今日罄誰當仰視之

陳留童謠頌仇覽也

父母何在在我庭化我鴟梟哺所生

鄴城童子謠本王粲刺曹操辭也唐李賀追擬之

鄴城中暮塵起探黑丸研文吏棘爲鞭虎爲馬團團走鄴城下切玉劒射日弓獻何人奉相公扶轂來關右兒香掃塗相公歸

鄴中謠

鳳陽門南天一半上有金鳳相飛喚欲去不去著鐵

絆○鄴城門有金鳳二枚一飛入漳水一以鐵絆其足

魏黃初童謠廣五行志魏文帝爲美人薛靈帝築臺高三十丈列燭臺下遠近望之如列星墜地又爲銅表志里數行者歌謠云云銅表志道是土上出金列燭如星是火照臺也漢火德魏土德火伏而土興土上出金是魏滅而晉興之兆晉以金德王故也

青槐夾道多塵埃龍樓鳳閣望崔嵬清風細雨雜香來土上出金火照臺

祝䱇繆歌高士傳魏伐吳有竊問隱士焦先先不應繆歌云云後魏軍敗人推其意牂羊指吳羖攊指魏也

祝䱇祝䱇非魚非肉更相追逐本爲殺牂羊更殺羖攊

魏明帝景初中童謠魏明帝時謠云云及司馬懿平遼東歸當還鎮長安會帝疾篤急召之乃乘追鋒車東渡黃河終剪魏室如童謠之言也

阿公阿公駕馬車不意阿公東渡河阿公東還當奈何

魏曹爽策政時童謠

曹爽之勢熱如湯太傅父子冷如漿李豐兄弟如遊光何鄧丁亂京城指何晏鄧颺丁謐也

魏明帝太和中兒鈴曹子歌

當奈汝曹何其後曹爽見誅曹氏竟衰

魏齊王嘉平中謠

白馬素羈西南馳其誰乘者朱虎騎朱虎者楚王彪之小字也王淩令孤愚聞此謠謀立彪事發淩等伏誅彪遂賜死

吳初童謠

黃金車班蘭耳闓閶門見天子

吳孫休永安二年小兒謠干寶晉紀曰永安二年小兒羣聚嬉戲有異小兒忽來言曰云云又曰我非人熒惑星也言畢上昇仰視若一疋練有頃沒後四年而蜀亡六年而魏廢二十年而吳平於是九服歸晉馬氏

三公鋤司馬如

吳孫亮初童謠

吁汝恪何若若蘆葦單衣篾鉤絡於何相求揚子閣揚子閣反語謂石子碙也及諸葛恪死果以葦席裹身篾束其腰投之石子碙後聽恪故吏收葬求之此碙云云

吳黃龍中童謠周處風土記

行白渚君追汝句驪馬後孫權征公孫淵浮海乘船船白也後變爲白紵詞

吳孫亮初白鼉鳴童謠

白鼉鳴龜背平南郡城中可長生守死不去義無成出張文昌擬白鼉瑤云天欲雨有東風南谿白鼉鳴谿中六月人家非無水夜聞白鼉人盡起

吳孫皓初童謠

寧飲建業水不食武昌魚寧還建業死不止武昌居

吳孫皓時石印山詩

楚九州渚吳九州都揚州士作天子四世治太平矣

吳孫皓天紀中童謠

阿童復阿童銜刀浮渡江不畏岸上虎但畏水中龍王濬少字阿童

晉太始中童謠晉書曰太始中人爲賈充等謠言亾魏而成晉也

晉裴王亂紀綱王裴賈濟天下

晉武帝太康後童謠

局縮肉數橫目中國當敗吳當復

宮門柱且莫朽吳當復在三十年後

雞鳴不拊翼吳復不用力于時吳人皆謂在孫氏子孫故竊發爲亂者相繼按橫目四字自吳亡至晉元帝興幾四十年皆如謠云元帝懦而少斷局縮肉直斥之也干寶云不如所斥諱之也

太康末京洛楊柳歌

春風尚蕭條去故來入新苦辛非一朝折楊柳愁思滿腹中歷亂不可數是時二楊貴盛而被誅滅太后幽死宮中折楊柳應也

惠帝永熙中溫縣謠

光光文長大戟爲牆毒藥雖行戟還自傷楊駿居內府以戟爲衛死時又爲戟所害

兩火沒地哀哉秋蘭歸行街郵終爲人歎兩火武帝諱炎也楊后被廢賈后絕其膳八日而崩葬街亭郵北

晉永熙中童謠晉五行志下有大石壓之不得舒一句

二月末三月初荆筆楊版行詔書宮中人馬幾作驢時楊駿專權楚王用事故言荆筆楊版○別集明載三月初下有桑條蓓蕾柳葉舒一句

晉惠帝元康中京洛童謠

南風起吹白沙遥望魯國何嵳峩千歲髑髏生齒牙南風賈后自沙門太子小字魯賈謐國也白晉行也

城東馬子莫嚨哅比至來年纏汝鬉

晉惠帝洛陽童謠

鄴中女子莫千妖前至三月抱胡腰明年胡賊石勒劉羽反

晉惠帝元康中屠蘇謠時天下商賈通著大鄣日童謠云云及趙王倫簒位其目實眇焉

屠蘇鄣日覆兩耳當見瞎兒作天子

晉趙王倫既僭位洛中謠

虎從北來鼻頭汗龍從南來登城看水從西來河灌灌時齊王成都王河間王義兵同會討倫成都西藩而在鄴故曰虎從北來齊東藩而在許故曰龍從南來河間水臨而在關中故曰水從西來

著布袙腹爲齊持服未幾齊王冏敗

草木萌芽殺長沙長沙王乂以正月二十七日誅

晉惠帝大安中童謠

五馬游渡江一馬化爲龍

晉惠帝時蜀中童謠

江橋頭闕下市成都北門十八子十八子李也其後李流據蜀僭號

閣道謠

閣道東有大牛王濟鞅裴楷鞧和嶠刺促不得休刺促世說作踧踖

晉吳縣紞如謠鄧攸爲吳令載米之官俸祿無所受惟飲吳水而已及去郡百姓數千人留牽攸船不得進乃以小舟夜中發去吳人歌之

紞如打五鼓雞鳴天欲曙鄧侯挽不來謝令推不去

晉懷帝永嘉初謠晉五行志荀晞將破汲桑前有此謠元超東海王越字也

元超兄弟大洛度上桑打葚爲苟非

晉懷帝永嘉初洛中童謠

洛中大鼠長尺二若不早去大狗至時東海王越與荀晞搆怨

晉永嘉中童謠三十國春秋

秦州中血沒腕惟有涼州倚柱觀

晉愍帝建興中江南謠

訇如白坑破合集持作甒揚州破換敗吳興復甑甗白者晉得坑器有口屬瓦質剛亦金類也白坑破中原亂也合集持作甒者元帝偏安也揚州破換敗石頭被焚掠也吳興復甑甗錢鳳之亂也甑甗瓦器又小于甒也

晉建興中北州謠

府中赫赫朱邱伯十囊五囊入棗郎一作棘郎時朱碩棘嵩皆貪橫

晉愍帝初童謠

天子何在豆田中（建興四年降于劉曜在城東豆田中）

晉明帝大甯初童謠

惻惻力力牧馬山側大馬死小馬餓高山崩石自破（及明帝崩成帝幼爲蘇峻所逼遷于石頭御膳不足此大馬死小馬餓也高山峻也言峻尋死石峻弟蘇石也峻死石據石頭尋亦破滅）

晉咸康二年河北謠

麥入土殺石武

晉吳中童謠

甯食下湖荇不食上湖蓴庾吳沒命喪復殺王領軍

（無幾而庾義王治相繼而亡）

晉成帝末童謠

磕磕何隆隆駕車入梓宮（不日而宮車晏駕）

晉江南謠

誰謂爾堅石打破（桓石虔因此以石名諸子）

晉涼州謠

涼州鴟茗寇賊消（指張軌）

鴻從南來雀不驚誰謂孤離尾翅生高攀六翮鳳皇鳴

哀帝隆和初童謠

升平不滿斗隆和那得久桓公入石頭陛下徙跣足

（升平五年而穆帝崩不滿斗之應也）

鳳皇歌（海西公初生皇子百姓歌云其歌甚美其旨甚微海西公不男使左右向龍與內侍接生子以爲己子）

鳳皇生雛天下莫不喜本言是馬駒今定成龍子

晉太和末童謠

犂牛耕御路白門種小麥（未幾海西公被廢）

晉太和中御路楊歌

青青御路楊白馬紫遊韁汝非皇子那得甘露漿（識者解曰白者金行馬者國姓海西公尋廢三子非血允皆縊死之明日南方進甘露焉）

晉孝武太元末京口謠

黃鵠雞莫作雄父啼一旦去毛衣衣被拉颯棲（尋王恭起兵誅王國寶旋爲劉牢之所敗）

晉京口民間謠

黃頭小人欲作賊阿公在城下指縛得

黃頭小人欲作亂賴得金刀作蕃扞（按黃字上恭字頭也小人恭字下也金刀劉也）

歷陽重黎羅歌（時庾楷鎮歷陽後楷尋卒）

重羅黎重羅黎使君南上無還時

晉荊州童謠（時殷仲堪在荊未幾仲堪敗桓元于是遂有荊州）

芒籠目繩縛腹殷當敗桓當復齊諧記所載稍不同芒籠目繩縛腹車無軸倚孤木

晉荊州麥𪎭謠附京口謠後

昔年食白飯今年食麥𪎭音麩天公誅謫汝教汝捻嚨喉嚨喉喝於介切斯也復喝京口敗復敗事應同京口民間謠

黃曇子歌

黃曇英揚州大佛來上明時桓石民爲荊州鎮上明頃之石民死王忱代之黃曇子忱小子也

晉安帝元興初童謠桓元篡位時

征鍾落地桓迸走征鍾至穢之服桓四體之下稱元自下君上猶征鐘之厠歌謠下體

之啄民口也

草生及馬腹烏啄桓元目桓元篡殺在元興二年十二月及敗走江陵五月中誅如其期焉

長干巷巷長干今年殺郎君明年殺諸桓郎君司馬元顯也

晉安帝隆安中懊憹歌

草生可攬結女兒可攬擷尋而桓元篡位義旗以三月二日掃定京都以元之宮女及逆黨之子女爲軍賞

晉安義熙初童謠

官家養蘆化成荻蘆生不止自成積

蘆生漫漫竟天半

十丈瓦屋八九間蘆作柱薙作闌

蘆橙橙逐水流東風忽如起那得入石頭尋有盧循之亂

庾公歌

庾公上武昌翩翩如蜚烏庾公還揚州白馬牽旒旐

庾公上武昌翩翩如蜚烏庾公還揚州白馬牽流蘇未幾庾亮卒于武昌

桓元時童謠

車無軸倚孤木繩縛腹芒籠目上二句桓字下二句言其敗死元之敗果以繩縛至芒籠其首沉之江中

苻洪時隴右謠

雨若不止紅雨必起

苻生時長安謠

東海大魚化爲龍男便爲王女爲公問在何所洛門東生遂誅其侍中魚遵後苻堅殺生而代之堅封東海

苻生時謠

百里望空城鬱鬱何青青瞎兒不知法仰不見天星

苻堅時關中謠

長鞘馬鞭擊左股太歲南行當避

苻堅時童謠一名豐樂謠

長安大街兩邊種槐下走朱輪上有鸞棲第二句一本作夾樹

楊槐

鳳皇鳳皇止阿房 後堅爲慕容沖所敗沖小字鳳皇

一雌復一雄雙飛入紫宮 堅納慕容沖姊清河公主沖十四亦有龍陽之姿姊弟兼寵宮人莫進

阿堅連牽三十年後若欲敗時當在江湖邊 堅在位凡三十年

魚羊田斗當滅秦 鮮卑也時又有人于明光殿大呼曰甲申乙酉魚羊食人悲哉無復遺

河水清復清苻詔死新城

呂光時涼州謠

朔馬心何悲念舊中心勞燕雀何徘徊意欲還故巢

劉曜時玉方尺詩謠

皇王皇王改趙昌井水竭構五梁咢酉小衰困器喪

嗚呼嗚呼赤牛奮靷其盡乎

宋元嘉中魏地童謠 南史曰宋元嘉二十七年魏太武帝圍汝南戍過淮自廣陵退攻盱眙就臧質求酒質封溲便與之且報書云不聞童謠言耶虜馬飲江水佛狸死卯年冥期使然非復人事尒知識及眾豈能勝苻堅耶頃年展尒陸梁者是尒未飲江太歲未卯也時魏地有童謠故質引之云

虜馬飲江水佛狸死卯年

軺車北來如窮雉不意虜馬飲江水虜主北歸石濟

死虜欲渡江天下徙

宋大明中謠 南史曰奚顯度者爲員外散騎侍郎苛虐無道考囚或用方材壓額及踝脛故民間有此謠

寧得建康壓額不能受奚度拍

宋時謠 南史曰宋時用人乘實有謠云

上車不落爲著作體中何如作秘書

齊武帝永中童謠

赤火南流喪南國 時有沙門賁此火自北入齊大火異于常火詔禁之

壬子年歌 南史曰齊太祖高皇帝諱道成姓蕭氏未受命時壬子年亦作此歌

欲知其姓草肅肅穀中最細低頭熟鱗身甲體永興

福

三禾穆穆林茂滋金刀利刃齊刈之 未幾蕭道成興

永元元年童謠

洋洋千里流流翣東城頭烏馬烏皮袴三更相告訴

腳跛不得起誤殺老姥子

又

野豬雖嗃嗃馬子空閭渠不知龍與虎飲食江南墟

七九六十三廣莫人無餘烏集傳舍頭今汝得寬休

但看三八後催折景陽樓

宋明帝昇明時石頭城謠 宋中書監袁粲謀誅蕭道成不克而死百

姓哀之爲之謠曰

可憐石頭城甯爲袁粲死不作褚淵生

齊廢帝隆昌中童謠

楊婆兒共戲來時有女巫子楊旻隨母入宮爲何后所寵

齊東昏時都下謠

欲求貴職依刀敕須得富豪事捉刀

齊東昏時宮中謠

趙鬼食鴨劆諸鬼盡著調東昏時左右應敕捉刀之徒並專國命謂之刀敕權奪人主梁武帝平齊皆誅之初左右刀敕之徒悉號曰鬼俗以細剉肉糅以薑桂曰劆意者以凶徒當細剉烹之也

梁武帝在雍鎮時童謠

襄陽白銅蹄反縛揚州兒白銅蹄謂金蹄爲馬也白金色也及義師之興實以鐵騎揚州之士皆面縛如謠云

梁武帝時謠南史曰梁武帝天監元年立長子統爲皇太子時民間有謠按鹿子開者反爲來子哭也後太子果薨

鹿子開城門城門鹿子開當開復未開使我心徘徊

城中諸少年逐歡歸去來

梁武帝時北方童謠魏降人王足求堰淮水引北方童謠云云于是起浮山堰役二十萬人死者相枕蠅蟲晝夜聲合堰成無幾時淮水暴漲堰壞奔流於海沒數十萬人其聲若雷聞二百里水中怪物隨流而下或人頭魚身或龍形馬首殊類詭狀不

可勝名先是鎮星守天江而堰實興退舍而決豈人事乎抑天道也

浮山爲下流荆山爲上格漳沱爲激溝併灌鉅野澤

梁武帝天監三年寶誌公詩南史曰梁武帝天監三年講於重雲殿沙門誌公忽然歌樂須臾悲泣因賦五言詩云云梁自天監至于大同三十餘年江表無事至太清二年臺城陷帝享國四十八年所言五十裏也大清元年而侯景自懸瓠來降在丹陽之北子地帝惑朱异之言以納景景之作亂自戊申至午年帝憂崩

樂哉三十餘悲哉五十裏但看八十三子地妖災起

佞臣作欺妄賊臣滅君子若不信吾語龍時侯賊起

且至馬中間銜悲不見喜

梁武帝天監十年誌公詩南史曰梁武帝天監十年誌公於大會中又作詩云云侯景小字狗子初自懸瓠來降懸瓠則古之汝南也巴陵南有地名三湘即景奔敗之所

兀尾狗子始著狂欲死不死齧人傷須臾之間自滅

亡患在汝陰死三湘横尸一旦無人藏

梁大同中童謠隋書五行志曰梁大同中有童謠其後侯景破丹陽乘白馬青絲爲勒以應之

青絲白馬壽陽來

梁大同中鄱陽歌南史曰梁陸襄爲鄱陽內史大同初郡人鮮于琮結同徒殺廣晉令王筠有衆萬餘人將出攻郡襄先已率人吏修城隍爲備及賊至破之生擒琮時隣郡守宰案其黨與皆不得實或有善人盡室罹禍惟襄郡枉直無濫民乃作歌又有

彭李二家因忿爭相誣告褻引入內室不加責誚但和言解喻之二人感恩深自悔咎乃爲設酒食令其盡歡酒罷同載而還因相親厚民因歌之

解子抄後善惡分人無橫暴賴陸君
陸君政無怨家鬬既罷讐共車

梁世童謠

王氣在三餘武帝聞之乃于餘于餘姚餘坑爲厭勝後湖州餘于山餘鼉溪餘魚浦陳武帝興焉

梁時童謠梁史曰臨賀郡王正德性凶慝其後梁室傾覆既由正德百姓至臨賀郡名亦不欲道其惡之如是故有童謠

寧逢五虎入市不欲見臨賀父子

梁末童謠南史曰梁末有童謠及王僧辯滅說者以爲僧辯本乘巴馬以擊侯景馬上郎王字也塵謂陳也江東謂羖羊角爲皂筴隋氏姓楊楊羊也言陳終滅于隋也

可憐巴馬子一日行千里不見馬上郎但有黃塵起
黃塵汚人衣皂筴相料理

梁武帝父子詩讖

梁武帝冬日詩雪花無有蒂冰鏡不安臺
梁簡文帝詠月詩飛輪子無轍明鏡不安臺竟成臺城之讖

陳初童謠隋書五行志曰陳初有童謠其後陳主果爲韓擒所敗擒本名擒虎黃斑之謂也破建康之始復乘青驄馬往反時節皆應

黃斑青驄馬發自壽陽涘來時冬氣末去日春風始

又

御路種竹篠蕭蕭已復起合盤貯蓬塊無復揚塵已

陳初時謠

日西夜烏飛拔劍倚梁柱歸去來歸山下

陳後主時婦人突唱南史曰後主在東宮時有婦人突入唱曰畢國主有烏一足集其殿庭以觜畫地成文云云解者以爲獨足者葢指後主獨行無衆盛草言荒穢隋承火運草得火而灰及至京師與家屬館于都水臺所謂上高臺當水也其言皆驗

獨足上高臺盛草變爲灰欲知我家處朱門當水開

齊雲觀歌隋書五行志曰陳後主造齊雲觀國人歌之功未畢而爲隋師所虜

齊雲觀寇來無際畔

曲提謠北史曰宋世良爲淸河太守才識閑明尤善政術郡東南有曲提羣盜所萃世良施八條之制盜奔它境而民爲此謠

曲提雖險賊何益但有宋公自屏跡

元魏時洛陽謠

洛陽女兒急作髻瑤光寺尼奪作壻

元魏河東謠

秦州地東杼軸代春元公至止田疇始理

趙郡謠北史曰後魏李孝伯父曾道武時爲趙郡太守令行禁止并州丁零數爲山東害知曾能得百姓死力不敢入境賊于常山界得一死鹿賊長謂趙郡地也責之還令送

鹿故處其見憚如此郡人爲之謠

詐作趙郡鹿猶勝常山粟

後魏宣武孝明時謠北史魏本紀曰宣武孝明間謠讖者以爲索謂魏本索虜焦梨狗子指宇文泰俗謂之黑獺也

狐非狐貉非貉焦梨狗子齧斷索

後魏末童謠北史齊本紀曰後魏末文宣未受禪時有童謠按藁然兩頭于文爲高河邊羖攊爲水邊羊指帝名也于是徐之才勸帝受禪焉

一束藁兩頭然何邊羖攊飛上天

東魏童謠北史曰東魏孝靜帝之將立也時有童謠按青雀子謂靜帝時清河王之世子也鸚鵡謂齊神武也後竟爲齊所滅

可憐青雀子飛來鄴城裏羽翮垂欲成化作鸚鵡子

敕勒歌樂府廣題曰北齊神武攻周玉壁士卒死者十四五神武恚憤疾發周王下令曰高歡鼠子親犯玉壁劍弩一發元凶自斃神武聞之勉坐以安士衆悉引諸貴使斛律金唱敕勒神武自和之其歌本鮮卑語易爲齊言故其句長短不齊

敕勒川陰山下天似穹廬籠蓋四野天蒼蒼野茫茫

風吹草低見牛羊

元魏世謠

河南種穀河北生白楊樹頭金雞鳴

北齊童謠

周里跂求伽豹祠嫁石婆斬家作媒人惟得一量紫

縱靴其後后崩

又

九龍母死不作孝婁后崩武成不改服

北齊童謠

白羊頭尾禿羖攊頭生角

又

羊羊喫野草不喫野草遠我道不遠打爾腦

北齊天保中陸法和書讖北史曰天保中陸法和入國書其屋壁云云時文君軍帝享國十年而崩廢帝嗣立百餘日用替厥位孝昭即位一年而崩此其驗也

十年天子爲尚可百日天子急如火周年天子迭代坐

北齊文宣時謠北史齊本紀曰帝以午年生故曰馬子三臺石季龍舊居故曰石室三千六百日十年也果如謠言

馬子入石室三千六百日

北齊後主武平初童謠隋書武平元年四月隴祁王胡長仁謀遣刺客殺和士開事露反爲士開所譖而死

狐截尾你欲除我我除你

北齊後主武平中童謠隋書五行志曰開被誅九月琅琊王遇害十一月趙彥深出爲西州刺史

和士開七月三十日將你向南臺

七月刈禾傷早九月㬥餻正好十月洗湯飯甕十一月出郤趙老

北齊後主武平末童謠穆后小字黄花

黄花勢欲落清尊滿酌

北齊鄴都童謠

可憐青雀子飛入鄴城裏作窠猶未成舉頭失鄉里寄言與父母好看新婦子

玉壁童謠

獾獾頭團團河中狗子破爾苑獾指高歡狗子指宇文泰也

北齊謠

阿麼姑禍也道人姑夫死也道人謂廢帝后曾爲尼故云阿麼帝崩后嫁楊愔

北齊武定中童謠高者齊姓也澄文襄名

百尺高竿摧折水底鉄燈澄滅

北齊太上時童謠

千里買藥園中有芙蓉樹破家不分明蓮子隨宅去

北齊童謠

中興寺內白鳧翁四方側聽聲雍雍道人聞之夜打鐘

北齊武成謠

盧十六雉十四犢子拍頭三十二其後武成崩年三十二

北齊童謠

百升飛上天明月照長安後周韋孝寬密爲此謠令人傳于鄴中鄴中小兒歌之祖珽因續之曰盲老公背受大斧饒舌老母不得語帝以問珽珽曰百升斛也盲老公臣也與國同憂饒舌老母女侍中陸氏也帝信之執光殺之

北齊末鄴中童謠

金作掃帚玉作把靜埽殿屋迎西家

後魏咸陽王歌此史後魏咸陽王禧謀逆伏誅後宮人爲之歌其歌遂流于江表

可憐咸陽王奈何作事誤金牀玉几不能眠夜起踏

霜露洛水湛湛彌岸長行人那得渡

邯鄲郭公謠樂府廣題北齊後主高緯雅好傀儡謂之郭公謠時人戲爲郭公歌蓋詭妖也

邯鄲郭公九十九伎倆漸盡入滕口大兒緣高岡雉子東南走不信吾言時但看歲在酉

宇文周初童謠周靜帝隋氏之甥甥既遜位而崩諸舅强盛

白楊樹頭金雞鳴祇有阿舅無外甥

宇文周宣王歌

自知身命促秉燭夜行遊

玉浪歌 佛讖

江槎分玉浪管炬開金鎖五口相共行九十無彼我

隋煬帝二豎子歌

住亦死去亦死未若乘船渡江水

隋大業中童謠

桃李子鴻鵠遶陽山宛轉花林裏莫浪語誰道許 其後李密潛結羣盜自陽城山而襲破洛口復屯兵浪苑內莫浪語密也宇文化及自號許國尋亦破滅

隋大業長白山謠

長白山前知世郎純著紅羅錦背襠長矟侵天半輪刀耀日光上山喫獐鹿下山喫牛羊忽聞官軍至提

刀向前蕩譬如遼東死斬頭何所傷

長白山歌 此史來整榮國公護之子也尤驍勇討擊所向皆捷諸賊歌之

長頭山頭百戰場十十五五把長鎗不畏官軍千萬眾只怕榮公第六郎

隋末詩讖

江都迷樓宮人杭靜夜半歌云河南楊柳樹江北李花營楊柳飛綿何處去李花結果自然成又煬帝作鳳艄歌云三月三日到江頭正見鯉魚波上游意欲持鈎往撩取恐是蛟龍還復休皆唐興之兆又煬帝索酒歌云宮木陰濃燕子飛興衰自古漫成悲他日迷樓更好景宮中吐燄奕紅輝其後迷樓為唐兵所焚竟叶詩讖 出海山記

玉漿泉謠 隋書豆盧勣為渭州刺史鳥鼠山絕壁千尋出來乏水勣馬足所踐飛泉湧出有白烏翔止廳前乳子而後去民乃謠云

我有丹陽山出玉漿濟我人兮神鳥來翔

唐武德初童謠 新唐書五行志云竇建德未敗時有此謠云

豆入牛口勢不得久

唐貞觀中高昌國童謠 後大總管侯君集帥師伐高昌平之以其地置西洲又置安西都衛府

高昌兵馬如霜雪漢家兵馬如日月日月照霜雪回

首自消滅

唐高宗永淳初童謠 是歲七月東都大雨人多殍死

新禾不入箱新麥不入場迨及八九月狗吠空垣墻

唐高宗永淳中童謠

嵩山凡幾層不畏登不得但恐不得登三度徵兵馬傍道打騰騰 高宗屢欲封禪以歲荒邊警而止永淳中既至山下未及行禮遘疾還宮而崩

唐武德初廉州顏有道歌 唐書顏遊秦師古叔父武德初為廉州刺史郡人歌之

廉州顏有道性行同莊老愛民如赤子不殺非時草

貞觀中新河歌 薛大鼎貞觀中為滄州刺史州界有無棣河隋末塡廢奏開之

引魚鹽於海百姓歌之

新河得通舟楫利直達滄海魚鹽至昔日徒行今結駟美哉薛公德滂被

薛將軍歌 薛仁貴擊九姓突厥于天山時九姓有衆十餘萬令驍健數十人逆來挑戰仁貴發三矢射殺其餘一時下馬請降仁貴恐爲後患並坑殺之于是九姓衰弱不復爲患邊人歌之

將軍三箭定天山戰士長歌入漢關

唐永徽末里謠

桑條韋也女時韋也 後韋后用事

龍朔中時人飲酒令

子母相去離連臺拗倒 俗謂杯盤爲子母又名盤爲臺子母去離武后廢帝于房州也

龍朔中里歌有突厥鹽 鹽曲名有黃帝鹽阿鵲鹽昔昔鹽唐書又云武后時民間飲酒謳歌曲不盡者謂之族鹽其聲流于宋時有烏鹽角或謂得爾始于鹽角中妄說也時有突厥之警

其辭亡傳

永淳後民歌

楊柳漫頭駝 其後徐敬業舉兵討武后自授揚州司馬李孝逸擒斬之驛馬馱入洛

其辭亡傳

垂拱後東都契苾歌 皆淫艷之詞契苾張易之小字

武后時童謠

紅綠複裙長十里五里聞香

武后長壽元年民間謠 時選舉大濫天下有是謠云云有舉人沈全交取而續之曰糊心存撫使眯目聖神皇爲御史紀先知所擒劾其誹謗之罪太后笑曰但使卿輩不濫何恤人言先知慙

補闕連車載拾遺成斗量欋椎侍御史盌脫侍中郎 齊魯謂四齒杷曰欋

如意中黃麞歌

黃麞黃麞草裏藏彎弓射爾傷 其後王孝傑敗于黃麞谷

唐景龍中謠

一條麻線挽天樞絕去也 初武后造天樞其後中宗即位勅令推倒之

唐咸亨以後謠

莫浪語阿婆嗔三叔聞時笑殺人 阿婆者則天也三叔中宗爲第三也

唐中宗神龍以後民謠

山南烏鵲窠山北金駱駝鎌柯不鑿孔斧子不施柯 按山南唐也烏鵲窠人居寡也山北胡也金駱駝虜獲而重載也

洛州安樂寺童謠

可憐安樂寺了了樹頭懸 舊唐書安樂公主于洛州造安樂寺擬于宮掖巧妙過之

景龍中民謠

黃特犢子挽靭斷兩足踏地鞵繻斷城南黃牸犢子韋（史皆不著事應又有阿緯娘歌詞亦不傳）

景龍中聖善寺民謠

可憐聖善寺身著綠毛衣牽來河裏飲踏殺鯉魚兒

永徽中田使君歌（田仁會爲郢州刺史百姓歌之）

父母育我田使君精誠爲人上天聞田中致雨山出雲

唐元宗在潞州時謠

羊頭山北作朝堂

唐天寶中童謠

燕燕飛上天天上女兒鋪白氊氊上有千錢（天寶十四載安祿山以范陽叛明年僭號燕）

唐天寶中元都觀詩妖

燕市人間去函谷觀馬下歸若逢山下鬼環上係羅衣

又

義髻拋河裏黃裙逐水流（楊妃外傳）

梁誌公謠讖（其應在天寶中故附于此）

兩角女子綠衣裳却背太行邀君王一止之月必消亡（劉餗隋唐嘉話曰兩角女子安字也綠者祿也一止正月也安祿山果敗）

唐天寶中幽州童謠

舊來誇戴竿今日不堪看但看五月裏淸水河邊見契丹

吳元濟將敗之兆

裴度征淮西掘得一碑上有謠云井底一竿竹竹色深深綠雞未肥酒未熟障車兒郎且須縮有識之者曰雞未肥肥去月乃已字酒未熟去水乃酉字後果以己酉日擒吳元濟宋人四六有學慙鼠獄智乏雞碑下句正用此事鼠獄張湯傳

瞿塘行舟謠

灩澦大如樸瞿塘不可觸太白詩五月不可觸猿鳴天上哀又詩瞿塘五月誰敢過灩澦大如馬瞿塘不可下杜子美詩沉牛荅雲雨如馬戒舟航灩澦大如象瞿塘不可上灩澦大如鼈瞿塘行舟絕灩澦大如龜瞿塘不可窺南史灩澦如樸本不通瞿塘水退爲庚公

古今風謠 卷一

天寶中京兆謠

前尹赫赫公尹允若後尹熙熙公尹允師

唐德宗建中初童謠

一隻筯兩頭朱五六月化爲蛆（朱泚以建中四年叛明年改號曰漢是歲六月伏誅）

唐德宗時詩訞

此水連徑氷雙畔血滿川靑牛逐朱虎方見太平年

唐元和初童謠

打麥麥打三三三舞了也舊唐書元和十年六月三日武元衡爲盜所害之應本傳曰打麥謂打麥時也麥打謂暗中突擊也三三六月三日也旣曰舞了也謂元衡之卒也

唐憲宗時童謠

緋衣小兒坦其腹天上有口被驅逐

唐懿宗咸通七年童謠

草靑靑被嚴霜鵲始巢後看顚狂

唐咸通末成都童謠

咸通癸巳出無所之蛇去馬來道路稍開頭無片瓦地無殘灰

唐僖宗乾符中童謠後王仙芝反於曹州黃巢繼之

金色蝦蟆爭努眼翻却曹州天下反

唐僖宗中和中童謠

黃巢走秦山東死在翁家翁後黃巢入泰山至狼虎谷爲其下林言所殺

梁朱溫蜀山謠五代史劉知俊初事梁太祖後奔蜀王建雖加寵任然亦忌之嘗謂近侍曰劉知俊非爾輩能駕馭不如早爲之所有嫉之者于閭里間作此謠知俊色黔丑生椶繩者王氏子孫皆以承宗爲名故以此疑忌之遂見殺于成都

黑牛出圈椶繩斷朝野僉載云黑牛無係紼椶繩一時斷

後梁秦隴間謠

貓貓引黑牛天差不自由但看戊寅歲揚在蜀江頭朝野僉載曰竹鼬生于深山取之甚艱岐巘雖毗之秦隴之地無遠近此物爭山或穿牖壞城或自門闕而入犬食不盡則並入人家房內秦民之口腹飫焉童謠云云庚午歲劉知俊叛梁入秦天水破入蜀王建殺知俊粉其骨揚入蜀江正戊寅之歲也

李後主時江南童謠

索得娘來忘却家後園桃李不生花猪兒狗兒都死盡養得貓兒患赤瘕娘謂再娶周后猪狗死謂盡戊亥年赤瘕目病貓有目病則不能捕鼠謂不見丙子之年也

周廣順初江南伏龜山圯石函鐵銘其文云維天監十四年秋八月葬寶公銘背有引云寶公嘗謂此偈大書于板日巾冪之人欲讀者必施數錢乃得讀訖卽冪之是臣名臣陸倕王筠姚察而下皆莫知其旨或問之曰在五百年後卒乃鑄其偈同葬焉

莫問江南事江南自有憑秉雞登寶位跨犬出金陵子建司南位安仁秉夜燈東鄰家道闕隨虎遇明興其後李煜降于宋好事者云煜以丁酉年生辛酉年襲位卽雞也開寶八年甲戌江南國滅是跨犬也子建曹彬也安仁潘美也其後太平興國戊寅吳越王錢俶舉國入朝卽東鄰也家道闕無錢也隨虎戊寅年也

天祐中江南童謠江南野錄

東海鯉魚飛上天徐知誥冒姓李氏東海徐氏之望鯉其冒也

隴西謠

郎樞女樞十馬九駒安陽大角十牛九犢四地名皆在隴西言宜畜牧也

獄中無係囚舍內無青州假令家道之腹內不懷憂謠云云青州人惡俗

蜀中掃地和尚謠王建據蜀之後有一僧常持大帚每遇即沉掃人以掃地和尚目之掃畢輒寫云云

水行仙怕秦川其後王衍秦州之禍人方悟水行仙衍字也

周顯德中齊州謠

踏陽春人間二月雨和塵陽春踏盡西風起腸斷人

間白髮人

宋初五更謠

寒在五更頭宋始終凡三百十七年顯德庚申受命至德祐庚申凡五庚申是五更頭也

宋開寶初廣南謠

羊頭二四白天雨至開寶初廣南劉鋹令民間置貯水桶號防火大桶民謠云後宋以辛未年二月四日擒鋹識者以為宋以火德王房為宋分野羊未神也雨者天水趙姓也防與房桶與統同音

宋皇祐中邕州謠

農家種糴家收時儂智高反宣徽使狄青平之

皇祐中汾河謠東齋紀事

漢似胡兒胡似漢改頭換面總一般只在汾洲州子畔狄青汾河人以平儂智高功為樞密使疾之者欲以謠言中傷之范鎮曰此唐太宗殺李君羨上安肯為之

宋眞宗時童謠

欲得天下寧須拔眼中丁欲得天下好無如召寇老

宋元祐中童謠

大惰小惰殃及子孫大惰章惇小惰安惇也

宋元康末市井謠

喝道一聲下階齊脫了紅繡鞋後金人入汴宮人皆驅逐北行

宋欽宗時童謠

城門閉言路開城門開言路閉

宋紹興中鼎澧謠鼎澧間大盜夏誠劉衡楊么據洞庭湖自云後為岳飛所擒

若是欲我除是飛來

宋淳熙中梁宋間童謠

黃河災天水來時水決入汴梁宋間有此謠天水者宋姓也遺黎以為恢復之兆

淮西汪秀才歌野城狂生汪革謀不軌州兵入其家執之

有介秀才姓汪騎介驢兒渡江江又過不得做盡萬千趨蹌

宋淳熙十四年都城市井歌

汝亦不來我家我亦不來汝家後紹熙二三年其事始應于兩宮

宋嘉定三年城都市井歌

東君去後花無主（未幾景獻太子薨）

宋淳熙末莎衣道人歌

胡孫死鬧啾啾也須還我一百州（後金酋葛王死其孫璟立不以序諸酋長爭立內亂志士以不撫定爲惜）

宋季白雁謠

江南若破白雁來過（後元將伯顏平江南）

秦檜詐作瑞應

宋史長編云紹興中秦檜擅朝喜飾太平郡國多上草木禽鳥之瑞歲無虛月胡致堂所謂花卉可以染植增其態毛羽可以餵飼變其色上之人苟欲之則四面而至矣蓋指此也然觀小說所載紹興七年建康府寓旅家盆水有文如畫佳卉茂木華葉敷芬數日易以他水愈出愈奇盡春臨乃止又秀州呂氏家水瓦有文樓觀車馬人物蓝蒂芙蓉重夾牡丹長春萱草藤蘿經日不釋悉以瑞聞豈人有妖心而造物者亦爲是以戲之乎

瑞應

序例曰凡瑞應自和帝以上政事多美近於有實故書祥瑞見於某處自安帝以下王道衰缺容或虛飾故書某處上言也

元末眞定童謠

塔兒白北人是主南人客塔兒紅南人來做主人公

元至正中大理童謠

莫道君爲山海主山海笑咳咳園中花謝千萬朶別有明主來

元至正中燕京童謠三首

牽郎郎拽弟弟打破碗兒便作地

陰涼陰涼過河去日頭日頭過山來

脚驢斑斑脚躐南山南山北斗養活家狗家狗磨麵三十弓箭上馬琵琶下馬琵琶驢蹄馬蹄縮了一隻

元景州童謠

皇舅墓門閉運糧向北去皇舅墓門開運糧向南來

元明宗時童謠

牡丹紅禾苗空牡丹紫禾苗死（明帝在位五年而崩廟諱乃和字也）

元末湖湘中童謠

不怕水中魚只怕岸上猪猪過水見糠止

元末蘇州童謠

黃菜葉西風來便乾折（今作瘡黃葉菜皆張士誠用事者）

洪武中童謠

鬍胖長官人不商量解縉奏疏云椎埋嚚悍之夫闒茸下愚之輩朝捐刀鑷暮擁冠裳左棄筐篋右綰符簪組剕屨之賤宄綉巍峩負販之儔車馬赫奕賢者羞爲之等列庸人患習其風流故有官人不商量做官没盤纏之謗

周顛仙鄉譚常謠

世間甚磨動得人心只有臙脂胚粉動得婆娘嫂裏人

華除中童謠

烟烟北風吹上天

團團旋窠裏亂北風來便吹散

正統中京師小兒禱雨謠

雨地雨地城隍土地雨若大來謝了土地水東日記云又有羣兒環繞一人按月問云正月裏狼來咬羊齊拒之至八月則放狼入尤協後之驗也

正統乙巳童謠

牛兒呵莽著黃花地裡倘著你也忙我也忙伸出角來七尺長

清俊小後生青布衫白直身好個人屈死在鴿兒嶺

天順丁丑童謠

京城老米貴那里得飯廣鷺鷥冰上走何處尋魚嗛范廣天順中名將于謙少保肅愍公也未幾范廣死謙遭石亨之患

正德中川蜀童謠時有流賊藍廷瑞鄢老人之變統御非人官軍所過掠劫甚于流賊百姓歌之

强賊放火官軍搶火賊來梳我軍篦我

正德北京童謠

馬倒不用喂鼓破不用張馬永成張永谷大用魏彬四宦專權害政後皆廢出鼓節谷也燕京之音呼谷爲鼓云

嘉靖初童謠

前頭好個鏡後頭好個秤鏡也不曾磨秤也不曾定

又

嘉靖二年半林黍磨成麵東街咽瞪眼西街喫磨扇

姐夫若要喫白麵只待明年七月半

太廟香爐跳午門石獅吽

好羣黑頭蟲一半變蛤蚧一半變人龍

古今風謠卷之一畢

古今諺序

古今諺及古今風謡乃升菴在滇採集諸書諺語以嬉目遣懷非著書也其孫刻之焦氏因之遂有單行本其書本始于黃帝考其首三條則焦氏所附錄先生論諺語而後人添入壓卷者也今仍之按賈子引黃帝語乃巾几銘孔甲盤盂書也不可謂之諺意者先生謂諺語所由起故以之弁首乎羅江李調元雨村撰

古今諺卷一

成都　楊　愼　撰　綿州　李調元　校定

古諺不可忽

泰誓引古人有言牝雞無晨大雅云人亦有言惟憂用老並上古遺諺詩書所引者也至於陳琳諫辭掩目捕雀潘岳哀稱掌珠伉儷並引俗說而爲文詞也夫文辭鄙俚莫過于諺而聖賢詩書采以爲談况踰此者可忽乎哉

諺喭唁同

論語云由也諺諺俗論也或作喭見文選注又作唁

劉勰曰諺喭唁同一字諺者直語也屢路淺言有質無華喪言不文故吊亦稱唁劉子新論子游裼裘而諺曾子指揮而哂是諺與唁同也

諺語有文理

諺語云三九二十七籬頭吹觱栗言冬至後寒風吹籬落有聲如觱栗也合于莊子萬竅怒號之說而可以爲豳風一之日觱發之解矣賈人之鐸可以諧黃鍾田夫之諺而契周公之詩信乎六律之音出于天籟五性之文發於天章有不待思索勉强者此非自然之詩乎余嘗戲集諺語爲古人詩詞中所引者數條今附于此○月如彎弓少雨多風月如仰瓦不求自下羅景綸詩用之朝霞不出市暮霞走千里范石湖詩用之乾星照濕土來日依舊雨王建詩用之照泥星出依然黑爛熳庭花不肯休礮車雲東坡詩用之今日江頭風勢惡礮車雲起雨欲作風花雲起下散四野如煙霧也晁無咎詩用之明日揚帆應復駛蒸雲散亂作風花日沒胭脂紅無雨也有風梅聖俞詩用之日脚射空金鏤直西望千山萬山赤野老先知雨又風明日望此重雲黑東鱟晴西鱟雨則詩所謂朝隮于西崇朝其雨也霜淞打雪淞貧兒備飯甕

則東坡詩所謂敢怨行役勞助爾歌飯甕也日暈主雨月暈主風則梅聖俞所謂月暈每多風燈花先作喜明日挂歸帆春湖能幾里也天河中有黑雲謂之黑猪渡河主雨則蕭冰崖所謂黑猪渡河天不風蒼龍銜燭不敢紅也秋甲子雨禾頭生耳則杜工部所謂禾頭生耳黍穗黑也他如雨灑上元燈雲掩中秋月又黃梅寒井底乾又云河射角好夜作犂星沒水生骨又云春寒四十五貧兒市上舞貧兒且莫誇且過桐子花又云黃梅雨未過冬青花未破冬青花已開黃梅雨又來又云船艙風雲起旱魃深歡喜又云

商陸子熟杜鵑不哭皆爲唐宋詩人引用若陸機詩疏引諺云黃栗留看我麥又引蜻蛚鳴衣裘成蟋蟀鳴嬾婦驚夏小正註引天河東西鞭洗寒衣國語注引古語上長目椒陳根可抜耕者急發四民月令引農謠三月昏參星夕杏葉盛桑葉白又云杏子開花可耕白沙又貸我東蘠償我白粱先儒皆以解經不但詩詞之資而已詩詢芻蕘舜察邇言良有以哉

賈子引黃帝語

日中不彗是謂失時操刀不割失利之期執斧不伐賊人將來涓涓不塞將爲江河熒熒不救炎炎奈何兩葉不去將用斧柯爲虺弗摧行將爲蛇 賈子書所引止首四句餘見太公兵法蓋即漢藝文志黃帝巾几銘孔甲盤盂書也銘云無掘壑而附邱無舍本而治末日中必彗操刀必割執斧必伐日中不彗是謂失時操刀不割是謂失利執斧不伐賊人將來涓涓不塞將爲江河熒熒不救炎炎奈何兩葉不去將用斧柯此銘漢以下文士多引用之而不見其全惟見於兵書如此

太公兵法引黃帝語

黃帝曰余居民上搖搖恐夕不至朝懍懍恐朝不及夕兢兢業業日愼一日人莫蹪於山而蹪于垤

韓非子引先聖諺

人莫蹪于山而蹪于垤 韓非子引此云先聖有諺可證巾机之銘出于黃帝無疑矣

韓非子引先聖言

規有摩而水有波我欲更之無奈之何 此云先聖言而句有韻疑亦巾机銘之類也

孟子引夏諺

吾王不遊吾何以休吾王不豫吾何以助 劉熙曰春行日遊秋行日豫左傳季氏有嘉樹韓宣子譽之服虔日譽與豫同遊於樹下也唐宋之問詩春豫臨池近○本作春豫靈池宴

曾子引諺

人莫知其子之惡莫知其苗之碩

左傳羽父引周諺 隱十一年

山有木工則度之賓有禮主則擇之

虞叔引周諺 桓十年

匹夫無罪懷璧其罪

士蔿引諺 閔元年

心苟無瑕何恤乎無家

宮之奇引諺

輔車相依脣亡齒寒 輔頰也車牙車又曰頷車牙下骨之名也輔爲外表車爲內骨

鄭諺 僖七年○鄭大夫孔叔言于鄭伯

心則不競何憚於病 言心既不能自強何畏難于卑弱之病即齊景公所云既不能

命又不受命也左傳

既不能强又不能弱

宋諺 文公二年

庇焉而縱尋斧焉 八尺曰尋所以量木也借木之庇而縱放尋以量之斧以伐之

鄭子產引古言 文十七年○正義曰古人有言非謂前代之人有此言也據今時而道前世

畏首畏尾身其餘

鹿死不擇音 音讀作休蔭之蔭

晉伯宗引古言 宣十五年

雖鞭之長不及馬腹

伯宗引諺

高下在心川澤含汚山藪藏疾瑾瑜匿瑕國君含垢 漢書亦引此諺無高下在心一句

羊舌職引諺 宣十六年

民之多幸國之不幸也

韓厥引古言 成十七年

殺老牛莫之敢尸

謝息引人有言曰 昭七年

挈瓶之智守不假器

子產引古言 昭七年

其父析薪其子弗克負荷

子服惠伯引諺 昭十三年

臣一主二

子產引諺 昭十九年

無過亂門 後昭二十二年宋對楚薳越曰人有言曰惟亂門之無過

楚令尹子瑕引諺 昭十二年

室於怒市於色 戰國策怒於室者色於市

宋對楚薳越 昭二十二年

唯亂門之無過

子太叔引人亦有言 昭二十四年

嫠不恤其緯而憂宗周之隕爲將及焉

魏子引諺 昭二十九年

唯食忘憂 國語作唯食可以忘憂

周太子晉引人有言 國語

無過亂人之門 亂人狂悖怨亂之人無過其門干其怒也

佐雝者嘗焉佐鬭者傷焉 俗言助祭得食助鬭得傷

禍不好不能爲禍 財色之禍生於好之

單穆公引諺

衆心成城衆口鑠金

衛彪傒引諺

從善如登從惡如崩

單襄公引諺

獸惡其網民惡其上

鄭叔詹引諺

黍稷無成不能爲榮黍不爲黍不能蕃廡稷不爲稷不能蕃殖所生不疑爲德之基

越諸稽郢引諺

狐埋之而狐搰之是以無成功

越王引諺 注諺俗之善語也

觥飯不及壺飧 盛饌未具不如壺飧之救饑疾也

列子楊朱篇引古語

生相憐死相捐

又引古語

人不婚宦情欲失半人不衣食君臣道息

又引周諺

田父可坐殺

荀子引民語

欲富乎忍恥矣

荀子引古言 子道篇

衣與繆與不女聊 與歟通言雖衣服我綢繆我而不敬不順則不聊汝也

戰國策引語曰

騏驥之衰也駑馬先之孟賁之倦也女子勝之

楚策莊諺 注傳言曰諺

見君之乘下之見杖起之

楚策辛辛引鄙語

見兎而顧犬未爲晚也亡羊而補牢未爲遲也 牢一作籬古音同

荀卿謝春申君書引諺

癘人憐王 韓非子癘憐王此不恭之語也雖然古無虛諺不可不審察也

孟嘗君引鄙語

借車者馳之借衣者披之

鬼谷子引古語

女愛不敝席男歡不盡輪 戰國策寵女不敝席寵臣不敝軒

齊語七畧

天口駢談天衍雕龍奭炙轂輠髡 史記無天口駢三字駢指田駢也

蘇秦說楚 一作張儀

削株掘根無與禍鄰禍乃不存

蘇秦說韓引鄙語

寧爲雞口無牛後

韓策張儀引諺

貴其所以貴者貴 所以貴人所同貴

韓策周最引語曰

奴於室者色於市

燕王謝樂間書引諺

厚者不毁人以自益也仁者不危人以要名也

孟子引齊人言

雖有智慧不如乘勢雖有鎡基不如待時（賈逵曰基耨也耨六寸所以間稼）

周諺說苑

鄒穆公引周諺云囊漏貯中今語則云船裏不漏針也

管子諷桓公

不行其野不違其爲（言馬以行野雖不行野亦不可不調習也）墻有耳伏寇在側（墻有耳者微謀外泄古有一言）

鶡冠子

中流失船一壺千金（船音循釋名船循也循水而行也）

師春引古語

斧小不勝柯

韋子引古諺

少所見多所怪見橐駝言馬腫背

趙武靈王引

以書爲御者不盡馬之情以古制今者不達事之變

祁奚引

擇君莫若臣擇子莫若父（管子亦引云知臣莫若君知子莫若父）

列子

爭魚者濡逐獸者趨（呂覽救溺者濡救弃者趨）

申叔時引

牽牛以蹊人之田而奪之牛牽牛以蹊者信有罪矣而奪之牛罰以重矣

趙文子引古諺

善人在患弗救不祥惡人在位弗去亦不祥

四民月令引農諺

河射角堪夜作犂星沒水生骨

麻黃種麥麥黃種麻夏至後不沒狗（言種麻貴但雨在夏至前）

多沒橐駝五月及擇父子不相借（並言麻候）

子欲富黃金覆（謂秋後種麥曳柴壅麥根也）

羸牛劣馬寒食下

智如禹湯不如常耕

鋤頭三寸澤（言耕之益也子欲富黃金覆言耔之益也）

富何卒耕水窟貧何卒耕水窟

耕而不勞不如作暴

雲行東車馬通雲行西馬濺泥雲行南水漲潭雲行北好曬麥

未雨先雷船去步歸

鴉浴風鵲浴雨

春甲子雨乘船入市夏甲子雨赤地千里秋甲子雨禾頭生耳冬甲子雨飛雪千里

上火不落下火滴沰言丙丁也沰音奪

稻秀雨澆麥秀風搖

雨打梅頭無水飲牛

舶艄風雲起旱魃深歡喜

易緯引古語

一夫兩心拔刺不深

蹪馬破車惡婦破家

詩疏引齊諺

上山斫檀榽橀先殫榽音遙橀音兮檀與二木相似斫檀不諦得繫迷繫迷尚可得駮馬駮馬亦木名馬音如塗抹之抹檀與二木又相似

富辰引諺

兄弟讒鬩侮人百里

春秋緯引古語

叶珠於澤誰能不含

月麗于畢雨滂沲月麗于箕風揚沙

詩疏引上黨人諺

問如人欲買赭不諳竈下有黃土欲買鈙不諳山中自有楮

河圖引蜀謠

文阜之山江出其腹帝以會昌神以建福

三秦記民謠

武功太白去天三百孤雲兩角去天一握山水險阻黃金子午蛇盤烏櫳勢與天通

詩疏引齊語

疲馬不渡澠水澠水之流迅急

列女傳引古謠

食石食金鹽可以支長久食石食玉豉可以得長壽金鹽五加皮也玉豉地榆也

秦嘐虞喜志林○嘐諺同

秦穆公夢之天地所奏鈞天廣樂賜以金策祚世之業當時有嘐曰

天地醉秦暴金誤隕石墜張衡西京賦昔者天地悦秦穆公而覲之享以鈞天廣樂帝有醉焉乃為金策錫用此土而翦諸鶉首即此語也李義山詩自是當時天地醉不關秦地有山

河

泗上諺水經注周顯王四十二年九鼎淪沒泗淵秦始皇時見于泗水始皇大喜使數千人入水求之繫而未出龍齒齧斷其繫故泗上爲之謠曰

稱樂太早絕鼎繫

皐魚引古語

枯魚銜索幾何不蠹索音素古索素同音中庸索隱即素隱也

魯仲連引古語

百足之蟲三斷不蹶墨子亦引此百足作馮功馮功蟲名蹶一作僵

馮功之蟲三斷不僵

劉向別錄引古語

脣亡而齒寒河水崩其壞在山

鄒子引古語

截趾適屨孰云其愚何與斯人追欲喪軀

蘇秦謂秦王

戰勝而國危者物不斷也身大而權輕者地不入也

韓非引諺

奔車之上無仲尼覆車之下無伯夷奔音賁

文選注引古諺

越千度陌互爲主客

韓非引諺韓非子先王聽諺言于市

爲政猶沐也雖有棄髮必爲之淮南子聖人用兵如澤髮耨苗棄少而存多

韓非引諺

巫咸雖善祝不能自祓也秦越雖善醫不能自治也

韓非引諺

莫衆而迷又曰莫三人而迷

韓非引鄙諺

長袖善舞多錢善賈言多資之易爲工也

列女傳引諺

力田不如遇豐年力桑不如見國卿刺繡文不如倚

市門

尉繚子引諺

千金不死百金不刑史記千金之子不死于市

劉子引古諺

深不絕涓泉稚子浴其淵高不絕丘陵跛羊遊其巔

莊子引野語

聞道百以爲莫已若

莊子引古語

美成在久惡成不及改改韻補音以

賈子引鄙諺

不習為吏視已成事

又引里諺

欲投鼠而忌器

鄒陽引古語

白頭如新傾蓋如故 文選注引作白頭而新傾蓋而故意尤明白

武帝策問引古語

良玉不瑑

中山王引

社鼷不灌屋鼠不熏 韓詩外傳作稷蜂不熏

公孫宏引古語

揉曲木者不累日銷金石者不累月

司馬相如引鄙諺

家累千金坐不垂堂

袁盎傳引

千金之子不垂堂百金之子不騎衡

越椒子文引

狼子野心

東方朔引古語

水至清則無魚人至察則無徒 列子察見淵魚者不祥智料隱匿者有殃

後漢書水清無大魚

以管窺天以蠡測海以莛撞鍾 史記以管窺天以隙視文

韓安國傳引古語

衝風之衰不能起毛羽強弩之末不能穿魯縞 漢書

強弩之末不能穿魯縞衝風之末不能起鴻毛 史書

路溫舒引俗語

畫地為獄議不入刻木為吏期不對

劉輔引里語

腐木不可以為柱卑人不可以為主

王嘉引里諺

千人所指無病而死

馮衍說廉丹 後漢書

人所歌舞天必從之 古語人所歌舞天必從之人所咀嚼神必凶之

李固引語曰 周舉傳

嶢嶢者易缺皦皦者易汚陽春之曲和者必寡盛名之下其實難副

李業傳

發弩射市薄命先死

鮑永傳

機事不密禍倚人壁

王符引諺

一歲數赦好兒喑啞

桓譚引諺

人之相去如九牛毛

二人同術誰昭誰冥二虎同穴誰死誰生本逸周書

韓嬰詩傳引古語

昨日何生今日何成必念歸厚必念治生日慎一日

完如金城

虞卿贊引鄙諺

利令智昏

黄歇傳引語

當斷不斷反受其亂

蔡澤傳

長袖善舞多錢善賈本韓非子

韓信傳

狡兔死走狗烹飛鳥六韜作高鳥盡良弓藏敵國破謀臣亡

野禽殫走犬烹敵國破謀臣亡史記

晁錯傳語曰

變古易常不死則亡

韓安國傳引語曰

雖有親父安知其不爲虎雖有親兄安知其不爲狼

李廣傳引諺曰

桃李不言下自成蹊

郭解贊引諺曰

人貌榮名豈有既乎

貨殖傳引諺曰

千金之子不死于市

史記趙世家引古諺

千羊之皮不如一狐之腋

以書御者不盡馬之情以古御今者不達事之變

死者復生生者不愧

后妃傳引諺

美女入市惡女之仇

王陵傳引諺

兒婦人口不可用

王夫人傳

蓬生麻中不扶自直白沙在泥與之皆黑曾子書作諺曰泥一作涅

衛綰傳

千羊之皮不如一狐之腋千金之諾諾不如一士之

謠諺

張儀傳

積羽沉舟羣輕折軸衆口鑠金積毀銷骨中山王傳臣聞衆口鑠金積毀銷骨羣輕折軸羽翮飛肉

甘茂傳

禽困覆車

王蒻傳引鄙語

尺有所短寸有所長

慈長兵義主財

諺曰慈不掌兵義不主財君子曰惟慈掌兵惟義主財論語曰仁者必有勇非慈何以掌兵易曰理財正辭禁民為非曰義非義何以主財不慈長兵賊也不義主財盜也

古諺古語載籍通引

終身讓車不枉一舍

惑者如反迷道不遠

仕宦不止車生耳耳車旁靡也古謠黃金車斑蘭耳

心誠憐白髮元情不怡豔色媸魯連子

不斑白語道失

白刃交前不顧流矢

堂上不糞除郊草不瞻芸

一淵不兩蛟又曰一栖不兩雄又曰兩雄不並栖

井水無大魚新林無長木

林中不賣薪湖上不鬻魚

觸露不掐葵日中不煎韭

乳犬攫虎伏雞搏狸

金可作世可度

白璧不可為容容多後福左雄

龍不隱鱗鳳不藏羽網羅高懸去將安所將飛者羽伏將奮者足跼將噬者爪縮將文者且朴蔡洪一本作將飛者翼伏將奮者足跼將攫者爪縮將文者且朴伏龍非我馬白日非我燭藏之黑之保此元樸伏龍白日二句言時不待人此千古奇句

猛虎不處卑勢勁鷹不立垂枝

中規不容用璧禍辟

鐸以聲自穴膏以明自鑠虎豹之文來射猿狖之捷來擉

上求材臣殘木上求魚臣乾谷

遁關不可復亡犴不可再

無鄉之社易為黍肉無國之稷易為求福

生男如狼猶恐其尫生女如鼠猶恐其武女戒

生男如狼猶恐如羊生女如鼠猶恐如虎貞觀政要

商師若烏周師若荼鹽鐵論○商用少周用老也詩云方叔元老克壯其猶

飛矢在上走驛在下左傳交兵使在其間今語兩國交兵不罪來使

非宅是卜惟隣是卜左傳昭三年晏子引注卜良隣

民保於信左傳定十五年戲陽速引諺○

學而不已闔棺乃止韓詩外傳引孔子語

居者無載行者無埋呂覽引齊鄙人諺言生不隱謀死不隱忠也

四足之美有麃兩足之美有鷮詩正義引語曰

山川而能語葬師食無所肺腑而能語醫師色如土方回山經引相冢書

妍皮不裹癡骨

福至心靈禍來神昧五代新說

足寒傷心民怨傷國並史炤通鑑疏引

屋漏在上知之在下梁史

峴山張蓋雨滂沛闞駰十三州志

室無滯貨不爲潤屋

鬻棺者欲歲之疫

有病不治常得中醫漢書引諺

括糠及米漢書引語

誰爲爲之孰令聽之司馬遷引諺

以貧求富農不如工工不如商刺繡文不如倚市門史記引諺

貴易交富易妻

作舍道傍三年不成後漢書引諺

關東出相關西出將虞詡傳引諺

射羊數跌不如審發譙周仇國論

知星宿衣不覆言多拘忌反貧困也○嵇康集

字三寫音圭魚成魯帝成虎

力貴實知貴卒

狐向穴嘷不祥

作者不居居者不作

奴見大家心死斛律光傳

使口如鼻終身不失使口如闕終身不殆思無垢忍無辱說苑

毋日不幸饑終不墜井

錢無耳可闇使魯褒錢神論

仕無中人不如歸田魯褒錢神論

人聞長安樂出門向西笑知肉味美對屠門而嚼桓譚引關東鄙語

縷因針而入不因針而急春秋後語女因媒而嫁不因媒而親

能理亂絲始可讀詩桃文類聚
家貧不辦素食匆冗不暇草書
其母好者其子抱其母惡者其子釋韓非
錦繡襄邑羅綺朝歌猶今云金臨安銀大理銅茶陵鐵攸縣也
千里不販樵百里不販糴
春雨變夏雨莊子注引言是非究竟愈遠愈訛也
其淵深者其魚美其主賢者其臣惠韓詩外傳
兩國交爭使在其間水火相爭彗鼎在其間不聽不
明不能爲王不癡不聾不能爲公慎子
汝無自譽觀汝作家書典論引諺言作家書質而難也。譽音余

政如冰霜奸宄消亡威如雷霆寇賊不生正部引諺
屠者食藿羹造車者多步行鬻扇之翁手障暑畜妓
之夫恒獨處鄒子。新論同
甘瓜苦蒂物無全美墨子
孤犢觸乳子驚母謝承後漢書仇覽傳引諺
父母何在在我庭化我鳴梟哺我生考城鄉邑諺曰云頌仇覽也
左相宣威沙漠姜恪右相馳譽丹青閻立本
三館學士放散五臺令史明經唐諺
首牛入西谷逆犢上齊邱村臺鄭齊讖史通云愁山定犢彰於載謠是也
老吏抱案死劉炫傳

日在雨落翁婆相撲言陰陽不和也宋小人說
取官漫漫死者半風俗通引里語言罷軟之官反害物也
無肥仙人富道士抱朴子
屠者飦藿羹造車者步行梓匠處狹廬陶者用缺甖
鬻扇翁手障暑畜妓之夫恒獨處爲者不得用用者
不肯爲爲者不得用以利動用者不肯爲以富寵新論

吳諺楚諺蜀諺滇諺

山撞風雨來海嘯風雨多
早霞紅丢丢晌午雨瀏瀏晚了紅丢丢早晨大日頭
官糧辦便無飯吳諺

樓梯夾晒破傳
日出早雨淋腦日出晏晒殺鴈
魚兒平水面水來淹高岸
水面生青靛天公又作變
蜻蜓高穀子焦蜻蜓低一壩泥
春寒四十五窮漢出來舞窮漢且莫誇且過桐子花
反賊劉千斤賊官姚萬兩一九二九相喚不出手三
九二十七籬頭吹觱篥四九三十六夜眠如露宿五
九四十五家家堆鹽虎六九五十四和尚不出寺七
九六十三凍落耳朵弦八九七十二口中呬暖氣九九

九九八十一窮漢受罪畢纔要伸脚睡蚊蟲獦蚤出

褒彈是買主喝采是閑人（淮南刺我行者欲與我交訾我貨者欲與我市）

服藥千裹不如一宵獨卧服藥千朝不如獨卧一宵

戊午己未甲子齊便將七日定天機七日有雨兩月泥七日無雨兩月灰

甲寅乙卯晴四十五日放光明甲寅乙卯雨四十五日看泥水

三月三日晴桑上掛銀瓶三月三日雨桑葉生苔菩

壬辰裝担子癸巳上天堂甲午乙未雨茫茫荒年無六親旱年無鶴神

執破無雨危成當災

高山種小麥終久不成穗男兒在他鄉焉得不憔悴

濕耕澤鋤不如歸去（鋤古音助說文引孟子殷人七十而鋤）

二月杏花勝可菑沙（菑菑畬之菑音做菑之載）

廻車倒馬擲衣不下（言禾之密也漢書朱虛侯曰深耕穊種擲衣不下所謂穊也）

蝦蟇鳴燕來聯通道路修溝隄

稼欲熟收欲速

霜松打露松貧兒備飯瓮

螃蟹怕見漆豆花怕見日

布穀鳴小蒜成秋霜足蕎麥熟

五月鋒八月耩（鋒鋤也耩壅苗根）

槐兎目棗鷄口桑蝦蟇眼榆負瘤（李賀詩别柳當馬頭官槐如兎目）

榆莢脱桑椹落（伐木之時）

花三泡四（水生之候也花見三尺泡四尺）

秧苗針水庄家早起（東坡詩針水聞好語魯直詩秧針青刺水麥浪綠翻銀）

木再花夏有雹李再花秋大霜

草木暉暉蒼黃亂飛

風俗通引諺

殺君馬者路傍兒（言傍人譽馬乘者盡力馳死也）

嗔目待明經

宋人諺云焚香禮進士嗔目待明經見東萊文集共徒諱之改嗔目作撤幞非也

古今諺卷一畢

異魚圖贊

光緒七年[illegible]重鐫于廣漢

異魚圖贊序

范正叔邂齋閒覽云海中異物不知名者人大抵以狀名之此升菴異魚圖贊所由作也先生博學多聞山經地志無書不窺故其贊異魚也怪怪奇奇一收之宏深肅括之筆可謂富矣然觀卷首一條引元儒南充范無隱說莊子云北溟有魚其名鯤此寓言也以至小爲至大便是滑稽之開端後人不得其言詮郭象之元奥沉思亦誤況司馬彪輩乎後世禪宗衲子卻得其意故有龜毛兔角石女懷胎一口汲盡西江水新羅日午打三更之偈亦可信以爲實耶余嘗謂天地乃一大戲場堯舜爲古今大淨千載而下不得其解者皆矮人觀場也據此則所謂異魚亦非盡實矣然則此書其殆先生有感而作乎明末安縣胡世安有異魚圖贊補三卷閏集一卷復有箋四卷採注可謂博矣余爲之刊行噫如世安者不得解而必求解亦可謂矮人觀場矣羅江李調元雨村撰

予作異魚圖贊閒出以示好事者或獻疑曰爾雅注蟲魚定非磊落人子不見韓子之詩乎予曰韓子有爲言之也跡其焚膏繼晷之際口吟手披之餘遇蟲名魚字將删之乎老子云美言不信而五千之言未嘗不美莊子欲絶學而莊子何嘗不學蘇子謂人生識字憂患始豈欲人盡不識字乎如此之類古人善戲謔自掊擊之一機也雖然不可以訓若孔子則豈其然教小子以學詩終于多識則魚蟲固在其中矣孔子豈非磊落人哉近之不悦學者往往拾古人善謔之言以爲不省護躬之符可笑且悼充類其說則伏獵弄麞之侍郎長鎗大劍之將軍一一皆磊落人也夫升菴楊愼跋

異魚圖贊目録

卷三

卷四

異魚圖贊目錄卷四畢

異魚圖贊卷一

成都　楊　慎　撰　綿州　李調元　校定

總贊

魚之爲字燕尾相似水蟲之中實繁厥類鱗鬣風濤抑龍之次百種千名研桑莫記圖贊所取亦秖以異

鯤

鯤本魚子細如蠶茸莊周寓言鯤化爲鵬譬彼詩頌雕育桃蟲千古言詮誰發其睽○莊子云北溟有魚其名爲鯤鯤之大不知其幾萬里此寓言也按內則卵醬卵音鯤國語亦云魚禁鯤鮞皆以鯤爲魚子至小之物也莊子乃以至小爲至大便是滑稽之開端後人不得其意晉江逌詩曰巨鼇戴蓬萊大鯤運天池倏忽雲雨興俯仰三洲移孫放詩巨細同一馬物化無常歸修鯤解長鱗鵬起扇雲飛撫翼摶積風仰凌垂天翬皆不得其言詮也雖郭象之元奧沉思亦誤況司馬彪輩乎後世禪宗衲子却得其意故有龜毛兎角石女懷胎一口吸盡西江水新羅日午打三更之偈亦可信以爲十事耶余嘗謂天地乃一大戲場堯舜爲古今大淨千載而下不得其解皆矮人觀場也元儒南充范無隱有是說而余推衍之

魴鯉

伊洛魴鯉天下最美伊洛鯉魴貴于牛羊洛口黃魚天下不如河洛記引諺

赤鯉

務光憤世自投盧川盧川水伯赤鯉送旃易名琴高化形而仙至今揚光淸泠之淵事見符子畫圖有水仙騎赤鯉者即其人

也

嘉魚

南有嘉魚出於丙穴黃河味魚嘉味相頡最宜爲鋌爲以蕉葉不爾脂腴將滴火滅事見水經蜀都賦任豫益州記樊綽雲南記博物志○丙穴宍南丙也味魚出黃河口

蒲魚

蜀有蒲魚其形如粥出于郫縣蒲村之麓魏武帝四時食制○杜詩魚知丙穴由來美酒憶郫筒不用沽注引沔南丙穴沔南去郫千里不應遠取蓋即此魚也其魚亦出于穴

八魚異性色

鰋偃鯉俯鱧圓魴方鱮青鱓赤鰻白鰭黃陸農師

鱮鰣

淸檢出佳鱮濁檢出好鰣美珎於常味取以二月初水經注淸檢濁檢俱在崵平關

鰣

洞庭之鰣出于江峨宏腴青顱朱尾碧鱗劉邵七華節文○峨即岷字又作汶

鱮

緡調餌芳可獲鱮魚網魚得鱮不如噉茹或名曰鱅其性慵如說苑子賤語又古諺云云

鱘

鞏洛之鱘割以爲鱠分芒栟縷細亂鸞足張平子七問節文

鯽魚

滇池鯽魚冬月可薦中含腴白號水母線北客作餐以爲麪纜樊綽○甫夷志蒙舍地有鯽魚大者重五斤西洱河及滇池冬月多鯽魚

鮆魚

浮玉之山北望具區苕水出焉中多鮆魚胡蝶所化列鬣長須嶺表錄異嘗有人浮南海泊於孤岸忽有一物如蒲帆飛過海將近舟舟人競以物擊之如帆者盡碎墜舟上視之乃蛺蝶也去其翅足稱之得肉八十斤噉之肥美如魚此蕃蝶將入水化魚者也胡蝶化魚此又一證

鱸魚

鱸魚肉白如雪不腥東南佳味四腮獨稱金虀玉膾擅美甯馨

鱏鰉

鱏鰉逆流不過鎖江在敘州灘崩秭歸癸卯年事又隔巫陽魚官空設玉板不嘗黃魚一名玉板

洄魚

河豚藥人時魚多骨兼此二美而無兩毒粉紅雪白洄美堪錄西施乳酒水羊腳熟洄魚一名水底羊

時魚

時魚似魴厥味肥嫩品高江東價百鯔魴界江而西
謂之瘟魚棄而不餌

鮧魚

鮧魚偃額兩目上陳頭大尾小身滑無鱗或名曰鮎
粘滑是因 爾雅翼

鱟魚

鱟形如帆與便面同厥足二六嶋常負雄漁人取之
必得其雙子如麻子南禮是供

鮔鯺

魚有鮔鯺一頭數尾有脚如蠶食之肥美

郎君子鮝

郎君子鮝雄雌相雜置之醋盂逡巡便合下卵如粟
頃刻廿卅善治產難誕生如達 本草名郎君子元文類作郎君子鮝

鯷音題

魚有名鰾匹妙切 亦號為鯷化而為人曾謁仲尼鬣戟
鱗甲由也仆之陳蔡之厄天濟聖饑 衝波傳

鱛魚

潛有鱛魚飛有鱛鳥同是一物互為形表鳥藏魚出
變化莫曉

鱷魚

鱷似蜥蜴一卵百子或如白虺或成蒼兕喙餘三尺
長尾利齒岸捍渴虎入肉為胏造化至仁胡乃育此

又

南海有魚其名為鱷其身已朽其齒三作 李淯風物類相感志

鯙鰤

魚有鯙鰤或名江豚欲風則涌恒隨浪翻

又

鯙鰤之魚出淮及五湖黃肥不可食大如百斤猪數
枚相隨沉浮自如 魏武帝四時食制

魚舅

嘉州魚舅載新厥名鱗鱗迎臘夫豈其甥其文實鰫
江圖可徵 說文鰫一名當互

弓魚

西河弓魚三寸其修誰書以公音是字謬又毈多子
亦孔之羞 弓魚見魚譜今誤作公○滇中俗諺既誤作公魚而又怪其有子遂綴為謔語云大理公魚皆有子雲南和尚豈無兒

鱔兒

鱔兒極眇僅若針鉤盈咫萬尾一筯千頭漁師取之
不以網收來如陣雲壓蕺沉冊名曰跳鮏厥義可求

異魚圖贊卷一

異魚圖贊卷二

成都 楊 愼 撰 綿州 李調元 校定

鮫魚

吞舟之魚其名曰鱶背腹有刺如三角菱呂師畏之網羅莫麐臨海水土志

勁鮨

南越勁鮨揚鬐排流洞腹養子朝泳暮游臍入口出貯水若抽鱗皮斑駁可飾劍緱

石首魚

石首之魚有石在頭瑩白如玉可植酒籌石首魚一名鯼見江賦

石首化鳧

南有魚鳧國古蜀帝所都夔縣石首魚至秋化爲鳧魚鳧之名義斥此可求諸張勃吳錄

比目魚

東海比目不比不行兩片得立合體相生狀如鞋屧鰈實其名

王餘

王餘孤遊比目雙逝水既有之陸亦相儷鶼鶼匹鶩性亦相似易林鶩必匹飛鴨必單栖

鯢魚

鯢實四足而有魚名頭尾類鯢岐岐而行長生山澗出入沉浮云是懶婦怨懟自投異物志舊贊

鰼鰼魚

鼓翮十運一翼翩翻厥鳴如鵲鱗在羽端郭璞鰼魚贊

文魮

形如覆銚包玉含珠有而不積泄以尾閭闇與道會可謂奇魚郭璞贊

又

海經賀鰲江賦文魮孕珍音磬鳥首魚尾出鳥鼠穴

禹貢攸紀

飛魚

飛魚身圓長丈餘登雲游波形如鯽翼如胡蟬翔泳俱仙人甯封嘗餌諸著藻灼爍千載飾乜衛王子年記頌

王鮪

王鮪岫居科斗其面性最有毒獺所不敢入饒食之肥美盈臠

丹魚

丹水丹魚出于南陽以夜伺之浮水有光夏至十日其期不爽取血塗足水上可行抱朴子

鮹魚 音陷

海有鮹魚衆魚蕣母魚欲生卵觸腹以首蛇醫鴈奴物性固有

望魚 又名刀魚

明都浛澤望魚之沼形側如刀可以刈草 魏武帝四時食制

鮫 又名魚虎

天淵魚虎老化爲鮫其皮朱文可飾弓刀

又

鮫之爲魚其子既育驚必歸母還入其腹小則如之大則不復 楊孚交州異物志舊贊

龍魚

龍魚一角似鯉居陵候時而出神聖攸乘飛騖九域騎龍上升 文選龍鯉一角即此也

又

龍魚之川在汧之瑛河圖授羲實此出焉神行九野如馬行天

烏魚

烏魚戴星禁在仙經鯇鮦鱧鰲紛其別稱其膽獨甘以是爲徵

瓊魚

仙人上藥劉淵瓊魚昔西王母漢武受圖鋃刀尾尾今乃其餘 衍漢武內傳

石桂魚

石桂之魚天仙所餌猶有桂名鱖借音爾流水桃花肎隱詠美 鱖魚即石桂魚又名鱖魚仙人劉憑所食即此也唐張志和詩桃花流水鱖魚肥

橫公魚

北荒石湖有橫公魚化而爲人刺之不殊煮之不死游鏤育肓烏梅廿七煮之乃熟 約神異經元黃錄○魚豢魏畧云文帝將受禪赤魚游于露鏤乃此魚也

其性自然乃嬌誕以爲瑞應

異魚圖贊卷三

成都 楊 慎 撰 綿州 李調元 校定

髮魚

髮魚帶髮形如婦人出于滇池肥白無鱗魏武帝四時食制

琵琶

海魚無鱗形類琵琶一名樂魚其鳴亦嘉聞音出聽曾識瓠巴沈懷遠南物志

含光魚

含光之魚臨海郡有南人鬻炙雖美而毒煎煿已乾耀夜如燭沈懷遠

䱴魚

䱴魚長咫大如竹竿爆之爲燭光明有爛脊骨又美可作美餐臨海水土志

婢屣奴屬

魚有婢屣亦有奴屬其名雙偶其形兩肖味皆堪噉出臨海嶠

石斑魚

石斑婬蟲虎文形蚓蝘蜓爲物水邊呼引石斑卽走上岸合牝其性既惡羹不可飲

戴星魚

戴星之魚背有星文點黔玓瓅因之名云

鯧魚

鯧魚兩肋大肉堪鬻焦之粳米其骨亦軟號狗磕睡謂無餘衍○鯧魚只有一脊骨治之以薑葱焦之以粳米其骨亦軟食之無餘俗號狗磕睡魚

鯯魚鰶又作

鯯魚之味其美在額古諺有之價豎世宅鱣腮沙刺黃骨鯧脊南烹所珍百倍秦炙○古諺云甯去屢世宅不去鯯魚額○鱣魚之美在腮沙魚之美在刺○南中八郡志黃魚形似鱣骨如葱可食郭義恭廣志云犍爲郡僰道縣出臑骨黃魚

鱞魚

敝笱在梁其魚惟鱞其大盈車餌以豚豕鱞死以餌士死以貪子思子曰鱞貪以餌死士貪以祿死

何羅魚

何羅之魚一身十首化而爲鳥其名休舊竊糈于春傷隕在白夜飛曳音聞春疾走

鰅魚

周成王時揚州獻鰅其皮有文出樂浪東漢神爵初捕輸考工

鮯魚

東方有魚其形如鯉其名爲鮯六足鳥尾鯆爲之母

胎育厥子

鯯魵鱸鯙鱳

樂浪蕃國魚之淵府異哉鯯魚魼有兩乳魵鱸鯙鱳各以類聚漢獻大官叔重是取（五魚皆出樂浪潘國并見說文）

鰤魚

魚之美者東海之鰤伊尹說湯水羣首茲徒聞其名而形未窺

鰸魚

遼東潁水鰸狀如蝦無足長寸形如股又茲雖微蟲其味特佳

烏鰂魚

烏鰂八足集足在口縮喙在腹形類鞋囊其名烏鰂吸波潠墨迷射水厲（萬振海物異名記）

魚有烏賊狀如算囊骨間有鬐兩帶極長含水潠墨欲蓋反章

烏則之魚鶨（又作鴨郎鵜也今俗名山呼）烏所變海若小史懷墨帶算須與其足皆在眼畔風波稍急粘石為纜章舉石距同狀異面食品所珍圖畫悉絢（呂氏春秋注引古月令日九月寒烏入水化為烏則魚之入月令七十二候者惟烏則爾○天台智顗禪師請禁海際捕魚滬陳宣帝敕答曰此江既無烏則珍味宜依請觀此烏則之味為食品之珍尚矣○章舉石距烏鰂之別種見日華子○今山東登萊有之名八帶魚）

鰻鱺

海鰻江鱺善攻岸碕又善升木水居畏之既愈人痌復裨牛肥驅蟲如掃茲功亦奇

青魚

江有青魚其色正青泔以為鮓曰五侯鯖枕如琥珀可以龍燈亦為冠笄以啟麗婷（魚枕即青魚枕骨也可為燈罩又作女冠）

鮩魚

黃帛其鮩石鼓䞓鐍查頭縮項味珍襄川詞林藻詠名播錦箋（鮩郎鯿）

竹頭鯙魚

張揖廣雅欄竹頭鯙滇池所饒亦名竹丁鯙以為鯅案酒薦馨

鮬魚

鮬惟妾魚厥形如瓜亦名為鯧同彼狹邪淫蟲相邇其味苦嘉（說文魚部凡一百三始鰯終鮻）

鮁魚

鮁魚味爽可菲朝醒左晉虞郎獻于帝庭其方俱在食經可徵

沙魚

沙魚二族胡沙白沙釁背皴魚其實稍差功入金匱名號曰華

鱓魚即鱔也

土龍之屬荇莖苓根化而爲鱓黃白異質抱朴子曰荇莖苓根土龍之屬化而爲鱓有黃白二種白鱓出交趾

蘆鯙

蘆鯙之魚産蘆陵南俗以爲醬海哦所甘鯙音胞

鮾魚又作鯘

吳楚鮾魚其文如罽薦以上春美而多刺

鱀魚

鱀一名鱁喙銳大腹長齒羅生上下相覆音混於鮾而不同物鱀又作魢

海鰌鰌同

魚之最巨曰海鰌爾舟行逢之不知幾里七日逢頭九日逢尾産子仲春赤徧海水

鯨字一作鱷又作鱴

海有魚王是名爲鯨噴沫雨注鼓浪雷驚目作明月精爲彗星淮南子鯨魚死而彗星出

東海大魚鯨鯢之屬大則如山其次如屋時死岸上身長丈六膏流九頃骨充棟木明月之珠乃是其目魏武帝四時食制

嗟海大魚蕩而失水螻蟻制之橫岸以死輜重君海不可以徙策士之談譬其有理說苑

異魚圖贊卷三

異魚圖贊卷四 螺貝蠶蚶海錯附

成都 楊 慎 撰　綿州 李調元 校定

鼂䵶音迷麻

鼂䵶海魭名曰匽鼂形大如簸出自沙蹦一枚剖之有三斛膏說文名匽鼂江賦名鼂䵶臨海水土志曰海魭實一物也

鼊䶄

鼊䶄龜頭鼊身蝦尾斑似玳瑁漫無甲指躡餙弓輔細軼增美

海月

海物正圓名曰海月指如搔頭有緣無骨海賦江圖藻詠互發

海鏡

海鏡殼圓中甚瑩膩腹有小蟹朝出暮至或生剖之蟹子跂跂逡巡亦斃

又

海鏡蟹爲腹水母蝦爲目虛有咸受羨補不足人固有之無惑乎物

陵龍

陵龍之體黃身四足形短尾長有鱗無角南越海人嘉羞見逐臨海水土志本贊

山蠵

嶺表蠵蠵是曰山龜人立其背可負而馳木楔其肉聲吼如牛巧匠琢之以爲梳篦

山蠵說文蠵以胷鳴其音如鼓洛神賦所云馮夷鳴鼓是也

蠵惟水龜浯陵是育其緣中文其甲堪卜馮夷所命切和靈曲漢郊祀歌馮夷切和注馮夷水神命靈蠵也

海蛤

海蛤魁陸瓦瓏鑽殼外眉內渠形摯渾朴萬震南州志贊○注眉高爲眉渠疏爲渠

江珧柱

江瑤柱句厥甲美句王音裕肉柱膚寸名江瑤柱萬震贊尤古

又

今之馬甲柱古曰玉珧厥名之珍海圖所標昔人賞之謂美無涯取類南果以配荔枝

紫紶

蘭陵紫紶江淹紫蘙是惟蚌類發華應春珠瑕錦蛤玉盤同珍荀子東海有紫紶卽石刼也江淹石蜐賦又名紫蘙江賦石蜐應節而揚葩謝朓詩紫蘙譽春流王維詩去問珠官俗來經石蜐春或曰卽石決明又名竈𧉼

石決明

鰒步角切句似蛤句無鱗有殼一面附石石叶音錯細孔雜雜

或七或八入藥品者以七孔八孔爲佳九孔十孔不堪用也○郭璞爾雅贊○此贊尤奇

東海夫人 淡菜

東海夫人淡菜有殼形雖不典而益帷舀求以象類

堪爲一噱

海牛

海牛魚皮潮信可卜潮至毛張潮退則伏刻像押簾

招風斯速

大蟹

女丑大蟹其廣千里擧螯爲山身故在水海陽專車

曷云其比 女丑見山海經 海陽見王會

彭蜎

爾雅彭蜎元經郭棗均爲蟹譜蜎訛以越梁王醢化

茲乃臆說

沙狗

蟹有沙狗亦似彭蜎穿沙爲穴見人則螫曲徑易道

了不可得

擁劒

蟹有擁劒一螯偏大隨潮退殼隨退復褢力能鬬虎

利甚戟刲

招潮

蟹有招潮遡月而翹背向不失與潮相招蠢物有知

云誰之教

倚望

蟹有倚望常起顧睨東西其形兩翹八跂望常如此

入穴乃止

石蜠 蜂江 蘆虎

蟹有石蜠蜂江蘆虎石殼鉄卵不中𦡆俎好事取之

充畫圖譜 蜂江又作蚌 江蚌音流

車螯

海有惟錯車螯蠣蛆眉目內鉄鑛殼外緘瓦礫何異

庖厨是堪

蠣房 房讀作阿房之房音傍

海曲蠣房或名蠔山眉渠磊砢牡牝異斑肉曰蠣黃

醰味海鑾 南州志 舊贊

蚶子

蚶爲蚌屬文似瓦屋殼中有肉紫色滿腹縱橫其理

伍味具足 盛宏之荊州記

貝

夏元周錫貨貝以市砑螺覺紙光我髦士厥有神功

消霧甯水豈特把玩止娛童子 鹽鉄論夏后氏以元貝詩曰成是貝錦貝

文如錦也 條見 骰助相貝經

蚌

蚌爲鷸詠今日不出明日不出必有死鷸鷸爲蚌語今日不雨明日不雨必有蚌脯兩國相爭不忘則傾兩士相鬭兵仗其後不鬭不爭鷸蚌兩生 衍春秋後語

螺

香螺文賺寳蛤珠龜 視雷開閉與月盛衰明璣無脛走于天涯 淮南子曰蛤蛖珠龜與月盛衰左思賦曰蛤蚌珠胎與月虧全呂覽曰月望則蚌蛤實月晦則蚌蛤虛又淮南子明月之珠出于蠬蜄

蜃

蜃乃雉化氣成樓臺摩殼以耨始于姬部農耨从辰文有自來 篆書農耨皆从辰以古者摩蜃而耨也

蠯

蠯式玉度蚌象寳爻螺書蟠稽篆蒯蟲瑁取類斯大稱名則豹何傷磊落無損賢毫 蠯蚌之狹而長者見周禮○易離爲螺寳爻見京房易傳○唐崔融贊神禹岣嶁碑云龍畫傍分螺書鈌三字徐楚金言篆法貴蟠匾蟠音果其字从蟲从尉當作蠏隸變作蠏今訛作蟠見湘山野錄豹見史記敘傳

異魚圖贊卷四畢

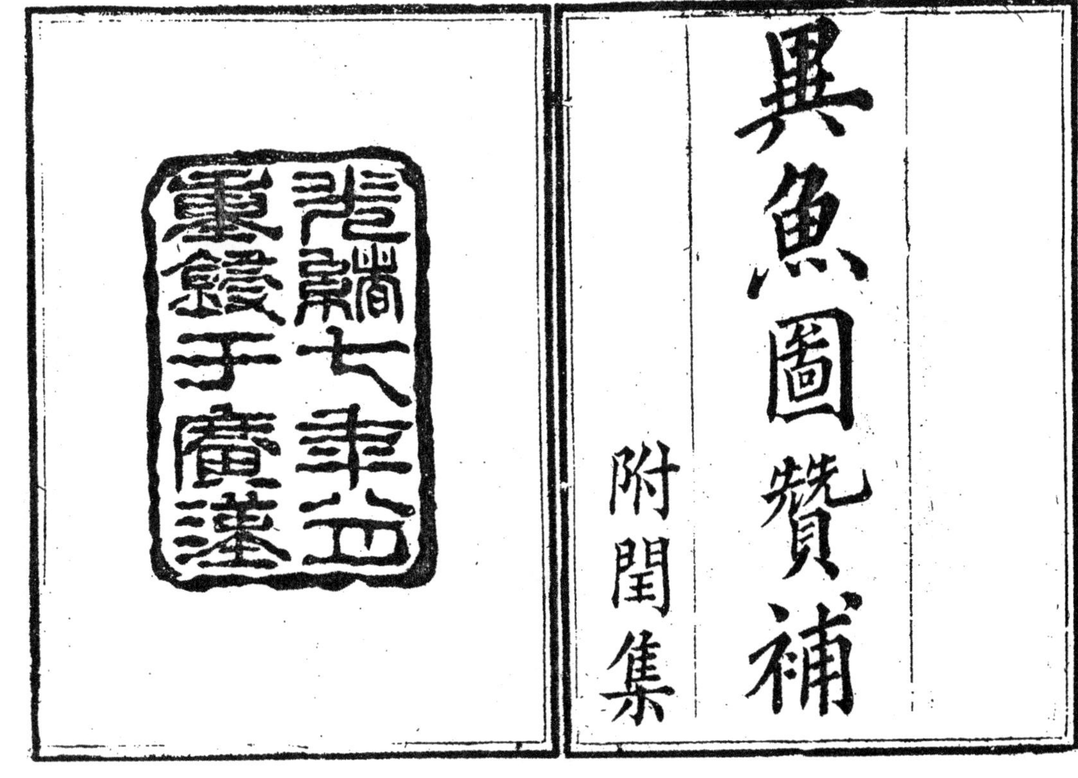

異魚圖贊補引

戊午之役觖望禹門自分泥蟠畢此生矣同社多挾策走長安而余復負笈入山寺章句瀋餘既所憎對覓話老衲外惟日披古函散帙以喻適志耳偶簡升菴先生異魚圖贊不避疎淺漫摭見聞詮次如卷已而老衲見之戲謂曰羨淵不如結網獲鮮可以忘筌余服膺其得斲輪微旨異日持青脊墨頭十數魚名暨山海經所載珠鱉之類來詋則又升菴先生所遺者余因類捜其餘補之維時陽萌寒谷氣啓負氷聊借筆墨作濡呴緣以倣簡蟫曰余將殫欽衞泌不欲自爾分飽神仙字也稿成命兒子輩較正魯魚乃亦彷箋如左凡三卷又閏集一

萬歷戊午長至日蒲亭胡世安識

異魚圖贊補目錄

卷上

印魚
井魚
毛魚
鰔魚
鮊鮮魚
鰯魚
半湯魚
風雨魚　凡二種箋附二種
海燕魚　有二種
鷗魚　有三種

壽魚　僅三種另見者不入

卷中

珠鱉魚
茈魚
鯥魚
赤鱬　箋附見一種
鱄魚　箋附見二種
修辟魚　箋附見一種
鯩魚
莽魚

鮮魚
嬴魚
鯥魚　箋附見一種
冉遺魚
鯈魚　青猶與首條殊類
滑魚　鱓魚
脂魚
化魚　三種
逆鱗魚
無鱗魚

二名魚　十種
複名魚　六種
倮虫魚　十二種
區別魚　十二種
足魚　八種
色魚　十種
器形魚　八種
異同魚　十種
羽鮮　六種
亂壙魚　十種

卷下

亙錯部

鼂 二贊

鼉

黿

能 貝

多目龜

鼈

蠏

蟛蜞 亙見前擁劍箋

虎蟳

彭蜞 箋附見二種古今注作小蟹與諸說小異

數丸

百足蟹

蟻 箋附見二種

蝦

騍步

寄居 亦名寄生箋附見三種

海朮

海扇 即車渠

蛾蝶

蜆

蟶 箋附見一贊

土鐵 一作土蛈

土肉

西施舌

海參

沙噀

石刼卒

魚類補一百五十四種贊五十七首

亙錯補三十八種贊二十八首

閏集

摩竭大魚又名摩伽羅番云鯨

海多

鰌楯 以下海魚凡二十九種箋附八種

箬魚

帶魚

竹魚 腹似青魚色似竹味似鱖出横州海中

烏頰 赤鯮

鮒魚

異魚圖贊補卷上

西蜀 胡世安 撰 綿州 李調元鶴洲校

鯔魚

鯔魚肖鯉產淺海滈非鱭非鯿音甾混系首匾身圓骨軟肉細大者號鯷子味靡儷

雨航雜錄鯔魚似鯉生淺海中專食泥身圓口小骨軟肉細似鯔而大者曰鯷神仙傳介象與吳王共論魚以鯔為上取其盬陰○張九嶮頌駕青虬驂元螭肥而凝涅而淄似烏則此黑魚不嫌入淤而食泥猶堪哺糟與啜醨○養魚經松之人于潮

泥地鑿池仲春潮水中捕鯔盈寸者養之秋而盈尺腹背皆腴為池魚之最是食泥與百藥無忌其子味更佳京口錄云頭匾而骨軟惟喜食泥色緇黑故名粵人訛為子魚閩志云目赤而身圓口小而鱗黑至冬能牽被而自藏○李時珍云生東海狀如青魚長者尺餘其子滿腹有黃脂味美獺喜食之吳越人以為佳品醃作鮝脂○齊諧記魏明帝見雒水白獺不可得徐邈曰獺嗜鯔魚不死乃刻畫板作鯔形懸于岸獺競來一時執得○鯔魚出餘姚子鱭魚出山陰

青脊魚

青脊非鯽而有鯽名身扁鱗白腴美可鯖清明改候
腦內發生肉瘦味減不中燔烹

海味索隱青鯽歌採茅積得元鯽顏如漆味如腊煑白石防中咽喉蟠栖吐崑核北五葷是雞肋中間棄之殊可惜屠本畯云青脊魚身扁而鱗色俱白以背上一條青脊得名非青鯽魚也其膏腴甚美出秦化縣士庶咸珍之在俱魚之上過清明時候腦中生蟲名魚蝨漸大而魚亦漸瘦便不堪食矣豈張將軍食此魚正在生蝨時耶但脊作鯽土人故自訛耳○漁書黃魚狀似時魚而小一名青鯽寧波出者佳鱗薄刺柔海人尚之

香魚

雁珍維五香魚殿供丰美拔萃五斗曷庸月增一寸
自春徂冬

雨航雜錄雁山五珍謂龍湫茶觀音竹金星草山樂官香魚也士人朱太守素無宦情嘗曰豈以五斗易五珍香魚鱗細不腥春初生月長一寸至冬月長盈尺則赴朝際生子生已輒槁惟雁山溪澗有之他無有也一名記月魚

墨頭魚

墨鱸類鱓出以三月魚火夜伺其來勃窣好事相傳
墨瀋攸漏

墨頭魚屬嘉州出形狀類鱓子長者及尺其頭黑如墨頭上有白子二枚又名二斗魚常以二三月出漁人以火夜照乂之惟郭璞臺前乃有世傳璞著書臺上魚吞洗硯之墨所化或名墨鱸○方物畧云黑頭魚形若鱓長者及尺出嘉州歲三月則至惟郭璞臺前有之里人欲怪其說則言璞著書臺下魚吞其墨故首黑贊曰黑首白腹修體短頷春則羣泳促罟斯獲嘉州又有容朗魚似鮒肉嫩而美不恒有也

馬嘉魚

福之馬嘉燕尾銀膚春夏乳子始與潮徂知進眯退
見東罧羅

癸辛雜識姚谿效柳河東三戒作三說其一曰福之馬嘉云海有魚曰馬嘉銀膚燕尾大者視晬兒欒而火鱐之可致遠常淵潛不可捕春夏乳子則隨潮出沒而上漁者用此時簾而取之簾為疏目廣袤數十尋兩舟引張之縋以鐵下垂水底魚過

者必鑽觸求進愈觸愈怒則頰張鬣舒鉤着其目致不可脫向使觸網而能退則攸然逝矣知進而不退用罹烹醢之酷悲夫

鯈鮇

浮陽之魚名曰鯈鮇狀如柳葉羣游發發胠沙望洋有懷莫谿省枯魚書徒增嗟咄

荀子鯈（音稠）鮇（當作鯫）者浮陽之魚也胠（祛同）于沙而思水則無逮矣挂于患而欲謹則無益矣○本草名鰷魚一名鰲魚一名鮂魚鯈其狀也粲其色也囚其性也李時珍云生江湖中小魚長僅數寸形狹而扁狀如柳葉鱗細而整潔白可愛性好羣游最宜鮓菹

鮸魚

腮有三四彷彿淞鱸雖有鰲名與鯢類殊

雨航雜錄鮸魚狀似鱸而肉粗三腮曰鮸四腮曰茅鮸樂請志所謂鰵（音敏）魚是也一曰茅狂○林曰瑞魚書云鰵狀如石首而大黑色多鱗巨者鱗如海鏡眼如碗重數十斤生深海中可脯可醢其膠絕堅美工師為几案諸器物常用之○篇海鰶鰿同（音憤）卽鰵也此魚圓如盤口在腹下尾有毒此似另種互見黃魟箋

杜父魚

溪澗小魚爰有杜父狀類吹沙口濶喙䂢脊鬐雖螫渡父攸憮

杜父魚一名渡父魚一名黃黝（音幼）魚一名船矴魚臨海志名伏念魚古今注江東呼童子魚為土父是也李時珍云溪澗小魚渡父所食故名見人則以喙插入泥中如船矴也陳藏器云杜父魚生溪澗中長二三寸狀如吹沙而短其尾岐大頭濶口其色黃黑有斑脊上有鬐刺螫人

勒魚

東南海中夏初謖謖漁人設網伺鯯次逐狀刺如鰣冰鮮是鬻甜瓜若生骨蒂尋熟

本草此魚腹有硬刺勒人故名出東南海中以四月至漁人設網候之聽水中有聲則魚至矣有一次二次三次乃止狀如鰣魚小首細鱗腹下有硬刺如鰣刺頭上有骨合之如鶴喙形乾者謂之勒鯗吳人嗜之甜瓜生者用勒鯗骨插蒂上一夜便熟石首鯗骨亦然○養魚經鯯魚腹下之骨如鋸可勒出與石首同時海人以冰養之而鬻于諸郡

謂之冰鮮

沉虎　潛鹿

惟海蠻師魚身虎首爰彼潛鹿亦班龍偶變化無恆孰是樞紐

談乘沉虎虎頭魚也潛鹿鹿頭魚也互見前鮫箋○夢溪筆談嘉祐中海中漁人獲一物魚身而首如虎亦作虎文有兩短足在肩指爪皆虎長八九尺視人輒淚下舁至郡中數日方死有父老云昔年曾見又謂之海蠻師然書傳小說未嘗載○臨海水土異物志鹿頭魚有兩角如鹿又雷州出虎

鯊鹿鯊電白海中有鹿魚梅聖俞有鹿角魚詩海中魚角矗矗不擬龍乃擬鹿嶺表錄異鹿子魚頳色其尾鬣皆有鹿斑赤黃色羅州圖經云州南海中有洲每春夏此魚跳出洲化而爲鹿曾有人拾得一魚頭已化鹿尾猶是魚南人云魚化爲鹿肉腥不甚食

黃魟魚

魚曰黃魟音烘身似櫛葉頭尖無鱗末刺堪慴

酉陽雜俎黃魟魚色黃無鱗頭尖身似大櫛葉口在頷下眼後有耳竅通于腦尾長一尺末三刺甚毒○雨航雜錄魟魚形圓似扇無鱗色紫黑口在腹下尾長于身如狸鼠其最大曰鮫其次曰錦魟曰黃魟曰斑魟曰牛魟曰虎魟魟或作鱝文選所謂鱝魚也尾端有刺甚毒大抵海魚惟魟尤熱于諸魚不可常餐

油魚

河首石穴油魚所裔三寸而修豈魟之灑肥以中秋炙食腴毳

油魚在雲南鄧川州南上有珥池又五里爲油魚穴魚長僅二三寸中秋則肥孟冬則絕○沮水記

云河首關有石穴八九月產油魚甚肥人謂水鹹則然油魚視魟魚更小而肥美過之炙則腴毳

黃鯝魚

黃鯝小魚身扁鱗白潤不踰寸長不近尺可充鮓菹宜于熥炙黃姑黃骨呼訛南北

本草黃鯝魚生江湖中小魚也狀似白魚而頭尾不昂扁身細鱗白色潤不踰寸長不近尺可作鮓菹煎炙甚美按魚腸肥曰鯝此魚長腹多脂魚人煉取黃油然燈甚腥南人訛呼黃姑魚北人訛呼黃骨魚

白魚

北勝陳海白魚是青江湖類生太湖擅獨鱎鮊殊稱
武舟戩穀雄詮魟名崔豹有錄

一統志白魚出雲南北勝州陳海狀如鯉而色白又淮水出白魚和州出淮白魚○避暑錄太湖之白魚冠天下梅雨後十有五日入時白魚最盛謂之時裏白○本草亦作鮊一名鱎魚白者色也喬者頭尾向上也劉翰云生江湖中頭昂大者長六七尺李時珍云鮊形窄腹扁鱗細頭尾俱向上肉有細刺武王白魚入舟即此○古今注白魚雄者

曰魟子好羣浮水上名白萍

陽鱎

迎釣輒吞陽鱎則爾肉幉無味質薄不美譬彼冠蓋
前塵倒屣賢喆烹鮮云胡不鄙

說苑宓子賤爲單父宰過陽晝曰子亦有以送僕乎陽晝曰夫投綸錯餌迎而吸之者陽鱎也其爲魚博而肉厚子賤曰善未至單父冠蓋迎之者交接于道子賤曰車驅之車驅之夫陽晝之所謂陽鱎者至矣于是請耆老尊賢者而與之共治

白鰱

魚之貴者爰有白鰱納池白露違時則朘

養魚經曰鰱乃魚之貴者白露左右始可納之池中或前一月或後一月皆不育漁人攜于舟若煎炙油氣觸之則目瞎京口錄云巨首細鱗池塘中多畜之

鯼魚

魚饕類者江湖有鯼志訛石首食療混鯮其實三種
稍有異同

李時珍云鯼性啖魚其目瞍視故名異物志作石首非也食療作鯮鯮生江湖中體圓厚而長似鱤魚而腹稍起扁額長喙口在頷下細鱗腹白背微黃色亦能啖魚大者二三十斤

魣魚

閩莆有魣鮮食朶頤剖腹子滿元冬佳時

王得臣麈史魣魚閩中鮮食最珍者長七八寸濶二三寸剖之子滿腹冬日正其佳時莆田迎仙鎮乃其出處黃公度云莆中佳產惟子魚紫菜荔枝蠣房也○宋方勻泊宅編興化軍子魚惟通應大師廟前者最美世稱通應子魚而東坡詩通應子魚猶帶骨應作印恐誤○漁書子魚似青魚而小

正二月間佳此種海上多有之惟鹹淡水之交其品獨擅又有青鮌白鮌大同小異海人能辨之臨安只子魚一種大則鯔魚也生江中者勝他產類說秦檜夫人嘗春日入宮顯化太后言近日子魚大者絕少夫人曰妾家有之當以百尾進歸告檜咎其失言乃謀之客以青魚進后撫掌大笑云我道這婆子村果然

印魚

首載篆籀注諸魚死似青而修鋪必先祀勝鶚炙者彼或疑此

雜俎印魚長一尺三寸額上四方如印有字諸大魚應死者先以印封之○明黃鐵橋海語印魚出南海中似青魚而修廣過之頭骨中折如解顱之嬰腦後垂皮方經三寸許若道巾之披餘然上有黑文儼如篆籀島夷間有獲者必珍藏之○述異記城陽縣南有堯慶都墓前一池魚頭間有印文謂之印頰魚若非祀者捕而不得○郭詳正詩仙魚通印勝鶚炙亦猶蘇之誤也

井魚

井魚乃穴噴水濺濺經其噏吐變海而泉

雜俎井魚腦有穴每翕水輒于腦穴蹙出如飛泉散落海中舟人兢以空器貯之海水鹹若經魚腦穴出反澹如泉水焉成式見梵僧善提勝說

毛魚

南潯洞穴陰源下通中有毛魚與龍同宮梟鬣頷豪可貼屏風

拾遺記南潯之國有洞穴陰源其下通地脉中有毛龍毛魚同穴而處○續博物志海州有人持一束黑物形如竹篾云海魚腮中毛可作屏風貼色似水牛角頭似猪鬃長二尺四寸廣可一寸

箴魚

喙有箴紋字曰箴魚形同鱠殘疫疾用除釣鍼所化俗說堪吹

本草作鱵臨海志作銅哾魚東山經栒狀山识水出焉北注于湖中多箴魚狀如儵其喙如箴食之無疫疾○寰宇記鱵魚生江湖中大小形狀并同鱠殘但喙尖有一細黑骨如鍼是異耳俗云姜太公釣鍼所化又名姜公魚○志吳江出針口魚首載鍼芒身長五六寸土人多取充鱅

鮊鮮魚

鮊鮮之魚體藐中薄嶼澂所饒市充瘴藥

一統志澂江府河陽縣出鮊鮮魚一名康郎魚雲南諸府買作瘴藥一作慷寶注慷寶空貌今此魚亦乾而中空

鰯魚

鰯魚無骨臑膩如膏徒哆厥口不足以豪

雨航雜錄鰯魚身柔如膏無骨鱗細口濶齒多一作鱁海上人目人弱者目鰯○海味索隱頌豐若無肌柔若無骨截之肪耶盡之脂耶乳沉雪山鉢底酥凝玉門關外露滴仙盤掌中其卽若箇之化身也耶四明屠本畯云水族風味眞上品也一作風鰯

半湯魚

半湯湖魚互入輒死亦如鰌鮰不入江水

一統志應天府東北有半湯湖水同一竅而冷熱相半熱可瀹雞中皆有魚魚交入輒死民引熱水溉田一歲兩熟○埤雅鰌鮰入江水輒死韓文公詩江魚不池活今魚生流水中則背鱗白而味美生止水中則背黑而味惡亦一驗曹植云鹹水之魚不游于江淡水之魚不入于海

風雨魚

海鷂風使白袋雨奴姓同箕畢翅角形殊

雨航雜錄海鷂魚亦文鰩類也形似鷂有肉翅能飛上石頭齒如石板出主風又有白袋魚似牛而白自海入江則兆水澤諺曰海鷂風伯使白袋雨師奴○釋名海鷂魚一名邵陽魚食鑑作少陽魚一名荷[illegible]魚一名鱝魚一名鯆魮魚一名蕃踰魚一名石蠣陳藏器云生東海尾有大毒逢物以尾撥而食之其尾刺人三刺中之者死二刺者困一刺者可以救候人溺處刺釘之令人陰腫痛拔去乃愈海人被刺毒者以魚扈竹及海獺皮解之又有鼠尾魚地青魚並生南海俱有肉翅刺在尾中食肉去刺○李時珍云海鷂魚江湖一時有之狀如盤及荷葉大者圍七八尺無足無鱗背青腹白口在腹下目在額上尾長有節螫人最毒皮色肉味俱仝鮎魚肉內皆骨節節聯比脆軟可食吳人措之魏武食制蕃踰魚大者如箕尾長數尺是已卽漳泉所謂鱝魚嶺表錄異雞子魚嘴形如鷂肉翅無鱗色類鮎魚尾尖而長有風濤卽乘風飛于海上此亦海鷂類也○南越記天牛魚方圓三

丈眼大如斗口在脇下露齒無脣兩肉角如臂兩翼長六尺尾長五尺或亦白袋類也

海燕魚

魚有海燕大小種殊聲如牛者矯然潮驅以寸計者陰雨翔匯

廣古今五行記齊鹽官縣石浦有海魚乘潮來去長三十餘丈黑色無鱗其聲如牛土人呼為海燕○本草海燕出東海大一寸狀扁面圓背上青黑腹下白脆似海螵蛸有紋如簟茵口在腹下食細沙口旁有五路正勾即其足也臨海水土記陽遂

足生海中色青黑腹白有五足不知頭尾生時體耎死即乾脆正此異物志載燕魚長五寸陰雨則飛起亦即此主治陰雨發損痛亦入滋陽藥

鬬魚

有魚矯悍斑紋炫盼習訓爭長里兒競參

宋張世南遊宦紀聞三山溪中產小魚斑紋赤黑相間里中兒豢之角勝負為博戲昔有鬬禽未見有鬬魚亦可觀也聞永嘉亦有之○稗史波師魚俗名師婆魚其大如指髻鬣具五采兩腮有小點如黛性矯悍好與魚鬬○五雜組閩莆中喜畜鬬魚其色斕斒喜鬬纏繞終日尾盡齧斷不解此魚吾郡亦有之俗名錢爿魚畜之盆中諸魚無不受齧人皆惡之而莆人乃珍重如許良可怪也

毒魚

虢師越龜及離頭溺人中厥毒亦孔之戚

北山經饒山歷虢之水出焉東注于河中有師魚食之殺人陳藏器云魚師大者有毒殺人今無識者但唐韻鰤老魚也及北山經所云其即此與○南越志繢尾魚有毒一名龜名酉陽雜俎傍海大魚脊上有石十二一名離頭溺一名螃蟾其溺甚

毒

異魚圖贊補卷上

異魚圖贊補卷中

西蜀胡世安撰　綿州　李調元鶴洲校

珠蟞魚

珠蟞足六如肺有目瘳癘若逐甘酸盈匊

東山經葛山豐水出焉東至于余澤中多珠蟞魚其狀如肺而有目六足有珠其味酸甘食之無癘一統志生高州海中四目六足而吐珠呂氏春秋澧水魚之美者名曰珠鼈淮南子蛤蠏珠鼈與月盛衰埤雅鼈珠在足皆指此也

茈魚

泚水茈魚一首十身臭越蘼蕪失氣以跛

東山經東始山泚水出焉中多茈魚狀如鮒一首而十身其臭如蘼蕪食之不糟郭注止失氣也按朔法師混作鯊魚非

鯥魚

鯥好陵居魼羽蛇尾音如留牛夏生冬死

南山經柢陽山之東音蔕山多水有魚焉狀如牛陵居蛇尾有翼其羽在魼亦作脅下其音如留牛名曰鯥冬死而夏生食之無腫疾

赤鱬

卽翼赤鱬是醫疥瘃人面鳥音茜質漾泳比之陵魚而無手足

篇海作鮢鱬南山經靑丘山英水出焉南注卽翼之澤中多赤鱬其狀如魚而人面音如鴛鴦食之不疥○海內北經陵魚人面手足魚身在海中

鱄魚

鱄音團狀曾鮒音毛竊豚不利于見蠵薄之倫

南山經雞山黑水出焉南注于海中有鱄魚狀如鮒而彘毛音如豚見則天下大旱○東山經獨山末塗之水出焉東南注沔中多偹蟰狀如黃蛇魚

翼出入有光見則其邑大旱文女蒸山膏水出焉西注于鬲水中多薄魚狀如鱣而一目其音如歐謂如人嘔吐聲見則天下大旱

修辟魚

黽形鴟聲維喙則白功捋豪魚厥名修辟

中山經橐山橐水出焉北注于河中多修辟之魚狀如黽而白喙其音如鴟食之已白癬○又渠豬山之水中多豪魚狀如鮪赤喙尾赤羽可以已白癬

鯩魚

鯩魚貌鮒其文則黑希夷先生或不薦食

中山經來需之水出于半石山陽而西注于伊中多鯩魚黑文其狀如鮒食者不睡

莽魚

莽魚形大龜首鼈身患劇鵜獺惟最不仁

中山經槐水之河有莽魚其形至大龜首鼈身是河內所出魚盡皆食之

鮮魚

招水源禺鮮厥府藏魚尾兩足狀鼈音羊

西山經英山禺水出焉北注于招水中多鮮魚狀

如鼈音如羊郭注狀如龜而魚尾二足

嬴魚

濛水注洋有嬴泳斯音鶩翼鳥陽侯是眡

西山經邽山濛水出焉南注于洋中多嬴（音螺王爲作蠃）魚魚身而鳥翼見則其邑大水

鰠魚

鰠魚渭產其狀如鱣覯等朱獳休鯑代鵹

西山經鳥鼠同穴之山渭水出焉東注于河中多鰠魚動則其國有大兵○東山經耿山有獸狀如狐而魚翼名曰朱獳其鳴自叫見則其國有恐○

中山經少室之山休水出焉北注于雒中多鯑魚狀如盩蜼而長距足白而對食者無蠱疾可禦兵

冉遺魚

北注陵羊是曰涴水誕育冉遺目如馬耳蛇首六足朋鯑侶鮹捐眯禦凶山經稱美

西山經英鞮山涴水出焉北注陵羊之澤多冉遺（或作鮹鱧）之魚魚身蛇首六足其目如馬耳食之使人不眯（同寐）可以禦凶

鯈（音猷）魚

汨和捐平莫慘于憂詩詠萱草山經則鯈（舊圖贊）

北山經帶山彭湖之水其中多鯈魚狀如鷄而赤色三尾六足四首其音如鵲食之已憂一云亦可以禦火○或謂萱草二句應改云霍山朏朏彭水則鯈更切按中山經霍山有獸狀如狸而白尾有鬣名曰朏朏食之可以已憂

滑魚　鱳魚

諸毗有滑泰澤有鱳已疣功並宜用充庖

北山經求如山滑水出焉西注于諸毗之水中多滑魚狀如鱓赤背其音如梧食之已疣又獄法山瀤澤之水出焉東北注于泰澤中多鱳魚狀如鯉

而雜足食之已疣又展水鯺魚亦已疣見前

鮨音詣魚

囂水鮨魚見音犬首琴牧而存吾以薦酒

北山經北嶽山諸懷之水出焉西注于囂水中多鮨魚魚身而犬首音如嬰兒食之已狂

化魚

鱗而毛羽黃魚化鵝泡變豪豬沙魚更虎

倦游雜記黃魚化爲鸚鵡泡魚大者如斗身有刺化爲豪豬沙魚之斑者化爲虎○臨海記魚虎名土奴魚陳藏器云生南海頭如虎背皮如猬有刺着人如蛇咬能化豪豬亦有變虎者○海語虎頭鯊化虎惟四足難化經月乃成或曰虎文直而疏且長者鯋化也炳炳成章者常虎也

逆鱗魚

魚逆鱗者仙經肉芝詭質殊育明遠志之

瑣碎錄魚逆水而上鳥向風而立取其鱗羽之順也按紀聞逆鱗魚仙經謂之肉芝○鮑昭登雷岸與妹令暉書繁化殊育詭質怪章則有芒須針尾之族逆鱗反舌之屬

無鱗魚

黃帝遊雒見鯉無鱗其長三丈赤文青身

河圖黃帝遊于雒見鯉魚長三丈青身無鱗赤文成字○西寧衛志城西三百里外西海方數百里中有魚無鱗背負黑點

二名魚

二名之魚篇海可坡鯸鮐鰯鱯音華額鮚子鮇鯕鮅鰤鮯鮯音鰟鰳鰳音納哈鮹䱻音蒲夷堪孖音序山經攸垂

以上魚皆兩字名不及特表者鮚子魚其生也帶子鮅鰤海魚鮯鰟魚似鯖而小北山經碣石繩水出焉東注于河中多蒲夷之魚東南經犲山其下多水中多堪孖之魚其餘形色地產未詳

複名魚

魚複名者鰼鰼鱅鱅鰤鰤鮯鮯蠻蠻禺禺音顒

鰼鰼鮯鮯見前東山經𣗥𧑒山食水出焉中多鱅鱅之魚其狀如犂牛其音如彘鳴北山經少咸山敦水出焉東注于雁門之水中多鰤鰤音沛或之魚食之殺人西山經剛山之尾雒水出焉北流注于河中多蠻蠻之魚其狀鼠身而鼈首音如吠犬王會揚州獻禺禺之魚○按相如賦禺禺魼鰨郭璞云即比目魚

倮虫魚
竊人形號貴賤皆備水國塵寰易地一視
北山經龍侯山決決之水出焉東注于河中多人
魚狀如鯑四足音如嬰兒食之無癡(一作疾)又竹
山竹水出焉熊耳之山浮濠之水出焉陽華之山
楊水出焉䫈䫈之山漁水出焉其中皆多人魚陶
弘景云人魚膏燃之不消秦皇驪塚所用人膏是
也乾道六年湖州市口弄蛇容養一魚于瓦盆狀
如鮎而腹黑下出兩手若人狀十指皆具亦人魚
也○鯑釋名人魚又名孩兒魚按孩兒魚有二種

生江湖中形色皆如鱣鮠腹下翅形似足其腮頰
軋軋音如兒啼即鯑也一種生溪澗中形聲皆同
但能上樹乃鯢魚也又名納魚見范蜀公所稱按
郭璞云鯢魚四脚前脚似猴後脚似狗大者長八
九尺寇宗奭云鯑形微似獺四足腹重墜如囊身
微紫色無鱗常剖視之中有小魚小蟹小石數枚
也○雜俎梵僧普提勝說異魚東海漁人言近獲
一魚長五六尺腸胃成胡鹿刀槊之狀號秦皇魚
也○述異記欽州有一陂陂之中有范蠡魚昔范蠡釣
得大魚烹食之小者放于陂又云和州歷陽淪爲
湖今湖中有名府魚奴魚婢魚○一統志臨海出
望潮魚一名海和尚○海內北經東洋大海有和
尚魚狀如鱉其身紅赤色從潮水而至○志重慶
東南二百五十里有魚池流合峴江圖經云嘗有
神魚游此世傳巴子魚也○養魚經鰕虎之魚類
土附而腮紅若虎善食鰕俗謂新婦之魚

區別魚
形色不一難以類求或地待顯或因地收何必淵羨
展卷與游
朝野僉載峰州有一道水從吐蕃中來夏冷如氷

雪有魚長一二寸來去有時人取烹之而食千萬
家取不可盡不知所從來名峰州魚○雜俎興州
有一處名雷穴水常半穴每雷聲水塞穴流魚隨
流而出百姓每候雷聲繞樹布網獲魚無限非雷
聲漁子聚鼓擊穴口魚亦輙出所獲半于雷時人
呼雷穴魚韋行規作興州刺史書此事移親故云
○晉吳隷爲魚塞于雲湖有大魚化人語隷云曉
有大魚攻塞切勿殺隷許之須臾有大魚至羣魚
從之隷同侶誤殺大魚是夕風雨冥晦魚悉飛上
木間因號飛魚逕在九江城西二里○宋天聖中

丁少連侍母觀網魚得大鯉命烹之庖人驚報魚頂生角魚已瀕死少連祝曰魚若變化分當再活試以水囷囷如初遂放于清石潭盧載作送角鯉文因以名池在醴陵縣東○東湖魚產南昌其湖水清魚美宋徐附詩東湖春水百魚金是也又江魚此魚食金花水其味美又南川九遞山下有水豬為池中產異魚人不敢取名九遞魚○鏈水源出淩江其流會于保水春多鏈魚在南雄西十里鯉魚潭水深碧中有異魚如鯉人取而烹食之則化水在瓊州澄邁縣南五十里又魚翁井泉極

清洌相傳泉與海通中有一大魚頭白俗呼魚翁呼之輒出在文昌縣西○宋景公食善星文有淇漳之鱧中山經有峪山江水之鱉

足魚

鱗鬣發發浮空若跋名異形殊乳同濡沫魶䱻魰鰌從類槩括建洞浮湖推之愈濶

北戶錄全義（嶺表異錄作金義嶺）之西南有山曰盤龍山有乳洞洞有金沙龍盤魚皆四足修尾丹腹狀如守宮游泳水濱人莫敢犯按御覽云龍蟠山有石洞洞中小水有四足魚皆如龍形人殺之即風雨也

然唐韻云鰨魚四足鯑鯢別見但未見言其可致風雨耳公路因思道書說五頭魚三足鹿皆神化所致不可以類而推也○滎經水及西山溪谷出魶魚有足能緣木聲如兒啼蜀人食之○山經欒游山桃水出焉中多䱻（音骨與音滑者不同）此魚狀如蛇而四足是食魚疑即䱻○篇海魰（音役）魚有四足○梧州放生池中多鰌魚有四足死後頭骨牙齒朽落至五月後更生骨盡乃止此疑鱷類○眞臘國出建同魚四足無鱗鼻如象吸水上噴高五六丈又浮湖魚八足狀如魟嘴如鸚鵡○宜興頤山潛虬

泉幽深泓澄中有異魚四足能行率數歲一出出必有水災

色魚

洪纖匪一五色備焉豈其水府染績有權

北戶錄歷潤潭有五色魚○中山經景山睢水出焉中多文魚○拾遺記鮌沉羽淵化元魚時揚鬐振鱗橫游波上見者謂爲河精又瀛州名環州東有淵洞有魚長千丈色斑鼻端有角時鼓舞羣戲遠望水間有五色雲就視乃此魚噴水爲之慶雲之麗無以加也○裴晉公謂門人曰吾死無所繫

但午橋莊松雲嶺未成歎碧池鏽魚尾未長漢書未終篇爲可恨耳○元志廣州有赤魚又韶州府東南五十里温泉中時見赤魚游泳人不敢捕○昌化縣西北千頃山有龍湫魚皆金銀色禱雨多應○昆陽平定鄉小山下有三洞泉出會而爲潭中有青白大魚俗呼隨龍魚人不敢獲○粵西陽朔縣西十五里有異魚塘中有魚綠鱗而紅鬣○劍州普安廢縣浴丹池唐杜光庭浴丹之所池有魚赤鬣色如金飛躍其中或探取必觸風雨之變

器形魚

鋸笄鞘鏡以形似名斗枓筆管亦詭厥生腦金抱石無忝別旌

寰宇記惠州出鋸魚亦名狼籍魚身長二丈口長三尺廣三寸左右齒如鐵鋸南越志作鰯魚○漁書云鋸魚生大海中不多見其牙齒長五六尺兩傍如鋸齒故名魚人云此魚惜齒齒掛于網則身不敢動恐傷其齒諺謂千金之鋸命懸一絲是也○笄魚色白如笄長尺餘又一種越王笄大如笄白色生海邊池中見卽取之可得取待則入土中矣○鞘魚出江湖形如馬鞭尾有兩岐如鞭鞘因

名○雜俎齊南郡東北有鍾坑相傳魏景明中有人穿井得魚大如鏡其夜河水溢入此坑坑中居人皆化鱣又異物志南方鏡魚圓如鏡○南越志石魚形圓如七斗枓又君魚長三寸背上骨如筆管大者似口逢諸細魚及黿皆斷之○博物志金魚腦中有麩金出功婆塞江○吉安龍泉縣小江出抱石魚又太原保德州出石花魚

異同魚

波食欣賜逐侶而遊形味互似豈亦眞優

首句見關尹子○南越志眞魚如織絲魚又云織

杼魚如眞魚背上正青又寄魚長三寸似白魚常附海船以濟洪波一曰寄栽魚又鱸魚似鮇鱓尾上有刺如欓樹刺也○鱌魚似蛇長一丈○鰤魚似鱉無甲有尾口在腹下土人呼爲[illegible]魚又謂之鑊蓋魚取其形似有薑尾世言螫人劉姓輒死他不皆然當是惡業所感○鮥海魚似鯿肥美○鰬魚似鱓相如賦鯿鰫鰬魠○鱭音齊魚出漢水似鯉而小○𩸞魚似魟色白鼻長

羽鮮

魚禽易化不隔天淵今之似者應謚羽鮮

山海經子桐山子桐之水出焉西注餘如之澤中多鯖音滑魚狀如魚而鳥翼出入有光音如鴛鴦見則大旱〇青箱雜記海有魚虬尾似鴟用以噴浪則降雨漢柏梁災越王上厭勝之法乃大起建章宮遂設鴟魚像于屋脊以厭火災卽今世鴟吻是也〇惠州志黃雀魚常以八月化黃雀十月後仍入水化魚〇廣州元志有鳳尾魚〇安南嘉興州蒙縣龍門江漢書封谿縣隄防龍門水卽此傍有穴多出鸚鵡魚色青綠口曲而紅似鸚鵡相傳此魚能化龍云〇象山縣西東攝潭舊潭中產鶴龜其甲尺許背如鸚鵡尾長八九寸鱗甲炯然

亂壙魚

不隸毛尾王詭形水族艮惡性同無復並育

肇慶志陽江縣江中有潛牛形似魚能上岸與牛鬭角軟還入水堅則復出〇廣志東海有馬鮲魚或名馬交〇南越志鼠魚頭似鼠〇文登志縣北海中有海驢常以八九月上島產乳其皮水不能潤可以禦雨又海狸亦上牛島產乳逢人則化魚入于水〇雜俎象浦有馬頭魚色黑長五丈餘頭如馬伺人入水食之又周陵溪中有魚其頭似羊

俗呼羊頭魚豐肉少骨殊美于餘魚〇海豚腦上有孔噴水直上百數爲羣人先取其子繫水中母自來就取之河豚無頰無鱗觸之則怒氣滿腹江豚鼻中作聲出入水上舟人候之知風雨〇南方物狀水猪魚似豬形

異魚圖贊補卷中終

異魚圖賛補卷下

西蜀　胡世安　撰　綿州　李調元鶴洲　校

互錯部

黿

介蟲之元升沉隨月以其類求偶然雄鼈作梁夏周脂可爇鐵子公染指遂成鄭孽

爾雅翼黿似鼈而大南人亦捕食之濶至一二丈介蟲之元也鼈以爲雄故黿鳴而鼈應淮南子燒黿致鼈此以其類求之○一云黿大于鼉朔望隨月浮水月沉則没此屬陰也○拾遺記禹濟巨海

黿鼉爲梁又紀年周穆王東至九江叱黿鼉爲梁而履之○埤雅黿亦思化其脂得火可以然鐵張鼎云其脂磨鐵則明○楚人獻黿于鄭靈公子公之食指動謂子家曰必嘗異味及宰夫烹黿食大夫不與子公子公染指于鼎嘗之而出○五雜組殺黿割肉縣桁間見無人便自垂至地聞人聲即縮黿肉封盡而留腸屬于首數日不死烏攫之仍爲所嚙

鼉

鼉狀守宮亦名土龍吐水向日鳴即雨從力攻碕岸樹鼓逢逢其枕瑩潔卵至盈朒就穴掘牽人不易蹤

說文鼉狀如守宮長一二丈丈五色背毛有鱗甲如鎧能吐雲致雨身具十二肖肉蛇肉最後在尾皮堅厚可冒鼓○本經名鮀魚一名土龍其甲黑色能横飛不能上騰夜鳴應更吳越謂之鱓音鮀更向日吐水日沉則没此屬陽也埤雅云欲雨則鳴舊云性嗜睡目常閉力尤猛健善攻碕岸○詩鼉鼓逢逢夏小正剝鼉以鼓陶宏景云惟至難死沸湯沃口入腹良久乃能剝之李斯傳樹靈鼉之鼓晉安海物記鼉宵鳴如桴鼓今江淮間謂鼉鳴爲

鼉鼓○陳藏器云人于穴中掘之百人掘須百人牽一人掘亦一人牽不肰終不可出○李時珍云穴極深漁人以篾纜繫餌探之候其吞鉤徐徐引出其枕瑩潔勝于魚枕生卵甚多至百亦自食之南人珎其肉以爲嫁娶之敬

龜

元衣督郵質應離象星散瑤光前知幽兕

古今注一名元衣督郵一名洞元先生一名冥靈甲曰神屋又號先知君抱朴子山中巳日稱時君者龜也○李顒賦質應離象位定坎居按易離爲

龜○春秋運斗樞瑤光星散爲龜事類賦伊神龜之效質實瑤光之散精○說苑靈龜文五色似玉似金背陰而負陽上隆象天下平法地盤衍象山四趾轉運象四時文著象二十八宿蛇頭龍頸左睛象日右睛象月千載之化下氣上通能知存亡吉凶之變

天生神物十朋之龜或游于火或游于蓍雖云類殊象一歸亹亹致用極數盡幾 郭璞贊

漢書元龜距形尺二寸直一千一百六十爲尺貝十朋公龜九寸以上直五百爲壯貝十朋侯龜七寸以上直三百爲公貝十朋子龜五寸以上直百爲小貝十朋爲寶四器○孫氏瑞應圖龜生三百歲游于蕖葉之上三千歲尙在蓍叢之下爾雅十曰人龜法猶火鼠類又抱朴子千歲之龜五色具焉額生兩骨起似角解人語或浮蓮葉之上或在叢蓍之下其上時有白雲○龜甲蟲之長外骨內肉腸屬于首能運任脈廣肩大腰思抱其息以耳雌雄尾交亦與蛇匹靈而多壽

能 賁

鼈三足曰能龜三足曰賁食之已蟲癧產于從伊濆

爾雅鼈三足者曰能龜三足者曰賁山海經從水多三足鼈食之無蠱○又大若山陽狂水出焉注于伊中多三足龜食之可以已腫○姚福庚巳篇太倉民家得三足鼈烹食畢入卧少頃形化血水止髮耳鄰人疑其婦謀害訟之官時令黃廷宣鞫問不決乃別取三足鼈令婦如前烹治取死囚食之入獄亦化如前人遂辨其獄竊謂能之有毒不應如此然理外事亦未可臆斷也而山海經云云近亦有誤食無恙者何哉○大明會典暹羅獻六足龜宋史趙霆獻兩頭龜此又前人所未知者也

多目龜

星池神龜爰有六眸或四或八塵食獨游

拾遺記星池千里池中有神龜八足六眼背負七星日月八方之圖腹有五嶽四瀆之象時出石上望之煌煌如列星○江賦有鼈三足有龜六眸○劉宋太始二年八月四眼龜見會稽六年吳興獻八眼龜齊永明五年六月建城獲四目龜八月延州獲六目龜唐書江州獻六眼龜

鼈

穹脊周裙目聽思化九肋稱貝一足堪訝神守在池

龍誘可謝

本草鼈水居陸生穹脊連脇與龜同類四緣有肉裠裾甲無耳以目爲聽純雌無雄以蛇及黿爲匹卵生思抱其行鼈鼈故謂之鼈俗呼團魚因形圓也鼉一鳴而鼈伏遇蚊叮則死得蚊煑則爛而熏蚊者復用鼈甲物相報復如此之異○段成式云甲蟲影伏鼈伏于淵而卵剖于陵此思化也○九肋者勝目白腹下天字者不可食摭言袁州盧肇答人云正如沅江鼈甲九肋者稀白澤圖一足鼈池精名鬚頊○養魚經魚滿三百六十則龍爲之

長而引飛出水內有鼈則魚不復去故一名神守一名東明一名河伯從事

蟹

鶚眼鱟足蝘腦蜩腹流止色殊雌雄異錄敗漆集鼠膏金髓玉執穗朝魁無腸仄行

傳肱蟹譜總論云蟹水蟲也亦曰魚屬以其外骨則介蟲取其橫行目爲螃蟹鶚眼蜩腹蝘腦鱟足其抵類拳丁其螯類執鉞其跪叉背外刺性復躁或編諸繩縷或投諸苓筲則引聲噀沫至死方已類皆鰟育生于濟鄆者其色紺紫出于江浙者其色青白小者謂之彭蚏中者謂之蟹匡長而銳者謂之蝤大者謂之蝤蛑雖皆有佳味獨蟹參于藥論耳明越溪澗石穴中亦出小蟹其色赤而堅俗呼爲石蟹與生伊洛者無異膨圓多腴而脊之膂臍長多足其生于盛夏者無遺穗以自充止食茭蘆根俗呼爲蘆根蟹瘠小而味腥至八月則蛻而形浸大秋冬之交稻粱已足各腹忙走江俗呼樂蟹最號肥美由江而納其芒于海中之魁迴水雪則自伏淤澇不可得矣今人設陷具以挼酒者特先置焉何曾食疏宏君食檄虞悰食品未必不珍

此味也琮南史有傳但名存而書亡此爲恨耳○陸龜蒙蟹志云執穗而朝其魁不近于義耶捨沮洳之江海自微而務大不近于智耶外剛躁而無他腸不近于止耶其見稱如此○本草蟹性多躁引聲噀沫至死乃已生于流水者色黃而腥生于止水者色紺而馨佛書言其散子後即自枯死霜前食物故有毒霜後將蟄故味美○雨航雜錄蟹郎蟹也經霜則有赤膏曰赤蟹無膏曰白蟹始穴洳洳稻熟時及出各執一穗朝其魁或曰以輸海神入江則稍大入海益大廣雅雄曰蜋螘雌曰博

帶雜俎其腹毛能殺人性能敗漆燒之致鼠凡蟹漆相合則化爲水服之長生是物以解結散血得名爲霜後可食餘節食之多致疾故有鮑名孕婦猶忌獨目獨螯四足六足兩目相向皆有大毒不可食○爾雅翼隨潮退殼潮退徐行泥中者名擁塗在蠣殼中爲蠣取食者名蠣奴皆蟹之族○皮日休詩蟹因霜重金膏溢羅鄴詩螣膚未解黃金甲骨體常留白玉香○八跪二螯外骨內肉殼上多作十二點深胭脂色其腹中虛實亦應月大者箱角兩出足節屈曲行則旁横故里語稱螃蟹陸

佃云圓臍者牝尖者牡也性走明漆見之輒解名解似出乎此或曰此物之來秋初如蟬蛻故名蟹譜蟹之類隨潮解甲更生新者故字从解抱朴子山中辰日稱無腸公子者蟹也埤雅梓人注仄行

蟹屬

蝤蛑

蟹有蝤蛑其力撥棹兩螯無毛隨潮退殼

扁而最大後足濶者蝤蛑兩航雜錄南人謂之撥棹子言力可撥棹隱居云以後脚形如棹也蟳乃蝤蛑之大者隨潮退殼一退一長其大者如升小者如盞楪兩螯無毛所以異于蟹埤雅蝤蛑大者螯力敵虎是也○爾雅翼蝤蛑大者長尺餘兩螯強能與虎鬬其大而有虎斑文隨波涅淪者名虎蟳○五雜組蝤蛑大者如斗俗名曰蟳其螯至強能殺人捕之者伸手石罅中爲其所鉗牢不可脫遇潮至便致淹沒即至小者亦鉗人出血其肉肥大于蟹而味不及也○漁書蟳一名黃甲蟹生海岸中殼圓而滑後脚有兩葉如棹而濶其螯無毛穴處石縫中慣捕者徧尋其穴而得故名蟳足善走漁人得之即以草縈繫而藏之簍當潮至時雄

在簍中亦引聲沸沫嶺南人謂之撥棹子一名蝤蛑余鄉蟳有一二尺大殼可作花盆汲冢專車之殼必此類然蟹勝蟳蟳勝蠘故陶穀云一蟹不如一蟹

虎蟳

蟹有虎蟳蹣跚而行猙獰斑斕遂冒虎名

兩航雜錄大者有虎斑文濶足亦如蟳○嶺表錄異虎蟹殼上有虎斑可裝爲酒器與紅螺皆產瓊崖海邊雖非珍奇亦不易採得也○敬美閩部疏海中蟳有冬春間生者蝤蛑類也而色瑪瑙斗殼

作猙獰斑爛盡似虎頭土人名之曰虎蟳余以虵
龍蝦爲的對也○五雜組設斑如虎頭形乞方人
多取作觚器而味殊不及蟹矣○漁書云蟳小者
不結黃惟深海產者其黃與秋蟹冬蠘同一名爲
紅蟳食品重之又有石蟳虎獅蟳狀如獅頭

彭蜞

小則有蟚大則竭朴惟茲彭蜞與蟳混錯不熟爾雅
幾死勸學因兆相如殺魚于阜

雨航雜錄蟚似彭蜞而小竭朴大于彭蜞黑斑有
文以大螯障日以小螯食彭蜞似蟹有毛而赤性

極寒○漁書云螯並者爲彭蜞生海泥中食土大
僅盈寸一名長卿○爾雅注彭蜞亦蟳類晉書蔡
司徒謨初渡江見彭蜞大喜曰蟹有八足加以二
螯令烹之既食吐下委頓方知非蟹後向謝仁祖
說此事謝曰卿讀爾雅不熟幾爲勸學死按大戴
禮勸學蟹篇二螯八足非蛇鱔之穴無所寄託者
用心躁也○古今注彭蜞小蟹生海邊泥中食土
一名長卿按成都古事王吉夜夢一彭蜞在都亭
作人語曰我翌日當舍此吉覺而異焉使人早候
見司馬長卿至吉曰此人文章當橫行一事因呼
彭蜞爲長卿卓文君一生不食彭蜞

數丸

介蟲數丸形亦似蜞丸土三百潮信與期

雜俎數丸生海邊形似彭蜞取土作丸數滿三百
而潮至人以爲候因名常在海沙中一曰沙丸有
靑腳白腳二種○爾雅翼南海之物感應經蟹屬
名彭蚏以螯取土作丸從潮來至潮去或三百丸
因名三百丸

百足蟹

善宛貢蟹百足四螯煮殼成膏勝鳳喙膠

述異記善宛國貢一蟹長九尺有百足四螯因名
百足蟹煮其殼謂之螯膠勝于鳳喙膠並見雜俎

蠘

行氣搜毒莫佳于蠘肉殼多黃螯最利銛

陶隱居云蟹未被霜者甚毒以食莨故也然族類
最多六足名蛫四足名比皆有大毒爛殼而多黃
者名蠘其螯最銳斷物如芟刈焉○五雜組設兩
端銳而螯長不毛俗名曰蠘在雲間名曰黃甲○
雨航雜錄蠘肉殼多黃食之行風氣○造化權輿
龍易骨蛇易皮麋鹿易角蟹易螯折其螯足俊復

更生○蠘漁書作蠘云海蠘蟹屬形廣兩角尖利螯長數寸無毛端有兩牙如剪刀遇物截之即斷故名螯有花文生時色綠熟則變紅殼有白花如繪肉白膏赤味不下于蟹解甲虛實亦與蟹同名有數種各以類聚漁人網取輒盈車舟五六月間鄉人空手入水探之隨取隨得作醢爲佳螯則另聚而鬻之以爲上羞作脯亦佳有冬蠘花蠘黄蠘青脚蠘三目蠘四目蠘四時皆有形多相似惟文色羞則時候不同耳大者盈尺小者不下二三寸臍下之子宜膾

蝦

蝦代蛇睇亦兆兵歲須可杖簾尤繁衆系

水母目蝦詳前又蟹譜吳俗有蟹荒蝦兵之語以其披堅執銳也歲或暴至則鄉人以爲兵證○爾雅鰝大蝦出海中者長二三丈游行則豎其鬚高于水面故字从高鬚長數尺可以織簾○嶺南錄異劉恂曾登海舶入柁樓忽見窻板懸二巨蝦殼頭尾鉗足具全各七八尺首占其一分觜尖利如鋒刃觜上有鬚如紅筯各長二三尺雙脚有鉗鉗麤如人大指長二尺餘上有芒刺如薔薇枝赤而鋸硬手不可觸腦殼烘透彎環尺餘何止于盃盂也○北戶錄滕循爲廣州刺史有客語循曰蝦鬚有一丈者堪作柱杖循不之信客去東海取鬚四尺以示循方伏其異交廣記吳有廣州刺史語滕修蝦長一尺不之信其人後至東海取蝦鬚長四丈四尺封以示修一事而載小異又交阯蝦巨如柱鬚長七八尺者海濱以作柱杖甚佳陳剛中詩蝦鬚作笻杖○廣韻蝦魚屬閩中有五色蝦梅蝦蘆蝦泥蝦苗蝦又海中有管蝦○梅蝦數千萬尾不及斤五六月間生一日可滿數十舟色白可愛

泥蝦可爲醬并苗蝦皆極細不可辨○五雜組吳越王宴陶穀蝦自龍蝦至線蝦計亦不下三十餘種按龍蝦大者重二十餘斤須三尺餘可作杖○漁書云龍蝦一名蝦魁其首如龍有刺如蟹而大眉上起二角鬚長數尺兩旁共十脚脚末有爪爪上有毛徑寸黄金色頁介昂藏體似小龍大可二三斤色綠碧炊熟硃紅鬚紅白相間味絕甘美鮮食尤佳出閩之元鐘銅山閩海蝦名最多黄蝦兩尾相插成對有金鉤斑節沙蝦劍青尾之類又有蝦姑蝦侯各種雖不中俎皆蝦族也溪澗中亦有

多產其大者產婦食之有乳鄉人呼爲狗蝦

蜾步

螺名蜾步負殼露行卵著石軟取輒堅貞浮于海際兆世昇平

拾遺記有大螺名蜾裸步負其殼露行冷則復入其殼生卵著石則軟取之則堅明王之世則浮于海際焉

寄居

鸚鵡外遊有蟲寄居盆顏美忘火炙出逋味蝦形黿以匹鱘魚

異苑鸚鵡螺形如鳥常脫殼而遊朝出則有蟲類蜘蛛入其殼中戴以行螺夕還則此蟲出一名蟳庾闡所謂鸚鵡外遊寄居負殼也按此螺出肉爲魚所食則殼出浮人因取作杯〇陶宏景云寄居蟲盆顏美色心志南州异物志寄居之蟲如螺而有脚形如鼊本無殼入空螺中戴以行觸之縮足如螺閉戶也火炙乃出走又一種寄居蟹名蠣奴居蚌腹按孫愐云寄居作鼅殼中者名曰媚則寄居亦非一種〇王敬美閩部疏前人于海味最重鱘魚及寄生鱘魚即浙之望潮也形雖不雅而味美于烏賊寄生最奇海上枯蠃殼存者寄生其中藏之而行形味似蝦細視之有四足兩螯又似蟹類得之者不煩剔取曳之即出以肉不附也炒食之味亦脆美天地何所不有

海朮

南海水族有瑰其質前足左長右齒比櫛左取右嚙乃充口實大三尺餘其聲朮朮

酉陽雜俎南海有水族前左脚長右脚短口在脇旁背上常以左脚捉物寘于右脚右脚有齒嚙之方內于口大三尺餘其聲朮朮南人呼爲海朮

海扇

厥物甲形類箑倏花朝潮力之張輪渠與波狎製杯盛醪雖滿猶匜

即車渠韻會云海中大貝背上壟文如車輪之渠故名車渠曰渠耳劉積霏雪錄海扇海中甲物也其形如扇背文如瓦屋三月三日潮盡乃出梵書謂之牟婆各揖拉婆〇李時珍云大蛤也大者長二三尺濶尺許厚二三寸殼外溝壟如蚶殼而深大皆縱文無横文也殼內白晳如玉亦不甚貴番人以飾器物李珣謂玉石類西國七寶之一葢玉

石中亦有車渠而此蛤似之耳沈存中筆談車渠大者如箕背有渠壟如蚶殼以作器緻如白玉楊升菴丹鉛錄車渠作杯注酒滿過一分不溢試之果然

蝛⿰虫進

蝛⿰虫進似蛤薄觜毛殼名所從旋有前無

雨航雜錄蝛⿰虫進似小蛤而長匾殼有毛是物行有前無郤故名〇宗奭云順安軍介河中亦有之與馬刀相似肉頗冷人以作鮓食不堪致遠

蜆

蜆亦蚌屬能以殼飛別呼匾螺啟視暉

陳藏器云蜆處處有之小如蚌異色能候風雨以殼飛李時珍云蜆晛也殼內光耀如初出日采也隋書劉臻父嗜蜆呼爲匾螺

蟶

蟶生海泥可以田種或配淡菜細臛是供氣味甘溫補虛導壅

海味索隱贊其形如淡菜而其堅也閣閣其肉如蝦蛤而其味也泊泊即不謂之腥鯖亦可謂之肉臛固不奪之爲大嚼亦可稱之爲細鱠悠悠獨酌二嗅而作〇陳藏器云蟶生海泥中長二三寸大如指兩頭開李時珍云海中小蚌其形長短大小不一與江湖中馬刀蝛蜆相似其類甚多閩粵人以田種之候潮泥壅沃謂之蟶田呼其肉爲蟶腸〇漁書蟶蛤屬而大小不同殼薄而長肉中有髻有長鼻宜鮮食亦可爲脯有名竹蟶者長一二寸如小竹管大者廣一二寸長十之生深海中有名即墨者以地名二三月間最肥味淡而爽與蛤相伯仲〇嘉祐本艸蟶補虛煮食去胸中邪熱煩悶飯後食之與服丹石人相宜治產後虛損

土鐵

殼如月哉生魄肉如鐵新凝液梅雨時收南産腴澤

海味索隱土鐵歌土非土鐵非鐵肥如澤鮮如屑乍來產自寗波城看時却是嘉魚穴盤中箇箇瑪瑙鳥席前一一丹邱血見者嘗飲者嚥舉杯吃飯兩相宜腥腥不惜廣長舌屠本畯云土鐵一名泥螺出南田者佳五月梅雨收製三吳士人酷嗜土鐵者謂不但吃飯飲酒即點茶亦妙予嘗舉以爲笑

土肉

海豐土肉大如嬰臂州足笄影五官不備

一統志土肉色黑大如小兒臂長四五寸有腹無口目有三十足如笄簪出海豐縣大海中

西施舌

鑲殼如頤肉蟾蜍而化自鶡鴇久復差池既儷女施亦方男儀惟其似之是以謚之

雨航雜錄西施舌一名沙蛤大小似車螯而肉自殼中突出長可二寸如舌溫州公常與人食此戲曰西施舌如此亦不足美其人曰非也舌長能搬弄可稱張儀舌是物海燕所化久復爲燕其性熱

〇漁書云西施舌狀如蚌殼色青綠肉作銀紅似女子舌故名味淸甘有致作湯佳味

海參

爰有海參產于遼海以配海蛭牝牡形在功敵人微名因不改

五雜組遼東海濱有之一名海南子其狀如男子勢狀淡菜之對也其性溫補足敵人參故名人參一名人微

沙噀

蠕蠕頑質縮如桃栗沙噀沙蒜名殊物一去涎糅卒味美無匹

雨航雜錄沙噀塊然一物如牛馬腸臟頭長五六寸無目無皮骨但能蠕動觸之則縮小如桃栗徐復擁腫土人以沙盆糅去其涎腥雜五辣煮之脆美爲上味樂淸人名沙蒜

石勃卒

石屑胎來魚來形勃卒頹而隈膨腹兀兀互類奇佊

雨航雜錄石勃卒形短圓三寸長四寸身赤腹泡急其形勃卒故名一名來魚或曰石屑入水所化

〇周禮互物注謂有甲介者

異魚圖贊補卷下

異魚贊閏集

摩竭大魚　　西蜀　胡世安　撰

摩竭大魚罟師莫干瀛淵角鼻可與齊觀

四分律云摩竭大魚長三百由旬極大者長七百由旬○智度論云昔有五百估客下海採寶值摩伽羅魚王開口見三日出白山羅列一是實日兩是魚眼白山是魚齒眼如日月鼻如大山口如赤谷○拾遺記瀛州之東有淵洞廣千里有魚長千丈色斑鼻有角時鼓舞羣戲噴水成雲望者見其五色如慶雲之麗

海多

海多人言山㺅猩鵲躍化李池張胡莫取

玉照新志宋嘉祐末有人攜一巨魚入京師能作人言號曰海多衒耀市井間亦常入禁中自誦云海多風錯被漁人下網打住將在帝城中每日教言語甚時放我歸去龍王傳與這底思量爾千囘萬度後經李氏園中躍入池不可復獲是歲黃河大決○靈怪集吳郡漁者張胡于太湖釣得一巨魚腹上有丹書云九登龍門山三飲太湖水畢竟不成龍命付張胡子

海魚逸品總贊凡二十種注附八種

海實魚府巨細紛游色味異系漁書是收

鱠楯

鱠之大者狀楯得名鱅同嚼蠟市肆攸輕

繪楯鱠魚大者形短而員狀類樹楯故名重可數百觔漁人不常得之間有鱅而出于枯魚之肆人厭其肉老無味空負大名耳

箬魚

形同竹葉綴名貼沙佐觴售品幼鱅竝誇

箬魚狀似竹葉閩粤名貼沙以其身貼伏沙上象

形也鱗極細肉嫩無刺臨安江口時有之潮中有一種赤黑謂之幼鹽晒乾鱅輕薄超雋下酒不可無此君○比目亦有箬名

帶魚

佩帶誰遺禮如曳練奇其說者原始仙媛

帶魚生深海中濶二三寸長可數尺色白如銀無鱗刺骨中有珠者名珠帶小者名帶絲皆因其狀似而或云西王母度東海侍女飛瓊腰帶爲大風所飄化此魚

竹魚

竹魚條生博二寸許色奪浮筠寒食斯取貫尖無唇疑其黨與

竹魚條生博可二寸長二三尺嘴尖而長通身綠色青翠可愛腹白狀似竹當寒食前後漁者以絲網取之又一種名貫尖亦名桂尖似竹魚而小一種名無唇即桂尖之類而缺上唇口中有小蝦爲之取食○互詳前三卷竹頭鮮箋

烏頰　赤鯮

二魚異產形味稍同色羣可辨或釣或罾

烏頰身狹側視之則稍員厚鱗少骨多處水崖中

漁人以釣得之色近黑脊上有刺數十枝長二三寸或亦借此以防患者○赤鯮一名交鬣似烏頰而稍短結陣而至大小交錯因名交鬣色淺絳故又名赤鬃味不下烏頰黑赤之分衆寡之異小者名紅翅蓋其子也

魣魚

身長骨弱性不樂羣豈懲猖狎出處峻分

魣魚首圓鱗細身長骨弱大者數十斤或云性健不與諸魚爲羣故名魣○雜書云鯧魚無定耦與衆魚狎

水棍　松魚　沙姜魚

豐肉鮮骨鱗判有無升之賓豆家庖是需

水棍身圓而短無鱗肉厚味甘大可五六斤莆中名爲嘉蔬以四五月間至鄉人以之充饔庖不以供客蓋賤之也○松魚狀似水棍頭扁尾尖身無鱗刺口有鬚九十月間至漁人以餌釣之肥甚肰而罕供賓祭與赤魚同類而異名五須者爲松三須者爲赤而赤殊勝云○沙姜魚身圓有鱗而白肉厚無刺呼爲飼子鮮以其無骨便食但未免肉相耳

鰮魚　波郎　青鱗

聚族雖三羣游則一海若拯貧結夏可必

鰮魚身圓鱗厚長數寸波郎無鱗刺五六月間多結陣而來多者一網可售數百金漁人望海爲田此其一也青鱗似鰮而薄至亦結羣天若以海利私此窮人者

黃雀　白雀

飛躍留形味隨氣革昊頊乘權術銜黃白

黃雀似箬葉而薄色黃異苑云魚以八月化爲雀十月復入海化魚入惠州作膾粵人多尚之又有

白色者名白雀蓋因色而名味不及黃復有白扁
赤鼻二種似二雀而小皆其種也赤鼻味勝

江魚　流魚

江魚瑩玉流魚浪花宜脯宜畜收盈舟車

江魚生于海長二寸許潔白如銀其來成羣漁人以為利舟車俱滿其用甚廣或醢或脯以行四方海澄有內港出者價與銀魚等但不多得耳白丁香又小于江魚○流魚如水中花喘喘而至視之幾不辨乃魚苗也諺云正烏二鱸正月收而放之池皆為鯔魚過二月則鱸半之鱸食魚畜魚者呼

為魚虎故多于正月收種其細似海蝦如谷苗植之而大流魚正苗時也

花鈴　娘哀

花鈴身紋娘哀脊刺徑寸厥形醢供遠致

花鈴大寸許上下身薄有花紋娘哀脊上有刺漁人或受其螫痛不可忍因致母戚故名形似鈴而無花大如指皆可作醢行于四方

柔魚海產止此

元鍾海錯爰有柔品鱸膾墨形炙薦佐飲

柔魚似墨魚而身長須脚皆相似腹亦有墨獨中

軟骨為殊生食不及脯用火炙之肉條條有紋如銀絲此海味之絕佳者而海錯雜組絕無紀載則以獨產元鍾洞山江上其他齊越海南並不產故特表而出之

鮑魚

孟貢產鮑夷羞是供力反鑾薑功配鹽龍

滇程記雲南百夷中有小孟貢江產鮑魚彼夷食之日御百婦故夷性極淫貴賤俱數妻山中亦產鑾薑餌一刀圭終其世斷絕人道士人以飼牡馬不之宮也○何春遠渚紀聞宋徽宗時將軍蕭注

破南蠻得其所養鹽龍長尺餘藉以銀盤中置玉盂以玉箸摭海鹽飼之每鱗中出鹽則收用酒送一七專興陽道

穌魚

比鯽則大膚縷玉瑩以膾諸庖無異雋永　原贊

宋祁益州方物畧云穌魚出蜀江背鱗黑而膚理似玉蜀人以為膾味美

沙緣魚

長不數寸有駁其文淺瀨曲隈唯泳而羣　原贊

方物畧云沙緣魚魚之細者生隈瀨中狀如鯔大

不五寸味美蜀人珍之

石鱩魚

鰔鱗幺質本不登俎以味見錄雖細猶捕 原贊

方物畧云石鱩魚似鱖魚而小上春時出自石間庖人取爲奇味

魶魚 或云鲫蝦

有足若鯢大首長尾其啼如嬰緣木弗墜 原贊

方物畧云魶魚出西山溪谷及雅江狀似兒有足能緣木其聲如鯢啼蜀人豢之○范鎮東齋筆錄蜀有魶魚善緣木有聲如啼孟子言緣木求魚是亦未聞此也

江蟯

介屬根植其名江蟯殼分碧瓣肉緣素毫

漁書江蟯生海泥中殼如花瓣而緣有根直植于泥白如豆芽殼軟肉邊有毛而白海味之佳者漳之詔安潮之海門皆有之郡中以爲珍羞但遠致經久則失其眞味矣○蠡史曰介屬生根柢惟此一種蓋奇品也昔有中貴食而美之篋盡見根笑謂海錯亦著豆芽乎○此與山人認蠶子作菉豆海粉作粉線何異目不經見見其似者

蝐

漳海泥蝐生繁質小種異蚶田霜候枯槁

漁書泥蝐似蚶而小惟漳浦詔安海中產焉不種而生采之不竭大不盈寸鮮作湯佳七八月間爲盛霜降則枯矣晒肉爲米可藏久用鹽連殼醃之可致遠

沙蠶 土穿

沙蠶類蚓味甘登俎別種土穿汁凝盛暑

漁書沙蠶一名鳳腸似蚯蚓而大生于海沙中首尾無別穴地而處發房飲霜未嘗外見取者惟認其穴荷插捕之鮮食味甘脯而中俎又一種名土穿生海泥中比沙蠶畧大其尾小六月煮之堅如凍漳浦雲霄多有之○蠡史曰沙蠶無筋骨之强爪牙之利穴沙吸露尙不免見食于人者以味美也近聞捕蟬食者廉而受殃口腹何厭之有土穿六月汁可成凍以視越中蕎菜四五月葉下有霜皆造物之至奇不隨俗炎凉者也

半體魚

廣武山麓漢高殿前有井八角二魚泳旃其一半體云昔烹鮮刳腹囷囷新錄攸傳

陶朱新錄河南廣武山漢高皇廟在其麓殿前有入角井曰漢泉井中有三魚一金鱗一黑鱗一如常而半體鱗肉與骨皆無獨其首全與二魚並游水中但其游差緩不復有揚鬛撥剌之勢觀者憑欄俯窺雖異之而猶未審一日有墮井者因瀘之遂得三魚鱗色如在水中時半體者五內皆無方大異之後復置井中至今三魚尚存俗傳漢高皇食膾庖人治魚及半而楚軍至倉皇棄井中而遁語雖難信然以斲魚而游泳亦可怪也

毬魚

朱崖之瀉有物鞠如貌形正號厥味雋腴

宋范正敏遯齋閒覽海中異物不知名者甚多人大抵似狀名之朱崖之旁溪有物正如鞠大小質狀無異亦有紋如線縷味極肥美土人但呼爲毬魚

西蜀胡世安撰

異魚贊閏集

雲南山川志

光緒壬午秋

鐫於樂道齋

九邱者九州之志也他必周要之九妙風土記宗懍之荆楚歲時記隨所聞見編綴成書俾後之覽者得以詳焉先生謫居滇南徜徉自適隨所登涉作爲雲南山川志一卷金馬碧鷄瞭如指掌矣按先生在滇著有滇程記滇候記二書今皆失傳蓋其淪落於荒涼毒癘之區無可聊賴寄情文研以自娛其志亦可悲矣然其書之存者將今人膾炙於勿襄則人來必非不幸中之幸也童山李調元雨村序

雲南山川志

成都　楊慎　撰　綿州　李調元　校定

玉案山

玉案山在雲南府城西二十五里一名列和蒙山秀麗多泉石石有碁盤山北平坡中有三泉如盆池郡人春日遊賞於此山中有玉案蘭若

金馬山

金馬山在東二十五里西到碧雞山中隔滇池山不甚高而綿亘西南數十里上有長亭下有金馬關

碧雞山

碧雞山在西南三十里東瞰滇澤蒼崖萬丈綠水千尋月印澄波雲橫絶頂雲南一佳景也漢宣帝時方士言益州有金馬碧雞可祭祀而致遣王褒往神至蜀而卒顔師古謂金形如雞碧形如馬未知果否

太華山

太華山在碧雞西北

欶雺山

欶雺山在嵩盟州東四十里世傳蒙世隆征烏蒙得四女歸至此山四女遥望故鄉俯仰歎息忽山巔霧結三峰巒謂三爲欶霧爲雲其山崗峯獨峻登眺則雲南悉在目中又名峻葱山

滇池

滇池在府城南一名昆明池一名滇南澤周廣五百餘里合龍盤江黄龍溪諸水滙爲此池中產衣鉢蓮花盤千葉蕊分三色下流爲螳螂川主有大小卧納二山史記滇水源廣末狹有似倒流故曰滇漢武帝欲伐滇國於長安西南穿昆明池象之以習水載

瀑布泉

瀑布泉在府城西二十里寶珠寺後崖高十餘丈泉自上注下噴珠濺沫淸澈可愛

點蒼山

點蒼山在大理府城西高千餘仞有峰十九蒼翠如玉盤亘三百餘里山頂有高河泉深不可測又有瀑布諸泉流注爲錦浪等十八州蒙氏封爲中嶽

鳳羽山

鳳羽山在浪穹縣西南三十里舊名羅浮山相傳蒙氏細奴邏興時有鳳翔於此故名鳳羽後鳳死每歲冬衆鳥哀吊其上故又名鳥吊至今土人於鳥來時舉火取之鳥見火輒赴火自死

九曲江

九曲山在洱海東百餘里峰岳攢簇狀如蓮花九盤而上又名九重岩上有石洞人莫能通

西洱海

西洱海在府城東古葉榆河也一名洱海又名西洱河源自鄧川合點蒼山之十八川而滙於此形如人耳周三百餘里中有羅筌濃禾赤厓三島及四洲九曲之勝下流合於漾備江濃禾鳥形如几案故又名玉案山

判丈山

判丈山在臨安府城南二十里高千餘仞中有三峰削出如筆架昔大理叚思平外舅讐判居其上因名有祠在焉

碧玉峰

碧玉峰在寧州北五十里巖石磷磷下瞰撫仙湖波光涵浸如碧玉上有碧玉神祠傍有石如懸鐘又名石鐘巖

玉壁山

玉壁山在定遠縣東六十里亭可千仞望之色如玉壁其東有鳳羽山南有易者山北有絶頂峰皆丹崖壁山高出羣山之表

雪山

雪山在麗江府西北二十餘里一名玉龍山條岡百里巋巍十峰上揷雲漢下臨麗水山顛積雪經春不消巖崖澗谷清泉飛流蒙氏異牟尋封爲北嶽

九隆山

九隆山在司城南七里山有九嶺又名九坡嶺沙河源出於此相傳昔有一婦名沙壺浣絮水中見沉木有感因孕產九男後沉木化爲龍衆子驚走惟季子背龍而坐龍因舐其背蠻語謂背爲九謂坐爲隆故名九隆長而黠遂以爲酋長山下又有一夫婦生九女九隆兄弟娶之種類遂蕃皆刻畫其身象龍文於衣皆着尾世居此山之下諸葛亮南征時鑿斷山脉以泄其氣有跡存焉

哀牢山

哀牢山在司城東二十里本名安樂夷語訛爲哀牢絶頂有一石如人坐懷中有二穴名天井土人於春首視水之盈涸以卜歲之豐凶至者見水溢以爲吉兆穴下相通取左穴水則右穴水涸取右亦然又山下有一石狀如鼻二泉出焉一溫一涼號爲玉泉故又名玉泉山

博南山

博南山在永平縣西南四十里一名金浪顛山一名丁當丁山極為險隘乃蒲蠻出沒之所

瀾滄江

瀾滄江經司城東北八十五里羅岷山下漢明帝兵開博南行者愁怨作歌漢德廣開不賓度博南越瀾津渡瀾滄為他人渡舊處以竹索為橋後廢本朝洪武末鎮撫華岳鑄三鐵柱於岸岸以維舟

方丈山

方丈山在鶴慶府城南一百里巍然峻拔山半有洞

中有池深不可測水滴岩下如方響音昔蒙氏羅閣鳳琢觀音像於壁故又名觀音山南詔名山凡十七此其一也

蒙樂山

蒙樂山在景東府北九十里一名無量山高不可躋連亘三百餘里中有石洞深不可測一峰特出狀若崆峒蒙氏封為南岳其南有泉為通華河其北有泉為清水河俱東於大河

烏蒙山

烏蒙山在祿勸州東北三百里一名絳雲露山北臨金沙江山有十二峰聳秀為一州諸山之冠八九月間常有雪其頂有烏龍泉下流為烏龍河蒙氏封此山為東岳

高黎共山

高黎共山在司城東北一百二十里一名昆崙岡夷語訛為高良公山極高峻介騰衝潞江之間冬月潞江無霜其山頂霜雪極為嚴沍蒙氏封為西岳其頂有分水泉極清冽行者咸掬飲之

臥獅山

臥獅山在法寶山之南五里以形名高百丈餘袤二

里其山俗名臥獅窩其下有洞曰芭蕉廣二尋高稱之八深百五十步其中石乳燦爛有如蓮如鐘如傘之異故又名石花

雲巖山

雲巖山在城北二十五里高二百丈餘盤為三里許樸木陰森巖石深百步中有石橫臥於下長丈餘好事者鑿而為佛建寺以覆之扁曰雲岩臥佛其左有洞洞門高三尺深十丈餘寺外築臺建門臺下有池東望滇澥足為佳麗

羅岷

羅岷在城北八十里卽蘭滄江西岸高千丈餘延袤四十里舊傳蒙氏時有僧自天竺來者名羅岷常作戲舞山石亦隨而舞後沒於此後人爲之立祠祀之岩下時墜飛石過者驚趨俗謂之催行石按飛石本岩上野獸抛踏而下相傳有人於將曉時見石自江中飛上霧中甚多羅岷之南爲險山勢極峻絶近年循鳥道闢仄路以通往來行人便之

易羅池

易羅池在龍泉門外之九隆山麓泉由地噴者九竇滚滚沸出不舍晝夜郡人神之因名曰九龍池周遭甃以磚石內有荷花夏月盛開西岸有二亭其一舊名觀瀾御史陰汝登重建題曰龍池春曉其一踦沸泉之上舊名偕樂副使郭春震重建題曰九龍清派泉石澄清游人絡繹足爲一方形勝

雲南山川志畢

滇載記

滇載記

滇載記者升菴居滇所記蒙段七姓之事也七姓者張氏蒙氏鄭氏趙氏楊氏段氏高氏凡史稱西南夷靡莫之屬也其屬以千數而滇最大元封中以兵臨滇王舉國降時未有稱及張氏受姓後世遂爲長者然七姓之中惟蒙段最久升菴戍滇時求蒙段之故于圖經而不得間其籍于舊家有白古通元峰年運志其書用僰文義兼衆敎稍爲刪正令可讀故曰滇載記蓋原有是書而先生刪節之也滇久已爲內地矣覽此記也猶想見從前列箐落而郡縣之馴鱗介而衣裳之之景象也乎羅江李調元童山譔

滇載記卷一

新都 楊慎 撰　綿州 李調元 校定

滇域未通中國之先有低牟苴者居永昌哀牢之山（今金齒地）有婦曰池壹浣絮水中觸沈木若有感是生九男曰九隆族種類滋長支裔蔓衍竊據土地散居之谷分爲九十九部其渠酋有六各號爲詔夷語謂詔爲王其一曰蒙舍詔（今蒙化府）其二曰浪施詔（今浪穹縣）其三曰鄧賧詔（今鄧川州）其四曰施浪詔（今浪穹縣蒙次和之地）其五曰摩些詔（今麗江府）其六曰蒙嶲詔（今建昌）兵將不能相君長至漢有仁果時九隆八族之四世孫也强大居昆彌川（今白崖定西嶺）傳十七世至龍祐那當蜀漢建興三年諸葛武侯南征雍闓師次白崖川獲闓斬之封龍祐那爲酋長賜姓張氏割永昌益州地置雲南郡於白崖諸詔慕武侯之德漸去山林徙居平地建城邑務農桑諸部於是始有姓氏龍祐那之十六世孫曰張樂進求遜位于蒙氏考其時蓋唐氏也張氏或稱昆彌國或稱白國或稱建寧國其年系莫可推詳

蒙氏始興曰細晟羅九隆五族牟苴篤之三十六世孫氏耕于巍山之麓數有神異孳牧繁息部衆日盛代張氏立國號曰封民蒙氏僞稱南詔實唐貞觀三年也遷居瓏玗圖山（今蒙化）及高宗時遣子入侍朝命授細奴羅以巍州刺史死僞謚高祖又稱奇王子羅晟嗣

羅晟僭立當高宗上元元年至睿宗景雲中姚州蠻光附吐蕃御史李知古請兵擊降之築城置州縣重稅賦因誅其豪雋掠其子女爲奴婢羣蠻怨怒引吐蕃攻知古殺之於是姚嶲路絶晟猶奉唐正朔死僞謚世宗子晟羅皮嗣

晟羅皮之立當元宗先天元年立孔子廟于國中死謚威成王子皮羅閣嗣

皮羅閣之立當元宗開元十六年受唐冊封爲雲南王賜名歸義於是南詔浸强大而五詔微弱皮羅閣因仲夏二十五日祭先之期建松明爲樓以會五詔宴醉後羅閣佯下樓擊鼓舉火焚樓五詔遂滅閣賂劍南節度使求合五詔爲一朝廷許之於是盡有雲南之地因破吐蕃卒爲邊患不可復制既併五詔乃卜太和形勝左洱水右蒼山山海之交結於子午遂築太和城自蒙舍徙居之立上下二關曰龍首曰龍王連陷嶲川永昌石鼓沙追賧龍佉賧後遣其孫鳳伽異入朝唐授鴻臚少卿妻以宗女賜樂一部南詔

於是始有中國之樂死子閤羅鳳嗣閤羅鳳之立以天寶八年故事酋長謁都督偕妻子行鳳挈家至雲南太守張乾陁皆私之復多徵求鳳怒反攻雲南殺乾陁取屬州三十二陷嶲州獲唐西瀘令鄭回拜淸平官即其國丞相也天寶十年夏四月庚寅劒南節度使鮮于仲通將命致討鳳伽異及段儉魏逆戰于西洱河唐兵死者六萬人仲通僅以身免封儉魏爲淸平賜名段忠國以旌之遂臣于吐蕃吐蕃封之爲東帝刻碑國門之外明叛唐非得已也僭國號曰大蒙始建年號曰贊普鐘十三年劒南留後李

宓將兵擊之爲蒙氏所誘全軍沒焉唐益發兵竟不能克前後死者二十萬人南詔自是始與中國隔絶矣代宗大歷十四年死僞謚神武子鳳伽異未嗣而死孫異牟尋立僭改贊普鐘七長壽十一

異牟尋以唐代宗大歷十四年嗣立有智數善撫御居史城史城今喜州也連兵吐蕃入寇唐神策都將李晟擊破之異牟尋懼改城牟險苴咩今大理府改國號曰大理自稱曰日東王僭封五嶽四瀆幷立祠三皇廟春秋致祭以國界内點蒼山爲中嶽東川界江雲露松外龍山爲東嶽在今藏勸州一名絳雲露山一名雲龍山方十二峯皆峭拔其山有共命鳥穴銀生部日界蒙樂山爲南嶽在今闗樂甸又名無量山其山千仞有一殿据桂自空中來天帝娶天女處永昌騰越界高黎共山爲西嶽在今騰衝一名崑崙隅東臨濃江西臨龍川左右有平川名爲穹甸草卉貫四敘不凋瘴氣最惡冬雪至春方融夏秋穹甸炎熾商賈愁怨爲之謠曰冬時欲歸來高黎其上雪夏秋欲歸來無柰穹甸熱春時欲歸來囊中貲糧絶麗江界玉龍山爲北嶽在今麗江一名雪山其山九峯雪貫四時正立萬仞千里望之若在咫尺與蜀松州諸山相接也以黑惠江滄滄江潞江麗江爲四瀆接點蒼之顚漾洱河之水立官號曰九爽三托其地東至於銅柱鐵橋蟠桃玉榆東南至於交趾南至於驃國水落山西至於大石西北至於吐蕃北至於神川東北至於黔巫八方之地屬以八演從

中國敎令都曰苴咩別都曰善闡皆中國降人爲之經畫也德宗貞元三年鄭回說以大義令復歸唐異牟尋然之會西川節度使韋臯招撫羣蠻尋因求內附而猶結好吐蕃臯乃爲書遺尋敘其歸化之誠轉至吐蕃吐蕃疑之異牟尋歸附之志益堅九年上表請絶吐蕃復臣於唐十年自將數萬人襲吐蕃大破之遣其弟獻圖納貢及吐蕃所頒金印請復號南詔唐以其功遣使冊之賜銀窠黃金印王北面跪受之宴使者出元宗所賜器物指老笛工歌女曰皇帝所賜龜茲惟二人在耳使者曰南詔當深思祖考子孫

勿替盡忠皇唐對曰敢不敬使者之命死僞謚孝恒改元二見龍上元子尋閤勸嗣

尋閤勸以唐德宗貞元十五年立死子勸龍晟立僞謚孝文改元應道

勸龍晟以唐永貞元年立淫虐不道其臣嵯顛殺之而立其弟勸利晟謚曰幽改元龍興

勸利晟以唐憲宗元和元年立死僞謚靖王子晟豐祐立改元全義

晟豐祐以穆宗長慶四年立趫敢善用其下文宗太和三年西川節度使杜元穎不恤士卒有流入蠻境

者盡臧戮之由是盡叛元穎豐祐與其臣嵯顛遂謀入寇以蜀卒爲鄉道襲陷邛戎嶲三州引兵徑入成都取諸經籍大掠子女工技數萬人及珍貨而還南方工技文織自是與中國埒矣豐祐乃遣使上表請罷元穎朝廷以李德祐代之德裕保障有方索南詔所掠百姓得四千人豐祐死僞謚昭成子世隆立改元二保和天啟

世隆之立以唐武宗會昌十三年初韋皐開蜀淸溪道以通羣蠻入貢又選子弟聚之成都敎之書數以羈縻之而軍府不時給其餼須南詔因是不肯入貢及世隆立朝廷以其名同元宗諱不行册禮諭令更名謝恩然後遣使會世隆寇嶲州事遂寢世隆乃僭稱皇帝懿宗咸通三年西寇安南四年寇交趾殺戮幾十五萬人留兵二萬使其將楊思縉據之谿洞土獠皆降五年寇邕州敗還七年節度使高駢大破之復定交趾十年世隆傾國入寇陷犍爲及黎雅嘉三州十一年進攻成都不克引還僖宗乾符元年復寇西川陷黎州入寇邛崍關勝負不常二年攻雅州聞高駢以西川遣使請和駢發兵追至大渡河殺獲甚衆擒其酋長數十人四年復寇越嶲死於景淨寺自

世隆嗣立以來爲邊患殆二十年中國爲之虛耗而其國亦弊僞謚景莊皇帝子隆舜嗣改元建極

隆舜（通鑑作法誤也南詔名皆父子相承世隆之子曰隆舜近是）之立以僖宗乾符四年性好畋獵酣宴委國事於其臣是歲請和許之又迭請和親廣明元年遣宗正少卿李龜年充使中和元年上表欵附三年以宗室女妻之後內嬖失道爲豎臣楊登所殺僞謚宣武子舜化眞嗣改元二貞明嵯耶

舜化眞之立以唐昭宗乾寧四年改元中興上書於唐唐欲報以詔王建言小國不足辱詔書臣在西南

彼何敢犯塞從之立四年其臣鄭買嗣奪之而滅其國追謚孝哀蒙氏自細奴羅至舜化眞十有三世立三百十年而爲鄭氏

鄭買嗣本唐鄭回之後世爲蒙氏淸平唐昭宗光化三年既滅蒙氏而自立改國號曰大長和改元曰安闕死僞謚德桓子旻嗣立攻蜀黎州王建發兵大破之俘斬數萬級溺死數萬人求婚於南漢漢王以金城公主妻之改元五曰始元曰天瑞景星曰安和曰貞祐曰初歷死僞謚肅文子隆亶嗣立改元天應未幾爲東川節度使楊干眞所殺鄭氏三傳歷年二十有六而爲趙氏

趙氏名善政爲封氏淸平楊干眞既殺滅鄭氏遂拔善政而立之後唐明宗之天成三年也改國號曰大天興立僅十月干眞又奪之而爲楊氏

楊氏名干眞既奪趙氏而有蒙國改國號曰大義寧改元曰尊聖貪虐無道中外咸怨通海節度使段思平興師問罪干眞不能禦走死楊氏立僅二年而段氏興焉

段氏之先武威郡人有名儉魏者佐蒙氏有功賜名忠國權淸平官六傳而生思平思平生有異兆楊干眞忌之使人索捕思平逃匿得奇戟于品何波大村又得神驥於葉鏡湖在雲南縣正南大波鋪是也飢摘野桃剖之核膚有文曰靑昔思平折之曰靑乃十二月昔乃二十一日今楊氏政亂吾當以是日舉義乎遂借兵東方黑爨松爨三十七部皆助之眾至河尾是夕思平夢人斬其首又夢玉瓶耳缺又夢鏡破懼不敢進兵其軍師董迦羅曰三夢皆吉兆也公爲大夫夫去首爲天天子兆也玉瓶去耳爲王王者兆也鏡中有影如人有敵鏡破則無影無影則無敵矣三夢皆吉兆也思平乃決明旦引兵欲渡莫知所從見江尾一婦被瓔而浣者指曰人從我江尾馬從三沙矣爾國名大理從之得濟既逐楊氏而有蒙國遂改國號曰大理改元曰文德時後晉天福二年也死僞謚太祖傳子思英立未幾死僞謚文經武緯皇帝國人立其叔思良思良以後晉開運三年改元至治死僞謚闕宗傳于思聰

思聰以後周廣順三年立改元三曰明德廣德聖德死僞謚闕宗傳于素順素順於思聰未知何屬也

素順以宋太祖建隆四年立時王全斌既平蜀欲因兵威取滇以圖進於上太祖鑒唐之禍基於南詔以

玉斧畫大渡河曰此外非吾有也由是雲南三百年不通中國段氏得以覞臨㚇夔以長世焉素順十七年改元明正死僞謚應道皇帝傳子素英素英以宋太宗雍熙三年立改元五曰廣明明應明聖明德明治死僞謚昭明傳于素廉

素廉以宋眞宗祥符二年立改元一曰明啟乾興死僞謚敬明傳于素隆

素隆以宋天禧二年立改元曰明通天聖避位爲僧死僞謚秉義傳于素貞

素貞以宋仁宗天聖四年立改元正治死僞謚聖德

傳于素興

素興以宋慶歷元年立改元二聖明天明以無道國人廢之而立思廉

思廉以宋慶歷四年立皇祐中廣西儂智高掠廣州敗走大理狄靑募死士使大理求之會智高已死於大理函其首至京師段氏至是始聞名於中國思廉立三十一年改元四曰保安政安政德思廉死僞謚世宗傳子連義

連義以宋熙寧八年立改元二曰上德廣安爲其臣楊義貞所弒楊義貞篡立自號廣安皇帝凡四年段氏之臣曰高智昇遣子昇大起東方兵討滅之而立段壽輝（壽輝連義之從子）壽輝立二年改元曰上明傳於正明

正明以宋元豐五年立改元三曰保立建安天祐避位爲僧時國人皆歸心高氏遂奉高昇太爲主而段氏中絶

高昇大有功段氏爲國人所立以宋哲宗之元符二年立國改國號曰大理國改元上治臨終屬其子天明曰段氏不振國人推我我不得已從之今其子巳長可還其故物爾後人勿效尤也太明遵其遺言求

段氏餘子正淳立之而段氏復興號曰後理國高氏世相之賞罰政令皆由之國人稱爲高國主波斯崑崙諸國來貢大理者皆先謁相國焉

正淳復國改元天授以高太明爲相高太連爲柵主遣太連朝宋求經籍得六十九家立十三年再改元曰開明文安避位爲僧傳子正嚴死僞謚中宗

正嚴以宋徽宗大觀二年立四十年改元四曰日新永嘉保天廣運避位爲僧傳子正興死僞謚憲宗

正興以宋高宗紹興十七年立改元四永貞太寶龍興盛明避位爲僧傳子智興死僞謚景宗

智興以宋孝宗乾道八年立改元五日和貞盛德嘉會元亨安定死僞謚宣宗傳子智連

智連以宋寧宗慶元六年立改元鳳歷死僞謚享天傳弟智祥

智祥以宋寧宗開僖元年立改元天開仁壽死僞謚神宗傳子祥興

祥興以宋理宗嘉熙三年立改元道隆甲辰元兵攻之高禾逆戰敗死宋遣使祭之祥興死僞謚孝義傳子興智

興智以元憲宗元年立改元天定壬子歲元將必烈

將兵擊之分三道進自臨洮經行山谷二十餘里浮金沙江以革囊濟進薄大理興智及高太祥拒戰大敗祥興奔善闡太祥就擒不屈斬于五華樓下時白日當午忽雲起雷震世祖異之曰忠臣也遂廢興智滅其國段氏自思平至興智二十二主歷三百五十年

元既滅段氏而有其地得五城八府蠻郡三十有七設大理都元帥府仍録段氏子姓世守其土赦興智封爲摩訶羅嵯管領八方興智死元季亂中原多故段氏復據之於是有十一總管出焉

一代總管曰信苴段實元中統二年入覲世祖嘉之賜璽書令總管大理善闡會川建昌永昌騰越諸郡以功累授行省參政以攻石城（今曲靖）及仁德府（今尋甸）功錫虎符爲總管

二代總管信苴段忠至元中隨元帥伐西林破會川通善闡平休林武定緬甸之役皆有功授金齒宣慰兼掌軍民萬戶府

三代總管信苴段慶元封爲宣武將軍妻以公主入朝歸授雲南省參政

四代總管信苴段正

五代總管信苴段隆

六代總管信苴段俊

七代總管信苴段義

八代總管信苴段光至元大德中中原板蕩梁王以元宗室鎮善闡與段氏分域搆隙至大二年梁王大破光兵光將高蓬守羅那關梁王密招之不從乃賂蓬庖人刺蓬以其首獻梁王王并庖人戮之至治元年玉案山產小赤犬羣吠遍野占云天狗墜地爲赤犬其下有大軍覆境又時雨鐵民舍山石皆穿人物値之多斃謠俗曰鐵雨

九代總管信苴段功初襲爵爲豪化知府至正十三年繼立爲總管癸卯明玉珍自楚入蜀據之分兵四掠號曰紅巾明玉珍自將紅巾三萬攻雲南梁王及憲司官皆奔威楚諸部悉亂功謀于員外楊淵海淵海卦之吉乃進兵至呂閣敗紅巾于關灘江殺獲千計紅巾收合餘衄再戰復勝殺段氏驍酋鐵萬戶紅巾屯古田寺段氏夕潛火其寺紅巾軍亂死者什七入又追至回磴關大敗之紅巾大呼之曰待明年來復仇時功在戰間得玉珍母奇其子書云爾征南務得之不得輕還軍少糧之我當添補楊淵海效其書

跡易之曰中國兵來急爾宜早歸遂募能入紅軍營者有心卒陳惠願行玉珍得書恐國中有變又新失利遂急收軍功追之至七星關又勝之而還紅巾旣退梁王深德段功以女阿禚妻之爲之奏授雲南平章功自是威望大著于西南梁王曲意奉之功戀戀不肯歸國其夫人高氏寄樂府促之歸其詞曰

風捲殘雲九霄冉冉逐龍池無偶水雲一片綠寂寞倚屏幃春雨紛紛促蜀錦半牀閒鴛鴦獨自宿好語我將軍只恐樂極生悲寃鬼哭功得書乃歸旣而復往其臣楊智張希矯留之不聽旣至善闡梁人私語梁王曰段平章復來有吞金馬嚥碧雞之心矣盍早圖之梁王始啟疑於平章密召阿禚王命之曰親莫若父母寶莫若社稷功今志不滅我不巳脫無彼猶有他平章不失富貴也今付汝以孔雀膽一具乘便可毒殪之主潸然不敢受命夜寂人定和語平章曰我父忌阿奴願與阿奴西歸因出毒具示之平章曰我有功爾家我趾自蹶傷爾父尙嘗爲我裹之爾何造言至此三諫之終不聽明日邀功東寺演梵至通濟橋馬逸因令番將格殺之阿禚主聞變失聲哭曰昨冥燭下纔講與阿奴雲南施宗施秀煙花殞身今

日果然阿奴雖死奴不負信黃泉也欲自盡梁王防衞者乃萬方主愁憤作詩曰吾家住在鴈門深一片閒雲到滇海心懸明月照靑天靑天不語今三載欲隨明月到蒼山悞我一生路裏彩（錦被名也）吐嚕吐嚕段阿奴（吐嚕可惜也）施宗施秀同奴歹（歹不好也）雲片波鱗不見人押不蘆花顏色改（押不蘆乃北方起死回生草名）肉屏獨坐細思量（肉屏駱駝背也）西山鐵立霜瀟灑（鐵立松林也）平章從官員外楊淵海亦題詩粉壁飲藥而卒詩曰半紙功名百戰身不堪今日總紅塵死生自古皆由命禍福于今豈怨人蝴蝶夢殘滇海月杜鵑啼破點蒼春哀憐永訣

雲南土錦酒休敎灑淚頻梁王哀淵海之才絶意欲爲已用見詩痛悼乃厚恤之令隨平章梓歸葬大理

十代總管信苴段寶功之子洪武元年嗣職梁王遣使刺平章七攻大理不克乃講和奏陞寶爲雲南左承未幾明玉珍復侵善闡梁王遣叔鐵木的罕借兵大理時寶已長名書云殺虎子而還喂其虎母分狙栗而自詐其狙公假途滅虢獻璧呑虞金印玉書乃爲釣魚之香餌繡閨淑女自設掩雉之綱羅況平章既亡弟兄罄絶今止遺一嫛一奴奴再贅華黎氏嫛又可配阿礚妃如此事諾我必借大兵如其不可待金馬山換作點蒼山昆明池改作西洱河時來矣書後附以詩云烽火狼烟信不符驪山舉戲是支吾平章枉喪紅羅帳員外虛題粉壁圖鳳別岐山祥兆隱麟遊郊藪瑞光無自從界限鴻溝後成敗興衰不屬吾梁王見之恨寶人骨平章女僧奴志恒不忘復仇將適建昌阿黎氏出手刺繡文旗以與寶曰我自束髮聞母稱父冤恨非男子不能報此旗所以識也今歸夫家收合東兵飛檄西洱汝急應兵會善闡又作詩二章曰珊瑚勾我出香閨滿自潸然淚濕衣冰鑑銀臺前長大金枝玉葉下芳菲鳥飛兎走頻來往桂

韻海聲不暫移憫悵同胞未忍別應知含恨點蒼低何彼穠穠花自紅歸車獨別洱江東鴻臺燕苑難經目風刺霜刀易寒朔雲舊山高連水遶月新春疊與秋重淚珠恰似通宵雨千里關河幾處逢後寶聞我高皇帝開基金陵遣其叔段眞自會川入京奉表歸疑朝廷亦以書報之（見御製文集）時有妖巫女歌曰莫道君爲山海主山海笑諧諧園中花謝千萬朶別有明主來寶數疾卒子明嗣

十一代總管信苴段明洪武十四年授以宣慰壬戌春正月天兵破善闡梁王自鴆黨屬悉俘明遣都使張元亨馳書頴川侯傅友德西平侯沐英麾下曰大理乃唐交綏之外國善闡實宋斧畫之餘邦難列營屯徒勞兵甲請以唐宋故事寬我蒙段奉正朔佩華篆比年一小貢三年一大貢友德怒栲辱其使明再上書曰漢武習戰僅置益州元祖親征秖緣善闡乞盟班師友德答明書曰我大明龍飛淮甸混一區宇陋漢唐之小智卑宋元之淺圖天兵所至神龍助陣天地應符汝段氏接武蒙氏運已絶於元世寬命延息以至于今我師已殲梁王報汝世仇不降何待三月傅沐二將分兵胥綠點蒼顛繞出下關之背先樹

旗幟遲明設兵驚潰大軍策馬亂流而濟明遂就擒并其二子仁義至金陵太祖聖諭曰爾父寶曾有降表朕不忍廢賜長子名歸仁授永昌衛鎮撫次子名歸義授鴈門衛鎮撫大理悉定是夏六月元普顏篤復叛據佛光寨（在鄧州東北）先不華叛據鄧州甲子正月十七日潁川侯傅友德復自七星關同軍大理平鄧川破佛光寨因定賦法築城隍設衛堡立學校比於中州列郡焉

玉名詁

光緒壬午年
鋟於樂道齋

古玉字無點秦人作隸謂帝王字易混故加點以別之至寫作偏旁則仍去點而从王從其朔也郭忠恕云今人作字飛禽便當著鳥水族即應安魚識夫不明字義而專任偏旁者也夫飛禽之从鳥水族之从典類也而魚爲何魚鳥爲何鳥制字者各有名義所在而概以魚鳥統之則曷不舉羽蟲三百六十而統名曰鳥鱗蟲三百六十而統名曰魚古人豈若此之陋耶知王之爲王而不辨其名稱不悉其器用其與安魚而知爲水族著鳥而知爲飛禽者何以異耶升菴先生有慨於此而作玉名詁以示意曰字必有物物必有義凡夫有名可稱有文可紀者皆可作如是觀也至其引徵博而紀注詳則自讀書考古中來非可襲而取也雨村李調元序

玉名詁序畢

玉名詁卷一

成都 楊 慎 撰 綿州 李調元 校定

瑗肉倍好也

璧好倍好也

環肉好若一也又曰玉空邊等也出海經注

瓏禱旱瑞玉刻爲龍文也

琥發兵瑞玉刻爲虎文也

瑝楚玉也理六寸光自照

璠璵魯玉也

珚齊玉也

琳晉玉也

瓊赤玉也

瓐碧玉也

瑎墨玉也

瑿元玉也

玼紫玉也

琠玉半白半赤也

璊玉穈色也

璸彬律切青白玉琯也

理玉膚也

璞玉未理也

琢玉始理也

琈玉采也

璘瑞玉文也

玲玉聲也

璄玉光也

瑜玉中美也

瑑玉加瑑飾也

玓瓅玉點也

玷玉缺也

珙大璧也

琡璋大八寸也

瑄璧大六寸也

璋半圭判白也

琦片玉也

珏兩玉琫奉使玉盛之車答問者也

琗琗一作玉華相滯如琴絃也

璪玉英羅列秩秩也

瑞舜所輯玉也

琯舜所受西王母獻玉也

琰夏桀寵女名刻于玉也
琬周王結好圭也
𤫊以玉事神也
瑒音暢人名有鹿瑒今作平音呼非是祀天玉也
璹玉器也
瑁圭頭邪刻也
瑑玉飾弁也
琄玉珮之長也
瑬玉垂玉飾冕也
珩佩玉飾步也

玦玉佩不連也
瓈蜃飾佩刀也
璣珠不圜也
珽圭長三尺也
玫火齊珠也
瑛一名水玉水晶珠也
瑫玉在櫝也
玩兒弄璋也
珈以玉飾笄也
瑱以玉充耳也

琫佩刀下飾也
璏玉劍鼻也
珇印鼻也
珖玉琯也
珂以玉飾馬銜也又曰馬腦車渠飾銜皆曰珂佛經云阿雲言其白也
珬老雕入海化為珂珬蚌屬即車渠也
璫穿耳附珠也
琩鬱女克耳玉也
瑑圭有凸鄂也
珧江珧蚌也

玲音噹蜃器也
瓖馬卜飾玉所謂金鑲瓖也
琇琇瑩美石也
璧以玉相贈遺也
玖黑色玉可作鏡也
珷玞珉石似玉也
瑕玉病也
瓛玉上大下小也

近見文士凡遇偏傍之字皆謂之玉而不知各有訓詁也聊記其畧如右

卷一終

光緒壬午年
鋟於樂道齋

俗言一卷乃考訂俗語之原本經傳者又記各書所載方言注其出處而浙採遺書目錄云未洋撰人姓氏今按焦竑所刻升菴外集有俗言相仝因附刻於後俗言一本作俗語未洋孰是羅江李調元童山書

俗言目錄

卷一

俗言目錄畢

俗言卷一

瑯琊焦竑刊本

成都楊愼撰　綿州李調元校定

俗字有本

文字指歸云支財貨契曰賗今倉庫收帖曰串子省貝字或卽券掖袖口祠袖湏雲之稱用之或曰鶴袖髈音傍吳人謂繞膂音絫曰綍襏今北方行此音襪袚今訛作一撇

孫炎反切

孫炎作反切語本出於俚俗常言尙數百種故謂就爲鯽溜凡人不慧者卽曰不鯽溜謂團曰突欒謂精曰鯽令謂孔曰窟籠不可勝舉而唐盧同詩云不鯽溜鈍漢宋林逋詩曰團欒空繞百千回是不曉俚人反語逋雖變突爲團亦其謬也

俗語反說

河北得水爲河塞外得水爲海少而多之也湏雲稱山曰長坡貴竹名雨曰淸露多而少之也

言有區蓋

荀子言之信者在乎區蓋之間○區與邱同見漢書儒林傳注○區藏物處蓋覆物器也凡言可信者如

物在區蓋中不流溢也○易曰有孚盈缶亦區蓋之義莊子卮言日出正與區蓋相反也韓子人主漏言如玉卮無當卽流溢之謂也宋儒語錄云曾子之言盛水不漏義蓋如此

底當

韓子玉卮無當廣韻云當底當也徐鉉云今俗猶有區當之言

利市

俗語利市古亦有之易說卦傳爲近利市三倍左傳成公十六年爾有利市寶賄我勿與知

掉搶

吳楚謂帆上風曰搶謂借左右使向前也楊都賦艇子搶風榜人逸浪今舟人曰掉搶是也○或作艙又作搶

拋墧

宋世寒食有拋墧之戲兒童飛瓦石之戲若今之打瓦也梅都官禁烟詩窮巷踏歌相把袂輕浮賭勝各飛墧墧七禾切或云起於堯民之擊壤

撫塵

北堂書抄載東方朔與公孫宏書云同類之遊不以

遠近爲故士大夫相知何必以撫塵而遊垂髮齊年假伏以日數哉撫塵謂童子之戲若佛書所謂聚沙也

拍張

南史王敬則脫朝服袒裼以絳糾髻奮臂拍張武帝不悅曰三公豈宜如此敬則曰臣以拍張得三公不可忘拍張也拍張葢手搏捽胡之戲又何倜拍張賦曰東方曼倩發憤於侏儒遂與火頭食子稟賜不殊載籍中說拍張者惟此二處人亦罕知

瓠覗音孤覗

謝靈運山居賦銅陵之奥卓氏充瓠覗之端金谷之華石子致音徽之觀注引楊雄方言梁益之間裁木爲器曰瓠裂帛爲衣曰覗

磨鉻

南宋孔覬鑄錢議曰五銖錢周郭其上下令不可磨取鉻鉻音裕五音譜磨礱漸消曰鉻今俗謂磨光曰磨鉻是也往年中官問於外庭曰牙碑磨鉻鉻字曰如寫字舉此答之

庫露

皮日休詩襄陽作縣器中有庫露眞○珍瓏空虛故曰庫露今諺呼書格曰庫露格是也

阿堵

晉書云王衍口不言錢晨起見錢堆床前曰阿堵近世不解此遂謂錢曰阿堵可笑晉人云阿堵猶唐人曰若箇今曰這箇也故殷浩看佛經曰理亦應在阿堵中顧長康傳神曰精神妙處正在阿堵中謝安謂桓温曰明公何用壁後置阿堵輩是也凡觀一代書須曉一代語觀一方書須通一方之言不爾不得也

寧馨

馨字晉人以爲語助辭王衍傳何物老嫗生此寧馨

兒世說劉眞長語桓温曰使君如馨地寧或鬬戰求勝王道與何次道語舉手指地曰正自爾馨王朗之雪中詣王螭持其臂螭撥其手曰冷如鬼手馨强求捉人臂劉惔議殷浩云田舍兒强學人作爾馨語合此觀之其爲語辭了然唐劉禹錫詩幾人猛省得寧馨得晉人語意矣

乃澹

澹玉篇作虛皖切水石聲也世說劉眞長見王丞相盛暑之月丞相以腹熨彈棊局曰何如乃澹劉既出人問王公何如曰未見他異惟聞吳語程大昌演繁

露云今鄉俗狀涼冷之甚曰冷濁郎真長之謂吳語也乎李涪刊誤云吳民之言如病喑風而噤每啟其口則語淚喝吶

殺音厦

白樂天半間花詩西日憑輕照東風莫殺吹自註殺去聲音厦俗語太甚曰殺容齋隨筆序殺有好處元人傳奇戒風流惑殺思今京師語猶然大曰殺大高曰殺高此假借字俗書作傻平水韻傻俏不仁一曰不慧也今按韻會又作上聲注輕慧兒

眥

眥寫邪切少 唐詩一名閑物要眥眥宋人月詩露出清光眥子兒蘭畹詞東風寒似夜來眥

重遶

孔叢子載孔子高謂平原君曰重遶公子盛旨漢書孔光傳重遶大臣正議東坡晁錯論又重遶其意重難也言難遶其意而勉從之也近世不遶此語以重為重大之重失之

𧿒蹙

吳越春秋太子友諫曰黃雀盈綠林徊徘枝陰𧿒蹙微進欲啄螳螂按字書及說文無𧿒蹙字玉篇有蹙字蹙細行雨足不相過蹙急行而輕也於義亦合當音聶越

出舉興生

稱貸取息一曰出舉興生見隋書

謾諫

以言相欺曰謾以言相誣也諫佛書空谷傳聲曰赤諱一作謗白諫又倡曰掉弄花唇取次謾一有諫字

侏張

莊子南榮侏注一音疇通鑑吳賊侏張遂至于此注侏張流反盔因書譸張為幻爾雅作侜張類篇作侏張其義乖也侜張其義誑也

搜牢

董卓傳卓縱軍士淫略謂之搜牢今按傳作縱放兵士突其廬舍淫略婦女子剽虜資物謂之搜牢注牢漉也二字皆以去聲今俗猶有此言

附近

俗語附近古作傅近仲長統昌言宦豎傅近房卧之內交錯婦人之間

窋咤嘈囋

俗語急疾頃刻曰窋咤字一作咄嗟晉書咄嗟而辦

集韻作咋唱古樂府作咄唶今俗書詞曲作趡趞○孫權見呂蒙病中能小食則喜顧左右不然則咄唶○光武紀遥望見春陵城唶曰氣佳哉○王文考魯靈光殿賦發榮吐秀菡萏披敷綠房紫菂窋詫垂珠○潘岳芙蓉賦押腦雲布窋詫星羅

子細

北史源思禮傳爲政當舉大綱何必太子細也杜詩野橋分子細俗語本此

子蔦

魏明帝使公卿負土修凌雲臺公卿鬒領其面了蔦

其衣子蔦本作了鳥其義鄙媟男子之私也音蔦蘿之蔦字書作顛顛

舞弄

列子鄧析顧其徒曰爲若舞彼來者奚若注云世或謂相嘲調爲舞弄

危險

漢書宣元六王傳我危得之注云危殆也我殆得爲天子猶今之嗇險不得之也或云險些

將牢

晉載記後秦諸將諸姚萇曰若值魏武王不令苟登至今陛下將牢太過耳魏武王乃姚萇將牢猶俗言把穩五代史莊宗紀亦有持牢之語

娚徒

漢書西南夷傳西南之夷人自稱曰娚徒音陽方言巴濮之人自呼曰阿陽陽之言我也爾雅引魯詩有美一人陽如之何言我奈之何也子兮子兮如此良人何亦此意李太白詩芙蓉帳底奈君何

㲘毿

㲘毿本夷人服名上音兜下音達今人謂性劣者爲㲘毿

毾字

毾在臘切惡也音與搭同今俗云臘毾又曰毾八速是也人姓作垂音歃不從非而從韭蓋病其字惡而改之以韭無謂也

惺惺枕

俗諺云惺惺枕頭鶻突面盆○此孟子夜氣清明旦晝牿亡之說也

𣪊元作𣪊濁蟲

有憒憒於臨事士有藐藐於臨文世皆目之曰𣪊蟲此古語也周禮有壺涿氏掌除水蟲涿音濁是

其證也宋史呂端傳作糊塗朱子語錄作鶻突

儚蚌

揚子法言注引呂氏春秋蚌蚌出放光蟲食物也今人曰儚蚌

殗殜

方言殗殜病半卧半起

遳子

京師里語目形窮容㿸曰遳文選有遳脆之語唐書王伾傳形容遳陋通鑑音義作七禾切

怨

怨盧本切曈怨行無廉隅也俗戲體肥者爲怨子

䐗

䐗竹家切張貌俗云䐗開

盯聹

盯聹耳垢也盯都挺切聹乃挺切

牢愁

牢愁聊慒離騷揚子字異而義同

乾艘

艘舩著沙不行也口箇切按諺云乾艘若今小硬物挺足挺背曰艘亦音屆義亦通屆內作人橫于山上

伊優亞

漢書伊優亞者詞未定也見東方朔說趙古則云物之岐者曰亞作丫椏並非

跳出

魏晉儀注寫章表别起行頭者謂之跳出今日擡頭左傳疏

盪風杯

鄭熊番禺記廣俗壻未見妻之父母先飲一大杯曰盪風杯今亦有盪風冒雪之語

另日

俗謂異日曰另日另字音命令之令然其字說文玉篇無有也只當作令日戰國策趙燕拜武靈王朝服之賜曰敬循衣服以待令日令日即異日也注謂令爲善非

萬歲夜

姚寬戰國策注傳引諸書以證之用心亦至矣然猶有遺也楚策楚王遊雲夢謂安陵君曰樂矣今日之游寡人千秋萬歲後誰與樂此矣安陵君泣下數行曰萬歲夜願以身試黃泉蓐螻蟻夜如左傳注窀穸厚夜之夜最見人臣不敢斥言之意今本改夜作後

不見古人立言之妙矣

篦蔌

唐李郢詩薄雪燕蓊紫燕釵釵垂篦蔌抱香懷一聲歌罷劉郎醉脫取明金壓繡鞋篦蔌下垂之貌又作麗㲄李賀春坊正字劍子歌挼絲團金懸麗㲄其義一也薛君采語予云

無賴

史記始大人常以臣無賴賴利也無利入于家也或曰江湖之間謂小兒多詐而狡猾爲無賴

繶綳

集韻縫衣曰繶今俗云穿針繶線是也杜詩褥繶綉芙蓉而字借隱又綳卽綳領字

俗言卷一畢

升菴年譜

光緒壬午年
鋟於樂道齋

升菴先生年譜

綿州　李調元　校

公姓楊氏諱慎字用修別號升菴其先廬陵人六世祖諱世賢者元末避歐祥之亂徙楚麻城再避紅軍亂乃入蜀居新都世賢生壽山壽山生致致生湖廣提學僉事留耕公春留耕公配葉氏子七人長廷和卽公父少師石齋次廷平號龍山次廷儀號瑞虹次廷簡早卒次廷宣號龍崖皆葉夫人出次廷歷次廷中側室王氏出石齋公生於天順巳卯年十三舉於鄉二十舉進士由翰林庶吉士歷官少師兼太子太師首相兩朝有除難定策之功焉子四長卽升菴公

少師元配一品夫人眉山黃明善之女所出次惇號敘菴癸未進士兵部職方主事恒號貞菴廕中書舍人陞大理右寺副忱號孚菴丙子舉人皆太孺人蔣氏出若龍山公之子愭悌瑞虹公之子恂慥性龍崖公之子悅惟則皆公之從弟也先是石齋與夫人黃氏以艱嗣為憂嘗禱於神後夢神語曰當以聰明奇慧子畀君又夢送五代忠臣夏曾奇至曰武臣也復以中庸十八章輔之宏治元年戊申十一月初六日生公於京師之孝順衚衕岐嶷穎達十歲母夫人教之句讀並授以唐絶句輒成誦又以筆管印紙作圈

令公書字於中曰吾雖不知書然卽此則楷正自可觀矣公奮志讀讀不出外戶戊午年十一作近體詩有一盞孤燈照玉堂之句石齋公曰句佳矣但恨太孤寂爾不悅巳未果罹母黄夫人憂極其悲號廢食骨立未幾祖母葉太夫人訃聞隨石齋公同蜀守制留耕公授以易兩旬而浹不遺一字擬作古戰場文有青樓斷紅粉之魂白日照翠苔之骨數語瑞虹公極稱賞又命擬過秦論留耕公奇之曰吾家賈誼也一日石齋公與瑞虹龍厓二公觀畫問曰景之美者人曰似畫畫之佳者人曰似真孰爲正公舉元微之

詩以對龍崖曰詩亦未見佳汝可更作公呈稿云會心山水眞如畫名手丹青畫亦真夢覺難分列禦寇影形相贈晉詩人二公曰只此二句大勝前人矣時公年十二辛酉石齋公服闋公亦入京師有過渭城送別詩霜葉賦其馬嵬坡詩云鳳輦匆匆下九天馬嵬西去路三千漁陽鼙鼓烟塵裏蜀棧鈴聲夜雨邊方士遊魂招不返詞人長恨曲空傳蛾眉尚有高邱在戰骨潼關更可憐師福建鄉進士魏雪溪先生浚習舉子業偶作黄葉詩李文正公見之曰此非尋常子所能吾小友也乃進之門下命擬出師表文正覽

之謂不減唐宋詞人宏治乙丑侍石齋公於禮闈時崔公銑試卷在分考劉武臣簾下疑其刻深未錄公兄之愛其奇雋以呈石齋公遂擢詩經魁崔知而以小座至稱焉竟爲生平知巳時公年一十八正德丙寅與同鄉士馮馴石天柱夏邦謨劉景宇程啓充爲麗澤會郎墨藍田承昌張含結社倡和丁卯歸應四川鄉試督學南峰劉公面試而奇之曰吾不能如歐陽公乃得子如蘇軾是秋果耀易魁九月安人王氏來嬪清素儉如田家禮十一月上禮部戊辰春試主考王公鏊梁公儲得公文巳置首選卷偶失燭遂下

第有空吟故國三千里悔讀南華第二篇之句入國學祭酒周公玉頻試之曰天下士也巳巳歷事禮部周旋朝夕不倦尚書劉公宇一日見公問曰子爲誰對曰楊愼劉曰本部天下人豈必一大臣子弟耶乃稱嘆不置辛未禮部費公宏知貢舉入總文衡則靳公貴擢公第二殿試則及第第一制策援史融經敷陳宏剴讀卷官李公東陽劉公忠楊公一清相與稱曰海涵地負大放厥詞共慶朝廷得人授翰相修撰公時年二十四癸酉丁繼母喻夫人憂居家讀禮贈儀一無所受學憲劉公節稱之曰禮不忘於口誦義

每絶乎弊交明年藍鄢諸冠作亂公在邑城中口夕戒嚴有賊數百詐稱官軍以叛門者公令守雉堞者詰之散去乙亥服闋冬十二月北上舟至嘉定黃閣扁幾危而得濟遂與布政伍公符降舟唱和下江陵丙子入翰林爲經筵展書官及校大獻通考同館則鄒公守益王公思尹公襄劉公臬孫公紹祖張公潮也丁丑爲殿試掌卷官得舒公芬榮以呈閣老梁公儲不置鼎魁公力爭乃得首第時武皇遊幸宣大榆林諸邊返而復往公疏切諫不報乃以養疾乞歸明年王安人卒己卯繼室得遂寧黃簡肅公珂女時江

西寧藩之變値石齋公當國公經廣漢詩曰遊子戀所生不獲常懷安大哉宇宙內吾道何盤桓庚辰九月公北上仍舊官辛巳四月世宗卽位五月公爲殿試受卷官八月開經筵公首作講官進尙書金作贖刑之章言聖人贖刑之制用於小過者冀民自新之姦若大姦元惡無可贖之理時大閹張鋭于經等皆犯先朝事罪當死以進金銀得免故及之壬午二月命公代祀江瀆及蜀藩諸陵寢著江祀記與給事熊公浹御史簡公霄遊浣花溪載酒賦詩有烟霞誰作主魚鳥自相親斗酒千金會扁舟兩玉人之句十二

月北上復命癸未纂修武廟實錄公練習朝野典事必直書總裁蔣公冕費公宏曰官階雖未及實堪副總裁者乃盡以草錄付校時六年考滿吏部侍郎羅公欽順考公語曰文章克稱乎科名愼修允協乎名哭諫中元日兩上議大禮疏嗣復跪門哭諫中元日下獄十七日廷杖之二十七日復杖之斃而復甦謫戍雲南永昌衛時同事死者配者黜者左遷者一百八人挽舟由潞河而南値先年被草挾怨諸人募惡少隨以伺害公知而備之至臨淸始散去時公年三十七乙酉正月至雲南病馳萬里羸憊特甚栖栖旅

中方就醫藥而巡撫台州黃公衷促且甚公力病冐險抵永昌幾不起巡按郭公楠淸戎江公良材極爲存護卜館雲峯居之且上疏乞寬議禮諸臣而郭亦被詔下獄爲民丙戌九月聞石齋公寢病疋馬間道十九日至家石齋公悅而疾愈七月攜家就戍所十一月尋甸府土舍安銓起變十二月武定土舍鳳朝文亦起攻掠城堡爲患孔亟公歎曰此吾效國之日也乃戎服率旅僮及步騎百餘往緣木密所守禦入城與副使張峩謀固守明日賊來攻城寧州土舍陸紹先率兵戰城下公足城中兵鼓譟開門出戰以助

外兵賊散去公復歸會城戊子春疫殍大作乃徙居
洱海城疫息仍居雲峯尚書伍公文定黔國沐公紹
勳鎮守太監杜唐同來問疾時公一足病有半人嘲
鑿齒一足笑虞夔之句已丑八月寓趙州聞石齋公
訃奔告巡撫歐陽公子重疏上得歸襄事十一月還
滇壬辰正月布政高公公韶聘修雲南通志館於滇
之武侯祠時鄉大夫有欲昌嗣潁川侯傅友德以覬
世爵者公不可乃乘張羅峰復相流言欲中害公遂
去有中宵風雨太多情留注行人不放行借問小西
門外柳爲誰相送爲誰迎之句癸巳西遊大理諸處

會嶼山張公含於霽虹橋刻詩崖崿以志別甲午阿
密州僉事王公廷表迎往館之經臨安納少寶新喻
人周氏乙未六月子同仁生丙申至喜州訪給事楊
宏山十雲復寓點蒼山感通寺之寫詠樓丁酉與御
史李中漢元陽遊石寶山七月還戍所戊戌奉戎檄
歸蜀便道獲拜阡梓事畢還滇已亥十一月再領戎
役於重慶道庚子役竣至遂甯七月歸新都八月巡
撫東皐劉公大謨聘公及玉壘王公元正方洲楊公
名纂修蜀志辛丑還滇至東瀘疾作巡撫龍山戴公
金留之返成都與梓谷黃公華珥江劉公大昌遊青

城丹景雲臺諸山壬寅七月還戍所八月納少寶北
京人曹氏癸卯十二月子甯仁生公大喜時當道與
黔國沐公交遊士夫俱詩章宴賀有天上麒麟煇運
水海中龍馬過滇池之句是年公復領戎役於蜀甲
辰至瀘州與少岷曾公璵遊九十九峰山四月還戍
所乙巳二月徙居大理與門生董難尋罷谷山經喜
瞼會宏山諸公倡和九月還戍所丙午丁未居滇之
高嶢有十二境曰與士大夫交遊二月公屬紹芳隸
漢王褒移金馬碧雞文於羅漢寺之崖几招提佳勝
會意處便操觚留題冬十月公復適臨安訪臬憲樊

公景麟暨桐岡葉公遊諸巖洞勝景戊申春至晉寧
與侍御池南唐公錡遊海窰蟠龍生佛諸山陀巳酉
居高嶢夏秋每與滇之鄉大夫葉雨湖胡任山遊初
武廟閱文獻通考天文星名有注張命內閣取秘書
通考又作注張中使下問欽天監及翰館中皆莫知
其爲何星也公曰注張柳星也歷引周禮史記漢書
以復又湖廣士官水盡源通塔平長官司進貢同官
疑爲三地名於長官司上添一三字公曰此六字地
名也取朝中官制證之嘉靖中給事中張翀上言時
政論學術不止一條有斋宇嵬瑣之語上問之內閣

公適在館中卽取荀子非十二子篇以復敬所蔣公喜曰用修之博何減古之蘇頲乎其該洽精辨類如此乃若論王導之賊晉實辨太王之非翦商曾之重祭不始於成王周公春秋五伯深斥乎楚宋秦繆引墨子及修文御覽以辨范蠡無載西施之事引黄東發蘇東坡之言及李漢韓文序以辨文公與大顛書之僞駁歐陽氏非二堂之說辨陳白沙六經皆虛之語斥戴石屏之無行傳唐貴梅之死節此又援據古今闡揚幽隱謂其有功世教也非乎至若陶情乎豔詞寄意乎聲伎落魄不羈又公所以用晦行權匪恒情所易測者也昔重慶守劉公繪貽公廷祿偕紹芳數遊昆明池有池賞詩社集庚戌四月海口蹟雲南臺司顧籍溪諸公請公記其事於石壬子二月時在逸武弁得委祭龍海口歸肆狂惑復丁夫六千督往駐瀘剝衆利州人苦之有言於公者公歎之曰海已涸矣田已出矣民已疲矣致書巡撫趙公炳然罷之三月劉峇峯明刑持先廷尉執齊王公詩文集請公批選於太華寺癸丑公復領戎役於蜀僑寓瀘州丁巳六月長子同仁卒無嗣八月歸新都叙恭弟卒公痛悼倍於尋常其誄詞曰我生與弟先後之年呱呱而泣形兮氣運夏炎合簟冬寒並氊母携父抱偎濕就乾八歲就傅雙筆一研嬉戲偕正出入隨肩飲啖讓果趺少共磚又曰七袠將躋我歸自滇兄酬弟歡翁樂罔愆觴我於進羣從孚攣劇談飛屑倡和珠蠙笑語亟斷頃刻復延豈意宴席化爲几筵遽爾凋喪門祚中顛幼弱一人何忍余捐余生則先弟亡則前兄弟存亡誰質諸天其友愛至情見於辭者如此至若保惠遺孤紀綱家政既乃心力從子有仁以髫年失怙而卒免於顛覆者皆公惠之及也戊午子甯仁娶瀘州滕恩官女爲實公僑寓江陽者十數年交遊日衆與曾岷野章后齋諸公友善己未春還戍所六月遘疾感懷詩曰七十餘生已白頭明明律例許歸休歸體已作巴江叟重到翻爲滇海囚遷謫本非明主意網羅巧中細人謀故園先隴癡兒女泉下傷心也淚流又訣李張唐三公詩云魑魅禦客八千里羲皇上人四十年怨誹不學離騷侶正葩仍爲風雅仙知我罪我春秋筆今吾故吾逍遙篇中溪李元陽半谷張含池南唐錡叟此意非公誰與傳卒於七月六日年七十有二時巡撫雲南游公居敬命殯歸新都庚申冬祔葬石齋公墓側丁卯穆宗卽位奉遺詔追贈光祿

寺少卿長子同仁先卒次子甯仁時寓瀘州公卒之年夫人黃至瀘迎歸撫教則夫人任之也公孝友性植穎敏過人家學相承益以該博凡宇宙名物之廣經史百家之奧下至稗官小說之微醫卜技能草木蟲魚之細靡不究心多識闡其理博其趣而訂其訛謬焉正德間有寄書曰凡人情有所寄則有所忘有所議則有所棄寄之不深則忘之不遠議之不甚則棄之不篤忘之遠則我無所貪棄之篤則人無所忌無所忌而後能安無所貪而後能適足下所爲蓋得其適與安也古人買田宅擁聲伎皆豪傑蓋世之才

然獨無抱尺寸者之見也僕觀足下自蒙難以來嘔心匠意摹文續經近搜百氏窮探古蹟鑿石辨剥泐碑搜出遺忘有僻儒苦士白首蓬藋日自纂索所不能盡而謂娟精蕩神於逸欲聲色者能之乎斯言也可謂諒公之深者矣公嘗語人曰資性不足恃日新德業當自心力中來故好學窮理老而不倦又嘗自贊曰臨利不敢先人見義不敢後身雖無補於事業求不負乎君親遭逢太平以處安邊歌咏擊讓以終餘生天之顧畀厚矣篤矣矣之涯兮止矣足矣蓋困而亨冲而盈寵爲辱平爲福者耶此公自狀實錄至

其平生著述四百餘種散逸頗多學者恨未睹其全也

升菴年譜畢

光緒七年重鐫于廣漢

金石存

金石何爲而仿也古人於豐功偉績嘉言懿行託諸竹帛猶謂未足於是選吉金擇樂石而勒之而鑄之然則世之嗜好夫金石者莫先於是矣繼有風雅之士濡紙揩墨搨其文字而讀之而摹之有金石而有嗜好嗜好隨金石而起又未有或之先者矣予讀歐陽公集古錄趙明誠金石錄暨近時金石文字記諸書手一編不忍去遇摩崖獵碣鐘鼎銘欵墟墓開物無不殫心竭力拾得片楮隻字以爲快郃陽人來不惜傾囊而購甚而索之僧寮道院乞諸友朋之笥篋予之嗜好金石誠不讓古人而予之癖金石之名亦

藉藉騰好事之口矣丁酉予在 京都琉璃廠書肆買得抄本一冊不錄書名亦無編書人姓名亟梓行之乙巳年歸田後陝西臬臺王蘭泉先生諱昶者始以書來告曰此書名金石存乃吾鄉博學宏詞趙公諱搢所著鈍根老人其別號也因亟以書名歸之而余之癖亦可借以少慰也夫綿州李調元東湖撰

金石屑錄目　鈍根老人編　綿州李調元雨村校

卷一　篆一

商祖癸彝銘
周父丁彝銘
周龔叔壺銘
周尌仲敦銘
周邠敦銘
周乙卯鼎銘
彝銘
周齊公刀銘

戟銘
槍銘
漢尚方鏡銘
漢鏡銘

卷二　篆二

夏禹碑
周比干銅盤銘
周石鼓文
周壇山石刻
周吳季子墓碑

秦詛楚文
秦嶧山碑
秦泰山碑
秦泰山碑殘字

卷三　篆三

漢大風歌碑
漢五鳳甎　五鳳二年
漢開母廟石闕　延光二年
漢少室神道石闕
漢王君殘碑　中平二年

漢樂安太守麃君碑額
吳寶鼎甎　寶鼎二年
吳天發神讖碑　天璽元年
吳禪國山碑
石人胸前殘字
蜀師甎

卷四　篆四

唐碧落碑　咸亨二年
唐華嶽題名　上元元年
唐怡亭銘　永泰元年

唐李氏遷先塋碑 大歷二年
唐李氏三墳記 大歷二年
唐峿臺銘 大歷二年
唐庾公德政碑 大歷五年
唐謙卦碑

卷五 篆五

宋夢英千字文 乾德三年
宋郭忠恕陰符經 乾德四年
宋敦興頌 開寶四年
宋夢英偏傍字源 咸平二年

宋王母宮頌 天聖三年
宋東海鬱林觀刻石 慶曆四年
宋二體石經
宋李宋五箴 宣和六年
元太白酒樓記 至元二十年
元高翿古老子 至元二十八年
元趙孟頫大道歌
禹穴碑

卷六 隸一

漢北海相景君碑 漢安二年

碑陰
漢魯相置孔廟卒史碑 永興元年
漢孔謙碣 永興二年
漢魯相韓勑孔廟碑 永壽二年
碑陰幷兩側
漢郎中鄭固碑 延熹元年
漢蒼頡廟碑幷碑陰兩側 延熹五年
漢泰山都尉孔宙碑 延熹六年

卷七 隸二

碑陰

漢孔褎碑 無年月附孔宙碑後
漢西嶽華山廟碑 延熹八年
漢執金吾丞武榮碑 無年月當在永康元年
漢竹邑侯相張壽碑 建寧元年
漢衛尉卿衡方碑 建寧元年
漢魯相史晨孔子廟碑 建寧二年
史晨後碑
漢孝廉柳敏碑 建寧二年

卷八 隸三

漢淳于長夏承碑 建寧三年

卷九 隸四

卷十 隸五

卷十一 隸六

卷十二 隸七

唐修孔子廟詔表 儀鳳二年

唐褚亮碑 無年月金石文字記云高宗時立

唐立漢將紀信碑 長安二年

碑陰

卷十三 隸八

唐滎陽令盧公清德文 神龍三年

唐贈欽州刺史葉慧明碑 開元五年

唐唐興寺碑 開元六年

唐東海鬱林觀東巖壁記 開元七年

唐修孔子廟碑 開元七年

唐華嶽精享昭應碑 開元八年

唐御史臺精舍碑 開元十一年

唐老子孔子顏子贊 開元十二年

卷十四 隸九

唐右武衛大將軍乙速孤行儼碑 開元十三年

唐紀太山銘 開元十四年

唐大智禪師碑 開元二十四年

陰碑 開元二十九年

唐任城縣橋亭記 開元二十六年

卷十五 隸十

唐右補闕韓賞告華嶽文 天寶元年

唐嵩陽觀碑 天寶三年

唐石臺孝經 天寶四年

唐封北嶽安天王碑 天寶七年

唐金吾衛將軍臧希晏碑 廣德二年

唐文宣王廟新門記 大曆八年

牛夫人造像記 無年月

金石存卷一

篆一　鈍根老人編　綿州李調元雨村校

商祖癸彝銘

部止且癸旅尊彝冊

右商祖癸彝銘九字祖作且古文也彝下竝作二冊字言其為王所冊命也首一字不可識其右從邑蓋作器者之名也旅者眾也言如此彝者非一也薛用敏曰昔人謂有田一成有眾一旅則旅舉其眾也考諸銘識甗曰旅甗敢曰旅敢匜曰旅匜盨曰旅盨義率如此

周父丁彝

隹十又三月王宮莽京小臣〇敦事王錫貝五朋揚
天子休用乍父丁寶尊彝

右父丁彝銘三十字王下二字臣下一字不可識按古器物銘凡以支榦命名者皆稱爲商器文字簡質初未有載其錫予之物識其對揚之休如周器之文且稱者此彝文辭字畫絶非商器而云作父丁尊彝豈周人亦有以支榦命名者與不然則其父爲商人而子仕於周作是器之時距去商未遠也

十又三月其義未詳劉原父得商雒鼎其銘有十又三月之文晉南豐以爲三乃二字之複篆如內作兩人作兕之類然古器銘又有十又三月十又九月者則未可概云複篆也呂大臨云人君卽位居喪踰年未改元故以月數趙德甫云古人君卽位明年稱元年蓋無踰年不改元之事又牧敦銘有云惟王十年十有三月以此知呂氏之說爲非然則十有三月之義固不强爲之說也

周龔叔壺銘

隹三年五月既死霸甲戌王在周康卲宮旦王格太室卽立宰〇右頌入門立中庭尹氏受王命書王呼史虢主冊命頌王曰頌命女官嗣成周用宏家監〇新〇〇用宮〇錫女元衣朿帶赤黻朱黃鑾旂鋚勒用吏頌拜䭫首受命冊〇旨出反入〇〇頌敢對揚天子丕顯魯休用作朕皇考龔叔皇女龔故寶尊壺用追孝斷匃康〇〇右通祿永命頌其萬年眉壽〇臣天子需終子孫寶

右周龔叔壺銘一百五十字卅七行行四字末行六字十一字音讀未詳蓋龔叔之子頌新受王命

作爲此器以祀其考妣者耳龔叔未詳何人龔故疑爲姬姒之異文皇女者亦疑卽皇母之省也朱太史竹垞跋此銘題爲司成頌寶尊壺云司成分職不載于周官又引文王世子太司成論說在東序之文以爲周官實有是名予按銘云王呼史虢主冊命頌王曰頌命女官司成周用宏家監司本作嗣通作司亦作治言使頌爲成周治事之官耳當以官司成周爲句非命頌爲司成之官也大司成之名雖見於戴記而周禮實無此官故註疏皆

莫能決不可以此銘偶有𠚤戊二字相聯遂附會以證周官之鈇文也

周𫑳仲敦銘

𫑳中乍朕皇考𤞞中䵼彝尊敦用𠧟用孝蘄匃眉壽其萬年無疆子二孫二永寶用

右周𫑳中敦銘三十二字五行行六字末行八字𫑳卽𫑳寸又皆取義於手古字偏傍多通中卽仲也𤞞字音義未詳晋姜鼎銘宣字作𡨦則此疑爲𤞞之異體耳䵼音商與鬺同詩何以湘之韓詩作鬺漢郊祀志禹鑄九鼎皆嘗鬺亨上帝鬼神註鬺烹也古彝器銘多有云䵼者皆盛熟食器也

周卯敦銘

隹王十有一月既生霸〇〇季入右卯立中庭〇白
呼命卯曰〇乃先祖考死嗣〇公室昔乃祖亦既命
乃父死嗣〇人〇叔〇〇家〇用〇今〇〇敢〇先
公又〇遠余〇〇先公官白余隹命女死嗣〇宮〇
人女毋敢不善錫女〇章穀〇〇〇寶錫女〇〇牛
〇錫于乍一田錫于𠂉一田錫于隊一田錫于〇一
田卯拜手〇手敢對〇〇白休用乍寶尊敦卯其萬
年子二孫二永寶用

右周卯敦銘一百四十八字損壞者三疑不可釋

者二十八先述其祖父死事之勳後叙其土田錫
予之盛而終之曰用作尊敦卯其萬年子子孫孫
永寶用春秋傳曰夫有勳而不廢有績而載奉之
以土田旌之以車服明之以文章撫之以彝器子
孫不忘所謂福也卯之名不著於經不詳其族氏
官閥而以先世之德受王錫命銘勒彝器以遺後
人則猶班班可考焉可以知周德之厚而死事者
之食報遠也

周乙卯鼎銘

用大　𢦏邑迺卽𢦏用田〇二自氵氵㠯南至于大沽
一〇㠯阝二〇至于〇𢽾復氵氵阝雩〇〇隀㠯西
〇于𣏌亭木木〇于〇〇〇于〇道內阝扌𢍏于广
氵〇〇〇隀〇二剛〇〇于〇道〇于原道〇于周〇
㠯東〇于〇東疆右還〇于夏三道㠯南〇于谷〇道
㠯西至于堆莫夏三井邑田自樀木道左至于井邑〇
道㠯東一〇還㠯西一〇阝剛三〇降㠯南〇于〇道
阝州剛𢍏广降棗二〇大人有𤔲夏三田〇且𢦏武又
西宮〇豆人〇丁〇貞師千右相小門入〇原人中

𢍏淮𤔲工〇孝𤔲〇父舉人有𤔲荆丁〇十又五夫
〇〇夏三夫舍𢦏田𤔲上〇〇𤔲〇〇〇〇人𤔲工馬
君宰德父𢦏人孚夏三田戎攸父㳄〇父〇之有司〇
州〇攴〇𪔂〇𢦏有𤔲十夫唯王九月辰在乙卯天
田廿且〇旅新曰〇〇仅𢦏千田器有〇寶余有𢦏
千〇〇𠜩〇千罰千亻〇〇廿且罰旅𠜩新迺田西
宮〇〇父新曰我既付𢦏千氵田刈田余父爽𢦏爰
千罰千西官〇戎父𠜩新〇〇圖大王於豆斤官東
〇〇才辛〇史〇中〇

右鼎銘三百四十九字文字奇古不可盡識卽其

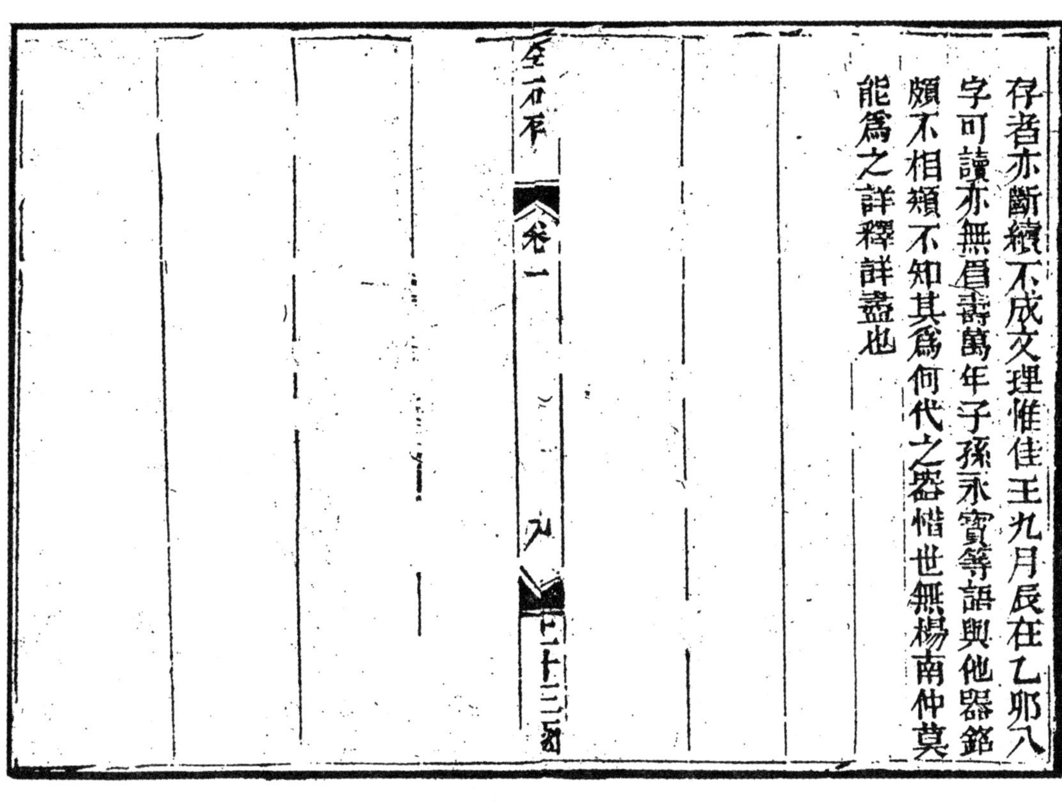

存者亦斷續不成文理惟隹王九月辰在乙卯八字可讀亦無眉壽萬年子孫永寶等語與他器銘頗不相類不知其爲何代之器惜世無楊南仲莫能爲之詳釋詳盡也

彝銘

可自爾○匕彝

右彝銘六字一字不可識刻畫夭邪疑非古器姑錄於此以俟知者

齊公刀銘

齊公貨

右刀銘三字曰齊公貨齊公者太公也黄帝采首山之銅鑄爲刀此貨幣之始也太公立九府圜法則變而用泉然刀亦並行不廢漢食貨志曰貨寶於金利於刀如淳註不明言泉本爲刀形而但曰名錢爲刀以其利於民也誤矣王莽更造契刀錯刀猶用古制後以剛卯金刀爲劉氏之識乃禁佩剛卯除刀錢而刀之制遂亾

戟銘

吉用〇金止〇〇用

右戟銘八字三字不可識藏程氏師意齋予摹得其銘說文戟有枝兵也考工記廬人句兵欲無彈句同鉤句兵即戟也管子葛盧之山出金蚩尤制爲劍鎧矛戟戟之制其來遠矣大戴禮武王踐阼篇有劍銘薛氏款識有夏琱戈銘又平陸戈及書言府弩機銘洪氏隸續有漢元嘉刀銘蓋古人服御之器莫不各有銘識不獨鍾鼎甗敦之屬其文字彬彬可頌即戈戟刀劍亦必有字或記其歲時或識其工作之人與鼓鑄之地且或以著其除戎器戒不虞之意鏤刻精工字畫淳古非若後世之物徒以纖巧華飾相尚也

槍銘

〇〇邦　司𢧁野戟
上軍〇　〇〇〇〇

右槍銘凡十餘字惟邦上軍司野戟數字可識餘者刻畫雖全竟莫能辨亦莫詳其爲何時之物但字畫端好與秦斤秦權上字相類殆亦非漢以後器也槍字從木六書故曰剡木爲刃葢古之槍初但以木爲之後乃易之以金古之以金爲兵者類用銅而後乃降而用鐵爾此槍以銅爲質兩刃而鋭上中空有穿長不及咫其制與今不殊特以其有篆籀文字乃獲與鼎彝同列不則長槍大劍且不得與毛錐子竝利矣文字顧不重哉

漢尚方鑑銘

尚方作竟真大好上有仙人不知老渴飲玉泉飢食棗浮天下敖三海壽如金石長相保

右漢尚方鏡銘三十四字中又列子丑寅卯十二字篆書絕小而筆意精工不減垌戈鉤帶諸銘所遜者字爲陽文不能作陰款爾考宣和博古圖及洪氏漢隸續所録諸鏡銘其辭多相出入而字畫省減偏傍移易亦不甚遠如此銘鏡省作竟仙省作山飲字飢字省食如三棗字直作四横之類葢未可以六書之法繩之也

朱竹垞曰漢宫闕有上方掖門官制設尚方令丞待詔職屬少府主作禁器物掌上手工作以宦者爲之蔡倫之造紙及秘劍是已自武帝好神仙宣帝亦信方士所制隨侯劍寶玉寶璧寶鼎皆尚方爲之既而劉更生獻淮南枕中鴻寶秘苑之方令尚方鑄作事不驗張敞上言請斥逐方士待詔皆罷然則鏡銘殆出方士作也

漢鏡銘

内青同古四光元日月去不羊

右鏡銘十四字每字之下各閒一字如而字之狀而義不相屬去之則爲七言韻語二句蓋不爲字如花紋之屬爾十四字中其五字不可盡識末云去不羊者以羊爲祥也漢元嘉刀銘云宜侯王大吉羊與此正同說文羊祥也本草引董子亦有此語疑二字古或通用

金石存卷一終

金石存卷二

鈍根老人編　綿州李調元雨村校

篆二

夏禹碑

周比干銅盤銘

周石鼓文

周壇山石刻

周吳季子墓碑

秦詛楚文

秦嶧山碑

秦泰山碑

秦泰山碑殘字

夏禹碑

承帝日嗟翼輔佐卿水處與登鳥獸之門參身洪流而明發爾與久旅忘家宿嶽麓庭智營形折心罔不辰往求平定華嶽泰衡宗疏事裒勞餘伸禋鬱塞昏徙南瀆衍亨衣制食備萬國其寧竄舞永奔

右夏禹碑七十七字在南嶽岣嶁峯故世亦謂之岣嶁碑此碑雖載於吳越春秋及徐靈期南嶽記王象之輿地紀勝陳田夫南嶽總勝記諸書然皆傳聞未嘗實有所見卽劉夢得寄呂衡州詩韓昌黎岣嶁山詩亦但云傳聞祝融峰上有神禹碑及

道人獨上偶見之千搜萬索何處有森森綠樹猿猱悲而已歷載數千寶未出世逮宋嘉定中而後賢艮何致得見之始有摹本逮明嘉靖中而後長沙太守潘鎰得宋刻于榛莽中摹拓始廣于是靖陽沈鎰爲作釋文楊用修在滇南亦爲之註且作長歌鋪張揚厲碑乃大著然沈鎰謂始得是碑夜夢神禹授以古帖下有篆文類碑字及早起誦若素識不勞思索遂作釋文用修亦曰釋文第十六句舊作南暴昌言余疑文義不貫字形亦不類思之不得是夕夢一魚首黃衣指謂曰此南瀆衍亨四字也寤而觀之形義兩協昌黎云古書得所依據蓋可讀此碑字體奇怪絕無偏旁義理可尋不知二家竟何所依據而確知爲某字某字至不得已托諸鬼神夢寐以爲徵無乃英雄欺人乎故顧亭林輩皆訾以爲僞作予謂碑何必僞神禹奇蹟至多玉書金簡理所應有但于古旣無傳文後人斷難臆識與其支離附會穿鑿失眞不但來識者之譏反足貽古物之累何如闕而不釋留以俟靈威丈人于後世乎今姑録楊氏釋文而附識如此

此碑舊刻如蟲蝕鼠囓字雖不可識饒有古意逮

後摹刻寖多皆强爲破落之形直醜怪可笑矣楊時喬重刻于金陵棲霞山之天開巖其釋文乃又與楊沈異亦不知所據

周比干墓銅盤銘

左林右泉前一作後岡後一作前道萬世之靈一作藏一作寧一作英於一作茲焉是寶

右比干墓銅盤銘元衞輝路摠管府推官張淑墓汝帖勒石者按法書苑河南志皆以爲孔子書然攷之于古實無可據且碑本既題周武王封比干墓銘則是周初卽有是書矣何又謂出孔子手邪閩南鄭瑗井觀瑣言曰其文匀麗不似二代故歐陽集古錄不収然今雖傳摹之餘字畫頗有蝌斗遺意不似岣嶁之太怪也薛尚功欵識法帖云唐

開元中偃師人耕地得此槃張邦基墨莊漫錄云政和間朝廷求三代鼎彝器程唐爲陝西提點茶馬李朝孺爲陝西轉運遣人于鳳翔破商比干墓得銅槃徑二尺餘中有欵識一十六字同一槃而或自唐得之偃師或自宋得之鳳翔必有一誤又淑碑刻于延祐戊午年代不遠不知明時何以卽殘斷失眞萬歷十五年知府周思宸埀立石于墓前字畫較元刻相去不遠各有跋載于銘之下方

周石鼓文

避車既工避馬

既同避車既好

避馬既駘君子

鼎邋鼎旃麀○

速〻君子之求○

䚷弓兹目寺○

歐其時其來𨑖

此雙卽邋卽時

麀鹿鍊〻其來大

避歐其樸其

鑛射其豬蜀

右第一鼓薛尚功作第八鄭樵作第三施宿作第一潘迪云按古文苑其序姑從施氏

文十一行行六字文六十六今全闕者五字半闕者三字

○毆沔烝彼淖淵

○火處之君子○

之澫又貸其斿○

帛魚鱳〻其盜氏鮮

黃帛其鰟又奐又

帛○朗九○○之

鼉汧○○○○

隹鰰○○○○

之隹楊及木

右第二鼓薛作第五鄭作第一施作第二

文九行行七字末行五字文六十一施云十鼓中

唯此完好無一字磨滅今全闕者十五字半闕者

十二字

田車孔安鋚華作

○眾既簡左驂旛二

左驂驕避邑隮于

邋避○止陕宮車

其寫秀弓寺射麋

豕孔庶麀鹿雉兔

其邋又旃其○逑

大○出各亞○○

奐○執而勿射○

庶櫟君子迺樂

右第三鼓薛氏施氏皆作第三鄭氏作第四

文十行行七字末行六字文六十九今全闕者八

字半闕者六字

○○鑾車𣒈敕

○○弓孔碩彤矢

○○馬其寫六轡

○○徒馭了火𢊁

○○量博旨亩　則衕

○往如章邍遵陰

㫚敆○馬射之簇二

○○○兒獸鹿如

○○○夕賢速禽

○○○○介身

右第四鼓薛氏施氏皆作第四鄭氏作第五

文十行行七字末行六字文六十九今全闕者二

十一字半闕者十五字

○○○○靁雨

○○○○○木

○○○○○○

○○○目○○

○○○○○○

○○○○彡馬
○○丷目衍或
○○夕极㴱目
○○○○一方
○○○○六奔
○○○○○乂
右第五鼓薛氏作第九鄭氏作第八施氏作第五
文十一行行六字文六十六今全闕者四十七字
半闕者八字
猷乍邍乍

金石存　卷二　八　二十三函

導徙我嗣
除帥彼阪
𦼡爲世里
微𢦏直罟
𩟌柞棫其
椶楷鞏鳴
亞箬其䈞
爲所斿䡒二
盜𢓊二日敲
日

右第六鼓薛作第七鄭作第二施作第六
文十一行行四字末行一字文四十一半闕者四
字施云此鼓乃向傳師皇祐間所搜訪而得之者
每行僅存四字自四字而上磨滅者傳師磨去刻
當時得之之由故今所存皆斷續不成文理
○○○○○○○○
○○○○○○○○
○○○○○○○○
○○○○乍是戩
○○○○○○具徃

金石存　卷二　九　二十三函

○○○○○○○來
○○○○○○○
○○○○○天子
○○○○○○○
○○○
右第七鼓薛氏作第一鄭氏作第九施氏作第七
文十行行七字末行三字潘云剝落僅成十有四
字皆不成文今止四字全好三字半闕一字稍見
而已
○○○○○

○○○○○
○○○○○
○○○○○
○○○○○
○○○○○

右第八鼓薛作第六鄭作第七施作第八

文五行行五字施云此鼓最磨滅僅存十三字不復成文潘云予家藏舊本止有微字今并剝落矣

避水既○○

導○○○○

既止嘉敱吕

里天子永宼

日中丙申地

○避其雩導

○馬既連秡

○康𩣡彼○

○左驂驖○

○驖彔○○

○女不○○

○𩤲霧弁○

○公謂大來

仐及如○○

宔不余○

右第九鼓薛作第二鄭作第十施作第九

文十五行行五字末行四字文七十四今全闕者二十四字半闕者七字

○○○○○○○○

○○○○○○○○

○○○○○○○○

○○○○○卜○○

○○○○○○○○

○○○○○○○勑

○○○驪才○○鹿

○○○○○○○大

○○○○○○○又

○○○○○○○寻

右第十鼓薛氏施氏皆作第十鄭氏作第六

文九行行八字文七十二今止一又字全大字小而稍低亦非全文其餘半闕者五字而已

右周石鼓文十章前人之論詳矣大抵謂爲秦惠文以後及宇文周時物者固是瞽說而必指爲何王之世何人之書引證雖緐亦無確憑又不必也

特以文辭字畫求之信非先秦以上人不能爲此文辭雖不可盡通其存者正與雅頌相類不僅因車攻鼓語偶同今詩也至字畫之工亦有目者之所共見不但漢以後人不能髣髴其一筆即上蔡諸碑對之亦頓分今古此豈可與引不相關之載籍肆其訾議乎但傳摹既久錯誤滋多顛倒移易非復原式又自楊用修之本出補綴附益强使成讀益復可笑矣但據石本之現存者依其行次分位錄之於用不致妄增一字即前人刻本所有而今本已無者皆闕而不錄雖所存無幾亦庶乎傳信而不傳疑爾

周壇山刻石

吉日癸巳

右周壇山刻石四字今在贊皇縣儒學戟門西壁有宋皇祐五年權郡事李中祐跋相傳爲周穆王書本在縣南一十五里壇山之上後乃鑿取此石陷置州廨壁間吳興施宿云州廨舊石以政和五年取入內府則今之在儒學戟門者蓋別刻石也以此字爲穆王書初無明據特以穆天子傳有天子登贊皇以望臨城置壇此山之語遂以歸之耳唐以前人皆未有言及此書者衞夫人言李斯見穆王書七日興歎亦不知其何指而說者以爲即謂此書趙子函云國朝宋濂考據欵識以爲周穆王書無疑果何所見而云然耶

錢唐黃松石貞父先生後人善小篆書常自摹此四字於石搨以寄予比之舊刻幾無以辨特四字一行稍異舊式

周吳延陵季子碑

嗚呼有吳延陵季子之墓

右延陵季子墓碑宋崇甯二年知常州軍朱彥重摹在江陰縣暨陽鄉季子墓上按此碑凡有數本唐張從申記云開元中元宗命殷仲容模搨其本以傳後大歷中潤州刺史蕭定又摹刻於延陵廟中金石文字記云在丹陽縣延陵鎮吳季子廟後人又刻於縣南門外驛前蜀成都府學亦有一本合崇甯凡五刻丹陽雖有延陵鎮實非古延陵地古延陵今乃江陰縣季子墓在焉朱公所記甚明

此碑世皆以為夫子書本於張燕公謝碑額表云孔篆吳札之墳秦存展季之隴云云而陶淵明季札贊云夫子戾止爰詔作銘則又在張前矣（此贊陶集不載）然歐陽公以夫子未嘗至吳又諸字特大非古簡牘所容為疑廣川書跋又言今入淳化官法帖中其字如書簡牘不類豐碑石柱上字唐人刻此字極大一書而傳於世者大小不同此竟誰當其傳哉今按淳化帖所載魯司寇仲尼書凡十二字止有吳君子之五字與碑本同餘七字盡不可識不知彥遠何以云即此十字碑也要之古必實有是書故陶張二公乃得據以立說而傳摹失真大小殊狀今人所其皆非原本故疑信不一耳然以夫子之遺文表吾季子之遐軌雖非舊物亦可珍賞

秦詛楚文

又秦嗣王敢用吉玉宣璧使其宗祝邵鼛布愍告于不顯大神巫咸㠯底楚王熊相之多辠昔我先君穆公及楚成王是繆力同心兩邦㠯壹絆㠯敯敃袗㠯齋盟曰枼萬子孫毋相爲不利親卬不顯大神巫咸而質焉今楚王熊相康回無道淫失甚亂宣奓競從變輸盟制內之則虣虐不辜刑戮孕婦幽刺敍戚拘圉其叔父寘者冥室櫝棺之中外之則冒改久心不畏皇天上帝及不顯大神巫咸之光列威神而兼倍十八世之詛盟衛者侯之兵㠯臨加我欲剗伐我社

稷伐威我百姓求蔑灋皇天上帝及不顯大神巫咸之卹祠之㠯圭玉羲牲述取吾邊城新郢及鄔長敍吾不敢曰可今又悉興其眾張矜意怒飾甲底兵奮士盛師㠯偪吾邊競將欲復其兇速唯是秦邦之羸眾敝賦輸輸棧輿禮使介老將之㠯自救殹亦應受皇天上帝及不顯大神巫咸之幾靈德賜克劑楚師且復略我邊城敢數楚王熊相之倍盟犯詛箸者石章㠯盟大神之威神

石秦詛楚文蓋告於巫咸神者其一詛于久湫一詛于亞駞其文亦無甚大異惟所質之神其號各殊與篆法偏旁間有移易耳此石初得於鳳翔開元寺土下置之太守便廳東坡鳳翔八觀詩所咏即此本也趙次公云數本中惟巫咸之文最精然自宋徽宗取歸御府後今時傳搨人間者未知仍是原石否其字法清工於鼎彝款識外別具一種筆意與石鼓文可以抗衡嶧泰諸碑俱當讓一頭地

音釋

又 六書正譌云又借爲有無字 秦 說文秦籀文從秝 敢 六書統敢從又從冐省從殳又手也手聲冐持殳以進敢之至也 宣 廣川書跋云宣字通作瑄古 敔 說文敔扁也廣川書跋書作忠誤 不 不顯即丕顯詩周頌不顯不承猶書之言不顯丕承也大誥爾丕克遠省陳土

元日丕馬融作不今詩不顯朱子皆以豈不顯釋之非是 底 底來訓致書乃言底可積此言致楚王之辠于神也 穆 即穆字古鐘鼎文穆字多移禾于右 是 讀作寔即實字 繆 說文勠并力也書湯誥史漢高帝紀并通用戮此又借繆作勠也 壹 疑即壹字壹篆作壺此蓋變省 敯 即婚姻字移女于右 枼 鄭樵曰枼即葉字疑葉萬即萬枼也王公書云古枼億字通 卬 仰本字絕文引詩作高山卬止 康 回 諸家皆釋作庸回通雅曰康回言安思回邪也釋者欲改爲庸非矣猶左傳周吁阻兵而安忍也 無 即無字本作𣞤此變省 道 即道字說文首頁皆訓頭也爵即古文首字李陽冰亦謂頁音首故道雖從首亦可從頁 失 諸家皆云同佚拔說文失訓緩也于此處文義自合不必借同佚 甚 諸家皆釋作耽拔說文甚尤安樂也廣韻甚劇過也甚亂言過于亂其義自足亦不借同耽 奓 奓本音查廣韻張也開也六書故曰奓與音侈二字通張衡西京賦馮虛公子心奓體依即侈秦字 從 疑即從字本作加亦加丞作從下截盡丞之變省也

從古通作緰輸諸家釋作渝訓變也按輸有隨訓詩載輸爾載春秋隱六年鄭人來輸平注公羊傳訓輸平爲隳成左傳寡君將隳幣服虔訓隳爲輸義相通也此云輸盟卽隳盟意不必借用渝虣卽虣字說文本從武此從戒與武小異玉篇云今作暴鼑籀文則從鼎虐虐本字刑說文刑荆分二字刑剄也荆罰皋也此正用荆罰字非借攷婦上疑卽孕字說文孕從几從子象子在人中也此從女亦女子褱妊之義婦卽婦字移女于右刺諸家皆釋作剌剌與刺形近而音義各別字書無剌字剌形近刺不知何以釋作剌敹六書統云敹同親戚卽戚字漢陽統碑貴戚專權韓勑碑陰彭城廣戚皆戚字者六書正譌云者古諸字秦泰山碑者產得宜諸亦作者冒卽冒字久六書正譌云故從久古通用久久卽音故削通作剝衛說文衛將衛也從行率聲石鼓文悉衛左右海篇衛又作衛與率同姓卽姓字移女于右至卽玉字古文玉作丙或作丣此筆書小變羲通作犧伏羲史記作宓犧語諸家釋作我疑卽吾

金石存　卷二　二十　二十三

字變體鄓音皇新鄓地名郰古文奇字鄓作郰地名敹字書無敹字諸家皆釋作親矜字書無矜字諸家皆釋作矜㥯廣川書跋云巫咸本作㥯籀文㥯按說文㥯蒲也籀文作憃又㥯安也兩字皆同義異㥯非籀文意也悉與憃形近然義亦不合恎玉篇有恎字訓小怒音如否悉恎偏旁相同心字或旁或下其義亦通競本爭競字諸家皆釋作境覍諸家或釋作旣金薤琳琅音凶王弇州云按文義非旣疑卽皃跡速籀文迹鞹說文鞹去毛皮也集韻作鞟省從享享本作亯此從亯省卽亯字鞩周伯琦云音俞刀鞘也殹同也見石鼓文及秦權夾亦受卽受字說文受從受從舟省聲六書正譌不省正與此同幾周伯琦云同職亯克本字數卽數字秦嶧山碑數字與此相近箸卽著字六書正譌云箸從竹者聲別作筯著着踏弁非

秦嶧山碑

皇帝立國維初在昔嗣世稱王討伐亂逆威動四極武義直方戎臣奉詔經時不久滅六暴強廿有六年上薦高號孝道顯明旣獻泰成乃降專惠親軫遠方登於嶧山羣臣從者咸思攸長追念亂世分土建邦以開爭理功戰日作流血於野自泰古始世無萬數陀及五帝莫能禁止迺今皇帝一家天下兵不復起災害滅除黔首康定利澤長久羣臣誦畧刻此樂石以著經紀皇帝曰金石刻盡始皇帝所爲也今襲號而金石刻辭不稱始皇帝其於久遠也如後嗣爲之者不稱成功盛德丞相臣斯臣去疾御史大夫臣德昧死言臣請具刻詔書金石刻因明白矣臣昧死請制曰可

金石存　卷二　十九　二十二

右秦嶧山碑宋徐鉉摹本鄭文寶刻石今在西安府學按秦皇巡行天下凡六刻石嶧山最先史記獨無此文何也少陵云嶧山之碑野火燒棗木傳刻肥失眞封演聞見記云後魏太武登山使人排倒之然而歷代摹拓以爲楷則邑人疲於奔命聚薪其下因野火焚之由是殘缺不堪摹寫然猶上官求請行李登涉人吏轉益勞弊有縣宰取舊文

勒於石碑之上凡成數片置之縣廨須則拓取徐氏所摹不知出於何本鼎臣兄弟以善篆名當世此本雖臨古字實以巳法運之故縝密茂美是唐以後書無先秦以上遺意也董彥遠言陳伯修示以繹山銘字巳殘缺其可識者歷歷耳視其氣質渾重有三代遺意此必野火未燒時本矣按此碑未經野火時本未嘗殘缺此殘缺者正當在火燒後耳董又云其文攷史記多不合今史記實無此文何言之謬也楊士奇東里續集云嘗見陳考思論繹山碑翻刻次第云長安第一紹興第二浦

江鄭氏第三應天府學第四青社第五蜀中第六鄒縣第七攷鄒縣有二刻一宋元祐八年邑令張文仲刻置繹陰堂一元至元二十九年重刻在鄒縣治應天府學本李處巽刻在江甯縣學尊經閣下三字一行作橫列式吾子行以爲甚謬青社本金阜昌甲寅河南李仲坦刻旁有跋其本亦得自徐氏者

近從恭壽先生處見有李陽冰書繹山碑其字較鄭本差小而力綫筋憐與陽冰他書絕異攷之於古亦不聞陽冰嘗摹是碑疑好事者轉臨鄭本而加以李監名耳

都太僕云皇帝曰以下乃二世詔文在始皇石刻之旁予見泰山碑如此鄭文寶不見泰刻其所刻乃徐氏模本故牽連誤書謝滄湄曰此碑二紙一紙書頌一紙書二世詔二世詔一面字差小不得謂牽連誤書也予按第二紙首行原有頌語數句皇帝曰字亦未嘗別作行都公所言甚爲有理滄湄云云反似未見此碑者何也

金石文字記云功戰曰作當是攻字古人功攻二字通用齊侯鎛鐘銘肇敏於戎功作攻予又按荀

子議兵篇械用兵革攻完便利者彊楊倞註攻當爲功國語辨其功苦韋昭註功與攻同

封演見聞記云嶧山碑刻此樂石讀者多不曉顏師古謂以泗濱浮磬石作碑也

秦泰山碑

○曰可

皇帝臨立佗刺𨶒○○○○ 立史記作位蔣注古音十四緝位注音立秦秋公即位古本文石經作即立毛伯敦銘立中庭偽南仲釋作位

廿○六○○并○○○不○○○

○輒遠黎登茲○山○○○○○ 輒史記作巡遠下有方字黎下有民字廣川書跋輒音鄰通雅云窺輒即親巡彥遠謂親鄰非也

從臣思迹本原○○○○○德 迹史記作迹速即循文迹字 者史記作諸六書正譌云者古諸字詛楚文率者庚之兵

治道 行者產得宜○○○○○

右文六行一行三字餘行十二字存三十二字闕

三十字劉譖云在石之西面

大義箸明陲于後嗣○○○○○ 箸史記作休六書正譌云箸從竹者聲別作箸著踏並非

皇帝躬聽既考天下○○○○ 陲史記作垂廣川書跋云陲爲邊陲當垂後世則當作𡍮 聽

○與夜寐建設長○○○○○ 史作墍

右文三行行十二字存二十二字闕十四字劉譖

云在石之北面

○經宣達遠近畢理○○○○

貴賤分明男女體順愼○○○ 體史記作禮

昭隔內外靡不清○○子昆○ 廣川書跋云昭隔內外或謂爲融古字相倩不然則格與隔不可兼用也通雅云昭融不當作昭隔皆子長所改

化○無窮○奉遺詔○○○○

皇帝曰金石刻盡

始皇帝○○○○○○○金石

右文六行行十二字存四十二字闕二十五字劉

譖云在石之東面

刻辭不稱

始皇帝其於久遠○如○○爲

之者不稱成功○○

丞相臣斯臣去疾御史夫臣○ 廣川書跋云衛宏嘗謂古一字有兩名者就注乙御史大夫則夫大也莒公亦曰夫中有大如于人昔千千今考禮記檀弓曰夫夫是也大人貫皆爲夫則大夫同文義亦可見

昧死言

臣請具刻詔書金石刻因明白

矣臣昧死請

右文七行行十二字存五十一字闕六字劉譖云

在石之南面 廣川書跋曰二世詔宜在其陰今在南面二世詔書始皇帝刻詔書乃在東北西三面蓋石作而後人起植之以一面稍完故立之南郷

右秦泰山碑宋尚書郎潘師旦摹本常刻入絳帖

者也金石錄云大中祥符歲眞宗東封兗州太守

摹本以獻凡四十餘字其後宋莒公摹刻於石歐

陽公載於集古錄者皆同大觀間汶陽劉跂斯立

親至泰山絕頂見碑四面有字乃摹以歸文雖殘

缺首尾完具不可識者無幾秦篆完本復傳世間

斯立摹其文刻石自爲後叙謂之秦山秦篆譜金

薤琳琅云近得劉譖後叙謂篆石埋植土中崇四

五尺五十一字在南面字稍平故常爲人摹搨其三面皆殘缺蔽闇跂刮磨垢蝕而字始出蓋刻文起西面而北而東而南共二十二行其末行制曰可三字復轉刻西南稜上由是篆文首尾幾于復沈此譜作於大觀間而絳帖後署淳化五年勒石前劉譜百有餘年今觀金薤琳琅所載劉譜與絳帖正合意斯立作譜時當卽以潘本爲據而又親至碑所相參訂耳今泰山頂碧霞元君東廡但存臣斯臣去疾以下二十九字而劉譜世甚鮮傳泰山秦篆又幾不可復識矣因取潘本錄之并取劉譜相證庶幾好古者得有所攷據云

申徒駉會稽碑跋云行臺侍御史李處巽獲劉跋所摹本刻於建業郡庠楊東里集亦云應天府學有此譜刻石余得之張士謙應天府學卽今江甯縣學予嘗屢過其地惟見吳天發神讖碑及李處巽所摹繹山碑在尊經閣下而泰山譜無有問之人亦莫有知者俟更訪之

秦泰山碑殘字

臣斯臣去疾御史大夫臣昧死言臣請具刻詔書金石刻因明白矣臣昧死請

右秦泰山碑殘字二十九今在嶽頂碧霞元君宮之東廡此斯篆眞跡之僅存者又聞泰安州城內東嶽廟中別刻一石亦二十九字蓋好事者摹之以應四方之求省登涉之勞也此本字法不見淳古行末隱隱有分書題跋數十字破碎不可識此殆泰安城內之刻非嶽頂原石也

卷二終

金石存卷三

篆三　鈍根老人編　綿州李調元雨村校

漢大風歌碑

大風起兮雲飛揚威加海内兮歸故鄉安得猛士兮守四方

右漢大風歌碑徐州志歌風碑在沛縣歌風臺碑有二一豎於東不知年代西則元大德閒摹刻者舊碑中斷束以鐵汪蛟門歌風臺記云元大德閒摹刻于石者邑令羅士學也予按此碑不知刻自何時相傳爲漢曹喜書亦無可據碑自大德中已經重刻其舊碑即非漢刻亦必唐宋人所爲何近在彭城而歐趙皆不收錄也篆法非上蔡當塗矩矱殆聞古人有懸鍼書法而仿彿之者不爲佳品故藏弆之者亦少爾

漢五鳳磚五鳳二年

五鳳二年魯州四年六月四日成

右漢五鳳二年甎字在今曲阜孔子廟孔廟漢碑最多然皆漢安以後書惟此爲西京遺跡自金明昌中出土故歐趙皆未之見朱竹垞以爲篆文顧氏以爲八分恭壽先生以爲不能辨予嘗見仲六游家藏本字雖破落巳甚然辨其筆法無鉤踢挑拔之勢固異於東漢豐碑而簡畧直致亦微解篆體與定陶鼎所勒高廟二字相類此正西京佐書也

漢開母廟石闕銘延光二年

○○○開母廟○

○神道闕時太守

○○朱寵丞零

陵泉陵薛政五官

掾陰林戶曹史夏

效監掾陳脩長西

河圜陽馮寶丞漢

陽冀秘俊廷掾趙

穌戶曹史張詩將

作掾嚴壽佐左福

以上題名十行行七字內第三行止六字

○○○○○百川柏鯀稱遂

○○原洪泉浩浩下民震驚

○○功疏河寫元九山甄旅

○○文口納漢山辛癸之閒

○○又實勤斯民同心濟○

○○正杞曾○替又遭亂秦

○○亭於茲馮神翩彼飛雉

○○○庭原祥符瑞靈支挺生

○○○化陰陽烝清興雲降雨
○○○○○○不歇比性乾坤
○○○○柏○我君千秋萬祀
○○○○○碣銘功昭眡後昆
○○○○延光二年　重曰
○○○○○后德洋溢而溥優
○○○○○政剿文燿以消遙
○○○○○維皇極正而降休
○○○○○○芬茲楙子圃疇
○○○○○○木連理於芊條

○○○○○○胙日新而累熹
○○○○○化咸來王而會朝
○○○○清靜九域亾其循治
○○○○○○祀聖母虖山隅
○○○○○○神○享而○格
○○○○○○蠲我后以萬祺
○○○○○○于○樂而罔極
○○○○○○永歷載而保之

以上銘辭二章共二十六行行十二字

右漢開母廟石闕銘開母啟母也漢避景帝諱易啟爲開前題名十行行七字後銘辭二章共二十六行行十二字今多者存九字少者五六字不等葉井叔嵩陽石刻集記曰今現存篆書三十二行前題名十行行七字內第三行止六字以少室石闕所列官名參攷之則此十行之上無闕文也又謂後二銘共二十二行行十二字今止存六字蓋亾其上一層矣後銘視嵩高志所載又闕四句金石文字記曰歲屠維協洽莫春予親至廟下視此石闕井叔所謂闕四句者今又得四行二十餘字以文多不能容故轉而刻於其旁仍亾其上一層

也予從恭壽先生處見所錄本較葉顧二家所收其字爲多前銘上一層尚存二十餘字不盡亾也後銘上層亦時有一二字在不知二公當日親於廟下鈔錄其文何以尚有遺闕如此今石拓本字益晻昧難辨後四句不復可得而予所見本爲最全矣

漢少室神道石闕銘

○葴林芝
縣日月而
○○○○
三月三日
郡陽城縣
興治神道
○○○○
君丞零陵
泉陵薛政

五官掾陰
林戶曹史
夏效監廟
掾辛述長
西河圜陽
馮寶丞漢
陽冀秘俊
廷掾趙穌
戶曹史張
詩匠作掾
嚴壽廟佐
向猛趙始

右漢少室神道石闕銘嵩陽石刻集記曰凡二十一行行四字其所列丞薛政等與啟母廟同其爲一時所立無疑金石文字記曰今在登封縣西十里邢家鋪距少室山尙十餘里當是漢時廟在其地金時拓本少最後三行恭壽先生本首行多一葴字次行多一縣字則又葉顧二家所未及見者也嵩山三石闕太室以隸開母少室以篆繹泰刻石而後此篆爲最古且係原石非他傳摹者比剝

蝕之餘典刑具在是可寶也

此闕止題名耳銘辭已亾無從得之矣

漢王君殘碑 中平二年

漢故王君之碑

府君諱○○周○出緒也而清咏莫郡太守王陽令知政出風○出德矣中平二秊作文銘勒碑以休世不

右漢王君殘碑額與碑皆篆書額題漢故王君之碑六字碑殘蝕已甚所存字不及四十名惟太守王陽及中平二年八字可句餘俱不可卒讀漢人銘誌𩔰古居多惟此乃用小篆然前人集録既無可攷而王君名字皆亾竟莫詳其爲何如人也

漢麃君碑額

漢故樂安太守麃君亭○

右漢麃君碑額題漢故樂安太守麃君亭 十篆字爲二行亭下一字不可識其所云亭意亦樊毅華山亭之類攷水經注天下碑録及洪趙氏之書皆無此碑今碑不知存否予所収者獨其額耳初錢唐金壽門示予此拓本釋作麋君細按石文鹿下從水蓋麃字也攷姓氏書無麃姓然韓勑碑有麃次公麃季公碑側題名有麃恢字元世今此碑額在曲阜野中是魯地故有麃氏而姓氏書失載也

麃音庖周有麃玉爲秦將漢有麃宣

又按鄭蕋畦云省志志陵墓魯諸王墓下云魯恭王孫皆𦵏於此大墓二十餘石獸二石人三胸臆閒篆刻曰漢樂安太守麃君然則麃姓出魯恭王之後而予以此刻爲碑額者亦非也

吳寶鼎甎 寶鼎二年

大吳寶鼎二年歲在丁亥作

右吳寶鼎二年甎字寶鼎孫皓紀年也康熙四年得於吳門之小雁嶺去皓時實一千三百餘年而甎尚完好如故攷是時皓方起昭明宮二千石以下皆自入山督攝伐木陶埴之役遂及吳下不知宮成未幾而已穨於司馬氏之庭矣字法樸拙未必盡出能手然亦饒有古意予錄中得孫吳氏書蹟四天發國山二碑寶鼎天紀二甎皆皓時物也亦奇矣

吳天發神讖碑 天璽元年

上天帝言天

下步於日月

帝曰大吳一統萬方甲午丙日

才入中平子 元元示于山川

天發神讖文

天璽元月秦月巳酉朔十四日

武中郎將丹陽

然發刻廣省 於是天讖廣多未解解

者十二字以秦月廿三日遣解文字

金史建忠中 將會稽陳治 解十

三字治復有 未解以八月十日

詔遣中書郎行 將軍裨將軍關内 九

江費字行視 更二字合五十 字與

西部校尉姜 絡典校梟儀 梅尤

章咸李楷賀 吳寵建業丞許 番

約等十二人吏並共觀視深甄 丞歸

大吳上天宣命昭太平文字炳服 杜諸

石上故尤 銘敷垂 祺

蘭臺東觀令 吳郡

巧工九江朱　江

功東海夏侯

右吳天發神讖碑舊在巖山斷石岡宋胡宗師移置漕臺後圃今在江甯縣學尊經閣下孫皓殘虐浮於桀紂而專好言符瑞如開臨平湖封禪國山及此碑之言天讖廣多皆是也不獨無救於滅亡適足以遺後世笑耳碑凡三段形如覆臼字列三面而虛其一舊以文字錯列莫有能通其讀者祥符周雪客作爲碑攷合三段之石審其斷處聯貫讀之義始可通朱彝尊曰是碑相傳爲皇象書其文指爲華覈所作蓋本張勃吳錄而許嵩建康實錄注戚光集慶續志因之以覈常爲東觀令而碑後有蘭臺東觀令守遂以實之也攷覈爲東觀令時犯顏數諫號稱直臣又其免官在天册元年覈既免官又素伉直必不復藉符瑞取媚然則碑之所云蘭臺東觀令別是一人未可遽信爲覈之文也

山謙之丹陽記云巖山東有大碣石長二丈折爲三段按碑石非方非圓似非一石所折即累三石視之亦不得如許長也但文字參錯處則又非各

刻者今俗名落星碑金陵瑣事以爲蘊建書未知是否

梅都官題此碑詩去年箕赤烏近書疑皇象多但取赤烏皇象屬對之巧耳不計此碑非赤烏年也

吳禪國山碑

廿有四白雀白燕廿有
○原野者三嘉禾秀穎
有王踋月火珠璧沼離
璧水青瑴璧州有八王
○州有六○室山石闔
犬十有犬○○頌歌廟
○者五神○○僮靈毋
○○者○○○者十秘
發者八○○王琯王瓚

王琬王盤王璧清絜光
○○○出東門○者四
○○運會者二其餘飛
○○命○○者不可稱
廿日惟重光大淵獻行
受上天王璽文曰吳眞
惟○天大德宜報大命
華元郊天祭地紀號天
爕大司空朝執金吾脩
○直昆昌國史瑩覈等

三表納貢幽荒百蠻浮

右吳禪國山碑按三國志吳紀天璽元年吳興陽羡縣有空石長十餘丈名曰石室所在表爲大瑞乃遣兼司徒董朝兼太常周處至陽羡縣封禪國山明年改元大赦以協石文此碑之所由刻也碑本甚巨今止存二十行行九字其上下四旁多已不具卽此二十行中剝落者尚數十字其存者非審視諦觀亦莫能辨也金石錄載禪國山碑上下二卷跋云前叙孫皓卽位以來郡國祥瑞凡千餘言其後乃云乃以涒灘之歲欽若昊天月正革元

郊天祭地紀號天璽又云丞相沇太尉璆大司徒爕大司空朝等以爲今衆瑞畢至三表納貢九垓八埏莫不被澤云云爾雅曰太歲在申曰涒灘天璽元年丙申正所云涒灘之歲紀號天璽也但據碑言以因封山而後改元天璽據吳紀則陽羡石室之瑞在天璽元年因封禪國山明年又改元大赦則改元者天紀也大抵此時無歲無瑞亦類歲改元先後之間固有不及細詳者矣

碑云三表納貢亖籀文四字金石錄作三非是

石人胸前殘字

府門出下缺

右石人胸前殘字在曲阜不知何人墓前翁仲也其文曰府門之之下殘缺無存篆法敦古亦秦漢間物也

蜀師甎

蜀師

右甎方六寸許中刻蜀師二字四旁作蟬翼文面背如一無歲月可攷不知出何時代蜀師字亦不知何說篆法古朴似非近今所爲

卷三終

金石存卷四

纂四　鈍根老人編　綿州李調元雨村校

唐碧落碑

有唐五十三祀龍集敦牂哀子李訓誼譔諶銜恤在疚寘懷靡所永言報德思樹良因敬立大道天尊遠侍真像粵若稽古窺觀遂初真宰貞乎得一混成表於沖用元之又元蹟超言象之域惟恍惟惚理冥視聽之端是以洞山順風勞乎靡索汾陽御辯窅然自喪曠矣哉道之韞也其寄於寥廓之場焉至於玉笈宣徽琅函吐秘方壺神闕蒙穀靈游倏忽九陔導飛廉而從敦圉俯仰六合戴列星而乘雲氣固亦昭章逸軌肸蠁遐風渟化其聯幽契無爽伏

以　先妣房貞載德克懋瓊儀延　慶臺華正位　藩閫動容資於典禮發言光乎儀訓故綢繆是肅粢盛無違大當叶曜中闈以睦況倚閭分甘之澤徙居側昹之規義越人倫恩深振古重以凝神道域抗志澄源淮館儀山寥鴻寶之靈術楚壇敷教暢微言之盛範儒元兼洞真俗兩該德冠母儀事高嬪則豈圖昊天不惠積善無徵告罰奄鍾荼蓼俄集訓等痛纏過隙感切風枝泣血攀號自期顛殞祇奉　嚴訓慈勉備隆偷存視息遄移氣序　几筵寂寞瞻望長違創巨徒深寄哀何地所以貪逮餘漏祈福元宗敬寫真

容庶幾終古而土木非可久之致銘鑄爲誨盜之先
肅奉　沖規圖輝貞質睟容伊穆元儀有偉金眞攄
耀疑金闕之易奔琳華揚彩若琳房之可覿霓裳交
映紛駕斯留帝晨飾翠雲之美香童散朱陵之馥載
雕爰戢式展口祈以此勝因上資神理伏願棲眞碧
落飛步黃庭謁羣帝於天闕携列僊於雲路融心懸
解宅美希夷注儀鄰以洞煥指乾坤而齊極介茲多
祉　藩度惟隆如山作固永播熊章之烈循陔自勵
奠伸烏鳥之志孔明在鑒匪日道遐昌言嗥口庶斯
無忝昔人銜哀罔極鉛槧騰聲汞口克劭義功張憑

之誄至德與思痛深陸機之賦況清輝懋範宛若前
蹤聆言景行敢忘刊紀餘魂弱喘憫不逮文謹託眞
猷直書心事音儀日遠風烈空傳功心感慕終天何
及

右唐碧落碑今在絳州龍興宮高祖第十一子韓
王元嘉諸子追薦其母房太妃所作篆文厚刻天
尊像背已將以不便椎拓別刻一石以應求者今
石像已亾所傳者別刻本耳篆法稚弱殊不足觀
更兼字體散雜不倫卽釋文難以盡信亦姑就鄭
承規所釋錄之耳高宗總章三年三月改元咸亨
歐陽公以有唐五十三祀定爲總章三年董彥遠
謂爲咸亨元年皆不誤也惟史言韓王元嘉垂拱
中爲絳州刺史此碑立於咸亨是時元嘉尚未刺
絳碑何以豫立於此疑史誤也

碑無書者姓名或云陳惟玉書或云黃公李譔自
書皆無確據至指爲道士化鶴者所書益誕不足
置辨劉太乙金石續錄云按唐書韓王好學藏書
萬卷皆以古文字參定異同子譔封黃公工辭章
孟利貞嘗稱其文曰劉廙之張思茂不是過也家
書甚多皆文句詳正秘府所不及據此則謂碑爲

譔書理或然也

王恭壽云元嘉六字碑止列四舊唐書稱潁川王
訓早卒新唐書又稱上黨公諶早卒彼此互異蓋
流傳誤耳

唐華嶽題名 上元元年

大曆上元元
季冬十有弍
月十壹日同
謁嶽祠書記
以上二十字篆書在上截

華陰縣令王宥　前令王紓　丞王沐
尉李齊亻尉權頌鄜縣主簿張彬尉竇彧
下邽縣丞李演尉邢澂處士王季友張彪
著作郎孟昌原京兆府澧曹參軍李樞書幷篆
以上六十三字隸書在下截

右華陰令王宥等謁嶽廟題名在華陰縣嶽東廟道院述聖頌之右旁上篆下隸尉李齊下一字不可識當時嶽廟題名極多歐陽公所收自開元至清泰凡五百餘人今所存者止此及顏魯公乾元元年題名數十字而已顏書刻精享昭應碑之右故亦得久存餘皆爲地震所糜碎矣

唐怡亭銘

怡亭裴鶠卜而亭之李陽冰名而篆之裴虬美而銘之曰 以上二十二字篆

峥嵘怡亭盤礴江汀勢壓西塞氣涵東溟風雲自生日月所經衆木成幄羣山作屏顯余遊處於此怡形永泰元乙巳歲夏五月十一日隴西李莒 以上五十六字隸

右唐怡亭銘李陽冰篆李莒隸書集古錄云亭在武昌江水中小島上銘刻於島石常爲江水所沒故世亦罕傳宜乎知之者少也此銘自集古錄外他家皆未見收錄惟楊用修墨池瑣錄云李陽冰庾子泉銘怡亭刻后二世之詔不是過也則此銘似爲用修所賞而其所輯金石古文中亦不之載何也陽冰書翔舞飛動有鸞飄鳳泊之勢當是李監第一得意筆李莒於唐初無書名而隸法渟古無韓史蔡方重板滯之狀雖拓本紙墨未精然已不可多得矣

說文裴閭俱薄回切裴衣長皃閭河東聞喜縣姓氏字本當用閭今經典相承皆借裴此更兼用之嘗見一僞刻本字醜惡絕無虎賁中郎之意不知何人伎倆薄君自崑璧藏碑版極稱精博予間出

此本相眎亦未嘗見也錫山華潄山受篆法於恭壽先生極愛玩陽冰此碑嘗爲予精臨一本而屬徐友竹隸書其後

唐李氏遷先塋記

㧑 先塋記

粤爲虖沓若龍大泉獻遷家不造 先侍郎即世建塋霸陵遷令也 先大夫徐公回口備矣泉單閼歲十有一月 先大夫合祔天瑤改元我之伯口卒閏五六年仲也卒不四三年叔也卒君子曰李氏子天假其才不將其壽畬謀及龜策謀及鬼神歟方士郈權偏得管郿之遺喈曰國岸鑿龕容土地矣于温冥之禁非宨変攸宜是用口卟永地其原鳳棲筮之遇損䷨之解䷧曰損孚解綏吉亂甚焉迺虔卜郈城左

時口若惟茲食棱卜澧水東樊水西亦惟茲食新卜塋連山南佐平巘口山坤勢之宜隧而順之伯氏仲氏叔氏三壙陪側攝提格辜月仲口口日靈轜以降壽藏有恤無藏金玉厥惟琴書先志也異時述口三百篇永泰中小宗伯賈公至爲之敘

口上澤悅幽明錫類口口追贈黄門侍郎申命禮部尚書清河郡大夫人口口口版未篆口皇命大曆惟二刊刻鼎石 以下鈌

口口口述 從子陽冰書 桌光刻

右唐李氏遷先塋碑李陽冰書經宋大中祥符間

重開未免失其筆意然司隸衣冠猶時髣髴一二也今復剥落自清河郡太夫人以下文多不可卒讀

爾雅歲在亥曰大淵獻此碑書作泉獻避高祖諱也唐尧公頌碑亦書顔回字爲子泉客士玨奐玨字字書不載疑是耗字重開時譌耒爲土也

唐李氏三墳記 大曆二年

先侍郎之子曰曜卿字蓺名並才也宏毅樂易機符朗徹既冠遭家不造諸季穉藐植之以口藝博之以文行始調祕書正字授右衞騎曹轉新口尉豪猾未孚立信以示之禮浮寖未復本仁以示之義領長安尉植京師浩穰攱賊曹繇劇有立斷焉焯見焉左遷晉安郡戶椽賦口樂府廿四章左史韋良嗣爲之敘文纂十發口卿字萬天骨琅琅德充文蔚識度瓌邁弱冠以明口觀國莅鹿邑虞卿二尉魏守崔公沔泊相國晉公甲科第之進等年之譽遊嵩少夜聞山鐘賦云口也洪鑪沸鼎火半炊巨谿重林風稍止無間未已詞人珍之轉金城尉曹無受謝吏不敢口曰卿字榮寬梟柔立於穆不瑕𦭧家揀靈昌主簿已口歲小劉宰李公彭李尚其文翰署蘄邑簿昔溙沮口溢馮翊督塈釃渠楗窌殷兜脈散下土得溉上腴成賦人到於今賴之文集百一十二篇烏戲三英孝友曾閔儔也文學繼業璿碧産也純固含章杞梓材也昊穹生德宜受封福僾逾强仕以講陰堂未盈一紀三墳相比息其咎職訊之逢占占者邵權曰霸陵故塋葬不違禁害于而家歲攝提格圖貞陽卜而祔大墳

三墳外東南爲伯仲叔虵之若鳥行然大歷建元之闕季於斯刻石恐夫溟海爲陸老沙防焉季卿述陽冰書㮚兗刻

右唐李氏三墳記李陽冰書與李氏遷先塋記同在今西安府學皆大歷二年建先塋記有宋人重開歲月此碑無有王元美謂石猶故物故無傳改之譌舒元輿所謂蟲蝕鳥跡鐵石隔劈龍蛇駭解鱗甲活動庶幾於此見其一班趙子函則謂字畫法具而神亾似與前碑同予按此碑字法較先塋記不啻霄壤詎可作一律觀況先塋記重開卽有歲月題識於下此碑果是重摹豈無一字留題邪子函之見恐屬未然

說文禮從豊篆作豊豐篆作豐隸楷皆同而篆文文迥異陽冰上李大夫論古篆書云蔡中郎以豊同豐秦丞相以束爲東魯魚一惑涇渭同流此碑立信以示之禮禮字反若從豐何也古者官有掾屬掾字從彖從手其從木者屋上椽也碑云左遷晉安郡戶椽字乃從木二字不當通用蓋因字形近下筆時偶誤耳不然陽冰不當使別字也又股㔾脈散㔾卽引字當是曲其直以取勢耳若從弓從巳則無此字矣劉禹錫高陵令君遺愛頌有股引而東句與此義同

李氏三子惟曜卿名字俱全仲叔之名皆缺獨其字存三人皆以一字字古人如漢高祖字季鄭當時字莊張釋之字季枚乘字　房元齡字喬史書中往往有之近人惟彭城萬年少一字若此外絕不聞矣

唐峿臺銘大曆二年

峿臺銘有序　河南元結字次山撰

浯溪東北廿餘丈得怪石焉周行三四百步從未申至丑寅涯壁斗絕左屬回鮮前有磴道高八九十尺下當洄潭其勢碅磳半出水底蒼蒼然泛泛若在波上石顛勝異之處悉為亭堂小峯嵌竇宜間松竹掩映軒戶畢皆幽奇於戲古人有畜憤悶與病於時俗者力不能築高臺以瞻眺則必山顛海畔伸頭歌吟以自暢達今取茲石將為峿臺蓋非愁怨乃所好也銘曰

湘淵清深峿臺隋峻登臨長望無遠不盡誰厭朝市羈牽局促借君此臺壹縱心目陽崖礱琢如瑾如珉作銘刻之彰示後人

有唐大曆二年歲次丁未六月十五日刻

右唐峿臺銘元次山撰在今永州府祁陽縣次山愛祁陽山水之勝因家焉刻銘崖石浯溪曰浯溪曰𡩋亭臺曰峿臺皆以為惟吾所有也黃山谷云浯溪銘季康篆亭銘江華令瞿令問篆惟臺銘篆書無姓名又云以字法觀之亦季康篆也潘次耕金石文字記補遺云臺銘刻在臺之背甚完整溪銘

亭銘刻于東崖石上臨石欹斜蘚厚難搨而篆筆特佳視臺銘更勝當更訪求之

唐庚公頌

唐龔丘縣令庾公德政頌　大歷五年九月三日建

荀藐古之良宰也楡次碣之庾公今之賢百里也龔丘頌之姑無其能口口口紀議者謂庾公之政尤矣公初告羣吏曰昔孝宣憂元二口爲經國致理先口口長迺擇郎官曰史出宰縣邑我自任城尉驟屈五百石非才何以當圖口口蘇疲人祇　明命迺宏禮讓省刑罰紓力役闢土田宣口務寬口儉门口口作時雨和爲春風於是丕魯丕變井閭咸復三載考績一方歸最　都口口口御史清河張公曰昌牧伯

之賢也訓俗馭官勸直沮搉述職之地類能口出口方諸爽氣日蘄雯清比之松筠歲寒轉茂題以上下之目出乎羣萃之表口口千里異聲同歡曰从伯達之良牧賞次孫之茂宰宜矣公名賁字大朙其先口川人成周之時世爲掌庾因氏命族公其胄焉公之考曰欽嗣爲光州別駕　王父曰元湜爲尋陽令曾王父曰師則爲蜀王文學楷模繼代龜麟接武大歷中邑老彭滔等三十五人以公岐柔之大咸願刻石褒美申於　元戎口口允荅縣人从陽冰與公周旋備詳德行俾之作頌多媿能文辭曰　於穆庾公宰字之良化洽百里風揃一方邑老上　請願言頌德元戎嘉之金石迺刻

右唐庾公碑李陽冰書額題唐龔丘縣令庾公德政頌十字首行題大歷五年九月三日建九字額與碑爲一石而年月一行在前字又獨大皆他所無也文字簡貴無德政頌卑鄙冗雜之獘唐人碑版字字類以駢體行之初不耐讀直至韓柳出而後盡掃陋習陽冰在大歷時已能融鍊如此使得與二公相切劘當亦得爲一代大作手惜乎所存者少且多缺畧不完世人但知其篆法足稱而讀

其文者少矣

前漢書伍被傳尋陽之船尋陽卽潯陽也碑云爲尋陽令蓋本於此說文桵續本也今人用接續字類從手不知其正從木也碑云龜麟桵武讀者鮮不駭其爲異字矣

徃閱王阮亭蜀道驛程後記知甯陽有此碑及濟甯有太白酒樓記求之數年皆次第獲之趙屏國顧亭林之所未見也

唐謙卦碑

右唐李陽冰篆書謙卦碑舊刻在蕪湖今重刻在當塗其他飜刻尚多皆不及原本遠甚少溫篆書獨步千古然皴奇好怪有佚出六書外者學者不可不知吾子行曰川字本象流水形此碑加一畫於中則古災字冰字從水從仌今乃從川川流水不冰古志之矣楊用修曰謙字二十餘多攟別體乃以謙代謙按說文謙多誤也從言秝聲地名有謙邯縣汝言切謙敬也苦兼切音義不同相去千里乎又按碑中如地道變盈而流謙則書作嗛地

中有山謙則書作慊攷之經史間有可通如相如封禪書陛下嗛讓弗發藝文志道家卑弱自持合於易之嗛嗛尹翁歸傳溫良嗛退皆以嗛爲謙大學此之謂自謙則以謙爲慊然按之六書正體皆非本義今時作篆書者每好新奇不諳字學未必非此等碑帖爲之蒿矢也故特箸之

卷四終

金石存卷五

篆五　鈍根老人編　綿州李調元雨村校

宋夢英千字文

宋郭忠恕陰符經

宋敦興頌

宋夢英偏旁字源

宋王母宮頌

宋東海鬱林觀刻石

宋二體石經

宋李宋五箴

元太白酒樓記

元高翻古老子

元趙孟頫大道歌

禹穴碑

宋僧夢英篆書千字文 乾德三年

勑員外散騎侍郎周興嗣次韻　南嶽講華嚴法界觀賜紫沙門夢瑛篆弁古文篆額　前攝涇州節度巡官袁正己隸書　武威郡安仁祚刊字

大宋乾德三年十二月二十八日立　推誠奉義翊戴功臣永興軍節度管內觀察處置等使特進撿校太尉同中書門下二品行京兆尹上柱國濮陽郡開國公食邑二千一百戶食實封八百戶吳廷祚建

右千字文宋僧夢英書他碑皆作英獨此作瑛千

文他本皆云指新修帖獨此作修帖英公自負書家同時獨推一郭忠恕獨不聞江南有二徐在耶予謂英公特長於書法耳未逼字學也此及偏旁二碑皆步趨當塗尙不失六書渠度至所作十八體便隆惡道安得裒朱亥四十斤鐵椎一椎碎之乎

宋三體陰符經 乾德四年

經曰觀天之道執天之行盡矣故天有五賊見之者昌五賊在心於行於天宇宙在乎手萬化生乎身天性人也人心機也立天之道以定人也天發殺機日月星辰地發殺機龍蛇起陸人發殺機天地反覆天人合發萬變定基惟有巧拙可以伏藏九竅之衺在乎三要可以動靜火生於木禍發於尅姦生於國旹勤必清知之修練聖之聖人天生天殺道之理也天地萬物之盜也萬物人之盜也人萬物之盜也三盜旣宜三才旣安故曰食其旹百骸理動其機萬化安

人知其神而神不知不神所以神也日月有數大小有定聖功生焉神明出焉其盜機也天下莫不見莫能知也君子得之固窮小人得之輕命瞽者善聽聾者善視絕利一源用師十倍三反晝夜用師萬倍心生於物死於物機在目天之無恩而大恩生迅雷烈風莫不蠢然至樂性餘至靜則廉天之至私用之至公禽之制在气生者死之根死者生之根恩生之害害生於恩愚人以天地文理聖我以時物文理哲自然之道靜故天地萬物生天地之道浸故陰陽勝陰陽相推而變化順矣至靜之道律歷所不能契爰

有奇器是生萬象八卦甲子神機鬼藏陰陽相勝之術昭昭乎進乎象矣

大宋乾德四年四月十三日建

郭忠恕三體書　安祚勒字

右陰符經宋郭忠恕三體書大小二篆可稱能品隸書乃無一筆入格不可作也忠恕善畫善小楷今皆不可見所傳者僅此耳

宋敦興頌

大宋敦興頌　盧儀先生譔　趙郡唐英書

有朝顯德季年世宗上僊沖人嗣位衆嶽震盪鬼神不甯玉版旣絕金碑告代巍乎神氣殆若綴旒六合緜是疎觀式靈以之改卜神道輔德百姓與能爾無異言遠無望眷

我皇○歷數在躬嗣夏配天不失舊物車旗正朔無改於○○彝物聲明載宋於周禮罰壺關之叛平淮甸之○○○首戴干戈躬擐甲冑六校之怒未涖式兕之○俄平日者交褒起我保權告鷄北軍發整南服乂○石湘烏以四刃軒巳蛇於千斷席卷吳會气飛衛巫不四三季書軌渾同天地交泰則自古帝王敦興之道未有如建隆之盛哉無愧之辭故以爲頌

維周嗣皇眘沖不紹二世而亡維宋兆基受命咸宜天人○祇維帝龍飛應運○旹雲行雨施維天爲大無○不蓋民斯愛戴於鑠我皇神武會昌天地同光拔攙宣室景靈昭質無疆唯鄺洞庭漣漣巴陵邐邐億萬斯年

皇帝嗣踐萬之式葉歲在未月建午日丁卯　攝太常寺太祝李夢徵傳本　安粲刻字

右大宋敦興頌前稱虛儀先生譔趙郡唐英書後云攝大常寺大祝李夢徵傳木虛儀先生不箸姓名不知爲何人但碑頌爲太祖作臣子頌君而以先生稱何不恭之甚也按宋史乾德四年命慕容延昭等討湖南將張文表未至而文表巳爲武平節度使周保權所殺延昭等又克潭州執保權湖南悉平碑所云文表起戎保權告難正指此也碑後所署歲月云皇帝嗣明啇之三葉歲在未月建午日丁卯攷太祖開寶四年辛未是時未有天下十二年矣所云三葉蓋十二年矣

宋偏旁字源 咸平二年

篆書目錄偏旁字源五百四十部其建首立一爲端畢終於亥 南岳卧雲宻宣義大師賜紫夢英書兼自序 安文粲鐫字

一 上 示 三 王 玉 玨 气 士 丨
屮 艸 蓐 茻 小 八 釆(蒲莧) 半 牛 犛(陌包)
告 口 凵(口范) 吅(火元) 哭 走(作苟) 止 癶(撥音) 步 此
是 正 彳(丑亦) 廴(弋忍) 延 行 齒 牙 足
疋(由名) 品 龠 冊 㗊 舌 干 𧮫(巨灼) 只 㕯
句 丩 古 十 卅(先合) 言 誩 音 䇂 丵(土角)

菐(方木) 𠬞(巨恭) 𠬜(蒲班) 共 異 舁 𦥑 晨 爨(七亂) 革
鬲 䰜(力的) 爪 丮(力犭) 鬥(丁侯) 又 𠂇(祖可) 史 支 聿(女涉)
聿(以述) 畫 隶(大戴) 臤 臣 殳 殺 几 寸 皮
㼱(人兖) 攴(普木) 教 卜 用 爻 㸚 𥄎(火劣) 目 䀠(已具)
眉 盾(土尹) 自 白(蒲革) 鼻 皕(筆備) 習 羽 隹 奞(先隹)
萑(胡官) 𦫳(上凡) 𥄕(芒鉢) 羊 羴(式延) 瞿(巳具) 雔(上牛) 雥(才沺) 鳥 烏
華(必干) 冓(古侯) 幺 𢆶 叀 玄(上絹) 予 放 𠬪(平表) 𣦼(在丹)
歺(五葛) 死 冎(工瓦) 骨 肉 筋 刀 刃 㓞(口八) 丯(革械)
耒(力外) 角 竹 箕 丌(居其) 左 工 㠭(陟輦) 巫 甘
曰 乃 丂(枯慕) 可 兮 号 亏 旨 喜 壴(竹句)

鼓 豈 豆 豊 豐 䖒奇火 虍胡夫 虎古火 虤閑午 皿丙明
厶於非 厺 血 丹 青 井 皀木方 鬯向丑 食 會
倉 亼集音 入 缶 矢旨式 高 冂熒古 𩫏 京 亯兩許
㫗口乎 𣆪六弗 㐭錦力 嗇力山 來 麥白麻 夊危山 舛 舜順舒 韋
弟 夂几竹 久 桀列臣 木 東 林 才 叒灼而 之
帀 出工七 𣎵 生 乇革竹 𠂹唯上 𠷎亐火 華 禾奚上 稽
巢 桼七音 束 㯻幺莆 口威于 員 貝 邑 𨛜降下 日
旦 倝旦工 㫃蹇於 冥 晶 月 有 朙 囧永古 夕
多 毌丸工 𢎘感下 東南乎 𠧪幺下 齊 朿賜千 片 鼎 亨
彔木力 禾 秝狄力 黍汝式 香 米 毇委火 臼有巨 凶 朩刃匹

金石存　卷五　八　二十三函

𣏟賣匹 麻巴賣 尗六式 耑丸丁 韭 瓜 瓠攸戶 宀先彌 宮 上 呂
穴 㝱貢莫 疒厄女 冂狄彌 冃保莫 㒳報莫 网 网往亡 襾下火 巾
巿曳匹 㡀几竹 市勿方 帛 白 人 匕卦火 七里卑 从容自 比
丘 北 㐺今牛 壬頂他 重 臥鳩巨 老 毛 毳 尸之失
尺 尾 卧 身 㐆 衣 履 舟 方 儿人音
兄 先林莊 皃孝莫 兜戶公 先 禿祿土 見 覞耀音 欠 㱃錦於
次先似 旡忌居 頁 𦣻九式 面 丏殄亡 首誘尸 県幺工 須 彡廉山
彣分勿 文 髟由必 后 司 卮移章 卩節音 印刃一 色 卯京豈
辟 勹包音 茍 包 鬼 甶佛分 厶咨息 嵬偉牛 山 屾因所
屵五音 易 广儼音 厂罕音 丸 危 石 長 勿 冄古而 而

豕 希例夬 彑例巳 豚昆徒 豸 㒸祥詞 易 象 馬 廌買丈
鹿 麤吾七 㲋約丑 兔故他 萈官胡 犬 㹜巾牛 鼠汝式 能 熊
火 炎 黑 囪江以 焱 炙夜之 赤 大 亦 夨
夭 交 尣烏一 壺姑戶 壹吉於 㚔涉汝 奢 亢 夲刀他 夰逍公
亣額他 夫 立 竝 囟爐火 思 心 惢 水 林水之
頻 巜犬古 巜外公 川 泉 灥均似 永 𠂢賣匹 谷 仌陵筆
雨 雲 魚 鰲於午 燕 龍 飛 非 卂進息 乙迄於
不 至 西 鹵 鹽占以 戶 門 耳 𦣝之弋 手
𠂇 女 毋 民 丿小於 厂制以 乁之弋 氏 氐 戈
戊 我 亅月巨 琴 乚謹於 亡 匸米胡 匚方音 曲 甾九方

金石存　卷五　九　二十三函

瓦 弓 弜丈巨 弦 系計下 糸狄莫 素 絲 率 虫
䖵門古 蟲忠直 風 它何託 龜 黽杏莫 卵管力 二 土 垚消魚
堇 里 田 畕良居 黃 男 力 劦頰胡 金 幵研工
几 勺 且 斤 斗 矛侯莫 車 𠂤雷丁 𨸏否浮 𨺅醉似
厽志力 四 宁与丈 叕劣知 亞駕乙 五 六 七 九 禸九女
嘼又火 甲 乙 丙 丁 戊 己 巴 庚衡古 辛
辡免皮 壬 癸 子 孑 了 孨眷莊 𠫓 丑 寅
卯絞莫 辰 巳 午 未 申 酉 戌 亥
咸平二年六月十五日建
昔秦相李斯變蒼頡史籀之文謂之小篆其摹勒方

圓之狀則曲盡其妙然於點畫筋為之時以法合滋章簿書委積故程邈又省小篆為隸蓋趨便捷之用也是以篆籀之法鮮為世珍至炎漢中興復置小學許叔重乃集籀篆古文數家之學以隸書訓釋為說文三十卷學者從之自漢而下無稽之作迭相馳競故六書之法蕩而無守焉至唐則李監陽冰力扶壞本下筆反古有若神授時好事者獲其眞蹟檟器而藏之謂之墨寶則懸黎夜光比之䂬甋焉自陽冰之後篆書之法世絕人工唯汾陽郭忠恕共余繼李監之美於夏之日冬之夜未嘗不揮毫染素乃至千百

幅反正無下筆之所方可捨諸及手肘胼胝了無倦色考三代之文窮六書之法俱落筆無滯從橫得宜大者縮其勢而漏其白小者勻其勢而引其畫伸而無倚撓而無折其鳥獸草木之象山川蟲魚之形者如飛走動植於竹帛之上矣蓋言象形字也今依刊定說文重書偏旁字源目錄五百四十部貞石於長安故都文宣王廟使千載之後知余振古風明籀篆引上學者取法於茲也夢英自序

汾陽郭忠恕致書荅英公大師紫塞雲高皇朝路遠每捧報瑤之翰如窺連璧之姿忠恕自落朝班累丞詔命已得林泉之味堅辞名利之場鶴髮半生猿心久死與師登蘭敦誼齊火修因飛杯容許於醉狂結杜不嫌於心亂共得陽冰筆法同傳史籀書蹤常痛屋壁遺文汲塚舊簡年代浸遠謬誤滋多賴與吾師同心正古近覽眞翰轉見工夫藏勢過鋒方上圓下可以萬古教人也晉宋而下通篆籀者寡唯碑碣印記時用數字傳授者未克研精何妨檢討盜聽者恥於好問加之穿鑿齋中序云小篆散而八分生八分破而隸書出隸書悖而行書弊行書狂而草書聖自隸以下吾不欲觀之矣見寄偏旁五百三十九字牋

說文字源唯有五百四十部子字合收在子部今目錄妄有更改之又集解中誤收去部在注中今點檢偏旁少晶惢至甀弦五字故知林氏虛誕誤於後進者小說見宜焚之聊以親書達心俟以萬劫發願何人知之英公知之不宜遷客郭忠恕書達英公大師

座前　十二月二十五日

太原郡元守全立　瑯邪郡王審亮同　武威郡安懷玉勾當建立　推忠宣力翊戴功臣建武軍節度觀察留後知永興軍府事兼都提害永興軍華耀乹商兵甲捉賊公事光祿大夫撿校太傅兼御史大夫

上柱國彭城郡開國公食邑四千五百戶食實封七百戶劉知信　推誠宣力翊戴功臣鎮甯軍節度澶州管內觀察處置河堤等使金紫光祿大夫檢校太傅使持節澶州諸軍事行澶州刺史兼御史大夫知涇州軍州事兼管界都巡檢使上柱國平陽郡開國公食邑四千二百戶食實封一千戶柴禹錫

右偏旁字源朱僧夢英書者子行云此五百四十字即史籀大篆十五篇是爲文字之祖孳乳寖多實從此出學者所急宜究心者立一爲耑畢終於亥亦但就前后起結處言之至

於中閒諸部似亦各以類從非必有一定次第也至徐楚金作繫傳乃言其逐字相生之原雖大旨可通然不無牽合且說文建首原自有可疑者故後人多所更易予亦欲仿戴氏六書故之法別爲論次蓄之於心未敢輕就且亦卒卒無暇也但歲月易邁疾病轉增使一知半解漸就湮沒則又徒抱筆長歎耳

宋王母宮頌天聖三年

宋重修涇州回山王母宮頌并序

翰林學士承　旨刑部尚書知　制誥陶穀文

祭饗曰饗施於人則祀之辯方之爲饗制也不亦大哉神有所職足以垂訓者孰可闕焉按爾雅觚竹北戶西王母○○謂之四荒王母事蹟其來久矣名載方策理非語怪西周受命之四世有君曰王滿言國五十載棄八馬宴瑤○○○○之觴乃歌王竹西溪受命之四世有君曰帝徹言國大五十載期七夕會王母之駕遂薦僊桃降甘泉周穆之○○○○濯馬

潼飲鴿血踐巨蒐之國乃升弇山故汲冢有穆天子傳瀛武之祀靈境也禩雖時秊朝郗立飛廉之館以望○○○樂章有上之回曲烏虖湘靈鼓瑟虞舜二妃也黃姑有星天河織女也或楚詞所傳或彝咸所記猶能編禋典○○○○鼓豆邍豫四時之言犧牲玉帛陪百神之祭豈若王母爲九光聖媛統三清止真佩分景之玉劍納衣瓊之○舄○○○敷以節樂九色辨鑾而在馭嘯詠則海神鼓舞指顧則岳靈吞丕輔五帝於金闕校三官於絳河位冠○○○流○○○回中有王母之廟非不經也季禩瀛遼棟宇陸

壞壇敞杳朽蔽荆棘於荒庭井廢禽亡噪烏鳶於古堞物不終○○○○人太師清河公爰振建牙三臨安定軍功政事紀在旂常是邦也壓涇水之上游控西戎之叉壁土宜朮麥俗○○○○之有道則風能偃草馭之非理則水可覆舟中權失政不可一旦而處殊三鎮乎歲戊辰春二月公介圭入覲○○○○天子設庭寮曰延之奏祇夏曰寵之　臨軒絶席曰綏褒大輅毓纓而錫命禮成三接　詔還舊鎮公既旋所理來謁靈廟齋莊有感肸蠁如苔印命王者匃工繕修薙蔓艸於庭除封植嘉樹易額○○○○○構宏材丹青畫飾於天姿黼藻增嚴於羽帳雲生畫楝如鶱西土之遥水閱長川若訝東溟之淺容衛既肅○○○頌玉女投壺望闕壘於太華瑶姬感夢灑莫雨於陽臺合徵幼婦之詞庶盡上眞之美穀也學非博古材不○○○○○冠於詞臣敘事敢踰於實錄久直金鑾之殿睎艸無功强窺朱雀之窗婾桃知愧謹爲頌曰

崑崙之虚奄兹之下戴勝蓬髮虎豹爲伍是邪非邪怪哉王母丹臺命駕七夕爲期雲軿鳳輦劍佩光煇倩兮○○○○僊姿宅元都兮如彼降遷宫兮若是

奚靈聖之多忌駭變化之神異考山經與竹書故雨暀於弇事山之巔兮水○○○玉斝兮薦金黻白雲零落歸何處黃竹摧殘無一枝撫弇山之舊石紀涇水之僊祠

天聖三年太歲乙丑三月十五日尙書虞支員外郎

知軍州事上柱國上官佖重書

右宋涇州回山王母宫碑陶穀文上官佖書穀文作於戊辰戊辰者太祖開寶元年也閱天聖乙丑凡五十八年佖始重書入石意必先自有碑此再立爾清河公不知爲何許人佖于宋無書名而篆法敦古足與忠恕先僧夢英抗衡王母事蹟雖襍見於爾雅列子及穆天子傳山海經諸書言多荒唐難以徵信卽據諸書所紀詳其言貌殆亦要荒一君長耳不必定爲婦人也後人因王母之名而傅會之如漢武外傳所記荒誕不經及廟而祀之明粧靚服殆欲與碧霞元君鼎足稱尊尤足發攷古者之一粲也

宋東海鬱林觀石刻慶曆四年

清原王公衮君章武功蘇唐卿致堯范陽祖無擇擇之

起驚濤放溟渤披宿莽履巉岏惕盤石解先服挹飛泉醒心骨揮高論謝俗物思古人自終日足飲酣清思逸卽鎔壁試奇筆千萬年蒼蘚沒後有人爲吾拂

宋慶曆甲申歲秋七月辛卯朔擇之文致堯篆君章刻

右宋東海鬱林觀刻石爲三言詩一首二十句祖擇之撰蘇唐卿篆書王君章磨崖刻之在開元七年崔逸東壁記之側歲月久遠苔蘚侵蝕人莫能識且巖石高險難於椎拓故世遂絕少傳本予廣搜古今墨搨垂二十年宗人麗南始以告予郁洲僻在海壖非宦遊孔道故博雅好古之士皆不得一躡蹻其地而居其旁者多樵夫牧豎縱日過其下又漫不省爲何物故三君之名雖與山石竝永然雨淋日炙蓬堁蔽翳亦幾與未嘗鐫勒者等予旣獲見之亟錄一通編入古今篆刻之次雖未必能如昌黎之於峋嶁石鼓歐陽子之於庶子泉銘一經揚扢奕世不泯倘得籍三公之靈使予之集

綴賴以不朽或亦終不至湮沒失傳耳

宋二體石經殘碑

右宋二體石經凡五碑周易尚書文也周易二碑存升困革鼎未濟五卦及繫辭前七章尚書三碑存牧誓武成洪範旅獒金縢康誥酒誥之文書具篆隸二體中多殘缺不完往嘗見四十册於吳門薄自崑許乃尚書周禮禮記孟子文今又得此五碑意此碑之存於今者其數尚不止此而收藏家往往無之亭林石經考亦不言今時尚有傳本趙子函石墨鐫華於金元人書皆經收録而獨遺此碑賈顏印榜爲予言此石現在開封府學彼親至

碑下搆以遺予者惜乎不得見其全也

石經考曰宋仁宗命國子監取易詩書周禮禮記春秋孝經爲篆隸二體刻石兩楹下至和二年三月五日判國子監王洙言國子監刊立石經至今一十五年止孝經刊畢尚書論語現書鐫未就乞促近限畢工餘經權罷從之如洙言是石經在宋刻成者但止三經然以今時所存者言之則周易周禮禮記孟子俱有不止孝經尚書論語也周公謹癸辛雜識云汴學即昔時太學舊址九經石板堆積如山一行篆字一行眞字若刊成者止于三經則石板何由如是之多又書目明載石經七十五卷楊南仲書周易十書十三詩二十春秋十二禮記二十則當日諸經皆已畢功而至和以後亦未嘗罷刻也

嘉祐三年五月十五日王洙薦大理丞楊南仲石經有勞賜出身六年二月二日國子監言草澤章友直篆石經畢詔補試將作監主簿友直不願仕賜以銀絹五月以同篆石經殿中丞張次立與堂除當時書經者應不止此三人此特見於宋史可攷者耳書亦工拙不以尚書明作哲此書作斲斲

哲同音義亦相近至孟子非挾太山以超北海書趨爲起則誤矣

唐開成石經及劉三吾書傳會選皆作哲會選云哲之刻反字與斲同下當從日從口非

宋李樂道書昌黎五箴宣和六年

五箴并叙　昌黎韓愈

人患不知其過既知之不能改無勔也余生三十有八年髮之短者日益白齒之搖者日益脫聰明不及於前時道德日負於初心其不至於君子而卒爲小人也昭昭矣作五箴以訟其惡云

游箴

余少之時將求其多能早夜以孜孜余今之時飽而嬉早夜以無爲烏呼余乎其無知乎君子之棄而小人之歸乎

言箴

不知言之人烏可與言知言之人默焉而其意以傳幕中之辯人反以汝爲叛臺中之評人反以汝爲傾汝不懲邪而呶呶以害其生邪

行箴

行與義乖言與法違後雖無害汝可以悔行也無邪言也無頗从而不从汝悔而何宜悔而休汝惡曷瘳宜休而悔汝善安在悔不可止悔不可爲恩而斯得汝則弗恩

好惡箴

無誖而好不觀其道無誖而惡不詳其故前之所好今見其尤从也爲比捨也爲讐前之所惡今見其臧从也爲媚捨也爲狂維讐維比維狂維媚於身不祥於德不義不義不祥維害之大幾如是爲而不顛沛齒之尚少庸有不思今其老矣不愼胡爲

知名箴

內不足者急於人知沛焉有餘厥聞四馳今日告汝知名之濫勿病無聞病其曉曉昔者子路惟恐有聞赫然千載德譽愈尊矜汝文章負汝言語乘人不能掩以自取汝非其父汝非其師不請而教誰云不欺

欺以賈憎掩以媒怨汝不曾悟以及於難小人在辱亦克知悔及其既寧終莫能誡既出汝心又銘汝前汝知不顧辱則宜然

大宋嘉祐八季春二月初吉狄道李宗書　宣咊六季弍月既望男玠摹上石　姚彥刻

右昌黎五箴書之者爲狄道李宗山谷跋是書作李康年又有李康年篆書心經跋云江夏李康年字樂道是宋一名康年而樂道其字也東坡亦云江夏李康年博學好名小篆尤精二公精於書法自應不爽但此書似於肉勝骨無清健瘦硬之氣

乃山谷云樂道白首心醉六經所著書章程句斷不類今時書生晚悟篆籀下筆自可意直木曲鐵得之自然秦丞相斯李少監陽冰不知去樂道遠近也得無張之太過

知名箴云昔者子路惟恐有聞赫然千載德譽愈尊其解曾論與今絕異細思此解實爲有理是郎君子韤聲聞過情之意也不知韓公論語筆解中亦作如此箋註否

元李白酒樓記至元二十年

唐李翰林酒贊記　沈光弼

有唐咸通辛巳歲正月壬午吳興沈光適任城題太白酒贊夫觸弱者醜丙而不發棄險者帖積而不進潰毒者隱忍而不能就其鍼砭博猛者特疑而不能盡其膽動而傻視其弱者弱之險者夷之毒者回之猛者柔之信乎酒之作於人也如是翰林李公太白聰明才韻至今爲天下倡首業述匡救天必賦之矣致其君如古帝王進其臣如古藥石揮直刃以血其表者推義轂以輦其正者豈憑酒而作也憑酒而作者非眞勳太白旣以峭訐矯時之狀不得大用楙庠齊睿眼明耳聰恐貽顛踣故狎弄杯觴沈休譡孽耳一滀雅目混黑白或酒醺神健視聽銳發振筆著紙乃以聰明遂於月露風云使之涓潔飛動遂於艸木禽魚使之妍茂騫騰遂於邊情閨思使之壯气激人離情溢自遂於幽巖邃谷使之遼歷物外爽人晶魂遂於車馬弓矢悲憤酣哥使之馳騁決發如覙幽弁而失會放懷盡見窮通焉於戲太白觸亥之弱棄亥之險潰亥之毒博亥之猛而作狎弄杯觴沈休譡孽是眞棄其聰翳其明醒則遂於賦詠宜乎醉而生

醉而死乎徐思之使太白疏其聰決其明逸於行事弱犯時忌其不得醉而死生也當時骨鯁忠厺遏有其人收其逸才萃於大白至于齊魯結譏陵云者有限獨斯醜也廣不踰數席瓦缺椽蠹雖樵兒牧豎過夾指之曰李白嘗醉于此矣至元癸未楊桓書監州朝城冀秦焉州眞定董珪同焉酒爐劉庭玉州判陽穀和洽同立石

右李白酒樓記唐沈光撰元楊桓書王阮亭蜀道驛程後記云濟甯太白酒樓有唐人沈光記大篆碑官庖借以爲壁烟黔苔蝕僅餘數行可辨今此

本完好但缺一字不至不可辨也又阮亭但知爲沈光記而不詳書者之人與時當由碑爲塵汙所蔽未及求拓本視之耳然置之輿隸猥褻之地無人護持更數年閒不眞有如阮亭所云者乎

桓字武子官至國子司業箸六書統六書溯源書學正韻數十卷其精于小學可知碑云爽人晶魂即精魂也悲憤酣哥即酣歌也易林陽晶隱伏後漢書西域傳大秦國宮室以水精爲柱李白詩下御水精簾晶精古通說文哥聲也廣韻哥古歌字沈約宋書凡歌字皆用哥梁張纘南征賦下太乙之靈旗撫安哥以會儺陳世祖紀樸棫車哥由庚在咏皆然今人以哥爲兄稱罕知其本矣

元篆書古老子

右元高翿書古老子在今盩厔縣樓觀說經臺至元辛卯年刻石其自跋云老子舊有古文歷歲滋久不可復見偶於古文韻海中檢討綴緝閱月乃成按郭忠恕輯汗簡古老子尚在七十二家篆書之列不知後世何以遂無傳本今並古文韻海亦不可見矣翿此碑綴輯雖勤而筆法未善視郭忠恕僧夢英已當三舍避之厠之鍾鼎款識之列直羌丸之與蘇合耳然以篆書巨刻世亦少有故聊以爲諸篆書之殿

元大道歌

術不遠在身中物卽皆空性不空性若不空神氣住氣歸元海壽無窮欲得身中神不出莫向靈臺留一物〻在身中神不清耗散眞精損筋骨神御氣〻留形不須雜術自長生術則易知道難遇縱然遇得不專行所以千人萬人學畢竟終無一〻成神若出便收來神返身中氣自回如此朝〻還莫〻自然玄子產眞胎　趙孟頫書

右大道歌元趙子昂書篆法自唐以後元人最爲復古如楊辛泉戴合溪吾竹房周玉雪諸公研究不遺餘力松雪以行楷擅名家法遂爲所掩不知傳上蔡當塗正鎚者必以松雪爲第一手此歌最爲恭壽先生所醉心嘗數摹以與人吳門徐友竹攜此拓本見貽始得諦觀遂乞錫山華滋山精摹一本藏之

碑後有至元後丁丑吳全節跋云此歌爲宋虛靜天師張繼先撰凡一百二十三字趙公篆書是章最多惟此本精妙得之淮南陳柏園勤之石今石不知存否而拓本之流傳人間者少矣

禹穴碑

禹穴

右禹穴碑小篆書字方二尺許今在四川石泉縣楊升菴外集云易林禹生石夷之野漢戴叔鸞傳云大禹生西羌水經注禹生於蜀之廣柔縣石紐鄉今之石泉縣也石紐鄉今之石鼓山又云蜀之石泉禹生之地謂之禹穴其石杳深人迹不到頃巡撫劉遠夫修蜀志搜訪古碑刻有禹穴二字乃李白所書此本予得之安宜喬氏之宦於蜀者彼言又有正書二字大幾如屋以艱于搨彼家止一本不肯與人碑無題署不知孰為太白書升菴亦未明言也然書法不佳疑非古刻以其傳少而來遠聊為存之

卷五終

金石存卷六

隸一　鈍根老人編　綿州李調元雨村校

漢北海相景君碑

碑陰

漢魯相置孔廟卒史碑

漢孔謙碣

漢魯相韓勑孔廟碑

碑陰并兩側

漢郎中鄭固碑

漢蒼頡廟碑并碑陰兩側

漢景君碑 漢安二年

漢故益州太守北海相景君銘

惟漢安二年仲秋口口故北海相任城景府君卒歍歔哀哉口口曰寶英产失疇列宿斸精晚學後時于何穹倉布命授期有生有死天實爲之豈夫仁哲攸勉不遺於是故吏諸生相與論曰上古羣后莫不流光口於無窮垂芬耀於書篇身殁而行明體亡而名存或著形像於列圖或數頌於管弦後來詠其烈竹帛敘其勳乃作誄曰伏惟

明府受質自天孝弟淵懿帥禮蹈仁根道核藝抱淑

守眞晶白清方勉已治身實渫實剛乃武乃文遵考孝謁假階司農流德元城興利惠民强衙改節傲弱蒙恩威立澤宣化行如神帝嘉厥功授目符命守郡益州路遐攣親躬作遜讓夙宵朝廷建英忠讜辨秩東衍壐追嘉錫據北海相部城十九都邦歸向分明好惡先目敬讓殘僞易心輕黠踰竟鳥梟不鳴分子還養元二餘寬蒙祐目甯蕃道修憲口祉目榮紛紛令儀明府體之仁義道術明府膺之黃朱邰父明府三之臺輔之任明府宜之目疾被徵委位致仕民口思慕遠近搔首農夫醳耒商人空市隨蹙歙淚奈何朝廷奪我慈父去官未旬病乃困危珪璧之質臨卒不回歔口實絕奄忽不口孝於彤懆顛倒剝摧遂不勉竆永潛長歸州里鄉黨隕涕衰哀故吏怮怛歔欷侸佪四海冠蓋驚慟傷裒大命口期實惟天口朙主設位明府不就臣子欲養明府弗留歍歔哀共

爾曰孝積幽穸口口口兮口口口口翔議罔兮再命馬將綏元二兮覲英熊讜主心信兮羽衞藩屛撫萬民兮口口口口恩口口兮宜參鼎轄留榦禎兮不永麋壽棄臣子兮仁敷海外著甘棠兮口石勒銘口不忘兮

右漢北海相景君碑篆額二行今在濟甯州儒學歐陽公作集古錄時已云漶漫多不成文今又去公五六百年其殘缺抑又甚矣然細加看詳尙亦可讀其不可識者數十字耳王元美曰益州部當言刺史不當言太守額曰銘辭曰誄亦屬未妥予按漢人碑版多不可曉如孔彪已自博陵太守遷河東太守而碑額尙題漢故博陵太守孔君碑魯峻自司隸校尉遭母憂服竟拜屯騎校尉而碑額亦題漢故司隸校尉校官碑前有誄曰後又有敘曰與此碑額曰銘辭曰誄皆莫詳其故不知潘昂

霄金石例於此云何也

漢北海相景君碑陰

故中部督郵都昌羽忠字定公　故門下督盜賊劇
騰頌字叔遠　故門下議史平昌蔡規字中舉　故
門下書佐營陵孫榮字一榮　故門下書佐淳於逢
訢字口成　故騎吏劇晉麟字敬石　故吏朱虛孫
徵字武囧　故吏榮陵薛逸字伯踰　故吏陵榮房
鴻字中口　故吏都昌呂福字孟口　故吏都昌張
暘字元暘　故書佐都昌羽質字孟　故書佐朱
虛鞠欣字君大　故書佐平壽淳於闓字久宗　故
書佐營陵徐曾字曾華　故書佐都昌張彤字羽甫

故書佐淳于孫悝字元卓　故書佐營陵鍾顯字
槐寶以上第一列
行義劇張放字公輔　故書佐劇乘禹字伯度　故
書佐東安平閻廣字廣宗　故書佐劇紀政字巴堅
故書佐淳於孫晄字威光　故循行都昌台丘遷
字世德　故循行都昌董方字季方　故循行營陵
留宗字漢興　故循行都昌冀遷字漢久　故循行
營陵是盛字護宗　故循行營陵　遲字武平　故
循行營陵臨照字景耀　故循行都昌張駿字畺卿
故循行營陵淳于登字登成　故循行營陵顏理

字仲理　故循行營陵水北郃字君石　故循行都
昌呂興字世興　故循行都昌逢進字世安以上第二列
行三年服者八十二人
故書佐劉徐德字漢昌　故書佐劉姚進字元豪
故書佐劉郍鍾字元鍾　故書佐都昌張翼字元翼
　故循行都昌張䠒字季達　故循行劉中字季
遠　故循行平壽徐允字伯允　故循行淳於趙尚
字上卿　故循行都昌叚音字世節　故循行都昌
齊晏字本子　故午營陵是遷字世達　故午營陵
㽞敏字元成　故午淳陵董純字元祖　故午營陵

繻良字世騰　故午朱虛炅詩字孟道　故午都昌
台北遷字孟堅　故小史都昌齊冰字文達
史都昌張亮字元亮以上第三列
豎建𢘏口惟故臣吏愼終追遠諒闇沈思守衛墳園
口綱禮備陵成宇立樹列既就聖典有制三載口口
當離墓側永懷口口口不口勝目義割志乃著遺辭
目明厥意魂　瑕顯降垂嘉祐
右漢北海相景君碑陰凡三列共五十四人後有
韻語一十八句中一行云行三年服者八十二人
聖人制禮過不及皆非所宜三年之喪惟父母用

之下此以漸而殺無敢紊焉顧漢人制服多有相
反者元初閒始聽大臣及二千石行三年喪至建
光元年復禁不許肅宗時越騎校尉桓郁以母憂
乞身詔公卿議皆以郁身爲名儒學者之宗可許
之詔聽以侍中行服從其子焉爲太子太傅以母
憂自乞聽以大夫行喪是三年之喪固不得盡人
行之矣而繁陽令楊君則以叔父薨去官荆州刺
史度尚以從父憂去官郃陽令曹全以同產弟憂
去官則又何也且更可異者三年之喪在位卿大
夫不得致之於親而故吏故民又往往用之於其

長如此碑云行三年服者八十二人費鳳之故吏
臧忠縗麻扶杖魏元丕之故吏嚴較等不遠萬里
斷制縗裳高頤之臣吏黎庶縗絰墳側其越禮過
情有如此者雖云漢世近古風俗猶厚然不達於
聖人之道矣

漢魯相置孔廟卒史碑 永興元年

司徒臣雄司徒臣戒稽首言魯前相瑛書言詔書崇聖道勉六藝孔子作春秋制孝經□□五經演易繫辭經緯天地幽讚神明故特立廟褒成侯四時來祠事已即去廟有禮器無常人掌領請置百石卒史一人典主守廟春秋饗禮財出王家錢給大酒直須報謹問太常祠曹掾馮牟史郭元辭對故事辟雍禮未行祠先聖師侍祠者孔子子孫太宰大祝令各一人皆備爵大常丞監祠河南尹給牛羊豕雞□□各一大司農給米祠臣愚以為如瑛言孔子大聖則象乾

以為漢制作先世所尊祠用眾牲長吏備□□欲加寵子孫敬恭明祀傳於罔極可許臣請魯相為孔子廟置百石卒史二人掌領禮器出王家錢給大酒直他如故事臣雄臣戒愚戇誠惶誠恐頓首頓首死罪死罪臣稽首以聞

制曰可　司徒公河南□□□□字季高

元嘉三年三月廿七日壬寅奏雒陽宮　司空公蜀郡成都□□字意伯

元嘉三年三月丙子朔廿七日壬寅司徒雄司徒戒下魯相承書從事下當用者選其年卅以上經通一藝雜試通利能奉弘先聖之禮為宗所歸者如詔書書到言

永興元年六月甲辰朔十八日辛酉魯相平行長史事卞守長擅叩頭死罪敢言之

司徒司空府壬寅詔書為孔子廟置百石卒史一人掌主禮器選年卌以上經通一藝雜試能奉弘先聖之禮為宗所歸者平叩頭叩頭死罪死罪謹案文書守文學掾魯孔龢師孔憲戶曹史孔覽等雜試龢脩春秋嚴氏經通高第事親至孝能奉先聖之禮為宗所歸除龢補名狀如牒平叩頭叩頭死罪死罪上

司空府

讚曰巍巍大聖赫赫彌章相乙瑛字少卿平原高堂人令鮑疊字文公上黨屯留人政教稽古若重規□乙君察舉守宅除吏孔子十九世孫麟廉請置百石卒史一人鮑君造作百石吏舍功無无窮於是始□

右漢魯相置孔廟卒史碑文字完好辭理簡暢尤漢碑中之不易得者闕里志及山東通志并載此碑前後無一缺字五經上是刪述二字備下是爵今二字規下是矩字雜下二字并末句四字皆削去不存恐是以臆見增減非有所據也

百石卒史字碑凡四見皆明白無誤朱竹垞曰按漢書儒林傳郡國置五經百石卒史臣瓚以爲卒史秩百石者劉昭注續漢書百官志引應劭漢書儀河南尹百石卒史二百五十八黄霸傳補左馮翊二百石卒史葢秩有不同故舉石之多寡别之今本杜佑通典乃譌爲百戸吏卒予按三國志譌與通典同水經注譌爲百夫吏卒山東通志闕里志譌爲百戸卒史皆莫之正又康熙甲子 聖祖仁皇帝幸闕里謁廟畢首問漢碑所在時孔東塘尚任以明經爲講書官引 上由奎文閣至同文門觀門右漢碑尚任奏曰此漢元嘉三年魯相乙瑛置卒史碑今謂之百戸碑 上問何爲百戸碑尚任對曰歷代優崇之典廟廷設官四員典籍以掌禮儀司樂以典樂舞管何以掌屯田百戸以衛林廟謂之禮樂兵農四司觀此知魯人亦譌以爲百戸也豈獨書籍傳寫之謬哉

漢孔德讓碣

□□□字德讓□宣尼公廿世孫都尉君之子也幼□□□□□□□□□□□□□□□禮述家業脩魯秋經升堂講□淡究聖指□□□仕歷郡諸曹史季廿四永興三季七月遭疾不禄

右漢孔德讓碣其名久已磨滅洪丞相攷孔氏譜知其名謙蓋宙之子而襃與融之兄弟行也因其早卒名位不著故無可書隸續碑圖云碣甚小一穿微偏有暈一重起于穿中復有兩暈在右其一甚短與他碑小異文八行行廿字後餘兩行

漢魯相韓勑孔子廟碑 永壽二年

惟永壽二年青龍在涒歎霜月之靈皇極之日魯相河南京韓君追惟太古華胥生皇雄顏□育□寶俱制元道百王不改孔子近聖爲漢定道自天王以下至于初學莫不駿思嘆卬師鏡顏氏聖舅家居魯親里并官聖妃在安樂里聖族之親禮所宜異復顏氏并官氏邑中繇發以尊孔心念聖歷世禮樂陵遲秦項作亂不尊圖書倍道畔德離敗聖輿食糧亡於沙丘君於是造立禮器樂之音符鍾磬瑟鼓雷洗觴觚爵鹿柤梪籩柉禁壺脩飾宅廟更作二輿朝車威熹

宣抒元汙及注水流法舊不煩備而不奢上合紫臺稽之中和下合聖制事得禮儀於是四方士仁聞君風燿敬咏其德尊琦大人之意逴彌之思乃共立表石紀傳億載其文曰

皇戲統華胥承天畫卦顏育空桑孔制元孝俱祖紫宮太一所授前闓九頭以升言教後制百王獲麟來吐制不空作承天之語乾元以來三九之載八皇三代至孔乃備聖人不世期五百載三陽吐圖二陰出讖制作之義以俟知奧於穆韓君獨見天意復聖二族逴越絕思循造禮樂胡輦器用存古舊宇殷懃宅廟朝車威熹出誠造更漆不水解工不爭賈深除元汙水通□注禮器升堂天 姓訢和舉國蒙慶神靈祐誠竭敬之報天與厥福永享牟壽上極華紫旁伎皇代刊石表銘與乾運燿長期蕩蕩於盛復授赫赫罔窮聲垂億載

韓明府名勑字叔節故涿郡太守魯麃次公五千故從事魯張嵩眇高五百潁川長社王元君眞二百故會稽太守魯傅世起千相主薄薛陶元方三百河東太陽西門儉元節二百故樂安相魯麃季公千相史魯周乾伯德三百

右漢魯相韓勑孔子廟碑其間太一紫宮吐圖出讖等語殊爲難解大致以尊孔子而并加恩於顏氏并官氏因修禮器而并飾宅廟除元汙故立石以紀其功天下碑錄題爲魯相復顏氏繇發碑集古錄隸釋題爲魯相修孔廟禮器碑皆得其一而遺其一不若金石錄但目爲韓明府孔子廟碑之爲該也郭允伯以此碑爲漢隸第一品近恭壽先生亦極讚是碑之妙手臨數過題跋註釋備極詳盡亦自來輯錄漢隸者所未有也

家語孔子娶於宋并官氏萬姓統譜引先賢傳孔

子娶弁官氏弁讀去聲皆與此碑同今闕里志誤作亓俗讀如稽蓋形聲弁誤矣乃或者不考反以作弁者爲非謬甚

碑云爵鹿柤梪金石錄云所謂鹿者禮圖不載莫詳爲何器近見陳氏所藏古彝爲伏鹿之形近歲青州獲一器亦全爲鹿形疑所謂鹿者亦因其形而名之耳按儀禮鄉射禮鹿中髤前足跪設壺禮主人奉矢司射奉中註云士鹿中大夫兕中刻木如兕鹿而伏背上立圜圈以盛算也碑所謂鹿蓋此非鼎彝之屬趙氏未及詳考也趙氏云字書壴陳樂也非器名不可解按趙氏誤引說文豈字之訓說文豈陳樂立而上見也從中從豆中句切碑字作壴與豈迥別隸釋以爲與上下文符觚輿汙協韻當是壺字足袪德甫之惑

出誠造更更字石本半晦華瀫山云當是夏字今按石刻上截雖不甚清下截正作兩擊不似夏字作夊也此句蓋言出誠心以更造禮器故下文云漆不水解工不爭賈若作夏字義亦難通

水通口注中闕一字恭壽先生據陳古白舊搨本謂是國字今細驗之信然

漢韓勑碑陰

西成侯王暠二百　遼西陽樂張普仲堅二百　潁川長社王季孟三百　故督郵魯趙煇彥臺二百　河南成皐蘇漢明二百其人處士　汝南宋公國陳漢方二百　郎中魯孔宙季將千　河南雒陽种亮奉高五百　山陽平平陽陳漢甫二百　御史魯孔翊元世千　故兗州從事任城呂育季華三千　任城番君舉二百　大尉掾魯孔凱仲弟千　故下邳令東平陸王褒文博千　任城王子松二百　魯孔曜仲雎二百　魯孔儀甫二百　故潁陽令文陽鮑宮元威千　任城謝伯威二百　處士魯孔方廣囗千河南雒陽李申伯百　任城高伯世二百　魯孔巡伯男二百　文陽蔣元道二百　趙國邯鄲宋瑱元世二百　相主簿薛曹訪濟興三百　魯孔憲仲則百　文陽王逸文豫二百　彭城廣戚姜尋子長二百　相中賊史薛虞韶興公二百　尚書侍郎魯孔彪元上三千　平原樂陵朱恭敬公二百　薛弓奉高二百魯孔汎漢光二百　南陽宛張光仲孝二百　平原濕陰馬瑤元冀二百　相史卞呂松囗遠百　守廟百石魯孔恢聖文千　彭城龔治世

平二百　驛韋仲卿二百　襄成侯魯孔建壽千
河南維陽王敬子慎二百　泰山鮑丹漢公二百
處士魯劉靜子著千　故從事魯孔樹君德千　京
兆劉安初二百　故薛令河內溫朱熊伯珍五百
故從事魯王陵少初二百　魯孔朝升高二百　魯
石子重二百下邳周宣光二百　故豫州從事蕃
加進子高千　故督郵魯升煇景高二百　行義椽
魯弓如沭都二百河閒東州齊伯宣二百　魯曹
悝初孫二百　魯劉仲口二百　北海劇袁隆展世
百　陳國若虞祟伯宗二百魯魯劉元達二百　魯
夏侯廬頭二百　魯周房伯臺百

韓勑碑兩側

東海傳河東臨汾敬謹字季松千　右尉口口口道
唐安季興五百　相守史薛左芳伯道二百　魯孔
建壽二百　時令漢中南鄭趙宣字子雎　司徒掾
魯巢壽文后三百　相行義史文陽公百煇世平百
故丞魏令河南京丁琮烝舉五百　河南匽師度
徵漢賢二百　魯傳兗子豫二百　任城戌父治眞
百　左尉北海劇趙福字仁直五百　南陽平氏王
自　尤二百　魯孫　三百　魯孔昭烝祖百　六

盧城子二百
山陽瑕丘九百元臺三百　魯徐伯賢二百　河東
臨汾敬信子直千　泰山鉅平韋中元二百　蕃王
狠子二百　齊國廣張建平二百其人處上　魯劉
聖長二百　河南雒陽左烝實二百　泰山費浮於
隨季遺二百　上黨長子楊萬子三百　河南匽師
胥鄰遠國三百　東郡武陽董元厚二百　故安德
侯相彭城劉霸伯存五百　處士魯孔徵子舉二百
河南平陰樊文高二百　東郡武陽桓仲豫二百
故平陵令魯麃恢元世五百

右韓勑碑陰幷兩側人名碑陰凡六十二人兩側
共三十三人隸釋有碑陰無兩側所錄本無遺脫
金薤琳琅取前碑末八人幷兩側人名皆入之碑
陰自詫所得較隸釋多三十八人因以譏洪氏之
誤不知都公所據舊榻本蓋已裝池成册者故無
從分別觀之若親至碑下或取原搨全本相較則
瞭然矣
兩側第前六人云相行義史文陽公百煇世平百
恭壽先生跋云文陽公爲一人煇世平爲一人當
是姓文名陽公或字陽公者非公侯之公也煇世

平不著郡望當與文陽公同里幷同官者故郎繫文陽公下予按此說非也漢書地里志後漢書郡國志汝陽屬魯國史晨後碑有文陽馬琮隸釋云以文陽為汝陽此碑之陰書文陽者凡三人皆汝陽也此人亦隸籍汝陽公百其姓煇其名世平其字百乃所出泉數耳古複姓有公伯氏魯論有公伯寮伯與百蓋通用也若以文陽為一人煇世平為一人既與前後書法不類況文陽公既無郡望煇世平之郡望又何從知且姓氏書亦無煇姓也兩側後第一人云山陽瑕丘九百元臺三百先生

跋云瑕丘乃地名非人名按范史屬山陽郡元臺亦當是山陽所屬之地以非邑故范史不載耳此兩地泉少人多不能不書又不能悉書故總而記之曰瑕丘九百元臺三百也予按此說亦誤元臺之為地名既無可考且他碑陰亦從未有合一邑所出泉數而總記之者蓋九百非泉數亦人姓名也列子有九方皐唐有九嘉宋有九真明有九焯九姓歷歷可數元臺則其字也先生於此碑幷陰及兩側攷訂極詳此其小誤予特表而出之

漢郎中鄭固碑 延熹元年

漢故郎中鄭君之碑 篆額

君諱固字伯堅著君元子也含中和之淑質□□□□□□□□□□□□至行立乎鄉黨初受業於歐陽遂窮究于典籍□□□□□□□□□□□事弱冠仕郡吏諸曹掾史主簿督郵五官掾功曹□□□□□□□□□□衛上清以自脩犯顏謇愕造膝佹□加□□成□□□□□□□□□□□亞以此服之邦后珍瑋以為儲舉先屈計掾奉我□□□□□門□□□□□□聖心延熹元年二月十九日詔拜

□中非其□□□□□□□□□□□從其本規乃遘凶愍年卌二其遭命□□□□□□□□□□□□□□□男孟子有揚烏之才善性形於岐□□見□番□□□□□□□□□□所共哀也故建□共墳配食斯壇以慰考妣之心□□□□□□□□□鍾鼎奚銘昔姬□□武弟述其兄綜□□□行□□□□□□□□□以旌遺芳其辭曰

於惟郎中寔天生悳顯親誨弟吏恭□□數□□□□□□□□□□□亞幘式從政事上忠以自勛貢計王庭華夏歸服□□□□□□□□□□雖意

色斯自得乃遭氛災隕命顛沛家共所怙國□□□
□□□□□□□□告嗟嗟孟子苗而弗毓奉我元兄
脩孝罔極魂□□□□□□□

右漢郎中鄭固碑今在濟寧州儒學只存十段十七八字下段磨滅或十字或十一二字不等如洪趙諸公所辨逡遁之類已不存矣金石文字記云此碑書妣作紫與費鳳碑同今此碑妣字尚存并不作紫或亭林誤記他碑之字也劉太乙續金石錄云弱冠仕郡諸曹掾史歐本作諸今本諸字雖少漶漫然筆畫具在亦不作諸楊升菴云子雲本

姓揚從手不從木碑云有揚烏之才謂童烏也字正從手升菴之言信爲有徵劉跋概書作楊誤矣又碑云頤親愛弟頤字作頭變叵爲正此與前姬字作姫同皆隸變也劉作順親亦非

漢倉頡廟碑並碑陰兩側 五年

□令朔方臨戎孫羨□□□□□□□□從事永壽元年朔方大守上郡仇君閔孝徐郎中太原陽曲長延熹四年九月乙酉詔書遷衙令五年正月到官奉見囗明府立祠刊石表章大聖之遺靈以示來世之末生□出錢千□□者下行自紀姓名

郡守丞臨晉張疇字元德五百守左尉萬年長沙爰字君平五百

衙縣三老上官鳳季方三百 御鄕三老時勤伯囯三百 御主記掾揚綬子長三百 御門下功曹裴

篤伯安三百 御門下游徼許愔功上三百 御門下賊曹□□□□□□

功曹史上官囯□□□□ 錄事史楊龠孟布三百

集事掾任斻□□□百 故功曹郭□□□□百

□□□□□□□□□□□三百

單假司馬御缺下從掾位御缺下從掾□御張缺下故文學掾御缺下故文學掾缺下

議曹史蓮勺楊□三千 功曹書佐頻陽□囯千

□吏蓮勺任彔六百 □吏高陵□□六百 □吏臨晉干□六百 □吏高陵張順六百

高陵左鄉有下缺萬丰左鄉有秩游暂千　萬丰左鄉有秩畢口千五百　蓮勺左鄉有秩杜衡千五百池陽左鄉有秩何博千五百夏陽下缺夏陽候長馬琪下缺粟邑候長何憚下缺

右漢倉頡廟碑並碑陰兩側共四紙前碑及陰漫滅已甚惟乃諏訪國老及蒼頡天生德於大聖四目靈光為百王作憲及乃作頌曰數句可讀頌後又有劉明府字其他字畫時有存者然皆不成文理碑陰有五官掾高陵守故酱盗賊等字蓋亦掾屬題名然姓名無一存者故皆不可著錄惟兩側

字尚多明白可讀其一署云朔方臨戎孫羨以永壽二年為朔方太守仍君察孝除郎為太原陽曲長延熹四年遷御令五年到官奉見劉碑字止存刂旁以前碑證之當是劉字明府立祠刊石表章大聖之遺靈以示來世後列郡守丞張賜左尉沙爰二人名下有題名三列可見者一十五人有御縣三老衙鄉三老主記掾史門下功曹門下游徼門下賊曹功曹史錄事史軍假司馬從位掾文學掾等名惟六人姓名全其一亦有題名三列姓名全者七人餘皆殘缺不完有議曹史功曹書佐高陵左鄉有秩萬年左鄉有秩蓮勺左鄉有秩池陽左鄉有秩夏陽候長粟邑候長等名而集古錄所稱尚有池陽集丞有秩祋祤候長則已亡矣倉頡廟蓋在御縣此碑頌乃御令孫羨奉劉明府之令為之而碑陰兩側則備記孫仝出仕始末及其掾屬所出錢數也此碑自歐趙而外他家皆所未見越今五六百年乃復為人所椎柘而予適得之碑字特小隸法頗精兩側字時有縱筆不及前碑之嚴整然其佳處亦饒有曹郃陽碑陰風致但破碎零落他人不肯諦視故棄置至今耳予挾之行笈中渡河者二冬夜

篝燈一一檢錄時漏下數十刻未休旁觀覰視漫不省為何物其捉鼻蹙額者不知日凡幾輩也

集古錄有朔方太守碑陰即碑陰題名二跋即此碑兩側題字也歐陽公未得前碑故其稱名不無錯誤金石錄有蒼頡廟碑又有蒼頡廟人名所謂人名亦即此碑兩側然又未嘗云有碑陰不知當宋時何以二公所得不全如此今予所有雖剝泐已甚然四紙皆具先後不紊舉似古人不覺色喜又集古錄以遷御令為御令以太原陽曲長太下為滅一字亦非

金石錄云考其歲月蓋熹平六年立今碑於年月字巳無可見予但以兩側有延熹五年字遂列之爲桓帝時刻

卷六終

金石存卷七

隸二　鈍根老人編　綿州李調元雨村校

漢泰山都尉孔宙碑

碑陰

漢孔褒碑

漢西嶽華山廟碑

漢執金吾丞武榮碑

漢竹邑侯相張壽碑

漢衛尉卿衡方碑

漢魯相史晨孔子廟碑

史晨後碑

漢孝廉柳敏碑

漢泰山都尉孔宙碑 延熹六年

有漢泰山都尉孔君之銘

君諱宙字季將孔子十九世之孫也天姿醇嘏齊聖達道少習家訓治巖氏春秋緝熙之業既就而闓闕之行允恭德音孔昭遂舉孝廉除郎中都昌長祗傳五教尊賢養老躬忠恕以及人兼禹湯之辠己故能興朴口於彫幣濟宏功於易簡三載考績遷元城令是時東嶽黔首猾亂不口口祠兵遺畔未寧乃擢君典式以文脩之旬月之閒莫不解甲服罪　𢧵田畯喜於荒圃商旅交乎險路會鹿鳴於樂崩復長

幼於酬酢　稔會遭篤病告困致仕篤從所好年六十一延熹六年二月乙未　疾貴速朽之反真慕寗儉之遺則窀夕不華明器不設凡百卬高述於是故吏門人乃共陟名山采嘉石勒銘示後俾有彝式其辭曰

於顯我君懿德惟光紹聖作儒身立名彰貢登王室闓問是虔夙夜　在公明明乃綏二縣黎儀以康於亦時雝撫兹岱方帥彼凶人覆彼　南畝孔饈山有夷行豊年多黍稱彼兕觥帝賴其勳民斯是臯疾　乃委其榮忠告殷勤屢省乃聽恭儉自終盡蓋不繳生播高譽殁衆合名永夫不刊萬載揚聲

延熹七年七月戊　造

右漢泰山都尉孔宙碑別有篆額而首行又題有漢泰山都尉孔君之銘十字與他碑體制微異文字雖有剝蝕然尚可讀祗傳五教者即尚書之敬敷五教也以祗易敬以傳作敷漢書文帝紀傳納以言宣帝紀傳奏其言師古曰傳讀為敷

漢孔宙碑陰

門生故吏名

門生鉅鹿癭陶張雲字子平　門生鉅鹿癭陶趙政字元政　門生鉅鹿廣宗捕巡字升臺　門生東平寧陽韋勳字幼昌　門生魏郡館陶張上字仲舉　門生魏郡館陶王時字子表　門生魏郡陰安張典字少高　門生魏郡魏孟忠字待政　門生魏郡魏李鎮字世君　門生魏郡館陶吳讓字子敬　門生魏郡館陶文傹字元節　門生魏郡館陶鄭琪字仲雅　門生魏郡鄴暴香字伯子　門生東郡東武陽梁淑字元祖　門生東郡衛公國趙恭字和平　門生東郡東武陽張表字公方　門生東郡東武陽滕穆字奉德　門生東郡樂平桒演字仲厚　門生東郡樂平靳京字君賢　門生東郡樂平梁布字叔光　門生東郡樂平桒顯字伯異　門生陳留平丘司馬規字伯昌　門生安平下博張祺字紂松　門生安平下博張朝字公房　門生安平下博蘇觀字伯臺　門生安平堂陽張琦字子異　門生北海安丘齊納字榮謀　門生北海都昌呂升字山甫　門生北海劇秦麟字伯麟　門生北海劇如盧浮字遺伯

門生北海劇薛顗字勝輔　門生北海劇高沭字季超　門生濟南梁鄒趙政字紂政　門生濟南梁鄒徐璜字幼文　門生濟南東平陵吳進字升臺　門生甘陵廣州李都字元章　門生甘陵貝丘賀曜字升進　門生魏郡清淵許祺字升朙　門生魏郡館陶史崇字少賢　門生魏郡館陶孫忠字府文　門生東郡樂平盧精字子節　門生任城任字景漢　門童安平下博張忠字公直　故吏北海都昌逢祈字伯熹　故吏北海都昌鴙章字文理　故吏北海都昌魏稱字文長　故吏北海都昌呂規字元規　故吏泰山費魚淵字漢長　故吏泰山華毋樓覬字世光　故吏泰山南城禹規字世舉　故山南武陽蕭誨字伯謀　故民泰山費淳于崇字季□　弟子北海劇陸暹字孟輔　弟子陳留襄邑樂禹字宣舉　弟子下邳朱班字宣□　弟子東平寧陽周順字承□　弟子沛國小沛周升字仲甫　弟子魯國文陽陳褎字聖博　弟子汝南平輿謝洋字子讓　弟子山陽瑕丘丁瑶字實堅　弟子魯國戴璋字元珪　弟子魯國六王政字漢方

右漢孔宙碑陰凡六十二人漢碑陰多不題額惟

此及陳德鄭季宣碑陰有之隸釋云漢儒開門受徒著錄有盈萬人者其親受業則曰弟子以次相傳授則曰門生未冠則曰門童此碑前列門生四十二人門童一人後列弟子十人如果親受業爲弟子而以相次傳授爲門生不應弟子反列門生門童之後隸釋此言雖本之歐陽集古錄恐終未可深信也

漢孔褎碑

右漢孔褎碑云君諱褎字文禮孔子廿世孫泰山都尉之元子此下石埋皴剥文字斷續多不成讀有云元節所過缺下莫敢藏匿君念缺下濟渡窮厄後會事覺缺下臨難引缺各爭授命云云按三國志崔琰傳註引續漢書曰山陽張儉以中正爲中常侍侯覽所忿嫉覽爲刊章下州郡捕儉儉與融兄褎有舊亾投褎遇褎出時融年十六儉以其少不告也融知儉爲長者有窘迫色曰吾獨不能爲君主耶因留舍藏之後事泄相國以下密就掩捕儉得走脫登時又收及褎送獄融曰保納藏舍者融也

融當坐之眼望彼來求我罪我之由非弟之過我當坐之兄弟爭死郡縣疑不能決乃上讞詔書令褎坐焉碑雖不全大略無義泰山都尉者宙也宙有七子褎長融次第六又有謙宙與謙皆有碑在孔子廟庭褎碑不知何時淪没歷代載籍皆無可考錢塘金壽門語予云 憲皇帝時閩人何琦字禮康客遊曲阜得之郊外水濱因載歸于廟自題字于碑陰碑字已極剥蝕獨行首十餘字名字世系一一俱完亦一奇也

漢華山碑 延熹八年

西嶽華山廟碑 篆額

周禮職方氏河南山鎮曰華謂之西嶽春秋傳曰山
嶽則配天乾以定位山澤通氣雲行雨施既成萬物
易之義也祀典曰日月星辰所昭卬也地理山川所
生殖也功加於民祀以報之禮記曰天子祭天地及
山川歲徧焉自三五迭興其奉山川或在天子或在
諸侯是以唐虞疇咨四嶽五口壹巡狩皆以四時之
中月各省其方親至其山柴祭燔燎夏商則未聞所
損益周鑒於二代十有二歲王巡狩殷國亦有事於

方嶽祀以圭 八六歌高祖初興改秦淫祀大宗
承循各詔有 川在諸侯者以時祠之 孝武
皇帝修封禪之禮思登假之道巡省五嶽禋祀豐備
故立宮其下宮曰集靈宮殿曰存僊殿門曰望僊門
仲宗之世重使使者持口祀爲歲一禱而三祠後不
承前至於亡新寖用丠虛訖今垣趾營地猶存建口
之元事舉其中禮從其省但使二千石以歲時往祠
其有風旱禱請祈求靡不報應自是以來百有餘年
有事西巡輒過亭祭然其所立碑石刻紀時事文字
摩滅莫能存識延熹四年七月甲子宏農太守安國

亭侯汝南袁逢掌華嶽之主位應古制脩廢起頓閔
其若茲深達和民事神之義精通誠至祈祭之福乃
案經傳所載原本所由銘勒斯石垂之於後其辭曰
巖巖西嶽峻極穹蒼奄有河朔遂荒華陽觸石興雲
雨我農桑資糧品物亦相瑤光崇冠二州古曰雍梁
馮于幽岐文武克昌天子展義巡狩省方玉帛之贄
禮與岱亢六樂之變舞以致康在漢中葉建設宇堂
山嶽之守是秩是望侯惟安國兼命斯章尊脩靈基
盡其壇場明德惟馨神歆其芳遏穰凶札揫斂吉祥
歲其有年民說無疆

袁府君肅恭明神易碑飾闕會遷京兆尹孫府君到
欽若嘉業遵而成之延熹八年四月廿九日甲子就
袁府君諱逢字尼阝汝南女陽人孫府君諱璆字山
陵安平信都人時令卞頡字宣得甘陵鄃人丞張昇
字少游河南京丿〃尉唐佑字君惠河南密人主者
掾華陰王萇字德長
京兆尹勑臨都水掾霸杜口口石遣書佐新豊郭香
察書刻者穎川邯口公脩蘇口口刚君口

右西嶽華山廟碑錢唐金壽門舊有此拓本予從
摹得之殘缺不十餘字餘或筆畫小損皆可辨認

也此碑自嘉靖時毀壞拓本流傳甚少關中郭允伯所藏得自東雲駒後歸王無異後又入商邱宋太宰家凡顧亭林朱竹垞劉太乙顧南原所見皆此一本幾以為騏驥一毛虯龍片甲世間無復副本矣乃胤伯自云缺百二十字而此本乃不若是之甚郭本有額而此本篆額六字亦全豈不較勝於郭本耶又梁谿吳棟臣客淮陰自言其家亦有一本得之其鄉秦氏雖不知視此本何如要之此碑之流傳於世者尚不止此數本也

玉篇有玊字音粟音鵦玉工也點在中畫上與玉字點在下音義各別韻會正韻諸書皆沿其說此碑玉帛之贄玉字點正在上義止是玉不可以他音他義釋也蓋點之上下乃行筆小異不當從此妄生穿鑿

漢執金吾丞武榮碑

漢執金吾丞武君之碑隸額

君諱榮字含和治魯詩經韋君章句闕幘傳　經論語　左氏國言廣學甄微靡不貫綜久斿太學𥡴然高厲鱻於　匹學優則　書佐郡曹史主簿督郵五官掾功曹守從事年卅六汝南蔡府君　廉　　執　吾丞　孝桓大憂乇守元武慼哀悲憔加遇害氣遭疾　君郎吳郡　卿之中子敦煌長史之次弟也廉孝　承六世載　不泰　命　　衡蓋觀德於始述行於終於是刊　銘乖宗　其天閏雄彥貧卞卓茂仰高鑽堅允　允武內幹三外　陟旅　勤　　旗綷天雷震電𢑱歎燿赫　陵惟哮虎當遂股肱　之元

癘乎我君仁如不壽爵不副德位不稱功咸裹　遠近哀同身　誦

右漢執金吾丞武榮碑今在濟甯州儒學字原云碑言遭孝桓大憂哀隕而亡當是靈帝時也謝滄湄云永康元年十二月帝崩靈帝卽位改元建甯蓋君之卒當在靈帝未改元之前故不書年也

漢書食貨志鹽鐵錢布帛五均賒貸斡在縣官師古曰主領也斡音管字從斗寶憲傳內斡機密劉向傳斡尙書字皆從干而音義與斡無異疑皆斡字轉寫之譌此碑內斡三署（隸釋署字猶存）斡字義亦作斡蓋其相延已久譌斡爲斡有由來矣

漢竹邑侯相張壽碑　建寧元年

漢故竹邑侯相張君之碑　隸額

君諱壽字仲吾其　蓋晉　孝友

恭懿明允篤信　經　習父　匡國達賢

登善濟可斑叙優能正　謁者贊衞王臺

婁　忠謇上嘉其節仍　相明德愼爵

遭江楊劇賊上

自菲薄儉侍　所

簡弁官相

稼穡滋殖國　聿豊穰

皤白

樂化戶口增　殷功刊王府

梓

過營郝周紘　君常懷色斯舍

駱驛要請君　固執不顧民無

虒䚡不折　徒府進退以禮　覬
酉卒　夫積循純固者　五月辛
石樹碑式昭
曰
亮元德於我　體懿純超三
賦牧
邦畿棃烝殷四苑鐵威良臣
彌闡垂介

紀永不刊亏肯德洊後昆

右漢竹邑矦相張壽碑今在武城縣斷折不全已蝕爲後人碑趺按隸釋所錄凡五百五十五字今僅存一百七十七字蓋亾其太半矣君自孝廉除郎中給事謁者遷竹邑矦相因治功曹周游之過反爲督郵周紘所表罷官後以州郡招請復爲從事辟司徒府年八十以建寧元年五月卒此其歷官大畧也銘辭三言三十句今皆斷續不成文理字亦晻昧難辨非洪氏著録幾不可識矣

漢衛尉衛方碑 建甯元年

漢故衛尉卿衛府君之碑 隸額

府君諱方字興祖肇先蓋堯之苗本姓　則有伊
尹　殷之世號稱阿衡因　氏　士家於平
陸君之烈祖少以濡術安貧樂道履該顏原兼脩季
由聞斯行諸砥仁　士階夷愍之貢經常
伯之寶位左馮翊先帝所尊垂名竹帛孝廬江太守
兒癘門太守　孝長發其祥誕降於君天資純
懿昭前之美少以文塞敦厖允元長以欽明躭詩悅
書　秋仕郡辟州舉孝廉除郎中即丘矦相膠

東令遭尹鐸之業保鄣二城參國起按斑
本肇末化速郵置州舉尤異遷會稽東部都尉將
南仲邵虎之軌　龔軌之旌操槃　綏來王之
蠻會褒太夫人感背人之凱風悼蓼儀之劬勞寢闇
苫由　上言　向　祥除徵拜議郎右北
平太守尋李廣之　邊恢魏絳之和戎戎戢士佚
静有績還潁川太守循清滌俗
招拔隱逸光　茹國外浮護淡畀綵動氣泄狂
歸來洙泗用行舍藏徵拜議郎還大醫令
京兆尹　都餘化詩人所詠竝有亾新君

隆寬慄敦火光物隕霜剿姦振滯起瘖存亾　絶恩
降乾夵威剥肅以本朝録功入　翼紫宮風
疢惟寅褘隋左公有單襄穆，之風詔選賢良招
先逸民君務左　失順　文　已從政者退就勑巾
乳康之末君　孝桓建甯初政朝用舊臣留拜步兵
校　爰六師之　維特假階將授緄職受任浹旬庵
離竊疾𠦄六十有三建甯元年二月五日癸
弔贈礼百𢗫臨會莫不失聲其年九月十
七日　西壄盖雎頌興而清廟肅中　而
故仲尼既歿諸子綴論斯干佗歌用昭于宣謚以旌

德銘以勒勲於是海內門生　吏　采嘉石樹
靈碑鐫茂伐秘將來其辭曰
峨峨我君懿烈孔純高朗神武歷世忠孝馮隆鴻軌
不忝前人寬　不主德義是　温故前呈
攬英接秀踵　晏平初擴百里顯顯令聞濟康下民
曜武南會邊民是鎮惟　憂及退身衆　帝室
剖符守藩北靖　有　有觳旋　中獄幽滯已榮
邁種舊京　含澤　攸甯勉長勉君
不虞不隐維　維允燿此觳香餘悊能惠剋亮天功
入　法言稽古道而後行　競業業

素絲羔羊闇闇侃侃顒顒昂昂　親履槃金玉　相
謇謇王臣蹇公　樂旨君　彊銘勒金
問　萬世是傳門口口口朱登字仲口口
右漢衛尉卿衡方碑今在汶上縣雖有缺壞然官
閥氏族卒葬歲月一一可見金石錄以爲建甯三
年二月立洪氏已辨其誤金石文字記又爲三年
六月亦誤也
碑云感背人之凱風悼蓼儀之劬勞趙德甫以蓼
儀即蓼莪然矣至背人二字乃置不論予按背人
即邶人也廣韻邶同鄁紂畿內地名碑以鄁作邶

而又省其邑耳他如樂只君子作旨委蛇在公作
禕隋克長克君作剋能哲能惠作悊非盡假借必
當時經師所傳有此異本也
隸釋云禕隋字出韓詩內傳內傳久不傳未知洪
氏何據經典釋文引韓詩但作逶迤
容齋五筆言委蛇字凡十二變一曰委蛇二曰委
佗三曰逶迤四曰倭遲五曰倭夷六曰威夷七曰
委移八曰逶移九曰逶虵十曰蝼蛇十一曰遹迆
十二曰威遲今此碑又作禕隋唐扶碑作逶隨劉
熊碑作委邁枚乘兔園賦作䙖移博雅䧢陝險也

文選薛注周道威夷險也則險陂亦委蛇之別體
而字書尚有蝸𧍋蝛𧍋𨼲隋之異此二字固不止
十二變洪公尚考之未盡也

漢魯相史晨孔子廟碑建寧二年

建寧二年三月癸卯朔七日己酉魯相臣晨長史臣
謙頓首死罪上
尚書臣晨頓首頓首死罪死罪臣蒙厚恩受任符守
得在奎婁周孔舊寓不能闡弘德政恢崇壹變夙夜
憂怖累息屏營臣晨頓首頓首死罪死罪臣以建寧
元年到官行秋饗飲酒畔宮畢復禮孔子宅拜謁神
坐仰瞻榱桷俯視几筵靈所馮依肅肅猶存而無公
出酒脯之祠臣輒自以奉錢脩上案食醊具以敘小
節不敢空謁臣伏念孔子乾坤所挺西狩獲麟為漢

制作故孝經援神挈曰元丘制命帝卯行又尚書考
靈燿曰丘生倉際觸期稽度為赤制故作春秋以明
文帝緣紀讖書脩定禮義臣以為素王稽古德亞皇
代雖有褒成世享之封四時來祭畢即歸國臣伏見
臨辟雍日祠孔子以大牢長吏備爵所以尊先師重
教化也夫封土為社立稷而祀皆為百姓興利除害
以祈豐穰月令祀百辟卿士有益於民矧乃孔子元
德煥炳光於上下而本國舊居復禮之日闕而不祀
誠
朝廷聖恩所宜特加臣寑息耿耿情所思惟臣輒依

社稷出王家穀春秋行禮以共煙祀餘□賜先生執事臣晨頓首頓首死罪死罪臣盡力思惟庶政報稱爲效增異臣晨誠惶誠恐頓首頓首死罪死罪上尚書　時副言大傅大尉司徒司空大司農府治所部從事

昔在仲尼汁光之精大帝所挺顏母毓靈承敝遭衰黑不代倉□流應聘嘆鳳不臻自衛反魯養徒三千獲麟趣作端門見徵血書著紀黃玉韻應主爲漢制道審可行乃作春秋復演孝經刪定六藝象與天談鉤河擿雒卻揆未然巍巍蕩蕩與乾比崇

右漢魯相史晨孔子廟碑內缺二字自隸釋所錄已然闕里志餘下作胙字蓋因最後碑有餘胙賦賜句也山東通志流上作周字闕里志又改周流爲轍環通志遂削去餘胙句皆妄不足據銘云昔在仲尼汁光之精又云承敝遭衰黑不代倉者以孔子爲黑帝叶光紀之精而不得代周有天下也汁卽叶字又云獲麟趣作端門見徵血書著紀黃玉韻應者公羊傳何休註云獲麟之后天下血書魯端門曰趨作法孔子沒周姬亡彗星出秦政起□破術書記散孔不絕子夏明日往視之血書飛爲赤鳥當時蓋有此說皆緯書所載漢人一時傳習往往見諸文字如禮器卒史諸碑言多相近至以孔子作春秋謂爲漢制則尤傅會可笑矣

碑式云文十七行行卅六字顧氏隸辨云卅五字蓋行末各損壞一字顧氏但據今拓本故云卅五字也攷隸釋所載缺字全在今依洪本補之

漢魯相史晨孔子廟後碑

相河南史君諱晨字伯時從越騎校尉拜建甯元年四月十一日戊子到官乃以令日拜　孔子望見闕觀式路虔跽既至升堂屏氣拜手祗肅屑僾髣髴若在依依舊宅神之所安春秋復禮稽度元靈而無公出享獻之薦欽因春饗導物嘉會述脩辟雍社稷品制即上尚書參以符驗乃敢承祀餘胙賦賜刊石勒銘并列本奏大漢延期彌歷億萬

時長史廬江舒李謙敬讓五官掾魯孔暢功曹史孔淮戶曹掾薛東門榮史文陽馬琮守廟百石孔讚副掾孔綱故尚書孔立元世河東太守孔霆元上處士孔褒聞禮皆會廟堂國縣員冗吏無大小空府竭寺咸俾來觀并畔宮文學先生執事諸弟子合九百七人雅歌吹笙考之六律八音克諧蕩耶反正奉爵稱壽相樂終日於穆肅雍上下蒙福長享利貞與天無極

史君饗後部史仇誧縣吏劉耽等補元里中道之周左廧垣壞決作屋塗色脩通大溝西流里外南注城池恐縣吏斂民侵擾百姓自以城池道濡麦衣給令還所斂民錢材史君念孔瀆顏母井去市遼遠百姓酤買不能得香酒美肉於昌平亭下立會市因彼仁右咸所願樂

又勑瀆井復民餝治桐車馬於瀆上東行道表西北各種一行梓

假夫子冢顏母井舍及魯公冢守吏凡四人月與佐除

右史晨後碑即刻於前碑之陰隸釋云前碑載奏請之章此碑敘饗禮之盛其補垣廧治瀆井種梓守冢皆在饗禮後守畫亦大小不等蓋史君孔林中事不一書也

碑十四行前八行行卅六字今末行各損一字與前碑同自史君饗後六行字較大則行卅五字也碑末餘三行有唐武周天授二年金臺觀主馬元正等題名

金石存　卷七　主　二十三函

漢孝廉柳敏碑建甯二年

故孝廉柳□□□□□愚卿其先蓋五行星仲廿八舍
柳宿之精也放像爲用縣設爲道□商家而□□□
□而主或聞生柳惠國大夫而济俗稱焉君父以孝
廉除郎中□部府丞君追祖繼體歷職五官功曹守
宕渠令本初元年太守蜀郡□君復察舉君□命夫
平君清節儉約厲風子孫固窮守陋不□□□堂無文
麗墓無碑識建甯元年縣長同歲犍爲屬國趙臺公
憤然念素帛之義其二年十月甲子爲君立碑傳於
萬基因勒歎之厥辭曰

惟斯柳君天鰭鰻□襲祖□風行無遺闕授政股肱
諫擧匡弼竊威外困属城震栗宰守□煩垂名所立
表貢王庭望極爵位可臯□蒼官寵不遂予惜三六
厤皆廷李建立斯碑傳於萬世子孫繁昌丞不滑滅
嗚呼哀哉嗚呼哀哉□曰
山陵元室□斯邦兮先人偺質尚約清兮汶飭不雕
陳霣臧兮季子信翻帶樹松兮倘佁追殺激□揚兮
亡而像存樂嘉靈兮宗子予集喈其鳴兮四時丞嘗
不廢荒兮

右漢孝廉柳敏碑漢隸字原云在忠州忠州今屬
四川重慶府道路遼遠自宋時洪趙二家而外他
人皆未見著錄近時不知何人始數致拓本江南
藏碑者皆有之予審視再四疑後人用舊文刊刻
不及細檢致多脫誤其可皆者數端隸釋錄此文
固窮守陋句下存一不字不下注闕三字今此碑
不下止闕二字以上下文義讀之自清節儉約厲
風子孫固窮守陋以及堂無文麗墓無碑識皆以
四字成句東漢文體自是如此不應此句獨減一
字也碑云因勒歎之隸釋作因勒銘歎之此句若
無銘字成何文理漢碑雖多艱深古奧之辭然必

不至此銘云天鰭鰻□字書無鰭字隸釋字原皆
作天憒字原注云義作資舊威外困二書皆作烟
字原上平咍韻憹字引此碑嗚呼憹哉今碑亦但
作哀凡文字刊版者類不知石刻之眞故前人往
往以碑本正書册之訛然如此碑前二字脫落顯
然後數字雖未知孰爲是非但洪婁二公皆精於
考訂一字之異必證據確切詎有外櫚作外困獨
置而不論之理至若鰭不作憒哀不作憹婁氏字
原又何從摹其隸體編入韻中乎予蓄此疑久而
未決適錢塘黃松石過予因論漢碑出此相質彼

言審視隸法亦無漢人淳古之氣斷爲僞作無疑予遂欲屏去不錄旣以此碑眞跡遠在蜀地實爲難得獲此本者鮮不珍之未必有細加推勘如此者因納之錄中而詳載其說於後且願與天下博古者更加論定焉

卷七終

金石存卷八

隸三　鈍根老人編　綿州李調元雨村校

漢淳于長夏承碑

漢陳德碑幷碑陰

漢博陵太守孔彪碑

碑陰

漢郙閣頌

漢司隸校尉魯峻碑

碑陰

漢元儒先生婁壽碑

漢聞憙長韓仁碑

漢從事尹宙碑

漢淳于長夏承碑建甯三年

漢北海淳于長夏君碑篆額

君諱承字仲兗東萊府君之孫大尉掾之中子右中郎將弟也累葉牧守印紱典據十有餘人皆德任其位名豐其爵是故寵祿傳亐歷世帶薰著亐王室君鍾其英受性淵懿含和履仁治詩尚書兼覽羣藝靡不尋暘州郡更請屈已匡君爲主薄督郵五官掾功曹上計掾守令冀州從事所在執憲彈繩糾枉忠絜清肅進退以禮允道篤愛先人後已克讓有終察孝不行大傅胡公歆其德美旌招俯就羔羊在公四府

歸高除淳亐長到官正席流恩褒譱糾姦示惡

六建甯三季六月癸巳淹

疾卒官嗚呼痛哉臣隸辟踊悲動左右百姓號　若喪考妣咳孤憤泣忉怛傷摧勒銘金石惟以告哀其辭曰

於穆皇祖天挺應期佐時理物紹縱先軌積德勤約燕亐孫子君之羣感並時繁祉明明君德令問不已高山景行慕前賢列膺同如蘭意綸未止中遭冤夭不終其紀夙世霣祚早喪懿寶抱器幽潛永歸蒿里痛矣如之行路感動嶌魂有靈嗇後不朽

右漢淳于長夏承碑予得雙鉤本于海鹽畢既明後有豐道生跋蓋從宋搨影摹者是碑在廣平府宋元祐中因治河隄得之字畫最爲完善暨明成化已亥知府秦民悅見碑仆府治後堂乃復樹於堂之東隅創愛石軒以覆之刻跋於碑陰謂碑下截凡一百〻十字年久蘚蝕係後人重摹者不知何時又復淪没嘉靖戊戌掘地得之求索者衆郡守唐寬郎碎其石後守唐曜又重刻於漳川書院亦有跋言此碑因取築城之石爲工所毀蓋不欲

暴前守之短故微其辭也今廣平本字跡醜惡筆畫譌謬去宋本遠甚首無篆額但正書數字而已此本中缺三十二字其餘字完書蓋猶在一百一十字未缺之前者都太僕家本缺字四十五謂是舊搨顧南原家本與都正同然按隸辨所載碑字巢作虆羣作群之類顯與宋本乖異則顧氏所有即非漳川書院本亦秦跋所謂一百一十字重摹本也

銘辭始終一韻期列寶朽四字皆可與紙韻相通惟動字不可强叶即毛初晴三聲兩界之說亦不

可通不知古人當作何讀法也

漢陳君碑 建甯四年

漢故陳君之碑 隸額

君諱德字伯下缺建甯元年二　拜郎中以其　之性

蜀郡之　縣丞張公同　乃立斯碑佗　於惟我君

從　之仁本自天　子子孫孫永　建甯四年三

碑陰

故門下史人名 篆額

故門下史王下缺故門下史　故戶曹史　故戶

曹史王　故功曹掾陳　故郡曹史田　故功曹史

故功曹史田　故門下史田　故門下史王

故門下史田

右漢陳君碑不知所從得但存具上截凡十行行五字云君諱德字伯伯下一字已無賴其額全是以知其姓陳耳前有建甯元年後有建甯四年云云前似其出仕歲月後則勒碑歲月也其餘字雖可識然無可句讀者碑陰亦有額凡十二行行五字與前碑同存門下史五戶曹史三郡曹史一功曹史三諸人僅有姓存其名皆亾矣此碑不見前人集錄字尙不甚刓剥惜其斷折無從知陳君之行事然一鱗片甲亦可珍也

漢博陵太守孔彪碑 建甯四年

漢故博陵太守孔府君碑 篆額

君諱彪字元上孔子十九世之孫潁川君之元子也
君少履天姿自然之正帥禮不爽好惡不愆孝友虔
衷脩身踐言龍德而學不至於穀浮斿塵埃之外臏
焉氾而不俗郡將嘉其所履前後聘召盖不得已不
翻爾束帶宏論窮理直道事人仁必有勇可以託六
授命如毛諾則不宿美之至也莫不歸服舉孝廉除
郎中博昌長疾病留宿口遴 府丞未出京師遭
大君 踰皋魚喪致乎哀謹畏 章服竟還

拜尚書侍郎無偏無黨遵王之素繤可黜否出
度日恪位佇所在祗肅拜治書御史膺皋陶之 恕
用既平 博 守郡
阻山 以饑饉斯多草竊罔不 賊 曼張丙
等白日攻剽坚 不命君下 之初 五敎以
創四凶以勝殘乃 爰尚桓桓抍馬鏟害醜類
已殫路不拾遺 民以 發 憲每合天心
所惡 人義之所欲不 姓樂政而歸
于德 如父母順如流水還下邳相河東大 舉此
風也未 懼不合而從雲行雨

大和海內歸公卿之任矣 賓若壺固執
謙需以病辭官 竭 彈
琴蘩磬 之味而不改其靜上帝棐諶天秩未究
將據師傅之紀之綱而疾 乃 乃 世 建
甯四年七月辛 哀哉魂神超邁家兮冥冥
孤忉絕于嗟想形 哀 念不欲生羣臣號咷
靡 復 去逝徃不可 兮 識惟君之軌
迹兮如列宿之錯置易建八卦 肴斅辭述而不佗
彭祖賦詩 讚 見於時頌
王沛等伏信好古敢詠顯 乃刊斯石欽銘洪基昭

示後昆申錫鑒思其辭曰
穆穆我君大聖之曽惇懿允元叡其元秀惟嶽降精
誕生忠良奉應郡 亮彼我 居
周 也匹名朝無穆政亘 惟清出統華夏
化以典成 猾殄逬賢倚 庭 乃 征
之翰先民是程宜乎三事
金鉉利貞而絜白 俾世憤惻當 眉耆莫匪爾極
遲 不意 嗟悲兮 息濞瀉庶幾
復焉所力咨乎不朽 而德存伊尹之休格于
我君積表於月青永永無沂與日月弁于

右漢博陵太守孔彪碑在今孔子墓林中文字損壞較孔廟他漢碑爲甚幸其全文錄在隸釋者大半可讀官閥世族亦班班可考也孔君名彪隸書從虍之字多變從乇故彪字變而爲宼字既難識石又就壞自歐陽公已不能舉其名所以明人修闕里志者遂譌爲震而彪之名不復存于孔氏譜牒矣幸有韓叔節碑陰題名有尚書侍郎孔宼元上名字全美可證不疑此修志者所宜急改正也

漢孔彪碑陰

故吏司徒掾博陵安平崔烈字威考　故吏齊陵安平崔恢字行孫　故吏　氏令博陵安平王沛字公豫　故吏司ノ掾博陵安國劉德字伯桓　故吏外黃令博陵安國劉揚字子長　故吏伯馬尉博陵博陵齊智字子周　故吏五官掾博陵安平劉麟字幼公　故吏五官掾博陵安平王璿字顯祖　故吏五官掾博陵安平孟循字敬節　故吏五官掾博陵高陽史應字子聲　故吏五官掾博陵南深澤程祺字伯友　故吏五官掾博陵南深澤程祗字元祐

故吏五官掾博陵安國劉機字　闕

右漢孔宼碑陰一列十三人前碑字雖殘缺存者時尚可讀碑陰字愈磨滅再數十字必成泰山無字碑矣

孔君自舉孝廉除郎中博昌長遷京府丞拜尚書侍郎爲博陵太守遷下邳相河東太守以卒而碑首但題漢故博陵太守孔府君碑隸釋云此碑陰故吏十三人皆博陵之人凾甘棠之惠痛夏屋之傾相與刊立碑表故以本郡題其首理或然也

漢鄐閣碑 建寧五年

析里橋鄐閣頌 隸額

惟斯析里處漢之右谿源漂疾橫注于道涉秋霖漉盆溢 涌濤波滂沛激揚絕道漢水逆讓稽滯商旅路當二州經用衍沮沮縣士民或給州府休謁往還恒失日晷行理咨嗟郡縣所苦斯谿既然鄐閣尤甚緣崖鑿石處隱定柱臨深長淵三百餘丈接木相連號為萬柱過者慄慄載乘為下常車迎布歲數千兩遭遇隤納人物俱隋沉沒洪淵酷烈為禍自古迄今莫不創楚於是

太守漢陽河陽李君諱翕字伯都以建寧三年二月辛巳到官思利惠利有以綏濟聞此為難其日久矣嘉念高帝之開石門元功不朽乃俾衡官掾下辨仇審改解危殆即便求隱析里大橋於今乃造校致攻堅 工巧雖昔魯班亦莫儗象又醳散關之嶃漯從朝陽之平燥減西 高閣就安寧之石道禹導江河以精四海經紀廞績艾康萬里臣 勒石示後乃作頌曰

降茲惠君克明俊德允武允文躬儉尚約化流若神愛民如子、 平均精通皓穹三納苻銀所歷垂勳香風有隣仍致瑞應豐稔 樂行人夷欣慕君靡乃詠新詩

兮川兑之間高山崔嵬兮水流蕩蕩地既確确兮與寇為隣 以析分或失緒業 兮秀兮至兮困貧危危累卵兮聖朝閔憐耗艾究救傾兮全育 遭勿勞日稷兮惟惠勤勤黃邵朱龔兮蓋不 充贏兮百姓歡欣僉日太平兮文翁復存

右漢析里橋鄐閣頌金石文字記云今重刻在略陽縣字畫醜惡絕無古意正此本也較隸釋所錄

益多殘缺又少建寧五 月十八日癸 一行又時衡官 仇審字孔信從史位字漢德為此頌故吏下辨 子長書此頌時石陬 字威明三行漢碑多不著書撰人惟此碑有之而兩人姓名皆亾僅有字存乃此本又復不具亦可惜也故備著之石墨鐫華述馬伯循之言以此為蔡邕書當亦未見後數行耳

改解危殆即便求隱隱即穩字說文穩安也從隱省古人通用安隱

集古錄云經紀廞績今碑乃是廞續揆諸文理則

績爲長疑重刻則以字形相近誤摹也

漢司隸校尉魯峻碑熹平二年

漢故司隸校尉忠惠父魯君碑隸額

君諱峻　巖山陽昌邑人其先周文公之碩冑

伯禽之懿緒目載亐祖考　銘也君則監營言者

之孫修　仓之子體純龢之　仁義之操治魯詩

兼通顔　秋博覽羣書無　栞學爲儒宗行義

主表　始仕佐職牧守敬恪恭儉州　歸稱舉孝

廉除郎中謁者河內太守丞喪父如禮　司徒府

高第侍御史東郡頓丘令視事四年比縱豹產化行

如流遷九江大守　殘酷之刑行循吏之道統政

若清　有黃　召信臣在潁南之歌目公事

官休神　術未　一朞爲司空王田所舉徵拜議郎

尉長史御史中丞延熹七　二月丁卯拜司

尉董督京　掌察羣寮鋤絕舉大權然疏發不爲小

威目　仁遡中獨斷目效其節案奏　公彈絀五

卿貶夏侯肅佞穢者遠竄毋憂目乞　郎服竟

拜屯騎校　目病　位守疏廣止足之計　於陵灌

園之絜閉門靜　自娛年六十二熹平元年

月癸酉卒明年四月庚子葬於是門生　南　沛

國丁直　郡馬朗勃　圖任城吳盛陳留誠屯東

郡夏侯宏　三百廿人　在昝游夏之徒　宣
尼君事帝則忠臨民則惠尸昭神明謚曰忠惠父
不才弱　而孤承堂弗木肵　何悲蓼　之不
痛旻　之靡嘉頌伛有紀　号舊刊石叙哀
巍巍山岦碣落彰較棠棠忠惠令德孔㦲命　時生
雅度宏綽允文允武厥姿　内懷温潤外撮强虐
督司京師穌然清邈當　緄職爲國之椎匪究南山
遐邇　惆凡百君子欽謚嘉　永傳啇齡暵夊昀的
右漢司隸校尉魯峻碑今在濟甯州儒學較隸釋

所録損六十餘字惟隸額十二字尚全濟甯儒學
列漢碑五左二右三北海相景君郎中鄭固尉氏
今鄭君執金吾丞武榮與此碑是也峻墓本在金
鄉墓側有碑又有石祠四壁刻古聖賢畫象洪氏
隸續載之今石祠畫象久矣不存其碑幸興至學
舍是以僅存不毀耳

漢魯峻碑陰

故吏河内　昝欠幼遠千　故吏九江壽春嚇龔伯
麟五百　故吏九江壽春任　孝長五百　故吏東
郡頓丘許諭伯過五百　門生沛國譙丁直景榮千
門生勃海高成吕圖世階千　門生東郡濮陽殷
敦登高十　門生汝南召陵千商朝公五百　門生
南陽新野魏顯文臺五百　門生平原般路龍顯公
五百　門生平原西平昌王瑞子行五百　門生陳
留尉氏胡嵩永高五百　門生陳留尉氏胡昱仲
五百　門生濟陰定陶　真子然五百　門生任城

樊兒雄大平五百　門生平原樂陵路福世輔三百
門生魏郡斥丘李牧君伯三百　門生魏郡繁陽
壬輔子助三百　門生任城任城周晉妙高三百
門生任城任城吳盛子興三百　門生勃海重合梁
愔恭節三百　門生河東蒲反李　時三百　門
生河東蒲反陽成　文智三百　門生汝南汝陽鄭
立　三百　門生東郡　邑　子松二百
門生東郡博平孫謙　二百　門生東郡樂平邢
顯　二百　門生東郡樂平邢　二百　門
生魏郡内黄馬萌子　二百　門生魏郡犂陽王

少　二百　門生汝南灈强尹稜　二百　門生
汝南灈强尹顒　二百　門生勃海南皮劉扶節
　門生勃海南皮劉盛興　　門生河
閒巨成東卿晨子　百　門生河閒巨成東卿恭
公　百　門生平原西平昌劉本景　　門
生平原般張謙伯讓二百　門生陳留尉氏夏統子
思二百　門生濟陰乘氏許仁伯德二百　門生濟
陰離狐周維元興二百　義士梁國甯陵　强强良
二

右漢魯峻碑陰其載在隸續者與此不同蓋洪氏誤以他碑之陰爲此碑陰也隸辨云凡三列下一列漫滅存者二列每列得二十一人前有故吏四人餘稱門生最後一人稱義士凡四十二人金薤琳琅云此碑歐陽公趙明誠皆失收錄至洪丞相隸釋于漢碑搜羅殆盡亦復遺焉予家此碑不特人閒少有且文字粗完可讀惜不令三公見之今取石本較都公所錄都本少八人其中誤釋者數十字又都本以爲殘缺而今本尚完好可識者十餘字蓋都公于分隸非其所習又或所見本不清遂據以爲定爾

漢婁壽碑熹平三年

元儒婁先生碑篆額

先生諱壽字元孝南陽隆人也曾祖父攸春秋以大夫侍講至五官中郎將祖父太常博士徵朱旹司馬親父安貧守賤不可營以祿先生童孩多奇岐嶷有志擬鬌傳業好學不猒不攸廉隅不飭小行温然而恭慨然而義善與人交久而能敬榮且溺之耦耕甘山林之杳藹遁世無悶恬佚淨漠徲徥衡門下學上達有朋自遠冕紳莘莘朝夕講習樂以忘憂郡縣禮請終不回顧高位厚祿固不動心麤絺大布之衣糲

蔬菜之食蓬戶茅宇棬樞甕牖樂天知命榷乎其不可拔也是以守道識真之士高尚其事卿御州郡見親歲懷年七十有八熹平三年正月甲子不祿國乃相與論悳處謚刻石作銘其詞曰

皇矣先生褱悳惟明優於春秋元嘿有成知賤爲貴與世無爭徲徥衡門禮義滋醇窮　不苟卲我者夫身殁聲鬯千載佗孫縣之日月與金石存

右漢元儒先生婁壽碑完好無一字剝蝕真漢刻之僅存者隸釋州郡下闕一字此本乃是見字或當時偶闕此字耳此碑自歐陽公遷立子乾德縣

之物書樓下于今越六百餘年碑石不知在否而拓本之流傳人間者甚少竹垞先生嘗跋吳中齊女門顧氏所藏不全本深以老年得見爲幸使其覩此當不知如何歡賞矣

此碑兩攸字義皆作修書朱爵爲朱𤇾皆省文也又以且溺爲沮溺徲𢓜爲栖遲疑當時經師所傳其不同有如此者

漢聞憙長韓仁碑熹平四年

漢循吏故聞憙長韓仁銘篆額

熹平四年十一月甲子朔廿二日乙酉司隸河南尹校尉空閭典統非亻素無績勳𠃊善仁前在聞憙經國以禮刑政得中有子產君尉表上遷槐里令除書未到㐫卒掊命喪身爲祀則祀之王制之禮也書到郡遣吏以少牢祠力六行勳厲清惠以旌其美豎石訖成表言如律

十一月廿二日乙酉河南尹君丞憙謂京寫

塡道頭訖成表言會月卅日如律令

右漢聞憙長韓仁碑篆額十字二行碑八行行存十八九字下截不全今在河南滎陽縣儀門金哀宗正大五年滎陽令李天翼發地得之後有翰林學士趙秉文及趙郡李獻能二跋幷題重立歲月于後按額題韓仁銘而碑中絕無銘辭一字雖下半不全然其存者可覆視也畧言仁在聞憙刑政得中上官表遷槐里令除書未到而卒及除書到日郡遣吏以少牢祠之而又豎石成表以旌其美云云此碑金正大中即已出土而明時如都元敬趙子凾　本朝如顧亭林顧南原輩搜輯古碑殆

遍此碑近在京索閒絶無知之者至劉太乙續金
石錄始載之近始遍鬻于錄矣
漢書地理志後漢郡國志皆作聞憙劉寬碑陰河
東郡聞憙作憙與此碑同史記周本紀無不欣憙
漢書郊祀志而天子心獨憙師古曰憙讀曰喜急
就章勉力務之必有喜皇象碑本作憙二字音義
同
死卒抂命卽不幸短命也郙閣頌莫死創楚不作
死此又因死而變之與死字無異說文幸字本作
㚔其大下著羊者音達漢隸多借用之曹全碑不

卒早世是也廣韻抂同短逢盛碑命有悠抂郭究
碑不卒抂祚皆同
碑末云如律令此三字蓋漢人公移中語史記儒
林傳序述所載詔書前漢書朱博傳博口占檄文
陳琳爲袁紹檄豫州文東觀餘論所載漢破羌檄
皆有此三字但見之碑刻者絶少

漢從事尹宙碑熹平六年

從　　銘篆額

君諱宙字周南其先出自有殷迺迄于周世作師尹
赫赫之盛因以爲氏吉甫相周宣勛功有章文則作
頌武襲獫狁二子著詩列于風雅及其玄孫言多世
事景王載在史典秦兼天下侵暴大族支判流僊或
居三川或徙趙地漢興以三川爲潁川分趙地爲鉅
鹿故子心騰於陽縣致位執金吾子孫以銀艾相繼
在潁川者家于傿陵克纘祖業牧守相亞君東平相
之玄會稽太守之曾富波侯相之孫守長社令之元

子也君體溫良恭儉之德篤親於九族恂恂于鄉黨
交朋會友貞賢是與治公羊春秋經博通書傳仕郡
歷主簿督郵五官掾功曹守昆陽令州辟從事立朝
正色進思盡忠舉衡以處事清身以厲時高位不以
爲榮卑官不以爲辱含純履軌秉心惟常京夏歸德
宰司嘉焉秊六十有二遭離寢疾熹平六秊四月巳
卯卒於是論功敘實宜勒金石迺作銘曰
於鑠明德于我尹君龜銀之胄弈世載勛綱紀本朝
優劣殊分守攝百里遺愛在民佐翼牧伯諸夏肅震
當漸鴻羽爲漢輔臣位不福德壽不隨仁景命不永

早郎幽昬名光來垂萬祀不泯

右漢尹宙碑篆額二行今但存其下從銘二字君歴官至從事而卒疑其額必題漢故豫州從事尹府君銘十字今其上八字破壞不存故搨工但傳其下二字也文字完好簡質可誦且緐法淳古篆畫開猶存篆籀遺意亦漢刻中上品

金石文字記曰鉅鹿之鹿不當從金按廣韻云鉅鏕郡名漢書只作鹿是古字固有從金者又云福乃副字之誤按碑本作福從衣不從示廣韻云福衣一福也今作副是福乃副之别體非誤文也亭林親校廣韻顧于二字失之

卷八終

金石存卷九

隸四　鈍根老人編　綿州李調元　校

漢潘乾校官碑

漢白石神君碑

碑陰

漢郃陽令曹全碑

碑陰

漢蕩陰令張遷碑

碑陰

漢尉氏令鄭季宣碑陰

漢征西大將軍楊瓘殘碑

漢魯相謁孔廟殘碑

漢題比干墓殘碑

漢校官碑 光和四年

蓋漢三百八十有七載○○○千○○○○銘工著
斯金石畀誄曰溧陽長潘君諱乾字元卓陳國長平
人蓋楚太傅潘崇之末緒也君禀資南○之禧○天
○德之絕榜髫髦克敏○學典謨祖講詩易剖演奧
藝外覽百家眾儁挈聖抱不測之謀秉高世之爪屈
私趨公即仕佐上郡位既重孔武赳著疾惡義形從
風征暴執訊獲首除曲阿尉禽姦菱猾寇息善歡履
孤竹之廉蹈公儀之絜察廉除茲初厲清肅賦仁義
之風○○○之迹詘化放虜岐周流愛雙虜○○親

臥寶稍進直遏慝布政優優令儀令色獄無呼嗟之
宼榆無叩囹之結矜孤頤老表孝貞節重義輕利制
戶六百省無正繇不責自畢百姓心歡官不失實於
是遠人聆聲景附樂受一廛既來安之復役三年惟
伴宮之敎反失俗之禮構修學宮宗懿招德既安且
甯干侯用張籩豆用陳發彼有的雅容○閑鍾磬縣
矣于胥樂焉乃作敘曰
翼翼聖慈惠我黎　貽我潘君平茲溧陽彬文赳武
扶弱抑彊○刈骾雄流惡顯忠咨疑元老師臥作頌
修學童冠琢質繡章實天生德有漢將興尚且在昔
我君存今卽此龜艾遂尹三梁永世支百人民所彰
子子孫孫卑爾熾昌
丞沛國銍趙勳字蔓伯左尉河內汲董並字公防右
尉豫章南昌程陽字孝遂
時將作吏名戶曹掾楊淮議曹掾李就議曹掾梅檜
戶曹史貨○從掾位矦祖主記史吳超門下史吳訓
門下史吳翔門下史時球
光和四年十月已丑朔廿一日已酉造

右漢溧陽長潘君校官碑隸額一行今在溧水縣學隸釋云潘君自曲阿尉來宰溧陽興學宮講賓

射碑頌所由作也碑自紹興十一年溧水尉喻仲遠得之固城湖濱置于官舍其後洪丞相錄入隸釋元至順間文學掾單禧又為釋文視洪氏尤為詳盡然剥泐已甚字但隱隱可見非就釋文審視之幾莫能辨其筆畫矣江南絕少古碑惟此乃為漢人遺刻識者尚珍愛之

碑中用字類多假借如以絜為潔干為豻華為黎卑為俾洪氏釋之良是至云剢省其刀賢去其貝則有不盡然者按說文戔傷也六書畧云擣傷也禽姦戔猾即用本字于義固通不事借戔為剢也

說文臤堅也古文以爲賢字袁良碑優臤之寵與此碑正同蓋用古文亦非故去其貝

昌黎詩押玲瓏爲瓏玲參差爲差參後人但以用之自公不敢致疑實亦不知於古何本碑云惠我黎蒸亦倒用蒸黎字以押韻蓋古自有其法今人不知耳

漢廣漢屬國侯李翊碑銘云比列陵於隸釋云似倒用於陵以稱韻也亦與此用黎蒸同

左傳楚商臣立以潘崇爲太師此作太傅恐誤

王貽上居易錄云韓退之詩多倒用成字蓋本諸三百孫季昭示兒編所拈如中林中谷中河中路中田家室裳衣衡縱稷黍瑟琴鼓鐘斯螽下上羊牛甥舅孫子女士京周家邦鼐鼎息偃之類皆是古人倒用成語以就韵如此之多但出自今人之手則斷斷不可耳

漢白石神君碑光和六年

白石神君碑篆額

蓋聞經國序民莫急於禮禮有五經莫重於祭祭有二義或祈或報報以章德祈以弭害古先哲王類帝禋宗望于山川徧于羣神建立兆域修設壇屏所以昭孝息民輯寧上下也白石神君居九山之數參三條之壹兼將軍之號秉斧鉞之威體連封龍氣通北嶽幽讚天地長育萬物觸石而出膚寸而合不終朝而澍雨沾洽前後國縣屢有祈請指日刻期應時有驗猶自抱損不求禮秩縣界有六名山三公封龍靈山先得法食去光和四年三公守民蓋高等始爲無極山詣太常求法食國縣以白石神君道德灼然乃具載本末上尚書求依無極爲比即見聽許於是遂開祏舊兆改立殿堂營宇既定禮秩有常縣出經用備其犧牲奉其圭璧絜其粢盛旨酒欣欣燔炙芬芬敬恭明祀降福孔殷故天無伏陰地無鱻陽水無沴氣火無災燀時無逆數物無害生用能光遠宣朗顯融昭明年穀歲熟百姓豐盈粟升五錢國界安寧亦乃陟景山登峥嵘采元石勒功名其辭曰

巖巖白石峻極太清皓皓素質因體爲名惟山降神

髭士挺生濟濟俊乂朝野充盈災害不起五穀熟成乃依無極聖朝見聽遂興靈宮干山之陽營宇之制是度是量卜云其吉終然允臧匪奢匪儉率由舊章華殿清閑肅雍顯相元圖靈像穆二皇皇四時禋祀不愆不忘擇其令辰進其馨香犧牲玉帛黍稷稻根神降嘉祉萬壽無疆子子孫孫永永番昌

光和六年常山相南陽馮巡字季祖元氏令京兆新豐王翊字元輔長史穎川申屠熊○○○丞河南李邵左尉上郡白土樊瑋祠祀掾吳宜史解徵石師王明

燕元璽三年正月十日主簿○程刻字

門傳白石將軍教五祠今日爲火所燒

右漢白石神君碑在無極縣白石山名新得法食于太常故拓廟建碑以頌其績隸釋云此碑雖布置整齊略無纖毫漢人氣骨雖有光和紀年或後人用舊文再刻者今按常山相馮巡元氏令王翊等題名之後仍有隸字二行其一云燕元璽三年正月十日主簿某人刻字此碑重刻本有可攷洪公所收本偶無此字故但以書法定其時代然亦精于鑒矣又予細讀此碑幷以三公無極二碑相比較恐此敘銘亦非漢人所作蓋其體輕而味淺亦無漢人蒼厚之致意原碑已毀此亦元璽間人摹古爲之者非特其字爲重刻也然魏晉以後隸法日壞此慕容時所刻猶能整齊如此不得不歎爲司隸衣冠矣

漢軹家斧斗字作升金石文字記云升音陞升音斗昔人以其文易混故改升爲斗碑云年穀歲熟百姓豐盈粟升五錢此字當是斗字碑乃作升此筆畫小訛書鑄之過若粟升五錢又何足稱頌乎黍稷稻根乃借根莠之根爲粱也今本隸釋或書作粮非是

漢白石神君碑陰

主薄〇〇首𡷊道　主薄郝幼幼高　主薄郝明孔休　主薄郝尙文休　主薄杜斐元達　主薄張淵孔先　主薄馬靖文〇　主薄王晉元先　主薄韓南儒伯　主薄〇〇文業　主薄〇觀承宏　祭酒〇秋孝仁　主薄李斐𡷊宗　祭酒范胜孔周　主薄〇當季元　祭酒張廣德林　主薄郤志元恪　祭酒郭稚子碧　主薄張斐林武　祭酒郭掔仲業　祭酒陳光長林　都督趙略孔達　主薄〇由季儒　務城神君錢二萬　李女神義錢三萬　穤石神君義錢二〇　萬祥神君義錢一萬

右漢白石神君碑陰歐陽洪趙皆所未見也凡主薄十六人祭酒六人都督一人意非官府僚屬乃巫覡所自相署之號耳隸續有米巫祭酒張普碑亦然蓋當時習俗有此名目也又有務城神君李女神穤石神君萬祥神君等稱亦一時羣巫所立諸祠祀鬼神之名與白石不相統攝而出資以助其役故謂之義錢务字胜字字書不載疑务即務字之變省而胜乃星字移日于旁耳

漢郃陽令曹全碑　中平二年

君諱全字景完敦煌效穀人也其先蓋周之胄武王秉乾之機翦伐殷商既定爾勳福祿攸同封弟叔振鐸于曹國因氏焉秦漢之際曹參夾輔王室世宗廓土斥竟子孫遷於雍州之郊分止右扶風或在安定或處武都或居隴西或家敦煌枝分葉布所在爲雄君高祖父敏舉孝廉武威長史巴郡朐忍令張掖居延都尉曾祖父述孝廉謁者金城長史夏陽令蜀郡西部都尉祖父鳳孝廉張掖屬國都尉丞右扶風隃麋侯相金城西部都尉北地大守父琫少貫名州郡不幸早世是以位不副德君童齔好學甄極毖緯無文不綜賢孝之性根生於心收養季祖母供事繼母先意承志存亾之敬禮無遺闕是以鄉人爲之諺曰重親致歡曹景完易世載德不隕其名及其從政清擬夷齊直慕史魚歷郡右職上計掾史仍辟涼州常爲治中別駕紀綱萬里朱紫不謬出典諸郡彈枉糾邪貪暴洗心同僚服德遠近憚威建寧二年舉孝廉除郎中拜西域戊部司馬時疏勒國王和德弒父篡位不供職貢君興師征討有兖膿之仁分醪之惠攻城野戰謀若涌泉威牟諸賁和德面縛歸死還師振

旅諸國禮遺且二百萬悉以薄官遷右扶風槐里令遭同産弟憂棄官續遇禁冈潛隱家巷七年光和六年復舉孝廉七年三月除郎中拜酒泉祿福長訞賊張角起兵幽冀兗豫荆揚同時並動而縣民郭家等復造逆亂燔燒城市萬民騷擾人褱不安三郡告急羽檄仍至于時聖主諮諏羣僚咸曰君其轉拜郃陽令収合餘燼芟夷殘迸絕其本根遂訪故老商量儁艾王敞王畢等恤民之要存慰高年撫育鰥寡以家錢糴米粟賜癃盲大女桃婓等合七首藥神明膏親至離亭部吏王皋程橫等賦與有疾者咸蒙瘳悛惠政之流甚於置郵百姓繦負反者如雲戢治廧屋市肆列陳風雨時節歲獲豐年農夫織婦百工戴恩縣前以河平元年遭白茅谷水灾害退於戌亥之間興造城郭是後舊姓及脩身之士官位不登君乃閔縉紳之徒不濟開南市門承望華嶽鄉明而治庶使學者李儒欒規程寅等各獲人爵之報廓廣聽事官舍廷曹廊閤升降揖讓朝覲之階費不出民役不干時門下掾王敞錄事掾王畢主簿王歷戶曹掾秦尚功曹史王頼等嘉慕奚斯考甫之美乃共刊石紀功其辭曰

懿明后德義章貢王庭征鬼方威布烈安殊荒還師旅臨槐里感孔懷赴喪紀嗟逆賊燔城市特受命理殘圮甯黔首芟不臣繕官寺開南門闕嵯峨望華山鄉明治惠沾渥吏樂政民給足君高升極鼎足

中平二年十月丙辰造

右漢郃陽令曹全碑安世鳳墨林快事云此發自我師藥龍潭少保葉粤人以名侍御謫郃陽丞鈕玉樵觚賸云碑出於郃陽之莘里郵初出土時止缺一因字今移置學官榻者眾多亦日就剜剝矣銘辭後空二三行許然後書年月一行又復書于行末今榻工惜紙別搨年月一行不知當置何所予見舊搨未斷全本乃知其式如是

銘云吏樂政民給足君高升極鼎足安世鳳云用二足字相連明手足之足與滿足之足可各押也予謂二足字本非一義其可連押何疑昌黎詩之重用韻亦即本此更考古人有連用韻而并非異義者如詩雲漢三章曰周餘黎民靡有子遺昊天上帝則不我遺兩遺字連押焦仲卿妻詩此媍無行節舉動自專由吾意久懷忿汝豈得自由兩由字連押亦用韻一奇例也前人從未有論及者姑

識于此
甘陵南北部之禍特起于天下規矩房伯武因師
獲印周仲進二語耳鄉人之稱全者日重親致歡
曹景完與甘陵之謗如出一口而全亦身罹黨禁
則當時之以標榜獲累者多矣此三君八顧之目
所以為多事也
陽曲傅山先生云謝承後漢書予家有之明永樂
間揚州刋本初郃陽曹全碑出曾以謝書考証多
所裨益大勝范書以寇亂亾失矣今碑中如攻西
域罹黨禍及戊部司馬之類皆與范書不合安得
謝書一印証之

漢曹全碑陰

縣三老商量伯祺五百　鄉三老司馬集仲裳五百
徵博士李儒文優五百　故門下祭酒姚之辛卿
五百　故門下掾王敞元方千　故門下議掾王畢
世異千　故督郵李諲伯嗣五百　故督郵楊動子
豪千　故將軍令史薹溥建禮三百　故郡曹史守
丞馬訪子謀　故郡曹史守丞楊榮長孳　故鄉嗇
夫曼駿安雲　故功曹任千子流　故功曹曹乇定
吉　故功曹王河孔達　故功曹王吉子僑　故功
曹王時孔良五百　故功曹王獻子上　故功曹秦

尚孔都二　故功曹王衡道興　故功曹楊休當女
五百　故功曹王衍文珪　故功曹秦杼漢都千
璉　故功曹王詡子弘　故功曹杜安元進右上一層
處士河東皮氏岐茂孝才二百此一行超上一列
元　〇宣　蒴仲謀　故郵書掾姚閔升臺　故市
掾王尊文憙　故市掾杜靜彥淵　故主薄鄧化孔
彥　故門下賊曹王翊長河右第二層
故市掾王王建和　故市掾成播曼舉　故市掾楊
則孔則　故市掾程璜孔休　故市掾扈安子安千
故市掾高頁顯和千　故市掾王渡季晦　故門

下史綦竝靜先 右第三層右

趄　故賊曹史王授文博　故金曹史精暘文亮

故集曹史柯相文舉千　故賊曹史趙福文祉　故

法曹史王敞文國　故塞曹史杜苗幼始　故塞曹

史吳產孔才五百　〇〇部掾趙炅文高　〇〇曹

史高廉〇吉千 右第三層左

義士河東安邑劉政元方千　義士侯褒文憲五百

義士潁川臧就元就五百　義士安平祁博季長

二百 右第四層

右曹全碑陰凡四列共五十七行內第一層一字

者一行第二層一字者一行二字者一行上一字今缺

三字者一行第三層左一字者一行又第六層故

功曹秦尚孔都下但一二字而無千百之數審視

拓本初無剝泐之迹似當時原未書鐫或有所闕

疑故空而未刻也處士岐茂一行獨超上一列書

之蓋尊其人不使吏掾屬伍也

漢蕩陰令張遷碑 中平三年

漢故穀城長蕩陰令張君表頌 篆額

君諱遷字公方陳留己吾人也君之先出自有周周宣王中興有張仲以孝友爲行披覽詩雅煥知其祖高帝龍興有張良善用籌策在帷幕之內決勝負千里之外析珪於留文景之間有張釋之建忠弼之謨帝遊上林問禽狩所有苑令不對更問嗇夫嗇夫事對於是進嗇夫爲令令退爲嗇夫釋之議爲不可苑令有公卿之才嗇夫喋喋小吏非社稷之重上從言孝武時有張騫廣通風俗開定畿寓南苞八蠻西羈

六戎北震五狄東勤九夷荒遠既殯各貢所有張是輔漢世載其德爰既且於君蓋其繵縺繽戎鴻緒牧守相係不殞高問孝弟於家中謇於朝治京氏易聰麗權略藝於從政少爲郡吏隱練職位常在股肱數爲從事聲無細聞徵拜〇中除穀城長蠶月之務不閉四門臘正之傺休囚歸賀八月算民不煩於鄉隨就虛落存恤高年路無拾遺犁種宿野黃巾初起燒平〇市斯縣獨全子賤孔蔑其道區別尚書五教君崇其寬詩云愷悌君隆其恩東里潤色君垂其仁邵伯分陝君懿于棠晉陽珮瑋西門帶弦君之體素能

嬖其勛流化八基遷蕩陰令吏民頡頏隨逵如雲周公東征西人怨思奚斯讚魯考父頌殷前喆遺芳有功不書後無述爲是刊石竪表銘勒萬載三代以來雖遠猶近詩云舊國其命惟新

於穆我君既敦既純雪白出性孝友出仁紀行來本蘭生有芬克岐有兆綏御有勛利器不覿魚不出淵國出良幹垂愛在民蔽沛棠樹溫溫恭人乾道不繆唯淑是親既多受祉永享南山干祿无疆子子孫孫

惟中平三年歲在攝提二月震節紀日上旬陽氣厥析感思舊君故吏韋萌等僉然同聲債師孫興刊石

立表以示後昆共享天秩億載萬年

右漢蕩陰令張遷碑都太僕金薤琳琅始以入錄然多誤釋孫石雲跋是碑辨之詳矣然以八基爲子賤以下八事則未知基與期通八基謂八年也

金石文字記疑爰既且於君爲暨字之誤極爲有理但任書者不應疎忽若此遂譌一爲兩石雲謂既且當作既祖然于義亦難通

碑云張是輔漢是即氏字韓勑後碑於是作於氏漢書地理志云至元孫氏爲莊公師古曰氏與是同三國志吳有氏儀孔融嘲之曰氏乃民無上儀遂改姓是

蓺於從政諸家皆作從畋非也此蓋用魯論求也藝於從政乎何有句政字左畔微有損壞遂與畋字疑似竟釋作畋于義不通

韓非子觀行篇云西門豹之性急故佩韋以緩己董安于之心緩故佩弦以自急碑云晉陽佩瑋西門帶弦顛倒用之豈別有傳耶抑筆誤耶

碑額題爲表頌銘文子子孫孫句之下方有一字上半不全下截似是表字豈即所謂表頌之意耶隸釋所載廣漢王君治石路碑亦以一表字標其首但彼書于前而此書于後則又有不同者

漢張遷碑陰

故安國長韋對玲錢五百　故○○○○○錢五百
故從事韋元雎錢五百　故從事韋元景錢五百
故從事韋世節錢五百　故守事韋對逵錢五百
故守令范伯尸○○○　故吏韋金石錢二
故督郵范齊公錢五百　故吏范文宗錢千　故吏
范世節錢八百　故吏韋府卿錢八百　故吏范季
孝錢七百　故吏韋伯臺錢八百　故吏范德寶錢
八百　故吏韋公儁錢五百　故吏氾定國錢七百
故吏韋閏德錢五百　故吏孫升高錢五百　故

吏韋公逴錢七百　故吏韋排山錢四百　故吏范
巨錢四百　故吏韋義才錢四百　故吏韋輔節錢
四百　故吏韋元緖錢四百　故吏韋容人錢四百
故從事原宣德錢三百　故吏韋公明錢三百
故吏范成錢三百　故吏韋輔世錢三百　故吏范
國方錢三百　故吏韋伯善錢三百　故吏氾奉祖
錢三百　故吏韋德榮○○○　故吏范利德錢三
百　故吏韋武章錢○○　故吏騷對義○○○
故吏韋宣錢三百　故吏韋孟光錢五百　故吏韋
孟平錢五百　故守令韋元考錢五百

右漢張遷碑陰凡四十一人一人姓名不可見前碑云故吏韋萌等刊石立表此陰韋姓廿五人而獨無萌然二名者多蓋皆書其字也惟范巨范成韋宣三人則又名而不字隸釋云漢人題名必書名字否則各有說也楊震碑陰孫定博諸人不名者非其門生也逢盛碑陰崔孟祖數人不名者乃其父黨也題名于韓勑碑左凡八人魯之二應一

傳不名者別首相之尊也張納碑陰主薄白文以下不稱字者示其卑于從事李元也史晨後碑五官掾孔暘六人不稱字者亦示其卑于長史李謙也洪公之言其詳盡如此獨此則同是故吏而或名或字有異又不知當有何說以定之也

氾字音梵字本作氾與汜字音祀者形聲各別皇甫氏曰本凡氏秦亂避地于氾水改姓氾漢有氾勝之著書十八篇言種植事碑有氾姓二人非范之省文也又其字書作汜與音祀之字無別遂讀作祀亦非

漢尉氏令鄭季宣碑陰

尉氏故吏處士人名 八篆字横列于上

議郎安衆 下缺　故孟津都尉○處元○

闕內矦張○○詩　故方城長毛武○○

故孝○○○耽○虞　故從○○○堂○康

故從事 下缺又故從事一人　從事楊光子○

故從事宗○仲○　故五官掾 下缺

故五官掾邯鄲○○○　故守令呂嵩仲○

故○○任○○　故督郵邯鄲敬 下缺

故督○邯鄲璣元　今司空掾 字畧小

處○○○○德源　處士○謙○真

處士○○○德　處士○○子朝

右漢尉氏令鄭季宣碑陰今在濟甯州儒學前碑殘缺僅存數字碑陰尚完故易而向外隸續云以八篆字横刻其上曰尉氏故吏處士人名上下凡四横最後空十餘行有一行刻字似是造碑者所識今碑已半埋入土止存上一列二十人其存字視隸續所錄益刓剝不全吾淮張處士力臣嘗作濟甯州儒學碑考云篆文八大字一筆不缺圓皺下列人名二十行得一百六十九字今依隸續所錄并其缺者數之得字一百二十九處士後洪氏殘五百年不應得洪氏所無至四十字之多疑六十乃二十之譌也

漢征西大將軍楊瑾殘碑

上闕山君平下闕明易下闕曰四下闕史下闕官下闕有九下闕

右殘碑所存者才十餘字耳官閥姓氏歲月一無可見錢塘金壽門客遊淮陰出以示予背題漢征西大將軍楊瑾殘碑字玩其隸法則是熹平建甯閒人遺意但不知何所據而定爲楊君碑也歐趙洪婁諸書皆無此碑惟金石畧及天下碑錄載其目碑錄云在尉氏縣三亭驛路邮今去尉氏遼遠亦不知果有此碑否然以漢隸難得隻字之存亦可寶惜聊錄之卷中以當安石碎金可也

漢魯相謁孔廟殘碑

右孔廟殘碑上下已極磨滅不復可識而字畫隱隱是漢人隸法攷之隸釋始得其畧云右無名碑首尾上下皆碎裂餘石纔有數行詳其辭非是訣墓中人者亦非頌德政紀工役之事前有帝命莫授俾相于魯吉月令辰欽謁十四字又云春秋烝嘗幾以獲福蓋是謁廟之文後有訪之儒彥稽之典謨聖德設章及昔在周人之句皆是鋪張孔子也中云覽鴻基之曠蕩觀林木之窮深似指孔林而言趙氏著錄有魯相謁孔子碑而無其説疑卽此也未有叔德仲雅題名而亾其姓今所存益不及此惟幾以獲福及昔在周人句明白可讀而已然以漢人遺刻不忍棄也孔廟諸漢碑予多得之且得見前人所未見如孔闓禮碑不爲不幸矣獨韓勑後碑四十年前鄭汝器尚親在孔廟搨以遺竹垞先生者今并碑石無有所不可解若盆此獲之則無遺美矣

漢比干墓斷碑

殷比干墓

右比干墓斷碑水經注云朝歌縣牧野有殷大夫比干冢前有石銘隸題云殷大夫比干之墓所記惟此今已中折不知誰所誌也

此字舊傳爲孔子書石公䌹云隸始于秦非孔子書矣字畫勁古當是漢人書予按字法雖非篆體然亦不類隸字批法疑先秦及西漢人書也明萬歷閒彰德推官張應奎跋此碑以爲非聖人不能果何所見耶

卷九終

金石癖卷十

隸五　鈍根老人編　綿州李調元雨村校

魏公卿將軍上尊號奏

魏受禪碑

魏封宗聖侯孔羨碑

魏修鄧太尉祠碑

吳天紀甎

魏上尊號奏

公卿將軍上尊號奏篆額

相國安樂鄉侯臣歆太尉都亭侯臣詡御史大夫安
陵亭侯臣朗使持節○○○○○○○○○○○○
○○○○○○○○○臣若虎身將軍南昌亭侯臣
輔輕車將軍都○○○○○○○軍好時鄉侯臣秋
渡遼將軍○○○○○○○○○○○○○○使持
節行都督督軍鎮西將軍東鄉侯臣眞使○○○○
○督軍領楊州刺史征東將軍○○○○○○○○
○○○○○○○南將軍平陵亭侯臣尙使持節行

都督○○○○○○鎭東將軍武安○侯臣霸使持
節○○○○○○○○○○○○○○建鄉侯臣晃
使持節前將軍都鄉侯臣遼○○○○○軍華鄉侯
臣靈匈奴南單于臣泉奉常臣○○○○○○○○
○○○○○昱大僕臣夔大理東武亭侯臣繇辰○
○○○臣林督軍御史將作大匠○秋亭侯臣照中
○○○○○○○○○○○○○屯騎校尉都亭侯
臣祖長水校尉關內侯○淩步兵校尉關內侯臣福
射聲校尉關內侯臣質○○○○○○○○○○○○
○將軍都亭侯臣觸振武將軍尉猛亭侯○○忠義

將軍樂鄉亭侯臣生建節將軍平樂亭侯臣○○○
○○○○○○○○○○○○○亭侯臣衞討夷將
軍成遷亭侯臣慎懷遠將軍關內侯臣巽綏邊將軍
常樂亭侯臣俊○○○○○○○○○○○○○○
○○○侯臣豐武衞將軍安昌亭侯臣楮等稽首言
臣等前上言漢帝奉天命以固禪○○○○○○○
○○陛下違天命以固辭臣等頑愚猶知其不可況
神祇之心乎宜蒙納許以福海內欣戴之望○○○
○○○○○○○○○○○足以○則虜未滅若以
羣賢之靈得保首領終君魏國於孤足矣若孤者胡

足以辱四海○○○○○○○
先王聖德遺慶孤何有爲是以未敢聞命臣等伏讀
詔書於邑益甚臣等聞易稱聖人○○○○○○○
○○○○○○○○然後帝者○○○是以唐之禪
虞命以在爾虞之順唐謂之受終堯知天命去已故
不得不○○○○○○○○○○○○○○○○○
○○也不敢不受畏天命也漢朝雖承季末陵遲之
餘猶務奉天命以則堯道是○○禪○○○○○○
○
○○○○○魏受命之初抑虞夏之達節尙延陵

之讓體所在者大所直者小所詳者輕所○○○○○
○○○○○○
陛○○○○○有靈則重華必忿憤於倉梧之神墓
大夏必鬱邑於會稽之山陰
武○○不悅
○○之元○矣是以臣等敢以死請且漢政在奄官
祿去帝室七世矣遂集矢石于○○○而二京為之
丘○○○○○○○○○天下分
武○親衣甲○○冑沐雨而櫛風為民請命則括萬
國為世撥亂則致升平鳩民而○○○○○○○○○
○○○○○○○○○○○○○於○裔

右魏公卿將軍上尊號奏在許州按三國志注當時內外諸臣各有勸進之章此所刻乃華歆賈詡王朗等最後所上一章也碑石皴剝損其十五然存者字法特佳昔人以為鍾太傅書又以為梁鵠書雖未知定出何人手乃能于漢法外另闢蠶叢足使前人却步後人絕塵更數年求此一拙法不可得矣碑自造於華裔以後尚有四百二十餘字刻于碑陰此奏方完損壞已久不復傳世其全文載在三國志注微有數字不同其前公卿將軍列名不全者視隸釋可攷也

魏受禪碑 黃初元年

○受禪表 篆額

維黃初元年冬十月辛未
皇帝受禪於漢氏上稽儀極下考前訓書契所錄帝
王遺事義莫顯於禪德美莫盛於受終故書陳納於
大麓○○○○○是以○○且二百年幾三千堯
蜀之事復存于今允皇代之上儀帝者之高致也故
立○表以昭德○義焉
皇帝體乾剛之懿姿紹有虞之黃裔九德既該欽明
文塞齊光日月材兼三極及嗣位

先皇龍興饗國撫柔蒸民化以醇德崇○○之政遵
愷悌之教宜重光以照擬陽春以播惠開禁倉散滯
積○○○○○○○○○眾兆陪臺蒙賜餼之養興
遺勳繼絕世廢忘之勞獲金爵之賞襁褓之孤食舊
德之祿善無微而不旌○○○○○○○○○哀
矜庶獄罷戍役焚丹書圄圄虛靜外無曠夫元澤雲
行罔不沾渥若夫覆載○○剛柔尤宜乾坤○○○
○○○○○○類育物奮庸造化之道四時之○
也寬容淵嘿恩洽羣黎皇戲之質堯蜀之姿也孜孜
業業邁德齊民○○○○○○○○叡聖神武料
敵用兵殷湯之睿周發之明也廣大配天地茂德苞
眾聖鴻恩洽於區夏仁聲播於八荒○○○○○○
○○○和而來王是以休徵屢集和氣烟熅上○
乾○下○坤珍天闢啟闔四靈具臻涌醴橫流山見
黃○所以顯受命○○○○○之期運也其餘甘
露零於豐草野蠶繭於茂樹嘉禾神芝奇禽靈獸窮
祥極瑞者朞月之間蓋七百餘○○○○○○○○
○○嘉祥之降未有若今之盛者也是以漢氏覩歷
數之去已知神器之有歸稽唐禪虞紹天明命釐嬪
二女

皇帝謙退讓德不嗣至于再至于三於是羣公卿士
僉曰
陛下聖德懿侔兩儀皇符照晰受命咸宜且有熊之
興地出大螻夏后承統木榮冬敷殷湯革命白狼銜
鉤○○○○○○○方之今日未足以喻而猶以
一至之慶龐神當時紹天即祚負依而治○於大魏
靈瑞若茲者乎蓋天命不可以○○○○○○意
距大統不可以从曠萬國不可以乏主宜順民神速
承天序於是
皇帝乃回思遷慮旁觀庶徵上在璿機筮之周易卜

以守龜龜筮襲吉五及靡違乃覽公卿之議順皇天之○○○○○○○○○典之明憲遵大鹿之遺訓遂於繁昌築靈壇設壝宮蹐圭璧備犧牲延公侯卿士常伯常任納言諸節岳牧○○○○○○北匈奴東夷南蠻西戎北狄王侯君長之羣人自旗門咸旅于位

皇帝乃受天子之藉冔通天襲袞龍穆穆皇皇物有其容上公薦祝燔燎棫樸告類上帝望秩五岳烟于六宗徧于羣神○○○晏祥風來臻乃詔有司大赦天下改元正始開皇紐闡帝載殊徽幟術廏官班瑞

節同律量衡更姓改物○崇○○○○○佶則永保天祿傳之罔極

右魏受禪表亦在許州其文不載於魏志書法與尊號奏蓋出一手禪讓之事自三代以後創行于魏雖心懷攘奪而猶必貌為遜讓假諸臣之勸進以掩其迹又為大書深刻以遮蔽天下後世之耳目蓋知其心猶有杌梍不自安者至晉人師其故智沿及五季以天位為傳舍亦不更作此舉動矣雍正丙午得此碑及尊號奏于白門市上二百年前拓本也是本後有嘉靖二年盛仲交手跋仲交名時泰金陵人王漁洋香祖筆記稱其家多藏書書副葉上必有字或記書所從來或記他事往往盈幅皆有鈐印所著有蒼潤軒碑跋城山堂集此碑經其鑒賞佳蹟無疑

魏封宗聖侯孔羨碑黄初元年

魯孔子廟之碑篆額

維黄初元年大魏受命允軒轅之高縱紹虞氏之遐統應歷數以改物揚仁風以作教於是揖五瑞班宗彝鈞衡石同度量秩羣祀於無文順天時而布化既乃緝熙聖緒照顯上世追存二代三恪之禮兼紹宣尼〇〇之後以魯縣百戶命孔子廿一世孫議郎孔羨爲宗聖侯以奉孔子之祀

制詔三公曰昔仲尼資大聖之才懷帝王之器當衰周之末而無受命之運〇〇乎魯衛之朝教化乎洙

泗之上栖栖焉皇皇焉欲屈已以存道貶身以救世〇〇〇公終莫能用乃退考五代之禮修素王之事因魯史而制春秋就大師而正雅頌俾千載之後莫不采其文以述作卬其聖以成謀咨可謂命世大聖億載之師表者已遭天下大亂百祀隳壞舊居之廟毀而不修褒成之後絶而莫繼闕里不聞講誦之聲四時不睹烝嘗之位豈所謂崇禮報功盛德百祀必祀者哉嗟乎朕甚閔焉其以議郎孔羨爲宗聖侯奉孔子之祀命魯郡修起舊廟置百石〇〇以守衛之又於其外廣爲屋宇以居學者於是魯之父老諸生

遊士睹廟堂之始復觀俎豆之初設嘉聖靈於髣髴想貞祥之來集乃慨然而歎曰大道衰廢禮學滅絶卅餘年

皇上懷仁聖之懿德兼二儀之化育廣大苞於無方〇恩淪於不測故自受命以〇天人咸和神氣烟熅嘉瑞踵武休徵屢臻殊俗解編髮而慕義遐夷越險阻而來賓雖大晧遊龍以君世虞氏儀鳳以臨民伯禹命元宮而爲夏后西伯由岐〇而爲周文何足稱於大魏哉若乃紹繼微絶興脩廢官疇咨稽古崇配乾以允神明之所信作宇內之所歡欣也豈徒魯

邦而已哉爾乃感殷人路寢之義嘉先民泮宮之事以爲高宗僖公蓋嗣世之王諸侯之國耳猶著德於〇頌騰聲乎千載況今

聖王　造區夏〇〇〇〇受命〇〇曾未下輿而褒崇大聖隆化如此能無頌乎乃作頌曰

煌煌大魏受命溥將〇體黄虞含夏苞商降釐下土〇清三光羣祀咸秩靡事不綱嘉彼元聖有邈其靈遭世霧亂莫顯其榮褒成既絶寢廟斯傾闕里蕭條靡歆靡馨我皇悼之尋其世武乃建宗聖以紹厥後脩復舊堂豐其甍宇莘莘學徒爰居爰處王教既〇

羣小遄沮魯道以興永偣憲矩洪聲宣假神祇來和
休徵雜遝瑞我邦家內光區域外被遐荒殊方〇〇
搏拊揚歌於赫四聖運世應期仲尼既没文王在茲
彬彬我后越而五之〇于億載如山〇基

右魏封宗聖侯孔羨碑按隸辨云額題魯孔子廟之碑六篆字爲一行文廿三行行四十二字此本凡二十行行四十字與顧氏所記不同然文字完美無甚缺壞此必隸辨誤記也

爾雅釋詁茲斯咨呰已此也邢昺疏云咨與茲同碑云咨可謂命世大聖億載之師表者已漢隸字原云義作茲蓋非假借咨實有此義也

魏鄧太尉祠碑甘露四年

〇乘苻氏也〇〇〇〇〇〇〇〇馮翊護軍建威將軍奉車都尉城安縣侯季世鄭〇〇字〇〇聖世鎮南參軍水衡都尉〇安令治書侍御史南軍督都水使〇〇除右護軍甘露四年十二月廿五日到官以北接元朔給兵三百人軍府〇屬一百五十人統和甯戎鄜城洛川定陽五部領屠各上郡夫〇〇〇〇〇高〇西羌盧水白虜支明粟特〇水雜戶七千〇〇十二種無統嘉陽〇在〇〇〇〇無異〇履性忠孝事上恪懃夙夜匪〇以大尉鄧公祠〇馮翊〇是歲以頹朽因舊修飾故記又以其寺六月尤降爲尚書庫部郎〇軍〇〇奉車都尉關內侯始平解虔安臣文〇世水衡令蒲子北掘令安〇將軍司馬都水參事〇除爲司馬

軍參事北地靈〇孟〇〇〇

軍參事和戎〇〇〇〇〇〇

軍門下督和戎金〇〇世〇

軍〇〇〇〇〇當世興

軍〇〇〇〇〇楊〇世〇

單〇〇和戎〇〇〇〇〇

軍○○可西○○○○○延○
軍○○○○○○○○安
軍○○○○○川○光　右題名上一列九人
軍主簿和戎雷○○文
軍主薄和戎○羌騎世○
軍錄事和戎雷○道○
軍錄事和戎○○○○
軍錄事和戎○○○○○
功曹書佐和戎雷○○○
功曹書佐和戎○○○彥　右題名中一列七人

軍參事北地富平楊洸少論
軍門下督馮翊朱進超石
軍功曹甯戎蓋周彥容
軍主簿甯戎郝子○永文
軍主簿甯戎屈○童道言
軍主簿甯戎當○永長
軍主簿甯戎雷樹進鄉
軍錄事馮翊呂鶱○○
軍錄事甯戎當○欽詳
軍功曹書佐甯戎利非○永○

治下部大鉗耳丁比　右題名下一列十一人

右魏鄧太尉祠碑不知所從得碑前列馮翊護軍奉車都尉城安縣侯鎮南參軍水衡都尉治書侍御史南軍督都水使右護軍諸銜則是敘其人所歷官階也又云甘露四年十二月廿五日到官以北接元朔給兵三百人軍府僚屬一百五十人統和甯戎（和戎甯戎也）鄜城洛川定陽五部領屠各上郡等雜戶七千此則敘其所轄之人與地也又云履性忠孝事上恪勤夙夜匪懈此則敘其爲人也又云以太尉鄧公祠歲久頹朽因舊修飾故記此則

敘其作記之事也又云以其年六月左降爲尙書庫部郎此則敘其罷官之事也後有掾屬題名列字畫放縱頗不及前披前漢宣帝魏高貴鄉公與孫皓皆嘗以甘露紀年此碑字體絕非西漢吳地亦不得北接元朔庫部之名自魏始有（見晉書職官志）此殆魏之邊臣因修所部鄧公祠而門下掾屬爲之建碑稱頌也鄧公未詳爲何人鄧艾死於甘露四年冬此方到官而祠已頹朽則非艾祠可知金壽門示予所藏碑額有魏太尉鄧公碑魏鄧太尉祠記二篆額鄧公碑疑是艾碑（艾碑西晉時立見金石錄）祠記

必此碑之額也但此碑絕不見于前人著錄亦不
知今在何地前後殘缺名字不全無從知爲何人
所作惜不起歐趙洪婁諸公于今日丐其爲我詳
攷

吳天紀甎字 天紀三年

大吳天紀已亥慈子劉翼立

右吳天紀甎字予昔侍 先君子官桐川時夏月
溪水盆涌潘騎郵有古冢爲水所破甎甃傾露甎
上有字一行土人拾以示予字畫雖不甚工然有
黃初正始遺意予亟趨溪上尋取盡皆破碎不全
無可搨者洪氏隸續所收有永平八年甎一建初
三年汝伯甯甎一七年曹叔文甎一元和三年謝
君墓甎一永初元年景師甎一朱竹垞亦有吳寶
鼎甎晉王大令保母甎跋雖陶埴之賤亦得厠之
吉金貞石之列以予酷嗜篆隸文字而當日得之
目覩者不及收錄是可惜也故追記之

卷十終

金石存卷十一

隸六　鈍根老人編　綿州李調元雨村校

東魏中岳嵩陽寺碑　天平二年

夫至理空凈非大智無㠯寄其言法身凝寂非妙信
無㠯感其像故託○軀於至敬之國布慈雲於多士
之世顯皮紙骨筆之重半偈亡身之貴是㠯須達崇
善塡金弗悋優主仰戀鐫檀寫真斯皆聖人留軌爲
物樹業○然乃遺形八方還昇慧頂有大德沙門生
禪師遊三空㠯歸真沉法流而御世控三車而○縱
秉常樂㠯佪軌隱顯無方沉浮㕠嶺道風遠被德○
聲薰乃皇帝傾心㠯師資朝野望風而屈膝此山先
來未有塔廟禪師○欲接引四生永辞沸鑊拯援群
品遠離炎鑪卜兹福地創立神塲當中岳之要害對
衆術之樞牙乃北背高峯南臨廣陌西帶濱澗東接
脩林于太和八秊歲次甲子建造伽藍築立塔殿布
置僧坊畧深梗概王公卿士○蠢○向之心夙厭塵
民並欣喜捨之志司空公裴衍昔在齊都欽承師○
願歸中國爲寺檀主本願既從雲歸○○禪師乃構
○善靈塔一十五層始就七級緣巷中止而七層之
狀遠望則迢亭巍峩仰叅天漢近視則○鬼儼巍旁
魄絶望自佛法光興未有斯壯也禪師指麾成之匪
曰禪師○後雖復名公巧匠無能陟其嶮峭禪師大

弟子沙門統倫豔二法師並○思淵賾神智難量繼
軌四依津○○世覺華○○或○○馥與諸同志旨
師遺功成茲洪業分稟餘塼更畢兩塔並各七層仰
副師願殊特妙巧○○秀出塔殿宮堂星羅棊布內
外圖寫本生涯○○方尊儀無量億數或鑄金爲相
裁玉成豪瓌碧○爍丹彩絢燿色煥○○光煇宇宙
異類衆多冈○層緒龕房禪室側○環遶迊閤通門
前後○○○廊重複莚衍透迤規而有楷短而有別
滿霤雙泉四植甘菓柳裊長條松擎圓蓋池荷熠灼
翠葉紅輝微波碧澈潺流瀠○異禽巡獸飲喙相鳴

碩學名賢踵武相望引房清論列館法言洪鐘一○
應真四集唄響八飛香煙似霧虔礼禪家六時靡輟
方爲衆回方○之靈場八龔十方三世之苑囿也天
平二季四月八日倫豔二統乃刊石樹碑雕飭尊像
贊貽嘉福顯彰聖儀高足大沙門統遵法師忘懷體
道戒珠皎潔仁智明敏器宇汪庠顯開妙思於三空
之表真如於四忍之外接引羣生丹舡巨海率諸邑
義繕立天宮塑偹嚴麗兼造白玉像一龕眷屬侍御
剞劂鐫磨妙匠精巧三十二○滿八十好圓色掩耀
靈光暐夜○旨諸勝○仰資皇帝聖歷無窮國境甯

泰大后德被蒼海永保仁齡預捨一豪同登我淨若
見若聞等一常樂傍盡過塵後窮來際咸鍾此福其
詞曰
明明大聖皎皎無著至家至妙湛然常樂無象無
形名應世七步舉手播宣苦諦聲光振動濯我塵滯
化息雙林終歸實際金儀言寢塔像勃興香尊避坐
多寶踊昇爲模爲楷永劫祇承維大沙門權機應傳
英風秀朗宏通常住道德芳烈帝后欽裕構造靈基
朝野傾務遠摹妙喜近光祇樹唯聖唯賢爰依爰附
億兆來蘇天龍虔仰城界千空此基無爽

右東魏嵩陽寺碑孝靜帝天平二年立碑載生禪
師建寺造塔幷其徒繼造二塔繕立天宮事書法
醜惡疑爲後人重刻然碑末有正書一行云大唐
麟德元年歲次甲子九月景午朔十年日庚申從
嵩陽觀移來會善寺立則又非重刻矣今所傳魏
齊諸碑雖字體不一然皆各有可取似此下駟亦
百不得一也蓋是時中原兵亂文治不修僾髦彫
零沙門不學故所爲如此考古者亦足以覘世道
之盛衰焉豈徒嗤其字畫之工拙哉
碑以僧坊爲僧房以菀衍爲蜿蜒以巡獸爲馴獸

以飮喙爲飲啄以菀囿爲苑囿以汪庠爲汪洋以丹舧爲舟航以蒼海爲滄海或借或誤都未可知書矩作短顯係筆誤㸿立分稟盖不可識

嵩陽石刻集記曰此碑上截刻佛像雖鏤層叠佛像隆起餘地鑴平此文刻于下截當碑四分之一其字之上方又刓空方六寸許深入二寸許其規制亦迥異于後代也

北齊修孔廟碑乾明元年

右北齊修孔廟碑乾明元年立字漫滅已甚無可句讀者其隸字存者筆法亦佳闕里志不載其文乃不得與張猛龍李仲琁並傳惜哉

北齊唐邕寫經碑 武平三年

學若稽古逖聽風聲握神紀以應物遊靈教而至道
者有矣咸宏之在人道不虛下缺軒從七聖蘭葉傳文
齋○三公芝渥觀宇周朝闕令望東飛而稽首邱門
弟子向北升而磬折天書道記可畧言也蓋不出於
九流且未聞於三世我　大齊之君區有○○義在
不思家傳天帝之尊世祀輪王之貴一人示見百辟
應生俯順龜龍託迹雲火翠鳳將寶幢共沁靈鼉與
夔鼓俱震萬機兼十善之化四門雜三乘之賓自迦
葉結集蔡愔遊返持綖之經盛於茲日龍宮斯盡爲

載未勝特進驃騎大將軍開府儀同三司尚書令并
州大中正食司州濮陽郡幹長安縣開國侯晉昌郡
開國公唐邕挺固理時生而爲世秉文經武來處庿
堂從扣而鳴隨病與藥待群方而似鏡應衆務其如
響四海仰以彌高千官挹而滿願眷言法寶是所歸
依以爲縑緗有壞簡策非久金牒難求皮紙易滅於
是發七處之印開七寶之函訪蓮華之書命銀鉤之
迹一音所說盡勒名山於鼓山石窟之所寫維摩詰
經一部勝鬘經一部孛經一部彌勒成佛經一部起
天統四年三月一日盡武平三年歲次壬辰五月廿

八日巘谷虛靜邑居閒曠林疑極妙艸匹文采禽饒
空中獸依樹下水音發而覺道風響動而悟物戒行
之徒允集慧定之侶攸歸如日貫雲常轉不息山非
恐畏未若風寒石比夜光非待螢雪眺沙上度勑衆
兕而護特大梵來遊領群神而佐衛譱因普被願力
薰脩當使世界同於淨土　皇基固於大地量六道
於十山沐四生於八水乃及無邊皆取正覺海收經
緯斯文必傳山從水火此方無壞重宣茲義乃作銘
曰
天文垂象人文書契先聖後賢道纏身世惟皇建國

教通群藝德實無爲化窮兼遂諸法爲祖諸經亦王
一文半偈與物行藏天縱上士時應有方群迷升極
至道津梁殺青有缺韋編有絕一託貞堅永垂昭晰
天神左右天王擁衛書未仙遊字無飛滅地道常寂
山空避暄承風覺道海濟難論水流可閱日去無虧
乘茲指領福地常存

右北齊唐邕寫經碑字法較漢隸已爲近楷然批
法鉤磔尚有鍾梁遺意不似嵩陽寺碑盡偭古法
也金石錄金石畧皆作唐邕造像碑按碑云以爲
縑緗有壞簡策非久金牒難求皮紙易滅于鼓山

石窟之所寫維摩詰經一部勝鬘經一部孛經一部彌勒成佛經一部蓋寫經于崖石而刻之故銘云一託貞堅永垂昭晰也然絕不云有造像事意趙鄭所見別一碑耳趙氏有錄無說載在第四百四十五卷

北齊無窮尊師造像碑 武平九年

延無窮尊師崇業○退實果造立石像永○飾宍○○肅恭祗人道民王強人道民王恭人投委壇靜仲天相邑子馬天慶道民王成人道民王大廿八日邑主馬天祥邑子馬天成邑子馬形其熟能覩之者哉大齊武平九季二月隨化浪洪闡弥廓遐○○○自非鏤像丐夫幽宗玄家眞靈潸○然隱顯沖機而名

右北齊無窮尊師造像碑字作陽鐫中有棊局文予所見本已裝池成册中多不可屬讀疑前後倒亂或剪裁其斷鈌處故不得摸索其句讀也然味其辭義蓋邑人延僧造像以祈丐冥福故刻石記事所謂道人道民邑子皆邑人奉佛者之稱他碑亦多有之魏齊之際北地佛教甚行造像刻經者上自帝后下逮民萌一時若狂其碑刻之見于載籍者如後魏正光六年邑義一千人造像記又孟思文造像記永安三年房曇淵等造像記東魏武平三年劉起貴造像碑逢彦造像碑北齊天保四年造像記孫士淵造像記郭道尊造像記天保七年石當門等造像記河清元年闞亮造像記皇建元年石像頌大統二年邑義人造像記武平五年

開明寺彌勒像碑武平七年朱悅和等造像碑如此類者不可勝記獨此碑不見于諸家集錄然以年代字畫攷之亦大原風峪之遺刻也字畫勁拔頗饒別趣隸書陽鐫前後諸碑刻中亦止此一種也

餅宎二字字書不載音義未詳生熟字古本但用孰此反孰爲誰孰字亦所僅見

按史北齊武平六年當陳大建七年歲在乙未次年丙申卽改元爲隆化元年又次年丁酉周師滅齊而齊亾矣是武平終於六年安得九年耶豈齊

亾後齊地之遺民猶用其故君之紀年乎是未可必當詳考之

嵩山會善寺大殿前有武平七年十一月造像記蓋隆化改元在武平七年十二月故十一月以前碑刻皆稱武平若九年則國滅久矣此疑後人僞爲者

近有僞爲漢和平二年三月甎者不知桓帝和平次年正月卽改元元嘉與此正同皆不通古今者所爲也

後周華嶽頌天和二年

易不云乎天險不可阩地險山川卯陵險之旹義大矣哉惟華山者炊書爾雅謂之西嶽周官則爲豫州之鎭下枕周秦之郊上應東井之宿俯臨汾射咫尺彤梁盤紆巘嶭刻峭崢嶸千雲漢而孤秀屬江河而峻跱巨靈蹠埊九高掌於巖端劑成辟立流黃河於峴曲左分庢柱見朝夕之揚波右綴終南眺連山之無極顯仁藏用藴智含靈鼓以雲雷潤以風雨信羣帝之所休憩衆神之所盻嚮芝駕自此不歸霓裳於焉屢拂豈止績羽爲衣葺荷成蓋化同毛女容類園

公每挹僊人之漿時停酒母之騎坐石門而穿陷乘白鹿以遊嬉寥宋忽怳往而不反者也至如芳季華月零斂雲開谷包得一河經千里聳翠崿於紫微挺高峯於天漢暫駐羲和之能挂恒娥之駿積醴成池泓澄巒岫聚卉爲髮龍葺生焉庭鱸夜萃必歸伯起之學苦霧晨興非獨公超之市若乃柴類方明之壇望仙集靈之觀休牛散馬之地反辟祖龍之辝有祈必感無請不遂保乂我金方裁成我三海振素祇以統億兆肅秋莭以衛蒼生國苻其慶民頼其福前代曾創祠宇無植栢樹歷季茲多榱棟崩穨樹亦往往

殘缺

大祖文皇帝固天攸從誕膺符命道邁三分功超九合將欲甯一區寓納之仁壽而餘孽尙梗燕趙未弁治戎河上志圖廓掃每以講閱之暇○履隂晉睿言舊所良用依然以大統七季歲在旃蒙乃詔諸天子命車騎大將軍儀同三司西兖州大中正華山郡守城陽縣開國公恒農楊子昕經始締構別更刱植青松二千餘根堂廟顯敞房廊肅穆芬苾薛蓆秣矣神居桂酒徐勘清哥綏節無復雲濡之事豈有顛沛之容暨水德告終蒼精肇運獄訟知歸人神胥悅

皇帝𦤺崖君臨宸居馭杇執玉帛以朝萬國叩金繩而享百靈穀智之所牢籠英威之所彈壓日月之所昭晉舟車之所被通莫不乘○駕風梯山航海重譯屈膝請吏勤王　太師太冢宰晉國公任屬阿衡親惟旦奭衡譜六樂絹熙五禮䟦典聿修羣望咸秩光贊皇猷式康帝載俾七百之祚長扃於無墻維天和二季歲次淵獻月旅姑洗爰　詔吏臣爲之頌曰

攸攸大極巖巖削成渾元既判載濁浮清含仁配厚蘊智爲靈功遂勿處日用無名在秋戒肅居金化鎮嚴霜比威膏液灊潤容而不有施而匪各窮地之險極天之峻川渟逼氣山藪藏疾靈嶽峨峨清千族族嗼積冬霰峯留夏日雷霆以之風雲自出殷憂啓聖多難開基大人利見或躍俟旹衮冕赤舃三牡龍旗鼓腹行樂擊壤而熙神教以遺民化惟德沈漸以剛高明柔克大軌叶同皇猷允塞如山之壽甯我邦國

大周天和二季歲在丁亥十月戊辰朔十日丁丑立

使持節驃騎大將軍開府儀同三司大都督司宗治内史臨淄縣開國公方紐于瑾造此文

車騎大將軍儀同三司縣伯大夫趙興郡守白石

縣開國男南陽趙文淵字德本奉　勅書

右後周華嶽頌今在華陰縣碑題万紐于瑾造此文趙文淵字德本奉勑書金石文字記云余所見碑撰人書人列名者始此予按漢建甯五年李翕郙閣頌巳列書撰人名矣顧以爲始于此碑者非也又碑云以大統七年歲在旃蒙按魏大統七年即梁大同七年是年歲在辛酉爾雅歲在乙曰旃蒙辛曰重光酉曰作噩此碑作于天和二年上去大統七年三十七年蓋誤記爾雅歲陽也又書旃作旃與旃字無異

金石史記云文淵爲周書學博士書蹟頗當時所重至江陵書景福寺碑梁主稱之又以題牓功增封邑除郡守不可謂不遇也而碑字盡偭古法淺鄙陋野一見欲嘔文淵豈獨工行楷不閑于分法耶予謂文淵分法自是北朝士夫習氣非漢非秦時篆時隸亦書學中之旁門外道也江式論書表表云皇魏承百王之季世易風移文字改變篆形錯謬隸體失眞俗學鄙習復加虛造炫惑于時蓋正爲此等字作彈文耳而趙屏國深賞之謂是河南聖教蘭臺道因之所自出竊恐非是

陞卽升字易坎卦本作升集韻陞同升六書索隱然古尚書虞字形卽荆字荆梁之荆本作刑碑變從形易鼎九四其形剭鄭虞僉作刑漢高彪碑形不侯濫孫叔敖碑因埋掩其刑刑形二字古蓋通用故荆亦或從形恒娥卽姮娥清哥卽清歌無壃卽無疆史記晉世家出壃乃免沈漸卽沈潛左傳文五年沈漸剛克康疑康字族疑秩字

万紐于三字姓源出北魏万讀若萬金石錄金石史遂書爲萬紐于非是

隨安喜公李使君碑 開皇十七年

右隨李使君碑篆額九字云大隨安喜公李使君碑今在乾州石墨鐫華云奉天鄉人掘得此碑樹之上官郵廟前隸書亦自遒逸使君諒武邢王之後祖景超員外散騎侍郎父通逸使持節東南道都督狄道縣開國子李父琰之出牧荆郡使君仕開府儀同三司使持節邛州諸軍事邛州刺史安喜縣公開皇十六年卒十七年樹碑皆歷歷可讀而獨闕使君名今本所存蓋不及此前段剝泐尤甚多不能成讀惟其後云十一年用疾還京十六年八月十六日薨于京第春秋六十有五以十七年二月廿五日厝於　西縣交州鄉又云非禮不動惟仁是親而已特其字畫存者較五季以來他碑迥異時有孔博陵曹鄗陽遺意故雖殘闕亦可賞也

羅泌路史曰隋文帝惡隨從辵改爲隋不知隋自音妥隋者尸祭鬼神之物亦云釁殺裂落肉之名卒以隋裂終王伯厚曰隨安步也吉莫大焉隋裂肉也不祥莫大焉堅妄改之不學之過也予按隋雖音妥本亦有隨音衡方碑借禱隋作委蛇與唐

扶碑以逶隋作委蛇劉熊碑以委遁作委蛇同則隋隨同音可知又當時雖改隨爲隋而此碑額仍作大隨唐紀大山銘爰革隨政亦然是二字本可通用一時從省故多書作隋非必眞有所惡而禁不得書作隨也

予跋此碑後偶檢唐碑數處皆隨隋互用無別益信前說爲不謬也褚亮碑隨開皇九載乙速孤行儼碑隨益州盧公清德文隨金州刺史贈孔子泰師碑有隨交喪皆書隋作隨葉慧明碑情隋地深牛夫人造像碑隋所圖擬則書隨爲隋是二字通

用之明驗也特自唐以後始分別用之耳

不獨隸書隨隋同用卽眞書亦然虞世南孔子廟堂碑歐陽詢九成宮醴泉銘朱子奢昭仁寺碑王知敬李衞公碑高宗李英公碑武后順陵碑王元宗舉陽觀王先生碑裴漼少林寺碑皆書隋作隨水經注漬水東南逕隋縣西書隨作隋

隋陳明府修孔子廟碑　大業七年

若夫惟道惟德或仁或義旣漸散於英華遂崩淪於禮　天生大聖是曰宣尼雖有制作之才而無帝王之位膺斯命世塞厄補空述萬代之典讚爲百王之師褒始於漢魏爰逮周齊歷代追封秉圭不絕我大隋炎靈啓運翼下降生繼大庭之高蹤紹唐帝之遐統憲章古昔禮樂惟新復伯修文尊儒重學以孔子三十二世孫前太子舍人吳郡主薄嗣悊封紹聖侯

皇上萬機在慮兆庶貽憂妙簡才能委之邑宰於此

周公餘化唯待一變之期夫子遺風自爲白王之則禮儀舊俗餘何足云用能奉　天旨敬先師勸孔宗修靈廟卽曲阜陳明府其人也明府名犿毅字子巖潁川許昌人昔堯之禪舜實釐女於有虞周室封陳亦配姬於嬀汭漢右丞相建六奇之深謀魏大司空開九品之清議明府卽陳氏高祖武帝之孫高祖孝宣帝之子至如永嘉分國代歷五朝郭璞有言年終三百

皇朝大統天下一家爲咸陽之布衣實南國之王子於是遊情遊宇削跡市朝砥礪身心揣摩道藝策府

蘭臺之秘藉雕蟲刻鶴之文章莫不成誦在心借書
於手金佗玉條之刑法桐四木吏之奸情一見仍知
片言能折所謂江珠匿曜時虧滿月之明越劒潛光
每動衝星之氣爰降　詔書西除曲阜縣令風威遠
至禮教大行政術始臨奸豪屏息抑强扶弱分富恤
貧部內清和民無疾苦重以德之所感霜雹無灾化
之所行馬牛不繫鮑魚夜放早彰滌釜之篇乳雉朝
馴自入鳴　之曲遠嗤龐統不任百里之才俯咬陶
潛忽輕五斗之俸於是官曹無事囹圄常空接士迎
賓登臨遊賞覩泮水而思歌尋靈光而想賦加以祇

虔聖道敬致明神粉壁椒塗丹楹刻桷可謂神之所
至無所不爲振百代之嘉聲佗干城之稱首敬鐫金
石之文永同天地之固其詞曰
皇非常道帝實無爲時澆俗薄樸散淳離世道交喪
仁義爭馳書亡詩逸禮壞樂虧降生大聖載修墳典
積善餘德追崇不已於穆　大隋明命　天子新開
紹聖重光闕里伊我陳君清德遠聞溫溫玉潤苾苾
蘭芬淵才亮茂振類超羣時逢　上聖以我爲令
導之以禮行之以政用此一心能和百姓子還名賈
兒多字鄭奸雄竄伏賦役平均心居儉素志守清貧
魚生入釜雀瑞來臻篇廟孔碩靈祠恭奕圓淵方井
綺窗畫壁因頌成功遂歌美績共弊穹壤永固金石
大隋大業七年辛未歲七月甲申朔二日乙酉
滄州秀才前汝南郡主簿仲孝俊作文
孔子卅一世孫孔長名卅四世孫孔子歎○○○
右隋陳明府修孔子廟碑明府名仲毅字子嚴陳
宣帝子入隋爲曲阜令因修孔廟故孔氏子孫爲
作此碑文爲濟州秀才仲孝俊作雖不及徐庾之
清麗然亦渢渢可誦隋碑世傳最少此碑乃無一
字漫滅是可寶也書法乃帶魏齊以來陋習雖時

露古拙然已不甚與黃初作奴乃王元美趙子函
諸公皆謂其有漢法何也

卷十一終

金石存卷十二

隸七　鈍根老人編　綿州李調元雨村校

唐宗聖觀碑　武德九年

大唐宗聖觀記

給事中騎都尉歐陽詢撰序

侍中杜國江國公陳叔達撰銘

夫至理宗宗道非常道妙門凝邈無名可名爰自太始開圖混元立極三才奠處萬品流形莫知象帝之家未睹言神之域希夷瑣閡溟涬封奇及夫鳥迹轂興隱書詮奧至化因兹而吹萬元教由是以開先聖聖襲朗道德授受云是元口之教風動天下水行地中矣宗聖觀者本名樓觀周康王大夫文始先生尹

君之故宅也㠯結草爲樓因即爲號先生稟自然之惪應元運而生體性抱神口口隱躍觀星候氣物色真人會遇仙輀北面請道二經旣演八表向化大教之興葢起於兹矣兹觀中分秦甸面距終南東眺驪峰接晴嵐之浥浥西顧太白粲積雪之皚皚授經之古殿密清絡牛之靈木持立市朝婁易僊迹長布物老地靈每彰休應卿雲日覆壽鶴時來樹無窠宿之禽野有護持之獸文始藥井韓蟄未墮老君牽車確然不朽至於穿窬盜竊進退自拘伯有縶維悉皆面縛昔周穆西巡秦文東獵並枉駕回轅親承教衜始

皇建廟於樓南漢武立宮於觀北崇臺廬朙招徠雲
水之僊閒館錯落賓友松喬之侶秦漢廟戸相繼不
絕晉宋謁版兮今尚存實神明之奧區劉真之會府
後魏文帝變夷風於華俗立仁口之紀綱崇信教門
增置徒侶有陳先生寶熾潁川人夙有幽遐之姿幼
懷林壑之趣松風入賞名嵩羃連玉皇之道既宏銀
牓之官雲構續有王先生延言竈名象思洞隱微念
扗元空果非外物含神自靜儀聖作師並德音孔昭
鬱爲宗範周太祖定業關內躬受五符隋文皇休芳
禮謁獲聞休政迨隋德將季政教陵遲六飛失馭四

維圮絕夷羊杜牧飛蝗滿野家習兵兇民墜塗炭
皇帝命世應期崇鏡區宇戡難靜亂亭毒無垠廣大
配乎天地光華方諸日月數階庭之蓂莢聆鳳和鳴
照景星於立雲觀麟郊藪緝禮裁樂化俗移風農夫
勸於時雨隴餘滯穗工女覲於蠶績杼柚不空九服
韜戈三邊靜柝西戎革面東夷獻舞朔南洎聲教漠
北盡來王德化遐漸無幽不暢三善克舉非假二疏
一有元良萬邦貞固覧均天縱道契生知篤尚立根
欽茲聖躅以武德三年　詔錫嘉名改樓觀爲宗
聖觀　宸扆興念纂胄所先敢族承家卑於柱史

得一㠯靈蹈五稱聖弱爲道用柔爲至堅損之又損
㠯至兮　瓜瓞綿長慶源悠漫口初啓祚致醮靈壇
自然香氣若霧霏空五色雲浮如張羽蓋口口歲惟
作噩月在黃鍾六轡齊驅百辟咸從　親幸觀
所謁琴尊儀軒后之詣空峒神農之上石室順法行
禮異代同規觀主岐乎定精金格之書究玉笈之文
知來藏往盡化窮神豫鑒天休贊宏景福法師呂道
濟監齋趙道隆玉器凝潤鶴情超遼辨圻連環辭同
炙輠對敭　天旨妙沃　帝心乃謂片言小善
尚題紺褐矧夫　皇輿迂駕扈酌希微大道歆始

鑪錘萬物不有刊勒其可已乎侍中江國公陳叔達
朝宗羽儀詞才冠秀奮茲洪筆爲製嘉銘其辭曰
眇矣靈化元哉妙門飛形九府練氣三元黃庭秘籙
金格微言玉京留記金竈還魂揚塵東海問道西崑
物色函關抒容清廟建標伊始層壇雲峭綺井虹伸
風颸電笑元都正律帝臺僊召挹髓捫星飧霞引照
谿口包象無名至要高廂久縣清泉餘療宅心勝侶
遊息眾妙絕壁口澂深流丹竅鞠草如結周原甚突
聖道將宏重光顯曜朙朙我后積德累口陶埏寓縣
叱咤雷風肅稽太室禮盛酆宮時乘正位術配元穹

四維載仰百㐲斯隆有截天外無思自東祥符浹遠瑞采澄空百神咸秩千齡是崇口元壯觀詔蹕康莊雲行輦道吹發山梁飛文叶口接禮神口五旌回口六轡齊驟宸儀展敬享福無疆魏然高碣播芒遐芳

武德九年二月十五日建

右唐宗聖觀碑今在盩厔縣樓觀大殿前歐陽詢撰敘陳叔達撰銘獨無書者姓名信本隸楷擅名一時不以書丹自任何也石墨鐫華云唐人分書甚佳但經元人翻本減弱矣

史記周本紀蜚鴻滿野註鴻蠛蠓也此碑作蜚蛩

爾雅蛩即蟋蟀音讀如蛩非蠛蠓類或亦以音近借用耳

唐臨淄郡公房彥謙碑貞觀五年

唐故都督徐州五州諸軍事徐州刺史臨淄定公房公碑銘并序

易稱易之爲書也有天道焉有人道焉故君子居則觀其象動則觀其變智以藏口感而遂通是以進口口數有方存亡之幾可口昔賈生董相懷王佐口才口口口口口命㐲之運口屯邅於世故擯口口當年軼風電以長鳴絕雲霓而鍛翮而樂天知命順時守道體忠信而夷險阻憑口靜以安悔吝雖口川寫其口口而威德久而愈新昔口玉質金相口益口於千

載蘭口桂馥想同氣於九原則有之口口懷庶幾之道詳觀出處之跡可以追蹤勝業繼踵清塵者其惟都督臨淄定公焉公諱彥謙字孝沖清河人也七世祖諶燕太尉掾隨慕容氏口度寓於齊土宋元嘉中分口郡之西部置東冀州東淸口口繹幕縣仍爲此郡縣人至於藺侯又於口廣川郡別立武強縣令子孫居之丹陵誕聖祥發慶靈虞舜口口光啓侯服導原注谿若寫河漢之流竦搆干雲如仰嵩華之峻口口空植公之十三㐲祖也積㓕固其宗祊純嘏貽其長世公侯之門必復繁衍之祚攸歸高祖法壽宋大

明中州主簿武賁中郎將魏郡太守立功歸魏封莊
武侯使持節龍驤將軍東冀州刺史薨□□□青
州刺史謚簡侯魏書有列傳重價香名馳聲南北宏
材祕略兼姿文武曾祖伯祖州主簿襲爵莊武侯齊
郡內史幽州長史□行州事衣錦訓俗露冕懷戎累
仁義而成基履脂膏而不潤祖翼年十六郡辟功曹
州辟主簿襲爵莊武伯□安太守居繼母憂廬於墓
次再承家嫡之重門貽旌表之貺鄉閭之敬有過郑
恥宗族所尊不□而肅□□蕤　廿辟開府行參軍
仍行本州清河廣川二郡太守□□神英邁器量沉

遠寢門之內捧檄以慰晨昏山澤之間單車以清寇
亂公稟元精之和氣體淳粹之淑靈心運天機性與
道合溫良恭儉應言行之端神采風尚出儀形之表
博極圖書兼囧遺逸正經□□時所留懷絕簡研幾
下帷覃思盡探隅隩畢詣精微或致元白之譏非止
春秋之僻吉凶禮制今古異同莫不窮覈根原詳悉
指要內□親□遠近學徒負笈□□質疑去惑公凝
坤虛授□文無倦□□□□□各對盈自遷宅齊土
家已重再□懿十紀旌旗之盛未多陳完八葉鳴鳳
之祥斯在況復里稱冠蓋庭茂芝蘭行則結□連騎

□則撞鍾列鼎雖范蠡貨財本輕卿相陰家僕隸舊
比封君□之□□公□心閑館以風素自居清虛味
道沉冥寡欲恭敬以撙節退讓以明禮潛隱之操始
擅於州閭高亮之風日聞於海內於是羣公仰德邦
君致禮物□斯□旌□盈塗郡三辟功曹州再辟主
薄其後□□□□從命公明天人之際述堯舜之道
其履也將委質於衆妙之門栖神不死之地其出也
將宏獎名教博利生民舟楫可期英靈有感州郡□
職非其志焉然公以周隋禪代之交紀綱弛紊六既
從政便以治亂爲懷眷言州壤在情彌切乃整齊風

俗伸明獄訟進善黜惡道德齊禮雖在鄉國若露王
朝政教嚴明吏□悅□見危拯難臨財潔己利□之
□□□爲德不貪之寶必畏人知開皇初頻詔□□
人物□王出□京洛致書辟召州縣並苦相敦逼公
辭以痼疾且得遂情偃仰其後隋文帝忌憚英俊不
許晦跡丘園公且羅維縶方應薦舉七年始入京省
授吏部承奉郎是時齊朝資蔭不復稱叙鼎貴高門
俱從九品釋褐朝廷以公望實之重才藝之優故別
有此授以明則哲之舉俄遷監察御史每杖節巡省
糾逖姦慝□存□□□□□□轉授秦州總管□事

叅軍事漢陽重鎮京輔口門管轄一方允斯盛選尋
以朝集入京與左僕射齊公揔論考課之法黜陟之
方齊公對岳牧以下大相歎伏其後具以公言敷奏
仍有升擢之辝口非知口口主竟口能見口口遷許
州長葛縣令公鎮之以清靜文之以禮樂訟以道息
災因德弭百姓感悅咸不忍欺愛之如慈親焉敬之
如明神焉縕負知歸頌聲載路解代之後吏民追思
惠政樹碑頌德在長葛秩未滿以考績尤異遷乃州
司馬此州荊鄧之郊華夷踳雜口俗殘獷口情險詖
公化之以仁愛敦之以淳厚朞月之間咸知遷革尋

以州廢解任言歸夜觀星象晝察人事知天地之將
閉望萁潁以載懷乃於口山之陰結搆巖穴非唯在
乎避㐀固亦潛以相時然大業之初始班新令妙選
賢良爲司隸刺史公首膺斯舉有詔追赴京洛公以
朝綱浸以頹壞此職亦是宏濟之一方便起而就徵
覽轡登車卽有澂清天下之志於是激濁揚清風馳
草偃行能之類望景以聽升遷苛暴之徒承風而解
印綬進擢者縻爵不致謝言繩糺者受刑而無怨色
自非道在至公信以被物其孰能與於此焉既而朝
政陵夷小人道長忠言靡用正士無施 大業十一年

出爲涇陽縣令未幾而遘疾粤以其年歲次乙亥五
月壬辰朔十五日景午終於官舍春秋六十有九降
生一子光輔 帝君叶贊琁璣叅調玉燭 皇
上情深遺烈用佇想於夷門眷言口子便有懷於口
煥貞觀三年十有二月迺下 詔曰紀功襃德列代
通典崇禮飾終著在方策隋故司隸刺史房彥譓㐀
龒簪纓珪璋特秀溫恭好古明閑治術爰在隋季口
口口懷未遂遄塗奄從運口以忠訓子義口過庭佐
命朝端業降功茂宜錫以連率光被九原可贈使持
節都督徐泗仁譙沂五州諸軍事徐州刺史四年十

一月又發 詔追封臨淄公食邑一千戶謚曰定公
禮也粤以五年歲次辛卯三月庚申朔越二日辛酉
安措於夲鄉齊州亭山縣趙山之陽惟公風格凝整
神理沉邃內懷溫潤外映光景追思儀範曖似文成
之圖邈想風猷懍若相如之氣時逢戰爭術口從橫
或恥口仁口安嘉嘉遯收文武之將墜殊山林而恷
及是故銷聲貫里隱異迷邦戢曜高門霧非絕俗優
柔六藝紛綸百氏采絕代之闕文揔前脩之博物雖
昔之明賓沉之臬識疏屬之神辯口鼠於漢朝彰委
蚍於霸業無以尙也彫蟲小技曾未口懷時有制述

將符作者致極宏遠詞窮典麗足以克諧聲律感召風雲豈唯白雪陽春郢中寡和而已永唯書契之始乃眷躡跡之跡草隸之妙冠絕當時口口口口孝友淳至未離襁褓便遭極罰哉有所識口訪家人發言號絕不自勝處年十有五出後傍宗深惟鞠養之慈將闕晨昏之禮辭違之辰感切行路及就養左右不異所生兩門喪紀竝逾制度哀毀之至聲被朝野口以昇功之感甘旨未嘗朋友之喪遠近畢赴人倫之紀禮法之隆近古以來未之有也且復留連宴賞提攜臭味登山臨水必動觴言詠風朝月夕未空樽酒寘

游滿席且得口口之孫門口口通時許口口口御指困無倦解衷未已仁義口厚資產屢空以斯累望窮茲至道謂宜俯拾青紫增曜台階而止類太丘宏道下邑遠同子產空聞遺愛報施之理何其爽歟若夫死生者形骸之勞息夭壽者大化之口口固知命之不憂豈居常而爲累口然行口於物寒暑不能易其心智周於身變通不能窮其數而靈祇多忍幽明永隔散精氣於風煙委容質於泉壤可不哀哉於是四方同志之士百里懷口之客式遵盛烈共勒豐碑百藥爰以疇昔妄遊蘭苑甞謂正始之音一朝長謝師資之德百舍無從義絕實階哀纏宿草思效薄技覬申萬一仰惟治身之術立德之基固繫辭可以盡言豈言之而無口也迺爲銘曰

退觀方冊歷選人倫名固難假德必有鄰顏閔遺跡曾史芳塵同聲比義允屬通人於鑠通人慕堯膺慶司空規矩口胥攸詠地靈貽福天齊分命吾祖有徵重光無競顯允君子不承寵口鎣河擢秀日觀含章元門味道幽谷迷方陸沉通德朝隱康莊儀鳳潛靈彫龍振藻宏之在人一變至道昭章固訓寂寞元草文質彬彬波瀾浩浩齊物無待隨時吐曜導俗黴原

訓民居要州將貽口邦君長嘯乃眷韜鈐還歸漁飲三遷雖阻八紘方寄僶俛末班逶迤下秩司憲邑宰循名責實御衆以寬在刑惟恤屢斯口行乘口丕口才高位下有志無時和光偶俗誕命膺期口揚投口唯茲在茲樹函不已蹈口無斁遺構有憑高門以闢眷言上壽方期永錫載佇太階翻歸厚夕義高表墓道貴揚名式昭文物用紀口榮抽簪口口口口口生口口口口口口口口口口

右唐臨淄郡公房彥謙碑元齡父也李百藥撰不載書者姓名金石錄以爲歐陽詢書未知所據然

以書法審之固當爲詢跡也金石錄云碑在齊州章邱縣界中世頗罕傳金石文字記亦云在章邱縣西南七十里趙山之陽盖彥謙墓域在此由唐以來尚未毀廢其遺澤可謂遠矣碑序二千餘字分書極挑拔險峻之妙與正書正是一律蘭臺道因亦全是此種風味也詢分書如隋工部尚書段文振碑唐昭陵六馬圖贊司空竇抗碑之類今皆不復可見此碑雖有剝損然十九可讀顧收藏家恒少有之此本爲師意齋主人所儲予宛轉借得摹錄一通昔人云曾經我眼即我有殆此謂邪又金石錄載此碑有陰紀彥謙歸葬恩禮儀物之盛未知是何人書法俟更訪之

乃爲銘曰作迺爲銘粤後魏武定八年太公呂望碑其詞曰亦作粤金石文字記云古曰字與日同一書法故變其文爲粤欲讀者之易曉也予謂非是粤曰雖皆語辭而用各有當惟尚書粤若借用曰此外皆無有借粤爲曰者亦書碑者好奇之過耳豈真嫌其與日相混哉

唐祭比干文

上缺以少牢之奠祭殷故少師比干之靈　朕聞龍躍鳳翔必資鱗上缺苞金石以爲心蘊松桂而爲質不以夷險易操不以利害變上缺賢奸雅並用暴君官主正直難居是以江漢神龜殘形由於蘊上缺迴樹先彫零雨口枝高華早墜艮由佩竒衒美獨秀口貞雖上缺將

非一木之能口天道去矣豈一賢之可全且夫口過鄙　比上缺於國以速商段之匹剖心於朝以深獨夫之罪每懷此　上缺往哲之不追嗟後賢之未及然則犯顏色蓬龍鱗奮不辰上缺駕九原悽愴風煙靡尋餘跡荒凉北隴空有口名昔周武封上缺爰贈太師清酌少口以陳薄禮遊魂

儀同三司中國公士廉

光祿大夫民部尚書莒國公唐儉

中書令江陵縣國國子岑文本

中大夫中黄門侍郎褚遂良

前左宗衞鎧曹叅軍事直弘文館臣薛純陁書

右唐太宗祭比干文薛純陁書拓本缺其上截止存下段二十餘字文字不完不能成讀後列高士廉唐儉岑文本褚遂良等名士廉官銜上半不全

唐儉等上截似尚有題名人時餘一二字然已不可考矣純陁書法瘦勁有力但經元人重摹神氣不足耳

舊唐書太宗紀貞觀十九年贈殷比干爲太師謚曰忠烈命所司封墓葺祠堂春秋祠以少牢上自爲文以祭之此本但有祭文而無詔書考金石録又但有詔而無祭文惟顧亭林所得爲全皆純陁書也

唐贈孔子泰師碑 乾封元年

大唐贈太師魯國孔宣公碑　秘書少監通事舍人内供奉臣崔行功奉　勑撰文奉　勑直秘書行秘省書學博士臣孫師範書

臣聞形氣肇分宗匠之塗遂廣性情巳著名教之理攸興是故雕刻爲妙物之先粉澤成具宰之用若其聃語弃智則聖非攘臂之端莊寄齊諧禮必因心之範雖九流爭長百家競逐而宗旨所歸典墳取　夫軒羲巳謝子姒迭微尐騖殊方質文異轍及流蔡起諫箕服傳訞憲章版蕩風雅淪喪然而千齡接聖宗

朝可期五百見賢伐柯未遠粤惟上哲降生圯運理接化先德充造物財成敎義彌綸之跡巳周組織心靈範圍之功巳峻利仁以濟幽顯坐訓以雷動植自難起臨川道窮反袂西峰琰王幾燼蒼山東野桒桒多塵碧海屬混元再造休明一期雅頌之音復聞郊禋之禮還緝跨巢胥之逸軌邁龍鳥之遐風瞻白雲而昇介丘翼蒼螭而過沂上而令千祀之外典冊遂隆九京之下哀榮方縟斯迺命爲罕說道不預謀豈如箕山之魂空成寂漠信陵之墓徒復經過將知龍虵之蟄潛契於天壤聖哲所遊高懸於日月言之不

可極其惟孔泰師乎泰師諱口字仲尼魯國鄹人有
殷之苗裔也分於宋則孔父嘉爲大司馬弗父何以
國讓其弟厲公正考父佐戴武宣而受三命居於魯
則有防叔伯夏叔梁紇紇生泰師若夫天命元鳥玉
筐隆其濬哲瑞啓白狼珞臺繁其錫類武王覆夏仍
遷象物之金有客在周復奏桑林之樂茲恭喻尸臣
之鼎高讓挹延吳之風令緒昌源煥乎已遠至如象
緯凝質則傅說巫咸嵩華降神而申伯吉甫在於郊
臨巨跡嚮符中野之口水帶北阿遙均反宇之慶韞
乾坤之精粹眴[illegible]之淑靈淩九圍十河目海口放

鄭交命有喻於義形子產皐繇微詳於具體孟孫言
其爲聖泰宰辯其多能神關繫表性與道合時初撰
屨已訓魯卿年未衰裳先闕周室猶且學期上達藂
遵下問龍如藏史或訪禮經碧准筤宏言尋易彖曲
臺相圃廣陳揖讓之容師摯師襄屢辯與亾之極罔
羅六藝經緯十倫加以思入無方情該至賾陳庭矢
集懸驗遠飛季井泉開冥口幽性新蓱泯日能對於
楚賓舊骨論風旋訓於越使臧往知來之際微元妙
通之旨不可以鑑策求不可以筌蹄得及其譽聞曲
阜南宮展師資之敬應務中都西隣化諸侯之饗冬

官效職五土得其攸宜秋令克宣兩觀展其刑政淸
蹕墓道且抑季桓田歸汶陽遂淩齊景尊君卑臣之
訓自家刑國之術每惆悵於興周亦流連於韶管然
而高旻不惠彼日浸微起哀怨王風風絶歸飛於鳴
鳥是邦可化斯道欲行暖席興憂問津匪倦俎豆嘗
說空及三軍之容季孟有言不接雙雞之膳晏平推
王尙或相排子西讓王終成見拒亦有宋朝司馬裔
木難休衛國匡人逢旅焚次荷蕢微者反嗟擊磬之
心儀封細人潛明木鐸之意既而在斯興感用輟棲
遑狂簡斐然彌嗟穿鑿旋驂舊館掃蹤闕里杏壇居

寂綿林地幽知十稽徵得二承妙科升所載方閱舊
友雕鳩在篇遍詳雅什何漢靴鼓鏗鏘之響復傳宗
廟衣裳升降之儀還序博約無倦誘喻多方后稷躬
耕近闕勵物伯夷餓死猶可激貪周公其人則神交
於夢想管仲小器歎微之於征伐信立德立言泰上
謂之不朽曰仁與義前哲與之周旋覆簣爲山喻天
階而不墜讀易無過假日蝕以鳴謙茨頫峒山寄言
於獨善口情風御未涉於通莊妙臻數極作俾易簡
是知纏掖𢌞無濟之塗華衮非爲政之要及其愚智
齊泯椿菌如一南楚狂猾舊辯鳳衰東魯陪臣奄成

麟甆晨興負杖知命發於話言夕寐奠楹將委傷其
溘歷崇山口口口口下而無由隕石梲星駕大梁而
何有門人議服俱纏至極之哀國史制詞永錫愍遺
之誄及延深夏屋樹列遠方五勝迭遷六籍無滙席
開初聞巳舛微言入室且分遍乖大義秦人蛙沸遺
燼翳然漢代龍驤挾書未窮元封有述殘缺載陳甘
露嗣蹤搜揚復起春陵受命先訪於膠庠譙郡膺符
多掐於文學遂江馬南渡梟鴟北飛鴞人環林鯨衝
聖海有隋交喪中原蒻蔆東序南雍鞠爲茂草六樂
五禮皆從爓宔欽若

皇唐肇膺明命　　祖武宗文之業天成地平
之勳圖書因樂推重干戈由寧亂集刳舟剡浮芹藻
之詩先遂戎衣初卷羽籥之節旋興　　皇上以
聖敬而撫璇圖　　文明而膺寶曆夏啟把其光
地姬誦讓其惟清化入能沙風移鯷海金止展賮環
田薦騋潛馬飾黃芝之封浮龜吐綠文之籙虞庠毀
埶麻宿尨叟遂嶺石渠朋延惇誨爯衣裳而凝想虛
　旒纊以永懷至於大道浸微小康遂往巃嵸紫
口口賤云阿劉風白金徒遵高史黃初正始時多閒
然建武永平業非盡善而廼作樂崇德殷薦之禮畢

陳有孚載顒覩下之訓齊設肆類群望孝享之義益
隆歸功　　三后遵祖之誠逾切　　詔冢中而徵
萬王譯口口口名百靈一芽分茹雙鶼共羽翠華遠
昇秸席虛位　　上帝儲祉泰壹有暉山祇傳聲海
神會氣九皇之況榮可嗣三代之闕典還屬廼使朱
鳥詳日蒼威飛路七萃騰景八鑾鏘風過大庭以省
方掩洙上而口口口居莫辯祠堂巋然見馬鬣於荒
墳識檜櫃於古燧歎重泉之可作闡盛德而必祀言
敷典訓廣命杍材贈以泰師式旌幽擴改制神宇是
光令德於時　皇唐之御天下四十有九載即乾封

之元年也攝提口歲句芒獻節兗州都督霍王元軌
大啟藩維肅承　綸誥尨徒揆日疏閈攡遠接泮林
之舊壝側盤光之前殿徂來新甫伐窩木而韻流嘤
岱畎泗濱採恠石而咺浮磬蒨紫施絢黝黛飛文沓
栱重櫨春窓秋幌陰櫚積霧複閣懷煙几仍庋室席
遵函丈藹宮淡然睟容有穆至如襄城有訪七聖接
其騑驂汾水言遊四子冥其銜轡將謂布衣黃屋名
器則殊卷領素王感名宜一顏子侍側似發農山之
談季路承閑如興浮海之說西華束帶尚以要賓言
偃裼裘猶爲得禮避席延其不敏捨瑟聰其幽情共

列昇堂齊叅覩奧歲時蘋藻復雜昌蒲平日絃歌還
闈絲竹　皇儲一德聿隆三善博望邀裾肅成講
義發揮鎔造幽贊事業而叺周穆之觴王母尙勒西
弇漢帝之展稷壯因書東嶽遂廼思建隆碣上聞
天扆言由國本理會　沖情副震宮之德聲命芸
閣叺細頌元堂闢兮神靈優揚敎思兮兩儀配煬
皇綱兮融　帝載堯可屣兮舜爲佩畫而明兮夜而
晦于嗟業兮麗萬代其詞曰
赫赫上帝悠悠天造神集鴻名聖居大寶循性稱教
衛性爲道政若鎔金口侔偃草　爻畫先起律呂創

陳禮節天地樂和人神成期用簡業尙日新縡無聲
臭騭有彝倫　水火朝變憲章時革周廟傷禾殷墟
悲麦裦豔紕雅羸荷淪頣散亂記言支離方册　自
天生德由縱成能賓筵恪嗣銘鼎家承蹲龍運舛振
鐸寘應闕典攸緝斯文再興　廣訓三千偏干七十
歷階東會藏書西入楚將分社齊聞與邑接輿自狂
長沮空執　在智伊妙惟神廼幾羊因魯觸鳥向陳
飛邢傳頌管編照書韋卜商承絢顏子參微　堯則
不追昌亦遂往名教潛發心靈汎辨德配乾坤業暉
神象麟悴遥泣山隤奠仰　三統昌日千齡　聖期

禋宗有昊展禮崇基覲宣時邁神咸孝思絳螭承軛
翠鳳翻旗　上浮黿蒙遥集鄒魯翹勤眞跡惆悵千
古舊辟迷字荒墳翳芥　綸賁宗師　詔緝靈宇
虹梁斝構翬翼林舒雕櫳繡桷圓井方疏沂童浴早
泮鳥鳴初俎豆𨫼絜丹青藹如　墨檢前蹤莊放遺
轍於昭遐訓允歸聖烈肅穆仁祠陰沈像設隨四序
以潛運懸三光而不跌

右唐高宗封孔子泰師碑崔行功撰孫師範書說
文泰太一字太乃泰之古文管子泰春泰夏泰秋
泰冬董子作太史記袁盎傳用泰常字漢碑有作

泰夫人者此碑泰師泰宰正從說文非假借也左
傳室如懸罄國語作磬碑書擊磬字作罄二字古
蓋通用也杍材即梓材見古文尙書揚雄甘泉賦
上天之縡師古曰縡事也讀與載同銘云縡無聲
臭蓋用戴記語而從子雲之奇字也

唐修孔子廟詔表　儀鳳二年

大唐武德九年十二月廿九日下　太宗文武聖
皇帝詔曰宣尼以大聖之德天縱多能王道藉以裁
成人倫資其教義故孟軻稱生人以來一人而已自
漢氏馭歷魏室分區爰及晉朝暨于隨代咸相崇尚
用存享祀朕欽若前王憲章故實親師宗聖是所庶
幾存亡繼絕抑惟通典可立孔子後爲襃聖侯以隨
故紹聖侯孔嗣悊嫡子德倫爲嗣主者施行
皇帝以乾封元年正月廿四日下　詔曰朕聞德契
機神盛烈光於後代化成天地元功被於庶物魯大

司寇宣尼父孔丘資大聖之材屬衰周之末思欲屈
己濟俗宏道佐時應聘周流莫能見用想乘桴以永
歎因獲麟而興感於是垂素王之雅則正魯史之繁
文播鴻業於一時昭景化於千祀朕嗣膺寶歷祗奉
睿圖憲章前王規矩先聖崇至公於海內行大道於
天下遂得八表乂安兩儀交泰功成化洽禮盛樂和
展采東巡回輿西土塗經茲境撫事興懷駐蹕荒區
緬爲師友瞻望幽墓思承格言雖宴寢荒蕪餘基尚
在靈廟虛寂微烈猶存孟軻曰自生人以來未有若
孔子者也微禹之嘆既深襃崇之道宜峻可追贈太
師庶年代雖遠式範令圖景業惟新儀形茂實其廟
宇制度卑陋宜更加修造仍令三品一人以少牢致
祭襃聖侯德倫既承　緒有異常流其子孫竝宜免
賦役主者施行
維乾封元年歲次景寅二月戊戌朔二日己亥皇帝
遣司稼正卿扶餘隆以少牢之奠致祭於先聖孔宣
父之靈惟神玉鉤陳貺靈開四時之源金簡流禎慶
傳三命之範神資越誕授山岳以騰英天縱攸高藴
河海而摽狀折衷六藝宣創九流睿乃生知靈非外
獎於是考三古褒一言刊典謨定風什祗敬之容畢

備鏗鼓之音載和父子爰親君臣以穆蕩乎煥乎樂
正雅頌各得其所可不謂至聖矣夫朕以寡德嗣膺
神器戎從祗配展義云亭感周禮之尚存悲素王之
獨往抒軸洙泗如挹清瀾留連舞雩似聞金奏昌門
曳練徒有生薹之疑漢曲移舟非復祥莊之寶慨然
不已爰贈太師堂宇卑陋仍命修造襃聖子孫合門
勿事庶能不遺百代助損益之可知永鑑千年同比
肩而爲友事陳菲奠用旌無朽梅晞霞梁松春月孀
德音暢而無斁形神忽其將　嚮弗將於生知亦知
榮於身後尚饗

右皇太子宏表稱周師東邁商閭延降軾之榮漢蹕
西旋夷門致抱關之想況泣麟曾躅歌鳳遥芬祓禊
禮於昌辰飾殊榮於窮壤者伏惟
皇帝陛下資靈繞極纂粹登樞乃聖乃神體陰陽而
不宰無爲無事均雨露之莫私六符儷而大階平伯
寶臻而天祚永靈臺所以優伯延閭由其增絢尙幽
尊賢邁　鴻名於萬古興亡繼絶騰峻軌於千齡大
矣哉茂實英聲固無得而稱矣日者封金岱畎會王
梁陰路指沂川塗經闕里迴　鑾駐宇式監堯禹之
姿闢纘凝旒載想温良之德於是特紆宸渙贈以

太師爰命重臣申其奠酸廟堂卑陋重遣修營褒聖
庚德倫子孫咸蠲賦役臣　恩均扈從迹濫撫軍舊
烈遺塵躬陪瞻眺雩壇相圃欣覩前聞又昔歲承
恩徊肖廖雜歴觀軒屏貝到門徒想仁孝於顔曾弥
深景慕採風猷於竹帛冀啓顓蒙所以輕敢陳聞庶
加褒贈
天慈下濟無隔異時咸登師保式光泉夜敢以前
恩重茲干請竊謂宣尼之廟重闢規摹枅貢蘭羞承
傳終古崇班峻禮式賁幽埏而翠琰莫題言猷靡暢
詢諸故實有所未周且將聖自天惟幾應物拯人倫

於已墜甄禮樂於既傾祖述勛華三千勵其鑽仰憲
章文武億兆遵其藏用豈可使汾川遺碣獨擅於無
慙峴岫餘文孤摽於墮淚伏見前件孔廟營搆畢功
峻業曾徽事資刊勒敢希　鴻澤令樹一碑徂遼海
清夷九無徵發山東豐稔時龥恒歲況鄆魯舊邦儒
教所起刊勒之費未足爲多許其子來不日便就乞
特矜照遂此愚誠臣識昧恒規言慙通理塵黷聽覽
退增悚戰勅旨依請
儀鳳二年七月訖功
右唐修孔子廟詔表碑載武德九年太宗詔一通

乾封元年高宗詔一通幷祭文一通又皇太子請
立碑表一通後題儀鳳二年訖功太宗以武德九
年八月卽位此詔下于十二月廿九日故上稱武
德而下稱太宗皇帝也祭文及表分書多搆別體
如藂作叢荘作莊鼓作皷朕作勝往作徃漢曲漢
蹕皆當作漢雨露當是雨露極卽極稟卽稟浚卽
渙奠卽奠慙卽慙矜卽矜其餘偏旁筆畫小異者
倘多惟靈臺所以優伯與迴鑾駐宇優宇二字更
不知作何音義碑末訖功亦當作工爲是蓋初唐
分法尙沿五季餘習字體佹異不軌于正然其行

筆猶有鍾梁批法不涉豐膩亦惟此時爲然耳王
弇州跋此碑云後有朝請大夫開州刺史高德裔
刻十二字或德裔書未可知也予按高跋云明昌
二年七月一日暴風折木壓其碑仆于地龜趺分
爲二碑與字俱無害豈陰有所相而然耶九月一
日復命工易以此座云提控修廟朝請大夫開州
刺史高德裔記明昌金昌琮紀年弇州何不察而
作此囈語耶 駐罕卽罕字王融三月三日曲木詩序迴輿駐罕註罕犢車名

唐褚亮碑

上缺用仁宏敎文武□□英風自遠屬胡兵入洛晉馬
浮江爰及下缺陽太守復爲侍中遷吏部尙書□太常
卿諡貞子門庭淸簡少懷□□□□蒙梁儀同廬陵
□東閤祭酒太子□舍人東朝汲詰上㘦披襟韜□
□敬□動名敎於搢紳暎徽猷於僚寀府君㞐緯凝
曜川岳降靈黃□帶□之下缺爲神情共雲巘爭高令
問與松風俱遠汰鉛芳於筆海架□□於下缺憂哀號
致毁幾將滅性陳後主棲神雅什纂曆濵圖景㬉春
坊雲收下缺冗膺嘉選隨開皇九載平陳府君南朝冠
冕入京謁見家下缺業十年授太常博士彝倫爲施政
之本忠信乃達禮之源几下缺門侍郎雖霜威見屈而
風槩彌竦　□□自天縱聖神武遐下缺之賓武德
元年延爲文學太公之逢西伯高步天師鄧□赴下缺
山川形勝乃託賞風雲□恩眄賜詩有同枚叔上書
諫下缺太宗監國光啓震維必□正人務從國本改授
中允貞觀元年下缺年登月制休老于家輜蓋成陰桓
春卿之寵錫芳珍神至石犬下缺甕　太宗爲之廢
朝悼深流涕中使相望存問不絕下缺塋事所須並宜
官給儀仗鼓吹送至墓所夫人郲氏亦□安下缺同李

郭之清塵言行無爽於庭蘭忠信有踰於温樹洞握
河之缺下近時逢靜亂早擅文房預參帷幄恭承嘉□
乃留情於啓沃咨缺下遂諧清放之前所製文集撰成
廿卷咸爲□　詔待□缺下史龔封陽翟侯遂賢撫瞻
霜露永懷罔極歲月綿遠　涼荒壟缺下敢爲銘曰
鬱映遥源曾華胄緒纂祺承業昭鉤枝宇□自恭公
幼流子□缺下璋逸襲變佐光才家崇晉去國畏陳來
語默雖切榮缺下盖□□金陵氣竭利在攸徙缺下聰哲
□陸道存缺下

右唐褚亮碑今在醴泉縣西峪鄉大半殘缺不能

成讀不見立碑歲月亦不見書撰人姓名金石文
字記云高宗時立林侗人蘭話堂碑目註貞觀
年殷仲容書按亮雖卒於太宗時而碑云撫瞻霜
露永懷罔極歲月綿遠則建碑刻銘必非彼時之
事林云貞觀但據所終之時而言盖未詳攷也顧
云高宗時必别有所據又石墨鐫華云與馬周碑
如出一手疑亦殷仲容書盖以書法定之亦非確
指爲殷書也

亮字希明河南陽翟人遂良父也由陳入隋由隋
入唐仕唐至散騎常侍宏文館學士年八十八卒
贈太常卿唐書有傳

崇正十一年苟好善修醴泉縣志載昭陵諸碑謂
其字尚有存者僅二十一片而褚亮碑不在其內
今視拓本尚存五百餘字較高士廉豆盧寬諸碑
晉過之不知前人何以獨遺不録也

唐立漢將紀信碑長安二年

有漢忠烈姓紀名信官族舛載史失其書㫺秦始皇乘六代之□竊天下之力以從其心陁及二世荐作昏德人怨神怒百姓與能此皇天所以興漢祖也夫龍躍虎變不有非常之災則不能蔚其文而神其行故英雄豪傑雷動電擊竝起而亾秦當是時龔水飛而無紀皇綱穨而不紐強者制命弱國連衡項籍提八千之兵鼓行而稱伯廓名城阬勁卒弒義帝啓咸陽七十餘戰而天下大定矣於是背關懷楚專制主

約雖負河山籍舊業南面而稱孤者猶膝行請命舉國受署莫敢枝梧焉而高祖奮於漢中定三秦之地扶義杖信東向而爭天下天下之命懸於二雄山東紛紛蠭合蟻聚未有所係籍嘗以百萬之衆困高帝於滎陽紀公推天歷之在劉顧臣節以自償躬載黃屋出東門而詭之沮丏萬之氣頓強楚之威奪諸侯之魄迴霸王之機身焚孤城之下功濟廟堂之上高祖回之以成帝業□宏演納肝而無悔千犨□矢而不疑公孫抱子而爲詐孟陽寢牀以自欺其忠則然於大業不可以希也先軫免胄以立言鋤麑觸槐以取喪富辰懟諫而赴翟仲由結纓而爲壯其節則全於大機則無以尙也苟息守言而死事豫讓感遇以自戕石乞就亨以徇白漸離矐目以報丹其義立矣於大濟則闕焉故功資成業資廣苟有大賴則輕太山於鴻毛壯哉紀公誠得其死矣夫城郢而增君名褒齋以祈於死其於忠也不亦泰如於戲仲尼所謂殺身成仁臨難無苟免者則紀公其人也而歷載數百莫能表之縣令會稽孔君名祖舜字奉先資大聖之緒秉忠孝之規清身以激俗矯操以從政到官視事三載有成於是鄉之碩老攝齋而謂曰府君以盛

德茂才宏宣大化旌孝尙節敦學務農人無懸耜野無莫草可謂政之彝者也而紀公之墓蕪而不顯豈所以鼓舞前志發揮臣子之道哉府君乃咨謀齋吏稽古訓典以爲忘生從道者仁也況斷□分者義也威儀不忒者禮也好謀而成者智也有死無二者信也決機興運者明也大節不撓者勇也夫□一行於人則銘之金鼎輝鍱風雅況紀公兼而有焉斯實忠臣義士之殊尤而文獻之所先也故表商容□□□君子踐之乃仰惟春秋旌善之義庶幾爲臣之節奮於百世之上凜然可以比肩斯人俾能揚耿光厚忠

義崇尚教化以昭烈
我明天子之風豈不褒德而顯功哉遂作頌曰
雄雄紀公自天作忠磨皇祖兮卓犖磊朗瑰傀倜儻
奮威武兮厲鬬寵戰扶危制變挫強梁霸定霸與王
身焚業昌得其所兮雲雷經綸乃聖乃神萬物覩兮
千載一振闡幽作訓爲世矩兮三五已矣懸聖同兆
苟雞足而稱焉吾何以賚夫古兮　大周長安二年
歲在攝提七月立　范陽盧藏用篡文并書

右唐立漢將紀信碑滎陽縣令孔祖舜立盧藏用篡并書紀公忠烈當爲漢室功臣第一乃漢祖帝業既成褒封缺典班史亦不爲立傳故其官閥世族概無可攷至唐始立此碑然自來收集金石文字者皆未之及始著錄于恭壽先生積書巖題跋中惜其前段鈌損數十字予得此本僅少七八字餘者刻畫完好如新隸法遒健精嚴眞能得鍾梁之正燈而闢韓史之堂戶者也

藏用初以終南捷徑得爲左拾遺終以私侍太平公主流嶺南其人品最爲汙下此碑作於長安二年碑末題署大周之號其視唐已爲弁髦矣尚何有于異代之忠烈哉予之錄此特以字畫足觀耳

其辭蓋無取焉

舊唐書高宗本紀麟德二年東封泰山至原武以少牢祭漢將紀信墓贈驃騎大將軍此碑立于長安二年去麟德二年才三十七年乃云歷載數百莫能表之以本朝典禮恩澤竟不能知何也

唐紀信碑陰

長安元年鄉人白孔府君請爲紀公建立碑表府君具狀申請而州寮以爲異代風烈令式無文且懼鄉人頭會抑而不達孔府君感激忠義拘牽下僚乃歎曰吾以不才忝茲邦政至於激貪勵俗旌孝尚忠臣子之行教化之端也鄉人之請允有禮矣吾何以嘿歟至二年七月乃自減私俸將斵石采山以旌忠烈會有耕者於紀公墓側居人田中得一古石磨礱俱□但無文字其螭首及兩側龍距文髣髴有子丹碑變生動之勢非近工所爲詢之故老莫究年代府君遂酬地主之值樹之於墓刊勒斯頌豈神明昭應有所感發哉何其幽顯之符會也鄉人奔走而觀者甚衆咸喜紀公有述幽石自彰□以崇宰□之成烈表至誠之必感夫減俸以旌賢至淸也希古以砥節至忠也不然後班何以仰德而立名哉乃於碑陰刊紀斯異

縣丞南陽張□之敬學　尉博陵崔湡廣潤

主簿天水趙悅子豫　前尉馮翊吉晧叔明

尉太原王景先温猷　前尉常山閻至爲夫儁

□□□史□勁　石工張敬鐫字

右紀信碑陰紀孔府君樹碑刊頌之事幷列丞尉等名以前碑字法審之亦盧藏用書也漢劉熊碑叅究革情以究爲宄此碑莫宄年代則又以宄爲究二字互用其異有如此者

表揚風烈賢有司事也曾何限于異代乎州寮之推諉假令式以爲辭眞古今一轍也刊碑而碑出殆紀公之靈與孔君有冥契者矣

金石存卷十三

隸八　鈍根老人編　綿州李調元雨村校

唐滎陽縣令盧公清德文 神龍三年

大唐洛州滎陽縣頭陀逸僧識法師上頌　聖主
中興得賢令盧公清德之文并前中書舍人內供
奉劉穆之篆　琅耶王守質書
粵允矣於昭　聖唐天子中興拓跡開統廼建
皇極握乾符驅駕百靈摠齊萬類貴與天乎比壽富
與地乎侔資日月廻薄以淑清告象陰陽變通以口
口乘氣龍不隱德鳳不潛靈懷生之徒根著之物咸
遂其性固能使河線靜默宇宙文明舊物惟新
昌圖啟曰大定禮樂戢藏干戈人壽而還滈刑措
而不用覆燾之　恩溥生育之理兄於是邑老
田父擊壤而歌張掖而儛顧而爲頌曰康哉堂哉廼
聖廼神代有非常之　主必有非常之臣非常者
所謂口尤桀出與時偕運則我賢令盧公其人焉古
曰聖主得賢臣今見之矣百里令長親人之要者也
煩劇所鍾賢良是責故有四科堂室孔甫稱乎冉求
三國股肱趙氏知乎祁伯應星雷而鎮風雨類父母
而若神明鄭產之開喻獲禽魯恭之再仁及獸循聲
流於簡牘良政在於歌謠斯焉取斯之子之遠若乃
張英風於口國宣懿範於中都允非大猷畢有成績

休光終不圖盛德莫與京觀其化焉則盧公之
知矣公名正道字真直范陽人昔元年景辰上帝甄
其九萬正月甲子太公謀其八百漢祖以同日相愛
利建維藩魏祖以餘風可嘉聿推楨幹或虛清而循
禮典早識張華或丈思而發詩書深知越石曾祖昌
衡隋金州刺史口同三司太子左庶子風神瀟雅經
史該博宜六察而馳熊軾翊三善而列鳳條德爲人
表行爲士則祖寶素隋晉州別駕有禮有法于紀于
綱得管輅之清談發王祥之雅詠考安壽　皇
朝朝散大夫襄州司馬綿州長史蘭芬桂口月鑒霜
明珠皐則洗幘壇奇王墨則題輿緝化公五行秀氣
五色澮光忠口恭懿口立身孝敬温良以行己涵珠
孕璧懸闞澤之高名舞栢吟松動嵇康之逸韻文史
足用方朔之言有徵器宇難量叔則之才可覿解褐
調爲冀州信都口口口口絳州太平縣丞長河之間
彼汾之曲朱鉤理劇黃綬安卑鴻漸于磐鷺遷于木
勑授陝州司士參軍又改汴州浚儀縣令佐
蟾帷於回口式允清嚴館口墨於梁城克敷恩信
我皇紹膺丕業嗣守珍期明一之徽號聿崇凡
百之榮階式敘神隋元年　制加朝散大夫隋

班例也居無何口口口　制爲洛州新安縣令
又改滎陽縣令衙其索亭舊邑滎澤奧區右連北制
地接東口口蹕鶉火旁控龍泉神州則帶河浒洛洪
門則通江達襄五方雲湊口驟口奔百族星稠遨時
射利盤根錯節允屬於升卿先教後刑必推於季子
公下惠烏用牛刀承天理人以居其職遵五屏四以
制其範開道途爲設堤防爲陳之以禮樂導之以德
義宣柔嘉恤孤寡去末返本利用厚生至爲濟濟庠
塾莘莘冠履王渙之勸率佐口范甯之惠養生徒人
識口讓之儀家行俎豆之禮其崇學有如此者龍鱗
促務馬骨攘灾稽占於五星納稼詳於十月子奇
之鑄器童恢之易牛其勸農有如此者特寬濟猛以
禮代刑兩造盡其根源五德窮其詞口口畜自息請
託不行歸遇臘之囚原復讎之罪桴鼓罕施於道路
桎梏無用於狴牢其政令有如此者自平恕屏定賦
徵傜情僞必探高卑咸若心同懸鏡目辯口忠手類
持衡不差輕重其平直有如此者果行育德循己正
身徐邈之有常口奮之無潤冰壺載潔塵甑自空其
清白有如此者人其境則田疇盡墾草木盡口此恭
敬以信故其人盡力也入其邑則墻屋甚完樹木甚

茂此忠信以寬故其人不偷也至其庭府其清閑
諸下用命此明察以斷故其政不擾也可謂季路爲
宰復在於斯任人以逸從善如流耳目平而心氣和
四支全而百工理父事三人以教孝兄事五人以教
悌可謂子賤爲宰復在于斯固以得貝吏之要津行
古人之王道頌者年穀不登時雨未降　聖皇
減大官之膳出幽圄之囚是歌雲漢之詩實禱山川
之禱恐一物之失所慮百姓之阻飢從有之無遂起
泛舟之役賑貧救乏爰行發廪之施公上祖　元
澤下罄丹誠家到戶至哀多益寡優之柔之撫之育

之里詠途歌人安俗泰雖雲口載沐旋符以夜之期
而風教持隆實荷如春之德導揚庶美字育羣甿惠
化所以周洽風流所以藉甚皇直王譚在職時叟号
共無雙張既臨官京輔稱其第一而已河南道巡察
其人矣是知韓稜之飛章已奏徵入有期焦貢之行
雨載馳頻留難遂丞馬據主薄解伯宗尉高貢司馬
口道等並干將重寶新甫貞柯道可濟時位不充量
溟海即鵾鵬所托枳棘非鸞鳳所栖翊贊多方聲華
有稀望逸驥而將遠囙留犢而增傷孤我德而無鄰

勞我思而無極爰有寺慈寺頭陀逸僧識法師俗姓
来氏漢丞相之後秀也天稟聰偉生而俊奇發願爲
國敬造阿弥陁石碑象并頌　聖德及鐫神口
鄉人前巴州曾口縣尉劉虔㒰錄事王虔福常守一
佐史里正等或簪纓著族夙勞州郡之班或仁義在
躬勲屈鄉閭之任耕田鑿井遭　聖主之休明
孝道忠規受君子之名教以爲叫　丹闐而一借
未達由衷樹碧碣而長縣方存相質惠我無疆之澤
徽烈允光恩若不樂之情德音何已敢口佑頌文在
茲乎其詞曰

口地山河中天朝市玉帛萬國子男百里惟索之亭
惟哀之水膴膴原隰森森杞梓其一粤茲撫字須彼仁
賢俗之化者君之宰爲操口制器享我小鮮歌聞下
邑舞合重泉二其政不嚴其儀不忒秩秩詩禮光光
道德爰務耕桑罔施徽纆無偏無黨有典有則三其琴
鳴密賤甚發播仁俸惟計日口乃生春視人如子臨
事若神口鷹坐化瑞雉行馴四其自冬徂春密雲不雨
曲降　緜緜載傾敖庾沐蘭奠桂救貧濟寠旋威
月離方期歲取五其祝貝何德汲黯何功遠望千載寧
口口口既流膏雨克播循風聲聞于外化協于中六其

風使載揚驟途攸展芳菊無絕甘棠勿剪式紀淸芬
爰憑翠篆歌詠不足聊稱其善

神龍二年歲次丁未五月戊戌朔八日巳巳建

李思節刻字

右唐滎陽縣令盧正道淸德文劉穆之篹王守質書今在滎陽縣儀門邑人頌其令君可耳乃假名于頭陁逸僧何也豈欲仗佛力以永其傳耶亦沙門勢利詔頌當事耶守質書法頗欲以朴拙勝人而未免時露椎筆未能超出唐人籓籬也

𠂤年巡戸𠂤字音義未詳

唐葉慧明碑 開元五年

大唐贈歙州刺史葉公神道碑并序　江夏李□□

國子□大學生□□□八分書

八諱慧明字德昭南陽郡人也其先糸自軒后彣于周文𦖇季食沇于髙封葉字闕聞也字闕二惟帝興運乃聖炳靈風雲相從字闕一夢通感間氣駿發昆弼大來有開必先憑物爲爲字闕追從隱淪叶契幽與結廬澗沚者盤巖椒同人利貞遁代勿用雅好酒德尤邃老經詁言斛頤精字闕一事集門長者閭里每至牀月惟戸𠯑風林籓植杖嘯谷席安琴山泰然樂生澹乎怸老六字闕一維性字闕遡神之字闕一外身先物歸根致柔緣以大均持以大定色理不盈寵辱不驚繩繩焉淵淵焉孔德之容罔字闕巳故字闕智者者謂智仁者謂仁雖禍寒忝搵紆衣韋帶必避途加敬褎風愓息焉是用克聞丐家大育厥允則戕字闕公繇上德字闕之學而習之有專門之資得丕丞之業纔齔雁道既寇同元訊遠弨之福庭覯幽尋之字闕一士陳呪雷駭吐刃電光字闕睚贆呵萬鬼字闕一百神殷陰官之符變冥司之籙追究往事坐知來茲膏字闕一無所通其形霧露不能滋其疾于字闕一多緒字闕大君

子休辟命荐至入自卧內字闕　咎徵造膝必誠過事
偕中時更佪字闕一代且五忝順風巳請天師敷袵以
近字闕　繇莫皷出右公卿字闕　惟虛左國家有事天
地將字闕一海吿公嘗致禮加辟字闕一事郡邑迎謁者
歲字闕　傳驛載途回字闕　壽字闕一小人吹蠱敢爲戎
首興此厲階天步未亨人事將殆公乃極陳字闕一大
殿聖猷枚卜字闕二竝字闕　望佔字闕　殄勦元兇尹扶
皇統字闕　昰嘉厥異式揚爾忠爵賞懋必身寵贈兖
乎考字闕　匪此父也曷訓其子匪此子也曷字闕　未
立永念終古追存孝思字闕　請闕庭第如江介遠訪

才子扭逮鄙夫趙括論兵多鈌舊學班固述史嘗闕
字闕　愧貞石其詞曰
眞隱夷軌黙傳觧形偉哉獨立企古遐征殆庶元德
升覩丹經服卿不湼兊咊無字闕　琴徐字闕一風谷綏
步月林白雲怡志清泉洗心曷勝不往曷奇不臨迹
回神遠情隋地滌舉代方籍皇字闕一未軾擧字闕　左
慭致物越以辨色司察鬼謀僁字闕一神力寵祓五君
聲聞八極日嘗薄飫國有多難兇慝乃撥忠烈憤闕
字冠兔字闕　幽贊皇哉神武赫然天斷薄言即戎于
以戡亂帝念疇庸典册刻玉豈曜厥身寔賜丐父未
落乃字闕　致歿字闕　忠伸孝舉列列桐柏緒風興悲
表墓有關紀德爲詞哀哀嚴蔭欒欒孝思孰傳終古
是建豐碑　賻慧明銀字闕　歙州刺史子道士法善
授鴻臚卿封越國公
開元五年太歲丁巳鶉尾字闕一月夷則七日甲辰建

右唐贈歙州刺史葉慧明碑今在金鄉縣書撰人名皆鈌分隸雄駿亦韓史輩手腕但過涉怒張微乏蘊藉則小遜耳慧明乃道士葉法善之父史稱睿宗即位謂法善有冥助之功故拜爲鴻臚卿封越國公又贈其父爲歙州刺史夫以一道士而位

之卿尹爵以上公贈及泉壤名器之濫可謂極矣洪邁容齋三筆曰自唐代宗以僧不空爲鴻臚卿開府儀同三司其後習以爲常不知睿宗已以道士爲鴻臚代宗亦踵行其弊政也

唐唐興寺碑 開元六年

大唐朝議大夫行閬喜縣令上柱國臨淄縣開國男
于君請移置
唐興寺碑 并序　殿中侍御史判職方員外郎高
陽許景光撰　觀道寺主僧師口書
先萬物者始道德爲宗窮言象者以乾坤爲大豈若
道洽沙界盤古無以化其跡功包鐵圍須首不能紀
其要前後際斷衆妙入於真乘色相皆空定慧生於
正覺言之不極其波若之蘊乎閬喜唐興寺者我國
家草昧之所置也時櫜弓兵締搆龍宮懸玉鏡於方

丈運寶圖於羅衛將袪八難式護四禪乃於西山建
斯精舍布金幽逕樹福提衡經始險蹊人跡罕到雖
三空屢說給園之衆不俱入解常流方廣之途尚阻
毗俗常迷於夢幻聚落不聞口口口使十地空存
四生無拯爰初搆址數十百丰舊令因循不改其制
長者居士既渴日於寶坊清信比丘徒絜缾於論議
時縣令朝議大夫東海于公名光庭即銀青光祿大
夫瀛州刺史東海郡公仁儉之孫金紫光祿大夫中
書侍郎同中書門下三品東海憲公之第五子也承
五鼎之華胄稟三辰之粹精陰德未洙允宗有　在

躬而禮義克舉餘力而文章見稱好學多能以爲入
官之具清慎寡欲弥見在公之心由也四科參乎一
貫理必合於投刃事無遺於下讟故能變蟋蟀之風
展蒲盧之化始鄉還而脩里我有昌言終里還而脩
家人無遺善此其操刀有裕彈琴自閑亦既庀於王
城將又崇於佛事爲蒲之所不及理鄰之所未行加
以識洞真局智融覺鍵伏忍於三昧懸解於六通身
若明珠淨無瑕穢心猶平地能生衆善且循謁御時
現寺官精三異之妙術敷六度之津要由是歷請天
府將徙梵宮雙樹移堅固之林八座改耆闍之岫金

山赫赫與紫殿而飛來紺宇眈眈化青樓而涌出城
池故絳井白新田士女溢於康莊象馬闐於里閈一
一香蓋懸寶縷之幢種種天花散金燈之地得未曾
有聞所未聞方將洗貪欲之腎腸開盲聾之耳目納
須弥于小芥詎是難思置海水於虛空未爲希有僉
以法雲西蓋佛日有部家之昧今智炬東摧迷途昭
牽復之象豈非如來滅後將有住持時夏縣威神寺
法師俗姓張法名忽碑其先衣冠出南陽精持律儀
蕪修戒行德超於四果理貫於三伊大道未行同孔
子之歷聽衆生之有病等毉王之授手乘杯口口口

錫兆亭扳髻俗於愛河誘梵如於火宅示方便品導
波若流亡罔於九部之津去馬於三乘之際莫不爭
持寶蓋競解口口口壽池之棟宇爲苦海之舟航也
予者商繫我明宰時縣丞清河張佑仁主簿宏農楊
浩尉太原王臨尉太原王銑等并瑚璉名器鸞皇勁
翮才無滯用政有異聲鄉三老進而言曰今敦禮勸
農嘉惠也樹法拯人深慈也我宰君善化前古罕儔
豈使浚儀豐碑空銘景行龍宮　碣獨閟微言載勒
琛金永傳沙界銘曰
佛言能淨一刹土是謂世間良福田今我莊嚴招提

宇度脫功德海無邊猶如法雲覆群品亦如佛日在
中天皆是宰官惠明德群毗安樂離苦緣樹碑紀功
永不朽銖衣拂石億萬年
開元六年歲次戊午九月壬辰朔二日癸巳建
右唐聞喜縣令于光庭請移置唐興寺碑侍御史
許景先撰僧師口書開元六年立此碑初不載于
趙德甫鄭漁仲二家獨金薤琳琅錄其全文本朝
顧處士寧人朱太史彜尊客遊山西最久晋中遺
刻羅列集中者最夥此碑在聞喜何獨見遺豈石
今不存邪此本椎拓甚舊吳門徐友竹獲之淮陰
市上持以贈予因摹其文入錄拓本缺最後二百
卅字就都本足之友竹名堅年甚少好古甚力嘗
從予處見所藏篆隸秘本皆手錄以去且精于讎
勘丹黃燦然將來所詣正未可量也
紺宇眈眈即沈沈也讀如潭潭昌黎詩潭潭府中
居史陳涉世家法之爲王沈沈者皆言屋宇深邃
貌古沈字通用湛湛又通作眈故此碑遂以眈眈
爲沈沈非如易虎視眈眈之音丹也

唐東海縣鬱林觀東巖壁記開元七年

紀曰維大唐開元七年歲在己未粤正月庚寅朔時
大人出爲海州司馬禮當巡屬縣問耆疾周覽海甸
察聽甿謠人無事矣乃廻駕惕想眇矚雲山尋紫翠
之所登虬龍之道葢欲從靈宅吉洗我塵慮巖巖直
上窅窅傍邃霧月與碧海同深朗霞將赤城爭峻代
有知而不能至者至而不能賞者賞而不能窮者亟
聞我東海縣宰河南元公光發幽矚起予泉石締思
搆匠獨潔形勝遂披叢篁鑿崩壁懸流歕水藏宿雨
而時文臥石埋雲觸摇風而不散歷時花木紅紫無

名入聽笙歌宮商自合固可爲真人之别館元始之
離宮哉夫登會稽探禹穴慕古長想復何奇乎豈如
志在魏闕心遊江海兩忘出處雙遺是非唯元公得
之矣攀賞未極列坐生陰促駕言旋揖峯擁騎家君
顧而歎曰爾知遊名山勒銘紀者非思入上元道存
虚白亦何能造次不陰而爲之吾少事雲林長牽塵
跡晚齡心事盡于巖間小子志之貽夫來者其列座
同志次而鐫之司馬男清河崔逸丈朝議郎行海州
司馬崔惟怦字踐直朝議郎行東海縣令元曖字徽
明承閻朝賓主簿孫亨友尉荀抱簡尉上官崇素司
兵寶晏

右唐東海縣鬱林觀東巖壁記海州司馬崔惟怦
男崔逸撰不著書人名氏或亦逸筆也今在海州
鬱洲山之麓竟地幽僻人跡罕至歲久蘚蝕椎拓
絶少予宗人麗南裔居東海嘗因遊屐所至獲見
是刻掃滌塵翳手錄其文以歸知余篤嗜分貽亟
爲余言余慫恿搨之因又言此刻之外尚有宋蘇
唐卿篆書石曼卿草書並刻巖間藤蓴落封頗難
識認予聞之興益敎發戊午冬日重錄金石文將
畢以不得致此數碑爲憾因作一詩促之明年正

月乃先寄摹本俾余入錄將覓善工徧搨諸刻以
飫余志余按趙氏金石錄目嘗載是記特未及跋
尾是此刻曾一入歸來堂中但自趙氏而外迄今
絶無知者海上居人如蟻四方遊鬱洲者歲不下
數千人亦竟莫知山下之有是字若非麗南之冥
探窮搜將益湮没不復可見而適以益余之不足
則尤爲可幸也鬱林觀今已不存山左右數里居
民希少且山石高聳必架木緣絙然後椎拓可施
亦大未易事然予慫恿甚力而麗南亦汲汲好古
知其必有以報我也

唐修孔子廟碑 開元七年

嘗覩元化陰藏上帝元造雖道　不際而運行有符
揚攉大抵宣考神用建人統之可復　補天秩之將獲
其揆一也昝者蚩尤怙賊庶弟驕兵巨力多徒合緒
連禍則黃帝與聖首出羣龍推下濟　㠯君人儆劫略
㠯戡亂逮至横流方割包山其咨轉　死爲魚鼈食不
粒則堯禹竝跡扶振隱憂道百川康　四國粤若叚禮
缺周德微宋公用郲楚子問鼎則夫　子卓立粲然成
章闢邦家之正門播今昝之彝憲此　天所以不言而
成化聖所以有開而必先其若是也　故夫子之道消

息乎兩儀夫子之德經營乎三代豈徒小說蓋有異
聞夫亭之者莫如天藉之者莫如地教之者莫如夫
子且沐其亭而不識其道則不如勿生荷其藉而不
由其德則不如勿運固曰消息乎兩儀者也夫博之
者莫如文約之者莫如禮行之者莫如夫子且會其
文而不揚其業則不如勿傳經其禮而不啟其致則
不如勿學上代有以焯序中代有㠯宗師後代有㠯
丕訓固曰經營乎三代者也意虞舜之美不必至是
贊而大者進聖君也夏桀之惡不必至是擠而毁者
激庸主也伊尹之忠不必至是演而數者勉誠節也

指過之逆不必至是抑而書者誅賊臣也至若論慈
廣孝輔仁龍義職此之由必是君臣之位序父子之
道明友朋之事興夫婦之倫得雖朕曰開覺亶兩潤
黷和風清扇安足喻哉俗如九皇繼統而政醇七聖
同斗而道合雖事業廣運偕理濟一　未有薄遊大夫
僻居下國德敎既往言滿方來廟食列邦不假手於
後續君長萬葉畢歸心於箓王若此之盛是曰騰跨
百辟孤絶一人曷成名可稱取興爲大者已
我國家儒敎浹寓文思庶天仰吏曹㠯追尊遠禮官
㠯崇祀侯褒聖於人必尸奠亨於國庠是用大起學

流錫類孝行敦悦施於方國光覆彌於允宗三十五
代孫嗣褒聖侯璲之字藏暉泊族賢元亨等或專門
碩儒冈隆手緒或餘波明準声揚厥聲乃相與合而
謀曰夫墟墓之地禮曰自哀聽訟之樹詩云勿翦一
則遇事遺愛一則感物允懷妏乎大聖烈風吾祖鴻
美故國封井舊居川嶽歟宜其悚神馳魄朕行朕擇
陳蔡祭首嚴祠樹繚垣㠯設防刊豐石㠯爲表兖州
牧京兆韋君元珪字　王國周親人　才懿德明啟風
績休有名教長史河南源晉賓字光國賢操孤興清
莭相遠納人㠯禮成俗必師司馬天水狄光昭字子

亮相門戶開雅道踵武閭義必至從事可行錄事參軍東海徐仲連功曹成陽蓋寡疑倉曹太原王道濬宏農楊萬石戶曹博陵崔少連宏農楊履元兵曹太原王光郄范陽張博陵法曹安定皇甫銓東海丂光彥士曹滎陽鄭瑋參軍事博陵崔調扶風竇光訓河東裴璿隴西李紹烈鴈門曰公儀博士南陽樊利貞曲阜令鴈門田思昭承河間劉思廉主薄吳興施文尉清河晏宏楷等宦序通德儒林秀士昇堂覩奧遊聖猷風僉同演成乃廊經始其詞曰

元天陰隲大明虛鏡神不利滛物將與正凡曰投艱在此逢聖吞沙荐虐軒皇底定襄陵兆災夏禹文命周道失庠夫子應聘刪詩逃史盛禮張樂雅頌穆清訓詞昭灼片言一字勸美懲惡誘進後人啟朗光學六順勃興四維偕作元功濟古至道納來首出列席夯羣才大君震曜廣學天開恭營市寓誦習帝念居室巳光壽宮建庾丂嗣璲封厥中孫謀不泯祖德斯崇乃刊聖烈戶廣休風

朝散大夫使持節渝州諸軍事守渝州刺史江夏李邕文　正議大夫使持節宋州諸軍事守宋州刺史上柱國范陽張庭珪書

大唐開元七年歲在已未十月乙酉朔十五日己亥建

右唐修孔子廟碑蓋孔子三十五代孫嗣襃聖侯璲之與族人元亨等修飾宅廟而丂李邕作文張庭珪書之者也邕于唐頗有文名然不能洗覈晦燚績之病庭珪書法固工但老勁有餘徵乏風韻書小史乃以古木崩沙閒花映竹評之未爲確論也

故乎大聖烈風哉卽矧字集韻敘同矧隸法矢作夫故書作敇文忠厥天厥疑戾字晉卿趙道三傳皆作盾字讀爲徒本切豚上聲卽子盾字亦讀純上聲中盾字亦讀若允無作去聲者今俗讀若遁誤也觀此碑書趙盾作趙遁豈唐時卽讀盾爲遁因聲誤竝誤其形乎

唐華嶽精享昭應碑　開元八年

華嶽精享昭應之碑　宣義郎行華州華陰縣主

薄平陽咸廙撰

夫神其止也虛其行也直是以感生焉夫祀其事也大其嚮也德是以福生焉維嶽有喬居焉曰華天作峻極厥仞五千降靈集祉啓祐王國故風雨皆若必應休明玉帛之享　豐其報璲天人之咊者功莫大焉　皇帝以開元嗣極今八載也文德被武功成　垂拱而天下理績服而庶邦正於戲聖之配天不逆災祥之數而務脩其德天之降福或彰譴告之符而終與其　是以成湯與而炎暵遣周宣懼而頌聲作閏自日在奎雷始電追雩畢春氣逢萌牙山川如焚密雲不雨千耦適野胥病必失時百室崇墉將空於

我皇畏天之之命憫烝人之艱自郊徂宮靡神不舉乃分命舊相尚書許國公蘇頲以瑞祝之辭旅于西嶽將以蒙嘉氣獲豐年公時膺保衡代修袞職克永先正對揚　王休　天子以才難九人允歸同德公是用僉諧八座懋膺曠咨有文章邑有禮樂爲既亨冢位乃司宗伯賓佐咊邦敬恭明祀爰届爰處咸儀孔將閔是亭廟有來斯啟州命長史河東薛縉俾爲　事于外宗人相禮展器執書告偹于內肅雍萃止宵艾並作幣尊六䊩王用兩圭焚燎畢而禮容祗若昧爽交而神光有粲粤三月庚申陳薦請也公已事復命式遄其歸時厥翌日旋必闕下車轔轔而響止履鏘鏘而聲入則已滂周四濱澍洽千里拜獻祝嘏天臨左歡嘉公克誠神用彰響　制帝褒賜束帛有差旣禱而祠古之義也止不與祭　帝有覍焉乃申命秩宗寵終厥事則有牲牷樂奏之備以昭配焉癸卯告賽如前禮夫陰陽不測至妙也因變感情至敎也六府三事大功也四望六宗大禮也后王卿士如彼歲月其道不易時惟康錢蘇公乃言曰惟　我后之德格于上下神哉其霈今茲臣人可纂述巳於是重賚以謀始因物巳書伐倬彼金石載刋其陰俾夫後之敬事者知景福之有在其辭曰

於鑠大華陳神西峙推王荒之配天有祀雲雨成物馨香協祉明明

天子禱于慾陽肅肅蘇公

王命是將克誠攸享離畢其滂年之用康祀事惟政

非昵昵假禮崇其敬祠而報焉以永終慶惟靈感咊幽贊而生有豐者石刊之則貞蘇公佗頌孔碩其聲

殿中侍御史彭城劉升書

右唐華嶽精享昭應碑華陰縣主簿成廛篆文侍御史劉升書刻後周天和二年華嶽頌之陰升書法頗瘦勁當開元間鍒體極盛日絕無一筆羼入韓史門庭其用筆用字全類魏齊時碑版亦唐刻中之僅見者

容赴王室是迺字變乏作迬省爾爲尒也愁廣疇容即谷字增口爲日也既亨家位當是享字與銘

詞中克誠攸亨同帝有毖焉是毖字變比爲二口也三國志注引會稽典錄言孫亮時有山陰朱育依體像類造作異字千名以上魏書太武帝始光二年三月初造新字千餘頒之遠近以爲楷式故李仲璇修孔廟碑魏孝文弔比干文之類皆雜用篆籀隸楷以及變體別搆之字然此風自唐以來久變不謂至開元時劉君乃獨嗜之耳又碑中如皇帝天子等字或空四字五字或空六字十字不一惟我皇及帝字平格前天子字空六字銘文明明天子句又復平格皆不知其義

碑前後闌入後人題名甚多一行云銀靑光祿大夫檢校華州刺史上柱國李休光題額字體不類疑出後人補刻非升一手書也又一行題崇禎十七年後辛丑和州逸人戴逐孝再登岳十八字今上十字已爲後人鑱去辛丑乃我　世祖順治十八年題此者殆亦謝皋羽鄭所南之流與

唐御史臺精舍碑　開元十一年

大唐御史臺精舍碑銘并序　中書令崔湜任璧中

侍御日纂文

易曰吉凶悔吝生乎動也傳曰禍福無門惟人　召剿蹈網罔嬰徽纆聯桁楊貫桎梏可怨天尤人哉左臺精舍者諸御史導群愚之所作也蓋先王用刑所以彰諱癉惡聖人明罰是以小懲大誡故崇々清憲以糺以繩而檮杌頑々　罔知攸畏冒于側賄貪于飲食莽蜂不歇猘犬自噬棼々泯々而陷于茲者歲以千計群公蒿目而感之乃言曰天蘖可逃自咎難逭

夫能度盡一切苦厄者其惟世尊乎所以僉搆衆貲議立斯宇欲令見者勇發道惠勤探妙根悟有漏之緣證波羅之果纓絡為施菩薩之導引衆生塔廟有成天人之護持正鵠不有善者人焉賴哉長安初湜始自左補闕擢殿中侍御史至止之日其搆適就遊於斯詠於斯咨夫衆寶嚴身非如來之意方丈為室蓋維摩之心故立像不務於珍華度堂罔圖其豐壯至若丹雘茲棄劒剛都捐則皈依之心或未多也君子之作其得中焉觀其椽之橐之是尋是尺掎狙徠之松攻荊藍之石壘櫨駢栱規欂棨亘鐕胳頊以頊梲鏤觴賁以衒鋪綠窗黕烟丹柱皜日香泉數曲環繞琉璃之地靈草百品叢蒔黃金之階信可滌慮洗心逃煩寘福為利甚博獲報無量群公以予忝文儒之林固以碑表相託辭不獲已而作銘曰

惟佛之國黃金界道于嗟下人誓不相好胡不歸命曰自保惟佛之土白銀為臺于嗟下人為惡不迴胡不稽首以逭災彼君子兮福所履兮是度揆兮不日成兮若神營兮利群生兮

開元十一年殿中侍御史梁昇卿追書　趙禮鐫

右唐御史臺精舍碑崔湜文梁昇卿書書法遒勁

自足名家宜東封朝覲頌亦以相屬也朱彝尊云唐自貞觀中李乾祐為御史大夫別置臺獄因當訊就近拘繫之其漸也侍御史東西推監察御史糾視刑獄各禁其囚迫武后時□陵臣侯思正皆為御史制獄之外臺獄園扉恒滿崔隱甫總臺務言于朝掘去于是旁列精舍以釋典懺之按舊唐書隱甫為御史大夫在開元十四年碑云長安初湜自右補闕擢殿中侍御史至止之日其搆適就是去臺獄作精舍在隱甫為御史大夫二十餘年以前何得云自隱甫始也

卷十三終

金石存卷十四

隸九　鈍根老人編　綿州李調元雨村校

唐老子孔子顏子讚 開元十年

老子讚　睿宗大聖眞皇帝製

爰有上德生而長耳白髮遺象紫氣浮天函關之右經留五千道非常道元之又元

孔子讚　同前製

猗歟夫子寔有聖德其道可尊其儀不忒刊詩定禮百王取則吾豈匏瓜東西南北

顏回讚　御製

杏壇槐市儒術三千回也亞聖獨也稱賢四科之首百行之先秀而不實得無慟焉

孔子讚　老子讚　古修書副使太子右贊善大夫麗正殿學士張悅奏稱先奉恩勅令臣撿按搭御書睿宗大聖眞皇帝集臣伏見集中具載前件讚文又見孔子廟堂猶未刊勒臣竊以爲尊儒重道褒賢紀功本於王庭以及天下一則崇先師之德一則紀先聖之文其兗州孔子舊宅益州文翁講堂經今千有餘載皆未題頌臣特望搭御書讚文及陛下所製顏回讚幷百官撰七十二弟子及廿二賢讚令東都及天下諸州孔子廟堂精加繕寫御製望令刻石石官仕望令題牌陛下孝理天下義冠古今使海內蒼生

欣逢聖造與敦勸風俗光闡帝猷　勅旨依奏　開
元十年六月十日
開元十二年歲次癸亥八月甲午預十六日巳酉

右碑上截刻孔子老子顏子三讚下截刻修書副
使張說癸章蓋說因撿校睿宗文集見此讚文因
并欲與開元帝所製顏子讚令天下學宮皆勒諸
石也此石不知刻于何地前人集録皆未之載字
雖不甚道密然當開元時頗無腸肥腦滿之態亦
可玩也

前書開元十年是勅旨依奏之歲月後又書開元

十二年則勒石歲月也後一行字甚小

唐乙速孤行儼碑開元十三年

大唐〇右武衛將軍上柱國缺下　正議大夫守秘書
監修文〇〇士〇〇〇〇〇柱國劉憲撰　朝議
郎行秘書郎白義晊書

字缺　文德而競字闕　之字缺　功字缺　陽字缺　而字缺
用字缺　生字缺　折衝禦侮之材何代蔑有秦之強也
起翦恬賁用其兵漢之盛也李衛翟為其將　大
唐操陳帶甲百萬地越字缺　其有字缺　正字缺　師字缺
敵字缺　負赳赳桓桓之力者在於乙速孤府君矣
公諱行儼字行儼本姓王氏太原人也五代祖有功

於字缺　焉因居京師之醴泉縣字缺　之字缺　仙字缺　千
秋之他字缺　何代而之賢人何時而不貫曾祖安齊
前鋒都督石武候右六府驃騎將軍開府儀字缺　州
刺史隨益州字缺　龍封　仁郡公從孝移忠遷虞事
夔司馬安之四主晏平仲之一心祖晟　皇朝上
開府右武候右廿府左車騎將軍驃騎將軍字缺　慶
右字缺　軍衛將軍氣岸瓌傑志力字缺　武持字缺　以
禮陰德有徵才子挺生將門斯在公鍾家伏之休貺
奉韜鈐未ヂ類休攝於家字缺　遂遷字缺　情轉踈字缺
哀特聽致字缺　仍襃美績更惜羸痾　睿旨既勤

形考綍翰公結歛而辭　雲陛披這而返私門懸廣
德之安車施仲翁之行馬仙方上藥字缺　性而字缺
芳字缺　嘉字缺　且忘憂而字缺　公黎蘇字缺允命昆字缺
之子字缺　從字缺　鞠育侔於巳生体爲太子通事
舍人出外氏纍在除泰州扶字缺　縣令公字缺厲爲缺
字旣成訓鵬字缺　於霄漢鶚字缺　溢於字缺　於字缺
習軍容於嬉戲字缺　智勇字缺　其蘇字缺　卜殳詩書
字缺　六兼議丞帶中司成生擢第明慶中丁父憂性
寶過人俯而就禮麟德字缺　授宣德字缺　號字缺　府
字缺　參軍字缺　其間首席推美字缺　以將門子弟授

振威校尉守普濟府左果毅都尉丁太夫人憂哭泣
之節饘粥之數復如府君之字缺　儀鳳二季字缺夾剌
降字缺　府字缺　都尉字缺　源字缺　定州字缺　河陽橋
番拱二手授游擊將軍黃城府左果毅都尉致果僞
毅從戎以律洗兵鹽澤秣馬中護濁河之橋絹黃圖
字缺　府晢謀泮渔威武紛紜字缺　樂字缺雄京邑不昌
元年　制除朝散大夫緜州司馬天授三年加朝議
大夫長壽二年除資州長史延載元年加中散字缺二
字題輿緜字缺一展字缺一資中風俗所字缺一政教如缺
字　制除使持節字缺　州諸字缺　事萬州刺史字缺

通天元年　制加中大夫二年加大中大夫字缺　其
年撿校丞州刺史聖曆二年授使　節都督字缺一歸
字缺五　等七州諸軍字缺　守字缺州刺刺史三年授使持
節都督廣韶端康封字缺　二州諸軍事諸軍事守廣
州刺史長安三年授使持節泉州諸軍事守泉州刺
史神龍元年授使持節都督黔字缺　沅等州諸軍事
守黔州刺史其年加正義大夫神授政理字缺　材天
挺公侯之表故能方州典郡字缺一周官牧伯之尊缺一
字缺一山窮禹荊楊之字缺一控御數千字缺　旋廿
年化洽夷夏功字缺　生祠字缺　往往而字缺　武清酒

之皿于今字缺　神龍二年　墨制授字缺武將軍守
右武衞將軍員外置同正員特勅字缺　南上下專缺
字軍事羽林字缺　而字缺　安字缺　而字缺以公確乎忠
信厲然壯勇字缺　一命卿之秩掌孤兒之軍宿衞殿陛
而逾嚴徼巡嚴廊而匪懈壘垣增肅軒字缺一穆清錫
御府之金錢分大官之字缺一食字缺　逮字缺　使相望
字缺　持戟勸力爲倦輸節竭誠心術俱盡神用疲而
致損勝理勞而生疾其歲夏中遇病廳事半體云廢
經力字缺　寄所鍾何深字缺　犢之念不旣字缺　舊疾
暴增春鞦七十有二景龍元年十二月十五日薨于

缺字寗里第鳴呼哀哉惟公盛德溫恭雅懷寬缺字
行字　飾貢不浮華出身入仕缺字．形缺字　斯時缺
字獨運匪缺字　於人缺字　無所遺於人缺字　記可疑
之地投足莫踐弗稽之謀搢心所絕親友信而敬之
老少安而懷之汲汲以行仁豈遑遑而求利防千之
際屢有奇功撫字之缺字　彰靈缺字　在永州也屬缺
字人多缺字　倉儲而半贍据山谷而無資所部界中
粱饉稽竹盤根合翠缺字　漫蒼然忽於一朝結實咸
缺字　之缺字　然可觀缺字　之缺字　人皆缺字　盈路公
仍持數石奏進京師　聖旨咨嗟歎其靈味公之在
金石存　卷十四　七　二十三函
夔州也隣界不缺字　羣蠻暫擾侵佚缺字　邦殘傷缺
字人公缺字　制命缺字　致討威震震蕩氛缺字　清
稽顙咽於缺字　江水　天朝命將申戒於師期遏郡
飛書已聞於戰攄雖身之不賊於君父亦缺字　以
尚玆時嘉乃功缺字　雖勉缺字　之缺字　長之缺字　曰
遭遇缺字　餘載悝穊以報不缺字　有負於聖朝家業
粱貧喪葬所湏務缺字　一節儉勿違吾平生志也所樹
碑務令缺字　一實無爲虛美缺字　吾與爾缺字　唯清唯
愼勿矜勿伐勵吾死而無恨矣夫人常樂縣君賀若
氏宋公弼之姪孫開州刺史懷武之第六女缺字

鼎連華家室之欠缺字　一缺字　聖元年八月五日缺字
字於萬州官舍維景龍二年歲次景申二月辛亥朔
十六日景午合葬於雍州醴泉縣白鹿鄉李中缺字
先缺字　之塋次禮缺字　子合從阡缺字　穹蒼哀缺字
霜露缺字　揩終身奉行子缺字　右武衛鎧曹參軍安
缺字　梁望之代業通家缺字　長者氷清玉潤常懷國
士之恩石字金書顯託缺字　乃作缺字　一云
代爲缺字　子孫缺字　始將門有將缺字　寔伊我將軍缺字
缺字　壯勇傑出威稜峻峙文則缺字　艮六條千
里武以侍衛嚴乃軍璽黃霸匪儔缺字　力止缺字　禮
優缺字　起缺字　終謝令問不已賢缺字　一伏波誠其兄
金石存　卷十四　八　二十三函
子
大唐開元十三年歲次缺字　一五二月景辰朔十六日
辛未合從自曹州濟陰縣令秩滿建
敦煌徐元禮鐫
右唐右武衛將軍乙速孤行儼碑今在醴泉縣叱
干郚行儼本姓王氏太原人五代祖顯仕魏爲驃
騎大將軍賜姓乙速孤氏曾祖安祖晟父昭祐皆
爲顯官昭祐自有碑與行儼碑相去十餘步墓亦
在焉此碑雖殘缺然姓名官閥卒葬歲月俱班班

可考惜唐書無傳不能取證耳

唐紀太山銘 開元十四年

紀太山銘

御製御書 四字正書

朕宅帝位十有四載顧惟不德懵于至道任夫難任安夫難安茲朕未知獲戾於上下心之浩蕩若涉於大川賴

上帝垂休先后儲慶宰衡庶尹交修皇極四海會同五典敷教歲云嘉熟人用大和百辟僉謀唱余封禪謂孝莫大於

嚴父謂禮莫尊於告天天符既至人望既積固請不已固辭不獲肆余與夫二三臣稽虞典繹漢制張皇六師震疊九寓旌旗有列士馬無譁肅肅邕邕翼翼溶溶以至于岱宗順也爾雅曰太山為東嶽周官曰兗州之鎮山實惟天帝之孫羣靈之府其方處萬物之始故稱岱焉其位居五嶽之伯故稱宗焉自昔王者受命易姓於是乎啟天地薦成功序圖錄紀氏號朕統承先王茲率厥典實欲報元天之眷命為蒼生之祈福豈敢高視千古自比九皇哉故設壇場於山下受羣方之助祭躬封燎於山上暨一獻之通神斯災因高崇天就廣增地之義也乃仲冬庚寅有事東

嶽類於上帝配我高祖在天之靈罔不畢降粤翌日
禪於社首侑
我聖考祀於皇祇在地之神罔不咸舉暨壬辰覲羣
后上公進曰天子膺天符納介福羣臣拜手稽首稱
千萬歲慶合歡同陳誡以德大渾汁度彝倫攸敘三
事百揆時乃之功萬物由庚兆人允植列牧衆宰時
乃之功一二兄弟篤行孝友錫類萬國時惟休哉我
儒制禮我史作樂天地擾順時惟休哉蠻夷戎狄重
譯來貢累聖之化朕何慕焉五行百寶日來月集會
昌之運朕何感焉凡今而後儆乃在位一王度齊衆

瀠摧舊章補缺政存簡易去煩苛思立人極乃見天
則於戲天生蒸人惟后時乂能以美利利天下事天
明矣地德載物惟后時相能以厚生生萬人事地察
矣天地察察鬼神著矣惟我藝祖文祖精爽在天其
曰懿予幼孫克享　上帝惟帝時若馨香其下丕乃
曰有唐氏文武之曾孫隆基誕錫新命纘戎舊業永
保天祿子孫其承之余小子敢對揚上帝之休命則
亦與百執事尚綏兆人將多于前功而毖彼後患之
夫不獲萬方其罪予一人有終上
天其知我朕惟寶行三德曰慈儉謙慈者覆無疆之

言儉者崇將來之訓自滿者人損自謙者天益苟如
是則軌迹易循基構易守磨石壁刻金記後之人聽
詞而見心觀末而知本銘曰
維天生人立君以理維君受命奉天爲子代去不留
人來無已德涼者滅道高斯起赫赫
高祖明明太宗爰革隨政奄有萬邦整天張宇盡地
開封武稱有截文表時邕高宗稽古德施周溥茫茫
九夷削平一鼓禮備封禪功齊舜禹巖巖岱宗衛我
神主中宗紹運舊邦惟新睿宗繼明天下歸仁恭已
南面氤氳化淳告成之禮留諸後人緬余小子重基

五聖匪功代高德德矜盛欽若祀典丕承永命至誠
動天福我万姓古封太山七十二君或禪弈弈或禪
云云其迹不見其名可聞秖遹文祖光我舊勳方士
虛誕儒書齷齪佚后求僊誣神檢玉秦災風雨漢汚
編錄德未合天或承之辱道在觀政名非從欲銘心
絶巖播告羣嶽大唐開元十四年歲在景寅九月乙
亥朔十二日景戌建　以上廿二字正書
右唐紀太山銘元宗御製御書磨崖刻于太山之
顚文辭典雅書法遒麗足稱雙絶漢隸無大書此
字爲千古獨步唐文粹所載與石刻不同者十餘

字皆當以碑爲正

凡廿五行前御製御書四字并年月皆正書行多者廿五一字亦有不及五十字而輙平格書者除上帝嚴父等其餘當因崖石有礙故不得滿行也王元美云其下三尺許爲掮工惡寒籌火焚蝕遂缺百餘字朱彝尊云必架木緣緪而上然後椎拓可施又山高多風兼慮日暴若是其難也此本字完好無一筆刓缺紙墨皆古眞數百年前拓本也

唐大智禪師碑 開元廿四年

大唐故大智禪師碑銘并序　中書侍郎嚴挺之撰　右羽林軍録事參軍集賢院侍　制兼校理史惟則書并篆額

夫聖人以仁德育物者則醴泉潛應而瀕嘉禾不播而植神功以不宰宥運者則元宗會境而立正法由因而備然則有靈允荅爰九嚕而式叙無爲克成超萬爲而之際暨　今上大明大開淨業超福利貞慈之澤闢權智衆善之門精求覺藏汲引僧寶往必與親念則隨應張皇遍達之路騰演元亨之衞者其惟我大智禪師号禪師諱義福上黨銅鞮人也俗姓姜氏系本於齊官因於潞載鴻休於邦誅踐貞軌於家範曾祖鳫門令大父烈考並棲尚衡門禪師始能言已見聰哲稍有識便離貪取先慈矜異遺訓出家丰甫十五遊於衞觀藝亏鄴雖在白衣已奉持沙門清淨律行始爲鄴衞之松栢矣乃遠迹尋詣探極冥搜至汝南中流山靈寺寺讀法華維摩等經勤力不倦時月遍誦畧無所遺後於夜分端唱經偈忽聞庭際若風雨聲視之乃空中落舍利數百粒又於都福先寺師事䀈法師廣習大乘經論區析理義

多所通栝以爲未臻元極深求典奧時嵩嶽大師法如演不思議要用特生信重夕惕不遑既至而如公遷謝悵然悲憤追踐經行者久之載初歲遂落髮具戒律行貞苦自余分衞一食而已聞荆州玉泉道場大通禪師以禪惠兼化加剌意揩行苦身勵節將投勝緣則席不暇暖頗依慈救故遊不滯方既謁大師率呈操業一面盡敬以爲莫吾師也大師乃理根會識垢散惱除既而攝念慮棲榛林練五門入七淨毀譽不關於視聽榮辱豈繫於人我或霧雪霜衣食罄匱未嘗見於顔色有厭若之容積年鑽求確然大悟

造徹而內外無寄通用而威儀不捨大師乃授以空藏印以摠持周旋十年不失一念雖大法未備其起步之迹固以遠矣後大師應召至東都天宮寺現疾因廣明有身之患唯禪師親在左右客有傳付人莫能知後聖僧萬迴遇見禪師謂衆人曰宏通正法必此人也神龍歲自嵩山嶽寺爲羣公所請邀至京師遊於終南化感寺棲置法堂濱際林水外示離俗內得安神宴居寥廓廿年所時有息心貞信之士抗迹隱淪之輩雖負才藉貴鴻名碩德皆割弃愛欲洗心清淨齋莊肅敬供施無方或請發菩提或參扣禪契

有好名 而求進脩者有厭苦而求利益者莫不懇揩專一披露塵惱禪師由是開先師之業業懋宣至聖之教語 則無像應不以清規濟方圓各以其器陶津緣性必詣其寶廣燎明揩之燈洞鑒昏沉之路心無所伏故物無不伏功不自已乃功無不成迷識者以悟日新憂形者由化能革不遠千里曾未旬時騰湊道場延袤山谷所謂旃檀移植異類同薰摩尼迴曜衆珍自積其若是乎如來以四諦濟三乘衆生以入正道不一切迷惑其或繼之者善成之者性非夫行可與真靜齊致道可與變身同體者固難議於斯

開元十 年長安道俗請禪師住京城慈恩寺十三年

皇帝東巡河洛持令赴都居福先寺十五年放還京師廿一年

恩自復令入都至南龍興寺曰此人境之靜也遂留憩焉沙門四輩靡然向風者日有千數其因環里市絕葷茹而歸向者不可勝計廿三年秋八月始現衰疾閉關晦養不接人事誡諸門徒曰吾聞道在心不在事法由己不由人當自勤力以濟神用衆以爲付屬之萌也明年夏五月加疾滅勝廿四日申酉之間有白虹十餘道通亘輝映久而不滅廿五日際晚攝念開顏謂近侍數人

云本師釋迦示現受生七十有九乃般涅槃吾今得佛之同年更何所住又云卧去坐去亦何殊別便右脇枕手疊足而卧此則知身非實處疾不亂奄忽棄世無覺知者　皇帝降中使特加慰賻尋策謚号曰大智禪師即大智本行皆悉成就以禪師能備此本行也禪師法輪如自天竺達摩大教東派三百餘年獨稱東山學門也自可璨信忍至大通遞相印屬大通之傳付者河東普寂與禪師二人即東山繼德七代于兹矣禪師性篤仁厚天姿通簡取捨自在深淨無邊苦己任真曠心濟物居道訓俗不忘

於忠孝虛往實歸尤見其困默有無不足定其體名數安能稱其極元波難挹高棟云摧旣離形骸之表當會神通之域粤七月六日遷神于龍門奉先寺之北岡威儀法事盡令官給搢紳縞紵者數百人士庶喪服者有萬計自鼎至至于塔所雲集雷慟信宿不絶棺將臨壙有五色祥雲白鶴數十雲光鶴影皆臨棺上蔚靄徘徊俄掩而散近古歸墓靈相未有如斯之盛也禪師之季曰道深力方墳而心盡弟子疾濟等營豐碑而志勤伊余謬嘗咨嘗面稟非以文詞取拙將爲勉慕在懷覽江夏立銘洮增橫墜覩太原成論悲甚慨然攀緣苦集顧望都斷有太僕卿濮陽杜昱者與余法利同事共集禪師衆所知見實録其餘傳聞不必盡記且離生滅是究竟無餘鏤盤盂乃古今難沫顧才不稱物短綆汲深猶昔人稽首東向獻心廬嶽者以爲懇慕之極况鐫刻永世不猶愈焉其銘曰

契冥慈者道爲物先靈力幽援降劫生賢爰兹大士寂照宏宣惠超三業心空四禪德溥甘露言感清泉翺軒宗極念護無邊猶彼檀施兮福未嘗有如彼戒瓶兮物無不受石無磷兮白不涅栢耐霜兮竹停雪

今將遺世兮無有量永離蓋纏兮辭生滅門八法侶兮無歸仰刺琰珥金兮壯高節望廬山兮摧慕瞻郎谷兮悲絶

開元廿四年歲在丙子九月丁丑朔十八日甲午建　史子華刊字

右唐大智禪師碑史惟則書大智見唐書方技傳傳云二十年卒碑云二十四當由傳誤

郭允伯云史書雖濃郁而縝密適暢筋骨不乏所以肉不病肥王元美云其行筆絶類太山銘而縝密過之知開元帝潤色所自耳予謂史書縝密固

其所長然能密而不能疎此所以與漢人終隔一
膜也

碑書緍紳作棢紳蓋以緍亦作揗遂誤手爲木耳

唐大智禪師碑陰開元廿九年

大智禪師碑陰記　河南少尹陽伯成撰

大道非言言以明道也空非相相以泯空也　禪師彌天冥符曠劫傳印出萼萼騰非非適來時也適去順也上自宸扆下逮蒸黎纔仰青蓮之光旋驚白林之會中書侍郎嚴公探秘藏決詞江洋洋兮文宗昭昭兮靈迹伯成殊昧光覺忝在後塵糺合羣公激揚衆美豈翰墨以云朽將金石以齊固所謂非六經曷以明夫子也非四偈曷以曉真如也凡捨淨財者人具題爵里于時歲在辛巳五月庚戌十八日丁

卯皇唐開元廿九年也　通直郎行河南府伊闕縣尉集賢院侍　制兼校理史惟則書　施碑石主弟子朝散大夫行華原縣令劉同

右大智禪師碑陰陽伯成撰亦史惟則書前碑書於開元廿四年碑陰書於廿九年前碑老勁莊嚴令人望之生畏此書骨力猶舊覺稍參以和緩之致不甚如前碑之奮張耳乃趙子函反謂其瘦而少態何也

唐任城縣橋亭碑開元二十六年

任城縣橋亭記篆額

橋亭記　將仕郎守尉游芳篹文　朝散郎行尉

華容縣開國男瑯琊王子言書

唐再受命能事備於開元乃十有二年告成於岱

翠華之往也則北巡濟河玉軑之旋也則南指陳宋

故　行宮御路次大任城爲陽門橋者跨泗之別

流當魯之要衝初隨時以既濟因　大駕而改功觀

其壅川爲池因地設險俯僉堰於　馳道甃石門以

飛橋夾以朱欄揭以華表炳若星漢拖如虹蜺蓋

乘輿乃　陽朝御六龍翊萬騎聲鬫紀律文物比象

迴　睿覽於洲渚駐　天蹕於川梁先時望　君之

來也則金繩以界之鐵鎖以扃之厥後榮　君之顧

也則浚池以廣之築館以旌之經始茲宇惠而不費

當儲峙之末有芻粟之餘散之則人獲一錢嫣之則

勤以千計請爲亭館以壯橋池故鄉口老白於吏吏

謀於府因人之欲得事之宜鼛鼓不勝工力徒競爵

爲層構在水之陽壓鮮原以迴出跨古墉而郤倚危

擱巘二反宇峨二勢搖煙潭炅若飛動南軒虛明以

晃朗北室漳而清泠白堂洎亭邐迤幽徑上覆篠

篠前臨芰荷憑高佇目萬象皆見夫河南之勝有三

橋亭得其一梁園有口王之迹莆田有僕射之陂平

池曲榭美則美矣豈與夫鳥嶼開合林嶂蔽虧旁薄

大荒吐納霞景壽橋南　像清　之覩虛　臨叶

滄洲之趣有是夫有是夫任風姓之國也謠俗古遠

其太昊氏之遺人富而教之合於魯頌當　太平無

事而朝野多歡不然者此池何以得花縣之名吾寮

何以得仙舟之目不其　而時則有若　邑大夫滎

陽鄭公延華信昭盈迮道契虛舟禮樂之行仁德嬀

厚　丞范陽盧璜　主簿平昌孟景　尉瑯耶王子

言　尉　東裴迴皆杏林英華學府金碧能勤在公

之節無廢會友之文嘗援簡於芳以爲之記會芳有

公車之召請俟於異時金鄉尉穎川韓邠鄉舍於裴

氏言於眾曰游子之讓斯文以諸公在此諸公之意

也子何辭焉因命東燭俾芳操翰夜而成記翌日遂

行開元廿六年秋七月旬有四日云　大唐開元廿

有六年閏八月五日建　通直郎行方與縣尉王日

雲篆額

右唐任城縣橋亭記游芳篹文王子言書王日雲

篆額開元帝東封乃十三年十一月事此云十二

年告成于岱誤記也滎陽鄭公名延下一字似華非華似葉非葉不知當是何字人獲一錢入字添注于旁花縣花字從吝作花皆僅見此碑

金石存卷十五

隸十　鈍根老人編　綿州李調元雨村校

唐韓賞告華嶽文 天寶元年

惟廿七祀孟秌右補闕韓賞敢昭告于泰華府君祠廟惟天地生于人惟山川主乎神人有識而神有靈人貴聰而神貴明於昭靈山與天窈冥載在祀典鎮于上京自古帝王徵應不一荒淫者神降之凶聖哲者神授之吉惟兹臣庶鑒于得失今予小子造于神祠將有所盟 神其聽之人有嗜好名爲私禱願無所求唯道是憂今者內禱於身外盟於 神如有一心公朝戮力生人惟神是福崎嶇世道僶俛在位惟 神所殛必將忘身奉國爲本圖憂國濟人爲已任明明泰華昭鑒于兹聽彼牲牢抑惟常禮神嗜正直意存精誠正直以享神精誠以享意拳然跼慮瞿然改容益靈山之巀嶭增壽宮之肅穆歷階趨進蕩驂其形尚饗

天寶元年歲次壬午四月乙亥朔十日甲申諸王侍書榮王府司馬韓擇木書

右唐韓賞告華嶽文韓擇木書擇木于唐甚有書名少陵所謂尚書韓擇木騎曹蔡有鄰開元以來數八分者是也賞告神之詞曰一心公朝戮力生人惟神是福崎嶇世道僶俛在位惟神所殛按僶

俛與詩邶風黽免同嚴華谷詩緝曰猶勉彊也力所不堪心所不欲而勉彊爲之曰黽勉陶淵明曰僶俛六九年潘岳曰僶俛恭朝命皆同此意此云僶俛在位非有大失何至爲神殛殛或以俛字義本同俯謂是有俯仰取容之意則可然又不宜與僶同用

唐嵩陽觀碑 天寶三年

大唐嵩陽觀紀聖德感應頌

開府儀同三司行尚書左僕射兼右相吏部尚書崇元館大學士集賢院學士朔方節度等副大使修國史上柱國晉國公臣林甫上

太中大夫守河南尹河南水陸運使上柱國賜紫金魚袋兼東京留守判留司尚書省事臣裴迥題額

域中之大有四道為之首而王者統焉方外之人有五神為之目而聖者用焉非道也無以致神非神也

莫能感聖自炎師水王軒訪峒山省蘢汾陽徘徊河上且猶私靈已之利屈萬乘之尊或得之而不存或求之而不及則未有宏心六合元化被於海隅滌覽九重異人臻於闕下密傳僊羿潛役神功端拱紫庭坐進金鼎如我開元天寶聖文神武皇帝之至感也蓋德邁者其業崇道宏者其化博上初戡巨難纂睿圖以為唐虞盛理教人而已矣乃昭禮物考經忠於是乎帝典丕綱罔不畢備及夫靈戎晏致邕熙又以為軒昊上德恭已而已矣乃斂清淨復漳朴於是乎偃甲櫜衣示於無欲故載歷三紀功苞九皇乃時有

眞人方士不召而至者僊然而進曰臣聞昔者太初之先也嘗有受命握符靈君千歲後代聖人順其外為封禪修其中為導養故玉檢有不死之名金丹為長生之要五三以降茲道蔑聞陛下承紫氣之眞宗接黃神之遠運玉檢之文已備金丹之驗未彰天將授之其在今矣上覽其儀而告之言朕聞神丹者有琅玕霅霜三化五轉太靈得之為上帝之伯元君得之為下教之尊必將假無為之功任自然之力乃可就矣於是考靈迹求福庭以為嵩陽觀者神嶽之宅眞僊都之標勝直中天晷景之正記烈祖巡遊之所

抱汝含穎風交雨會陰陽之所烝液偓佺之所往還丹竈琳堂徃徃而在乃命道左孫太沖親承密詔對授直訣靈之日披圖於天府二之日陳醮於山壇然後俾太靈啟鑪陵陽傳火積炭於廡下投藥於鼎中固以扃鐍呈其窻戶隙光不容人跡罕到自河尹官屬邑宰吏齋目對封泥手連印署太沖乃與中使薛履信銜命而東涉海沂過蒙羽行且千里歸已十旬然後剋日聚觀開封發印餘燼未滅還丹熟然則已六轉矣明年移藥於緱氏山如僊太子廟其役制之功神異之効又如初焉每至降御詞陳祝冊紫泥絫

表候忽飛天元酒玉柸繽紛和庢祠官驪眙供吏驚嗟蹩眖邪沓有如此者其餘瑞鶴卿雲祥光秘語匪朝伊夕不可勝記按中丹經云金華符成威光鼎就則有朱鳥陳異白日激輝斯非類乎九轉既畢馳駟以獻聖上方滌慮蘇清齋心虛白神期應會如合契爲於是三事百寮奉觴稱賀曰陛下撫羣黎而歸壽域上真降姝休而報聖德神丹靈御與天無極且夫宏化至道光烈也還風太初昌運也異人委質聖感也靈藥薦壽天符也此四者皇圖帝載所謂聞焉微臣預春鑴之徒忝甲甫之地上清事隱非魯册之載徵太洞功成豈周爲之能紀强銘瑞琰○播乾坤其辭曰

太古兮上皇千歲兮靈君自軒轅兮獨徂遂歷代兮無聞有唐兮英聖六葉兮十紀惟天寶兮合符故滌風兮變始嵩有峯兮穎有瀾交靈氣兮集僊壇資聖壽兮效神丹神丹御兮福庭會虹蜺旗兮紫雲蓋臨萬邦兮彌億載

天寶三載二月五日建（此行篆書）

朝散大夫檢校尚書金部員外郎上柱國臣徐浩書

右唐嵩陽觀碑李林甫纂裴迥題額徐浩書今在登封縣嵩陽宫遺址字畫完好如新渟蓄茂美無一敗筆然姿媚有餘而古樸不足視漢諸碑有間矣

明皇初不信神仙既集仙殿爲集賢後以相州刺史韋濟薦張果入宫制以爲銀青光祿大夫賜號通元先生則頗信矣此開元二十年事至此深信不疑乃鍊丹以求長生林甫奸諂其爲是言也固宜季海書之能無恧乎

唐石臺孝經 天寶四年

孝經序

御製序并注及書　皇太子臣亨奉　勑題額

朕聞上古其風朴畧雖因心之孝已萌而資敬之禮猶簡及乎仁義既有親譽益箸聖人知孝之可以教人也故因嚴以教敬因親以教愛於是以順移忠之道昭矣立身揚名之義彰矣子曰吾志在春秋行在孝經是知孝者德之本歟經曰昔者明王之以孝理天下也不敢遺小國之臣而況於公侯伯子男乎朕

常三復斯言景行先哲雖無德教加於百姓庶幾廣愛形于四海嗟乎夫子沒而微言絕異端起而大義乖況泯絕於秦得之者皆煨燼之末濫觴於漢傳之者皆糟粕之餘故魯史春秋學　五傳國風雅頌分爲四詩去聖逾遠源流益別近觀孝經舊注踳駁尤甚至於跂相祖述殆且百家業擅專門猶將十室希升堂者必自開戶牖攀逸駕者必騁殊軌轍是以道隱小成言隱浮僞且傳以通經爲義義以必當爲主至當歸一精義無二安得不翦其繁蕪而撮其樞要也韋昭王肅先儒之領袖虞翻劉邵抑又次焉劉之明安國之本陸澄譏康成之注在理或當何必求人故特舉六家之異同會五經之旨趣約文敷暢義則昭然分注錯經理亦條貫寫之琬琰庶有補將來且夫子談經志取垂訓雖五經之用則別而百行之源不殊是以一章之中凡有數句一句之內意有兼明具載則文繁畧之又義闕今存于疏用廣發揮

臣齊古言臣聞孝經者天經地義之極至德要道之源在六籍之上爲百行之本自文宣既沒後賢所注雖事有發揮而理甚乖舛伏惟　開元天寶聖文神武皇帝陛下敦穆孝理躬親筆削以無方之聖討正

舊經以不測之神改作新注朗然如日月之照邈矣合天地之德使家藏其本人習斯文普天之下罔不欣戴仍以大學王化所先孝經聖理之本今命辟沼特建石臺義展　睿詞書題　御翰以垂百代之則故得萬國之歡今刊勒既終功績斯箸天文炳煥開七曜之光輝聖札飛騰奪五雲之氣色煙花相照龍鳳香起實可配南山之壽增北極之尊百寮是瞻四方取則豈比周官之禮空懸象魏孔氏之書但藏屋壁臣之何幸躬覩盛事遇　陛下興其五孝忝守國庠卒冑子歆其六德敢揚文教不勝抃躍之至謹打

右臺孝經本今爲上下兩卷謹於光順門奉獻兩本以聞臣齊古誠惶誠恐頓首頓首死罪死罪謹言

天寶四載九月一日銀青光錄大夫國子祭酒上柱國臣李齊古上表

孝者德之本教之所由生也故親自訓注垂範將來今石臺畢功亦卿之善職覽所進本深嘉用心

右唐石臺孝經元宗御注御書皇太子亨題額一本共四大幅經注繁多不能備錄錄銜製序文國子祭酒李齊古表并草書批答三十八字其後尚有李林甫等四十五人題名亦不具錄明皇分書

自以太山銘爲第一此書豐艷有餘而微乏骨力然布置渟蓄始終如一注中小字盡態極妍允堪把玩亦翰墨中大觀也草書批答生動神憑對之令人色飛眉舞尤非後人所能及

唐封北岳安天王碑 天寶七年

大唐博陵郡北嶽恒山封安天王之銘并序

左羽林軍兵曹參軍直翰林院學士供奉上柱國

李荃撰

吳郡戴千齡書并題篆

遁甲開山以方色受生水行作鎮〇昭楞司野截巨壑以波委指平陸而海清塈旋頭柱　王國蔽虧日月棲泊雷電可小可大取諸恒也恒之靈藏往知來威慈懼邇陰陽交測之謂神神聰明正直害盈福謙禋我渟勦荒札不悖拯膏雨佐秋成再巘獻工六變

昱逸有孚盈缶奚貴而無位哉古者天下望于山川徧于羣神未嘗五五嶽而四四瀆大唐開元天寶聖文神武應道皇帝登泰山躡社首範圍天地幽贊於神明柔地載上元庚寅

詔曰五方定位嶽鎮揔其靈萬物阜成雲雨施其潤上帝攸宅寰區是仰其岱宗西嶽先已封崇其中嶽三方典禮猶闕降神希澤同致福於生人肆類尊崇未齊名於禮秩永言光被同叶靈心其北嶽可封爲安天王所司擇日奏聞龍集丁亥律中姑洗壬午錫以金檢玉冊〇縣禮也夫聖人以天地爲本陰陽爲

端五行爲質北嶽水正也乙酉水命也大君有君如
彼北嶽鼎然不渝受玆介福益無方也驃騎大將軍
員外置同正員兼范陽郡長史柳城郡太史平盧節
度支度營田陸運兩蕃四府河北海運兼范陽節度
經略支度營田副太吏採訪處置使兼御史大夫上
柱國柳城縣開國伯常樂安公田禰凶國之英也入
柱承天三門出將風順遼海霜剛憲秋凶戎朝鮮繫
頸請命剛威將軍守右威衛將軍使持節博陵郡諸
軍事兼博陵郡太守北平軍使上柱國賜紫金魚袋
武威賈公曰循時之傑也康侯分苻師貞受律英畧

外斷沉謀內融清濬無私虛谷必應遒人化之如春
陽也朝議郎攝別駕上柱國賞緋魚袋信都馮公承
相中散大夫行長史上柱國賞紫金魚袋清河張公
会瓚人之望也利物足以和義貞固足以幹事威揺
商秋德湛行露逼直郎行錄事參軍榮陽鄭旼宣義
郎行司功參軍汝南同琫姚奉義郎行恒陽縣令高
平郗懷玉吏之雄也貂蟬稱家冰水作吏箘簵方勁
球琳有聲僉曰
聖王先成其人而後致力於神國其祉也晉者方嚴
禮於虞帝敬鬼尚祀於殷人未有加望秩之榮錫封

崇之號斯盍　我皇之能事也燕凶有石碩儒有文
既述且刊廸變陵谷銘曰
維恒兮作鎮王癸菩利萬物兮德配諸水雄峯屹立
而朝山邐迤閃電雷慗神鬼其福
菩禍淫而正直如夫一其　君恩卑兮流湯湯汨神道
蕩鬼方四瀆爲公兮五嶽王山戎臣首而犬戎北亡
勸貞石以一固浮大海之三桑二其
天寶七載歲在戊子五月庚午朔廿五日甲午建
杜南金韓休劉刻字
右唐封北嶽恒山爲安天王碑李荃撰載千齡書

天寶七載建千齡書法雄駿道美浸浸欲出韓蔡
上而名位不著惜哉是時安祿山爲平盧范陽兩
道節度使雖權勢浸盛而反形未著故碑中尙極
辭贊美之孰知其叛不旋踵予聞碑陰有文康傑
撰亦千齡書俟更訪之

唐左金吾衛將軍臧希晏碑 廣德二年

唐東莞臧府君神道碑 篆額

第一行全缺

有唐廣德二年八月五日歿左金吾衛將軍臧公 下缺

長坳鄉禮也公諱希晏字恭靖先封受氏弈葉重

際子孫有後大庇生靈述職因官今爲京兆人也

父懷恪右領軍衛將軍嶲州刺史上蔡侯贈工部

白茅式旌餘烈爵嗣朝也攄五兵之要漏幽眾也

庭鍾鼎谷量千駟之馬贏滿萬金之裝三武遺賈

昭纘爲珪璋俯拾青紫常以爲千戶侯力可取萬

理兵之歲塵飛碣石烽照甘泉盧龍北隳胡馬南

王建牙璋擁金節控弦廿萬以專征之六郡良家

慙色其後出右路窮河源收堅城拔高壘戰勝攻

河曲之間威聲載路屬三川之地五載未巡公侯

州刺史方思來暮行古之道特拜太僕卿兼甯州

外臺之帷抑有由矣屬親征旅旅薄代吊人駐

龍之旂儀雙鳳之闕擢能佗牧匪易其人以政理

鑿出師之門分制軍之閫未加嗣命忽閟幽泉故

贈燕國夫人劉氏百代舊封五公貽慶女則彰美

希讓御史大夫工部尚書渭北節度贈太子太師

里因心則友義切天倫嗣子睦王府長史叔獻次

血曾參絕漿喪過乎哀行過乎禮敬承副相之託

臧孫有後千古立程才爲將畧道實人英出入三

氏父子〇〇兄弟高碑之士長絕忠貞

右唐金吾衛將軍臧希晏碑今在三原縣九陂城臧氏墓上下截殘缺止存其上段十九字首行全缺書撰人名皆不可見王元美云爲朝義郎守衛尉少卿淮陽縣開國男賜紫金魚袋韓秀弼八分書撰文爲銀青光祿大夫行兵部侍郎清河郡開國公而缺其名按寶刻叢編載諸道石刻錄有唐

贈楊州都督臧希晏碑云唐張孚撰韓秀弼八分書大歷五年立在三原今碑不見贈楊州都督事亦無大歷五年字或皆在所缺處整于廣德而建碑于大歷亦不遠也

希晏爲懷恪子兄弟七人皆貴顯懷恪碑爲魯書甚傳于時金石錄載臧氏墓碑凡三金石畧載韓秀弼所書碑凡四而俱不及此何也碑雖斷缺然名字世系歲月功勛及夫人嗣子俱尚可見亦異于泯滅失傳者矣

唐文宣王廟新門記 大曆八年

文宣王廟新門記

朝散大夫撿校祠部員外郎兼侍御史裴孝智撰

前義王府倉曹參軍裴平下丹并篆額

成域中之大歸天下之從日王 二者應歷以宰物酌旨以觀化威聲雷霆號令風雨理合自然之運也行家至契如神之速德叶協於幽明道侔徉於古始無爲無事其泊乎澆淳既變仁義斯起偃息庠序棲遲洙泗憲章萬物之首馳騁百王之末清頹厲肩儒術於戲周故春秋作而賊亂懼風興刪而廉恥生莽韶

護而恣濃之音息行莊敬之心勸夫子聖者歟名與日月周流業與乾坤終始隱焉而光闇然而彰俞服代稱王曲阜聖人之鄉也先是閟宮震敝正殿岑立線以環堵遂其臺門巍若化造動乞所謂淹中之勝槩闕里之全模刺史孟公休鑒德潤尊師道肥希聖研精百氏言夜火非官曹之燭春桑絶 校之訟判官郡功曹盧瞳以文發身以清撿物博通數四科惟此祠廟厥初層搆朱戶半傾雕甍中落難名之闕輿造次可遊如在之易覩將何以克恭過位加敬及庭於是孟公首之盧公翊之因命縣大夫翁太裴公新其南門書時也公名有 育元舍其廣學攻文始登甲科吏于舒二等吏于兗二人悅服皆可大之用爲致遠之歆由是庀徒程其乃役不斬仲氏之石儐以日而給功不時而就大屋橫亘雙扉洞開丹栱繡楣膠葛固景飛搪騁渴而棲露鳥鏑既固享獻聿修官吏唯肅清之謹邑人無褻瀆席及階而升數仞之牆由戶而入君子以非孟公之化不行非盧公之不成三事叶同乃屈于薔孝智不敏儒家之流從抱春秋會榮之禮誌不腆之文俾刊瑤貞之石時大歷八季十二月一日也

右唐文宣王廟新門記大歷八年建裴孝智撰裴平下丹并篆額後漢書蔡邕傳熹平四年奏求正六經靈帝許之邕乃自書丹於碑使工刻之又滕縣秦君碑云丹書刻石垂示後昆書丹之制其來已久此碑云下丹卽書丹也又碑云先是閟宮震敝正殿岑立震敝疑是霞敝此段文義蓋述從前宮殿壯麗意敝與敞字形相近恐下筆偶誤然震字又未知是霞與否不敢遽定也春桑絶附校之詠似用後漢張堪傳桑無附枝麥秀兩岐語書枝校亦筆誤也平書法得漢人遺意絶無史惟則蘇

怒張之氣而名反不甚著碑刻所傳者亦寡可惜
也此碑予所見本以裝池成册所有缺字皆經剪
裁故多不可屬讀處須訪全段注之

牛夫人造像碑

粤若稽古有釋迦如來示滅雙林常在三竝（下缺）
榭多所康濟天水趙氏之七子者若人有定
先妣伲禮導師心不可以即空事不
慈伲爲應身生未吾之叩天如此來者可不
鑿巖因禹不必叺須塗之園攡指非偕安在
摶翠壁而○○攻香龕而洞啓通豁寄○見
湛然不動復次隋所圖擬嬋其○異焚念○
月貞益隙則　天王之建正是如來○
雖古之分福未始臻于○○惟夫人姓牛○
蔻牛父歿後有晉將軍○金金十一並而○
即夫人烈考也始○○趙○○○○○
貞曰顧貞曰彙貞○○○○○○○○歷
監察御史末○屬○○河○○○○○丐
不調終於檀州録○○軍事夫人○○○且
然內訓垂裕初○府君○沒也長子方冠少
以禮蘭王並秀○○○○○○在堂已六

右碑無年月題識石截不全但存其上段十六行
行十七字于中復多剝蝕前人撰録亦無可考首
云有釋迦如來示寂雙林後云鑿巖因禹攡指非

僊又云攻香龕而洞啟蓋是叙雕刻佛像之事後
又云惟夫人姓牛又云有晋將軍金金十一世又
云即夫人烈考也故以牛氏夫人造像碑題之碑
有云趙氏之七子者又有先妣之稱或是七子雕
鑿佛像爲母祈冥福耳後有曰願貞曰彙貞云云
似是此子之名夫人疑室于趙也
刻經造像最盛于北魏北齊之世今所遺碑碣大
抵多在代地此碑不知所在隸法瘦削清健不類
唐人豐膩或亦北朝之遺刻乎

卷十五終

粤風

光緒壬辰鋟於樂道齋

粤風卷一

羅江李調元鶴洲輯解

粤歌　睢陽修和原輯

蝴蝶思花

思想妹蝴蝶思想也爲花蝴蝶思花不思草兄思情
情妹不思家

相思曲

妹相思不作風流到幾時只見風吹花落地不見風
吹花上枝

舊日藕

舊日藕羅帶穿錢舊日銅妹是舊人講舊話新人講
話不相同

日出

日頭出在那邊山抽眼上天看朶雲有銀買得穿絨
織單遮俚兩莫遮人
日頭出在海中心細筆寫書字字眞細筆寫書成大
字寫去幾多買紙銀

日落

日落西時日落西沙牛引兒隊隊歸沙牛升兒入欄
裏巴娘引弟入羅幃

山蕉葉

山蕉葉比像園蕉葉樣開你是男兒辨識字虧我女兒白口才

高山種田

誰說高山不種田誰說路遠不偷蓮高山種田食白米路遠偷蓮花正鮮

隔水

娘在一岸也無遠弟在一岸也無遠兩岸火煙相對出獨隔青龍水一條

妹金龍

自嘆十巳妹金龍有意怜娘無福冲正要將心去妹屋今時人口利如鋒上人謂見曰冲

高山放石

高山放石著底埇只見水流石没容今夜得娘同相會不得成雙人笑儂

高山放石落底卑只見水流石不移蜘蛛結網娘門口擾路來也妹相思

妹同庚

妹同庚同第一年一月生同弟一年一個月人門同出路同行

妹金銀見娘娘正動兒心眼似芙蓉眉似月勝過南海佛觀音

妹鴛鴦小弟一心專想娘紅荳將來吞過肚相思暗斷我心腸

妹金釣誰說燈心不惹油誰說巳娘不作笑少年正好作風流

妹珍珠偷蓮在世要同君妹有眞心兒也知結成東海一雙魚

妹嬌娥怜兒一個莫怜多巳娘莫學鯉魚子那河又過別條河

妹金龍日思夜想路難通惡歡又没親人送寄書又怕人開封

塘上

嫩鴨行遊塘栅上嬌娥尙細不曾知天旱蜘蛛結夜網想晴只在暗中絲

梁山伯

古時有個梁山伯常共英台在學堂同學讀書同結愿夜間同宿象牙床

大石

大石欄江過着弟下塘掘藕過着蓮見兒行過桃原

洞正是逢仙不識仙

擔水河邊不洗埕因（原本闕）埕底有泥塵個月沒冲刷一遍因何小妹不憐人

寶不丟

寶不丟生柴不丟死柴枝梢可丟人不丟妹丟妹亦不到今時

山上青青葉

山上青青是嫩葉水底青青是嫩苔面前有個嬌娥妹寬行兩步等兄來

妹花顏

妹花顏高聲唱歌莫要壇莫要胡言亂說話不明不白弟難還

又

妹花顏要吃檳榔也不難檳榔尚在海南縣石灰泥竈不曾剷

妹相思

妹相思妹有眞心弟也知蜘蛛結網三江口水推不斷是眞絲

妹眞情莫作生心不念兄樓上打鐘聲去遠怜娘不久枉占名

妹去跟人作木匠問娘工夫成不成妹有眞心妹就說莫作鰱魚不出聲

黃菊花

科舉秀才取紅豆相思及早辨前程黃菊花開九月九枝枝花葉有娘名

雜歌

富貴榮華且莫求人憑年少作風流金玉滿堂閑富貴留個聲名着後頭

撑繖去蒸涼亭住作過風流人知音兄担紅豆北京賣相思路遠弟來尋

壁上插針妹藏口深房織布妹藏機燈草小姑把紙捲問妹留心到幾時

眞是不怜妹早說莫作烏雲蓋日邊請媒又怕媒人講不如儂兩暗偷蓮

路上冲娘問一言面生難近妹身邊塘基栽竹望成筍下塘栽藕望成蓮

石上牽牛沒脚跡井水偷擔人怎知開門耕布關門織報娘千萬好藏機

南風吹過北風番新龍來占舊龍潭看娘一似細莞蓆借兄薦睡一時間

兄今囑報妹相思千萬報娘莫說離也能占個名頭大就是丟兄人也疑（言我與你相處聲名已彰縱丟開人終是疑不如不丟開也）上嶺邀娘上到頂落嶺邀娘落到沖報娘千萬莫吃水吃了生心不念儂帳無唱蜘蛛結網帳無絲花不年年在樹上娘不年年作女兒

上步水

擔水便擔上步水草擔下步水有砂連情便連大屋妹連人親婦是殘花

離一身

遠處唱歌沒有離近處唱歌離一身願兄爲水妹爲土和來捏作一個人

竹根生笋

竹根生笋各自出兄在一邊妹一邊衫袖遮口微微笑誰知儂兩暗偷蓮

喜極之詞小令有轉過雕闌一闋正與此相似

江水白漣漣

一條江水白漣漣兩個鱇魚在兩邊鱇魚沒鱗正好吃小弟单身正好憐

好馬行

好馬行街身不動有意偷蓮不用媒好田不用多安種好吃檳榔不用灰

紗窗月

揭起珠簾放鳳飛紗窗門外月蛾眉陰影石榴不結子虛花枉殺少年時

白石山

爲情每日弟心孤白石山高隔路途娘在深房高枕睡問娘得夢見兄無（白石山山盡白石在郡南五十里仙書二十洞天）

照梳頭

早朝行過妹門頭見娘照鏡正梳頭怎得兄成梳面

布共娘相識掛心頭

蛋歌

蛋有三種蛋木蛋魚蛋寓潯江者乃魚蛋未詳所始或曰蛇種故祀蛇于神宮也歌與民相類第其人浮家泛宅所賦不離江上耳廣東廣西皆有之

錯畔行過蘇興巷魚通水透到花街木樨花發香十里蝴蝶聞香水面來

魚通水透與水經注魚若懸空同妙平仄亦協

蛋船起離三江口只爲無風浪來遲月明今網船頭撒情人水面結相思

鹿在高山喫嫩草相思水面緝麻紗紋藤將來作馬
問娘鞖落在誰家

沐浴歌

沐浴東粵之歌名也潯在粵西土曠人稀流寓于茲者粵東人尤多故亦習爲此歌其詞甚似元人彈詞以三絃合之每空中絃以起止葢太簇調也

又一種句法類詩餘

一笑千金難買行來步步蓮生臉似桃花眉似柳話語最分明

粵風卷二

猺歌濠水趙龍文原輯

羅江李調元鶴洲輯解

歌

石頭大牛大陷到石頭邊牛大陷到石頭面念娘不到娘身邊猺人呼魚爲牛石大大字如字牛大大字解作遊字陷是不言已啡相之切不得到身邊猶魚之遊只在水水中不得到石邊也

大岸年兒出庚水呵岸年兒出呵花年兒出到呵花樹根屯出到爾傍嬌大岸是隔岸年兒未詳庚是年庚木是小呵岸是對岸呵花是好花屯是村大意謂一岸廂出名花一岸廂出美人所以此村中生出你十分嬌嬈也

先斷定斷定表大娘陷大表大便到末橫底娘大使到木橫枝斷定是期定表是兒大是來陷是不橫是木之多橫枝者取其能遮蔽期其同來一處意

不奈命不奈朝廷陷共邨不奈朝廷陷共巷十分其巷隔重離陷隔重離十二檐十分賣話也難通陷是不賣是有

思娘猛行路也思睡也思行路思娘留半路睡也思娘留半床

白馬兒白馬端正也難騎娘騎馬頭表騎尾馬彎尖尖妹陷比陷比即怎騎

風過樹頭風過急水過波門水過鄉表過娘郁回去
急陷都覔心慱少年陷都是不得寛心是細工夫慱猶賭賽
意着尔便能總三意着程總三着程陷用峽娘就意
表陷用媒便能是就如總三是妙線程是織布机頭陷是不峽是杼
十分塗罵便塗罵十分塗罵笑儼儼十分塗罵儼儼
笑罵到三朝也要連
心渴也爲日頭毒肚飢也爲日頭長蠢夫輪屯布十
指欠雙也爲表家窮
昨日同娘在林中二人講話陷相同表㘗入荒娘陷
入陷知娘啞是娘聾

鄧娘同行江邊路却漓江水上娘身漓水上身娘未
惟表憑江水作媒人鄧是同

又

如今世界惡烏鴉日夜慣搖聲烏鴉日夜搖聲慣陷
比表世是表生搖聲者亂鳴也陷比是不知世是死
一年水心運幾半一年沙石運幾邊單身年少難都
運日从冲當話未保水心是江水運猶搬運去而復來來而復去之意都是得冲是
見當是當面
天上有風地下動水裏無鹽水自㖔都藥江水千年
根都連　心貫萬年思藥是吃都是得。

表似深山白藤刁還着娘身未望離還著娘身未望
落表小念娘未望回陷都念表且都布且都門傳過
九州刁是懸陷是不都是得布是名
娘陷若脚底踏鞋陷惹泥踏鞋陷惹泥娘小唱慣表
陷惹陷是莫要
讀書便是劉三妹唱慣本是娘本身立價便立價雪
世思着細衫思着價造價是歌立價是造歌劉三妹是歌之人雪世是傳世細初指
唱歌之人義同紅裙
要娘記要娘把筆寫行書寫書便寫因巨葉思着萬
看巨葉書要娘記要娘把筆寫行書寫書便寫因衫

背思着萬看衫背書
三表讀書治天地三妹唱慣慱少年黃蜂細小蝵八
痡油麻細小炒仁香鴨兒細細看水面表絲細小妹
連娘

猺人布刀歌

布刀者峒人織具也峒人不用高機無筬無梭以
布刀兼之刀用山木形如刀長於布之闊鋭其兩
端背厚而措如弓之弧刀如弦而薄剜其背之腹
以絲緯而窓其鋭而吐之以當梭緯旣吐則雨手
板其兩端以當筬也峒人書歌於刀上間以五彩

花卉明談沐之以贈相知云

意着你便能緫三意着程緫三着程陷用㛊娘就意

表陷用媒

此歌見漢章所輯猺人歌中釋詳俱未審余觀其織作始得其解程即布刀㛊箸也高機用箸此以布刀代之故不用意着是黏着言我今日黏着你就如絲線黏着布刀一般絲線黏着布刀自然上緊故不用箸你我相黏又何用媒哉

粤風卷三

羅江李調元鶴洲輯解

狼歌東樓吴代原輯

唱

寛介留麼往寛的歌習廣寛是唱介語詞留是我往是妹知廣花名木類出桂平諸縣山中高三四尺許細葉春夏間着小黃花○唱與我麽妹唱的歌好就如一枝習花花一般誘之使唱也○寛介留麼往寛解悶雙䢖雙䢖是兩句○唱與我罷妹唱兩句解悶○皮是伝布寨往買皮就呵皮是兄伝是爲人布是不土人唱不多作去聲也寨是好買是愛呵是應○兄雖是爲人不當怎的好妹若肯愛我我就應了○往懇皮就寵不貧同不放懇是上寵是下土人謂所歡日同年言其青春相稱也○妹若有從

士俯就之意兄即從下仰扳不得與你成同年決不放過去

答

寛便寛麼皮寛敗岑樣墨岑是墨是不像敗寛便寛麼皮寛敗匿樣辛辛是石匿是堅○唱便唱麼歌只是唱的不好不像墨恁一樣墨不像石恁一樣堅盎自謙之詞答前四句○吞同厘伶俐約友二何行吞是見厘是好約是教友二婦人自稱緣土人謂相知日同年又日友友二婦人自處于友之次也何是頸行是饜○見同年生得好伶俐教我頸中饜饜頸饜即心饜答前往買句頸即喉嚨答其不得不爲之唱也吞同句答皮是句○扶買扶過尋何行也不失扶是一個人過尋是頑耍○一個人愛一個人自常過尋相頑耍我心也饜亦不肯放你了了

唱

艮爾留相過如水還到江艮爾是今日留是我○艮爾留度讓
如貧雙品巴度讓是斷橦見貧是狠人呼蝴蝶爲品巴○日往月又移同
厘㓜閭往同是同年厘是好㓜閭是何處○別你久了你好在何處住○平南藤
貴縣斗呑妹王還平南縣貴縣隸潯州府藤縣隸梧州府二縣接壤斗是來呑是見王
還猶云風流

答

艮爾留度立如個菉逢春立是遇個菉是個竹○艮爾留相逢
如愬呑籠斗如愬呑籠斗猶云如從天上掉下你來了○咳當臨他流咳
秋臨他篤咳是挨至當是門臨是眼他是泪秋是柱頭篤是流的更多○扶台使
斷派扶在使度辛扶台是那個死了斷派是丢開度辛是相見

唱

六呑六齊度菊口籠六是鳥呑是見齊度是大家菊是飛進口籠是山裡○鳥見鳥彼此相顧大家一齊飛進山裡去○有呑同諸十艮布印艮是日布印是不應○今我見你與你講十日話也不應我一句○大路無數岔河河無數曲
艮愬想舊話呑那何就籠艮是日愬是夜何是心籠是日○大路江河本直無曲我心原無他意但日夜想舊話今日見巳心就安了

答

巴呑巴度了籠洪力巴是魚度了是一齊籠是下洪力是深潭裏同呑友
齊匿講兩逖齊匿是大家兩逖是兩句○今日同年見我我與你大家說兩句○齊
藤同恩愛曾批敗閭囉齊藤是想到曾是不知批是丢敗閭囉是那邊好○

布呑布齊到鄧雙劉改失布是某齊到是大家說過鄧是記得雙劉亦是大家說過的○今日某某同眼相見大家都把話說過記得兩人說過話當改却前非永不離異也

唱

十六管國六斗呑六費梨六是巷子國是一斗是來呑是見費是都是○十條巷做一條巷我來見巷內都是梨花○十卑管國卑呑同厘艮爾卑是年同厘是好同年艮爾是今日○十年當一年今日方見我好同年○命皮嘆虛花究家
難理度命皮倒裝猶云我命嘆虛花究家難以理度口中隱隱疑其別後另有所私意○呑
同厘伶俐約都皮心非約是教非是悶○他處說伶俐是獎此處是疑

答

忍乃布呑艫賴艫批販紙忍乃是訴久艫是船○忍乃不呑皮

賴皮厘布閭厘是好布閭是誰家○許久不見你的船賴你坐船去販紙許久不見兄又賴你與別家相好○雙逄今奴撐凛卦廣陂波逄是手今是掌撐是槳凛是水卦是過廣陂是兩岸○你又厚上別人猶兩手拿着兩把槳水徑槳撥自然向兩岸分去○隔卑
卦卑佳曾同台曾厘卑是年卑卦是去年卑佳是前年曾是不知台是死厘是生○一去三年全不管人死活

唱

十六管國六斗呑六費筠筠是竹○十卷作一卷來見巷內都是竹○十
艮管國艮斗呑同艮爾艮是日○十日當一日今日纔見我同年○逖孝
半正徑舊情賴國騎○望東南西北花色一般紅逖是講孝是好話國是那個騎是哄○我與你講好話犬半是正徑賴我忘却情是那個人要你試看東南西

北處處花色都是一樣我豈有原他人而去你之意

答

忍乃不吞艣賴艣批敗奈奈是麻○忍乃皮雷派賴皮

買有閭買是愛有罰是別家○一來又販紙二起又販孤孤是鹽

○花色曾落眉同劉驢布買曾是都眉是葉驢布是怎不○你販麻販布販

紙終日只是貪利抛我久了我的顏色縱然如花也擔閣的連葉子也落盡了你怎不賣我而買他人也

正是破前曲望東二句

唱

妹要取手釧便斷弟幾時斷是限○得會妹相思便出

墟去打○妹若送弟花大家換慱換○大家布慱布

妹莫做葉倪布慱布一疋布換一疋布不肯放脫之意葉倪是反心

答

妹知弟不知木皮好做紙○恐同年不意妹歐氣難

陪○舊錢便好使舊米便好糍飯也○妹說弟風流都

劉是不是都劉是我說

唱

皮論力㷊苦勞有助廊辛皮是兄論力㷊是說哩話勞是怕土人凡同年相處

女自稱日有二言其從一也男稱女日有助望其相助成家也廊辛是吃驚○我這句話十分苦楚說出

來恐怕你吃驚○約論力㷊岑勞任吞曾低約是要岑是好吞是見曾低是

喻器○要我說到好動情處恐怕你要見器聲哩○望北斗起生望有彭照

顧彭是少年又是一稱呼照顧猶望北斗照生言其切也○望同年○想藤同好看

适家當不成藤是到好看是好漢家儅是家門○想到我也是個好漢子家當只是做不成

者無助我也此所以般般望照顧于有彭耳此同字自稱益同年之稱上人用以稱人亦以自稱或用通

稱

答

艮乙十艮乙鳳托佛來琶艮是日乙是暖托是晒佛翅琶是山○重言日色

暖時鳳凰出來晒翅山上日北巳鳳比即答前首照顧之意○有剎剎膂囉眉㷊

麼使論剎是卟膂是問囉助詞眉是有㷊是話○有卟你便開口開有話你便講○命丑

篤閷呀寃家難離脫丑是不好篤是往閷是人家○我命不好妹了人家去就如寃

家一般此身不得脫離焉得照顧得你來○巴台也爲綱何閤也爲花巴是

魚台是死何是心○然雖照顧不得你而此心巳在你身上人貪花魚貪餌殆有所不暇顧矣

唱

往齊皮也齊齊齊愆雷望上相間二齊字是想下相連二齊字如字愆是上雷

是嶺上○你想我也想齊齊上嶺望○往想皮也想曾往想貧閭曾是不知

貧閭是成家○不知妹心思與我成家麼○爲心齊路長常恐不禮批爲心

想路途遙長常恐不得去○劉樣忍貪花不貧琶定放劉樣句未解不貧琶

定放不得你成人家定不放你

答

艮往各嘆花勞花台失記艮是今日各是自嘆平聲音貪勞是怕台是死記是

枝或如字更妙○今日妹各自嘆花怕花落故枝不復記憶○艮往嘆有二勞皮

在臨都臨是忘懷都是我○今日妹自嘆自怕妹死兄獨在忘懷于我○空禮貪花愛會閆寶貧琶空自嘆愛好花不知何日與你成就人家○齊藤有結末敗台會眉氣齊藤是想到結末是幾多敗是不如會眉是没有○想來想去有幾許總不如死去斷了這口氣倒是爽利

唱

糀六雷茄吟今繒批助太糀音塘六是塘內雷是沒茄是有吟是魚今是拿繒是網批是去助是打太是江○塘內沒魚拿網去江裏打○都皮若雷嫣望往嫁麼留我若無妻妹嫁了我望闌西様凜冷囉扶管布吞闌西是家裏凜冷是冷水囉是好扶是誰人○我家自東至西無人照看如冷水一般誰人不會見來○雷眉扶過春召伝會閆卦雷眉是沒有過春郎度日○不得你與我過春枉爲人一生教我怎麼過活

答

貫往苟雙孟皮定駱布區貫是往時苟是頭雙孟是雙髻駱是不着意區是娶○往者妹小時頭纔挽雙髻那時定見我小不着意要娶我○爾懇九重樓約區區布哩爾懇是今日九重樓笄也約是要○今日我上了頭要娶娶不得了○各想心各愁心頭如馬踐○在陽留過有陰府會度區你我兩難捨既不得做夫婦今生唯有暗地你同年死後與你成夫妻罷了

唱

高山眉力莫便批罵馬巾眉是有力莫果名罵是打駡是來巾是吃○果子在高山言其難得便去打來吃言其偏易○往嫁篤闌伝皮又重合命篤是

往闌是家伝是人合命郎今之庚帖○妹雖嫁人家我只管重送庚帖定要娶你○往若肯許留布愁扶閆惡扶閆是那家○妹若肯許嫁我我不怕那家强惡只顧娶你○若台便斷泒若在厘相逢除非死了便罷若在好相逢應前在陽一句

答

扶沉苟籠梯伝區批過米扶是衣沉是盔苟是頭籠是出門伝是人家區是娶過米是做媳婦○紅衣服嫁了頭出門嫁與人家做媳婦○扶巾錢巾禮會驢厘馬同扶是父親巾是受○我父親受過人家錢受過人家禮你那時想也曾見看見○條條臘眞力百色盡眉齊臘是担眞是重○三十六圖羊四十雙圖雞那時成丈夫采禮十分齊整條條担子俱是重的無物不有諸般俱全不別說別的只羊與鶴也是多不過的

唱

山石不得移也眉攋凜闖眉是有攋是着凜是水山石之堅也有着水闖時○○貫扶嫣家往你換奈圖麼貫是往日扶是父嫣是母換是娶○往日父母已把你嫁了人今日要娶奈得麼○往思皮便想雙伴不分離○想條命皮差布厘琶咳怨咳嘆詞想來兄命差不得成親唯嘆思而怨命耳

答

若皮駕天橋就度邀批卦度是一齊邀是知邀批是去卦是過○若兄駕天橋也就大家相邀一齊同過去言你若當時要娶我我也肯嫁你○約區同舊話便批囉媒通約是要區是娶囉是叫○若要娶我同年舊有此話但此時就該叫謀人來通知我家父毋了○生人妻可孝度告實不饒可孝是可正經說不可亂道○你當初夫

了机會今已成生人之妻矣豈可如此亂道告到官官定不饒耳○貫龍結綑親爾先負公嫣若往你肯娶我如今已生芳長女你我已成公嫣矣

狼人扇歌

扇歌書于扇贈所私者白扇一面花鳥一面歌字如蠅頭其詞借扇及扇面花鳥寓意相連百千首前後起止皆有章法有創作有套本詞多不能悉載姑取其佳者數首云

皮送柄坡扇許舊面坡林皮是兄狼人呼扇曰坡許是看林是風言兄送這扇與你此扇有風便要看舊日情面○也不內不兄許名今匹召內是小兄是大許是與名是同今是拿匹名是一世言這扇不大不小可拿一世○往批晚批瑤

也厘除方便往是妹批是去晚是壠壠是村厘是好除是得陷妹去壠去村拿着方便又好看○艮便放苟等江陷放苟云艮是口裏江是夜裏等是手云是床苟是頭言白日拿在手頭夜間放在床頭欲其須更不離之意

皮坡批了往皮烏齊初送○坡皮批了往禮肯往害今○往眉心斷皮也布被吞會○十二月不今小心收得籠今是拿籠是好

信布眉麼厘論前時往會○很呼扇曰坡亦曰信論是說會是歌子言扇雖不好扇上歌却是說前時妹唱的歌子意思○書不講來路論新苦性啤書是字來路是多話啤是知言扇上字無多話說只是說我辛苦與你知道○齊同勺攎肚雙逄運如慈齊是想勺是方攎是在雙逄是兩手運如慈是麻木不仁言想你方在肚裡便兩手麻木○水透魚便通齊同扶攎會

便往齊滕皮如是念花桃花桃花倒語乃桃花也言思妹如桃花○劉里內佶交布勞扶攎夏攎夏是說不是言我與你相處不怕人言○比萬兩千金眉心又眉意萬兩千金二人名事見前眉是有○雙劉齊結友卦陰府布勞卦是到言與妹得成雙郎到陰府也不怕

便方齊滕皮念千歲花梨○古同舊外時有厘改亂買厘是好改是不買是愛言我與你自幼相處你不要另愛他人○比火帝龍師結夫妻卦世火帝龍師二人名兩家男女前世為夫婦○結首改分散千萬改分離改是不

各日度文可慕生疎各自度日久不相過路士生出章來○往不念當

初皮齊可勺割妹不念往情令我心如刀割○比山伯英臺台批齊尋墓台是死批是去言死去于墓中相尋也○不厘同恩愛在薦乃迓我厘是得薦是我迓我未詳

自便往至各日度三章皆以古人自比首章萬兩千金現世夫妻也龍師火帝前世夫妻也山伯英臺來世夫妻也總卽生生世世為夫婦意而章法淺深逼眞三百篇矣

狼人擔歌

杜少陵曰夔俗坐男使女今粤俗亦然故峒人多用木擔聘女或以贈所私者式如常以五采斲作

方㪉齡處文如鼎彝然歌與花鳥相閒字亦如蝇頭文多姑存其一以備一體云

送條閑胏榕許名同過照狼人呼擔曰朋木曰胏閑許是與名同是情人過照見表記胏榕者取榕木作木擔也言送一條榕木擔與情人作表記○雷眉麼好炒送

年少便厘雷眉是沒有厘是好言木擔無甚好處只是人好便好猶彤管美人之意正江

花厘陋雙苻又有龍正江是中間厘是好陋是滿雙苟是兩頭言中間畫得花好又滿面都是而兩頭又畫龍也○送許同立價定舊話百春作拾上花鳥如此之外又作歌在上面而送與同年定做風流話柄百年耳

狼歌疊唱反叶韻例兩韻別用○卩分誌

若皮鴛天(橋)起句有三字者亦有不用韻者

就度邀狼歌定藏一韻于此批(卦)必于此句內用句第三字或第二字兩韻似是以邀卦為起韻他處皆引也

粵風卷四

獞歌四明黃道原輯

羅江李調元鶴洲輯解

歌

口三六四里　踏得耳花桃

花脉淋了好　花桃淋了㝎

淋了細絲絲　淋了離乙乙音亞

養勒佛排𢫬　養勒花排菲

里樣對鴛鴦　里樣梁山伯

山伯祝英臺

此進山踏歌之詞也口是進三不是數目猶云這裡耳是枝言進得這裡有六四里之遠方尋得桃花枝脉是瓣淋是看得分明花桃又指花朵而言言花瓣這樣好花朵這樣㝎後二句細絲絲承花脉好離乙乙應花朵㝎此六句寫景賦而比也以下五句專賦踏歌之人勒是兒拂是列𢫬是齊整菲是標致里是好樣是像這些踏歌的是誰屋生得好男勒這樣齊整就如活佛是誰屋生得好女勒這樣標致就如桃花排列得十分好看若各配成雙比之于鳥好像鴛鴦比之于人好像梁山伯

祝英臺也

○淋字是審觀諦視意四個淋字妙在由淺至深淋了好是初者淋了細絲絲是又細看一番正花脉所以好也淋了㝐亦是初看淋了離乙乙是又細看一番見花桃之不啻㝐也離即陸離之離乙音軋與一音壹有辨即花枝低亞意養勒二句乃一班一班分誇是一經里樣二句乃一對一對合誇是一緯

子掛勒達遠去聲　燕掛下遊遊

巴擺没生水　巴不里淩淋

有擺尋布慕　有不佐疼都

誰音椎何秋音趋依有

子是雲掛是過獞人讀過多作掛音勒遠雲飛貌遊遊燕飛貌巴是魚有所舍而擺日擺里是到淩淋是濁水布慕是別個佐是肯都是我誰何是疼不痛秋是盡依有是憑你雲過則勒達而遠矣燕過則遊遊而下矣此二句興也魚去則必投生水必不到濁水來矣此二句比也今日你舍我另有別個疼我不疼我任你罷了

離有三年判　離有四年論

條倫狠北判　特斷狠北音傳他音打

狠北他三挾　狠北界三深

剸割刀又伐　伐了活淩他

驢澇離抵流了有

判是多論是路狠是長北是草特是他斷是期特斷是倒語乃當時期約之所他是濶挾是手托三是幾多意活淩他是落眼淚離你三年多了這條路將有四年不行了路上草的多了我與他相約所在也長出草來了五句橫寫草有幾許托之濶六句又豎寫草之長剸既割刀又伐總因不得相

會而遷怒于草也此所以傷心流淚而没可奈何耳

歌古幼玄潭　淋會藤就貪

淋藤貪紛紛、　像觀音在寺

識世棟天香　識年不羅老

有里到相逢

首三句是興体歌古是樹生長在潭邊淋是風貪是動藤附于樹風吹而動紛紛然以與我佳人如寺裡觀音棟是食在批不食人間烟火只食天香長生不老到底與你有相逢處也

崖花布豹貪伴柳　崖布布貪騎渠

花貪柳先廻　友貪騎先斷

憂悶惟憂悶　厘斷不厘討襖

驢離流了有

崖是好布是不貪即伴有是女人騎是丈夫廻是扳折意思斷是斷定猶云佳期也厘是得討是娶到家裡驢離是不知流了有是怎麼樣好首二句乃反語言好花豈有不伴柳之理但好花雖伴柳必先被人扳折好反雖伴夫必先與人佳期然止得暗赴佳期而不得討到家做夫妻此所以憂而

又憂悶而又悶深嘆其無可奈何也

枉離喃爭下　玉　枉離把爭天

枉離人爭米　也不里騰濩

枉離猶言枉然喃是地下是草把是　米是妻里是到騰濩是身邊

𧝷憑撐個灵　辛生憑花漏

道里憑文書　不敢今斗論

高山眉花嫩　世上眉風流

布各流照你　𧝷醜另換皮

𧝷不離換漏

𧝷是雄撐是木灵是橫橫木着杵端乃受力處故曰𧝷憑撐個灵辛生句未詳今是拿斗是來論是說布各是專流是我照是看道里遙遠你又不來止憑一紙文書我又不敢拿來與人說世人風流人最多如高山之花然難道我專專只看你一個人獨不見𧝷醜云云乎𧝷應前意嫌確醜當另換過也要知不是決詞乃即子夜歌所云天下人何限嗛嗛只爲汝意

獞歌雖與狼歌相類然狼歌如律詩少一句不得獞歌可長可短此歌原本十句縮尾有騎醜另換

婚五字余嫌其太露刪去竟以𧝷醜二句作結正如陸机擬古詩明月皎夜光只以織女之机杼大梁不架楹代南箕北有斗二句竟任去却良無磐石固二句不擬勢更矯健意更深長最得碩人逸素絢之旨

流幼扶放城　里放城驢落

流幼扶放落　里放落驢闕

里放驢老觀　花倫剪花保

花除剪倫落　勞有各失雷

不會騎了有

北歌多未詳大意謂我知道你在這個城裡得到城裡又不知你在那個村裡及知道你在這個村裡得到村裡又不知你在那個門裡及知道你的門關又不知你在那個屋裡相見如此之難怕因尋失對不得相伴作夫妻也花論二句説路上有花開時何等熱鬧落後自然冷落比人當及時以起下文也

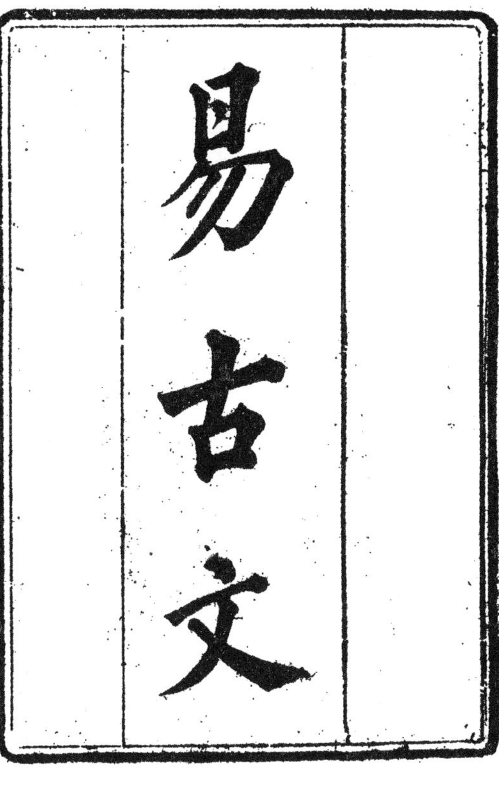

東京荀劉馬鄭皆傳費氏易學王弼最後出亦祖費氏乃歐公見王氏易學遂謂孔子古經已亡試思劉向以中古文易經校施孟梁邱經或脫无咎悔亡四字惟費氏經與古文同然則古經何嘗亡哉按唐郭京撰周易舉正稱京家藏王弼手鈔周易本及石經校正一百三十五處二百七十三字如渙之繇利涉大川以下有利貞字而彖詞無之則增入漸之繇如女貞吉下無也字而彖詞有之遂削去彼蓋以繇與彖相証有闕漏處可推而知故託言如此耳實非別有確證也余從講易之餘多集古本互相考質其有文字異同之處隨時筆記久且裒然因梓之以與博古君子共焉董山李調元序

易古文　序　一　二十四冊

易古文卷上

臨江　李調元　輯

乾

或躍在淵考文考異本或作惑

飛龍在天史武帝紀作蜚龍

亢龍有悔說文作炕龍

反復道也考文考異古本道上有之字

大人造也劉𤩽父云作聚又見劉向傳

元者善之長也襄公九年左傳作體之長也

體仁足以長人京房荀爽董遇本作體信

嘉會足以合禮襄公九年左傳作嘉德

利物足以和義孟喜京荀陸績作利之

確乎其不可拔考文補遺本拔下有者字爾雅疏作

碻乎其不可拔碻苦角切

知至至之可與幾也考文考異本與下有言字

聖人作而萬物覩馬融作作起

六爻發揮本亦作輝義取光輝

故或之或者疑之也考文考異本二或作惑

其唯聖人乎王肅本作愚人末一句始作聖人

坤本作巛

應地无疆疆或作壃

履霜堅冰陰始凝也考文考異本冰下有至字易舉正無堅冰二字

直以方也考文補遺本無也字

由辯之不早辨也荀作變

天地變草木蕃考文補遺本蕃下有茂字

蓋言謹也考文一本無也字

陰疑于陽必戰荀虞姚信蜀才本疑作凝

爲其嫌於无陽也考文補遺本無也字嫌鄭作謙荀虞陸董作嗛

夫元黃者天地之雜也考文考異本雜下有色字

屯

君子以經綸本亦作論

磐桓本亦作盤又作槃

志行正也考文補遺本無也字

大得民也考文補遺本無也字

乘馬班如說文作驙如驙張連切

匪冦婚媾本作冓又作構非

即鹿無虞王肅作麓云山足也

君子幾鄭作機云弩牙也

蒙

童蒙字書作僮

童蒙求我考文考異本求下有來字

蒙亨以亨行時中也時上有得字

以往吝考文補遺本吝作咎

勿用取女本又作娶

困蒙吝考文一本作咎

擊蒙馬鄭作繫

利禦寇考文一本利下有用字

需

有孚乂作專

雲上於天王肅本作雲在天上

利用恒未失常也本亦有无咎者

需于沙鄭作沚

雖小有言以終吉也考文足利本以作也

致寇至鄭王肅本作戎說文古本同

酒食貞吉考文補遺本酒上有需字

訟

有孚窒窒馬作咥云讀爲躓猶止也鄭云咥覺悔貌

患至掇也鄭本作惙憂也

或錫之鞶帶徐云王肅作槃

三褫本又作褫音同鄭本作拕徒可反

師

三錫鄭本作賜

天寵王肅作龍云寵也

有禽徐本作擒

比

有他吉考文考異本他作它足利本同

比之匪人王肅本作匪人凶

三驅鄭作敺

小畜

小畜本又作蓄

輿說輻音福本亦作輹音服馬云車下縛也鄭云伏

菀

有孚攣如子夏傳作戀云思也

尚德載考文考異本載上有積字

月幾望子夏傳作近

履

履帝位而不疚疚陸本作疾

愬愬終吉馬本作虩虩音許逆反云恐懼也說文同

泰

財成天地之道荀作裁

以其彙征吉彙古文作蕢董作夤出也鄭云勤也考文補遺本征作往

包荒本亦作巟音同

象曰无往不復一本作无平不陂考文考異本无往上有无平不陂四字

翩翩子夏傳作篇篇向本同古文作偏偏

城復于隍子夏作堭姚作湟

否

象曰拔茅貞吉考文考異本茅下有茹字

疇離祉鄭作古𠷎字

否終則傾京房易作否極則傾

同人

乘其墉鄭作庸

大有

大車以載蜀才作輿

匪其彭子夏作旁干云彭亨驕滿貌虞作尫

明辯晳也王廙作晰同音又作哲字鄭本作遰云讀如明星晳晳陸本作逝虞作折考文補遺本無也字

謙

謙子夏作嗛云嗛謙也

天道虧盈馬本作毀盈

鬼神害盈而福謙京本作富謙

裒多益寡鄭荀董蜀才裒作捊云取也字書作掊廣雅云掊減

利用侵伐王廙作寢

征國邑本或作征邑國者非

可用行師征國邑也考文考異本可作利

豫

四時不忒京作貸

殷薦之上帝京作隱薦本又作廌或作廌獸名耳非

介于石古文作砎鄭古八反云謂磨砎也馬作扴云觸小石聲

盱豫悔子夏作紆京作汙姚作盱云日始出引詩盱日始旦

由豫馬作猶云猶豫疑也

盱豫悔考文考異本悔上有有字

朋盍簪古文作撍馬本作臧荀作宗虞作戠䶵

合也

隨

大亨貞考文考異本貞上有利字

而天下隨時王肅本作隨之

隨時之義王肅本作隨之時義

以嚮晦本又作向王肅本作鄉音同

官有渝蜀才作館有

位正中也一本作中正

蠱

振民育德王肅作毓古育字

臨

位當也本或作當位實非

觀

盥而不薦王又作灌王肅本作而觀薦

闚觀女貞闚本亦作窺考文考異本女上有利字

象曰闚觀女貞一本有利字

噬嗑

明罰勑法勑俗字也字林作勅

屨校滅趾考文考異本屨作履象同

不行也或本作止不行也

噬乾胏說文作乾𨥏𨥏阻史切又胏子夏作脯徐音甫荀董同

何校滅耳考文考異本何作荷象同王肅云荷擔

聰不明也考文補遺本無也字

賁

以明庶政蜀才本作命

舍車而徒車音居鄭張本作輿漢時始有居音

皤如鄭陸作燔音煩荀作波

束帛戔戔子夏傳作殘殘

剝

蔑貞凶荀作滅

六三剝無咎一本作剝之无咎非

以膚凶京作簠謂祭器

得輿京作德輿董作德車

復

朋來京作崩

反復本又作覆

无祇悔王肅作禔時支反陸云禔安也九家本作⿰多支字音支

頻復之厲本又作嚬嚬眉也鄭作顰馬云憂頻也

有灾告本又作災鄭作𢦏案說文𢦏正字也灾或字
也災籀文也

无妄

天命不佑本又作祐馬作右謂天不右行
天下雷行考文補遺本行作往
不耕穫坊記作不耕穫不菑畬凶無下一句又不耕
穫考文考異本不耕下有而字

大畜

大畜本又作蓄
多識劉作志

輿說輹本或作轝音同輹或作輻一云車旁作复音
服車下縛也作𩊚者音福卽老子所云三十輻共
一轂是也釋名云輹似人屐又曰伏菟在軸上似
之又曰輹伏於軸上
良馬逐鄭云作逐逐云兩馬走也
童牛之牿廣蒼作犝牛陸云牿當作角九家作告說
文同云牛觸角著橫木所以告人
何天之衢道大行也考文補遺本道上有亨字

頤

自求口食考文考異本食作實足利本宋板同
朶頤京作揣
愼言語節飮食考文考異本食下有也字
拂頤子夏傳作弗云輔弼也
逐逐子夏傳作攸攸志林云攸當爲逐荀作悠悠劉
作跾云遠也說文跾音式六反

大過

大過考文考異本過下有音相過之過也六字
本末弱也本亦作溺
遯世无悶本又作遁
枯楊生稊鄭作荑荑木更生

坎

坎本亦作埳京劉作欿
水洊至洊京作臻干作荐爾雅注作荐
天險且枕古文及鄭向本險作檢鄭云木在手曰檢
枕九家作玷古文作沈沈直林反
自牖陸作誘
象曰樽酒簋一本更有貳字
祇旣平鄭云當爲坻小丘也今作禔說文同音支
寘于叢棘劉作示言衆議於九棘之下也子夏傳作
湜姚作寔寘置也張作置

離

百穀草木麗乎土說文作百穀草本麓于地

大人以繼明照于四方京房易大人作君子

日昃王嗣宗本作仄說文作厢

不鼓缶鄭本作擊

大耋之嗟凶京作絰蜀才作咥之嗟荀作差下嗟若

亦荀古文及鄭無凶字

出涕沱若荀作池一本作沲

戚嗟若子夏傳作嘁嘁子六反咨慙也

離王公也鄭作麗王肅云麗王者之後爲公

王用出征以正邦也王肅本此下更有獲匪其醜大

有功也

易古文卷上

易古文卷中

羅江　李調元　輯

咸

取女吉本亦作娶

咸其拇子夏作𧿹荀作母云陰位之尊

咸其腓荀作肥云謂五也尊盛故稱肥

憧憧往來京作憧字林云憧遲也文冢反

咸其輔頰舌虞作酺云耳目之間

滕口說也九家作乘虞作媵鄭云送也

恒

浚恒鄭作濬恒

或承之羞鄭本作咸承之羞

恒其德貞緇衣作偵

振恒張作震恒

遯

遯字又作遂　又作遯

係遯之厲本或作繫遯

疾憊王肅作斃荀作備

大壯

小人用壯君子罔也考文者異本罔也上有用字

決藩不羸羸王肅作縲音螺鄭虞作纍蜀才作累張

作蘱大輿之輹本又作輻

喪羊于易陸作埸謂壃埸也

不能遂不詳也考文考異本詳作祥鄭王肅亦作祥

善也

晉

鼫鼠子夏作碩鼠

失得勿恤孟馬鄭虞王肅本失作矢馬王云離爲矢

虞云矢古誓字

明夷

文王以之王肅云惟文王能用之鄭荀向作似之下

亦然

夷于左股子夏夷作睇鄭陸同云旁視曰睇亦作眱

股馬王肅作般云旋也日隨天左旋也姚作右槃

云自辰左旋入丑

用拯馬壯子夏作拼字林云拼上舉音承說文同

獲心意也考文補遺本也作者

箕子之明夷蜀才箕作其劉向云今易箕子作荄滋

鄒湛云訓箕爲荄詁子爲滋漫衍無經不可致詁

以譏荀爽

家人

志未變也考文補遺本也上有之字

嗃嗃荀作確確劉作熇熇

嘻嘻終吝張作嬉嬉陸作喜喜考文補遺本終下有

之字

睽

遇主于巷巷字書作衖

其牛掣掣鄭作挈云牛角皆踊曰挈說文作觢之世

反云角一俯一仰子夏作契傳云一角仰也荀作

觭劉本從說文解依鄭

劓王肅作臲臲魚一反

之弧本亦作壺京馬鄭王肅翟子元作壺

蹇

利西南考文考異本利下有也

正邦荀陸本作正國爲漢朝諱

宜待也張本作宜時也鄭本宜待時也

解

皆甲坼坼馬陸作宅云根也

自我致戎本又作致寇

解而拇拇荀作母

損

二簋蜀才作軌

懲忿窒欲懲劉作徵蜀才作澄窒鄭劉作懫懫止也

孟作恎陸作脊欲孟作浴

已事遄往已本亦作以虞作祀遄荀作顓

利貞征凶考文補遺本征作往

自上祐也祐本亦作右

益

不厚事也本或作不届

用圭王肅作用桓圭

偏辭孟作徧云周帀也

夬

前趾荀作止

惕號惕荀翟作錫云賜也

壯于頄鄭作頯頯夾面也蜀才作仇

其行次且次本亦作趑或作跋說文及鄭作趀同七

私反且本亦作趄或作跙同七餘反王肅云趑趄

行止之礙也

牽羊子夏作掔羊

莧陸夬夬莧一本作莞華板反陸蜀才作睦睦親也

通也

姤薛云古文作遘鄭同

勿用取女考文考異本取作娶

誥四方鄭作詰止也王肅同

金柅說文作檷云絡絲趺作柅從手子夏作鑈也讀

若昵王肅蜀才作尼止也

蹢躅蹢一本作躑古文作蹢躅本亦作躅蹢躅不靜

也古文作踶

包有魚包本亦作庖下同荀作胞

包瓜子夏作苞瓜

萃

萃亨馬鄭陸虞等並無亨字

剛中而應故聚也一本無也字

聚以正荀作取以正

除戎器本亦作儲又作治荀作慮

一握傅氏作渥

用禴蜀才作用躍劉作用爚

志未光也一本作未光也

升鄭本作昇

用見大人或作利見大人

以順德本又作慎姚本德作得

積小以高文考文補遺本以下有成字
初六允升大吉考文一本有也字

困

剛揜本又作剛掩虞作弇
入于幽谷幽不明也考文足利本無下幽字
利用亨祀考文一本亨作享足利本宋板同
來徐徐子夏作荼荼翟同荼音圖云內不定之意王
肅作余余
金車本亦作金輿
劓刖荀王肅本劓刖作臲䡆云不安貌陸同鄭云劓

刖當爲倪㐳京作劓劊案說文劊斷也
于臲卼臲說文作劓牛列反薛同卼說文作䠊云䠊
不安也薛又作杌字同困于槷䠊見說文

井

羸其瓶蜀才作累其缾鄭讀曰虆
汔至亦未繘井未有功也考文補遺本無亦字
射鮒射荀作耶
甕敝漏說文作罋汲瓶也
井渫不食行惻也史屈原傳作井泄不食考文考異
本行惻上有其字

井收勿幕荀作井甃勿幕干本勿作网

革

水火相息說文作熄
其文蔚也說文作文斐

鼎

以木巽火亨考文考異本亨作烹下同又本作亯萱
庚反下並同
凝命翟作擬云度也
不我能即吉考文一本作不能我即吉
形渥鄭作剭音屋

震

虩虩荀作愬愬
笑言言亦作語下同
億喪貝本又作噫
躋于九陵本又作隮
象曰震蘇蘇位不當也考文補遺本位上有也字
遂泥荀本遂作隊

艮

行其庭不見其人考文一本無上其字
不失其時其道光明考文一本無下其字

初六艮其趾荀作其止
艮其腓本又作肥
列其夤鄭本作䐜徐又音允荀作腎云互體有坎坎爲腎
薰心荀作動云互體有震震爲動
漸
女歸吉也王肅本作女歸吉利貞
善俗王肅本作善風俗考文補遺本同
鴻漸于磐史武帝紀作鴻漸于般
婦孕荀作婦乘

離羣醜也考文一本醜作配
歸妹
所歸妹也本或作所以歸妹
歸妹以須荀陸須作嬬陸云妾也
有待而行也一本待作時
月幾望荀幾作既
承筐一作承匡
豐
日中則昃孟作稷
月盈則食或作蝕非

雖旬无咎荀作雖均劉昞作鈞
豐其蔀鄭薛蔀作菩小席
見斗孟作見主
有孚發若信以發志也考文一本若下有吉字志下無也字
豐其沛本或作旆謂幡幔也子夏作芾傳云小也鄭干作韋云祭祀之蔽膝
日中而昏也
見沬字林作昧亡太反云斗杓後星鄭作昧服虔云
右肱姚作右股

闃其无人姚作閴孟作窒
天際翔也鄭王肅翔作祥
自藏也衆家作自戕慈羊反馬王肅云殘也
旅
瑣瑣或作璅非
懷其資或作懷其資斧非
得其資斧子夏傳及衆家並作齊斧張軌云齊黃鉞斧也應劭云齊利也下卦同
旅人先笑後號咷考文考異本後上有而字
其義焚也一本作宜其焚也

喪牛于易本亦作喪牛之凶

巽

九三頻吝巽考文考異本頻作嚬註並同

喪其資斧王莽傳作喪其齊斧

兌

麗澤鄭作離澤猶併也

渙

九二孚兌考文考異本兌作說象文同

先王以享于帝立廟考文考異本帝上有上字

用拯馬壯吉子夏作用抍抍取也考文補遺本吉下

有悔亡二字

有邱姚作有近

匪夷荀作匪弟

節

澤上有水上或作中今不用

象曰不出門應凶考文二本凶上有之字

中孚

豚魚黃作遯魚

信及豚魚也考文補遺本無也字

與爾靡之本又作縻陸作䌕京作劘

月幾望京作近荀作既

小過

已上也鄭作尙云庶幾也

既濟

其茀子夏作髴荀作紱董作髢

僃也陸作備也

繻有衣袽子夏作襦王廙同薛云古文作繻衣袽

說文作絮云緼也廣雅云絮塞也子夏作茹京作

絮

未濟

暉吉本又作煇吉

易古文卷中

易古文卷下

羅江　李調元　輯

繫辭本亦作𤔲依字應作詞說也說文云詞者意內而言外也辤不受也受辛者辤辝籀文辭字也

地卑本又作埤同

剛柔相摩本又作相磨

八卦相盪衆家作相蕩

日月運行姚作違行

乾知大始王肅作泰始

坤作成物虞姚作坤化姚云化當爲作

而成位乎其中馬王肅作而易成位乎其中

繫辭焉而明吉凶虞本吉凶下有悔吝二字

剛柔者晝夜之象虞作晝夜者剛柔之象

易之序也序虞本作象

所樂而玩虞本作所變而玩鄭作而翫

是故君子居則觀其象考文考異本無君子二字

吉無不利考文考異本下有也字

彖者言乎象者也考文考異本彖下有曰字

是故卦有大小辭有險易辭上有而字

彌綸本又作弥

原始反終鄭虞作及終

旁行而不流京作留

樂天知命虞作變天

範圍天地之化馬王肅張作犯違張云犯違猶裁成也

通乎晝夜之道考文考異本乎作于

百姓日用而不知考文考異本有也字

故君子之道鮮矣鄭作尟矣馬鄭王肅云少也

藏諸用藏鄭作臧云善也

成象之謂乾蜀才作盛象

效法一本作爻法

以言乎遠則不禦考文考異本乎作于下以言乎天地同

其靜也專專陸作塼音同

知崇禮卑蜀才禮作體卑本亦作埤

天下之賾九家作册京作嘖云情也

行其典禮京作等禮姚作典體

而不可惡也荀作亞也亞次也

言天下之至動而不可亂也衆家本並然鄭本作至賾云賾當爲動九家亦作册

議之陸姚桓元荀柔之作儀之
靡之本又作縻京作劘
或默字或作嘿
苟錯諸地本亦作措
愼斯術也一本作順
有功而不德鄭陸蜀才作置鄭云置當爲德
言語以爲階姚作機
致寇至涂或作戎宋衷云戎誤
誨盜誨淫虞作悔謂悔恨
冶容鄭陸虞姚王肅作野言妖野容儀教誨淫佚也

後掛京作卦云再扐而後布卦
乾之策字又作筴
當期之日本又作朞
引而伸之本伸作信音身
酬酢酢京作醋
祐神荀作侑神
聖人之道明僧紹作君子之道
以言者下三句無以字一本四句皆有
其受命也如嚮考文考異本作響足利本宋板同
天地之文一本作天下虞陸本作之爻

幾也本或作機鄭云機當幾幾微也
夫易開王肅作闓音同物成務一本無夫易二字
圓而神本又作員
易以貢京陸虞貢作工荀作功
以此洗心京荀虞董張蜀才洗作先石經同
知以藏往劉作臧
以神明其德夫荀虞顧絕句衆皆以夫字爲下句一
本無夫子
探賾九家作探册
莫大乎蓍龜本亦作莫善

洛出書王肅洛作雒漢家以火德王故從各隹
又以尚賢也又以鄭本作有以
而錯本又作措
之賾本亦作之至賾
而裁裁本又作財
有以見天下之賾考文考異本賾上有至字
默而成之本或作默而成之
繫辭而命之考文考異本無焉字
貞勝姚本作貞稱
貞夫一也考文考異本夫作于

夫乾確然說文作寉然

隤然孟作退然陸董姚作妥

大寶孟作保

曰仁或作人今本作仁

包犧氏本又作庖孟京作伏犧又作羲孟京作戲

以佃以漁佃本亦作田漁本亦作魚

易窮則變變則通通則久一本作易窮則變通則久

自天祐之本亦作佑

无不利考文異本利下有也字

挎木本又作刳木

掞木亦作剡木

楫本又作檝

服牛乘馬說文作犕牛犕平秘切

致遠以利天下一本無此句

以利天下蓋取諸隨一本無以利天下一句

重門擊柝漢書王莽傳作擊㮂又柝說文作㰂

暴客鄭作虣

葬之中野劉向傳作臧之中野

象也者像也衆本竝云像擬也孟京虞董姚還作象

憧憧本又作憧

信也本又作伸

龍蛇本又作虵

以存身也一本作全身

過此以往考文考異本此下有而字

死期亦作死其

是以出而有獲下有何字

屨校滅趾考文考異本屨作履趾一本作止

鮮不及矣一本作尟

有不善未嘗不知考文考異本知下有也字

男女媾精萬物化生考文考異本精下有而字

餗馬作粥

吉之先見者也漢楚元王傳吉字下有凶字

絪緼絪本又作氤緼本又作氲

其易之門邪本又作門戶邪

謙德之柄也考文考異本無也字

德之修也馬作循也

撰德鄭作算德

恒雜而不厭考文考異本雜上有先字說文作不越

知者觀其彖辭考文考異本知作智彖作象

其用柔中也考文補遺本中上有德字

其剛勝耶考文補遺本耶下有也字
兼三才而兩之考文足利本才作材下同
情僞相感而利害生考文考異本無此八字

說卦

幽贊本或作讚
如嚮本又作響
參天或作參夫者非
而倚數而倚蜀才作而奇案周禮注同
觀變一本作觀變化
將以順性命之理考文考異本有也字

六位而成章本又作六畫
晅本又作暅
巽東南也考文考異本作巽東南方也
故曰致役乎坤考文考異本下有也字
坎者水也考文考異本無也字
萬物之所以成終而所成始也考文考異本無下所字
妙萬物王肅作眇音妙董云眇成也
莫熯乎火考文作莫暵乎離又熯徐本作暵
水火相逮或作不相逮

爲豕京作爲彘
爲瘠馬京荀作柴馬云多筋幹
爲吝京作遴
爲龍虞干作駹虞云倉色干云雜色
爲専本又作尃虞同姚云専一也
蒼筤或作琅
馵足京作朱足荀同
的顙說文作馰顙
爲反生虞作阪生云陵坂也陸云阪當爲反
爲臭王肅作爲香臭

爲寡髮本又作宣黑白雜爲宣髮案周禮注同
爲矯輮一本作撟輮宋衷王廙作揉宋云使曲者直直者曲爲揉京作柔荀作橈
弓輪姚作倫
爲亟心荀作極云中也
爲乾卦鄭云乾當爲幹陽在外能幹正也董作幹
爲鱉本又作鼈
爲蠃京作螺姚作蠡
爲蚌本又作蜯
爲科上槁虞作折上槁鄭作槀干作熇

爲果蓏京本作果墮之字

爲閽寺亦作閽闍

爲黔喙鄭作黚謂虎豹之屬貪冒之類

爲堅多節一本無堅字

爲羊虞作羔　荀爽九家集解本乾後更有四爲龍一爲直爲衣爲言坤後有八爲牝爲迷爲方爲囊爲裳爲黃爲帛爲漿震後有三爲玉爲鵠爲鼓巽後有二爲楊爲鸛坎後有八爲宮爲律爲可爲棟爲叢棘爲狐爲蒺藜爲桎梏離後有一爲牝牛艮後有三爲鼻爲虎爲狐兌後有二爲常爲輔頰注云常西方神也不同故記之於此

序卦

屯者物之始生也考文考異本無也字

物之穉也本或作稚也

比必有所畜本亦作蓄下及雜卦同

物大然後可觀考文考異本有也字

故受之以坎考文考異本坎上有習字

後然禮義有所錯考文考異本下有矣字

必反其家考文補遺本其作于

乖必有難考文考異本難上有所字

決必有所遇考文考異本無所字

井道不可不革考文考異下有也字

雜卦

豫怠京作治虞作怡

復反也考文考異本無也字親寡旅也同

則飭也鄭本王肅作飾也

離上考文考異本有也字履不處也無也字

衆也荀作終也

姤遇也考文考異本作遘

漸女歸下有也字

附逸語

經解君子愼始差若毫釐謬以千里

漢東方朔傳正其本萬事理失之毫釐差以千里

說文地可觀者莫可觀于木

易古文卷下畢

尚書古字辨異

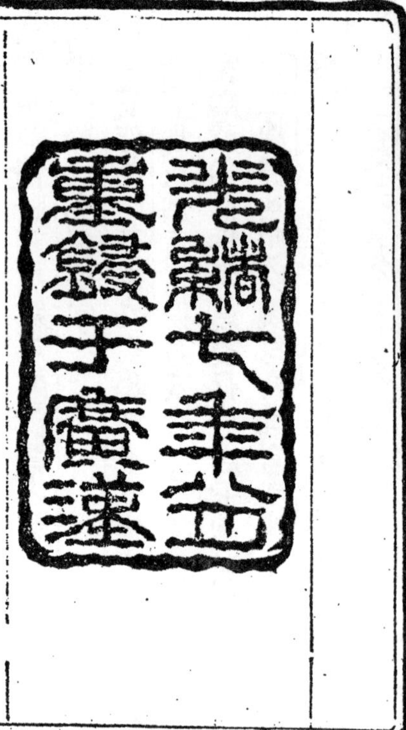

尚書古字辨異序

余家有日本山井鼎講官物觀所著七經孟子考寫本文中有尚書古字考一册大抵採之金石隸篆各書有關于尚書者纂而集之分篇摘錄並註今文于下誠異本也余復據各書互相校訂庶以補各字書之未備云羅江李調元

尚書古字辨異跋

論尚書古文字體者多引許氏說文以爲出于孔安國非也此由愼序自稱書孔氏皆古文而誤也考劉知幾史通曰古文尚書得之壁中博士孔安國所上校伏生所誦多二十五篇更以隸古字寫之編爲四十六卷司馬遷屢采其說至後漢孔本遂絕有見于經典者謂儒皆謂之逸書是孔氏壁中書愼未得見也按說文未載愼子冲上書云愼古學受之賈逵而後漢書儒林傳又云扶風杜林傳古文尚書同郡賈逵爲作訓馬融作傳鄭元作

注解由是古文尚書遂顯于世是愼所爲古文者即杜林之本也隋志云杜林古文尚書所傳僅二十九篇又雜以今文非孔舊本後漢書杜林本傳林前于西州得漆書古文尚書常寶愛之雖遭難困握持不離身是林所傳者乃古文字體故謂之漆書又漢書藝文志云劉向以中古文校歐陽大小夏侯三家字異者七百有餘脫字數十是古文即孔氏所尚之古文經向勘定改其訛脫據訓詁則稱三家據經文亦可稱孔氏古文尚書是必劉向校正三家時古文隨今文伏生二十八篇傳出以字非隸古世不行用林偶得之以授逵逵得之授愼愼因稱爲孔氏本故亦止二十八篇非眞見安國舊本也蓋古文本出于孔氏古文而古文字體則愼實得之杜林漆書也所謂孔氏古文尚書鄭註原本不可得見有宋王應麟所撰集古文尚書鄭註十一卷久無刊本余已校行矣又據日本七經孟子考文所載尚書古文字體一冊半皆據說文以辨俗字余復博採諸書再加校讐爲古字辨異一書以爲眉采夫說文以小篆爲宗至于隸書行書草書則各謂一體孳生轉變時有異同故

顏元孫干祿書曰自改篆爲隸行漸失其眞若據說文下筆多礙當去其太甚使輕重合宜徐鉉亦曰高文大冊則宜以篆籀書之金石至于常行簡牘則草隸足矣此二人皆通于小學而持論如是亦勢之必然也然說文之學猶此而愈不明矣天俗字日多則古字日消人以爲六書之義莫精于說文而不知說文實授于杜林漆書故尚書古文有爲俗所溷而小異者不可不辨也是亦即杜林漆書辨異也童山李調元跋

尙書古字辨異

綿州 李調元 贊菴 輯

堯典

𢓊𡸁虞書 昝昔 乩稽 丄丅上下 悳德 目以 𡘋族 旡既

𠯑咊協和 𢾺昝邕變時雍 兂天 曐星 昍時 𡰥夷 𦟪春

氏厥 孶孶厚 区民 扁西 戚成 𥝌秋 泉暨 𠣒旬 𡿨歲 𦎫熙

𡉚齊 启啟 攻功 𣪠靜 𡜊違 兂天 𡲼岳 刅割 升 其 才哉

𢓈往 肖用 舽朕 仄側 鰥鰥 𥅠聞 𡿠克 𠛬刑 𡵓虞

謹按𢓊字無所考也𡰥俗書字每篇此類頗多時作昍雖作虽食作𩚍養作𩛠舊作旧獨作独𡿨作𡿨栏持作抆應作応之類皆俗間承襲一時隨便者混用於古經非亦甚矣不可不辨矣昝乩共古字矣字彙从矢又作矣金石韻府古尙書文亦爲爾今从失誤丄丅見于說文韻府古孝經文亦然悳目並古字字彙云目古文巳字與以通故今又作以字旡與向同但字書不言與既通韻府古尙書文作旡可相證也𠯑當作叶與協同後或作叶此篇偶誤咊與和向𢾺續字彙作𢾺與變同字彙古文變字作𢾺𢾺韻府古尙書文作𢾺𢾺與字彙所載者稍異正字通云舊本𢾺作𢾺誤此亦古文變體故併附記之昔說云云古文時从之日作昔爲是邕恐𨛜或邕誤正字通云邕籀文邕邕邕雍雝廱雍古通兂曐共古文按說文星爲曐省古文作曐昍俗字說亦見于上𡰥古夷字按洪武正韻字彙並云音夷而不言與夷同但𡰥字音泥女倚又音夷古夷字正字通云𡰥古作𡰥𡰥𡰥古文夷由是觀之則二字通用亦似不可泥矣春本作𦟪今以卉代之乃趨便也戎之爲厥爲無所考耳下篇或有作氏者按說文氒木本从氏大於末讀若厥居月切盍古或與厥通用人莫識之也又續字彙有作身𦕄者並古文厥字其𦕄字註云案集韻韻會小補二書古厥字皆作𦕄或作身則𦕄當从口不从日也又按韻府古尙書文作氒亦與氏補相肖矣會此數者但說文於氏爲允然未審是非孶之爲孶区之爲民未考扁作扁爲是字書从弓篆文西字戚古戚字𥝌恐俗省古文作𥝌泉與暨同說文即引虞書作泉臮陶又史記所引禹貢亦作此字𠣒字恐誤字彙所載古文旬字作𠣒𠣒續字彙又有作𠣒者但於此三者𠣒字稍近𡿨亦誤寫韻府古尙書文作𡿨續字彙𡿨古文歲字見篇

韻今按从戈恐非从戌恐非亦與古尚書文同㒸正字通云同熙見六書故舊註重出分爲二按韻府古尚書文作熙正字通云熙本作㷉篆作㷉說文專訓爍也泥由此觀之則㒸熙皆通𡌪古齊字启字彙云隸别作啟以启爲本字按說文口部启開也攴部啟教也引論語不憤不啟分爲二字今按二字通用不必泥也但韻府古尚書文作𢼄調甚暗于篆隸不知所定矣功說文云古文工从彡按韻府道德經文功作珍則通用明矣彭說文淸饎也疾郢切字彙音亦

惟與靜同耳按韻府靜字从彡者多矣但偏有少異其古尚書文作𢒆乃續字彙作彰者是也𢒆卽古靑字則作彭亦應不妨㚈之爲𨗨𢍁省文之譌帝作𢂗故誤作㚈然𨗨單作帝未有所據豈古或通用耶姑俟再考兂同天古本尚書兂兂混用𠳋恐字誤下文或作𠳋卽續字彙所載𠳋字也似不可混也按正字通作𢘅者引用玉篇爲差近爾升當作𠦃古文其字又作亓才哉音義原異調初疑之按正字通云集韻哉古作才尚書往哉汝諧古文作徃才此說應愆徃卽古文隸作往古或作𨒬俗作往肖說文作𠂂古文作𡵂韻府古字經文作𠂇主者皆相似矣此篇或少失筆畫者耳䑣續字彙載之古文朕字又别有作䑣朕者𠆢當作𠆢與側同鰥與鱞同俗作鰥非𧶜字彙作𧶜與𦖢同从米非撿韻府或从米或从釆似不可泥也京續字彙作京古克字引五韻集韻羽之爲刑無所考韻府古尚書文刑作𠛬𠜂依說文作荆則似當作㓝其於羽字姑闕疑恐欲誤字彙欲古虞字其餘未考

舜典

𡳿之岺使孚偏丂亍濬濬喆哲𩔗泰𢓊愼𠚼從三四

𩰿麓霸霸𢀓底弎三㬈終㱓文𣪍祖𠑹衡𤕌類丂五宅度𠂆禮㷔歸𡈼封𣲯流𢀓災鴅𠮿驩兜𡔞罪𤎼姓𧟣海弍二衛率尾宅𠆸禹𠄈拜𩠐首禼契咎繇皋陶匊番𢑄敷𢼂教𡰥居𡍮垂𦶈疇艸卓𦯬益臬棄㐰則無無䛐詩哥歌𦐇舞內納出納納言並同八别

謹按𡳿古文之字岺當作𡴭續字彙載之古使字但韻府古老子文作𡴭又與李字相似古或易混正字通李字註引李東陽貲暇錄當倂考也孚丂共古文依說文丂當作丂濬本作𡿺古文作𡿺共無水傍以今觀之作濬或濬爲是喆𩔗𢓊並古文經傳多與今

文通用但昝字字彙从日又从目按説文作𥄎眣
是爲但韻府古尚書文作𠧟與説文不同刑古文作
㓝从二人非二力篆文人刀多混故誤耳三説文
云籒文蒹當作蒹古麓字霝古字底底同弍説文
云古文三从弋字彙不載疎漏甚矣韻府貝丘長
碑亦有此文㬥續字彙載之人有㬥㬥㬥㬥㬥其
古文終字韻府古尚書文作夂楷書作夂者是也
夂韻府汗簡文作夂正字通云同文𠕋古文示作
𥘅若𥘅今從此偏不應與爪混也下文示傍皆放
此與古文衛字説文作㮚晳下或作贄並非韻府

古尚書文作𩔰作𩔰爲是正字通月部載之續字
彙作𣍘亦非也五古字度之爲宅古文混同韻府
古尚書文濩作滰古孝經度作𢯱宅別作厇古文
宅度似或通用但古尚書文度作𢯱又作𢯱稍有
辨別姑俟再考𡰥古尚書文作𠘧即續字彙作𠘧
是也歸當作歸籀文从止𡳿當作𡳿古文从出从
土𣲘古流字𣳡正字通云集韻作𣳡與災同但韻
府古尚書文作𩰫鴟鴞當作鵂吺鵂从日非下
文或作䳄似可通也韓愈遠遊聯句亦用此二字
益古字也㚖當作𡚁古字𣧃與好字相涉誤耳古

文好字作𡥈㚖不从丑隶古孝經文作𦗝古尚書
文横水作𣶒點畫雖有少異今皆當作𦗝弍古二
字術之爲𧗱與韻府所載古尚書文不同古尚書
文作𢔶與今文稍似但義雲章作𢔶據此觀之當
作𧗱非从糸也其餘字書都無所見矣厇古字禹
下文又或作禹按續字彙禹古禹字或作禹非漢書
藝文志大禹三十七篇師古曰禹古禹字今按作禹亦非韻府古尚書文作禹
雲臺碑作禹皆與禹相肖説文作禹續字禹又有
作禹禹者正字通云禹即禹字譌文併記諸文以
備采擇按禹禹誤禹禹誤琹恐琹誤韻府所載六書統文

作𢍁其餘諸文無所考𩠐古首字𦤎當作𦤎與稷
契之契通用𠶷緜與皋陶通用𦤎按字彙𦤎古番
字但六書統文播作𠀤此篇當從六書統文其字
非从米𢿱古敷字當作專古尚書文作𢿱效字彙
本音博又與敎同按篆文作𢿱無从攴者但續字
彙古文作效字亦少異耳𡰣古文𡰣當作𡰣與垂
同𠷎續字彙𠷎古疇字見穆天子傳又作𠷎與疇
同又按古𠷎字作𠷎與疇通用據此諸文此篇所
記似小誤但韻府古尚書文作𢀳似當作𢀳州古
𡭴字𡭴漢書百官表作𡭴顔師古註古𡭴字但韻

府古尚書文竹𦯬道德經文作𦯬竹蓊者正與道德經文同𣐘古栗字作㮚爲是但韻府古尚書文作𢗌續字彙作㐰古文剛字說文力部㐰古文剛文少異矣附記備參按云亾無通用說俗字當作訨即古文詩字哥古歌字漢書𦾔文志又作哥永言韻府屬肖文𠰸當作𦒐古文舞字韻府古尚書文同內納通用𠔃別古字

大禹謨

戻矢 帝帝 它逌回攸 埜野 𠃊無 𡘍衆 𢀈虞 灋法 臤賢
道道 譱善 養義 夸平 叓事 刑刑 弜弼 柬簡 𨒪動 㞧會
弃棄 介爾 勛勳 㝉慄

謹按字彙戻同屎古字矢屎通帝韻府古尚書文作𣏟似當作帝說文作𣏟似當作帝又續字彙有作帝者按此諸文說文爲允又未審是非今从㠯蓋無所據也它下文或作㝉其誤當作宄古文㕛字按續字彙又作它逌埜並古文𠃊𠃊誤與無通用與俗省文𢀈即文字今應作𢀈與上文作𢀈又作𢀈者共無所考姑爲闕疑灋法古字臤當作臤說文臤讀若鏗鏘之鏗古文以爲賢字又按韻府汗簡及道德經文共作臤道同道但韻府古尚書文作衜譱古善字養俗字夸說文作𠀚叓當作𠝤古文事字刑刑本字弜即六書統文但韻府古尚書文作𢏚正字通弜𢏚並錄字彙不載疏潤甚矣柬恐柬誤與簡通用𨒪恐𨒪誤韻府動有从止者說文字彙只云𨒪之隴切跟也不言與動通亦似失矣㞧古會字弃介並古文調幼年讀書認爲省文及檢字書乃知其爲古文耳勛古勳字㝉慄通用字見于前

皋陶謨

殘異 𨔵遷 𠂇有 誼義 而義 〇 𩕳 㒸常 㐌施 畯俊

謹按殘字彙作戕爲是𨔵同遷字當作𨔵字書从冂𠂇字彙音左左手也但今文左右及有等字从𠂇混並爲一古文左从𠂇右从又自有別也故今𠂇專爲左音篆隸變改古今不同者亦如此按韻府道德經文有作㕛即與此同以今觀之作又爲允誼音義同通用㒸古常字即古尚書文也㐌按古施字字彙作㐌續字彙作㐌其餘諸文無近似者韻府道德經文作㐌似當作㐌併記以俟識者所采擇矣畯畯之譌字本與俊別蓋通用耳

益稷

與思琹刋澇滄貟食𡈼上从鄰𡨋象龍龍退退庚庶
坐生兊光坔蒼𣆀傲㸚好㡯度兂長皇鳳𠈣幾廹起
𢍏與亐萬
謹按𢍏當作悤思本字琹琹之誤漢書亦作琹說
文作𣬉即字彙作𣬉者是也澇字彙古外切音桂
水名按續字彙補音義引集韻云與澮滄之澮同
此說應憑但韻府古尚書文作𡇢𢂑古會字即續
字彙所載沛字是也二文通用明矣貟俗字𡈼無
所考𦣽八分之變也从古鄰字即古尚書文也下
四鄰作亖从誤寫當作爲同象正字通云集韻作

爲非古文龍按古文龍字从𢇛从𢇛者未考𨓦當
作𨓦古文度當作𢉖古篆彙選以度爲正庶爲俗
字𡈼生古字兊光本字𡋨音吟與蒼甚別按韻府
有倉作𠇵者續字彙作𡿺依此誤耳又古文作仺
道德經文作仝續字彙字彙作𠆨𠆾者並古蒼字
附託以見古文變體耳𣆀傲同韻府作𡇒㸚字彙
作㸚韻府古尚書文作𡚱㡯宅古字古文度宅多
混俗渡作㡯之類甚難辯矣說亦見于上兂恐尢
或兂𠃨王元美太和山賦用此字誤並古文長字又別有作𠂒兂
夫𠂒者古文變體甚博但韻府古尚書文作亢皇

凰通用𠈣古幾字廹即古尚書文𢍏恐俗省亐與
萬同但古無所見蓋俗書爾

禹貢

埜岐𡰪皮螢𧊒屮草首𦤎昜陽洪漢𡣍夢茆茅𢑚龜
条潞荷沢荷澤𠈉旅邕雍州㡯宅𢦏織竜龍侌陰溢
濟洪沇炡陝〇炡四陝
謹按埜當作𡍖古尚書文爲爾字彙亦收載之𡰪
無所考恐轉寫誤說文作𡰪字彙作𡰪即古文皮
字螢續字彙云俗𧊒字韻引篇屮本音徹草初生也
按說文屮古文或以爲艸字又漢書鼂錯傳屮本

蒙寵古亦作屮明矣首未考說文古文𦤎作𦥒又
續字彙有作𦣞者𦤎字古文有作𦣞𦣞百𦣞者亦甚博矣昜古陽字
洪俗省文𡣍恐𡣍或𡣍誤茆茅字別但俗混用韻
會辯之𢑚古文作𠂀者稍似說文古文龜作𠁴字
彙乃作𠁴又續字彙𠁴與𠁴同其餘未考条古尚
書文作𣳅者即是也荷沢灼然俗間誤也𠈉當作
㫃古尚書文也又作㫃邕宅說具于前𢦏亦古尚
書文竜字彙音龍起也又俗作龍字按攗古遺文
古有作侌者可相證也侌溢共古文侌當作侌溢
洪音義同或適用炡字彙不載按韻府㶲字古尚

書文作炑由此𦒱之羽古文㶊或从火从乇

甘誓

斷誓 弃戰 𢇍絕 馭御 𢑴勦

謹按韻府古尚書文誓作𣃔續字彙𣂺古文誓字註云顏師古刊謬正俗引商書湯斷此二文偏又大異姑爲闕疑弃字彙作并古尚書文作㪅按正字通弃古文戰字之譌本作䒦舊本省竹䒦誤篇海作𠔋从井尤誤今作山頭亦非也𢇍當作𢇁古文絕字斷字本从此今說从𢇍承譌非一日不可攷也馭御音義同通用𢑴古尚書文作𠨘續字彙作𢑴註

云古文勦字韻引集又有作𠨘者

五子之歌

悆豫 訾訓 眂視 於虖嗚呼 㝉乎 皇厚 𢧵雖

謹按悆與豫言義同訾古文訓字眂視同於虖與嗚呼音同通用㝉當作兮不應與乎混也皇當作垕古文作㫗𢧵俗省

胤征

暮嗼 旹時 乱亂 𠬪司

謹按暮當作嗼古尚書文作𡎆又作𦾰旹續字彙載之古文旹字乱字彙俗亂字𠬪無所考

湯誓

逆遂 敎敢 爯稱 𤔔亂 賚賚

謹按逆續字彙作逆古文遂字此作逆恐非敎古文作敎又作㪿或作敀無从孚者作敎爲是爯恐爯誤與稱同但韻府古尚書文作爯𡊏下或作学按亂字古文甚多摭古遺文作𤔔又作𤔔韻府古尚書文作𤔔𤕓正字通云說文作𤔔徐鍇云象絲亂爪治之爪覆手也又續字彙有作𤔔𤔔𤔔者據徐鍇說則亂字从爪爲得於此諸文未知所從耳賚字誤寫

仲虺之誥

㤙恐 迺乃 旧舊 㮚栗 㐰信 怨怨 独獨 褱懷

謹按㤙古文恐字迺與乃同字書从𢓊俗从𠃊非旧俗省文下文独字放此㮚當作𣡕栗本字㐰古文信字怨續字彙云韻會與怨同又引封禪書今史記無此字褱懷本字漢書又引尚書文作褱

湯誥

皈歸 祗祇 𥛱福 𥚃禍 𥘫神 右佑 獻獲 𡆧淵

謹按皈俗字祗𥛱𥚃𥘫共从爪說具于前右與佑同獻續字彙古戹字其餘無所考也按經文茲朕未知獲戾于

上下據續字彙則似衍一𠂤
字經文殘缺其可疑者如此囦古文淵字

伊訓

𠈌祀𡵨祠𩲃鬼𩪛鬻𢼸假𡿯喪𢦏國𢍮呼𠑹群

謹按𠈌𡵨𩲃𠑹說並見于上矣但鬼字古文作䰟即是也𩪛鬻本字𢼸恐誤寫𡿯从止非本作𡾩又作𡿯或字彙不收韻府古老子文作𢦏可據也續字彙作𢦏文少異𢍮當作𢍮與呼通用

太甲

𢽾諸𣏟桐𠈌祗𦘔肅𢻶政𢻹撫𡍮基后後𠊱辟○祗爾厥辟辟不辟並同𣛳無𢌱越𡆧圖𣘅機𡋬憂𣥇困𨓍悅𦥑厥𥥈寵

謹按𢽾字彙作𢽾古文諸字續字彙云按集韻韻會二書古諸字皆作𢽾字彙似小誤𣟓韻府汗簡文作𠈌𠈌之爲祗文無所見按凡字从底者多作𠨐𠀁者此亦可以例識𦘔草書之誤政當作攺古文撫字𡍮續字彙云禁韻古基字亦作𡍮又按韻府汗簡文作𡍮即此字也后後通用𠊱之爲辟誤寫明矣韻府古尚書文作𠊱按字彙𠊱古文𠊱字辟𠊱通用又續字彙避作𨖯彼此參校從古尚書文作𠊱爲是但字彙𠊱缺一畫似非𣛳續字彙𣛳與無同此經少久筆意者耳其餘作𣚨𣚨者並古

無字𢌱越通用𡆧當作圖古尚書文爲然字彙作囦非也𣘅機古字𡋬之爲憂灼然謬誤無所據耳但續字彙𡋬字與憂同𣥇當作𣥇从止从木爲是古尚書文也說文字彙並載𨓍無所考𦥑說見于堯典𥥈即古文寵字是也从宀頭似是

咸有一德

烏虖嗚呼𠃷亂

謹按嗚虖嗚呼通用乱古尚書文作𠃷續字彙亦載之字彙惟有乿字與𠃷音義同乿即古孝經文也字彙疏漏爲多

盤庚

𢘉恐𡨦曷𢦔殲𠇁恤䌛由

謹按籀文恕作𢘉𡨦續字彙𡨦害字省文亦作𡨦曷通用六書統曷直作𡨦𢦔無所考續字彙𢦔於位切音𢦔義同與此字稍相肖矣其餘未考𠇁䌛並通用𠇁从卩从卩誤

說命

𢕟率○俾率先王

謹按𢕟音揮文本異矣遺諸識者

微子

斆 攘

謹按字彙云斆與攘同俗作勷非

泰誓

秬 穮

謹按俗譌省

牧誓

諐 愆

謹按諐當作諐字彙云與愆同古尚書文亦作

洪範

圛 驛 悳 悔

謹按圛說文云尚書曰圛圛升雲半有半無讀若

驛古文作圛明矣悳古人

金縢

笧 册

謹按古册字古尚書文爲然

康誥

𡉚 封 衮 裕 楙 茂 敄 矧

謹按𡉚當作𡉚說具于上衮韻府敔散文作衮爲

可據耳楙懋音義同通用敄同矧本作弥

酒誥

㱃 飲 臤 牽 賢 臏 鑒 監

謹按字彙㱃音與飲同韻府古尚書文作傘似當

作㱃續字彙有作㱃者與飲同引集韻此三考字相

似而致誤也臤當作臤與牽同賢古文臏字作賢

爲是鑒本作鑑今作監字或通用

梓材

甯 享 亡 畺 無 疆 扢 持 季 年

謹按甯無所考古文享作亯亡無通用疆古文作

畺扢俗譌字季當作秊說文以禾千聲

君奭

芓 滋

謹按古尚書文乃爾

多方

霝 靈

謹按古文

康王之誥

応 應

謹按俗譌省

畢命

忒 慝

謹按音義同

文侯之命

菼盧

謹按菼當作菼與盧同又作玈

費誓

敜杜

謹按敜與杜通又作摉

秦誓

員云

謹按正字通云楊愼曰云古員字今云字乃員之省文秦誓雖則員然註員即云然則楊愼所見本亦云員

尚書古字辨異畢

古文尚書証訛

光緒七年[illegible]重鐫于廣漢

鄭氏古文尚書序

鄭氏經義五經皆有注自漢魏以來立於學官未之有異議也自唐貞觀中孔穎達撰五經正義易用王弼書用孔安國而二經鄭義遂亡今傳者惟三禮毛詩而已竊思漢儒註經去古未遠俱有家法隻字片言不肯苟作考古者所必窮也故宋浚儀王應麟裒集羣籍爲鄭氏易一卷古文尚書十一卷以補其缺庶二經之亡得王氏而復還舊觀不但爲鄭幸已也故周易一書前明胡震亨曾刊附資州李氏傳後近惠定宇以所集尚有遺漏重採諸說增爲三卷德州盧氏爲之梓行而所集古文尚書則祇有寫本訛誤頗多不爲之校而行之則五經鄭義終缺而不全而亦恐訛以傳訛勢必至魯家亥魚不可卒讀遺誤後學匪淺也故復廣加蒐証以王應麟所集鄭氏注列于前而以鄙見所訂另以校字小書單行列于每條後總曰証訛而書名則仍稱鄭氏古文尚書云童山李調元序

鄭氏古文尚書証訛卷一

宋 王應麟撰集 羅江 李調元贊菴校

鄭氏註

虞夏書

堯典第一

曰若稽古帝堯曰放勳 放孔方往反鄭王如字

稽同也古天也言能順天而行與之同功 尚書正義

欽明文思安安

敬事節用謂之欽照臨四方謂之明經緯天地謂之文慮深通敏謂之思 同前

按後漢書馮衍傳注尚書考靈耀曰放勳欽明文思晏晏鄭元注曰寬容覆載謂之晏

允恭克讓

不懈於位曰恭推賢尚善曰讓 同上

光被四表格于上下

言堯德光耀及四海之外至於天地所謂大人與天地合其德與日月合其明 詩噫嘻正義

按合字詩正義引作齊

克明俊德

俊德賢才兼人者 尚書正義

以親九族

上自高祖下至元孫凡九族 釋文

九族既睦辯章百姓

按史記索隱曰古文尚書作平今文作辯章古平字亦作便音婢緣反便則訓辯遂爲辯章

辯別也章明也 後漢書劉愷傳注 百姓羣臣之父子兄弟 裴駰史記注

按原本脫之字據史記集解增

乃命羲和

高辛氏之世命重爲南正司天犂爲火正司地堯

育重犂之後羲氏和氏之子賢者使掌舊職天地之官亦紀於近命以民事其時官名蓋曰稷司徒 周禮疏序

按原本脫使字據周禮疏序增

分命羲仲

官名蓋春爲秩宗夏爲司馬秋爲士冬爲共工仲叔亦羲和之子堯既分陰陽爲四時又命四子爲之官又主方岳之事是爲四岳掌四時者字曰仲叔則掌天地者其曰伯乎 同上 又陶淵羣輔錄

日中星鳥以殷仲春

日中宵中者日見之漏與不見者齊也詩東方未明正義

星鳥鶉火之方詩七月正義 日中者日見之漏與不見者齊禮記月令正義周禮挈壺氏疏 殷中也釋文

月令仲春日夜分正義引云日中星以爲日見漏五十五刻不見漏四十五刻與此小異亦見東方未明正義

寅賓出日

春分朝日尚書正義

申命義叔宅南郊

夏不言曰明都三字者摩滅也尚書正義

日永星火

按詩東方未明云日永者日見之漏五十五刻日不見之漏四十五刻

日長者日見之漏五十五刻於四時㝡長也禮記月令正義周禮挈壺氏疏 星火大火之屬詩七月正義

按詩七月正義引云司馬之職治南岳之事得則夏氣和夏至之氣昏火星中所以五月得星中者

鳥獸希革

按說文希作𢁉

夏時鳥獸毛疏皮見詩斯干正義

分命和仲

按和叔下疑有宅西二字度西曰柳穀度音宅羣經音辨

寅餞納日

西者隴西之西今人謂之兑山裴駰史記注郡國志劉昭注

秋分夕月尚書正義

宵中星虛

夜中者日不見之漏與見者齊禮記月令正義周禮挈壺氏疏 虛

元武中虛宿也詩七月正義

鳥獸毛毨

毨理也毛更生整理天官司裘疏

按司裘註引此經作鳥獸毨毨疏云堯典文釋文云毨音毛

日短星昴

日短者日見之漏四十五刻於四時最短也禮記月令正義周禮挈壺氏疏 昴白虎中宿也詩七月正義

厥民奧

奧內也文選赭白馬賦注

以閏月正四時成歲

按史記五帝紀作正今文尚書及公羊隱元年傳並作定

以閏月推四時使啓閉分至不失其常著用成歲歷將授民時且記時事公羊疏

帝曰疇咨若時登庸

堯之末年羲和之子皆死庶績多闕而官廢當此之時驩兜共工更相薦舉周禮疏序 詩崧高正義

允子朱

帝之允子曰朱也尚書正義

按史記正義引云帝堯允嗣之子名曰開明也

帝曰咨四岳

四岳四時之官主方岳之事始羲和之時主四岳者謂之四伯至其死分岳事置八伯皆王官其八伯惟驩兜共工放齊鯀四人而已其餘四人無文可知周禮疏序 詩崧高正義

按首一句亦見史記集解又岳事詩正義作四岳周禮疏序作岳事又周禮疏序作鯀路史作鯀

共工方鳩僝功

共工水官也周禮疏序 史記注其人名氏未聞先祖居此官故以官氏也尚書正義

按史記集解引云共工水官名

方命圮族方音放 釋文

异哉异音異 同上

汝能庸命巽朕位

言汝諸侯之中有能順事用天命者入處我位統治天子之事者乎史記注

按原本脫能字據史記集解增

我其試哉馬鄭王本說此經皆無帝曰 當時庸生之徒漏之也

試以爲臣之事尚書正義

女于時

不言妻者不告其父不序其正同上

愼徽五典

五典五教也蓋試以司徒之職史記注

賓于四門

賓讀爲擯舜爲上擯以迎諸侯尚書正義 應麟案賓古文作擯見鄉飲酒禮注蘇秦傳長賓之義作擯

內于大麓

山足曰麓麓者錄也古者天子命大事命諸侯則

爲壇之外堯聚諸侯命舜陟位居攝致天下之事

使大錄之 大傳注 路史發揮五

按路史發揮上引虞夏傳下引康成語蓋尚書大傳注非尚書注也又見盧刻尚書大傳卷一第三劃

乃言底可績三年

三年者實四門之後三年也 史記注

正月上日

帝王易代莫不改正堯正建丑舜正建子此時未改堯正故云正月上日即政乃改堯正故云月正

元日 同上

按今 殿本史記正義引云帝王易代莫不改正建丑舜正建子此時未改故依堯正月上日也與此詳畧互異又路史後紀卷十二堯建丑舜建子

受終於文祖

文祖者五府之太名猶周之明堂 史記注

在璿璣玉衡以齊七政

轉運者爲璣持正者爲衡璿璣玉衡渾天儀也七政日月五星也 文選運命論注 史記注

按上二句正義引下四句集解引

肆類于上帝

禮祭上帝于圜丘 史記注

禋于六宗

按禋烟也取其氣達升報于陽也見通典吉禮

六宗星辰司中司命風伯雨師星謂五緯也辰謂日月所會十二次也司中司命文昌第五第四星也風師箕也雨師畢也 尚書正義

按星字下書正義 謂字玩文義當從增又史記集解通典吉禮風伯作風師

徧于羣神

徧以尊卑次秩祭之羣神邱陵墳衍之屬 詩時邁正義 殷正義 史記注

按史記集解引作若邱陵墳衍

歲二月東巡守至于岱宗柴望秩于山川肆覲東后協時月正日同律度量衡修五禮五玉三帛二生一死贄如五器卒乃復五月南巡守至于南岳如岱禮八月西巡守至于西岳如初十有一月朔巡守至于北岳如初禮歸格于藝祖用特

按何休公羊傳注引此經至于北岳下有如西

禮還至嵩六字如初下有禮字共增多七字疏云告舜典文也

歲二月者正歲建卯之月也巡守者行視所守也岱宗者東嶽名也柴者考績燎也望秩于山川者遍以尊卑祭之五嶽視三公四瀆視諸侯其餘小者或視卿大夫或視伯子男矣秩次也東后東方之諸侯也協正四時之月數及日名備有失誤者度丈尺量斗斛衡斤兩五禮公侯伯子男朝聘之禮矣五玉瑞節執之曰瑞陳列曰玉也三帛所以薦玉也受瑞玉者以帛薦之帛必三者高陽之後

用赤繒高辛之後用黑繒其餘諸侯皆用白繒周禮改之爲繅也二生一死贄者兼雁生也卿大夫所執雉死士所執也如者以物相授與之言授贄之器有五卿大夫上士中士下士也器各異飾飾未聞所用也周禮改之飾羔雁飾雉執之而已皆去器卒已也復歸也巡守禮畢乃反歸矣每歸用特牛告於文祖矣五月不言於者以其文相近八月十一月言初者文相遠故也 公羊疏

按史記集解引此往云建卯之月也柴祭東嶽者考績柴燎也　又引云同音律度丈尺量斗斛衡斤兩也又引云帛所以薦玉也必三者高陽氏後用赤繒高辛氏後用黑繒其餘諸侯皆用白繒又引云五玉即五瑞也執之曰瑞陳列曰玉　又史記正義引云贄之言至所以自致也　又據公羊疏建卯之月下增一也字　又文選六代論注引作稱上曰衡　又檀弓正義引高陽之後三句有二氏字無皆字

五載一巡守羣后四朝 釋文引鄭註云四朝四季朝京師也

巡守之年諸侯見朝一作于方嶽之下其閒四年四方諸侯分來朝於京師歲徧是也 王制正義 史記註

按天子以四海爲家時一巡省之五年者虞夏之制周以十二年　路史後紀十一

肇十有二州封十有二山濬川

舜以青州越海而分齊爲營州冀州南北大遠分衛爲并州燕以北爲幽州新置三州并舊爲十二州也 爾雅釋文 更爲之定界濬水害也 史記註

象以典刑

正刑五加之流宥鞭朴贖刑此之謂九刑 周禮司刑疏

流宥五刑

其疑者或流放之四罪是也 尚書正義

按史記正義引鄭云一曰弗識二曰過失三曰遺忘也又疑字書正義作輕

扑作教刑

扑檟楚也朴爲教官爲刑者 史記註

青災肆赦

青災爲人作患害者也過失雖有害則赦之 同上

怙終賊刑

怙其姦邪終身以爲殘賊則用刑之 同上

流共工于幽州放驩兜于崇山竄三苗于三危殛鯀于羽山

舜不刑此四人者以爲堯臣不忍刑之 尚書正義孔氏正義曰鄭氏具引文十八年左傳之文乃云命驩兜舉共工則驩兜爲渾敦也共工爲窮奇也鯀爲檮杌也而三苗爲饕餮

按舜不刑此十五字書正義無此文惟引鄭云禹治水畢乃流四凶又原本作鄭氏其引尚書正義作具引宜從改

闢四門

卿士之職使爲己出政教於天下言四門者亦因卿士之私朝在國門魯有東門襄仲宋有桐門右師是後之取法於前也 詩緇衣正義

按原本亦因卿下脫士字據詩正義增

柔遠能邇

能恣也 詩民勞正義

熙帝之載

載行也 尚書正義

伯禹作司空

初堯冬官爲共工舜舉禹治水堯知其有聖德ム强法必成功故改命司空以官名寵異之非常官也至禹登百揆之任捨司空之職爲共工與虞故曰垂作共工益作朕虞是也 周禮疏序考工記疏

讓于稷

稷棄也初堯天官爲稷時天下賴后稷之功故以官名通稱 周禮疏序尚書正義

帝曰俞汝往哉

然其舉得其人汝往居此官不聽其所讓也 史記註

據史記集解未增一也字

帝曰棄黎民阻飢汝后稷播時百穀 阻馬本作祖云始也

按史記集解徐廣曰今文尚書云祖飢

阻讀曰俎阻厄也時讀曰蒔始者洪水時衆民厄于飢汝居稷官種蒔五穀以救活之 詩思文正義史記註

當云阨讀爲禍馬訓爲始鄭訓爲厄

按原本厄訛危據詩正義改

五品不遜

五品父母兄弟子也史記註

蠻夷猾夏

猾夏侵亂中國也同上

寇賊姦宄

强聚爲寇殺人爲賊由內爲姦起外爲宄周禮司刑疏

按史記集解引下二句

汝作士

士察也主察獄訟之事尚書正義

五服三就

三就原野也市朝也甸師氏也尚書正義馬王同

五流有宅五宅三居宅知嫁反釋文

宅讀曰咤懲艾之器謂五刑之流皆有器懲艾五咤者是五種之器謂桎一梏二拲二三處者自九州之外至於四海三分其地遠近若周之夷服鎮服蕃服王制正義

按原本皆有下脫器字據王制正義增又三處以下十六字今文王制正義無

禹曰兪哉馬王本同尚書正義

汝作朕虞

言朕虞重鳥獸草木尚書正義

有能典朕三禮

天事地事人事之禮也史記註

汝作秩宗

主次秩尊卑同上

教胄子

國子也同上

歌詠言

歌所以長言之意詩正義

聲依詠律和聲

聲之曲折又依長言聲中律乃爲和也史記註

神人以和

祖考來格羣后德讓其一隅也同上

按同上二字者史記集解補

予擊石拊石百獸率舞

百獸服不氏所養者也率舞言音和也同上

龍朕堲讒說殄行震驚朕師

所謂色取仁而行違是驚動我之衆臣使之疑惑

同上

咨汝二十有二人

十二牧禹垂益殳斨伯與朱虎熊羆伯夷夔龍皆月正元日格于文祖時所敕命也 尚書正義 史記注

按十二牧句乃王氏揣摩正義而得之者然正義本宗孔鄭說以殳斨伯與爲二臣朱虎熊羆爲二臣故云鄭以爲二十二人數殳斨伯與朱虎熊羆不數四岳蓋孔數四岳不數殳斨等四臣故正義云然王氏不數殳斨伯與二臣蓋誤以朱虎熊羆爲四人也今據正義增殳斨伯與四字

分北三苗

流四凶者卿爲伯子大夫爲男降其位耳猶爲國君所竄三苗爲西裔諸侯者猶爲惡乃復分析一作比流之 史記註 尚書正義

按所竄書正義引作故以蓋孔語也此所竄以下皆史記集解所引全文又諸侯下原本無者字今據史記集解增

舜生三十

謂生三十年也 尚書正義

登庸二十

歷試二十年 同上

在位五十載陟方乃死

攝位至死爲五十年舜年一百歲 同上

卷一終

鄭氏古文尚書証訛卷二

宋　王應麟撰集　羅江　李調元贊菴撰按

鄭氏註

虞夏書

皐陶謨第二

曰若稽古　皐陶曰（鄭以皐陶下屬爲句）

惇敘九族庶明勵翼邇可遠在茲

庶眾也勵作也敘次序也序九族而親之以眾賢明作羽（一作輔）翼之臣也（三國志註三十一文選五十九史記註尚書正義）此政由近可以及遠也（同上）

按史記集解引云次序九族而親之以眾明作羽翼之臣此政由近可以及遠也書正義引云勵作也以眾賢明作輔翼之臣又以眾下裴註無賢字又羽翼之臣下原本無也字今據裴註增

何憂乎驩兜何遷乎有苗何畏乎巧言令色孔壬

禹爲父隱故言不及鯀（史記註）

亦行有九德亦言其人有德

凡人之性有異有其上者不必有下有其下者不必有上上下相揚乃成其德（尚書正義）

寬而栗柔而立愿而恭亂而敬擾而毅直而温簡而廉剛而塞彊而義

寬謂度量寬宏柔謂性行柔和擾謂事理擾順三者相類即洪範云柔克也愿謂容貌恭正亂謂剛柔治理直謂身行正直三者相類即洪範云正直也簡謂器量凝簡剛謂事理剛斷彊謂性行堅彊三者相類即洪範云剛克也而九德之次從寬而至剛也惟擾而毅在愿亂之下耳其洪範三德先人事而後天地（尚書正義）

按三國志黃李呂馬王張傳評注尚書曰擾而

毅鄭元注曰左馴也致果曰毅　又按書正義此段係孔氏之文因正義上文有鄭連言之四字王氏因誤采又先人事而後天地句下正義有與此不同四字謂洪範三德與此九德不同也王氏疑此係鄭注謂鄭與孔不同因删四字而本句文義不可通矣又剛克下原本無也字今據書正義增

彰厥有常吉哉

人能明其德所行使有常則成善人矣（同上）

俊乂在官

才德過千人爲俊百人爲乂（同上）

庶績其凝

凝成也（同上）

自我五禮有庸哉（有庸馬本作五庸）

五禮天子也諸侯也卿大夫也士也庶民也（尚書正義）

同寅協恭和衷哉

并上之禮共有此事（同上）

五服五章哉

五服十二也九也七也五也三也（周禮小宗伯疏王制正義）

天聰明自我民聰明

天之所謂聰明有德者由民也言天所善惡與民

同（詩蒸民正義）

按原本天之所下脫謂字與民下脫同字俱據

詩正義增

思日贊贊襄哉

贊明也襄之言揚（一作暢）言我未有所知思徒贊明

帝德揚我忠言而已謙也（尚書正義）

下民昏墊

昏沒也墊陷也禹言洪水之時人有沒陷之害（同上）

濬畎澮距川

畎澮田間溝也澮所以通水於川也（史記註文選長笛賦注）

按首六字史記集解引

暨稷播奏庶艱食鮮食（艱馬本作根云根生之食謂百穀）

禹復與稷教民種澤物菜蔬難厄之食食以水之

眾鮮食謂魚食也（詩思文正義尚書正義）

按難字詩正義作難書正義作艱

烝民乃粒萬邦作乂（乂五蓋反）

粒米也乂養也眾民乃復粒食萬國作相養之禮

（詩思文正義）

安汝止

安汝之所止無妄動動則擾民（史記註）

按原本安字誤定據史記集解改

天其申命用休

天將重命汝以美應謂符瑞也（同上）

臣哉鄰哉鄰哉臣哉

臣哉汝當爲我鄰哉鄰哉汝當爲我臣哉反覆言

此欲其志心入禹（尚書正義）

按書正義有帝曰臣作朕股肱耳目動作視聽

皆由臣也數句原本無今附采

予欲觀古人之象日月星辰山龍華蟲作會（一作繪注同）

宗彝藻火粉米黼黻絺繡絺陟里反

會讀爲繪文選景福殿賦注 宗彝謂宗廟之鬱鬯樽也故虞夏以上蓋取虎彝蜼彝而已釋文引鄭注云宗彝虎也 粉米白米也絺讀爲黹黹紩也凡十二章天子以飾祭服凡畫者爲繪刺者爲繡此繡與繪各有六衣用繪裳用繡至周而變之以三辰爲旂旗謂龍爲袞宗彝爲毳或損益上下更其等差尚書正義

按凡十二章尚書正義引多自日月至黼黻六字

以五采章施于五色作服

性曰采施曰色左傳昭二十五年正義 未用謂之采已用謂之色月令正義 作服者此十二章爲五服天子備有焉公自山龍而下侯伯自華蟲而下子男自藻火而下卿大夫自粉米而下尚書正義

按月令正義所引二句上有采施曰色四字譌即左傳正義所引二句脫去性曰二字耳又此十二章下原本脫作服者三字今據書正義增

予欲聞六律

舉陽陰從可知也同上

在治忽以出納五言

曶者臣見君所秉書思對命者也君亦有焉以出納政教於五官史記註 應麟按古忽與曶通論語仲忽古今人表作曶師古曰曶與忽同

按原本五官譌五言今據史記集解改正

欽四鄰

四鄰謂左輔右弼前疑後承尚書正義

臣作朕股肱耳目

動作視聽皆由臣也尚書正義

罔晝夜頟頟罔水行舟

丹朱見洪水時人乘舟今水已治猶居舟中頟頟使人推行之尚書正義

朋淫于家

朋淫淫門內史記註

娶于塗山辛壬癸甲

登用之年始娶于塗山氏三宿而爲帝所命治水尚書正義

予弗子子將吏反釋文

惟荒度土功弼成五服至于五千州有十二師外薄四海

荒奄也奄大九州四海之土敷土既畢廣輔五服

而成之至于面方各五千里四面相距爲方萬里
師長也九州州立十二人爲諸侯師以佐其牧外
則五國立長使各守其職堯初制五服服各五百
里要服之内方四千里曰九州其外荒服曰四海
此禹所受地記書曰崑崙山東南地方五千里名
曰神州者禹弼五服之殘數亦每服者今五百里
故有萬里之界萬國之封焉猶用要服之内爲九
州州更方七千里七七四十九得五千里者四十
九其一以爲圻内餘四十八八州分而各有六春
秋傳曰禹朝羣臣於會稽執玉帛者萬國言執玉

帛者則九州之内諸侯也其制特置牧以諸侯賢
者爲之師蓋百國一師州十有二師則州千二百
國也八州凡九千六百國其餘四百國在圻内與
王制之法準之八州通率封公侯百里之國一伯
七十里之國二子男五十里之國四方百里者三
封國七十有畸至於圻内則子男也王制正義左傳哀七年詩齊風

按輔五服而成之句下當如詩殷武正義及書
正義所引按下至于面方各五千里句爲是中
間一段據詩齊風譜正義引此作禹貢法惟王
制正義引咎繇謨注有去王城五百里一段然
其文與此小異亦不在輔五服而成之句下葢
別爲一節也　又按封國七十有畸此承書正
義之文考王制正義引此注無十字孔氏解云
所以百里三封國七者以百里之方一爲公侯
之國一又以百里之方一爲伯七十里之國二
又以百里之方一爲子男五十里之國四是百
里之方三封國七也據此則此十字系衍文宜
刪

帝曰迪朕德時乃功惟敘皋陶方祗厥敘方施象刑

惟明
　歸美于二臣尚書正義
夔曰戞擊鳴球搏拊琴瑟以詠
　戞擽也戞擊鳴球已下數器鳴球卽玉磬也磬懸
　也而以合堂上之樂玉磬和尊之也搏拊以韋爲
　之裝之以糠形如小鼓所以節樂以詠謂歌詩也
　周禮大司樂疏尚書正義
　按周禮大司樂引云戞櫟也戞擊鳴球已下數
　器鳴球卽玉磬也搏拊以韋爲之裝之以糠所
　以節樂以詠謂歌詩也書正義引云磬懸也而

以合堂上之樂玉磬和尊之也又云其削櫟也漢禮器制度及白虎通馬融鄭元李巡其說皆以爲然也又云鄭以戛擊鳴球三者皆總下樂櫟擊此四器也又按周禮疏穮作櫟

祖考來格馬氏言此是舜除瞽瞍之喪祭宗廟之樂尙書正義

祖考之神來至也大司樂疏

虞賓在位

舜以爲賓即二王後丹朱也同上

羣后德讓

諸侯助祭者以德讓已上皆宗廟堂上之樂所感

也同上

下管鼗鼓合止柷敔

舜廟堂下之樂故言下合樂用柷柷狀如漆筩中有椎合之者投椎於其中而撞之云搖之所以節樂敔狀如伏虎背上刻之一云背有刻所以鼓之所以止樂一云所以止鼓謂之止詩有瞽正義大司樂疏

按詩有瞽正義引云柷狀如漆筩中有椎合之者投椎於其中而撞之敔狀如伏虎背上刻之所以止鼓謂之止周禮大司樂疏引云舜廟堂下之樂故言下合樂用柷柷狀如漆筩中有椎搖之所以節樂敔狀如虎背有刻以物櫟之所以止樂又原本作漆筒據詩正義改筩

笙鏞以閒

東方之樂謂之笙笙生也東方生長之方故名樂爲笙也西方之樂謂之鏞鏞功也西方物熟有成功亦謂之頌頌亦是頌其成以閒者堂上堂下閒代而作大司樂疏

鳥獸蹌蹌

飛鳥走獸蹌蹌然而舞也同上

簫韶九成鳳皇來儀

簫韶舜所制樂也樂備作謂之成成猶終也每曲一終必變更奏若樂九變人鬼可得而禮故致得來儀儀匹止巢而孕乘匹同上

按成猶終也三句周禮疏無而見書正義又大司樂疏儀匹下有謂致得雄曰鳳雌曰凰來儀十一字按大司樂疏引云韶舜樂也若樂九變人鬼可得而禮故致得來儀儀匹謂致得雄曰鳳雌曰凰來儀止巢而乘匹又云尙書簫韶九成鳳凰來儀鄭以儀爲匹謂止巢而孕乘匹書正義引云成猶終也每曲一終必變更奏又公

羊哀十四年傳疏舜所制樂下無也字又公羊疏謂之成下作簫韶九備而鳳凰乃來儀止巢乘匹

予擊石拊石百獸率舞

按大司樂疏引此節注云虁語舜云磬有大小予擊大石磬拊小石磬則感百獸相率而舞石磬也百獸服不氏所養者謂音聲之道與政通焉 公羊疏哀十四年

庶尹允諧

庶衆也尹正也允信也言樂之所感使衆正之官信得其諧和 大司樂疏

帝庸作歌 鄭以爲戒臣 尚書正義

皐陶拜手稽首揚言曰念哉

使羣臣念帝之戒 史記註

乃賡載歌

載始也 同上

按此二節並采書正義非史記註所引也注云同上者誤

元首叢脞哉

叢脞總聚小小之事以亂大政 同上

卷二終

鄭氏古文尚書証訛卷三

宋 王應麟撰集 羅江 李調元贊菴擇校

鄭氏註

虞夏書

禹貢第三

禹敷土

敷布也布治九州之水土 周禮大司樂疏

隨山刊木

必隨州中之山而登之除木爲道以望觀所當治者則規其形而度其功焉 尚書正義

冀州既載

按公羊疏引云載之言事事謂作徒役也兩河閒曰冀州不書其界者時帝都之使若廣大然書正義引云載之言事事謂作徒役也禹知所當治水又知用徒之數則書於策以告帝徵役而治之

兩河閒曰冀州不書其界者時帝都之使若廣大然載之言事事謂作徒役也禹知所當治水又知用徒之數則書之於策以告帝徵役而治之 史記註 尚書正義 公羊疏

按此節當以公羊疏所引載之言事以下三十字列於前而以書正義所引禹知以下云云列於後又兩河閒句見史記集解又原本譌作徒役也下有兩河閒曰冀州以下八字今據書正義刪之又書之於策句書正義無之字

壺口治梁及岐

按於此言治梁及岐者蓋治水從下起以襄水害易也書正義禹貢說斷

地理志壺口山在河東北屈縣之東南梁山在馮翊夏陽岐山在右扶風美陽西北梁山西南史記注

周南召南譜正義　緜正義

按史記集解壺口下無山字及縣之東南四字梁山在下有左字無西北以下六字

既修太原至于岳陽覃懷厎績至于衡漳

岳陽縣太岳一作原之南於地理志太原今以爲郡名太岳在河東故縣彘東名霍太山周禮職方氏疏　唐風譜正義覃懷爲縣名屬河內漳水出上黨沾大黽谷東北至安平阜城入河職方氏疏衡漳漳水橫流入河職方氏疏　詩柏舟正義　尚書正義

按職方疏引鄭注云岳陽太原之南漳水橫流入河地理志太原今爲郡名太岳在河東縣彘東名霍太山覃懷爲縣名屬河內漳水出上黨沾大黽谷東北至安平阜城入河行千六百八十里始是按此六十八字當是鄭注全文若書正義引云橫漳漳水橫流詩邶鄘衛譜正義引云衡漳者漳水橫流地理志云漳水在上黨沾縣大黽谷東北至安平阜城入河唐風譜正義引云岳陽縣太岳之南於地理志太原今以爲郡名太岳在河東故縣彘東名霍太山此皆摭摭引句非全文也然唐風譜正義所引又可補

職方疏所引缺字又按史記集解作懷縣屬河內又河內下原本脫漳字上黨下脫沾字俱據職方疏補入

厥賦惟上上錯

此州入穀不貢賦之差一井上上出九夫稅上中出八夫稅上下出七夫稅中上出六夫稅中中出五夫稅中下出四夫稅下上出三夫稅下中出二夫稅下下出一夫稅通率九州一井稅五夫王制正義　周禮小司徒疏　詩甫田正義　書正義

按禹貢指南止此句

厥田惟中中

地當陰陽之中能吐生萬物者曰土據人功作力競得而田之則爲之田田著高下之等者當爲水害備也徐州先田後賦此州先賦後田亦如境界殊於餘州也尚書正義

恒衛既從

地理志恒水出恒山衛水在靈壽大陸澤在鉅鹿史記註

鳥夷皮服

鳥夷東方之民搏一作賦食鳥獸者史記註尚書正義

按史記集解作東北作賦食

夾右碣石入于河

戰國策碣石在九門縣今屬常山郡爲中碣石小西北行盡冀州之境還從山東南行入河治水既畢更復行之觀地肥瘠定貢賦上下尚書正義

濟河惟沇州

言州之界在此兩水之間史記註公羊疏

按言字據史記集解增此係集解所引全文在此兩水之間與公羊疏作在此兩河閒文小異

九河既道

河水自上至此流盛而地平無岸故能分爲九以衰其勢壅塞故通利之也九河之名徒駭太史馬頰覆釜胡蘇簡絜鉤盤鬲津周時齊桓公塞之同爲一河今河閒弓高以東至平原鬲津一作盤往往有其遺處焉孔氏尚書正義云春秋緯寶乾圖云移河爲界在齊呂塡閼八流以自廣鄭據此文詩殷正義尚書正義

雷夏既澤雍沮會同

雍水沮水相觸而合入此澤中地理志曰雷澤在濟陰城陽縣西北史記註

按原本曰誤云又脫縣西北三字今據史記集

解增改王震澤本亦無縣西北三字

桑土既蠶是降丘宅土

其地尤宜蠶桑因以名之今濮水之上有桑閒者柏舟正義此州寡於山而夾川兩大流之閒遭洪水其民尤困水害既除於是下丘居土以其免於厄尤喜故記之尚書正義

厥賦貞作十有三載乃同釋文

貞正也治此州正作不休十三年乃有賦與八州同言功難也其賦中下史記註

厥貢漆絲厥篚織文

貢者百功之府受而藏之其實於篚者入於女功故以貢篚別之㐅征云厥篚元黃昭我周王尚書正義

按鄭引㐅征語見堯典正義又貢篚別之以下見黃仲元六經四書講藁卷四又厥篚詩鹿鳴正義引作篚厥

浮于濟漯達于河

地理志云漯水出東郡東武陽史記註

按原本無云字今據史記集解增

海岱惟青州

今青州界東自海西至岱東嶽曰岱山詩齊風譜正義史記註

按史記集解無上四字公羊疏無東西二字

嵎夷索隱曰按今文尚書作禺銕在遼西銕古夷字也既畧濰淄其道

按原本銕訛鐵據索隱改

地理志濰水出琅琊淄水出泰山萊蕪縣原山史記註齊風譜正義引鄭註云濰淄兩水名

按詩正義引此注濰淄兩水名地理志云雒水出今琅琊箕屋山淄水出泰山萊蕪縣原山按此二十八字蓋鄭注全文王氏兩引之若分異同何也

海濱廣斥

斥謂地鹹鹵釋文史記註

海物惟錯

海物海魚也魚種類尤雜史記註

浮于汶達于濟

地理志汶水出泰山萊蕪縣原山西南入濟同上

海岱及淮惟徐州

徐州界又南至淮水

淮沂其乂蒙羽其藝

淮沂二水名周禮職方氏疏地理志沂水出今泰山蓋縣

蒙羽二山名史記註

按史記集解無今字

大野既豬東原厎平

按史記豬作都集解引孔安國曰水所停曰都據此則今本經傳皆作豬乃後人所改也

大野在山陽鉅野北名鉅野澤東原地名今東平郡即東原史記註

厥土赤埴墳

按釋文曰鄭作戠徐皆讀曰熾

戠黏土也周禮考工記疏

厥貢惟土五色

土五色者所以為大社之封史記注

按原本脫上土字據史記集解增

羽畎夏翟

羽山之谷詩節南山正義

嶧陽孤桐

地理志嶧山在下邳史記注

泗濱浮磬淮夷蠙珠曁魚

泗水出濟陰乘氏也濱水涯中中見石可以為磬

淮夷淮水之上夷民也獻此珠與魚也史記注尚書正義釋文

按史記註引云泗水出濟陰乘氏也淮夷淮水之上民也書正義引云淮水之上夷民獻此珠與魚也釋文引云淮水之夷民也　又按首句下十一字不見史記注及書正義恐係孔傳

厥篚玄纖縞

纖細也祭服之材尚細史記註

淮海惟揚州

揚州界自淮而南至海以東也公羊疏

彭蠡既豬

按史記索隱引鄭云南方謂都為豬

地理志彭蠡澤在豫章彭澤西史記註

按原本彭蠡下脫澤字彭澤下多縣字俱據史記集解刪補

陽鳥攸居

陽鳥鴻雁之屬隨陽氣南北詩匏有苦葉正義

三江既入震澤底定

三江分於彭蠡為三孔東入海尚書正義

厥貢惟金三品

三品銅三色也詩泮水正義史記註尚書正義

按史記集解引作金三色也書正義及詩泮水正義皆三品者銅三色也

瑤琨篠簜琨馬本作瑻釋文

島夷卉服

此州下濕故衣草服貢其服者以給天子之官尚書正義

厥篚織貝

貝錦名也詩云萋兮斐兮成是貝錦凡為織者先染其絲乃織之則文成矣史記註尚書正義

按書正義引鄭注則文成矣句下多禮記曰士

不衣織七字又按史記集解所引無萋兮斐兮
四字其下文又小異此專采書正義文也

錫貢

有錫則貢之或時乏則不貢錫所以柔金也史記詩

均于江海達于淮泗釋文云鄭本作松松當爲沿馬本作均云均平　案此則均當作松也

均讀曰沿沿順水行也史記註

荆及衡陽爲荆州

荆州界自荆山南至衡山之南公羊疏

江漢朝宗於海

江水漢水其流遄疾又合爲一共赴海也猶諸侯之同心尊天子而朝事之荆楚之域國有道則後服國無道則先彊故記其水之義以著人臣之禮詩沔水正義　尚書正義

九江孔殷

按禹貢指南九江乃廬江尋陽山谿九小水入江者

殷猶多也九江從山谿所出其孔衆多言治之難也地理志九江在今廬江尋陽縣南皆東合爲大江史記註　尚書正義

按史記集解無今廬江三字及下縣字

沱潛既道

按史記集解水出江爲沱漢爲涔

水自江出爲沱漢別爲潛一作涔今南郡枝江縣有沱水其尾入江耳首不於江出也華容有夏水首出江尾入沔蓋此所謂沱也潛則未聞象類三國志註四十七卷　水經註二十九卷

杶註同　一作橁榦栝柏礪砥砮丹惟箘簵楛三邦厎貢

按考工疏引此經注皆作櫄

杶榦栝柏四木名榦柘榦柏葉松身曰栝礪磨刀

刃石也精者曰砥箘簵聆風楛木類周之始肅愼氏貢兹楛矢石砮此州中生聆風與楛者衆多三國致之周禮考工記疏　詩竹竿正義　尚書正義

按原本簵訛竹據史記集解所引改正木訛本據考工記改正又集解云箘簵聆風也

厥名包匭菁茅鄭以厥名下屬　尚書正義

匭纏結也菁茅茅有毛刺者給宗廟縮酒重之故包裹又纏結也史記註　釋文

按原本故下有旣字裹下有而字俱據史記集解刪

荆河惟豫州

豫州界自荆山而北至於河（詩王風譜正義 公羊疏）

滎播（馬本王本同）既都

按都音豬羣經音辨

沇水溢出河（一作所）為澤衛狄戰在此地今塞為平地滎陽民猶謂其處為滎播（一作澤）在其縣東（一云在沐縣東 詩定之方中正義 檜譜正義 史記索隱 尚書正義）

按史記索隱止載今塞為平地十五字民作人又定之方中正義引云沇水溢出河為澤今塞為平地滎陽民猶謂其處為滎澤在其縣東春秋魯閔公二年衛侯及狄人戰於滎澤是也書正義引云今塞為平地滎陽民猶謂其處為滎澤在其縣東又引云衛狄戰在此地又駁云馬鄭王本皆作播謂此澤名滎播春秋閔二年衛侯及狄人戰於滎澤不名播也

華陽黑水惟梁州

梁州界自華山之南至於黑水也（公羊疏）

岷嶓既藝

地理志岷山在蜀郡湔氐道嶓冢山在漢陽西（史記註）

按原本脫山字又湔訛煎據史記集解增改

沱潛既道（梁州）

二水亦謂自江漢出者地理志在今蜀郡郫縣江沱及漢中安陽皆有沱水潛水其尾入江漢耳首不於此出江源有鄡江首出江南至犍為武陽又入江豈沱之類與潛蓋漢西出嶓冢東南至巴郡江州入江行二千七百六十里（尚書正義）

蔡蒙旅平和夷底績

按禹貢指南蔡山在漢嘉

地理志蔡蒙在漢嘉縣和上夷所居之地也和讀曰桓地理志曰桓水出蜀郡蜀山西南行羌中者也（史記註 水經注三十大應麟案如淳漢書注曰陳宋之俗言桓聲如和故桓表或謂之和表東京賦云敘和樹表是桓與和通）

按原本羌中下脫者也二字據水經注增又按史記註止前九字下皆水經注引又按此条小註語與九經古義同路史徙紀十一亦可引証

終南惇物

地理志終南惇物皆在右扶風武功也（史記註）

原隰底績至于豬野

詩云度其隰原地理志豬野在武威名曰休屠澤

史記註尚書正義

按史記無詩云六字豬作都

三危既宅

按黑水三危二條位置未安

河圖及地記書云一作地說三危山在鳥鼠之西南與

岐山相連一云在鳥鼠之西南當岷山則在積石之西南史記索隱尚書正義

按史記索隱引云河圖及地說云三危山在鳥鼠西南與岐山相連書正義引云地記書云三危之山在鳥鼠之西南當岷山則在積石之西南按二書所引文小異又按古文苑揚雄益州

牧箴注鄭元引地記書云三危山在鳥鼠之西南當岷山

厥貢惟球琳琅玕

球美玉也琳美石也琅玕珠也詩韓奕正義

織皮昆侖析支渠搜西戎即敘

衣皮之人居此昆侖析支渠搜三山之野者皆在西戎也書正義史記索隱

按書正義作皆西戎也史記索隱作皆在西戎

導汧及岐

無此字及之野者三字并下也字

地理志汧在右扶風也史記註導汧為正陰列西傾為次陰列潘冢為次陽列岷山為正陽列是為四列凡言導者發源於上未成流凡言自者亦發於上未成流自此以下言過言會者皆是水名言至于者或山或澤皆非水名史記索隱尚書正義

按原本扶風下脫也字據集解增導汧為下脫正字據指南增又按嶓冢為次陽列岷山為正陽列此據書正義所引也史記索隱引作汧為陰列西傾次陰列嶓冢為陽列岷山次陽列與此異是為四列四字王氏揣摩二書得之也又

按指南汧作岍岷山作岍山

西傾朱圉鳥鼠至于太華熊耳外方桐柏至于陪尾

地理志云朱圉在漢陽南太華山在宏農華陰南地理志云熊耳在盧氏東外方在潁川嵩高山桐柏山在南陽平氏東南陪尾在江夏安陸東北若橫尾者史記許

按原本地理志云句訛在南字下據史記集解并脫云字多縣字亦據史記增刪熊耳以下本另為一節王氏因欲連上節故刪地理志三字今據史記仍增補之又據漢書地理志引禹貢

作朱圉山在漢陽冀縣南而地理志天水郡冀縣下云禹貢朱圉山在縣南梧中聚師古曰圉讀與圄同似漢陽二字

導嶓冢至于荆山

地理志荆山在南郡臨沮 史記註

按原本作臨江據史記集解改

內方至于大別

地理志內方在竟陵召陵元章山大别在廬江安豐縣 史記註 尚書正義

按史記集解元章作名章山

導弱水至于合黎

地理志弱水出張掖地說云合黎山在酒泉會水縣東北 史記註

按上八字史記集解引鄭注原文下十四字王氏揣摩索隱得之也

餘波入于流沙

地理志流沙居延西北名居延澤地記曰弱水西流入合黎山腹餘波入于流沙通于南海 史記註

按原本脫名字據史記集解增

導黑水至于三危

地理志益州滇池有黑水祠而不記此山水所在今中國無也地說一作記曰三危山在鳥鼠之西而南當岷山又在積石之西南當黑山祠黑水出其南脇 通典百七十四 史記索隱 史記裴註 尚書正義

按原本不訛在又脫水字山字並據史記集解增改按此節注史記集解引云地理志益州滇池有黑水祠而不記此山水所在地記曰三危山在鳥鼠之西南索隱引云地說云三危山黑水出其南書正義引云今中國無也

東至于砥柱

案地說河水東流貫砥柱觸閼流今世所謂砥柱者蓋乃閼流也砥柱當在西河未詳也 水經注卷四

東過洛汭至于大伾

山一成爲伾在修武武德之界地喉也沇一作流出伾際矣 水經注五卷 漢書溝洫志注 尚書正義

按漢書無之字正義有禹貢指南沇仍作沇無下矣字武德之界以下係水經注引又按書正義有上二句其爲康成書註無疑矣若溝洫志註有山一成爲伾句則連下句亦鄭箴漢書注矣不然康成有此文鄭孔得不引乎又朱謀㙔

校水經注本沇出作流出注云宋本作沇

北過降水至於大陸

降讀當如郕降於齊師之降戶江反聲轉爲共河內共縣淇水出焉東至魏郡黎陽縣入河北近降水也周時國於此者惡言降水改謂之共地說云大河東北流過降水千里至大陸爲地腹水經注 尚書正義

按原本洪水出下脫焉字據書正義及水經注增史記集解引云降水在信都而又按水經注引鄭注地說云大河東北流過絳水千里至大陸爲地腹如志之言大陸在鉅鹿地理志曰水在安平信都鉅鹿與信都相去不容此數也水土之名變易世失其處見降水則以爲絳水故依而廢讀或作絳字非也今河北共山淇水共水出焉東至魏郡黎陽入河近所謂降水也降讀當如郕降于齊師之降蓋周時國於地者惡言降故改謂之共耳又今河所從去大陸遠矣館陶北屯氏河其故道與　按此一百五十五字盡引鄭注全文故下稱余按鄭元據尚書云云乃酈氏駁鄭語也王氏所采不免倒置上下矣

又北播爲九河同爲逆河入于海

播散也同合也下尾合曰逆河同一作言相承迎一作受也詩殷正義 史記註 水經注五卷 尚書正義

按禹貢指南及水經注引皆云下尾合曰逆河言相承受也書正義引云下尾合名爲逆河言相向迎受史記集解引云下尾合名曰逆河言相逆受也

嶓冢導漾東流爲漢又東爲滄浪之水

地理志漾水出隴西氐道至武都爲漢至江夏謂之夏水一云今謂之夏水即漢河之別流也史記註 水經注三十二卷 史記索隱

按此節係集解引鄭注全文水經注引云今謂之夏水來同故世變名焉索隱云馬融鄭元皆以滄浪爲夏水即漢河之別流也詳略互異又原本氐下脫道字據史記集解增

過三澨至于大別

三澨水名史記索隱 在江夏竟陵之界史記註

東滙澤爲彭蠡

滙同也水經注二十八

按水經註此句下有漢與江門轉東成其澤矣

九字疑亦係鄭註

又東至于澧

按禹貢指南澧陵名卽今長沙澧陵

醴陵名也大阜曰陵今長沙郡有醴陵縣（史記註）

按集解無今郡二字

東迆北會于滙

東迆者爲南江（尚書正義）

導沇水東流爲濟入于河溢爲滎

地理志沇水出河東東垣王屋山東至河內武德入河泆爲滎（史記註）

按東垣殿本史記集解引作垣縣

東出于陶丘北

地理志陶丘在濟陰定陶縣西北（同上）

按集解無縣字

導渭自鳥鼠同穴

鳥鼠之山有鳥焉與鼠飛行而處之又有止而同穴之山焉（水經注四十）

按原本而處下脫之字之山下脫焉字俱據水經註增又多地說曰鳥鼠山同穴之枝幹也十二字據水經注自引他說並不言鄭注此條誤

采故刪之

底上交正厎愼財賦

衆土美惡及高下得其正矣亦致其貢篚愼奉其財物之稅皆法定制而入之也（史記註）

咸則三壤成賦

三壤上中下各三等也（同上）

中邦（一作國）錫土姓祗台德先不距朕行

中卽九州也天子建其國諸侯祚之土錫之姓命之氏其敬悅天子之德旣先又不距違我天子政教所行（史記註）

五百里甸服百里賦納總二百里納秷三百里納秸服四百里粟五百里米

甸服者堯制賦其田使入穀禹弼其外百里者賦入總謂所（一作入）刈禾也二百里秷秷斷去稾也（一云謂刈穗也）三百里秸秸謂禾去其實唯稾秸也（一云稭又云穎）也四百里入粟五百里入米者遠彌輕也甸服之制本自納總禹爲之差使百里者從之耳（詩甫田正義　禮器正義）

按原本秷訛秸使百里下又脫者字俱據詩正義增改又詩小雅正義引云甸服者堯制賦其

田使入穀禹弼其外百里者賦入總謂入刈禾也二百里秷秷斷去藁也三百里秸秸又云穎也四百里入粟五百里入米者遠彌輕也甸服之制本自納總禹爲之差使百里者從之耳又禮器正義引禹貢五百里甸服百里賦納總謂所刈禾也二百里納秷謂刈禾穗也三百里納秸服謂禾去其實唯藁秸也四百里粟五百里米不言鄭詩王氏以意揣度之耳

二百里蔡

蔡之言殺減殺其賦 尚書正義

三百里蠻

蠻者聽從其俗羈縻其人耳故云蠻蠻之言緡也 同上

朔南暨

朔北方也南北不言所至容踰之 史記註 尚書正義

按史記集解引鄭曰朔北方無也字南北以下九字書正義所引也又王刻史記亦有也字

甘誓第四

大戰于甘

天子之兵故曰大 尚書正義

乃召六卿

六卿者六軍之將周禮六軍皆命卿則三代同矣 詩棫樸正義 曲禮正義下

按原本作命服據曲禮正義改

嗟六事之人

變六卿言六事之人者言軍吏下及士卒也 尚書正義

按原本下者字作事字據書正義改

有扈氏 孔馬鄭王等皆言有扈與夏同姓 尚書正義

威侮五行怠棄三正

五行四時盛德所行之政也威侮暴逆之三正天

地人之正道 史記註

左不共于左

左車左 史記註 孔同

右不共于右

右車右 同上

卷三終

鄭氏古文尚書証訛卷四

宋　王應麟撰集　羅江　李調元　撰按

鄭氏註

商書

湯誓第五

有衆率怠弗協曰時日曷喪予及汝皆亡

衆見民欲叛乃自比于日曰是日何嘗喪乎日若喪亡我與汝亦皆喪亡引不亡之徵以脅恐下民也 尚書正義

予其大賚汝

賚賜也 同上

按書正義無此文當是史記註同上二字誤

予則孥戮汝

大罪不止其身又孥戮其子孫 同上 周禮云其奴男子入于罪隸女子入於舂槀

按二語亦見尚書正義宜增同上二字

盤庚第六上 鄭以上篇是盤庚爲臣時事 尚書正義

于今五邦 馬云五邦謂商丘亳囂相耿也鄭王同 尚書正義

曰無或敢伏小人之攸箴

奢侈之俗小民咸苦之欲言于王今將屬民而詢焉故勑以無伏之 尚書正義

今汝聒聒

聒讀如聒耳之聒聒聒難告之貌 同上

不昏作勞

昏讀督督勉也 三國志註 尚書正義

遲任有言曰

遲任古之賢史 尚書正義

茲予大享于先王

大享謂烝嘗也 周禮小司馬疏

按小司馬宜改司勳因彼卷首小司馬職故誤

署

予告汝於難若射之有志

我告汝於我心至難矣夫射者張弓屬矢而志在所射必中然後發之爲政之道亦如是也以已心度之可施於彼然後出之 尚書正義

汝無侮老成人無弱孤有幼

老弱皆輕忽之意也 同上

盤庚第六中

盤庚作惟涉河以民遷

作渡河之具 尚書正義

誕告用亶其有衆亶馬本作單音丁但反誠也釋文

今予告汝不易

我所以告汝者不變易言必行之尚書正義

盤庚第六下

盤庚既遷奠厥攸居乃正厥位

徙主於民故先定其宅里所處次乃正宗廟朝廷之位尚書正義

綏爰有衆

爰於也安穩於其衆也三國志注一卷

懋建大命

勉立我大命使心識教令常行之同上

鞠人謀人之保居敘欽

鞠養也能謀養人安其居者我則次序而敬之尚書正義王同

高宗肜日第七

祖己曰

謂其黨尚書正義

降年有永有不永非天夭民民中絕命

年命者蠢愚之人尤慍焉故引以諫王也同上

西伯戡黎第八

西伯周文王也時國於岐爲雍州之伯南兼梁荊在西故曰西伯周南召南譜正義旱麓正義尚書正義戡黎入紂圻內尚書正義

按詩周南召南譜正義引云文王爲雍州之伯南兼梁荊在西故曰西伯旱麓正義引云文王爲雍州之伯在西故謂之西伯書正義引云西伯周文王也時國於岐封爲雍州伯也國在西故曰西伯諸本詳畧互見王氏蓋以意定其上下也

惟王淫戲用自絕故天棄我不有康食不虞天性不

迪率典

王暴虐於民使不得安食逆亂陰陽不度天性傲狠明德不修教法史記註

按原本作政法據集解改

微子第九鄭氏以爲微箕俱在圻內尚書正義

凡有辠辜乃罔恆獲

凡猶皆也獲得也羣臣皆有是罪其爵祿常得之者諸屢相攻奪微子世家注尚書正義

按凡猶皆也係書正義引獲得也以下微子世家注引

卷四終

鄭氏古文尚書証訛卷五

宋　王應麟撰集　羅江　李調元賛菴撰按

鄭氏註

周書

太誓第十

惟四月史記云九年太子發上祭于畢下至于孟津之上一云東觀兵至于孟津

按史記周本紀云九年武王上祭于畢東觀兵至于孟津索隱云畢天星之名畢星主兵故師出而祭畢星也但不言今文太誓文

孟津地名詩思文正義周本紀尚書正義

乃告司徒司馬司空諸節齊栗信哉馬融曰諸受符節有司也周本紀注予無知以先祖有德臣予小子受先公功畢立賞罰以定厥功遂與師師尚父左杖黃鉞右把白旄以號一作誓曰蒼兕蒼兕馬融曰蒼兕主舟楫官名總爾衆庶與爾舟楫後至者斬齊世家註索隱曰此文上下並今文太誓

按原本杖訛扙據周禮伊耆氏疏改又周本紀作乃告司馬司徒司空以下文與此同無蒼兕蒼兕四字

師尚父文王於磻溪所得聖人呂尚立以爲太師號曰尚父尊之號令之軍法重者齊世家注周本紀注周禮伊耆氏疏詩大明正義

太子發升舟中流白魚入于王舟王跪取出以燎之羣公咸曰休哉

按原本無之字據詩正義增

白魚入舟天之瑞也魚無手足象紂無助白者殷正也天意若曰以殷予武王當待無助今尚仁人在位未可伐也得白魚之瑞即變稱王應天命定號也出涘涯也王出於岸上燔魚以祭也變禮也詩思文王義注後漢書杜篤傳

按詩正義無也字又郎訛師據詩正義改

至于五日有火自上復于下至于王屋流之爲鵰其色赤其聲魄董仲舒對策引書又云周公曰復哉復哉五至以穀俱來

五日燎後日數王屋於在之舍上流猶變也鵰當爲鴉鴉烏也燎後五日而有火爲烏天報武王以此瑞書說曰烏有孝名武王卒父大業故烏瑞臻赤周之正穀記后稷之德又禮說曰武王赤烏穀芒應周尚赤用兵王命曰爲牟天意若曰須假紂五年乃可誅之武王即位此時已三年穀蓋牟麥也詩曰貽我來牟詩思文正義一文王序正義史記訛

按原本二行脫王字又用誂周俱據詩正義增
改
使上附以周公書報誥於王王動色變（周禮大祝疏）
十一年十二月戊午師畢度孟津八百諸侯不召自來不期同時不謀同辭皆曰帝受可伐矣王曰爾未知天意未可也乃還師師乃鼓鼓譟師乃掐前歌後舞格于上天下地咸曰孜孜無怠周公曰都懋哉予聞古先哲王之格言（周禮大祝疏）
按無怠以下十五字周禮疏所引又按周本紀云十一年十二月戊午師畢度孟津諸侯咸會

曰孳孳無怠又云是時諸侯不期而會孟津者八百諸侯諸侯皆曰紂可伐矣武王曰女未知天命未也乃還師詩大明正義引太誓曰師乃鼓譟前歌後舞格于上天下地咸曰孜孜無怠
天將有立父母民之有政有居（詩鴻鴈箋）
按詩正月正義云尚書曰天將有立民父母謂天子作民父母民窮則宜告之人也又鴻鴈正義云書曰天將有立父母民之有政有居今太誓文言天將有立聖德者爲天下父母民之得有善政有安居彼武王將欲伐紂民喜其將有

安居是民之所欲安居爲重也
正稽古立功立事可以永年丕天之大律（漢書郊祀志平當傳）
按郊祀志丞相衡御史大夫譚奏議引太誓曰正稽古立功立事可以永年丕天之大律師古曰今文太誓周書也
丕大一作奉也律法也（後漢書班固傳注 申屠剛傳注）
太子發拜手稽首（周禮大祝疏）
司馬在前也（王肅曰司馬太公 詩大明正義）
乃用其婦人之言四方之逋逃多罪是信是使（漢書五行志）
優敃（與賢同）揚歷

按漢書五行志成帝永始二年夜過中星隕如雨石谷永引書曰乃用其婦人之言四方之逋逃多罪是信是使師古曰周書泰誓也言紂惑於妲己而媟近之逃罪人信用之
附下而罔上者死附上而罔下者刑與聞國政而無益於民者退在上位而不能進賢者逐（說苑一）
牧誓
時甲子昧爽
詩云肆伐大商會朝清明（詩大明正義）
王朝至于商郊牧野乃誓

郊外曰野將戰于郊故至牧野而誓尚書正義

千夫長百夫長

師帥旅帥也同上

昏棄厥肆祀弗答

肆祀祭名答問也詩譜正義 史記註

昏棄厥遺王父母弟不迪

王父母弟祖父母之族必言母弟舉親者言之也周本紀注誓首言此者神怒民怨紂所以亡也尚書正義

今日之事不愆于六步七步乃止齊焉不愆于四伐五伐六伐七伐乃止齊焉

伐謂擊刺也孔同一云一擊一刺曰伐始前既敵六步七步當止齊正行列及兵相接少者四伐多者五伐又當止齊正行列也曲禮正義

按既字今本曲禮正義同傳抄宋本禮記正義作就敵

尚桓桓

威武貌史記註

如虎如貔如熊如羆

其威當如獸之將攫待也曲禮正義

弗禦馬同克奔以役西土

禦彊禦謂彊暴也克殺也不得暴殺紂師之犇走者當以爲周之役也史記註

卷五終

鄭氏古文尚書證訛卷六

宋　王應麟撰集　羅江　李調元贊菴撰按

鄭氏註

周書

洪範

帝乃震怒不畀洪範九疇彝倫攸斁

帝天也天以鯀如是乃震動其威不與天道大法

九類言王所問所由敗也微子世家注

鯀則殛死禹乃嗣興左傳襄二十一年正義曰鄭氏以禹治水既畢乃流四凶

春秋傳曰舜之誅也殛鯀其舉也興禹微子世家注

次三曰農用八政

農讀為醲尚書正義

一五行一曰水二曰火三曰木四曰金五曰土

此數本諸陰陽所生之次也微子世家注

二五事一曰貌二曰言三曰視四曰聽五曰思

此數本諸陰陽昭明人相見之次也五行傳曰貌屬木言屬金視屬火聽屬水思屬土

貌曰恭言曰從視曰明聽曰聰思曰睿

睿通於政事詩凱風正義　此恭明聰睿行之於我身其從則是彼人從我以與上下違者我是而彼從以我所為不乖刺也尚書正義

恭作肅從作乂明作哲晳讀為悊聰作謀睿作聖

君貌恭則臣禮肅也君言從則臣職治也君視明則臣照悊也君聽聰則臣進謀也君思睿則臣賢智也詩小旻正義尚書正義

按小旻正義及書正義所引此段上有政所致句當如小旻正義增皆謂政所致五字又君思睿則臣賢智凱風正義引之云

三八政一曰食二曰貨三曰祀四曰司空五曰司徒六曰司寇七曰賓八曰師

此數本諸其職先後之宜也食謂掌民食之官若后稷者也貨掌金帛之官若周禮司貨賄是也祀掌祭祀之官若宗伯者也司空掌居民之官司徒掌教民之官也司寇掌詰盜賊之官賓掌諸侯朝覲之官周禮大行人是也師掌軍旅之官若司馬也尚書正義史記註

按原本末無也字據書正義增

四五紀四曰星辰

星五星也史記註

錫女保極

又錫汝以守中之道同上

于其無好德女雖錫之福其作女用咎

按史記微子世家注于其無好下無德字

無好於女家之人雖錫之以爵祿其動作爲女用

惡謂爲天子結怨於民同上

無偏無黨

黨朋黨同上

會其有極

謂君也當會聚有中之人以爲臣也同上

歸其有極

謂臣也當就有中之君而事之同上

六三德一曰正直二曰剛克三曰柔克

三德人各有一德天子擇使之尚書正義正直中平之人史記注克能也剛而能柔一云剛能柔克柔而能剛寬猛相濟以成治立功剛則強柔則弱此陷于滅亡之道非能也詩羔裘正義史記註

按書正義引云三德人各有一德謂人臣也又引云人臣各有一德天子擇使之史記微子世家云一曰正直注引鄭云中平之人又引云克能也剛而克柔柔而能剛寬猛相濟以成治功

詩鄭風羔裘正義引云正直中平之人克能也剛能克柔柔能克剛謂寬猛相濟以成治立功剛則強柔則弱此陷于滅亡之道非能也

平康正直彊弗友剛克燮友柔克

安平之國使中平守一之人治之使不失舊職而已國有不順孝敬之行者則使剛能之人誅治之其有中和之行者則使柔能之人治之差正之尚書正義

惟辟作福惟辟作威惟辟玉食

此凡君抑臣之言也作福專爵賞也作威專刑罰

也玉食備珍美也史記註公羊疏

臣之有作福作威玉食其害于而家凶于而國

害于女家福去室凶于女國亂下民公羊疏

七稽疑擇建立卜筮人

將考疑事選擇可立者立爲卜人筮人尚書正義

乃命卜筮曰雨曰霽曰圛曰蝨曰尅曰貞曰悔凡七

卜五占用二衍忒一作貣

按周禮太卜註曰洪範所謂曰雨曰濟曰圛曰蝨曰尅書正義引鄭注有霽聲近濛四字爾雅疏引同

卜五占之用謂雨濟圛蟊一作霧一作睪克也二衍忒謂
貞悔也將立卜筮人乃先命名兆卦而分別之兆
卦之名凡七龜用五易用二審此道者乃立之也
雨者兆之體如雨氣然也濟者兆之光明如雨止
雲氣在上者也圛者色澤而光明也蟊者氣不澤一作釋
鬱鬱冥冥也克者如侵氣之色相犯入也一云如雨氣色相侵入也內卦曰貞貞正也外卦曰悔悔之言晦
晦猶終也卦象多變故言衍忒史記微子世家注周禮太卜疏尚書正義

按兆之體如雨氣然原本訛據周禮大卜疏改

止訛上據書正義改又書正義引鄭云克者如
雨氣色相侵入

立時人爲卜筮
立是能爲分別兆卦之名者以爲卜筮人微子世家注
按史記註引無爲字

三人占則從二人之吉一作言
卜筮各三人大卜掌三兆三易儀禮士喪禮疏從其多者
蓍龜之道幽微難明愼之深微子世家注

謀及卿士
卿士六卿掌事者尚書正義

庶民從龜從筮從汝則逆卿士逆吉
此三者皆從多故爲吉微子世家注

汝則從龜從筮從卿士逆庶民逆作內吉作外凶
此逆者多以故舉事於境內則吉境外則凶同上

龜筮共違于人用靜吉用作凶
龜筮皆與人謀相違人雖三從不可以舉事同上

八庶徵曰雨曰暘曰燠曰寒曰風
庶衆也徵驗也謂衆行得失之驗禮器正義雨木氣也
春始施生故木氣爲雨暘金氣也秋物成而堅故
金氣爲暘燠火氣也寒水氣也風土氣也凡氣非

風不行猶金木水火非土不處故知土氣爲風詩漸漸之石正義尚書正義
按禮器正義引庶衆也云云不明言鄭註蓋王
氏揣摩之又書正義土氣爲風上無知字詩正
義有

曰狂恒雨若
狂倨慢也恒常也若順也尚書正義公羊疏詩正月正義

曰舒古文作豫
按書正義曰鄭王本豫作舒
舒舉遲也尚書正義言人君舉事太舒則有常燠之咎

氣來順之公羊疏

曰急

急促自用也詩正月正義尚書正義

曰蒙史記蒙作霧依字當作霿

蒙見冒亂也尚書正義

曰王省惟歲卿士惟月師尹惟日歲月日時無易百穀用成乂用明俊民用章家用平康日月歲時既易百穀用不成乂用昬不明俊民用微家用不甯

所以成休徵咎徵言之者休咎五事得失之應其所致尚微故大陳君臣之象成皇極之事其道得

則其美應如此其道失則敗德如彼非徒風雨寒燠而已同上

星有好風星有好雨

中央土氣爲風東方木氣爲雨箕屬東方木木尅土土爲妃一作妻尚妃之所好故箕星好風也西方金氣爲陰尅東方木木爲妃畢屬西方尚妃之所好故好雨也尚書正義引鄭註云箕星好風者箕東方木宿風中央土氣木尅土土爲妻從妻所好故好風也畢星好雨者畢西方金宿雨東方木氣金尅木木爲妻從妻所好故好雨也詩漸漸之石正義引鄭註云風土也爲木妃雨木也爲金妃故星好焉周禮大宗伯疏云土十爲木八妻木八爲金九妻推此而往南宮好暘北宮好燠中宮一作央四季好寒也是由巳所克而得其妃從其妃之所好故也禮記月令正義　詩小雅正義　尚書正義　周禮大宗伯疏

按自中央土氣爲風至故好雨也六十字見禮記月令正義所引鄭註尚書全文詩漸漸之石正義引云推此而往南宮好暘北宮好燠中宮四季好寒也是由巳所尅而得其妃從其妃之所好故也大宗伯疏又引云以此推之則北宮好燠南宮好暘中央四季好寒也皆是所尅所妻是從妻所好之義也又按書正義引云推此則南宮好暘北宮好燠中宮四季好寒以各尚

妻之所好故也

月之從星則以風雨

春秋緯云月離于箕則風揚沙不言日者日之從星不可見故也尚書正義

九五福

此數本諸其尤者福是人之所欲以尤欲者爲先極是人之所惡以尤所不欲者爲先以下緣人意輕重爲次耳同上

一曰壽二曰富三曰康甯四曰攸好德五曰考終命

康甯人平安也攸好德人一作民皆好有德也考終

命考成也終性命謂皆生佼好以至老也此五者皆是善事自天受之故謂之福福者備也詩既醉正義

按微子世家注引云康甯平安又詩正義引此注福者備也下有備者大順之總名七字

六極一曰凶短折二曰疾三曰憂四曰貧五曰惡

未齔曰凶未冠曰短未昏曰折地官司關疏 史記注四

六曰弱

愚懦不壯毅曰弱微子世家注 尚書正義凶短折思不睿之罰疾視不明之罰憂言不從之罰貧聽不聰之罰惡貌不恭之罰弱皇不極之罰尚書正義

卷六終

鄭氏古文尚書證訛卷七

宋 王應麟撰集 羅江 李調元贊菴撰按

鄭氏註

周書

金縢

二公曰我其爲王穆卜周公曰未可以戚我先王

二公欲就文王廟卜戚憂也周公既內知武王有九齡之命又有文王曰吾與爾三之期今必瘳不以此終故止二公之卜云未可以憂怖我先王史記註 尚書正義

爲三壇同墠

時爲壇墠於豐壇墠之處猶存焉尚書正義

按原本時作將據書正義改

植璧秉圭

植古置字詩那正義 尚書正義

史乃册祝

册周公所作謂簡書也三十字一簡之文祝者讀此簡書以告三王儀禮聘禮疏 史記註

按原本無謂字據史記注增

惟爾元孫某

諱之者由成王讀之也尚書正義
是有丕子之責于天
丕讀曰不愛子孫曰子元孫遇疾若汝不救是將有不愛子孫之過爲天所責欲使爲之請命也同上
按史記魯世家注引鄭云丕讀曰負
無墜天之降寶命我先王亦永有依歸
降下也寶猶神也有所依歸爲宗廟之主也史記註
按史記註神作主
啟籥見書
籥開藏之管也尚書正義

茲攸俟能念予一人
茲此也史記註
武王既喪管叔及其羣弟乃流言於國曰公將不利於孺子
管國名叔字周公兄武王弟封於管羣弟蔡叔霍叔武王崩周公免喪服意欲攝政一云居攝小人不知天命而非之故流公將不利于孺子之言於京師孺子謂成王也詩邶鄘衛正義
按詩邶鄘衛譜正義無服意二字攝政作居攝王氏誥采詩七月序正義

我之弗辟我無以告我先王辟音避釋文
我今不避孺子而去我先王以謙讓爲德我反有欲位之謗無怨於我先王言愧無辭也居東者出處東國待罪以須君之察己詩豳風正義
按此見七月序正義
周公居東二年則罪人斯得
罪人周公之屬黨與知居攝者周公出皆奔今二年盡爲成王所得謂之罪人史書成王意也罪其屬黨言將罪之詩豳風譜正義
于後公乃爲詩以怡王名之曰鴟鴞

於二年後也怡悅也周公傷其屬黨無罪將死恐其刑濫又破其家而不敢正言故作鴟鴞之詩以怡王今豳風鴟鴞也鴟鴞正義譽字斥成王同上
王亦未敢誚公
成王非周公意未解詩七月正義
按鴟鴞正義引鄭注云成王非周公意未解今又爲罪人言欲讓之推其恩親故未敢王氏失采今又下十六字
秋大熟
秋謂周公出二年之後明年秋也豳風譜正義

士與大夫盡弁
弁爵弁天子諸侯十二而冠成王此年十五於禮
已冠而爵弁者承天變故降服也穀梁文十二年疏 尚書正義
以啟金縢之書
開金縢之書者省察變異所由故事也同上
乃問諸史與百執事
問者審問然否也史記註
按審問史記作問審
對曰信噫噫馬本作懿猶億也 釋文
王執書以泣

泣者傷周公忠孝如是而無知之者史記註
惟朕小子其新迎新馬本作親 釋文
新迎改先時之心更自新以迎周公詩東山正義
王出郊天乃雨反風禾則盡起
易傳曰陽感天不旋日尚書正義
二公命邦人凡大木所偃盡起而築之歲則大熟
築拾也禾爲大木所偃者起其木拾下禾無所亡
失　文王十五生武王九十七而終終時武王八
十三矣於文王受命爲七　年後六　年伐紂後
二年有疾疾瘳後二年崩崩時年九十三年文王

崩後明年生成王則武王崩時成王年十歲服喪
三年畢成王年十二明年將踐祚周公欲代之攝
政羣叔流言周公辟之居東都時成王年十三也
居東二年成王收捕周公之屬黨時成王年十四
也明年秋大熟遭雷風之變時周公居東三年成
王年十五迎周公反而居攝之元年也居攝四年
封康叔作康誥五年作召誥七年作洛誥伐紂至
此十六年也作康誥時成王年十八故書傳云
天子太子十八稱孟侯洛誥時成王年二十一也
明年成王即政年二十二也尚書正義 詩豳風譜正義 禮記文王

世子正義
按文王十五以下皆詩正義文文王崩下皆文
王世子正義所引全文成王年十三下原本衍
年字據文王世子正義刪周公反下原本作則
字亦據文王世子正義改而字又按作康誥下
文王世子正義接時成王年十八也句五年一
段及洛誥時三字皆詩正義文原本于稱孟侯
下添居攝也三字蓋誤以禮記正義居攝七年
句居攝下又添也字文理錯亂故刪之又孟侯
下文王世子正義作居攝七年成王年二十一

云云

大誥

王若曰大誥繇爾多邦王肅以為稱成王命故稱王

按釋文云馬本作大誥繇爾多邦

王周公也周公居攝命大事則權稱王也尚書正義 明堂位正義

弗弔天降割于我家不少延

按釋文云割馬本作害不少馬讀不少延為句

正義云鄭王皆以延屬上為句

害不少乃延長之尚書正義

受命曰甯王承平日平時既卜乃後出誥故先云然同上 詩何彼襛矣正義

甯王遺我大寶龜

西土亦不靜越茲蠢

周民亦不定其心騷動言以兵應之同上

按原本應之下有當時京師無與應者句乃孔氏駁鄭語王氏誤采據書正義刪之

殷小腆

腆謂小國也同上

知我國有疵

知我國有疵病之瑕同上

朕卜并吉

卜并吉者謂三龜皆從也同上

爾庶邦君越庶士御士罔不反曰艱大

汝國君及下羣臣不與我同志者無不反我之意云三監叛其為難大

按原本反訛及據書正義改

若考作室既底法厥子乃弗肯堂矧肯構厥考翼其肯曰我有後弗棄基鄭王本無肯構下有此二字與下重出

其父敬職之人其肯曰我有後子孫不廢棄我基

乎詩文王有聲正義

康誥

惟三月哉生魄周公初基作新大邑于東國洛四方民大和會

基謀也岐鎬之域處五岳之外周公為於政不均故東行于洛邑合諸侯謀作天子之居四方民聞之同心來會樂即功作效其力焉是時周公居攝四年也尚書正義 天官冢宰疏 大司徒疏 大司樂疏

按原本作謂其於政不均據冢宰疏刪去謂其二字據大司徒及大司樂疏換一、為字又聞之

以下胱同心二字亦據大司徒疏增

侯甸男衛邦采

不言要服者以足于役事而恒闕焉 尚書正義

乃洪大誥治

洪代也周公代成王誥也 同上

王若曰孟侯 鄭以總告諸侯依畧說以太子十八爲孟侯而呼成王 同上

由古先哲王

虞夏也

恫瘝乃身

刑罰及已爲痛病 同上

非汝封又曰劓刵人

刵臣從君坐之刑 同上

矧惟外庶子訓人 鄭以訓人爲師長 同上

惟文王之敬忌

祇祇威威是也 同上

酒誥

成王若曰 馬王本同 明大命于妹邦 應麟案詩成王不敢康與此同義

成王所言成道之王 尚書正義 妹邦者紂之都所處也

於詩國屬鄘故其風有沬之鄉則沬之北沬之東

朝歌也其民尤化紂嗜酒今祿父見誅康叔爲其

連屬之監 詩幽風正義 桑中正義 尚書正義

按原本成道之王誤作成王之道據書正義改

又小註幽風正義宜改作邶鄘衛譜正義

爾尚克羞饋祀 鄭以爲助祭于君 尚書正義

罔敢湎于酒

飲酒齊色曰湎 詩賓筵正義 蕩正義

矧太史友內史友

太史內史掌記言記行 禮記玉藻正義

服休服采

服休燕息之近臣服采朝祭之近臣 尚書正義

若疇圻父

順壽萬民之圻父圻父謂司馬主封畿之事 圻父正義

梓才

王曰封以厥庶民暨厥臣達大家以厥臣達王惟邦

君

於邑言達大家於國言達王與邦君王爲二王之

後 尚書正義

戕敗人宥

戕殘也 夏官大司馬疏

無胥戕無胥虐

無相戕賊無相暴虐同上

惟其塗丹雘

山海經云青邱之山多有青雘尚書正義

按原本脫尚書正義四字今查補

皇天既付中國民付馬本作附釋文

卷七終

鄭氏古文尚書證訛卷八

宋　王應麟撰集　羅江　李調元贊菴撰按

鄭氏註

周書

召誥

惟二月既望

二月三月當爲一月二月不云正月者蓋待治定制禮乃正言正月故也詩文王正義

王朝步自周則至于豐

於此從鎬京行至于豐就告文王廟告文王則告武王可知步行也堂下謂之步豐鎬異邑而言步者告武王廟即一作則行出廟入廟不以遠爲文恭也一云不以遠爲父也王風譜正義　曲禮正義　史記註

按史記魯世家注引云步行也堂下謂之步豐鎬異邑而言步者告武王廟即行出廟入廟不以遠爲文恭也

惟太保先周公相宅

相視也史記註

越若來三月

是時周公居攝五年周禮大司徒疏

攻位于洛汭

隈曲中也尚書正義

按原本隈誤隅據書正義改

若翼日乙卯周公朝至于洛

史不書王往者王於相宅無事也同上

太保乃以庶邦冢君出取幣乃復入錫周公曰拜手稽首旅王若公

所賜之幣蓋璋以皮及寶玉大弓此時所賜召公見衆殷之民大作周公德隆功成有及政之期而欲顯之因大戒天下故與諸侯出取幣使戒成王

立於位以其命賜周公尚書正義　按所賜之幣以下十七字當在此文下

按原本以皮下及字訛以據書正義改

嗚呼皇天上帝改厥元子

言首子者凡人皆云天之子天子爲之首耳同上

按原本天字下衍一子字據書正義删

厥終智藏瘝在鄭以瘝爲病小人在位殘暴在下故以病言之同上

按原本小註病字訛痛據書正義改

面稽天若

面猶迴向也同上

自服于土中

自用也同上

拜手稽首曰予小臣敢以王之讎民百君子

拜手稽首者召公既拜興曰我小臣以下言召公拜訖而復言也百君子于王之諸侯與羣吏同上

洛誥

予惟乙卯朝至于洛師我卜河朔黎水我乃卜澗水東瀍水西惟洛食我又卜瀍水東亦惟洛食

我以乙卯日至于洛邑之衆觀召公所卜之處皆可長久居民使服田相食瀍水東既成名曰成周今洛陽縣是也召公所卜處名曰王城今河南縣

是也詩王風譜正義

按原本末句脫也字據詩正義增

伻來來

伻來來者使二人也尚書正義

王肇稱殷禮祀于新邑

猶用殷禮者王者未制禮樂恒用先王之禮樂至成王卽位乃用周禮明堂位正義　尚書正義

按原本未制禮下脫樂字據書正義增

孺子其朋

孺子幼少之稱謂成王也尚書正義

享多儀儀不及物惟曰不享

朝聘之禮至大其禮之儀不及物謂所貢篚多而威儀簡也威儀既簡亦是不享也同上

乃惟孺子頒

成王之才周公倍之猶未而言分者誘掖之言也同上

汝乃是不蘉

蘉勉也同上

亦未克敉公功

敉安也春官小祝疏

承保乃文祖受命民

文祖者周曰明堂以稱文王是文王德稱文祖也詩維天之命正義

越乃光烈考武王

烈威也詩頌雝正義

按原本威訛成據詩正義改

考朕昭子刑乃單文祖德

成我所用明子之法度者乃盡明堂之德明堂者祀五帝太皞之屬爲用其法度也周公制禮六典就其法度而損益用之詩維天之命正義

按原本脫禮字據詩正義增

予以秬鬯二卣曰明禋拜手稽首休享予不敢宿則禋于文王武王

鄭以文祖爲明堂曰明禋者六典成祭於明堂告五帝太皞之屬也既告明堂則復禋于文武之廟告成洛邑尚書正義

戊辰王在新邑烝祭歲文王騂牛一武王騂牛一王命作冊逸祝冊惟告周公其後鄭以烝祭上屬

歲成王元年正月朔日也用二特牛祫祭文王武王於文王廟使史逸讀所作冊祝之書告神以周

公其宜立爲後者謂將封伯禽是非時而特假祖廟故文武各特牛也詩烈文正義周禮大宗伯疏閟宮正義詩正義云鄭於顧命之註以居攝六年爲年端

按作字烈文正義不引閟宮正義有立字烈文閟宮正義俱無又大宗伯疏引云告神周公宜立後謂封伯禽是非時而特假祖廟故各特牛也

惟周公誕保文武惟七年

文王得赤雀武王俯取白魚皆七年而崩周公不敢過其數也天官冢宰疏詩文王序正義

按天官冢宰疏於此注下又引云以此禮授之使居洛邑治天下者此周禮本註之文陳君誤會

多士

惟三月周公初于新邑洛用告商王士

成王元年三月周公自王城初往成周之邑用成王命告殷之衆士以撫安之 尚書正義

非我小國敢翼殷命

翼驅也非我周敢驅取汝殷之王命 同上

按釋文云弋馬本作翼正義云鄭王本弋作翼

大淫泆有辭 泆馬本作屑過也 釋文

肆予敢求爾于天邑商

言天邑商者亦本天之所建 尚書正義

無逸

周公曰嗚呼

嗚呼者將戒成王欲求以深感動之 同上

君子所其無逸

君子止謂在官長者所猶處也君子處位爲政其無自逸豫也 尚書正義

嚴恭寅畏 嚴馬作儼 釋文

其在高宗舊勞于外爰暨小人

爲父小乙將師役于外也 史記註

乃或梁闇

楣謂之梁闇謂廬也 同上

其惟不言言乃雍

其不言之時時有所言則羣臣皆和諧 尚書正義

至于小大無時或怨

小大謂萬人上及羣臣言人臣小大皆無怨王也 同上

其在祖甲不義惟王舊爲小人

祖甲武丁子帝甲也有兄祖庚賢武丁欲廢兄立弟祖甲以此爲不義逃于人間故云舊爲小人 史記註 尚書正義

按書正義及史記註舊並作久

文王卑服 卑馬本作俾使也 釋文

文王受命惟中身厥享國五十年

中身謂中年受命謂受殷王嗣位之命 詩文王序正義 尚書正義

按位字詩正義作立書正義作位

則其無淫于觀

淫放恣也 尚書正義

則皇自敬德 王肅本皇作況

皇暇也寬暇自敬 同上

不啻不敢含怒

不但不敢含怒乃欲屢聞之以知已政得失之源也 同上

按原本乃欲屢聞下脫之字據書正義增

君奭

其終出于不詳 終馬本作崇云受也 釋文

又曰天不可信 鄭云人又云則鄭以此爲周公稱人之言也 正義 又曰我道惟

甯王德延 我道馬本作我迪 釋文

周公謂文王爲甯王成王亦謂武王爲甯王此一名二人兼之 詩何彼穠矣正義

按此節據詩正義未見爲此篇甯王注蓋洛誥乃命甯下注也王氏誤采于此又按書正義解此甯王云甯王卽文也鄭王意同則鄭註此甯王專指文王也

我聞在昔成湯既受命時則有若伊尹格于皇天在太甲時則有若保衡

皇天北極大帝 周禮大宗伯疏 史記燕世家注 伊尹名摯湯以爲阿衡以尹天下故曰伊尹至太甲改曰保衡阿衡保衡皆公官 詩長發正義 湯正義 保安也衡平也言天下所取安所取平此皆三公之官當時爲之號也 尚書正義

按原本公官作官名據詩長發正義改

天壽平格 鄭注以爲專言臣事格謂至于天也 尚書正義

格于上帝 此句原本無增附

上帝太微中其統也 史記燕世家注

惟文王尚克修和我有夏亦惟有若虢叔有若閎夭有若散宜生有若泰顛有若南宮括 馬本作南君 釋文

詩傳說有疏附奔走先後禦侮之人而曰文王有四臣以受命此之謂也不及呂望者太師教文王以大德謙不以自比焉 云周公謙不可以自比 詩孫正義 尚書正義

文王蔑德

蔑小也 尚書正義

武王惟茲四人

至武王時虢叔等有死者餘四人也 同上

耇造德不降我則鳴鳥不聞矧曰其有能格

耇老也造成也詩云小子有造老成德之人不降志與我並在位則鳴鳥之聲不得聞況乃曰有能

德格於天者乎言必無也鳴鳥謂鳳也三國志注十一卷

按原本在位上有行字據三國志注刪

告君乃猷裕

召公不說似隘急故今謀於寬裕也尚書正義

海隅出日罔不率俾

率隨也俾使也四海之隅日出所照無不循度而可使也三國志注一卷

祗若茲往敬周治

召公是時意說周公恐其復不悅故依違託言民德以劃切之同上

按原本同上二字宜改尚書正義

多方

惟五月丁亥王來自奄

奄國在淮夷之傍周公居攝之時亦叛王與周公征之三年滅之自此而來歸豳風譜正義

狎于淫亂

習為禽獸之行於內為淫亂尚書正書鄭王皆以甲為狎

天惟五年須夏之子孫

夏之言暇天覲紂能改故待暇其終至五年欲使復傳子孫五年者文王受命八年至十三年是須暇五年之事也詩皇矣正義武正義

按詩譜序正義引多方開厥顧天註云顧由視念也

我則致天之罰離逖爾土

分離奪汝土尚書正義

卷八終

鄭氏古文尚書証訛卷九

宋　王應麟撰集　羅江　李調元贊菴撰按

鄭氏註

周書

立政

宅乃牧

殷之州牧曰伯虞夏及周曰牧 尚書正義

三亳阪尹

三亳者湯舊都之民服文王者分爲三邑其長居險故云阪尹蓋東成皋南轘轅西隆 一作降 谷也 詩元

鳥正義 尚書正義

按詩元鳥正義引云三亳者湯舊都之民分爲三邑其長居險故云阪尹蓋東成皋南轘轅西降谷也書正義引云湯舊都之民服文王者分爲三邑其長居險故言阪尹蓋東成皋南轘轅西降谷也按二經皆作降谷作隆者非

顧命

惟四月哉生魄

此成王二十八年 尚書正義

王不懌 懌馬本作不釋云不釋疾不解也 釋文

相被冕服

相者正王服位之臣謂太僕冕元冕 同上

按原本王訛三據書正義改

芮伯

芮伯亦爲宗伯 詩桑柔正義

畢公

畢公入爲司馬 同上

在後之侗 侗馬本作詷云共也 釋文

爾無以釗冒贛于非幾 贛音勅用反 釋文

出綴衣于庭

連綴小斂大斂之衣於庭中 周禮幕人職疏

越翼日乙丑王崩 馬本作成王崩安民立政曰成 注

按通鑑外紀成王二十八年崩

越七日癸酉

癸酉蓋大斂之明日也 尚書正義

敷重篾席

篾析竹之次青者 同上

華玉仍几

華玉五色玉也 同上

敷重底席綴純

底致也筊纖致席也同上

敷重豐席

豐席刮湅竹席同上

按禮記禮器正義引顧命敷重筍席鄭云筍折竹青皮也禮記曰如竹箭之有筠按此節註一十五字王氏失采

畫純

似雲氣畫之爲緣同上

元粉純

以元組爲之緣同上

陳寶

陳寶者方有大事以華國也同上

赤刀大訓宏璧琬琰在西序大玉夷玉天球河圖在東序兊之舞衣大貝鼖鼓在西房兊之戈和之弓垂之竹矢在東房

赤刀者武王誅紂時刀赤爲飾周正色大訓者禮法先王德教郎虞書典謨是也宏璧宏大也大璧琬琰皆度尺二寸者大玉華山之球也夷玉東北之珣玗琪也一云東北之琰天球雍州所貢之玉色如天者三者皆璞未見琢治故不以禮器名之春官天府疏

河圖河出于河水帝王聖者所受三國志注十一兊也和也垂也皆古人造此物者之名鼖鼓大鼓也此鼖非謂考工記鼖長八尺者若是周物何須獨寶守明前代之物與周鼖鼓同名耳大貝書傳曰散宜生之江淮之浦取大貝如車渠是也春官天府疏

按原本脫赤刀者三字又誅紂下脫時字赤刀兩字倒寫俱據書正義增改飾訛飭據書正義及周禮疏改周正巳三字周禮疏無據書正義補德教按周禮疏作禮教書正義亦作德教宏訛和據周禮疏改琰周禮疏作璞又上截春官天府疏上宜增書正義三字又與周鼖下原本

脫鼓字據周禮疏增

大輅在賓階面贅輅在阼階面先輅在左塾之前次輅在右塾之前

大輅玉輅贅次次在玉輅後爲玉輅之貳也先輅金輅門側之堂謂之塾謂在輅門內之西北面與玉輅相對也次輅是金輅之貳與玉輅之貳相對在門內之東北面不陳象輅木輅者主於朝祀而已尚書正義周禮典路疏

按原本次訛輅據周禮疏改金輅並訛作象輅

據書正義改按下文言不陳象輅此爲金輅明
矣今改周禮疏作象輅蓋彼傳寫之誤

二人雀弁

赤黑曰雀言如雀頭色也雀弁同如冕黑色但無
藻耳同上

按書正義冕下有黑色二字

執惠

惠狀蓋斜刃宜芟刈同上

四人騏一作綦弁

按尚書正義引此句作綦

青黑曰騏詩曰我馬維騏詩出其東門正義鳲鳩正義魯頌駉正義

執戈

戈即今之句孑戟尚書正義

執劉

劉蓋今鑱斧同上

東堂

序內半以前曰堂同上

執鉞

鉞大斧同上

執戣

戣瞿蓋今三鋒矛同上

按原本無瞿字據書正義增

執鈗

鈗矛屬凡此七兵或施矜或著柄周禮戈長六尺
六寸其餘未聞長短之數同上

側階

東下階也同上

王麻冕黼裳賓階隮

黼裳者冕服有文者也同上

入即位

卿西面諸侯北面同上

上宗奉同瑁

上宗猶大宗變其文者宗伯之長大宗伯一人與
小宗伯二人凡三人使其上二人也一人奉同一
人奉瑁同上

太史秉書由賓階隮御王冊命

御猶嚮也王此時正位立賓階上少東太史東面
於殯西南面讀策書以命王嗣位之事同上

按書正義無位字西南下有面字今補

乃受同瑁王三宿三祭三咤咤馬作詫釋文

王既對神則一手受同一手受瑁宿肅也徐行前曰肅却行曰咤王徐行前三祭又三却復本位同上

皆布乘黃朱賓稱奉圭兼幣

此幣圭以馬蓋舉王者之後以言耳諸侯當璧以帛亦有庭實同上

曰一二臣衛敢執壤奠皆再拜稽首

此朝兼享禮也與常禮不同釋辭者一人其餘奠幣拜者稽首而已同上

康王之誥孔氏正義曰伏生以此篇合于顧命共爲一篇後人知其不可分而爲二馬鄭王本此篇自高祖寡命已上內於顧命之篇王若已下始爲康王之誥

王若曰庶邦侯甸男衛

獨舉侯甸男衛四服者周公居攝六年制禮班度量至此積三十年再巡狩餘六年侯甸男要服正朝要服國遠既事遣之衛服前冬來以王有疾留之詩周頌譜正義

按宋本禮記疏四十一云攝政六年頒度量制其禮樂成王卽位乃始用之原本前冬下來字訛成據周頌譜正義改又小註脫頌譜二字今查補

底至齊馬讀絕句釋文

羣公既皆聽命相揖趨出王釋冕反喪服

羣公主爲諸侯與王之三公諸臣亦在焉王釋冕反喪服朝臣諸侯亦反喪服尚書正義

按原本臣訛侯據書正義改

卷九終

鄭氏古文尚書証訛卷十

宋　王應麟撰集　　羅江　李調元贊菴撰按

鄭氏註

周書

呂刑

惟呂命

按原本命訛刑今改

呂侯受王命入爲三公書說云周穆王以呂侯爲相 尚書正義

按呂侯史記集解引作甫侯

王耗荒 音義 經音辨

度作詳刑以詰四方 天官冢宰注

蚩尤惟始作亂

蚩尤霸天下皇帝所伐者 尚書正義

鴟義姦宄

盜賊狀如鴟梟鈔掠良善劫奪人物 同上

奪攘撟虔

有因而盜曰攘撟虔謂撓擾春秋傳虔劉我邊陲謂相奪人物以相撓擾也 周禮司刑疏

按相奪司刑疏作劫奪宜改

苗民弗用靈制以刑

苗民謂九黎之君也九黎之君於少昊氏衰而棄善道上效蚩尤重刑必變九黎言苗民者有苗九黎之後顓頊代少昊誅九黎分流其子孫居于西裔者爲三國至高辛之衰又復九黎之惡堯興又誅之堯末又在朝舜臣堯又竄之禹攝位又在洞庭逆命禹又誅之後王 一云穆王 深惡此族三生凶惡故著其氏而謂之民民者冥也言未見仁道 禮記緇衣正義 尚書正義

按禮記正義作爲居于西裔者三苗書正義作

至其子孫爲三國今宜正作居于西裔者爲三苗又按禹攝位至又誅之十三字見書正義緇衣正義無小証禮記二字原本訛作詩今查改

爰始淫爲劓刵椓黥

刵斷耳劓截鼻椓謂椓破陰黥謂羈黥人面苗民大爲此四刑者言其特深刻異于皐陶之爲 尚書正義

按原本截訛斷特訛持俱據書正義

越茲麗刑并制

越於也茲此也麗施也於此施刑并制其無罪者 詩正月正義

按原本脫茲此也三字據書正義增

皇帝哀矜庶戮之不辜以下

鄭以皇帝哀矜庶戮之不辜至罔有降格皆說顓頊之事乃命重黎卽是重黎之身非羲和也皇帝清問以下乃說堯事顓頊與堯再誅苗民故上言遏絕苗民下云有辭於苗異代別時非一事也同上

按原本辭訛事據書正義改

伯夷降典折民惟刑 折音悊釋文

自作元命

大命謂延期長久也 尙書正義

乃絕厥世

天以苗民所行腥腺不潔故下禍誅之 同上

庶有格命

格登也登命謂壽考者 同上

俾我一日非終 俾馬本作矜哀也釋文

王曰吁來 吁馬本作于於也同上

有邦有土告爾詳刑

詳審察之也 後漢書劉愷傳注

五過之疵惟官惟反惟內惟貨惟來 來馬本作求云有求請賕也釋文

其罪惟均其審克之

不言五過之疑有赦者過不赦也禮記云凡執禁以齊衆者不赦過 尙書正義

千鍰 見余蕭客古經解鉤沈

所出金鐵也死罪出三百七十五斤用財少耳 路史後紀注十二

文侯之命

王若曰父義和

義讀爲儀儀仇皆訓匹也故名仇字儀 尙書正義

亦惟先正克左右昭事厥辟

先正先臣謂 爲一作 公卿士大夫也 文選九錫文注三國志魏書武帝紀注

按文選謂作爲裴註作謂又正義曰鄭元以此彤弓玈弓爲周禮唐弓大弓唐大是弓強弱之名彤玈于弓赤黑之色

費誓 費一作柴

按史記作肸誓集解曰徐廣云作鮮一作獮又按尙書作柴誓索隱曰尙書作柴誓今尙書大傳作鮮誓鮮誓卽肸誓古今字異義亦變也

公曰嗟人無譁

人謂軍之士衆及費地之民 尙書正義

善敹乃甲冑

敹謂穿徹之同上

敽乃干

敽猶繫也同上

無敢不弔

弔猶善也同上

牿牛馬

牿爲桎桎之牿施牿於牛馬之脚使不得走失同上

敜乃擭敜乃穽

按釋文云杜本又作敜

山林之田春始穿地爲穽或設擭其中以遮獸擭

柞鄂也同上

按柞鄂書正義云擭作鄂也

馬牛其風臣妾逋逃

風走逸臣妾廝役之屬也史記注

無敢寇攘

寇刼取也詩蕩正義因其亡失曰攘博士讀曰襄爾雅疏

汝則有無餘刑非殺

無餘刑非殺者謂盡奴其妻子不遺其種類在軍使給廝役反則入於罪隸舂槀不殺尚書正義

峙乃芻茭

茭乾芻也同上

秦誓

嗟我士聽無譁

誓其羣臣下及萬民獨云士者舉中言之尚書正義

其心休休焉

休休寬容貌大學釋文

卷十終

鄭氏古文尚書證訛卷十一

宋　王應麟撰集　羅江　李調元贊菴撰按

序　鄭氏註

虞夏書

昔在帝堯書以堯爲始獨云昔在使若無先之典然也　尚書正義聰明文思光宅天下將遜於位讓于虞舜堯其事如故舜攝　同上作堯典

虞舜側微堯聞之聰明將使嗣位歷試諸難入麓伐木作舜典

按入麓伐木四字係鄭氏註見書堯典正義

帝釐下土方設居方別生分類作汨作九共九篇槀飫皐陶矢厥謨禹成厥功帝舜申之作大禹皐陶謨棄稷尚書益稷正義曰馬鄭王所據書序此篇名爲棄稷又合此篇于皐陶謨謂其別棄稷之篇

禹別九河隨山濬川任土作貢任土謂定其肥磽之數　尚書正義

按書正義作肥磽之所生

啟與有扈戰于甘之野作甘誓誓戒要之以刑重失禮也明堂位所謂各揚其職百官廢職服大刑是誓辭之畧也　尚書正義

按書正義引此係周禮天官冢宰注非尚書注王氏誤采

太康失邦昆弟五人須于洛汭避亂于洛汭　尚書正義作五子之歌

按避亂句見堯典正義

義和湎淫廢時亂日夗往征之夗臣名　史記註　尚書正義作夗征

按書堯典正義引鄭註夗征臣名蓋誤衍征字當如史記集解所引作夗臣名爲是

商書

自契至成湯八遷契本封商在太華之陽　尚書正義湯始居亳從先王亳今河南偃師孫有湯亭　同上作帝告釐沃

湯征諸侯葛伯不祀湯始征之作湯征

伊尹去亳適夏既醜有夏復歸于亳入自北門乃遇汝鳩汝方作汝鳩汝方

湯既勝夏欲遷其社不可作夏社犧牲既成粢盛既潔祭以其時而旱暵水溢則變置社稷當湯伐桀之時大旱既致其禮祀明德以薦一云旱致災明法以薦而猶旱至七年故湯遷社而以周棄代之欲遷句龍以無可繼之者於是故止　大宗伯疏　尚書正義疑

至臣扈孔氏正義曰鄭註序在湯誓前

按書正義致作置大旱十一字係本書正義旱致災七字周禮疏也又原本重至七年二字今據大宗伯疏刪

伊尹相湯伐桀升自陑遂與桀戰于鳴條之野鳴條南夷地名　史註註尚書正義作湯誓

夏師敗績湯遂從之遂伐三朡俘厥寶玉伊訓云載孚在亳又曰征是三朡　尚書正義誼伯仲作典寶

按引伊訓語見堯典正義

湯歸自夏至于大坰仲虺作誥

湯既黜夏命復歸于亳作湯誥

伊尹作咸有一德

咎單作明居

成湯既沒太甲元年伊尹作伊訓肆命徂后肆命者陳政教所當爲也徂后者言湯之法度也　史記註

太甲既立不明伊尹放諸桐三年復歸于亳地名也有王離宮焉　史記註思庸伊尹作太甲三篇

沃丁既葬伊尹于亳咎單遂訓伊尹事作沃丁

伊陟相太戊亳有祥桑共生于朝兩手溢之曰共　史記註伊陟贊于巫咸巫咸巫官　書正義作咸乂四篇

按原本脫之字據史記集解增又按書正義引鄭註大傳云兩手溢之曰共生七日而見其大滿兩手也

太戊贊于伊陟作伊陟原命

仲丁遷于囂作仲丁

河亶甲居相作河亶甲

祖乙圮于耿作祖乙祖乙又去相居耿而國爲水所毀於是修德以禦之不復從也　錄此篇者善其國圮毀改正而不徙　書正義

按原本圮訛記又脫政字據書正義增改

盤庚五遷盤庚湯十世孫祖乙之曾孫　書正義將治亳殷治於亳之殷地商家自此徙改號曰殷亳民咨胥怨民居耿久奢淫成俗故不樂徙作盤庚三篇祖乙居耿後奢侈踰禮土地廹近山川嘗圮焉至陽甲立盤庚爲之臣乃謀徙居湯舊都以五遷繼湯篇次祖　故繼之于上累之

按史記集解云作此從書正義作徙此原本故訛改字據書正義改

高宗夢得說使百工營求諸野得諸傅巖作說命三篇得諸傅巖高宗因以傅命說爲民　書正義

高宗祭成湯有飛雉升鼎耳而雊鼎三公象也又用耳行雉升鼎耳而鳴象視不明天意若云當任三公之謀以爲政　書正義　文選西征賦注祖已訓諸王作高宗肜日高宗之訓

殷始咎周咎惡也紂聞文王斷虞芮之訟後文王二代皆勝而始畏惡之拘于羑里　詩采薇正義　文王正義　禮記文王世子正義　左傳襄三十一年正義周人乘黎乘勝也紂得散宜生等所獻寶而釋文王王釋而伐黎明年伐宗　文王序正義左傳襄三十一年正義祖伊恐奔告于受紂帝乙之少子名辛帝乙愛而欲立焉號曰受德時人傳聲轉作紂

也史官掌書知其本故曰受 尚書正義作西伯戡黎

按三伐上文王二字詩采薇文王正義並作又

又而始畏惡之原本作始畏而惡之據書正義

及文王世子正義改左傳正義與原本同又散

宜生下脫等字據詩正義增

殷既錯天命微子作誥父師少師 微子啓殷紂同母庶兄紂之母本帝乙之妾生啓及衍後立爲后生受德 詩大明正義 禮檀弓正義

周書

惟十有一年武王伐殷一月戊午師渡孟津作泰誓

三篇 十有一年本文王受命而數之是年入戊午蔀四十歲矣 詩文王序正義

武王戎車三百兩虎賁三千人與紂戰于牧野 牧野紂南郊地名 大明正義 作牧誓

武王伐殷往伐歸獸識其政事作武成 著武道至此而成也武成逸書建武之際亡 尚書正義

武王勝殷殺受立武庚以箕子歸作洪範

武王既勝殷邦諸侯班宗彝作分器 宗彝宗廟樽也作分器著王之命及所受物也 史記註

按原本脫所字也字據史記集解增

西旅獻獒 獒讀曰豪西戎無君名強大有政者爲酋豪國人遣其酋豪來獻見于周 書正義

太保作旅獒

巢伯來朝 朝南方之國諸侯世一見者伯爵也殷之諸侯聞武王克商慕義而來朝 詩蓼蕭正義 秋官象胥序官疏 大行人疏 芮伯作旅巢命 芮伯周同姓國在畿內 詩桑柔正義

武王有疾周公作金縢 縢東也凡藏秘書藏之于匱必以金緘其表 書正義 陸氏釋文曰武王有疾馬本作有疾不豫

按原本緘訛鍼據書正義改

武王崩三監及淮夷判周公相成王將黜殷作大誥 三監管叔蔡叔霍叔三人爲武庚監於殷國者也前流言于國公將不利於成王周公還攝政懼誅因遂其惡開導淮夷與之俱判此以居攝二年之時繫之武王崩者其惡之初自崩始也 詩豳民正義 東山正義

按原本殷國者下脫也字據東山序正義增豳

民宜改邶鄘衛譜又東山正義引此序註云誅

之者周公意也而言相成王者自迎周公而來

蔽已解矣

成王既黜殷命殺武庚命微子啟代殷後 黜殷命謂殺武庚也微宋地名微子紂之同母庶兄也武王投之於宋因命之封爲宋公代殷後承湯祀 詩有客正義

作微子之命

按書正義引鄭云黜退也原本微宋誤作徵來

據詩正義改

唐叔得禾異畝同穎 二苗爲一穗 史記註 獻諸天子王命唐

叔歸周公于東作歸禾

按原本二訛三據史記集解改

周公既得命禾旅天子之命受王歸已禾之命與其禾　書正義作嘉

禾

成王既伐管叔蔡叔以殷餘民封康叔作康誥酒誥

梓材言伐管蔡者爲因其國也　詩桑中正義　伐木正義

按桑中無此注當改邶鄘衛譜正義

成王在豐欲宅洛邑使召公先相宅欲宅土中建王國使召公在前視所居者王與周公將自後往也　詩王風譜正義作召誥

召公既相宅周公往營成周使來告卜作洛誥

按公羊傳宣十六年疏云居攝七年天下太平

而此邑成乃名曰成周也

成周既成遷殷頑民此皆士也周謂之頑民　詩王風正義　周公以王

命誥作多士

按周謂之頑民詩正義此句下有民無知之稱

五字亦係鄭註王氏失采

周公作無逸

召公爲保周公爲師師保周禮師氏保氏大夫之職賢聖兼此官也　書正義相

成爲左右召公不說周公既攝王政不宜後列臣職故不說王同　同上周

公作君奭

按原本王訛正據書正義改

成王東伐淮夷遂踐奄伐淮夷與踐奄是攝政三年伐管蔡時事其編篇于此未聞踐讀爲翦翦滅也奄國在淮夷之北一云奄蓋在淮夷之地凡此伐諸叛國皆周公謀之成王臨事乃往視事畢則歸　詩破斧正義　尚書正義　史記註作成王政釋文云馬本作征云正

按奄國在淮夷之北七字采史記集解原本事

畢訛視事據詩破斧正義改又入義引此句下

有後至時復行五字王氏失采

成王既踐奄將遷其君于蒲姑奄既滅矣其君佞人不可復故欲徙之於齊地使服于大國　破斧正義　周公告召公作將蒲姑釋文云蒲馬本作薄

成王歸自奄在宗周誥庶邦作多方

成王既黜殷命滅淮夷還歸在豐作周官

周公作立政

成王既伐東夷息慎來賀息慎或謂之肅慎東北夷　史記註　王俾榮

伯作賄慎之命釋文云俾馬本作辨

周公在豐將沒欲葬成周公薨成王葬于畢告周公

作亳姑

周公既沒命君陳分正東郊成周天子近郊五十里今河南洛陽相去則然一云上有秦字　地官載師疏　春官肆師疏　詩駉正義　儀禮聘禮疏　禮記王制正義　郊特牲正義

按禮記月令正義引云天子近郊五十里今河南洛陽相去則然載師疏引此注云天子之國五十里為近郊今河南洛陽相去則然肆師疏引成周在近郊五十里按今河南洛陽相去則然王制正義引云東郊周之近郊也蓋五十里今河南洛陽相去則然郊特牲正義引云近郊半遠郊去國五十里今河南洛陽相去則然儀禮聘禮疏引云周之近郊五十里今河南洛陽相去則然詩頌駉正義引云天子近郊五十里今河南洛陽相去則然諸本互異未知孰是

成王將崩命召公畢公率諸侯相康王作顧命（廻首曰顧臨終出命故謂之顧顧將去之意也　史記註　尚書正義）

按原本命譌入據史記集解改

康王既尸天子（釋文云馬本此句上更有成王崩三字）遂誥諸侯作康王之誥

康王命作冊畢分居里成周郊作畢命（今其逸篇有冊命霍侯之事不同與此序相應　書正義）

穆王命君牙為周大司徒作君牙

穆王命伯冏為周太僕正作冏命

按冏命史記作臩命

蔡叔既沒王命蔡仲踐諸侯位作蔡仲之命

魯侯伯禽宅曲阜徐夷並興東郊不開（釋文云開馬本作闢）作費誓

呂命穆王訓夏贖刑作呂刑

平王（釋文云馬本無平字）錫晉文侯秬鬯圭瓚作文侯之命（錫馬本作賜　釋文）

秦穆公伐鄭晉襄公帥師敗諸崤還歸作秦誓

鄭氏古文尚書証譌卷十一畢

古文尚書證譌跋

古文尚書者宋王應麟所集鄭氏注而撰爲此書也共中頗多譌誤余參考諸書互相校正誤者改之脫者補之遺者增之不但鄭元原註黎然不紊即王原齋原本亦居然完善矣考古文尚書正義漢孔安國傳稱爲正義者唐孔穎達序謂蔡大寶巢猗費甝顧彪劉焯劉炫六家也漢書藝文志敘古文尚書孔安國獻遭巫蠱事未立于學官較伏生口授今文多十六篇魏晉以來絶無師説杜預注左所引皆曰逸書至東晉預章河內梅賾始得安國傳增多二十五篇隋經籍志晉室祕府存有古文尚書經文今無有傳者梅始奏之有鄭書註馬註自隋陸德明據作釋文唐孔穎達據作疏遂與伏生二十九篇合爲一據唐以來劉知幾列入史通未言古文之僞自吳棫議之朱子疑之近閻若璩作古文尚書疏證謂鄭元書序註所傳與孔傳篇目不符其說固確至謂鄭注亡于永嘉之亂則殊不然考隋志鄭氏與馬注皆著錄稱所注二十九篇釋文引之亦同蓋去其無師說十六篇故止二十九與伏生數合非別有一本注孔氏書也至又謂稱孔傳以孔穎達之故考史記漢書但有

安國上古文尚書之說並無作傳事釋文引藝文志乃云安國獻尚書傳始增一傳字則定從傳乃自陸德明非穎達惟德明于舜典下註云孔氏傳亡舜典一篇時以王肅註頗類孔氏故取王注從慎徽五典以下爲舜典以續孔傳又云粵若稽古帝舜曰重華協于帝十二字是姚方興所上孔氏傳所無阮孝緒七錄亦云方興本或此下更有濬哲文明溫恭允塞元德升聞乃命以位二十八字耶則出王註無疑始皇中雖增入此文尚未入孔傳故德明云爾夫古之書不傳久矣古文之眞毛氏奇齡有冤詞辨之最詳蓋深惜逸書之眞鄭注之散也故鄭氏特註之非鄭氏註者經文不載誠欲以存逸書千百之一也前有伏生經文乃孔氏古文目錄俱照原本此本不多臚列亦有書矣讐對亦有年矣未敢一字出諸臆說見余故爲之校而行之以多訂經傳之譌故曰證譌也質之賢者以爲然乎不然乎按閻氏又有鄭元註十六篇之名爲舜典汨作九共大禹謨益稷五子之歌徇征湯誥咸有一德典寶伊訓肆命原命武城旅獒冏命與古文二十五篇截然不同此亦原本不載應麟博學多聞想當別有所據也姑存而不論云童

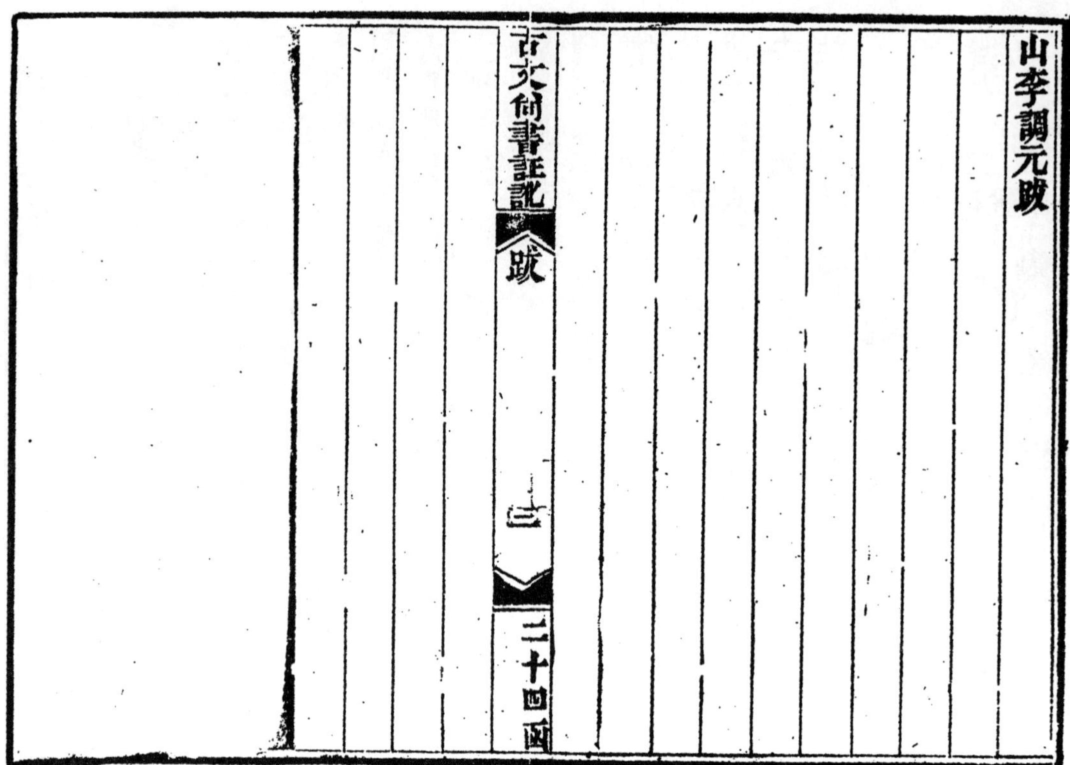
山李調元跋

古文尚書証譌　跋　三　二十四函

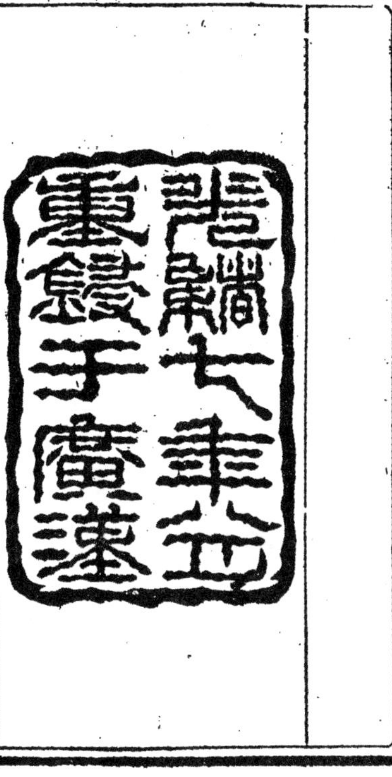

童山詩音說序

詩之音韻自漢許氏說文而外魏晉以來有之陸氏釋文蓺經者所不能外也其於諸傳註之外博採前人音義殆無遺賸如詩則毛鄭既或異讀又兼取申王韓諸家以及徐邈沈重之音可謂精備故後來爲字韻者莫不本之如集韻韻會等書是也嘗曰古人韻緩不須改字誠讀詩之要旨也舍此而更爲異讀不知何本矣朱子遵毛鄭之舊而不用釋文何哉夫三百篇今人詩詞之祖也經內有習見字而傳註別解者釋文音切及吳棫韻補可考也嘗讀詩音切以

及叶韻有心不安者未敢附會輒不揣固陋摘其音讀之誤每篇略舉數端至于俗字相沿經史互異亦槩及焉曰詩音說以其要于詩之音韻爲多也羅江李調元

童山詩音說卷一

綿州　李調元　贊菴　撰

國風

周南

關雎篇在河之州說文今別作洲非是按釋文水中可居者曰洲音州不作州解也

又鐘鼓樂之釋文謂樂字叶韻宜五教反竊意作力告反爲是大雅韓奕篇莫如韓樂今諠音樂力告反與上文靡國不到叶是也然方俗之語亦有傳授今北人呼喜樂字未有不爲力告反者況同在一經中可以叶韓奕獨不可以叶關雎無是理也

葛覃篇申培詩說作葛蕈服之無斁緇衣作無射古字也

卷耳篇我姑酌彼金罍姑說文作𡛷音同云秦以市買多得爲𡛷

又云何吁矣爾雅注作盱

螽斯篇申培作螽斯爾雅作蜇音同

兔罝篇肅肅兔罝罝釋文子斜反說文子余反與赳赳武夫隔句叶卽唐人詩　轆轤體所本實則葛覃詩已然而用法更變其首章上下各三句爲一截而以今萋飛喈爲韻中間谷木二句又自爲韻

古逵馗通用文選注薛君章云施于中馗是也

漢廣篇韓詩外傳有抽觴以女不可求思今詩無此句應逸詩也

又江之永矣注云江水出永康軍又云永長也永字釋文無此解按說文本作江之羕矣羕水長也此說爲近

汝墳篇爾雅作濆

麟趾篇申培作止

召南

采蘋篇南澗之濱按讀詩紀濱當作瀕袁淑書曰宅在南瀕毛詩所謂于以采蘋南澗之瀕者也此說可證

又于以湘之韓詩作于以鬺之注烹也與今註同

甘棠篇蔽芾之芾韓詩外傳作茀釋文芾非貴反又方蓋反皆非茀音茀祿同按卷阿茀祿爾康之茀可見

又勿翦勿伐韓詩作勿剗初簡反韋賢傳作勿鬋

羔羊篇素絲五紽按絲本從兩糸今人無不作糸旁者從古未有此字也

又委蛇亦作虵毛云行可從迹也鄭云委曲自得之
貌沈讀作委委虵虵韓作逶迤云公正貌
摽有梅篇孟子注摽作莩零落也梅韓詩作楳說文
楳亦梅字
小星篇維參與昴叶力求反按昴本音卯毛傳訓昴
爲留釋文云昴一名留又音柳史記天官書北至於
留留者言陽氣之稽留也索隱註曰留即昴也毛傳
亦以留爲昴由此觀之則昴之叶留正以昴即留也
江有汜篇汜石經作洍說文同蓋古爲洍後世譌也
野有死麕章本亦作麐又作麇按釋文云麕麏也與

麕同訓
何彼襛音濃矣篇集傳襛盛也猶曰戎戎也按襛字舊
本作襛毛傳云襛猶戎戎也釋文如容反韓詩作茙
茙說文云衣厚貌今經文不知何時遂改作襛然集
傳尚仍毛氏戎戎之說則當朱子時猶是襛字若作
襛字解當時必不復云猶戎戎矣字改音變而訓義
尚存亦考古者之幸也
騶虞篇壹發五豝按發字上從癶釋文讀如廢今皆
誤作發
燕燕篇遠送于野按釋文野如字協韻羊汝反今此
詩無註而於他野字音墅非也
又以勗寡人按勗字本作冒旁今作勖亦當從目坊
記又作畜畜孝也指定姜詩

邶風

匏有苦葉篇濟盈不濡軌與晷同集傳軌車轍也按毛
傳由輈以上爲軓釋文軓舊龜美反謂車轊頭也依
傳意宜因犯按說文云軌車轍也從車九聲龜美反
軓車軾前也從車凡聲音犯車轊頭所謂軹也相亂
故具論之孔疏說文云軌車轍也軓車軾前也然則
軾前謂之軓也非軌也軌聲九軓聲凡於文易爲誤

寫者亂之也夫軓前之說誠善矣然須改字而韻又
不協此集傳所以不從而謂爲車轍也然濟盈者車
轍本即在水中何故謂之不濡毋乃徒取叶韻而因
畧其義乎至於釋文所云舊龜美反謂車轊頭也者
似較前二說爲勝禮少儀云其在車左執轡右受爵
祭左右軌范乃飲注云周禮大馭祭兩軹祭軓乃飲
軌與軹於車同轊頭也軓與范聲同謂軾前也疏云
軌謂車轂小頭也是即此詩釋文所云軌與軹皆爲
車轊頭也而此詩孔疏引少儀及注又謂注以軌當
大馭之軹故並其文而解其義不復言其字誤耳其

實少儀軓字誤當爲軹也是軌非卽與軹同孔氏之辨固宜爲然然鄭注少儀旣有其說而釋文又舉舊時音訓如此不得巳則甯從之耳

又雝雝鳴鴈鹽鐵論作鳴鳱旭日易姚注作旴日卬須爾雅註作卬須鳱須皆古字旭釋文許玉反又許袁反字林叶呼老反讀如好說文同旴日之說又不知其何所本也

谷風篇集注云葑書作蘴孚容反草木疏云蕪菁也郭璞云今菘菜按江南有菘菜江北有蔓菁相似而實不同者也

簡兮篇簡居限反字從竹或作蕑以爲草名者非是申培詩說及爾雅俱作柬按小雅畏此簡書古無紙有事書之於簡又簡策單執一札謂之簡連編諸簡謂之策簡與柬自可通用在此詩自應作簡易解予特因諸說之不同而辨其字義如此耳

泉水篇載脂載舝按舝字上從屮下從舛蓋以舛字析置於上下牽字亦然今則從士從牛殆不成字

北門篇終窶且貧按窶下婁字上從毌今皆誤作婁凡婁屢屨字皆由此推之

又王事敦叶都回反我集傳敦猶投擲也按毛傳云敦厚也鄭箋云敦猶投擿也釋文敦毛如字鄭都回反觀此則朱子旣明用鄭說是敦字之讀都回反無疑矣乃反以爲叶何也

又室人交徧摧徂回反我或作催音同韓詩作誰音子佳子佳二反似不若摧之徂回反與首句敦之都回反次句遺之夷回反爲相叶矣

靜女篇姝釋文赤朱反美色也說文作袾亦作姝云好也愛而不見說文作僾云彷彿也愚按作愛解語直而意盡不若從僾之是且與上城隅字注以爲幽僻之處者相映

新臺篇申培詩說作窺臺燕婉說文作嬿婉戚施作䵶䵹按䵶字書讀秋䵹讀如詩詩與施同音而秋則非戚音矣集注訓戚施醜疾釋文以謂面柔不能仰若䵶䵹則蟾蜍別名與諸訓皆別豈以其疾之醜有似䵶䵹而因以爲言耶書以俟考

君子偕老篇玼兮集注云鮮盛貌後瑳兮云亦鮮盛貌按玼讀如此說文云新色鮮也字林云鮮也玉篇云鮮明貌王肅云顏色衣服鮮明貌今注玼爲鮮盛不應與瑳字重出且玼瑳字音迥別明與盛亦有微差囙疑玼或應依諸解作鮮明而瑳乃作鮮盛耳書

以質博古者

鄘風

桑中篇美孟弋矣集傳弋春秋或作姒蓋杞女夏后氏之後亦貴族也按公羊傳襄公四年經夫人弋氏釋文弋莒女也左傳作姒氏又穀梁傳定公十五年經弋氏左傳亦作姒氏

鶉之奔奔篇襄二十七年左傳作鶉之賁賁申培詩說鶉作鷻按鷻卽今文享字隹卽今文鳥字也

載馳篇誰因誰極集傳因如因魏莊子之因按因魏莊子本左傳襄公四年文

衛風

考槃篇碩人之軸鄭作直六反毛讀如迪似不若鄭說之與谷音相叶也爾雅疏軸作逐古今字

碩人篇美目盼兮按盼字從目旁分匹莧反今皆誤從兮

又領如蝤蠐釋文作𧒒或又作齊同音齊集註云木蟲之白而長者按爾雅郭注云蝤蠐蝎在木中今之桑蠹是也非蠆尾之蝎也

氓篇抱布貿絲集傳布幣也按此本毛傳孔疏謂幣卽是帛幣乃布帛之名

又體無咎言集註卦兆之體也讀如字韓詩作履幸也義亦可通似不若體字之義長

河廣篇誰謂河廣曾不容刀集傳小船曰刀不容刀言小也按上章一葦杭之毛傳以爲喻狹此不容刀亦當是喻狹言小無謂恐小字誤

伯兮篇誰適爲容集傳傳曰女爲悅己容按悅己字下恐誤脫者字

王風

揚之水篇揚申培詩說作暘束蒲叶滂古反去聲讀鄭云蒲柳也春秋傳曰董澤之蒲毛云草也讀如字

按草音不與戍計相協不若箋義爲長今人于二蒲之音多未詳其異耳

葛藟篇亦莫我有集傳有識有也春秋傳曰不有寡君按此左傳昭公二十年文彼註云有親有也

采葛篇彼采蕭兮集傳蕭荻也白葉莖麤科生有香氣按荻非蕭類亦安得有香氣此必萩字之譌今爾雅釋草並相沿爲荻惟釋文是萩字可考

大車篇毳衣如菼說文作𦈡帛騅色也與箋所云蘆之始生者異二章啍啍說文作嘾嘾如璊作如𤩎按璊玉赬色也衣五色備則有赤色如玉釋文謂以毳

爲厠白毡而因去王以从毛恐近鑿

鄭風

叔于田篇申培詩說作𠦑于田或又作大叔于田者非是襢或作袒說文作膻箋云肉袒也从衣从旦皆有意義

東門之墠篇墠讀如善除地町町者或作壇非說文云此序舊無注而崔集注本有鄭注云時亂故不得待禮而行與今集注云識其所與淫者之居同一男女之詩而措語自別

子衿篇申培詩說作子襟按今字吟唫通用則衿與

襟一也亦作䘳挑兮說文作岦土刀切釋文引鄭人遊于鄉校以譏此詩之說似不無所見云

衛風

伐檀篇河水清且漣猗音醫集傳猗與兮同語辭也書斷斷猗大學作兮莊子亦云而我猶爲人猗是也按云與兮同是直欲讀猗爲兮也

又坎坎伐輪兮魯詩棧碑作欿欿石經同

齊風

舞則選兮選文選註作纂薛君章句言其舞則應雅樂也

唐風

山有樞篇山有樞集傳樞荎也今刺榆也按毛傳云樞荎也孔疏云樞荎釋木文郭璞云今之刺榆也釋文云樞本或作蓲烏侯反是樞與蓲通當音歐爾雅作櫙蓲櫙樞一也集傳用毛說而仍讀如樞機之樞失考甚矣

又山有栲集傳栲山樗也似樗色小白按小字疑爲少或少小古通

又子有鐘鼓弗鼓弗考按說文鼙鼓之鼓旁從攴考繫之鼓旁從支二字有別今並混

又葛生篇蘞蔓于域集傳域塋域也按塋當爲營

揚之水篇白石粼粼按粼本從巛今誤作粼

鴇羽篇肅肅鴇羽按鴇旁從匕今誤作鴇

又父母何甞按字本作嘗諸經並無作此甞字者今註疏亦作甞字書甘部遂有引之以爲證者

秦風

小戎篇厹矛鋈錞音隊叶朱倫反按釋文錞徒對反又音敦又曲禮進矛戟者其鐓註云平底曰鐓取其鐓也釋文云鐓本又作錞徒對反是鐓與錞同而錞又有敦音取其平底可鐓於地則音敦正與今方俗語合此

章首二句自當連韻若作敦音讀則韻不待叶而義更明切

蒹葭篇宛在水中坻集傳水渚曰坻按坻本訓小渚此水渚必小渚字之誤

陳風

墓門篇歌以訊之叶息悴反廣韻六至部中有誶字引詩作歌以誶止楚詞章句亦作誶予不顧釋文云誶音告也韓詩云訊諫也義同而訊音較叶

終南篇黻衣繡裳集傳黻之狀亞兩已相戾也按亞王篇敷勿反與黻音同晉書輿服志有此字

豳風

七月篇八月剝棗集傳剝擊也按鄭箋剝擊也釋文云剝普卜反是剝音撲與撲通杜詩堂前剝棗任西鄰即其義也

又黍稷重穋說文作黍稷種稑按集注先種後熟曰重後種先熟曰穋再言禾者稻秫苽粱之屬皆禾也若黍稷更作禾稷是三句三言禾矣殊無意義惟禾邊作重是重穋之字禾邊作童是種蓺之字二字相混今人亂之已久耳

童山詩音說卷一終

童山詩音說卷二

綿州 李調元 贊菴 撰

雅

小雅

四牡篇周道倭遲文選注作威夷薛君曰威夷言險也漢書地理志作郁夷言使臣乘馬行於此道也韻叶而義俱可通

又翩翩者鵻集傳鵻夫不也今鵓鳩也按鵓音浮今多訛作鵓

皇華篇申培詩說作煌華駪駪征夫國語說文作莘

莘楚詞章句又作侁侁

天保篇如月之恆集傳恆弦也月上弦而就盈按毛傳云恆弦也鄭箋云月上弦而就盈釋文云恆本亦緪同古鄧反沈古恒反弦也觀此是恒字通作緪兼去平二音若讀古恒反則韻益諧而義亦不失

又吉蠲為饎士虞禮作吉圭大戴禮作絜蠲蜡氏注疏又作吉圭惟饎鄭從三家詩故與彼不同耳按說文蠲古元反舊音圭潔也士禮及蜡氏之必以蠲為圭或即依其音義而借書之乎

采薇篇采薇采薇薇亦作止叶則救反曰歸曰歸歲亦莫

鞙止按作之讀則故反古今並有此音釋文讀作如字而叶莫爲譔各反非也

又彼爾維何集傳爾華盛貌按此亦舊訓也釋文云爾乃禮反說文作薾其音同是爾與薾通不當復讀如字

魚麗篇魚麗于罶音柳與酒叶鱨鯊音沙叶蘇何反君子有酒旨且多按此叶是已但此詩似所重在魚而鄭氏以君子有酒旨五字爲句下二字爲句且多者言魚之多也二章三章讀亦如之釋文孔疏又極言旨字屬上四字之是觀末三章各以物字起句物字專主魚言則其說亦未可非今集傳不取聊記之以存舊讀且知罶字之本不與酒叶也

南有嘉魚篇南有嘉魚集傳嘉魚出於沔南之丙穴按文選左思魏都賦嘉魚出於丙穴

蓼蕭篇和鸞雝雝集傳和鸞皆鈴也在軾曰和在鑣曰鸞皆諸侯車馬之飾也按秦風駟鐵篇輶車鸞鑣集傳云驅逆之車置鸞於馬銜之兩旁乘車則鸞在衡和在軾也今此詩正指乘車則鸞當在衡恐鑣字是衡字之誤

采芑篇薄言采芑集傳卽今苦蕒菜按蕒音買今多

訛作藚

又約軝音祇錯衡按軝祁支反旁從氏今誤作氐

又簟茀魚服按茀字今誤從竹

車攻篇東有甫草集傳甫草甫田也後爲鄭地今開封府中牟縣西圃田澤也宣王之時未有鄭國圃田屬東都畿內故往田也按毛傳甫大也田者大芟草以爲防或舍其中鄭箋甫草者甫田之草鄭有圃田釋文甫如字鄭音圃謂圃田鄭藪也今朱子全主鄭說則不應仍讀如字後漢書馬融傳廣成頌詩詠圃草註指爲韓詩

又決拾既佽音次與弓矢既調讀如同與同叶射夫既同助我舉柴音恣按調之叶同釋文未有其說然楚辭離騷及東方朔七諫並有調同二字連用爲韻者是不可曉且此章上下各二句爲一截今以中間二句叶未審古有其例否助我舉柴集傳柴說文作⿱此手謂積禽也按釋文柴子智反音委積之積又才寄反本不音恣恣是資四反此音恣固已誤矣況集傳之意明謂與說文⿱此手同考說文⿱此手字音漬前智反是卽釋文之才寄反也而集韻⿱此手字又子智反則釋文第一音亦與說文合尤得積禽之意蓋積亦子智反也

吉日篇儦儦俟俟說文作伾伾俟俟文選注作駓駓
騃騃按薛君章句趨曰駓行曰騃
庭燎篇庭燎之光集傳庭燎大燭也諸侯將朝則司
烜以物百枚并而束之設于門內也按周禮秋官司
烜註云烜讀爲燬釋文音毁
鶴鳴篇其下爲榖按榖工木反下從木今誤作穀黃
鳥篇無集于榖亦然
我行其野篇成不以富集傳雖實不以彼之富按此
與注疏並是成字而論語引之作誠觀詩疏所云誠
不以是而得富集傳亦以實字代誠字是作成者誤

也
又亦祇音支以異按祇從示旁氏今誤作秖何人斯篇
祇攪我心祇字亦然
斯干篇左傳昭公二十五年宋公賦新宮燕禮下管
新宮或云即此詩也
正月篇蔌蔌方有穀後漢書作速速方穀毛萇注速
速陋也韓詩亦作轂謂小人乘寵方轂而行也
十月篇悠悠我里爾雅訞作悝憂也悠悠作攸攸顧
野王又作痗病也
雨無正篇淪胥以鋪韓詩作薰胥以痡薰帥也胥相
也痡病也漢書序傳曰嗚呼史遷薰胥以刑顏師古
曰薰者謂相薰蒸亦漸及之義也按此則薰與淪義
一也而薰字特新似晉宋詩人鍊字之法
小弁篇弁彼鷽斯集傳江東呼爲鵯烏按鵯音匹字
从卑旁此本爾雅註文今誤作鴨
又惄焉如擣丁老反心疾也本或作𢲵韓詩又作疛
除又反義與擣𢲵並同
又析薪杝矣集傳杝隨其理也按杝本作扡從手旁
音勑氏反不知何時訛作杝玉篇作杝或以是歟
又譬彼壞木釋文胡罪反瘣也說文作瘣云病木也

與集注解同一曰瘿腫無枝條也
巧言篇君子信盜集傳君子不能堲讒按堲字是塈
字之訛塈在力反疾也
又昊天泰憮集傳憮大也按憮本作憮無火吳反旁從
心今爾雅注引此詩亦作憮恐皆相沿之誤或者二
字古通
又旣微且尰市勇反按字本從尢俗作尰今又訛從九
無將大車篇祇自疷兮按疷都禮反下從氐今誤作
疧
鼓鍾篇以雅以南後漢書陳忠傳詩云以雅以南韎

任朱離按毛詩無䖍任朱離之文盡見齊魯之詩也
楚茨篇樂具入奏綏按商頌烈祖篇鬷假無言集傳
云鬷中庸作奏古聲奏族相近族聲轉平而爲一耳
此說本不可曉乃直云奏音族尤怪甚漢書嚴安傳
調五聲使有節族註云族音奏節止也奏進也若此
之類固多有之然皆是族音奏未聞奏之音族也或
如朱子所言古聲相近則可耳
又祝祭於祊說文作鬃云門內祭先祖所彷徨也
又如幾如式集傳幾期也春秋傳曰易幾而哭是也
按此左傳定公元年文

甫田篇或耘或耔集傳耘除草也耔雝本也蓋后稷
爲田一畝三畎廣尺深尺而播種於其中苗葉以上
稍耨壠草因隤其土以附苗根壠盡畎平則根深而
能風與旱也按后稷以下皆漢書食貨志文
鴛鴦篇乘馬在廄按字本從𣪊作廏今誤作廐然亦
凡書皆然世俗不復知有廏字矣
頍弁篇如彼雨雪先集維霰集傳將大雨雪必先微
溫雪自上下遇溫氣而摶謂之霰按鄭箋摶謂摶聚
也今摶字並訛作搏摶从叀從寸搏从甫从寸
又實維何期集傳何期猶伊何也按鄭氏云何期猶
伊何也釋文云期本亦作其音基是此句正與魏風
園有桃篇子曰何期小雅庭燎篇夜如何期語意並
同況期年期月之類本音爲基非擬見也
車舝篇德音來括集傳括會也按括當讀爲佸毛傳
括會也釋文括本又作佸音活徐古闊反今朱子既
仍毛傳訓義則括當讀爲佸而音活若徐邈之古闊
反則義當訓至矣非也然王風君子于役篇曷其有
佸本是佸字集傳又明訓爲會而註仍音括非也
賓之初筵篇康爵集注云安也酒所以安體也或讀
如抗記曰宗祐康主亦謂祐上之爵也爾雅疏康作

漮鄭箋云空也義不可通疑空卽安字之誤
角弓篇如蠻如髦髳莫侯反集傳蠻南蠻也髦夷髦也書
作髳按毛傳髦夷髦也鄭箋髦西夷別名武王伐紂
其等有八國從焉釋文云舊音毛尋毛鄭之意當與
尚書同音莫侯反孔疏牧誓曰羌髳彼髳此髦音義
同
菀柳篇上帝甚蹈集傳蹈當作神言威靈可畏也按
蹈本如字戰國楚策荀卿引此詩云上天甚神集傳
蓋因之
都人士篇彼君子女謂之尹吉集傳尹吉未詳鄭氏

曰吉讀爲姞尹氏姞氏周之昏姻舊姓也人見都人之女咸謂尹氏姞氏之女言其有禮法也按大雅韓奕篇爲韓姞相攸註音佶而小雅六月篇四牡既佶注音吉是竟誤讀姞爲吉矣

童山詩音說卷二

童山詩音說卷三

綿州 李調元 贊菴 撰

雅

大雅

緜篇自土沮漆顏師古注齊詩作自杜言公劉避狄而來居杜與沮漆之地按杜秦地名所謂杜曲是也

又堇音謹荼如飴集傳堇烏頭也按此字當作菫上從卄頭與堇字有別堇上從廿音勤

又爰契我龜集傳契所以然火而灼龜者也儀禮所謂楚焞是也或曰契以刀割龜甲欲鑽之處也按儀禮士喪禮楚焞置於燋在龜東註楚荆也荆焞所以鑽灼龜者又音純疏荆本是草之名古法鑽龜用荆謂之荆焞也

棫樸篇渒彼涇舟按渒音畀考從畀今誤作淠

旱麓篇瑟彼玉瓚典瑞志作卹彼音瑟或又作邺

皇矣篇上帝耆之憎其式廓集傳耆憎未詳其義或曰耆致也憎當作增按耆憎並如字今當依注者音指憎讀作增

又克順克比音匕集傳比上下相親也按左傳昭公二十八年引此詩以爲九德而解之此章註所云教

誨不倦者皆其本文也其云擇善而從之曰比杜註謂比方善事使相從也

下武篇下武維周集傳下義未詳或曰字當作文言文王武王實造周也按毛傳訓武爲繼而鄭氏又云下猶後也集傳皆不取自當依或說讀下爲文

行葦篇四鍭旣鈞集傳鈞參亭也謂參分之一在前二在後三訂之而平者前有鐵重也按參亭之參七南反下參分之參與三同訂音亭又音丁去聲毛傳云鍭矢參亭疏云參停謂三分矢一在前二在後輕重鈞停冬官矢人爲鍭矢註云二訂之而平者前有

鐵重也

又序賓以賢集傳賢射多中也投壺曰某賢於某若干純按純音全

民勞篇柔遠能邇集傳能順習也按鄭氏云能猶伽也順伽其近者今集傳訓能爲順習卽順伽之意也

蕩篇如沸如羹叶盧當反按古時地名多本其方俗之音如左傳楚陳蔡不羹讀爲盧當反是也此惟在楚地名爲然非謂凡羹食字皆可作此讀也因漢人角里之名而叶角爲盧谷反與楚地不羹之名而叶羹爲盧當反此理之近似者龜茲讀鳩慈而不龜手之藥又讀如皸豈凡龜字皆可讀鳩與皸乎今以野爲古豎字而並叶上與反以國爲古域字而並叶於逼反若斯之類彌近理而愈不通皆釋文所無而此則若惟恐失之者然豈不可笑且非獨是也行列之行音戶郎反而道路之行叶音亦同則終未之敢信也

又內奰音避於中國按字上從三横目今誤作奰

抑篇荏染柔木按染字上從氵從九今誤作染

桑柔篇職涼善背集傳涼義未詳傳曰涼薄也鄭讀作諒信也疑鄭說爲得之按涼當云讀作諒

又倉兄塡兮集傳塡未詳舊說與陳塵同蓋言久也

或疑與瘨字同爲病之義但召旻篇內二字並出又恐未然今姑闕之按毛傳塡久也鄭箋喪亡之道滋久長釋文塡音塵疏云釋言云烝塵也孫炎曰烝物久之塵則塵爲久義古者塵塡字同故塡得爲久是塡當音塵也

又具贅卒荒集傳贅屬也春秋傳曰君若綴旒然與此贅同按毛傳贅屬也疏贅猶綴也謂繫綴而屬之襄十六年公羊傳曰君若綴旒然是贅綴同也

雲漢篇云如何里集傳里憂也與漢書無俚之俚同聊賴之意也按漢書季布傳贊但憂與聊賴意稍別

蓋兩說也

崧高篇徃近王舅集傳近辭也按毛傳近已也鄭箋近辭也聲如彼記之子之記釋文近音記孔疏毛以爲徃去已此王之舅也近得爲已其聲相近故箋申之云如彼記之記也按毛傳已也之已與記同皆語辭也

韓奕篇汾王之甥集傳汾王厲王也厲王流於彘在汾水之上故時人以目王焉猶言莒郊公黎比公也按此全本鄭氏疏云左傳于昭公之世有莒郊公襄公之世有黎比公莒在東夷不爲君謚每世皆以地號公

又旣之陰女反予來赫集傳陰覆也赫威怒之貌張子曰陰徃密告於女反謂我來恐動也亦通

又淑旂綏章集傳綏章染鳥羽或旄牛尾爲之注於旂竿之首爲表章者也按毛傳綏大綏也鄭箋綏所引以登車有章采也釋文綏本亦作緌毛如誰反鄭音雖觀此則集傳正用毛說綏與緌同音如誰反不音雖也

童山詩音說卷三

童山詩音說卷四

綿州　李調元　贊菴　撰

頌

周頌

維天之命篇假以溢我我其收之集傳何之爲假聲之轉也恤之爲溢字之訛也收受也按左傳襄公二十七年君子曰何以恤我我其收之向戌之謂乎注以此二語爲逸詩蓋以假溢二字之殊故云然耳但集傳据彼爲說當先云假以溢我左傳作何以恤我然後曰何之爲假云云方使人知其說之所自恐此亦不能無闕誤

維清篇襄二十九年左傳舞象箾詩序云維清舞象箾則此舞象箾時所歌之詩也

天作篇彼徂矣岐集傳岨險岨之意也按徂本如字往也注疏竝無他說今集傳不先言其字或作岨而直出岨字亦未曉立說之由沈存中筆談藝文篇云書之闕誤有可見於他書者如詩彼徂矣岐有夷之行後漢書朱浮傳作彼岨者岐有夷之行又王伯厚玉海有詩攷一卷其序云朱子公集傳彼岨者岐從韓詩韓詩天作篇彼岨者岐有夷之行薛君傳曰岐

道岨險而人不難又後漢書注曰岐道雖僻而人不遠沈括引後漢書作彼岨者岐觀此則朱子之說固有所自來矣然韓詩既無可考證而後漢書朱浮傳又並無是語不知沈說何據今人更指爲後漢書西南夷傳考彼傳本是徂字註亦訓往非也愚謂韓昌黎岐山操亦云彼岨者岐註謂岨與阻同是徂或作岨其來已久用徂字則語尤易曉故集傳遂易徂爲岨耳但岨訓險僻當音阻與阻通文選宋玉高唐賦高邱之阻本亦作岨是也本文當注云徂依韓讀爲岨音阻

又朱傳岐字作絕句讀爾雅疏云岐有夷之行黃氏日抄與彼作矣相對爲句

時邁執競思文三篇按周禮鐘師以鐘奏九夏注云國語曰金奏肆夏繁遏渠呂叔玉云肆夏時邁也繁遏執競也渠思文也肆遂也夏大也言遂於大位也故時邁曰肆于時夏允王保之繁多也遏止也言福祿止於周之多也故執競曰降福穰穰降福簡簡福祿來反渠大也言以后稷配天王道之大也故思文曰思文后稷克配彼天元謂九詩皆詩篇名頌之族類也樂崩歌亦從而亡是以頌不能具

臣工篇痔（音峙）乃錢鎛按注疏及經典釋文並作痔尚書爾雅則作峙未見有作痔者此不知所本

雝篇有來雝雝（與公叶）（篇內同）按此篇每章同隔句叶今于篇首註云與公叶恐不可從

雝篇既右（音又）烈考亦右文母集傳右尊也周禮所謂享右祭祀是也按周禮春官大祝辨九𢷬以享右祭祀註云右讀爲侑侑勸尸食而拜釋文右音又疏云此九拜不專指祭祀而以祭祀結之者祭祀事重故舉以言之是周禮右字本讀爲侑謂勸侑也而集傳引之者蓋朱子自解彼右字爲尊而不用其注耳至

於右之訓尊者我將時邁凡再見皆未嘗有音也

訪落篇於乎悠哉朕未有艾集傳艾如夜未艾之艾言其道遠矣予不能及也按小雅庭燎篇集傳訓艾爲盡是本作刈音讀明矣

絲衣篇不吳（音話）不敖集傳吳譁也又能謹其威儀不諠譁不怠傲按傳云吳譁也箋云不讙譁不敖慢也疏云人自娛樂必讙譁爲聲故以娛爲譁也定本娛作吳釋文吳舊如字說文作吳吳大言也何承天云吳字誤當從口下大故魚之大口者名吳胡化反此音恐驚俗也音話吳毛鄭皆訓爲譁而音則如字又

與娛通未有音胡化反者釋文引何承天之說以爲吳當作吴胡化反而云此音恐驚俗是不用其說可知故自說文王篇以至廣韻集韻韻會諸書吳字皆無胡化反惟正韻有之固由不善讀釋文亦以此詩音話之故也然集傳本用毛鄭舊訓而又不言吳當作吴則吳之音話吾不知其說之何從矣且釋文此條本多脫誤顛倒說文作吳而云作吴今私爲改正其音話二字當在胡化反之下而闕一又字蓋謂吴胡化反又音話耳話是戶快反與胡化反各在一韻話之有胡化反自集韻始也總而言之何承天之說

因說文吳訓大言之故而非謂此詩釋文引說文而並載之亦謂吳字音胡化反而非此詩吳字之音集傳不言吳當作吴則又必無讀胡化反之理胡化反且猶不可而況音話乎吾誠不能爲之解也又魯頌泮水篇不吳音話不揚集傳不吳不揚肅也按傳云揚傷也箋云吳譁也不讙譁不大聲疏云毛以爲此多士之德不爲過誤不有損傷鄭讀不吳爲不娛不娛爲不讙譁不揚爲不揚聲釋文吳鄭如字讙也又王音誤作吴音話同是毛雖讀吳爲話而鄭仍如字集傳用鄭義必不與鄭異讀也前說詳矣此條釋文亦必有顛倒脫誤者當是鄭如字王音誤或作吴胡化反又音話同若無他本可証總之此字不得有胡化反與話音也

桓篇皇以閒之集傳閒字之義未詳傳曰閒代也言君天下以代商也按閒古莧反音澗

魯頌

泮水篇其旂茷茷音旆按茷字上從艹今誤作筏又誤爲筏

閟宮篇克咸厥功叶居古反按此與大雅瞻卬無不克鞏俱叶音古最不可曉此功字尤不必叶又誤居五反

爲居古

又淮夷蠻貊按貊字莫伯反旁從白今誤作貊

商頌

元鳥篇來格祈祈集傳祈祈衆多貌按字本作祁巨移反鄭云祁祁衆多也豳風七月篇采蘩祁祁傳亦訓爲衆多此作祈不知所本祈祈字恐未見有云衆多者可見原本是祁字也

殷武篇罙面規反入其阻按罙下從米今誤作罙

又松桷有梴丑連反按梴多誤爲梃又誤丑連爲五連

童山詩音說卷四畢

左傳官名考

春秋經理大物博左氏傳之義蘊不見其有加而類例之多又有積千百人尋繹之不盡者是以作左傳地名錄者嚴彭祖裴秀杜預楊湜張洽鄭樵杜瑛楊愼諸人是也作左傳名臣傳者姚咨是也作左氏人名考者劉城是也而考焦氏經籍志又有春秋宗族名氏譜春秋名字異同錄等書竊想春秋職官其名稱之見於左傳者不一而足雖當諸侯去籍之餘而去古猶近或不無千百什一之存焉歷稽書目未之前聞則嘗欲用心之蜜亦不能無所遺焉遂於公餘之暇取左氏傳溫習一過凡遇各國官名分別書之並附載註疏之說於下與周官參校之略可見侯國之差錯焉其有國異而官同者兩存之以仍各國之舊云屯齋李調元序

左傳官名考序畢

左傳官名考卷上

綿州 李調元 雨村 輯

周

宰

隱公元年天王使宰咺來歸惠公仲子之賵注宰官名

卜正

隱公十一年滕侯曰我周之卜正也注卜官之長疏周禮春官大卜下大夫二人

内史

桓公二年周内史聞之注周大夫

膳夫

莊公十九年而收膳夫之秩注膳夫石速也秩祿也

司寇

莊公二十年夫司寇行戮君爲之不舉注司寇刑官也

史

莊公二十二年周史有以周易見陳侯者注云周太史

祝宗

莊公三十二年虢公使祝應宗區史嚚享焉注祝太祝宗宗人

上卿

僖公十二年王以上卿之禮享管仲注管仲下卿王爲加禮設燕享故以上卿之禮享之

下卿

僖公十二年管仲受下卿之禮而還

御士

僖公二十四年王御士將禦之疏周禮無此官惟夏官大僕之屬有御僕下士掌王之燕令

太師

僖公二十六年太師職之注兼主司盟之官

盟府

僖公二十六年載在盟府注司盟之官疏周禮司盟掌盟載之法會同則

掌其盟約之載

虎賁

僖公二十七年虎賁三百人注周禮虎賁氏以虎士三百人先後王而趨

公

僖公三十年王使周公閱來聘注天子之三公也

相

成公二年使相告之曰非禮也注相相禮者

三吏

成公二年王使委於三吏注三公也三公天子之吏也

虞人

襄公四年官箴王闕於虞人之箴曰注虞人掌田獵

宰

襄公十年王叔之宰與伯輿之大夫瑕禽注宰家臣瑕禽伯輿屬大夫

圻父

襄公十六年見中行獻子賦圻父注圻父詩小雅周司馬掌封畿之兵甲故謂之圻父

候

襄公二十一年使候出諸轘轅注候送迎賓客之官

司徒

襄公二十一年使司徒禁掠欒氏者歸所取焉疏周禮司寇掌詰姦慝刑暴亂此使司徒者以司徒掌會萬民之卒伍以起役徒以此追胥以此追寇盜是其所掌獲得罪人乃使司寇刑之

尉氏

襄公二十一年將歸死於尉氏注討姦之官疏周禮司寇之屬無此官蓋周室旣衰官名改易于時有此官耳

陶正

襄公二十五年昔虞閼父爲周陶正

宰旅

襄公二十六年晉士起將歸時事於宰旅疏周禮太宰之屬官有旅下士三十二人

祈招

昭公十二年祭公謀父作祈招之詩以止王心注祈父官名

宮嬖

昭公十二年殺瑕辛於市及宮嬖綽

泠

昭公二十一年泠州鳩曰注泠樂官

帥

昭公三十一年書以授帥注帥諸侯之大夫

太宰司寇司空

定公二年周公爲太宰康叔爲司寇聃季爲司空五叔無官豈尚年哉

魯

太宰

隱公十一年羽父請殺桓公將以求太宰疏周禮天子六卿諸侯則并六爲三而兼職魯三卿無太宰羽父蓋欲魯特置其官以榮已以後更無太宰知魯竟不立之

卜士

桓公六年卜士負之注禮士子生三日卜士負之卜士之妻爲乳母

圉人

莊公三十一年圉人犖自牆外與之戲疏周禮圉人掌養馬芻牧之事

宗伯

文公二年於是夏父弗忌爲宗伯注掌宗廟昭穆之禮疏周禮大宗伯掌建邦之天神人鬼地祇之禮小宗伯掌建國之神位辨廟祧之昭穆諸侯之官所掌亦當然

行人

文公四年使行人私焉注掌賓客之官

司寇

文公十八年季文子使司寇出諸境

宰

文公十八年其宰公冉務人止之

太史

文公十八年季文子使太史克對曰

隸

成公十六年嬰齊魯之常隸也注賤官

隧正

襄公七年叔仲昭伯爲隧正注主徒役疏當周禮之遂人

馬正

襄公二十三年季氏以公鉏爲馬正注家司馬

左宰

襄公二十三年故公鉏氏富又出爲公左宰注出季氏家臣仕於公

御騶

襄公二十三年孟氏之御騶豐點好羯也疏注掌馬之官兼掌御事

正夫

襄公二十三年臧氏使正夫助之注隧正疏隧正當屬司徒臧氏爲司寇而借之於臧氏者蓋當時兼掌之

外史

襄公二十三年季孫召外史掌惡臣而問盟首焉疏周禮外史掌書外令掌四方之志

工

襄公二十九年使工爲之歌周南召南

豎

昭公二年皆召其徒使視之遂使爲豎注小臣也

御

昭公二年仲與公御萊書注御士

司空

昭公四年孟孫爲司空以書勳注周禮司勳屬夏官此言司空書勳者春秋之時諸侯之法不得盡與周禮同

司徒司馬工正

昭公四年吾子爲司徒實書名夫子爲司馬與工正書服疏周禮大司徒掌十有二敎十一日以賢制爵十二日以庸制祿故書名定位號也夏官司馬其屬有司士掌羣臣之政以德詔爵以功詔祿工正雖不屬司馬掌作車服故與司馬書服

司宮

昭公五年司宮射之中目而死

守臣

昭公七年夫子從君而守臣喪邑注守臣家臣

祝史

昭公十七年日有食之祝史請所用幣

饔人

昭公二十四年及季姒與饔人檀通注食官

司馬

昭公二十四年叔孫氏之司馬鬷戾

祝宗

昭公二十四年昭子齋于其寢使祝宗祈死

左師

昭公二十四年左師展將以公乘馬而歸公徒執之

賈正

昭公二十四年郈魴假使爲賈正焉注掌貨物使有常價若市吏疏如周禮之賈師

府人

昭公三十一年子家子反賜於府人

周人

定公三年南宮敬叔至命周人出御書

宰人

定公三年子服景伯至命宰人出禮書注冢宰之屬

校人

定公三年校人乘馬注掌馬

巾車

定公三年巾車脂轄注掌車

工師

定公十年叔孫謂郈工師駟赤注掌工匠之官

虞人

哀公十四年以爲不祥以賜虞人注掌山澤之官

宗人

哀公十六年使宗人釁獻其禮 注禮官

衛

右宰

隱公四年衛人使右宰醜涖殺州吁於濮

太史

閔公二年我太史也實掌其祭

國子

僖公二十五年二禮從國子巡城

大士

僖公二十七年士榮爲大士 注治獄官也疏周禮獄官多以士爲名士察也

守門

僖公二十七年長牂守門 注時爲衛守門

前驅

僖公二十七年前驅射而殺之

卿

僖公三十年吾使爾爲卿又冶廑辭卿

太師

襄公十七年使太師歌巧言之卒章 注太師掌樂大夫

行人

襄公十八年晉人執衛行人石買

少師

襄公二十六年公固與之受其半以爲少師

褚師

昭公二十年褚師子申遇公於馬路之衢

司寇

昭公二十年奪之司寇與鄄 注齊豹爲衛司寇

司徒

哀公十一年少畜子公以爲司徒

鄭

潁谷封人

隱公元年潁考叔爲潁谷封人 注封人典封疆者疏周禮封人掌爲畿封而樹之鄭元云畿上有封若今時界也天子封人職典封疆知諸侯封人亦然

祭封人

桓公十一年初祭封人祭足有寵於莊公 注祭鄭地封人守封疆者因以所守爲氏

上大夫

莊公十四年吾皆許之上大夫之事 注上大夫卿也

執訊

文公十七年鄭子家使執訊而與之書注通訊問之官

司馬

襄公二年子國爲司馬

門子

襄公九年及其大夫門子皆從鄭伯注卿之適子疏周禮小宗伯掌三族之別以辨其親疏其正室皆謂之門子鄭元云將代父當門者也

六卿

襄公九年鄭六卿公子騑公子發公子嘉公孫輒公孫蠆公孫舍之

司空司徒

襄公十年子耳爲司空子孔爲司徒

太宰

襄公十一年鄭人使良霄太宰石㚟如楚

師

襄公十一年鄭人賂晉侯以師悝師觸師蠲注皆樂師

少正

襄公二十二年鄭人使少正公孫僑對注鄭卿官

室老

襄公二十二年召室老宗人立段

行人

襄公二十四年鄭行人公孫揮如晉聘

令正

襄公二十五年子太叔爲令正注主作辭令之政

外僕

襄公二十八年舍不爲壇外僕言曰注掌次舍者

馬師

襄公三十年子皮以公孫鉏爲馬師

太史

襄公三十年使太史命伯石爲卿

嬖大夫

昭公元年子晳上大夫汝嬖大夫

冢宰

昭公元年武請於冢宰矣注冢宰謂子皮

褚師

昭公二年請以印爲褚師注市官

馬師

昭公七年朔于敝邑亞大夫也其官馬師也

司墓

昭公十二年司墓之室有當道者疏周禮墓大夫掌凡邦墓之地域爲之圖令國民族葬鄭之司墓亦當如之

府人庫人

昭公十八年使府人庫人各儆其事 疏周官有大府內府外府天府玉府泉府而無掌庫之官蓋府庫通言庫亦謂之府也諸侯國異政殊故府庫並言

野司寇

昭公十八年使野司寇各保其徵 注縣士 疏周禮司寇屬官有縣士各掌其縣之民數而聽其獄訟若邦有大役聚衆庶則各掌其縣之禁令諸侯縣士亦當然

郊人

昭公十八年郊人助祝史除於國北 疏周禮鄉在郊內遂在郊外諸侯亦當然郊人當謂郊內鄉之人也

司寇

昭公十八年使司寇出新客禁舊客

司宮

昭公十八年商成公儆司宮 注巷伯寺人之官

晉

五正

隱公六年翼九宗五正頃父之子嘉父逆晉侯於隨 疏五行官之長

御戎

桓公三年韓萬御戎 疏周禮戎僕掌馭戎車

右

桓公三年梁弘為右 疏周禮戎右掌戎車之兵革使

司徒

桓公六年晉以僖侯廢司徒 注廢為中軍

大司空

莊公二十六年晉士蔿為大司空 注卿官 疏晉自文公以後卿以軍將為名司空非復卿官故文二年司空士穀非卿也

御人

莊公二十八年御人以告子元 注御人夫人之侍人

卜

閔公元年卜偃曰畢萬之後必大 注卜偃晉掌卜大夫

尉

閔公二年羊舌大夫為尉 注軍尉

撫軍

閔公二年從曰撫軍 注太子從軍而行號曰撫軍

監國

閔公二年守曰監國 注言代君監臨國家

中大夫

僖公四年既與中大夫成謀 注國內執政等

寺人

僖公五年公使寺人披伐蒲

七輿大夫

僖公十年遂殺丕鄭祁舉及七輿大夫 疏大行人云侯伯七命貳車七乘每車一大夫主之

內史

僖公十一年天王使召武公內史過錫晉侯命 注周大夫

相

僖公二十三年皆足以相國若以相 注若遂以爲傅相

司空

僖公二十三年司空季子 注晉司空非卿也

僕人

僖公二十四年謂僕人曰沐則心覆

豎

僖公二十四年晉侯之豎頭須守藏者也 注左右小史掌通內外者疏周禮注未冠者之官名

里吏

僖公二十五年里吏曰請待之

元帥

僖公二十七年作三軍謀元帥 注中軍大帥

中軍公族

僖公二十七年原軫郤溱以中軍公族橫擊之 注公族公所率之卒

司馬

僖公二十七年司馬殺之以徇於諸侯

中行右行左行

僖公二十七年荀林父將中行屠擊將右行先蔑將左行 注晉置上中下三軍今復增置三行以避天子六軍之名

執秩

僖公二十七年作執秩以正其官 注掌爵秩之官

筮史

僖公二十七年曹伯之豎侯獳貨筮史 注太史之掌卜筮者

卿

僖公三十一年趙衰爲卿 注新軍帥

府三命再命一命

僖公三十三年以三命命先且居將中軍以再命命先茅之縣賞胥臣以一命命郤缺爲卿

下軍大夫

僖公三十三年文公以爲下軍大夫

太傅太師

文公六年以授太傅陽子與太師賈佗 注處父時爲太傅之

官賈佗以公族從文公不在五人之數疏太傅太師皆孤卿也周禮上公之國孤一人王制諸侯三卿晉侯爵而有三軍六卿復有孤二人者晉爲霸主多置羣官共時所須不能如禮

正卿

文公七年子爲正卿以主諸侯

公族餘子公行

宣公二年乃宦卿之適子而爲之田以爲公族又宦其餘子亦爲餘子其庶子爲公行注公族爲置田以爲公族大夫餘子適子之母弟也亦治餘子之政公行庶子也率公戎行疏詩魏風有公族公行其公族公行既同公路當與公行爲一以其主君路車謂之公路主車行列謂之公行其實止是一官詩人變文以韻句耳周禮無此三官之名夏官有諸子下大夫二人掌國子之倅事與公族同也春官有巾

車下大夫二人掌王之五路事與公行同也無餘子同者天子諸侯禮異耳

旄車之族

宣公二年趙盾爲旄車之族注公行之官疏主公車行列謂之公行車皆建旄謂之旄車之族

上軍大夫

宣公十二年鞏朔趙穿爲上軍大夫

中軍大夫

宣公十二年趙括趙嬰齊爲中軍大夫

下軍大夫

宣公十二年荀首趙同爲下軍大夫

司馬司空輿師候正亞旅

成公二年司馬司空輿師候正亞旅皆受一命之服注晉司馬司空皆大夫輿師主兵車候正主斥候亞旅亦大夫疏司馬主兵甲司空主營壘故從軍行

僕大夫

成公六年韓獻子將新中軍且爲僕大夫注太僕疏太僕職云王視燕朝則正位掌擯相

甸人

成公十年使甸人獻麥注甸人主爲公田者

祝宗

成公十六年使其祝宗祈死注祝宗主祭祀祈禱者

挍正

成公十七年弁糾御戎挍正屬焉疏周禮大御御官之長別有戎僕掌御戎車春秋征伐之世以御戎爲重此御戎當是御之尊者挍正當周禮挍人掌王馬之正襄九年傳曰命挍正出馬知是主馬官也按周禮挍人不屬大御此蓋諸侯兼官或是悼公新法

司士

成公十七年荀賓爲右司士屬焉疏周禮司士掌羣臣之版以詔王治其職非軍右之類不得屬車右也周禮有司右上士也掌羣右之政凡國之勇力之士能用五兵者屬焉其下更有戎右中大夫齊右下大夫道右上士此三右或官尊於司右而司右掌其政令春秋之世車右爲尊此司士蓋司右之類而車右屬官

軍尉

成公十七年卿無共御立軍尉以攝之注省卿戎御合軍尉攝御

中軍尉

成公十七年祁奚爲中軍尉注引國語知祁奚之果而不淫也使爲元尉

候奄

成公十七年張老爲候奄注中軍主斥候之官

上軍尉

成公十七年鐸遏寇爲上軍尉

六騶

成公十七年六騶屬焉使訓羣騶知禮注六騶六閑之騶周禮諸侯有六閑馬

乘馬御

成公十七年程鄭爲乘馬御注乘車之僕也

寺人

成公十七年寺人孟張奪之注寺人奄士

中軍司馬

襄公三年張老爲中軍司馬

司寇

襄公三年請歸死於司寇

司馬

襄公四年郇無賦於司馬注晉司馬又掌諸侯之賦

行人

襄公四年韓獻子使行人子員問之注行人通使之官

四軍八卿

襄公八年四軍無闕八卿和睦注四軍謂上中下新軍也軍有二卿

傳

襄公十六年羊舌肸爲傳

輿尉

襄公十九年軍尉司馬司空輿尉候奄皆受一命之服注服虔云輿尉軍尉主發衆吏民餘見前

六正五吏三十帥三軍之大夫百官之正長師旅

襄公二十五年自六正五吏三十帥三軍之大夫百官之正長師旅注六正三軍之六卿五吏文職三十帥武職皆軍卿之屬官正長羣有司師旅小將帥

祝史

襄公二十六年其祝史陳信于鬼神無愧詞

縣大夫

襄公三十年趙孟問其縣大夫

縣師

襄公三十年以爲絳縣師而廢其輿尉注掌地域辨其夫家人民疏周禮縣師上士二人掌邦國都鄙稍甸郊里之地域而辨其夫家人民田畝之數及其六畜車輦之稽凡造都邑量其地而制其域以歲時徵野之賦貢天子之縣師掌此諸事則諸侯之縣師亦當然故杜畧引周禮以解之

復陶

襄公三十年與之田使爲君復陶注主衣服之官

皁隸

昭公二年欒郤胥原狐續慶伯降在皁隸注賤官

閽

昭公五年若吾以韓起爲閽注守門官

司宮

昭公五年以羊舌肸爲司宮

五卿八大夫

昭公五年晉人若喪韓趙楊肸五卿八大夫注趙成邢午以下

嬖大夫

昭公七年宣子爲子產之敏也使從嬖大夫注下大夫

饍宰

昭公七年饍宰屠蒯趨入

董史司典

昭公十四年晉於是乎有董史注董督晉典因以爲氏籍氏司晉之典籍

祭史

昭公十七年使祭史先用牲于雒

邊吏

昭公十八年晉之邊吏讓鄭

饋人

昭公二十八年饋人召之比置三歎

將軍

昭公二十八年豈將軍食之而有不足注中軍帥

上軍司馬

定公十二年上軍有馬籍秦圍邯鄲

左傳官名考卷上終

左傳官名考卷下

綿州　李調元　雨村　輯

宋

大司馬

隱公三年宋穆公疾召大司馬孔父而屬殤公焉

太宰

桓公二年孔父嘉爲司馬督爲太宰

司空

桓公六年宋以武公廢司空注廢爲司城

左師

僖公九年以公子目夷爲仁使爲左師注其後子孫世爲左

師之官

門官

僖公二十二年公傷股門官殲焉注門官守門者蓋周禮虎賁氏掌先後王而趨以卒伍軍旅會同亦如之舍則守王閑王在國則守王宫國有大故則守王門此門官蓋亦天子虎賁之類故在國則守門師行則在君左右

門尹

僖公二十八年宋人使門尹般如晉師告急注宋大夫

右師左師司馬司徒司城司寇

文公七年公子成爲右師公孫友爲左師樂豫爲司馬鱗矔爲司徒公子蕩爲司城華御事爲司寇注宋六卿

府人

文公九年效節於府人而出

蕭封人

文公十四宋高哀爲蕭封人注蕭宋附庸仕附庸還爲卿

亞旅

文公十五年敢承命於亞旅注上大夫也

帥甸

文公十六年夫人王姬使帥甸攻而殺之注郊甸之帥疏周禮載師云以宅田士田賈田任近郊之地以官田牛田賞田牧田任遠郊之地以公邑之田任甸地彼從國都而出計遠近節級而別爲之名諸侯與天子境雖不同亦當近國爲郊郊外爲甸天子之甸爲公邑之田則諸侯之甸亦公邑也帥甸者甸地之帥當是公邑之大夫也獨言帥甸無以相明故注舉類言之耳

御

宣公二年其御羊斟不與注戎御也

植

宣公二年宋城華元爲植巡功注植將主也華元爲築城之將主

大司寇

成公十五年向爲人爲大司寇

少司寇

成公十五年鱗朱為少司寇

少宰

成公十五年魚府為少宰

司武

襄公六年司武而梏于朝難以勝矣注司馬

司里

襄公九年使伯氏司里注里宰疏周禮里宰每里下士一人謂六遂之内二十五家之長也此司里謂司城内之民若今城内之坊里也里必有長不知其官之名周禮有里宰故以宰言之非是郊外二十五家之長也

隧正

襄公九年令隧正納郊保注官名也五縣為隧

校正

襄公九年使皇鄖命校正出馬注主馬

工正

襄公九年工正出車備甲兵注主車疏周禮司馬之屬無主車之官巾車車僕職皆掌車乃宗伯之屬昭四年傳云夫子為司馬與工正書服是謂諸侯之官司馬之屬有工政主車也

司宮巷伯

襄公九年令司宮巷伯儆宮注司宮奄臣巷伯寺人皆掌宮内之事疏周禮無司宮巷伯之官惟有内小臣奄上士四人掌王后之命正其服位奄人之官此最為長則司宮當天子之内小臣也周禮又云寺人王之正内五人鄭云正内路寢也巷者宮内道名伯長也是宮内門巷之長周禮内小臣其次即有寺人故知巷伯是寺人也又以詩篇名巷伯經云寺人孟子知巷伯寺人一也

二師四鄉正

襄公九年二師令四鄉正敬享疏周禮鄉大夫每鄉卿一人天子六鄉即以卿為之長此別立鄉正非卿典之但其所職掌當天子之鄉大夫耳周禮鄉大夫各掌其鄉之政教正月之吉受教法於司徒則鄉正當屬司徒此言二師命之者上文右師討右左師討左則宋國之法二師分掌其方左右各掌二鄉故云二師令四鄉正也賈逵云魯人三郊三遂則魯立三鄉此云此四鄉正在宋立四鄉也周禮鄉為一軍大國三軍宋氏大國而有四鄉者當時所立非正法也於時宋置六鄉況四鄉乎

祝宗

襄公九年祝宗用馬於四墉注太祝宗人疏周禮太祝掌六祝之辭以事鬼神祇小宗伯掌建國之神位特牲少牢士大夫之祭祀也皆宗人掌其事然則諸是祭神吉辭太祝掌之禮儀宗人掌之故皆祝宗同行

舞師

襄公九年舞師題以旌夏注舞師樂師也

圉人

襄公二十六年圉人歸以告夫人

内師

襄公二十六年寺人惠牆伊戾爲太子內師而無寵疏內師者身爲寺人之官監知太子內事爲在內人之長也

司馬

襄公二十七年叔向爲介司馬置折俎疏周禮大司馬云大會同則帥士庶子而掌其政令大祭祀饗食羞魚牲是司馬掌會同薦羞之事故宋介司馬置折俎也

少司馬

昭公二十年登貙爲少司馬

御士

昭公二十年多僚爲御士注公御士

褚師

哀公八年宋公伐曹將還褚師子肥殿注大夫

迹人

哀公十一年以乘車往回迹人來告注迹人主迹禽獸者疏周禮地官迹人掌邦田之政凡田獵者受令焉鄭元云迹之言跡知禽獸之處也

大尹

哀公十一年大尹常不告而以其欲稱君命以令

注大尹近官

齊

工政

莊公二十二年使爲工政注掌百工之官

寺人

僖公二年寺人貂始漏師於多魚注內奄官

二守

僖公十二年有天子之二守國高在注天子所命上卿也

鋭司徒

成公十二年銳司徒免乎注主銳兵者

辟司徒

成公二年辟司徒之妻也注主壘壁者

司寇

成公十六年慶佐爲司寇

少傅

襄公十九年夙沙衛爲少傅

先驅

襄公二十三年先驅穀榮御注先驅前鋒軍

侍漁

襄公二十五年申蒯侍漁者退謂其宰注監取漁之官

太史

襄公二十五年大史書曰崔杼弑其君

南史氏

襄公二十五年南史氏聞太史盡死執簡而往注南史齊史之在外者

左相

襄公二十五年慶封爲左相

右宰

襄公二十六年免餘復攻甯氏殺甯喜及右宰穀

饔人

襄公二十八年饔人竊更之以鶩疏周禮掌食之官有內饔外饔

司馬

昭公二年司馬竈見晏子注大夫

衡鹿

昭公二十年山林之木衡鹿守之疏周禮林衡掌巡林麓之禁

舟鮫

昭公二十年澤之萑蒲舟鮫守之疏舟行水之器鮫大魚之名澤中有水有魚故以爲名

虞候

昭公二十年藪之薪蒸虞候守之疏周禮山澤之官皆名爲虞虞度也藪是少水之澤立官使之候望故以虞候爲名

祈望

昭公二十年海之鹽蜃祈望守之疏海水之大神有時祈望祭之因以名主海之官

虞人

昭公二十年招虞人以弓不至注虞人掌山澤

祝史

昭公二十年其祝史祭祀陳信不愧

差車

哀公六年其臣差車鮑點注主車之官疏鮑氏臣

秦

右大夫

成公二年秦右大夫說盟于蜀

不更

成公十三年獲秦成差及不更女父注不更秦爵疏漢書稱商君爲法於秦戰斬一首者賜爵一級其爵一公士二上造三簪裊四不更五大夫六公大夫七官大夫八公乘九五大夫十左庶長十一右庶長十二左更十三中更十四右更十五少上造十六大上造十七駟車庶長十八大庶長十九關內侯二十徹侯案傳此有不更女父襄十一年有庶長鮑庶長武春秋之世已有此名蓋後世以漸增之商君定爲二十非盡商君新作也

庶長

襄公十一年秦庶長鮑庶長武帥師伐晉以救鄭

楚

莫敖

桓公十一年莫敖患之注楚官名

令尹

莊公四年令尹鬬祁

大閽

莊公十九年楚人以爲大閽謂之大伯注若今城門校尉官疏周禮天官閽人掌守王宮之中門之禁秋官掌戮墨者使守門刖者使守囿則昏不使刖而鬻拳得爲閽者地官之屬有司門下大夫二人掌授管鍵以啟閉國門鄭元云若今城門校尉守王城十二門此註亦云若今城門校尉官然則鬻拳爲大閽當如地官之司門非天官之閽人亦主晨昏開閉通以閽爲名焉

師

僖公二十二年楚子使師晉示之俘馘注楚樂師也

司馬

僖公二十六年令尹子玉司馬子西帥師伐宋

國老

僖公二十七年國老皆賀子文疏國之卿大夫士之致仕者

卿

僖公二十七年命趙衰爲卿注將下軍

太師

文公元年以其爲太子之室與潘崇使爲太師

師

文公元年告其師潘崇曰師太子傅

環列之尹

文公元年且掌環列之尹注宮衛之官列兵而環王宮

司敗

文公十年臣歸死於司敗也注陳楚名司寇爲司敗

公

文公十年使爲商公注商楚邑楚僭王其縣令皆稱公

右司馬左司馬

文公十年期思公復遂爲右司馬子朱及文之無畏爲左司馬注將獵張兩甄故置二左司馬然則右司馬一人當中央

工尹

文公十年王使爲工尹注掌百工之官

工正

宣公四年蔿賈爲工正注掌百工之長

箴尹

宣公四年其孫箴尹克黄注官名

封人

宣公十一年使封人慮事注封人其時主築城者疏周禮封人凡封國封其四疆造都邑之封域者亦如之大司馬大役與慮事受其要以待考而賞誅是封人主造城邑計度人數也

司徒

宣公十一年封人慮事以受司徒注司徒掌役

縣公

宣公十一年諸侯縣公皆賀寡人注楚縣大夫皆僭稱公

左尹

宣公十一年楚左尹子重侵宋

宰

宣公十三年蔿敖爲宰擇楚國之令典注令尹

內官

宣公十二年內官序當其夜注近官

少宰

宣公十二年楚少宰如晉師注少宰官名

泠人

成公九年問其族對曰泠人也注泠人樂官

太宰

成公十年報太宰子商之使也

右尹

成公十六年右尹子辛將右

師保

襄公十三年未及習師保之教訓注師保皆教太子官

右尹大司馬

襄公十五年公子罷戎爲右尹蔿子馮爲大司馬

連尹

襄公十五年屈蕩爲連尹疏服虔云射官言射相連屬也若是主射當使養由基爲之何以使由基爲宮廄尹也官各臨時所作莫敖之徒並不可解故杜皆不解之

宮廄尹

襄公十五年養由基爲宮廄尹

御士

襄公二十二年子南之子棄疾爲王御士注御王車者

縣尹

襄公二十六年方城外之縣尹也

司馬令尹之偏

襄公三十年且司馬令尹之偏而王之四體也

廄尹

昭公元年宮廄尹子晳出奔鄭

芋尹

昭公七年芋尹無宇斷之曰疏芋草名哀十五年陳有芋尹蓋皆以草名官不知其故

陳公

昭公八年使穿封戌爲陳公滅陳爲縣使戌爲縣

公

左史

昭公十二年王出復語左史倚相趨過注楚史

卜尹

昭公十三年臣之先佐開卜乃使爲卜尹

郊尹

昭公十三年又奪成然邑而使爲郊尹注治郊竟大夫

正僕人

昭公十三年因正僕人殺太子祿注太子近官疏太僕也周禮下大夫二人

師少師

昭公十九年使伍奢爲之師費無極爲少師

莠尹王尹

昭公二十七年楚莠尹然工尹麇服虔云王尹主宮內之政

都君子王馬之屬

昭公二十七年左司馬沈尹戍帥都君子與王馬之屬以師濟注都君子在都邑之士有復除者王馬之屬王之養馬官屬校人也

左

昭公二十七年左尹郤宛

右領

昭公二十七年鄢將師爲右領注宮名

宰

昭公二十七年使宰獻而請安注宰大夫使宰爲主獻

中廄尹

昭公二十七年左尹與中廄尹莫知其罪

監馬尹

昭公二十八年使監馬尹大心逆吳公子使居養

鍼尹

定公二年鍼尹固與王同舟

樂尹

定公二年以妻鍾建以爲樂尹注樂尹司樂大夫

差車

哀公十六年右領差車與左史老

寢尹

哀公十六年寢尹工尹勤先君者也注寢縣也

總

側室

桓公二年卿置側室註側室衆子也得立此一官疏卿之家臣其數多矣獨言立此一官者其餘諸官事連於國臨時選用異姓皆得爲之其側室一官必用同族是卿蔭所及唯知宗事故特言之

貳宗

桓公二年大夫有貳宗 注適子爲小宗次者爲貳宗以相輔佐

少師

桓公六年隨人使少師董成 注少師隨大夫

祝

桓公六年祝史正詞信也 注祝太祝

日官日御

桓公十七年天子有日官諸侯有日御 注日官日御典歷數者

日官居卿

桓公十七年日官居卿以底日 注日官天子掌歷者不在六卿之數而位從卿故言居卿也疏周禮太史掌正歲年以序事頒告朔於邦國然則天子掌歷者謂太史也太史下大夫非卿故不在六卿之數傳言居卿則是尊之名卿耳

盟府

僖公五年勳在王室藏于盟府 注盟府司盟之官疏周禮司盟掌盟載之法會同則掌其盟約之載既盟則貳之惟言會同之盟不掌勳功之事而得有勳之勳藏在盟府者凡諸侯初受封爵必有盟誓之言檀弓云衛太史柳莊死公與之邑裘氏與縣潘氏書而納諸棺曰世世萬子孫毋變也即盟誓之辭也漢書功臣侯表封爵之誓曰使黃河如帶泰山若厲國以永存爰及苗裔其誓即盟之類事必有因於古明知以勳受封必有盟要其辭當藏於司盟之府也

陪臣

僖公十二年陪臣敢辭 注諸侯之臣稱於天子曰陪臣

豎

僖公三十年曹伯之豎侯獳 注豎掌通內外者

行李

僖公三十年行李之往來供其乏困 注使人疏襄八年傳云一介行李杜云行李行人也昭十三年傳云行理之命杜云行李使人李理字異爲注則同周語行理以節逆之賈逵云理吏也小行人也

史

文公十三年史曰利於民而不利於君 注史太史掌龜人者

候人

宣公十二年豈敢辱候人 注謂伺候望敵者

太師

成公二年夫齊甥舅之國也而太師之後也 注太公爲周太師

獸臣僕夫

襄公四年獸臣司原敢告僕夫 注獸臣虞人

蔡司馬

襄公八年獲蔡司馬公子燮

舞師

襄公九年舞師題以旌夏 注樂師也

陳司徒

襄公十七年宋伐陳獲司徒印注陳大夫也

蔡太師

襄公二十六年初伍參與蔡太師子朝友

行人

襄公二十六年使其子狐庸爲吳行人焉注行人通使之官疏周禮大行人掌大賓之禮大客之儀小行人掌使適四方協賓客之禮諸侯行人當亦通掌此事

司歷

襄公二十七年司歷過也再失閏矣

祝

襄公二十七年祝祓社

陳司空

襄公二十七年司空致地

陳司馬

襄公二十七年遇司馬桓子曰載予

閽

襄公二十九年以爲使守舟

圬人

襄公三十一年圬人以時塓館公室注圬人塗者

僕人

襄公三十一年僕人巡宮注巡夜

巾車

襄公三十一年巾車脂轄注主車之官

隸人牧圉

襄公三十一年隸人牧圉各瞻其事

山人

昭公二年山人取之注山人虞官

輿人

昭公二年輿人納之隸人藏之注輿隸皆賤官

縣人

昭公二年縣人傳之注遂屬疏周禮山虞掌山林之政令知山人虞官也周禮五縣爲遂是縣爲遂之屬也

輿嬖

昭公八年輿嬖袁克殺馬毀玉以葬補正曰輿嬖嬖大夫也掌君之車乘如晉七輿大夫之類

行理

昭公十三年行理之命無月不至注使人通聘問者

郹陽封人

昭公十九年郹陽封人之女奔之郹陽蔡邑

吳太宰

定公元年伯州犂之孫嚭爲吳太宰以謀楚

嬪嬙

哀公元年宿有妃嬙嬪御焉 疏周禮有九嬪嬪是婦官知嬙亦婦官蓋周末婦官有此名漢成帝時以掖庭王嬙賜匈奴名因於古

曹司城

哀公五年使爲司城以聽政

陳司徒

哀公十一年初轅頗爲司徒

上介

哀公十一年上介芋尹蓋對 注正使也

吳司馬

哀公十一年而事何也對曰從司馬 注吳司馬

列士

哀公十一年王及列士皆有饋賂

古

太岳

隱公十一年夫許太岳之胤也 注堯四岳疏四岳官名太岳也主四岳之祭焉

祝融

僖公二十六年夔子不祀祝融與鬻熊 注高辛氏之火正

六府

文公七年水火金木土穀謂之六府

火正

襄公九年古之火正或食於心或食於胃 注古之火正掌火爲功封爲上公祀爲火神

道人

襄公十四年引夏書道人以木鐸徇于路 注行人之官書孔傳云宣令之官

元冥師

昭公元年昔金天氏有裔子曰昧爲元冥師 注爲水官之長

嗇夫

昭公十七年引書嗇夫馳庶人走 疏書孔傳云嗇夫主幣之官鄭注覲禮云嗇夫蓋司空之屬

雲師

昭公十七年黃帝氏以雲紀故爲雲師而雲名

火師

昭公十七年炎帝氏以火紀故爲火師而火名

水師

昭公十七年共工氏以水紀故爲水師而水名

龍師

昭公十七年太皞氏以龍紀故爲龍師而龍名

鳥師歷正

昭公十七年少皞摯之立也鳳鳥適至故紀於鳥爲鳥師而鳥氏鳳鳥氏歷正也

元鳥氏

昭公十七年元鳥氏司分者也注燕春分來秋分去

伯趙氏

昭公十七年伯趙氏司至者也注伯勞夏至鳴冬至止

青鳥氏

昭公十七年青鳥氏司啟者也注鶬鴳以立春鳴立夏止

丹鳥氏

昭公十七年丹鳥氏司閉者也注鷩雉以立秋來立冬去

祝鳩氏

昭公十七年祝鳩氏司徒也注鵻鳩孝

鴡鳩氏

昭公十七年雎鳩氏司馬也注王鴡鷙而有別

鳲鳩氏

昭公十七年鳲鳩氏司空也注鳲鳩平均

爽鳩氏

昭公十七年爽鳩氏司寇也注鷹鷙

鶻鳩氏

昭公十七年鶻鳩氏司事也注鶻鵰春來冬去疏六官皆屬司空此司空司事各爲一官者古今代異如舜典司空與共工各爲一官也

五雉

昭公十七年五雉爲五工正注西方鷷雉東方鶅雉南方翟雉北方鵗雉伊洛之南翬雉

九扈

昭公十七年九扈爲九農正注春扈鳻鶞夏扈竊元秋扈竊藍冬扈竊黃棘扈竊丹行扈唶唶宵扈嘖嘖桑扈竊脂老扈鷃鷃

樂正后夔

昭公二十七年名曰元妻樂正后夔取之

木正

昭公二十八年木正曰句芒

金正

昭公二十八年金正曰蓐收

水正

昭公二十八年水正曰元冥

土正

昭公二十八年土正曰后土

田正

昭公二十八年稷田正也

豢龍氏御龍氏

昭公二十八年古者畜龍故國有豢龍氏有御龍氏注官名

牧正

定公十五年生少康焉爲仍牧正注牧官之

庖正

定公十五年逃奔有虞爲之庖正疏庖正當周禮之庖人

左傳官名考卷下畢

春秋三傳比

光緒壬午年
鋟於樂道齋

說春秋者類以左氏爲之證而參以公穀二家彼其因事以屬詞緣詞以命例事同則詞同詞同則命例宜無不同然而正變相錯權衡互異若繼弑一也或書卽位或不書卽位紀元一也或書王正月或不書王正月或單書春王而不書正月伐國一也或名或不名或爵或不爵專將帥師一也或去其公子或不去公子乃三家各就其詞而爲之說求之春秋之本文皆無有也考班固藝文志云仲尼傷杞宋之亡徵以魯周公之國禮文備物與左邱明共觀史記而作春秋信斯言也則傳與經有輔車之倚其事與詞無不可信而何有於公穀二家乎乃漢初鼎立於學官而左猶後出後人又有浮夸之議焉則亦不得崇左而黜公穀矣今其文中互異之處班班可比而去聖既遠靡所適從則惟有摘錄於篇不加論斷以自附於闕疑之後而已童山李調元序

春秋三傳比卷上

綿州 李調元 雨村 輯

隱公

元年 三月公及邾儀父盟于蔑

邾公作邾婁後邾人小邾人俱放此 蔑公穀作昧

二年 無駭帥師入極

駭穀作侅八年放此侅音該

九月紀裂繻來逆女

裂公穀作履緰公作綸

紀子帛莒子盟于密

帛公穀作伯

三年 夏四月辛卯君氏卒

君氏公穀作尹氏

四月 戊申衛州吁

州穀作祝後倣此

五年 春公矢魚于棠

矢公穀作觀

秋衛師入郕

郕公作盛後倣此

六年 春鄭人來渝平

渝公穀作輸

八年 三月鄭伯使宛來歸祊

祊公穀作邴彼病反

九月辛卯公及莒人盟于浮來

浮公穀作包

九月 挾卒

挾公穀作俠

冬公會齊侯于防

防公作邴

十年 秋宋人衛人入鄭宋人蔡人衛人伐戴鄭伯

伐取之

戴公作載

十一年 夏公會鄭伯于時來

夏公穀作夏五月時來公作祁黎

桓公

二年 秋七月杞侯來朝

杞公穀作紀

五年 天王使仍叔之子來聘

仍穀作任

叅

公作蟆後倣此
六年　夏四月公會紀侯于成
成穀作郕
十一年　公會宋公于夫鍾
鍾公作童
十二年　夏六月壬寅公會杞侯莒子盟於曲池
杞公穀作紀曲池公作毆蛇
公會宋公于虛
虛公作郯
十四年　夏五鄭伯使其弟語來盟

語穀作禦
十五年　公會齊侯于艾
艾公作鄗穀作蒿
冬十有一月公會宋公衛侯陳侯于袲伐鄭
袲公作侈
十七年　夏五月丙午及齊師戰于奚
奚穀作郎
莊公
元年　夏單伯送王姬
送公穀作逆

二年　冬十有二月夫人姜氏會齊侯于禚
禚公作郜四年倣此
三年　冬公次于滑
滑公穀作郎
五年　秋郳犁來來朝
郳公作倪
六年　冬齊人來歸衛俘
俘公穀作寶傳亦作寶
七年　夏四月辛卯夜恒星不見夜中星隕如雨
夜穀作昔隕公作霣後隕字倣此

八年　甲午治兵
治公作祠
夏師及齊師圍郕
郕公作成
九年　公及齊大夫盟于蔇
蔇公穀作暨
夏公伐齊納子糾
公穀無子字
十年　秋九月荆敗蔡師于莘以蔡侯獻舞歸
舞穀作武

十二年　秋八月甲午其君捷及其大夫仇牧

捷公作接僖三十二年鄭伯捷文十四年邾捷菑俱倣此

十五年　秋宋人齊人邾人伐郳

郳公作兒

十七年　春齊人執鄭詹

詹公作瞻

夏齊人殲于遂

殲公作瀸

二十二年　春王正月肆大眚

眚公作省

二十四年　赤歸于曹　郭公

公穀作赤歸于曹郭公連文爲句

二十八年　秋荆伐鄭公會齊人宋人救鄭

公宋人下有邾婁人

冬築郿

郿公穀作微

三十年　夏次于成

公穀作師次

閔公

元年　秋八月公及齊侯盟于落姑

落公穀作洛

僖公

元年　夏六月邢遷于夷儀

夷公作陳襄二十四二十五年放此

八月公會齊侯宋公鄭伯曹伯邾人于檉

檉公作朾

九月公敗邾師于偃

偃公作纓

冬十月壬午公子友帥師敗莒師于酈獲莒拏

酈公作犂穀作麗

二年　虞師晉師滅下陽

下公穀作夏

秋九月齊侯宋公江人黃人盟于貫

貫公作貫澤

四年　齊人執陳轅濤塗

轅公穀作袁哀十一年轅頗放此

冬十有二月公孫茲帥師會齊人宋人衛人鄭人許人曹人侵陳

茲公作慈後倣此二十二年宋公茲父放此

五年　公及齊侯宋公陳侯衛侯鄭伯許男曹伯會

王世子于首止

止公穀作戴

七年曹伯班卒

班公作般

九年　春王三月丁丑宋公御說卒

御公穀作禦

十年　其君卓

公作卓子

冬大雨雪

雪公作雹

十二年　冬十有二月丁丑陳侯杵臼卒

杵公作處

十四年　夏六月季姬及鄫子遇于防使鄫子來朝

鄫穀作繒後放此

二十一年　秋宋公楚子陳侯蔡侯鄭伯許男曹伯會于盂

盂公作霍穀作雩

二十二年　春公伐邾取須句

句公作朐文七年放此

十三年　春齊侯伐宋圍緡

緡穀作閔年放此

二十六年　春王正月己未公會莒子衛甯速盟于向

速公作遬成二年衛侯速襄十二年仲孫速定六年鄭游速俱放此

齊人侵我西鄙公追齊師至酅弗及

酅公穀作嶲

秋楚人滅夔以夔子歸

夔公作隗

二十九年　夏六月會王人晉人宋人齊人陳人蔡人秦人盟于翟泉

翟公作狄

三十三年　公伐邾取訾婁

訾公作叢婁穀作樓

文公

元年　二月癸亥日有食之

公書朔

冬十月丁未其君頵

頵公穀作髡

二年　夏六月公孫敖會宋公陳侯鄭伯晉士穀盟于垂隴

穀穀作穀宣十三年先穀放此隴公穀作斂

五年　三月辛亥葬我小君成風王使名伯來會葬

召穀作毛釋云疑誤

六年　八月乙亥晉侯驩卒

驩公作讙

晉狐射姑出奔狄

射穀作夜

七年　夏四月宋公王臣卒

王穀作壬

晉先蔑奔秦

蔑公作眛奔秦作以師奔秦

八年　乙酉公子遂會雒戎盟于暴

雒公作伊雒

九年　冬楚子使椒來聘

椒穀作萩

十年　楚子蔡侯次于厥貉

厥公作屈

十一年　春楚子伐麇

麇公作圈

夏叔仲彭生會晉郤缺于承筐

叔仲公穀無仲字筐作匡

十二年　秦伯使術來聘

術公作遂

季孫行父帥師城諸及鄆

鄆公作運後放此

十三年　大室屋壞

大公作世

鄭伯會公于棐

棐公作斐宣元年棐林同

十六年　六月戊辰公子遂及齊侯盟于郪邱

郪公作犀穀作師

十七年　夏四月癸亥葬我小君聲姜

聲公作聖

宣公

元年　冬晉趙穿帥師侵崇

崇公作柳

二年　秋九月乙丑其君夷皋

皋公作獋

三年　楚子伐陸渾之戎

陸公作賁穀無之字昭十七年同賁音六

五年　秋九月齊高固來逆叔姬

公穀作子叔姬

八年　楚人滅舒蓼

蓼穀作鄝

冬十月巳丑葬我小君敬嬴

敬嬴公穀作頃熊

十年　公孫歸父帥師伐邾取繹

繹公作蘱

十一年　夏楚子陳侯鄭伯盟于辰陵

辰穀作夷

納公孫寧儀行父于陳

寧公作甯［昭二十年宋向寧二十八年鄭伯寧滕子寧俱放此］

十五年　仲孫蔑會齊高固于無婁

無公作牟

十六年　夏成周宣榭火

火公穀作災

十八年　甲戌楚子旅卒

旅穀作呂

歸父還自晉至笙遂奔齊

笙公穀作檉

春秋三傳比卷上終

春秋三傳比卷下

綿州　李調元　雨村　輯

成公

元年　秋王師敗績于茅戎

茅公穀作貿

二年　六月癸酉季孫行父臧孫許叔孫僑如公孫嬰齊帥師會晉郤克衛孫良夫曹公子首及齊侯戰于鞌齊師敗績

首公穀作手

秋七月齊侯使國佐如師巳酉及國佐盟于袁婁

袁穀作爰

三年　晉郤克衛孫良夫伐廧咎如

廧公作將

五年　夏叔孫僑如會晉荀首于穀

首公作秀

十一年　晉侯使郤犫來聘

犫公作州（此後放）

十二年　夏公會晉侯衛侯于瑣澤

瑣公作沙

十五年　癸丑公會晉侯衛侯鄭伯曹伯宋世子成

齊國佐邾人同盟于戚

成公作戌（昭十年宋公成、定四年杞僖成、哀十三年許男成俱放此）

十六年　九月晉人執季孫行父舍之于苕丘

苕公作招

十七年　春衛北宫括帥師侵鄭

括公作結（後放此）

壬申公孫嬰齊卒于貍脤

脤公作軫穀作蜃

十八年　晉侯使士魴來乞師

魴公作彭（襄十二年放此）

襄公

元年　夏晉韓厥帥師伐鄭

厥公作屈

仲孫蔑及齊崔杼曹人邾人杞人次于鄫

鄫公作合

四年　八月辛亥葬我小君定姒

姒公作弋（定十五年定姒放此）

五年　仲孫蔑衛孫林父會吳于善道

道公穀作稻

七年　鄭伯髡頑如會未見諸侯丙戌卒于鄵

頑公穀作原鄵作操

八年　鄭人侵蔡獲蔡公子燮

燮穀作溼（二十年放此）

十年　夏五月甲午遂滅偪陽

偪穀作傅

冬盜殺鄭公子騑公子發公孫輒

騑公穀作斐

十一年　秋七月己未同盟于亳城北

亳公穀作京

十二年　春王二月莒人伐我東鄙圍台季孫宿帥

師救台遂入鄆

台穀作部

十三年　夏取邿

邿公作詩

十四年　春王正月季孫宿叔老會晉士匄齊人宋人衛人鄭公孫蠆曹人莒人邾人滕人薛人杞人小邾人會吳于向

蠆公作囆（定公九年鄭伯蠆放此）

己未衛侯出奔齊

公書衎名

十七年　春王二月庚午邾子牼卒
牼公𣪠作瞷
秋齊侯伐我北鄙圍桃
桃公作洮
十九年　春王正月諸侯盟于祝柯
柯公作阿
秋七月辛卯齊侯環卒
環公作瑗
鄭殺其大夫公子嘉
嘉公作喜
二十年　陳侯之弟黃出奔楚
黃公𣪠作光二十三年倣此
二十三年　夏邾畀我來奔
畀公作鼻
八月叔孫豹帥師救晉次于雍榆
榆公𣪠作渝
二十四年　陳鍼宜咎出奔楚
鍼公作咸
二十五年　十有二月吳子遏伐楚門于巢卒
遏公𣪠作謁

二十七年　夏叔孫豹會晉趙武楚屈建蔡公孫歸生衛石惡陳引與鄭良霄許人曹人于宋
與公作瑗昭八年放此
衛侯之弟鱄出奔晉
鱄𣪠作專
二十九年　仲孫羯會晉荀盈齊高止宋華定衛世叔儀鄭公孫段曹人莒人滕人薛人小邾人城杞
儀公作齊解云左氏經作太叔儀今本作世叔
三十年　春王正月楚子使遺罷來
罷公作頗昭六年放此音同
大王殺其弟佞夫
佞公作年

昭公

元年　叔孫豹會晉趙武楚公子圍齊國弱宋向戌衛齊惡陳公子招蔡公孫歸生鄭罕虎許人曹人于號
弱公作酌十一年放此　罕公作軒十一年定十五年達罕俱放此　虢公作漷𣪠作郭
晉荀吳帥師敗狄于于大鹵
鹵公𣪠作原左傳作原

莒展輿出奔吳

公穀無輿字

冬十有一月已酉楚子麇卒

麇公穀作卷

三年　春王正月丁未滕子原卒

原公作泉

四年　秋七月楚子蔡侯陳侯許男頓子胡子沈子淮夷伐吳執齊慶封殺之遂滅賴

賴公穀作厲

五年　戊辰叔弓帥師敗莒師于蚡泉

蚡公作濆穀作賁

七年　叔孫婼如齊涖盟

婼公作舍後放此

九年　夏四月陳災

災公穀作火

十年　夏齊欒施來奔

齊公作晉

秋七月季孫意如叔弓仲孫貜帥師伐莒

意公作隱後放此

十一年　仲孫貜會邾子盟于祲祥

祲祥公作侵羊

秋季孫意如會晉韓起齊國弱宋華亥衛北宮佗鄭罕虎曹人杞人于厥慭

厥慭公作屈銀

冬十有一月丁酉楚師滅蔡執蔡世子有以歸用之

有穀作友

十二年　楚殺其大夫成熊

熊公作然穀作虎左傳作虎

冬十月公子慭出奔齊

慭公作整

十五年　春王正月吳子夷末卒

末公作眛

夏蔡朝吳出奔鄭

朝公作昭

十六年　楚子誘戎蠻子殺之

蠻公作曼

二十年　夏曹公孫會自鄸出奔宋

鄸穀作夢

二十一年　八月乙亥叔輒卒

輒公作痤

冬蔡侯朱出奔楚

朱穀作東

二十二年　大蒐于昌閒

閒公作姦

二十三年　戊辰吳敗頓胡沈蔡陳許之師于雞父

胡子髡沈子逞滅

父穀作甫　逞公作楹　穀作盈

二十四年　丁酉杞伯郁釐卒

郁公作鬱

二十五年　夏叔詣會晉趙鞅宋樂大心衛北宮喜

鄭游吉曹人邾人滕人薛人小邾人于黃父

詣公穀作倪（二十九年放此）大公作世（定十年放此）

有鸜鵒來巢

鸜公作鸛育權

九月己亥公孫于齊次于陽州

陽公作楊

二十六年　秋公會齊侯莒子邾子杞伯盟於鄟陵

鄟公作剸

三十年　冬十有二月吳滅徐徐子章羽奔楚

羽公作禹

三十一年　季孫意如會晉荀躒于適歷

躒公穀作櫟

冬黑肱以濫來奔

肱公作弓

定公

三年　冬仲孫何忌及邾子盟于拔

拔公作枝

四年　五月公及諸侯盟于皋鼬

皋鼬公作浩油

晉士鞅衛孔圉帥師伐鮮虞

圉公作圄

冬十有一月庚午蔡侯以吳子及楚人戰于柏舉楚師敗績楚囊瓦出奔鄭庚辰吳入郢

柏舉公作伯莒穀作伯舉郢公穀作楚

七年　齊侯衛侯盟于沙

沙公作沙澤

十年　夏公會齊侯于夾谷

夾公穀作頰

秋叔孫州仇仲孫何忌帥師圍郈

郈公作費

宋公子地出奔陳
地公作池十一年放此
冬齊侯衛侯鄭游速會于安甫
安甫公作牽
十三年　春齊侯衛侯次于垂葭
葭公作瑕
十四年　春衛公叔戍來奔衛趙陽出奔宋
衛趙陽公穀作晉陽公作鞅
二月辛巳楚公子結陳公孫佗人帥師滅頓以頓子
牂歸

公孫公作公子牂公作牄
五月於越敗吳于檇李
檇公作醉
公會齊侯衛侯于牽
牽公作堅
十五年　齊侯衛侯次于渠蒢
渠蒢公作籧篨
丁巳葬我君定公雨不克葬戊午日下昃乃克葬
昃公作稷
哀公

元年　鼷鼠食郊牛改卜牛
穀作郊牛角
二年　秋八月甲戌晉趙鞅帥師及鄭罕達帥師戰
于鐵鄭師敗績
鐵公作栗
三年　季孫斯叔孫州仇帥師城啟陽
啟公作開避漢景帝諱
四年　夏蔡殺其大夫公孫姓公孫霍
姓公作歸姓
六月辛丑亳社災

亳公作蒲
五年　春城毗
毗公作比
六年　春城邾瑕
瑕公作葭
其君荼
荼公作舍
八月　夏齊人取讙及闡
闡公作僤
十年　薛伯夷卒

夷公作寅
十二年　秋公會衛侯宋皇瑗于鄖
鄖公作運
十三年　晉魏曼多帥師侵衛
公無曼字
盜殺陳夏區夫
區公作彄
春秋三傳比卷下終

春秋左傳會要

光緒壬午年
鋟於樂道齋

左傳傳也而列於經故漢儒專治之自漢以來人手一卷亦既自謂握靈蛇珠矣然而鮮有能盡其蘊者杜元凱號稱左癖亦不過句梳而字櫛之俾讀者曉然易解而其中義蘊之閎包含之富則亦不能無遺焉余於是書原未嘗有所窺測第自束髮受書即已肄業及之止欲借以爲帖括助而習熟既久偶能綜貫隨以己見書之於册比從書簏中檢得馬氏事緯適協余心因再加釐訂而別爲一書焉若謂余有所會心而居然得其要領也則豈敢雨村李調元序

春秋左傳會要目錄

卷四

春秋左傳會要目錄畢

春秋左傳會要卷一

羅江　李調元贊菴撰

天文　分野

分野之說古人每詳言之周禮保章之職旣難考論而見於左氏內外傳者猶可類推也武王克商歲在鶉火故伶州鳩曰歲之所在我周之分野也則鶉火爲周分矣晉文卽位歲受實沈故董因曰晉人是居則實沈爲晉分矣襄二十八年歲淫元枵禍衝于鳥尾周楚惡之則鶉尾爲楚分矣昭十七年星見大辰梓愼知宋鄭之災曰宋大辰之虛也則大火爲宋分

矣獨其說有可疑者星紀北而吳越南井鬼南而秦居西虛危在北降婁屬西魯宅曲阜或又以受封之始歲星所在爲說然有絕而復續者封日旣異前星又豈可據乎夫春秋戰國地域變遷三晉未分晉當何區秦拔西河魏當何屬周未東遷何故已直鶉火陳滅于楚何自而入韓分且中國幾何蠻夷戎狄豈日星所不臨哉天道在西北而晉不害越得歲而吳受其凶皆以歲星所在言之也然豕韋實備晉何以吉吳越同野吳何以凶衛旣水屬何故與宋陳鄭同火而裨竈先知之且顓頊之虛姜氏任氏實守其祀

是又齊薛之分矣此皆不可曉者前哲要自有見也

日食三十六

隱三年春王二月己巳日有食之

桓三年秋七月壬辰朔日有食之既

十有七年冬十月朔日有食之

莊十有八年春王三月日有食之

二十有五年六月辛未朔日有食之鼓用牲于社

二十有六年冬十有二月癸亥朔日有食之

三十年秋九月庚午朔日有食之鼓用牲于社

僖五年秋九月戊申朔日有食之

十有二年春王三月庚午日有食之

十有五年夏五月日有食之

文元年春二月癸亥日有食之

十有五年夏六月辛丑朔日有食之鼓用牲于社

宣八年秋七月甲子日有食之既

十年夏四月丙辰日有食之

十有七年夏六月癸卯日有食之

成十有六年夏六月丙寅日有食之

十有七年冬十有二月丁巳朔日有食之

襄十有四年春二月乙未朔日有食之

十有五年秋八月丁巳日有食之

二十年冬十月丙辰朔日有食之

二十有一年秋九月庚戌朔日有食之

冬十月庚辰朔日有食之

二十有三年春王二月癸酉朔日有食之

二十有四年秋七月甲子朔日有食之既

八月癸巳朔日有食之

二十有七年冬十有二月乙亥朔日有食之

昭七年夏四月甲辰朔日有食之

十有五年夏六月丁巳朔日有食之

十有七年夏六月甲戌朔日有食之

二十有一年秋七月壬午朔日有食之

二十有二年冬十有二月癸酉朔日有食之

二十有四年夏五月乙未朔日有食之

三十有一年冬十有二月辛亥朔日有食之

定五年春王三月辛亥朔日有食之

十有二年冬十有一月丙寅朔日有食之

十有五年秋八月庚辰朔日有食之

哀十有四年夏五月庚申朔日有食之

良月

十月爲良月傳曰就盈數焉

星名

龍　角亢也傳曰龍見而雩龍見而畢務

天根　氐也外傳曰天根見而水涸

天駟　房也外傳曰月在天駟

大辰　心也傳曰星孛大辰

大火　心也傳曰心爲大火火伏而後蟄者畢

龍尾　尾也傳曰龍尾伏辰

天策　傳說星也傳曰天策焞焞

析木之津　箕斗閒也傳曰今在析木之津

星紀　斗牽牛也傳曰歲在星紀

婺女　須女也傳曰星出婺女

元枵　虛危也傳曰淫于元枵

天黿　虛危也外傳曰星在天黿

蛇　虛也傳曰蛇乘龍

顓頊之虛　虛也傳曰歲在顓頊之虛

北陸　虛危也傳曰日在北陸而藏冰

大水　營室也傳曰其星爲大水

娵訾之口　室壁也傳曰歲在娵訾之口

豕韋　室壁也傳曰歲在豕韋

降婁　奎婁也傳曰降婁中而旦

大梁　昴畢也傳曰歲及大梁

西陸　昴畢也傳曰西陸朝覿而出之

實沈　參也傳曰實沈主參

咮　柳也傳曰咮爲鶉火

鶉火　柳星張也傳曰鶉之賁賁

鳥帑　翼軫也傳曰以害鳥帑

北斗　紫微垣附近星也傳曰星孛入于北斗

歲　歲星也

漢　天漢也傳曰西及漢

孛　妖星也

彗　妖星也傳曰齊有彗星

星孛三　哀十四年在獲麟後不數

文十有四年秋七月有星孛入于北斗

昭十有七年冬有星孛于大辰

哀十有三年冬十有一月有星孛于東方

十有四年冬有星孛

星隕一　隕石一附

莊七年夏四月辛卯夜恒星不見夜　星隕如雨

僖十有六年春王正月戊申朔隕石于宋五

雨雪

雪曰雨雪螽曰雨螽凡自上下者皆曰雨

經用周正傳參夏時

春秋經用周正而傳或參以夏時以經爲孔子所筆削而傳則旁採傳記也周禮烝以仲冬而春秋烝以正月時王之正月也定之方中夏之十月周之十二月而城楚邱乃書於來年之正月紀其成也何以見傳之參以夏時也四月取麥秋取禾是夏時矣穀鄧來朝經書夏傳記以春亦用夏時也而正月朔日南至傳顧以周正說傳亦何常之有若以孔子欲行夏時而遂謂春秋之經亦用夏正則二月無冰十月大雪又何必以書異哉抑又考之晉人城杞師曠曰會于承匡之歲於今七十三年然自文十一年正月至襄三十年二月癸未實七十四年則與師曠說違以長歷計之文十一年之三月乃甲子朔實夏之正月而合七十三年之數晉固用夏正矣左氏或據晉史不能盡革故十二月申生縊經書明年春十一月殺先克經書明年正月冬殺平鄭經書明年春經傳互異而杜氏每曰從赴夫赴必稱日月豈能更乎諸儒紛紛殊爲無稽

周歷

春正月建子（日南至土功畢）　殷十二月　夏十一月

二月　建丑（日在北陸藏冰）　殷正月　夏十二月

三月　建寅（啟蟄而郊）　殷二月　夏春正月

夏四月建卯（日在降婁）　殷三月　夏二月

五月　建辰（日在西陸出冰火昏見）　殷四月　夏三月

六月　建巳（龍晨見東方而雩）　殷五月　夏四月

秋七月建午　殷六月　夏五月

八月　建未　殷七月　夏六月

九月　建申　殷八月　夏七月

冬十月建酉（始殺而嘗）　殷九月　夏八月

十一月建戌（日在心龍晨見東方土功戒事）　殷十月　夏九月

十二月建亥（火晨見土功致用閉蟄而烝水昏正土功栽）　殷十一月　夏十月

周室封建

周室封建自武王及成康皆有之故昭九年傳曰武王成康之建母弟二十六年傳曰武王克殷成王靖四方康王息民並建母弟以蕃屏周是也按周公營洛始封康叔成王翦桐以封唐叔如此之類明非武王所封也其昭二十八年傳曰武王克商光有天下兄弟之國十有五人姬姓之國四十人蓋言克商乃

得封建歸功於武王耳又僖二十四年傳曰周公弔二叔之不咸故封建親戚以蕃屏周然所數二十六國亦非盡周公一時所建也

天子諸侯建都

天子建邦設都故諸侯分土而置周自后稷封邰公劉遷豳太王居岐文王作豐則猶夏商之侯國也武王宅鎬成王營洛以定鼎則爲天子矣及周室凌夷而平王東遷遂入春秋其曰王城即成王定鼎之郟鄏也其敬王之遷成周即成王所營之下都也

魯都曲阜本少昊之墟也又大庭氏居之故傳有大

庭氏之庫又曰大庫之庭

晉都唐謂之夏墟大名也本堯所都謂之平陽晉水出焉故名曰晉正名翼亦名絳而平陽是其總名曲沃繼統遂居晉都至景公遷於新田復命新田爲絳而以故都爲故絳

齊都蒲姑遷於營邱本顓頊之墟也

秦非子始居秦谷襄公赴幽王之難故平王與以岐豐之地莊公居犬邱文公居汧渭德公遷於雍自德公以下十八世居雍至獻公遷櫟陽孝公遷咸陽皆在春秋後也

楚都丹陽武王遷郢至昭王爲吴所滅又遷於鄀其始號荆至成王始改號楚也

宋都商邱本陶唐氏火正閼伯之墟也謂之火辰之墟相土因之

衛都朝歌本紂都謂之商墟及懿公爲狄所滅宋桓公立戴公以廬于曹齊桓公城楚邱而遷之後文公又遷於帝邱顓帝之墟也故曰帝邱夏世昆吾氏居之故有昆吾之墟

鄭本封西周畿内之地至武公而遷濟洛河潁之間謂之新鄭

陳都宛邱大皞之墟

蔡都汝南昭侯服役于楚徙州來

許國小近鄭再滅之以爲俘邑悼公附楚遷葉又遷於城父又遷於白羽許遷於容城

曹都定陶

莒都密州遷鹽官謂之南莒

邾都邾文公遷於繹其後魯伐邾取繹當别有繹

吴都姑蘇

越都會稽

滕遷都於公邱其故地爲小邾

薛故都本在魯地築臺於薛是也奚仲遷於邳

杞都雍邱遷於緣陵又遷淳于

小邾都故滕也以上二十國有世系圖

諸小國都名見左傳者虢都上陽州都淳于鄅都開陽肥都昔陽鄀都商密

諸侯興廢

魯滅四國　項　根牟　鄣　邿

晉國十三國　耿　霍　魏　虢　虞　潞氏　甲氏　留吁　鐸辰　偪陽　肥　陸渾　鼓

齊滅五國　紀　譚　遂　鄣　萊

秦滅二國　梁　滑

楚滅二十國　權　申　鄧　息　弦　黃　夔　江　六　蓼　庸　蕭　舒蓼　舒庸　舒鳩　賴　唐　頓　胡　陳

宋滅一國　曹

衛滅一國　邢

鄭滅一國　許

蔡滅一國　沈

莒滅一國　鄫

邾滅一國　須句

吳滅二國　徐　巢

越滅一國　吳

狄滅一國　溫

國號不一

燕有二故一曰北燕邾有二故一曰小邾號亦有二而不稱東西者其時西虢已滅矣

楚本號荆國有二名猶之晉曰唐殷曰商也邾至戰國爲鄒鮮虞至戰國爲中山

古者以縣統郡與後世不同故楚人滅國以爲九縣

晉趙簡子曰克敵者上大夫受縣下大夫受郡杜氏曰千里百縣縣有四郡

列國城郭井里宮室園池

城方丈曰堵堵三爲雉城上女牆曰堞曰陴曰短垣

地有兩名者時來曰郲犬邱曰垂句瀆之邱曰穀邱黑壤曰黃父夷曰城父析曰白羽犨曰櫰郊曰拔卷楚曰斷道沙曰瑣祝其曰夾谷垂葭曰郥氏牽曰脾上梁之間鄭曰發陽

道六達謂之莊齊城外有之九達謂之逵鄭城內有

之或名逵市或名逵路或名大逵吳晉往來之道曰
夷庚魯東南有五父之衢鄭有周氏之衢衛有馬路
之衢
楚人冢前闕曰經皇寢門闕曰室皇大夫亦有寢門
傳曰晉趙盾寢門闢矣臣亦有朝傳曰崔氏之朝
王侯之廟以謚名宮如周平宮桓宮莊宮魯煬宮僖
宮之類是也鄭祖廟曰大宮楚曰大室
諸侯之宮曰公宮太子之宮曰東宮又魯有楚宮晉
有固宮銅鞮之宮虒祁之宮楚有渚宮章華之宮宋
有沃宮鄭有西宮北宮

諸侯之臺晉虒祁之宮說苑作馳底之臺楚有章華
之臺齊有遄臺檀臺衛有靈臺秦亦有靈臺按列國
多有臺晉靈公從臺上彈人季平子登臺而請之類
是也

周　城門曰東門　圉門　北門亦名乾祭

魯　城門曰東門亦名雩門　南門亦名稷門　上東門東城北門
鹿門南城東門　北門　郭門曰萊門　子駒之門
城內有社圃　桐汝之閭　外有蒲圃

晉　有桃園

齊　城門曰東門亦名東閭　西門亦名揚門　北門　稷門
鹿門　雍門
城中有魚里　外有中池

秦　城門曰東門

楚　城門曰西門　北門
城中有蒲胥之市

宋　城門曰揚門正東　盧門東南　桐門北　南門
西門　曹門　蒙門　澤門　有舊墉桑林之
門
城內有南里

衛　城門曰東門　南門　西門　北門　閱門

郭門曰蓋獲之門
城內有藉圃

鄭　城門曰東門　南門　北門　舊北門　渠門
皇門　鄟門　墓門　師之梁　時門　閨門
外郭門曰純門　遠郊門曰桔柣之門
城中有囊庫　羊肆　城中之里曰中分　城
外有南里

陳　城門曰栗門

許　城門曰東門

邾　城門曰魚門　郭門曰范門

絞　城門曰南門　北門

爾雅曰梁莫大于溴梁又曰梁山晋望也魯有大野傳曰西狩于大野宋有孟諸傳曰孟諸之麋楚有雲夢傳曰楚子田江南之夢又曰涉睢濟江入于雲中鄭有圃田傳曰鄭之有原圃猶秦之有具囿大野諸名亦皆爾雅釋地文也

春秋左傳會要卷一畢

春秋左傳會要卷二

羅江　李調元贊菴撰

姓氏

姓氏今不復別按天子賜姓命氏諸侯命族族者氏之別名也姓以繫百世使不別氏以別子孫所自出舜之嬀禹之姒伯夷之姜是因生賜姓也舜曰虞禹曰夏伯夷曰呂是胙土命氏也叔牙季友則以字矣宋戴衛齊則以謚矣司徒司馬則以官矣趙魏范韓則以邑矣蓋天子旣命之曰齊魯侯業已胙土命氏而諸侯位卑無土可分故不命氏而命族久之則族亦氏也但不敢賜姓耳姓繫百世如周之支庶皆守姬姓其曰魯衛毛冉之名則子孫所別也謂之氏矣胙土命氏據封諸侯然耳亦有王臣不封者王亦或賜之族與諸侯之臣無異春秋尹氏武氏是已諸侯之臣卿乃得賜族蓋位登其極理合建家無駭卿也故翬請之有德薄未足建家則雖卿亦不賜族翬挾溺柔其後無聞未得族也國語稱黃帝之子二十五人其得姓者十二人天子之子不盡得姓諸侯之臣豈盡得族哉其士會之帑處秦者爲劉氏伍員之子在齊爲王孫氏如此之類非盡君賜子孫繁衍其流

至於萬姓是又當別論也

晉侯名周衛侯名鄭陳侯名吳衛侯名晉魯侯名宋皆以國爲名者也或曰不以國謂不以本國耳

謚法

謚法起於周前此未有也卒哭而諱將葬而謚周人以諱事神故諱則有謚白虎通言生有爵死有謚謂君卿大夫同也春秋之世吳越之君無謚闔廬句踐是已秦楚宋鄭之卿無謚孟明子文華元子産是已晉衛之大夫無謚羊舌肸蘧瑗是已

布德執義曰穆名與實爽曰繆秦伯任好三納晉君遂霸西戎宜稱穆矣而諸家謂其殺三良以殉故謚曰繆夫葬穆者秉公也豈有故從其亂命而加以惡謚乎

靈惡謚也春秋被弒之君如晉之夷臯陳之平國鄭之夷楚之虔咸謚曰靈楚成王謚靈不瞑共王曰爲靈若厲其爲惡謚也明矣然史稱周之東也王綱不振迨靈王周道姑昌諸侯服從故左氏曰靈王生而有須王甚神聖無惡于諸侯克終其世又似非惡謚也

楚世家言熊通自立爲楚武王則非謚法然恐亦臨文邃就之辭耳如周公謂伯禽曰我文王之子武王之弟成王之叔父伍子胥曰報爾平王當時周成楚平固在也史筆往往如此左氏亦有誤用者陳桓公方有寵於王惟一處而已

春秋謚有三字者衛之貞惠文子也有生賜者衛侯之於北宮貞子析朱成子也有出奔而仍得謚者臧武仲中行文子也有作亂被誅而仍得謚者崔武子欒懷子也

婦人無謚謚從其夫而已晉文嬴衛宣姜莊姜宋共姬秦穆姬之類是也亦有與夫異謚者如景之穆后桓之文姜莊之哀姜惠之繼室聲子成之妻定姒又

不盡然卿之内子或亦殊謚孟穆伯之戴已聲已是也

晉文公從亡之臣見於傳者狐偃趙衰顛頡魏犨胥臣狐毛賈佗介之推凡八人鄭叔詹曰有三士足以上人國語宋公孫固曰晉公子父事狐偃師事趙衰長事賈佗又說苑介子推懸書云五蛇從之左傳叔向曰有士五人諸說互異未詳所指

傳曰驪姬之亂詛無畜羣公子故文公子雍在秦樂在陳黑臀在周襄公之孫談在周盖諸子悉出他國

懲驪姬之亂也雖成公復立公族而顯者亦少是後見於傳者唯揚干及慭耳昭十八年鄭人救火辭晉公子公孫于東門外是公族猶多在他國也

王侯妃配

婦人國下繫姓示不忘本且別他族齊姜衛姬莒嬴宋子之類是也有字下繫姓者齊女曰孟姜季姜宋女曰孟子仲子是也有謚下繫姓者莊姜聲子懷嬴文芈是也姬爲周姓故王室及同姓之女皆曰某姬晉平公以同姓之女爲嬪御故子產曰內有四姬後世不知遂以爲侍妾之稱國策言幸姬如姬漢書言

諸姬愛姬不辨爲周姓矣惟娣姒之姒不以禹姓爾雅曰長婦謂稚婦爲娣婦娣婦謂長婦爲姒婦則自古已然

婦人有名有字婚禮納采問名公羊傳字而笄之如宋元之毋曰棄齊景之妃曰重是其名也伯姬叔姬伯叔是其字也

匹配曰妃名通適妻故陳哀公有元妃二妃下妃魯惠公亦有元妃孟子元之一字兼始適二義故杜曰始適夫人若始而非適適而非始皆不得稱元孟任哀姜是已妃字則無尊卑之異雖大夫亦稱之禮曰以某妃配某氏是也其尊卑殊稱詳於曲禮天子曰后諸侯曰夫人大夫曰孺人士曰婦人庶人曰妻

諸侯元妃既死禮無重娶之義而以元妃之姪娣爲繼室故惠公繼室以聲子晉侯請繼室於齊是也大夫亦然傳曰臧宣叔娶於鑄而死繼室以其姪

周諸王妃

平王（宜臼）

桓王（林） 紀季姜（王后桓公九年逆）

莊王（佗） 王姚（王姜生子頹）

僖王（胡齊）

惠王（閬） 陳嬀（王后生襄王及王子帶）

襄王（鄭） 隗氏（王后狄女）

頃王（壬臣）

匡王（班）

定王（瑜） 姜氏（王后宣公六年逆）

簡王（夷）

靈王（泄心） 姜氏（王后襄公十五年逆）

景王（貴） 穆后（王后生太子壽）

敬王（丐）

魯諸公妃

惠公　孟子夫人　聲子繼室生隱公　仲子再娶夫人生隱公

隱公息姑　未詳

桓公名軌一名允　文姜夫人生莊公及季友莊公十四歲即位

莊公同　哀姜夫人　叔姜生閔公　孟任生子般　成風生僖公

閔公啟方　未娶

僖公申　聲姜夫人生文公

文公興　出姜夫人生惡及視　敬嬴生宣公叔肸

宣公名接倭　穆姜夫人生成公及宋伯姬公衡之年成公又非穆姜所生不知杜氏曰計其母何氏也宣公元年娶穆姜成二年公衡爲質公衡成公子也如成公爲穆姜所生未得有長成之男也

成公黑肱　齊姜夫人　定姒生襄公四歲即位

襄公午　敬歸生子野　齊歸生昭公二十歲即位

昭公裯　孟子夫人

定公宋　定姒夫人生哀公

哀公蔣　公子荆之母嬖未詳何氏

晉妃

齊姜本武公妾獻公烝之生秦穆姬及申生　賈君獻夫人　狐姬生文公

小戎子生惠公　驪姬生奚齊其娣生卓子以上獻妃　梁嬴惠公妻生懷公

文嬴文夫人　偪姞文妃班在二生襄公　季隗班在三生伯鯈叔劉　杜祁班在四生雍　辰嬴即懷嬴班在九人生樂　姜氏以上俱文妃　穆嬴襄夫人生靈公　悼夫人杞女生平公　少姜平公寵　衛姬平公妻

齊妃

王姬襄夫人　衛姬僖公之寵生桓公　王姬　徐嬴　蔡姬以上三人桓夫人

共姬即長衛姬生無虧　少衛姬生惠公　鄭姬生孝公

葛嬴生昭公　密姬生懿公　宋華子生子雍以上六人桓諸妃

子叔姬昭夫人　蕭同叔子惠妃生頃公　聲孟子頃夫人生靈公

顏懿姬靈夫人　鬷聲姬生莊公　仲子生牙

戎子　穆孟姬生景公以上靈諸妃　燕姬景夫人　鬻姒生荼

胡姬　重以上景妃　季姬悼夫人

秦妃

穆姬穆夫人生康公及公子宏

楚妃

鄧曼武夫人　息嬀文夫人生堵敖成王　秦嬴共夫人　巴姬共王妾

鄭封人女平夫人　秦嬴平納建之婦生昭公　越女昭妃生惠王

宋妃

共姬共夫人生平公　弃平妃生元　景曹元夫人

衛妃

莊姜莊夫人　厲嬀生孝伯　戴嬀生桓公以上俱莊妃　夷姜莊妾

宣公烝之生急子　宣姜宣公納急子之妻爲夫人生壽及惠公又昭伯烝之生齊子戴公文公宋桓夫人許穆夫人　定姜定夫人　敬姒定姜生獻公　宣姜襄夫人　婤姶襄嬖生孟縶及靈公　南子靈夫人　呂姜莊夫人　夏戊女出夫人

鄭妃

武姜武夫人生莊公及段　鄧曼莊夫人生昭公　雍姞莊妃生厲公及儀　陳嬀子儀妃文公報之生子華子臧　文芊文夫人　姜氏　江女生子士　蘇女生子報俞彌　燕姞生穆公以上文妃　宋子穆妃生子然子孔　圭嬀穆妃生士子孔　姚子穆妃生靈公夏姬

陳妃

鄭姬哀元妃生偃師　二妃生留　下妃生勝

邾妃

齊姜文元妃生定公　晉姬文二妃生捷菑

晉卿十一族

晉卿十一族韓魏趙狐胥先郤欒范中行知也賈季奔狄而狐氏廢胥克有疾而胥氏廢先穀得罪而先氏廢欒郤廢趙而趙復興欒氏譖殺三郤而郤氏廢范宣子逐欒盈而欒氏廢知趙魏韓逐范中行氏而趙魏韓復共滅知伯是後遂爲三晉矣

韓氏　其先與周同姓或曰韓萬曲沃莊伯之弟也晉獻封萬于韓原以爲韓氏宣十二年景公以韓厥爲司馬成三年晉作六軍使厥將新中軍賞鞌之功也十三年將下軍十八年繼欒書爲政將中軍襄七年告老長子無忌有廢疾不得立讓于弟韓起使無忌掌公族大夫起佐上軍知罃稟厥以爲政而悼公復霸昭二年起將中軍聘於魯觀書於太史氏曰周禮盡在魯矣十三年會於平邱二十八年卒定十二年韓不信同逐范中行氏不信之孫滅知伯再傳而侯侯六世而王王六世而秦滅之

魏氏　其先畢公高之後也武王封弟高于畢以畢

爲姓其裔孫畢萬事晉晉獻公滅魏以封之卜偃曰其後必大萬盈數也魏大名也魏犨從亡文公以爲戎右成十八年悼公卽位以呂相魏頡爲卿以魏絳爲司馬襄三年絳佐新軍和諸戎十一年而有蕭魚之會公曰八年之中九合諸侯子之力也賜絳金石之樂十三年佐下軍十八年將之平公世也昭之五年魏舒佐上軍二十八年晉滅祁羊舌氏舒遂爲政將中軍頃公十二年也定元年城成周卒十三年曼多同逐范中利氏後其子豹與韓趙共滅知伯傳斯而爲列侯侯之孫稱王王六世而秦滅之

趙氏　其先與秦同祖至造父爲周穆下御賜以趙城因以爲姓七世孫叔帶去周事晉又五世而趙夙爲獻公戎御賜之耿驪姬之難趙衰從重耳出亡文公反國以爲原大夫僖二十七年晉作三軍欲以爲卿趙衰辭三十一年晉作五軍衰將新上軍始爲卿文二年襄公使佐中軍五年卒六年趙盾將中軍立靈公使趙穿爲散卿宣二年公無道穿弒之太史書曰趙盾弒其君盾以趙括爲公族大夫盾卒趙朔嗣立宣八年佐下軍十二年將之以括及趙嬰爲中軍大夫趙同爲下軍大夫成二年景公作六軍括佐新

中軍趙旃佐新下軍嬰通於莊姬同括放之姬譖殺同括旣景公用韓厥之言而立趙武焉悼公立以爲卿佐新軍襄九年將之十二年將上軍二十五年將中軍相平公以爲政傳曰再生諸侯三合大夫服齊狄寧東夏平秦亂城淳于皆武之力也武退然如不勝衣其言吶吶然如不出諸口所舉於晉國管庫之士七十有餘家生不交利死不屬其子焉昭元年卒五年趙成佐中軍二十五年趙鞅合諸侯於黃父明年納敬王定十三年范中行攻鞅奔晉陽於是知韓魏氏共逐范中行氏而反鞅哀二十年子無恤嗣無恤與韓魏滅知伯其後侯者六世王者六世而秦卒滅之

狐氏　其先本唐叔之後別在戎狄爲狐氏獻公娶二女於戎大戎狐姬生文公狐突以姬故事晉爲大夫閔二年申生伐東山突爲戎御二子狐毛狐偃從文公出亡懷公立召毛偃不至殺狐突及文公得國僖二十七年使毛將上軍偃佐之明年敗楚於城濮文六年襄公蒐于夷使狐射姑將中軍趙盾爲佐陽處父改蒐而易之以射姑佐趙孟射姑怒及襄公卒射姑將迎公子樂于陳而立之趙盾不從殺公子樂

於郫故射姑殺處父而奔狄狐氏亡

胥氏　胥臣食邑於臼曰臼季從文公出奔及反國使佐下軍文五年臣卒十二年趙盾使胥甲佐下軍宣元年放甲而立胥克八年克有蠱疾郤缺廢之胥氏亡

先氏　閔二年申生伐東山先友爲右僖二十七年文公使先軫佐下軍二十八年將中軍上德也敗楚師於城濮文公爲侯伯軫之功實大焉三十三年敗秦于殽獲三帥是秋免胄馳狄師而死狄人歸其元面如生襄公以其子先且居將中軍文五年卒七年

先克佐中軍先蔑將下軍先都左之初襄公之卒也趙盾使先蔑逆公子雍於秦既而背之故蔑奔秦九年都作亂殺克晉人殺都宣十二年先縠佐中軍邲之戰不用命而敗於楚十三年召赤狄將爲亂景公殺之盡滅其族先氏亡

郤氏　晉公族也其先食邑於郤因氏焉至郤芮而受采於冀芮事夷吾及文公反國芮及呂甥將焚公宮公如河上秦穆公誘殺呂郤郤氏廢胥臣過冀見郤缺耨夫婦敬如賓言於文公而使爲下軍大夫僖三十三年襄公立郤缺獲白狄子命爲卿文十二年

將上軍宣八年將中軍廢胥氏十二年郤克佐上軍十三年將之十六年佐中軍十七年將之成二年敗齊於鞌報其笑辱也十三年郤錡佐上軍郤至佐新軍十六年錡將上軍郤犨將新軍錡及至犨皆汰侈號三郤鄢陵之役至進六間之說而勝楚反役欒氏譖三郤而殺之郤氏亡

欒氏　亦公族也晉靖侯孫欒賓食采于欒因以爲氏賓傅曲沃桓叔其子共叔事哀侯僖二十七年文公以欒枝將下軍文五年卒十二年欒盾將下軍宣十二年欒書佐下軍成二年將之從郤克以勝齊于鞌四年將中軍十六年勝楚于鄢陵十八年與中行偃弑厲公而立悼公以欒黶爲公族大夫襄九年將下軍十六年平公使欒盈爲公族大夫十八年佐下軍黶汰欒氏多怨盈又好施士匄畏之二十一年晉逐欒盈合諸侯以錮之盈入爲亂二十三年克之欒氏亡

范氏　其先陶唐氏裔也在周爲杜伯宣王殺杜伯其子隰叔奔晉爲士師故爲士氏士蔿爲獻公除公族使爲司空士縠嗣之文六年文公蒐于夷將使縠將中軍先克不可八年作亂九年殺先克襄公殺縠

靈公之立也士會奔秦既而復之宣十二年將上軍十六年滅赤狄甲氏留吁鐸辰景公請于王以黻冕命將中軍兼太傅明年先郤克而請老子士燮佐上軍成十三年將之十六年佐中軍反自鄢陵祈死而卒十八年悼公使士魴爲卿士渥濁爲太傅襄九年士匄佐中軍十三年魴卒將使匄將中軍讓於中行偃十九年將之二十三年克欒氏昭五年士鞅將下軍定元年將中軍十三年士吉射與中行寅作亂晉卿共逐之奔朝歌哀五年奔齊范氏亡

中行氏　本荀氏也荀林父將中行故爲中行氏文

七年佐上軍十二年佐中軍宣十二年將之敗於邲林父請死景公使復其位成十三年荀庚佐中軍十六年荀偃佐上軍襄九年將之十三年將中軍十四年伐秦十八年合諸侯同圍齊明年未至而卒昭元年荀吳將上軍敗無終及羣狄十二年滅肥二十二年滅鼓二十九年荀寅爲下卿定公十三年與范氏作亂晉逐之中行氏亡

知氏　亦荀氏也與中行氏同宗荀首食采于知故別稱知氏宣十二年首爲下軍大夫十三年佐上軍十七年佐中軍初楚之敗晉于邲也楚人囚知罃及

首佐中軍乃以公子穀臣及襄老之尸易罃而歸之成十三年罃佐下軍襄九年將中軍輔悼公以爲政明於戰陣之法三駕伐鄭遂復霸業罃之力也十三年卒昭五年荀盈佐下軍九年荀躒嗣之定十三年與韓魏趙共逐范中行氏其子荀瑤求地於三晉故三晉共滅之在春秋後知氏亡

魯三桓

魯三桓孟孫叔孫季孫也慶父欲竊君位叔牙黨之季友酖叔牙而立叔孫氏慶父縊而魯立孟孫氏友獲莒挐而立季孫氏此三桓之始也

季孫氏　自季友獲挐賜田而手文嘉名公卿上卿之兆始應至文子繼遂殺適而魯君失政武子專國而政逮大夫歷悼子平子而昭公見逐桓子嗣立而陽虎作亂康子奪適季氏漸衰原其初本以忠良之心除慶父而安魯國其後驕恣專國而家臣又專其家天之報施豈誣也哉

叔孫氏　僖四年戴伯侵陳爲叔孫之始其子莊叔嗣之而惠伯別爲叔仲氏莊叔黨遂殺適而惠伯死節穆叔則詛三軍以彊公昭子則憂國而祈死成子繼之數年而卒叔牙之後有四善人皆不得志而莊

叔弒君之子僑如通君之母豎牛餓父武叔毀聖亦足以振叔牙矣

孟孫氏　僖十五年公孫敖救徐而孟氏始至獻子之子宅而別爲子服氏其中文伯賢而死于父先惠叔孝而無後二子知禮而譏死雖以獻子之德莊子之孝僖子之講禮懿子之師聖而穆伯好色幾墜宗祀孝伯黜適以亂綱常其未免慶父之餘孽與

春秋同姓名人

春秋有兩蔡侯中一爲文公一爲昭公僅四世而同名必有一誤也有兩壽夢一爲句吳之君一爲於越

之大夫有兩鹿其一爲莒子一爲邾婁之臣有兩子羽一爲鄭行人一爲衛行人有兩石乞一爲衛人殺子路一爲楚人事白公又如介子推晉臣也而又有行年十五而相荆者見說苑苑春楚行人也而又有進諫于衛靈公者見呂覽晉舅犯事文公者也而又有爲平公參治國政者見說苑吳公子慶忌夫差之子也而又有王僚之子爲要離所剌者見吳越春秋管子書載齊桓公之臣弦章說苑又載景公之臣弦章且傳中范宣子士匄士鞅之父也而士匄相士鞅又見于昭公之六年按杜注郎士文伯豈與宣子乃

同名哉然漢書古今人表復有兩士鞅一在中上一在中下相去不遠殆不可曉

盟誓

曲禮約信曰誓涖牲曰盟盟者要言以昭神也凡合諸侯者必割牛耳取其血歃之以盟敦以盛血槃以盛耳讀其載書以次乃歃既歃乃坎牲加書而埋之其盟神則無復定限故襄十一年傳稱司愼司盟名山名川羣神羣祀先王先公七姓十二國之祖也其歃必取血及耳以手執玉敦之血進之於口定八年按衛侯之手及捥襄九年口血未乾是也

盟用牛耳卑者執之尊者涖之故鄟澤之盟衛侯請執牛耳發陽之役衛石魋蒙之盟魯孟武伯皆小國執牛耳也唯鄫衍之役吳以大國執之不合盟禮故孟彘不從

凡盟牲用牛而莊三十二年孟任割臂盟公定四年割子期之心哀十五年輿豭從之十六年輿豭從已是倉卒又不必盡用牛矣

兵戎

凡步曰卒車曰乘古者兵車一乘甲士三人卒七十二人自荀吳毁車爲行始用步戰然魏舒曰彼徒我

車是狄先用卒矣隱之九年北戎侵鄭鄭伯曰彼徒我車是戎又更先用卒矣

服牛乘馬以駕車古無單乘者故古書無騎字左師展將以昭公乘馬而歸蓋單騎之漸

襄公二十四年楚子以舟師伐吳此水戰之始至哀公十年吳徐承師舟師將自海入齊又海舟之始也拜賜之師遷延之役汎舟之役皆當日所名也

陳名

魚麗之陳鄭莊公禦王也有右拒左拒中軍先偏後伍伍承彌縫

荆尸楚陳名也武王伐隨爲之莊王因之軍行右轅左追蓐前矛慮無中權後勁君之戎分爲二廣廣有一卒卒偏之兩

祟卒中行穆子敗羣狄也五乘爲三伍爲伍乘以相離兩於前伍於後專爲右角參爲左角偏爲前拒

伐衞之陳齊莊公作也有先驅申驅貳廣啟胠大殿

楚田獵之陳宋公爲右盂鄭伯爲左盂

鄭翩爲鸛其御爲鵞越子句卒衞支離之卒皆陳名也覆伏兵也衷中也衡陳横也簡師精也羸師弱也

刑名

轘車裂　轘高渠彌

刖足斷　刖强鉏　曰鬻拳自刖刖者之屨曰踊

梏手械　鬭射師諫執而梏之

囚　囚聃伯又曰管仲請囚

圄亦囚也　圄伯嬴

鞭

貫耳　鞭七人貫三人耳

尸

磔

膊亦磔也

抶擊　以朴抶職

縶拘也　南冠而縶

醢　齊人醢夙沙衞魯人醢子路古極刑也

劓　後者劓

馘割耳

炮燔　炮郤宛

敲　奪之杖以敲之

蔡放也　殺管叔而蔡蔡叔

亨烹同　亨石乞

軍獲曰俘毒死曰酖自經曰縊餓死曰殣刎曰自剄

壹擊而死曰殪不以壽終曰鮮弗良死曰彊死祈死者士燮叔孫婼不瞑者楚成王晉荀偃

楚成王有僕區之法晉刑書以著罪鄭子產鑄刑書鄧析爲竹刑今有鄧析子書

春秋左傳會要卷二畢

春秋左傳會要卷三

羅江　李調元贊菴撰

變卦起於左氏

易說變卦起於左氏如鄭伯廖論曼滿自豐上六變爲離晉師救鄭自師初六變爲臨子産論楚自復上六變爲頤蔡墨論龍見自乾初九變爲姤之類其說皆指一爻以立論耳若筮法則諸爻變動原無一定乃左氏所載悉不出一爻之變敬仲之觀六四變否畢萬之屯初九變比季友之大有六五變乾伯姬之歸妹上六變睽卜偃之大有九三變睽棠姜之困六

三變大過穆子之明夷初九變謙婤姶之屯初九變比南蒯之坤六五變比晉救鄭之泰六五變需此十事更無變重爻者惟晉之遇復以全卦言而魯之艮之隨以六二不變爻取義豈春秋二百餘年遂無遇兩爻以上之變卦也左氏失誣此可見之

左傳引尚書

左傳引尚書以禹謨作夏書僖二十四年地平天成文七年戒之用休襄三年成允成功二十六年與其殺不辜哀十八年官占惟能蔽志皆大禹謨也皋陶謨亦作夏書莊八年皋陶邁種德皋陶謨也此二篇今實虞書以太甲作夏書昭十年欲敗度太甲篇也今實商書以洪範作商書文五年沈潛剛克襄三年無偏無黨皆洪範也今實周書雖古今叙書或有不同而太甲之爲夏書更不可解杜氏釋傳往往以書辭爲逸書則未見古文故也

春秋賦詩斷章

春秋賦詩斷章未必合於本詩之義皆取一章一句以寄意也左氏引詩以斷意義亦倣此其許穆夫人之賦載馳鄭人之賦清人秦人之賦黄鳥則作詩之始也

僖公之時周王巡狩至于岱宗季孫行父爲之請于周太史克作頌故詩有魯頌惟僖公而已

逸詩

翹翹車乘招我以弓豈不欲往畏我友朋　我無所監夏后及商用亂之故民卒流亡　俟河之清人壽幾何兆云詢多職競作羅　雖有絲麻無棄菅蒯雖有姬姜無棄蕉萃凡百君子莫不代匱　周道挺挺我心扃扃講事不令集人來定　何以恤我我其收之　禮義不愆何恤于人言　淑慎爾止無載爾僞我之懷矣自詒伊慼

子貢詩傳曰穆王西征祭公述民怨以諫作祈招是亦逸詩也祈招之愔愔式昭德音思我王度式如玉式如金形民之力而無醉飽之心

狐裘尨茸一國三公吾誰適從晉士蔿所作詩也

國子賦轡之柔矣逸詩也汲冢周書錄其辭曰馬之剛矣轡之柔矣馬亦不剛轡亦不柔志氣麃麃取與不疑

河水（僖二十三年晉重耳所賦）

茅鴟（襄二十八年穆叔以諷慶封）

新宮（昭二十五年宋公賦者）

右皆逸詩有篇名而逸其辭者如白華南陔之類也

歌

濟洹之水贈我以瓊瑰歸乎歸乎瓊瑰盈吾懷乎（聲伯夢歌）

我有圃生之杞乎從我者子乎去我者鄙乎倍其鄰者恥乎已乎已乎非吾黨之士乎（南蒯鄉人歌）

既定爾婁豬盍歸吾艾豭（野人歌南子）

景公死乎不與埋三軍之士不與謀師乎師乎何黨之乎（萊人歌）

魯人之皋數年不覺使我高蹈唯其儒書以爲二國憂（齊人歌）

佩玉蘂兮余無所繫之旨酒一盛兮余與褐之父睨之（申叔乞糧云云　傳亦不言歌）

謳

睅其目皤其腹棄甲而復于思于思棄甲復來（宋城者謳）

牛則有皮犀兕尚多棄甲則那（驂乘）

從其有皮丹漆若何（役人）

澤門之晳實興我役邑中之黔實慰我心（宋築者謳）

誦

原田每每舍其舊而新是謀（晉輿人）

臧之狐裘敗我於狐駘我君小子朱儒是使朱儒朱儒使我敗於邾（魯人）

取我衣冠而褚之取我田疇而伍之孰殺子產吾其與之　我有子弟子產誨之我有田疇子產殖之子產而死誰其嗣之（鄭人誦子產二章）

謠

丙之晨龍尾之辰均服振振取虢之旂鶉之賁賁天策焞焞火中成軍虢公其奔（晉伐虢謠）

鸜之鵒之公出辱之鸜鵒之羽公在外野往饋之馬鸜鵒跦跦公在乾侯徵褰與襦鸜鵒之巢遠哉遙遙稠父喪勞宋父以驕鸜鵒鸜鵒往歌來哭（魯童謠）

銘

余掖殺國子莫余敢止（禮至銘）

一命而僂再命而傴三命而俯循牆而走亦莫余敢侮饘於是鬻於是以

餬余口（正考父鼎銘） 昧旦丕顯（讒鼎銘）

箴

芒芒禹跡畫爲九州經啟九道民有寢廟獸有茂草各有攸處德用不擾在帝夷羿冒于原獸忘其國恤而思其麀牡武不可重用不恢於夏家獸臣司原敢告僕夫（虞人箴） 民生在勤勤則不匱（楚箴）

繇詞

鳳皇于飛和鳴鏘鏘有嬀之後將育於姜五世其昌並於正卿八世之後莫之與京（懿氏） 專之渝攘公之羭一薰一蕕十年尚猶有臭（晉獻公） 兆如山陵有夫出狂而喪其雄（衛孫文子） 其名曰友在公之右間於兩社爲公室輔季氏亡則魯不昌（楚丘卜成季） 是謂沈陽可以興兵利以伐姜不利子商（晉救鄭） 如魚竀尾衡流而方羊裔焉大國滅之將亡闔門塞竇乃自後踰（衛卜夢以上卜詞）

士刲羊亦無衁也女承筐亦無貺也西鄰責言不可償也歸妹之睽猶無相也震之離亦離之震爲雷爲火爲嬴敗姬車說其輹火焚其旗不利行師敗於宗丘歸妹睽孤寇張之弧姪從其姑六年其逋逃歸其國而棄其家明年其死於高梁之虛（晉嫁伯姬） 南國蹙射其元王中厥目（晉伐楚） 千乘三去三去之餘獲其雄孤（秦伐晉） 同復於父敬如君所（魯筮成季以上筮詞）

雜詞

有酒如淮有肉如坻寡君中此爲諸侯師（晉中行穆子） 有酒如澠有肉如陵寡人中此與君代興（齊景公右投壺詞）

登此昆吾之虛緜緜生之瓜余爲渾良夫叫天無辜（衛侯夢渾良夫譟）

諺（古人之言附）

山有木工則度之賓有禮主則擇之 匹夫無罪懷璧其罪 心苟無瑕何恤乎無家 輔車相依脣亡齒寒 心則不競何憚於病 庇焉而縱尋斧焉 畏首畏尾身其餘幾 鹿死不擇音 雖鞭之長不及馬腹 高下在心川澤納汙山藪藏疾瑾瑜匿瑕國君含垢 民之多幸國之不幸也 殺老牛莫之敢尸 非宅是卜惟鄰是卜 雖有挈缾之知守不假器 其父析薪其子弗克負荷 室于怒市于色 臣一主三 無過亂門 嫠不恤其緯而憂宗周之隕爲將及焉 唯食忘憂 民保于信 無穢虐士 飛矢在上走驛在下

誄

旻天不弔不慭遺一老俾屏余一人以在位煢煢余在疚嗚呼哀哉尼父無自律哀公誄孔子

仲尼一誄諸書互見不同禮檀弓云天不遺耆老莫相余位焉嗚呼哀哉尼父五行志云昊天不弔不慭遺一老俾屏余一人惟世家與左傳同

策命

舅氏余嘉乃勳應乃懿德謂督不忘往踐乃職無逆朕命襄王命管仲　王謂叔父敬服王命以綏四國糾逖王慝襄王命晉文公　昔伯舅太公右我先王股肱周室師保萬民世胙太師以表東海王室之不壞繄伯舅是賴今余命女環茲率舅氏之典纂乃祖考無忝乃舊敬之哉無廢朕命靈王賜齊靈公命　叔父陟恪在我先王之左右以佐事上帝余敢忘高圉亞圉景王追命衛襄公

盟辭

渝盟無享國魯鄭結祊成　皆獎王室無相害也有渝此盟明神殛之俾隊其師無克祚國及而元孫無有老幼晉文公踐土盟　天禍衛國君臣不協以及此憂也今天誘其衷使皆降心以相從也不有居者誰守社稷不有行者誰捍牧圉不協之故用昭乞盟于爾大神以誘天衷自今日以往既盟之後行者無保其力居者

無懼其罪有渝此盟以相及也明神先君是糾是殛衛人盟宛濮　恤病討貳晉盟淸邱　我無爾詐爾無我虞楚平宋　凡晉楚無相加戎好惡同之同恤菑危備救凶患若有害楚則晉伐之在晉楚亦如之交贄往來道路無壅謀其不協而討不庭有渝此盟明神殛之俾隊其師無克祚國晉楚盟于宋　凡我同盟毋蘊年毋壅利毋保姦毋留慝救災患恤禍亂同好惡獎王室或間茲命司慎司盟名山名川羣神羣祀先王先公七姓十二國之祖明神殛之俾失其民隊命亡氏踣其國家晉悼公盟亳　同討不庭晉平公盟溴梁　戮力壹心好惡同之信罪之有無繾綣從公無通外內昭公盟從者

踐土之盟曰各復舊職平邱之盟曰無或失職黃池之盟曰好惡同之雖不見本年而互見諸篇若葵邱之五命則詳於孟子

禱辭

齊環怙恃其險負其衆庶棄好背盟陵虐神主曾臣彪將率諸侯以討焉其官臣偃實先後之苟捷有功無作神羞官臣偃無敢復濟惟爾有神裁之晉荀偃伐齊濟河　曾孫蒯聵敢昭告皇祖文王烈祖康叔文祖襄公鄭勝亂從晉午在難不能治亂使鞅討之蒯聵不

敢自佚備持矛焉敢告無絕筋無折骨無面傷以集
大事無作三祖羞大命不敢請佩玉不敢愛衛太子 戰鐵

誓辭

范氏中行氏反易天明斬艾百姓欲擅晉國而滅其
君寡君恃鄭而保焉今鄭爲不道棄君助臣二三子
順天明從君命經德義除詬恥在此行也克敵者上
大夫受縣下大夫受郡士田十萬庶人工商遂人臣
隸圉免志父無罪君實圖之若其有罪絞縊以戮桐
棺三寸不設屬辟素車樸馬無入于兆下卿之罰也
趙簡子 鐵戰

凡誓辭稱有如日有如河有如皦日有如白水有若
大川皆取心之明白也有如上帝有如先君言上帝
先君之見其心也

引古書

軍志古書也其辭曰先人有奪人之心後人有得其
衰凡二見宣十二 昭二十一 又曰允當則歸僖二十八
鄭書古書也或曰鄭史其辭曰安定國家必大焉先
襄三十 又曰惡直醜正實蕃有徒昭二十八

隱語

呼庚癸呼餘皇麥麴河魚皆軍中隱語也

葬歌

虞殯送葬之歌也見哀公十一年挽歌不始於田橫
之客矣

春秋左傳會要卷三畢

春秋左傳會要卷四

羅江　李調元贊菴撰

左氏字義

左氏字義謂止戈爲武反正爲乏皿蟲爲蠱今人所知也亥有二首六身今人不知也

用字之異

用字之異者宋公靳之(戲而相愧曰靳)縄息嬀(縄譽也)猶懼不蔇(蔇至也)見孟任從之閟(閟不從也)旣合而來奔(合答也)楚人惎之脫扃(惎教也)以蔵陳事(蔵敕也)屈蕩尸之(尸止也)方震大叔(震懷胎也)則朝而堋(堋下棺也)子無我迋(迋恐也)楚師熸(熸火滅也)鑿而乘于他車(鑿一足行也)弄馬之過隱君身(隱憂也)惎間王室(惎毒也)咋謂林楚(咋暫也或曰大聲)雨不克襄事(襄成也)是甕言也(甕謬也過也)君將嗀之(嗀嘔吐也)以上叛下亦曰叛王叛王孫蘇是也男子喪妻亦曰寡崔杼生成及彊而寡是也男亦曰媵以井伯媵秦穆姬是也至公羊謂昭公欲弑季氏則以上殺下亦可曰弑矣

春秋王侯之享年久者

春秋王侯之享年久者周平王五十一年齊景公五十八年楚武王五十一年杞桓公六十年滕宣公七十餘年許穆公小邾穆公皆五十餘年邾文公五十一年遷繹而卒不爲不吉也

善星文人

善星文者晉士文伯鄭裨竈魯梓愼皆詳於傳時有宋子韋不見左氏而別詳於鴻烈說苑拾遺記諸書能相人者周內史叔服識牛鳴者介葛盧

勇力人

勇力者南宮長萬之破犀革圉人犖之投蓋於稷門鄹人紇之抉懸門狄虒彌之自成一隊秦堇父之登城隊而復上者三顏高之弓六鈞狼瞫之斬囚爭右先軫之免胄馳狄叔山冉之搏人以投高固之桀石以投人于犨之請一矢熊宜僚之當五百人子期之抉豫章殺人慶舍之援桷動于甍如此之類事固甚奇左氏形容曲盡其妙

善射人

善射者多養由基爲最射徹七札射呂錡以一矢復命淮南子曰楚有白蝯王射之則搏矢而熙使養由基射之始調弓矯矢而蝯抱柱號矣

形貌

形貌則晉文公駢脅（合幹）
宋華元睅目（出目）皤腹（大腹）于思（多鬚之貌）
宋子罕黚（黑色）皇國父晳（白晳）
齊陳武子白晳鬒鬚眉甚口（大口）
楚穆王蠭目而豺聲越椒熊虎之狀豺狼之聲
宋公子鮑美而艷元公惡而婉大子痤美而很（惡貌醜也）
晉叔虎美而有勇力伯石豺狼之聲
齊陳豹長而上僂望視
衛渾良夫長而美孟縶足不良弱行（跛也）
鄭鬷蔑賈大夫俱惡

魯豎牛黑而上僂深目而豭喙（叔孫氏之子）
穀梁傳季孫行父禿晉郤克眇衛孫良夫跛曹公子
手僂同時而聘於齊（杜預云行父跛）又長狄身橫九畝斷其
首而載之眉見於軾

美婦人

婦人形貌則孔父之妻美而艷宋芮司徒女赤而毛
長而美

手文

手文則唐叔曰虞成季曰友仲子曰爲魯夫人石經
古文虞作㳄魯作表手文或似之

鬼神

左氏近誣先儒既言之矣即以鬼神論之方伯有之
報帶段也國人恐矣然伯有之出乃子晳攻之而段
始伐之今不先報晳而顧急殺段何耶且申生之死
驪姬譖之也而徒知報惠公之改葬楚成之死本太
子商臣所弒也而徒知以不瞑爭謚皆昧於輕重矣
他如柩聲如牛老人結草秦諜六日而蘇之類皆小
說家之談而左氏不免況後世之史書乎

夢異

言夢左氏蓋屢見之夢天使者燕姞趙嬰夢河神者

子玉夢祖先者衛成及孔成文之夢康叔曹人之夢
振鐸昭公之夢襄公韓宣之夢文公荀偃之夢厲公
夢鬼物者晉景之夢大厲夢二豎平之夢黃熊鄭人
之夢伯有衛侯之夢渾良夫至於叔孫之夢天壓已
宋昭公之夢已爲大鳥則幻極矣衛侯之夢譟聲伯
之夢歌則奇甚矣昭七年一歲而言夢者四晉景公
一卒而敘夢者三則煩甚矣

物怪

物怪則豕人立內外蛇鬬蛇出泉宮虎乳子文烏鳴
出出石言龍鬬雄雞斷尾龍見絳郊左氏之誣在是

章句之妙亦在是

衣飾

衣飾則楚子玉瓊弁玉纓

鄭子臧鷸冠

晉郤至韎韋之跗注

齊東郭書皙幘而衣貍製

衞渾良夫紫衣狐裘

雨衣曰製左右異色曰偏衣軍中上下同服曰均服

鑑縷緻衣也游服常服也鞶鑑以鑑飾帶也縞帶吳地所貴紵衣鄭地所貴故子產季札以相贈也

婦人之衣曰蒙衣其近身衣曰袒服

車

車名廣車軘車皆吳車也䡣士車即棧車也犀軒卿車也魚軒飾以魚也衞戰車也巢車車上望櫓也亦曰樓車有障曰藩有衣曰葱靈輦路柴車也衷甸一轅亦卿車也轈軘鞅靽車乘之飾也美澤可鑑言其美也

舟

舟名吳有餘皇比舟爲梁曰造舟

鼎

鼎名郜鼎莒方鼎甲文鼎讒鼎吳壽夢鼎衞舒鼎晉鑄刑鼎

鐘

鐘名鄭有襄鐘衞有大呂晉有姑洗季武子鑄林鐘

鼓

鼓名晉有密須之鼓

琴

琴名魯齊美有頌琴猶言雅琴也

劔

劔名吳有屬鏤虞叔有寶劔

弓

弓名魯有封父之繁弱楚有大屈弓無緣者曰弭弓衣曰韔

矢

矢名魯有金僕姑矢之善者曰鼓矢桶曰冰亦曰房

甲

甲名晉有闕鞏之甲

旗

旗名趙簡子有蠭旗齊有靈姑銔鄭有蝥弧

玉

玉名魯有龍輔璠璵韓宣子有玉環晉有垂棘之璧崔氏有拱璧周有寶珪魯有夏后氏之璜衛向魋亦有之爾雅肉倍好謂之璧肉好若一謂之環肉邊好孔也雙玉曰穀

器

器名齊以紀甗玉磬賂晉燕以瑤罋玉櫝斝耳賂齊鄭有瓘斝玉瓚魯昭公賜子家雙琥一環一璧輕服鄭賂晉以歌鐘鎛磬周有魯壺

賄賂

以人賄者魯賂楚以執斲執鍼執紝皆百人鄭賂晉以師悝師觸師蠲又賂宋以師筏師慧請帶請冠皆求賂也衛賂叔鮒一篋錦季孫賂梁邱錦二兩縛一如瑱

木

木名則晉首山有翳桑多蔭桑也楚朝有豫章大木也趙盾之庭有槐季氏之家有嘉樹

鳥

鳥名則五鳩祝鳩鴡鳩鳲鳩爽鳩鶻鳩也詳傳中五雉杜曰雉有五種鷷雉鶅雉翟雉鵗雉翬雉九扈扈有九種春扈鳻鶞夏扈竊元秋扈竊藍冬扈竊黃棘扈竊丹行扈唶唶宵扈嘖嘖桑扈竊脂老扈鷃鷃雉扈少昊因以名官爰居海鳥茅鴟鸜鵒鶂鷁皆鳥名也

獸

獸名則渾敦窮奇檮杌饕餮封豕皆取惡獸爲喻也於菟楚人謂虎也臯比虎皮也婁豬求子豬也艾豭老牡豕也燧象者以火繫象尾如田單火牛之類也犀似豕兕似牛麇多爲災熊蹯難熟鼠有螫毒曰鼷鼠

馬

馬名則鄭有小駟唐有肅爽衛有啟服晉有屈產之乘畫馬爲文曰文馬宋景公朱白馬之尾鬣

犬

犬名則晉有獒犬之狂曰瘈狗叔孫有吠狗

龜

龜名則衛有成之昭兆魯臧氏有大蔡僂句

蟲

蟲名則有螽螟蜚蜮螽始生曰蝝

春秋左傳會要卷四畢